캠브리지 중국사

THE CAMBRIDGE HISTORY OF CHINA

1800~1911

청 제국 말

[1부]

上

10

새물결

The Cambridge History of China Vol. 10

ⓒ Cambridge University Press, 1978
First published in Great Britain by the Press Syndicate of the University of Cambridge.
All rights are reserved.
Korean translation copyright ⓒ Seamulgyul Publishing House, 2007
This Korean Translation edition is published by arrangement with Cambridge University Press through Bestun Korea Agency, Seoul.

캠브리지 중국사 10권 (上)

총 편집 데니스 트위체트 · 존 K. 페어뱅크 | 책임 편집 존 K. 페어뱅크
옮긴이 김한식 · 김종건 외 | 진행 및 편집 이병무 · 이정화
펴낸이 홍미옥 | 펴낸곳 새물결 출판사
첫번째 펴낸날 2007년 8월 30일 | 등록 서울 제15-52호(1989.11.9)
주소 서울특별시 마포구 연남동 565-31 1층 우편번호 121-869
전화 (편집부) 3141-8696 (영업부) 3141-8697 | 팩스 3141-1778
E-mail sm3141@kornet.net
ISBN 978-89-5559-223-8(04910)
ISBN 978-89-5559-222-1(전32권)

이 책의 한국어판 저작권은 베스툰 코리아 에이전시를 통해 Cambridge University Press와 독점 계약한 새물결출판사에 있습니다. 신저작권법에 의해 한국 내에서 보호받는 저작물이므로 무단 전재나 무단 복제, 매체 수록 등을 금합니다.

<일러두기>

1. 이 책은 데니스 트위체트와 존 K. 페어뱅크가 총 편집을 맡고 존 K. 페어뱅크가 책임 편집한 The Cambridge History of China Vol. 10 — Late Ch'ing 1800~1911, Part 1을 우리말로 옮긴 것이다.
2. 중국 인지명 표기는 지명의 경우 중국식 발음으로 표기하고, 인명의 경우 신해혁명 (1911년) 이전 인물들은 한글 발음으로, 신해혁명 이후까지 생존, 활동한 인물들은 중국식 발음으로 표기했다. 그 밖에 만주, 신장, 위구르, 티베트, 중앙아시아, 베트남의 인지명은 현지 발음으로 표기하는 것을 원칙으로 하되 만주인의 경우 입관 이전의 인명은 만주어 발음으로, 입관 이후의 인명은 중국 인명 표기 원칙에 따라 표기했다.
3. 중국식 인지명 표기와 일본 인지명 표기는 문화체육부 고시 외래어 표기법(1995. 3. 15)을 따랐다.
4. 본문 안에서 옮긴이 주나 옮긴이의 첨언은 〔 〕 안에 넣어 표시했으며, 내용이 긴 주는 본문 해당 부분에 * 표시를 하여 각주 처리했다. 단 인용문에서는 각 장 필자의 첨언을 〔 〕 안에 넣어 처리했으며, 옮긴이의 말은 〔 〕 안에 넣고 '— 옮긴이'로 표시했다.
5. 원서의 각주는 모두 미주로 처리하여 책의 말미에 실었다.

차례

서문 · 15
감사의 말 · 17
총 편집자 서문 · 18

01 이끄는 글: 구질서 |존 K. 페어뱅크| 21

역사와 중국의 혁명 · 23
구사회 · 34
정부 · 55
대외 관계 · 71

02 청령 내륙아시아(1800년경) |조지프 플레처| 79

내륙아시아에서의 대청 제국 · 81
만주 · 87
몽골 · 100
신장 · 115
　준가르 · 120
　동투르키스탄 · 130
　알티샤르의 대외 교역 · 147 | 마흐둠자다족 · 155
티베트 · 161

03 왕조의 쇠퇴와 동란의 근원 |수잔 만 존스, 필립 A. 쿤| 185

인구 압력과 그 영향 · 189
교육, 후견인 제도 그리고 사회적 유동성 · 196
가경조의 개혁 · 200
위기의 조짐: 조운 행정 · 204
화폐 제도와 조세 제도의 혼란 · 216

반란의 근원 · 222
  먀오족 반란 · 223
  남방의 비밀 결사들 · 225
  백련교의 난 · 229
중앙 정부의 쇠퇴와 새로운 학술 동향 · 241
경세 사상과 금문경학 — 위원을 중심으로 · 247
변경 방어에 대한 새로운 관심 · 256

04 광저우 교역과 아편전쟁 | 프레더릭 웨이크먼 2세 | 267

교역의 특징 · 269
부패와 공소 기금 · 272
청과 영국의 독점 상인들 · 274
교역 독점권의 폐지 · 279
아편 무역 · 284
네이피어 사건 · 291
아편 문제에 관한 논쟁 · 296
광저우에서의 아편 단속 · 309
전쟁을 향해 · 314
전쟁의 첫번째 단계 · 327
광저우 탈환 · 337
전쟁의 최후 단계 · 341
청조의 패배와 난징 조약 · 350

05 조약 체제의 성립 | 존 K. 페어뱅크 | 357

조약 체제에 관한 개관 · 359
조약 체결(1842~1844년) · 368
조약항들의 개항 · 377
조약항의 외국인 사회 · 383
영국의 광저우 입성 · 392

연해 지방의 혼란 · 395
상하이의 부상 · 401
제2차 아편전쟁의 발발 · 411
톈진 조약(1858년) · 419
제국주의 체제와 교역의 확대 · 425
베이징 조약(1860년) · 434
조약 체제의 운용 · 440

06 태평천국의 난 |필립A.쿤| 445

기원과 전개 · 447
  사회적 배경 · 448
  홍수전의 환상과 진톈 봉기 · 451
  난징 진군 · 462
구질서의 수호자들 · 475
  정통 대항 세력의 재조직 · 475
  상군의 발전 · 481
내분과 몰락 · 489
  태평천국의 통치의 특성 · 489
  중앙의 분열과 지도력의 회복 · 494
  증국번의 진급 · 500
  외국의 개입 · 505
  태평천국의 멸망 · 514
염군 조직의 성격: 하나의 비교 · 519
태평천국의 난: 종합 · 527

주 · 531

차례 下

07 중국-러시아 관계(1800~1862년) | 조지프 플레처 |
  교역 확대 노력의 실패
  중앙아시아에서의 교역과 쿨자 조약(1851년)
  동북 만주의 상실

08 청조의 몽골, 신장, 티베트 통치의 전성기 | 조지프 플레처 |
  몽골 유목 사회의 쇠퇴
  신장: 마흐둠자다와 코칸드
    자한기르의 성전(1820~1828년)과 코칸드의 침입(1830년)
    중국의 첫번째 '불평등 조약' 체결(1835년)
    계속된 지하드
  티베트의 격리와 인도로부터의 압력

09 청조의 중흥 | 류광징 |
  청조 승리의 이면적 요소들
    중국번: 유가적 경세치용 학설의 실험
    청조의 정책: 동치기로 가는 과도기
    외국 무기와 태평천국군의 패배
  양쯔 강 하류 지역의 전후 문제
    재정 수입의 부족과 민정
    농업세의 회복
  염군 토벌전과 그 반향
    화북에 미친 염군의 충격
    염군 토벌전의 두번째 단계
  중흥에 대한 조망

10 자강 운동: 서양 기술의 도입 | 궈팅이, 류광징 |
  이론: 자강을 위한 초기의 제안들
    공친왕과 문상
    증국번, 이홍장, 좌종당
    곽승도와 풍계분
  정치 구조와 재정 구조
    궁정의 정치와 총리아문
    통상대신: 이홍장의 부상
    하트와 관세
  초기 단계: 장기적 계획

병기 공장과 조선소
서학: 동문관의 한계
병기 공장과 조선소 부설 학교
해외에서의 인재 양성

11 1900년까지 기독교 선교회와 그들이 미친 영향 | 폴 A. 코헨 |

선교사업
기원과 초기 역사 | 로마 가톨릭 | 개신교
각종 조약과 기독교 선교 | 최초의 조약 체결이 미친 영향 | 프랑스의 호교권과 두번째 조약 체결
기독교 선교의 조직, 규모, 재정(1860~1900년)
선교 방법과 성과(1860~1900년) | 가톨릭 | 개신교

선교 사업과 구질서
과거의 유산: 이단으로서의 기독교
전통 사회 질서에 대한 선교사의 위협 | 선교사와 신사 | 선교사와 평민
구질서의 반응: 반교회 폭동
선교사와 청의 정치적 권위의 실추
순수 배외주의와 정치적 배외주의

선교 사업과 신질서
선교 활동의 전문화 | 의료 | 교육
선교사들에 의한 서양 학문의 보급 | 과학과 수학 | 역사와 국제법
중국의 개혁 사상과 개혁 운동: 선교사의 영향 | 여성 해방 | 연해 지역의 '기독교인' 개혁가들 | 1890년대의 신진 개혁파들

부록
참고 문헌 해제 | 참고 문헌 | 청 황실 가계도 | 청대 중앙 관제 간략표
청대 지방 관제 간략표 | 중국 인지명 표기 일람 | 옮긴이 후기 | 찾아보기

지도 목록

〈지도 1〉 청 제국 지형도 · 13
〈지도 2〉 19세기의 중국 본토 · 33
〈지도 3〉 1860년대의 몽골 · 110
〈지도 4〉 1800~1860년 전후의 신장 · 127
〈지도 5〉 19세기 초기의 티베트 · 179
〈지도 6〉 조운 체계 · 205
〈지도 7〉 19세기 주 강(珠江) 삼각주 지역 · 311
〈지도 8〉 상하이의 성장 · 402
〈지도 9〉 19세기 중엽의 베이징-톈진 지역 · 418
〈지도 10〉 태평천국과 염군의 반란 · 460
〈지도 11〉 태평천국과 황제과 간의 투쟁 · 503
〈지도 12〉 양쯔 강 삼각주 지역 · 507
〈지도 13〉 19세기의 만주 · 593
〈지도 14〉 19세기의 알티샤르 · 632
〈지도 15〉 염군 전쟁과 이와 연관된 반란(1855~1868년) · 779
〈지도 16〉 조약항 체제의 발전 · 862

서문

영어권 독자들을 위해 청 말의 역사에 관해 쓰는 역사가들은 중국어의 로마자 표기법과 관련해 별다른 선택의 여지가 없다. 의문의 여지없이 불행하게도 아퍼스트로피 기호(')를 사용하는 웨이드-자일스 표기법이 중화인민공화국의 병음拼音 체계보다 덜 간단하고 덜 효율적이지만 지금 영어권 독자들이 구해 볼 수 있는 거의 모든 중국 관련 서적들에서는 여전히 이 체계가 사용되고 있다. 사전이나 문헌 목록, 인명사전, 각종 지명 사전들, 지도 그리고 그 밖의 다른 연구 보조 자료에 이르기까지 중국에 관한 서구의 문헌에 웨이드-자일스 표기법이 너무나 깊이 스며들어 있어 다른 것으로 대체하기가 어려운 형편이다. 그래서 이 책에서는 웨이드-자일스 표기법을 사용했다.

하지만 이를테면 chiang과 ch'iang 간의 차이를 꼼꼼히 따져보아야 할 때(예를 들어 실수로 '를 빠뜨려서 그렇지 chiang이 실제로는 ch'iang이 아닌지 의심하면서) 우리는 이런 불편함을 오롯이 토머스 웨이드 경 탓만으로 돌려서는 안 된다. 그 말고도 다른 요리사들이 로마자 표기법이라는 이 잡탕 요리에 손 하나씩을 거들었기 때문이다. 오늘날 주요 지명을 표기하는 데 통상적으로 사용되고 있는 청 우전부郵傳部의 로마자 표기법에는 19세기 중국의 지역 방언 간의 차이가 반영되어 있었다. 이에 따라 우리는 장시江西 성을 웨이드-자일스 표기법에 따라 Chiang-hsi라고 표기하지 않고 『중국 우편 지도Postal Atlas of China』에 나와 있는 대로 Kiangsi라고 표기했다.* 하지만 한 가지 예외가 있는데, 이 책의 참고 문헌 목록은 웨이드-자일스 표기법을 따르고 있으며, 따라서 장시 성의 지방지는 당연히 Chiang-hsi로 표기된 항목에서 찾을 수 있다.

지명과 관련된 이러한 모호함(웨이드-자일스 표기법에 따르면 Chiu-chiang으로 표기되는 주장九江이 청 우전부의 표기법을 따라 Kiukiang으로 표기해야 할 만큼 그렇게 중요한 지명일까?) 외에는 중요 인물들이 인명 표기에서 예상치 못하게 불일치를 보일 가능성이 다소 있을 뿐이다. 11권에서 Sun Yat-sen〔쑨원孫文을 자인 '일선逸仙'으로 표시할 때의 영문 표기〕으로 표기되는 쑨원이 그러하듯이 10권에서는 주요 매판이었던 당경성唐景星만이 Tong King-sing(실제 발음은 이와 가깝게 들린다)으로 표기되어 표기법에 들어맞지 않는 것 같다.

주에서 인용 저서들을 표시할 때는 서지 사항을 최소한으로만 표기했는데, 부록으로 붙어 있는 「참고 문헌」을 보면 완벽한 서지 사항을 찾아볼 수 있을 것이다. 참고 문헌 목록은 알파벳순으로 배열되어 있으며, 전체가 두 부분으로 나뉘어 음역된 저술과 관련된 모든 항목과 중국어 및 일본어 저서가 1부에, 그리고 나머지 저서가 2부에 배치되어 있다. p. pp.를 지속적으로 사용하는 것은 피하려고 했다. (서구의 저서나 서구에서 제본된 저서 또는 중국의 전통적인 저서의 경우) 2.27이라는 표시는 2권의 27쪽을 가리킨다.**

* 번역본에서는 방언의 차이를 무시하고 베이징어로 통일하여 표기했다.
** 번역본에서는 독자의 편의를 위해 p. pp.를 사용했다.

감사의 말

『캠브리지 중국사』는 이 분야의 모든 중요한 연구자들에게 의지하지 않을 수 없다. 이 책의 각주를 통해 우리가 얼마나 큰 신세를 지고 있는지를 표시해보았지만 여전히 부족하기는 마찬가지이다. 하지만 그렇게 말고는 달리 감사를 표시할 방법이 없다. 이 책의 기고자 중의 하나로 타이베이의 근대사 연구소 초대 소장을 역임한 고 궈팅이 교수의 사망에 심심한 조의를 표한다.

존 K. 페어뱅크

총 편집자 서문

영어권에서 '캠브리지 역사' 시리즈는 20세기 초부터 각각의 특정한 주제에 관해 전문가들이 쓴 에세이를 학계의 명망 있는 각 권 편집자들이 뚜렷한 방침에 따라 통일적으로 편집해 만드는 여러 권짜리 역사서의 전범을 제시해왔다. 제일 먼저 액턴 경이 기획한 『캠브리지 근대사』가 1902~1912년 사이에 16권으로 출간되었다. 이어 『캠브리지 고대사』, 『캠브리지 중세사』, 『캠브리지 영문학사』가 출간되었으며, '캠브리지 인도사', '캠브리지 폴란드사', '캠브리지 대영 제국사'가 출간을 기다리고 있다. 본래의 근대사는 지금 12권으로 된 『신 캠브리지 근대사』로 대체되었으며, 『캠브리지 경제사』가 지금 마무리되고 있는 중이다. 최근에 착수된 다른 '캠브리지 역사' 시리즈로는 '이슬람의 역사', '아랍 문학사', 서구 문명의 핵심적인 기록이자 서구 문명에 큰 영향을 미친 성서를 다루고 있는 '성서의 역사', '이란의 역사', '중국의 역사' 등이 있다.

중국의 경우 서구의 역사가들은 특수한 문제에 직면하게 된다. 중국 문명의 역사는 서구의 어떤 단일 국가보다 포괄적이고 복합적이며, 한 나라라고 하지만 여러 지역과 시기별로 나누어지는 정도 또한 서구 문명의 역사 전체보다 약간만 덜 할 뿐이기 때문이다. 또 중국의 역사 기록은 대단히 세밀하고 방대하며, 중국의 역사(학) 연구 또한 수세기 동안 고도로 발전하고 정교화되어왔다. 하지만 최근 수십 년 전까지만 해도 유럽의 중국학자들의 선구적인 연구들에도 불구하고 서구에서의 중국에 대한 연구는 거의 소수의 몇몇 고전적인 역사 문헌에 대한 번역 그리고 주요 왕조와 각 왕조의 각종 제도에 대한 약사 이상으로 진전되지 못했던 것이 사실이다.

최근 서구 학자들은 중국뿐만 아니라 일본의 역사(학) 연구의 풍부한 전통에 좀더 전면적으로 의지해 과거의 사건들과 제도들에 대한 상세한 지식뿐만 아니라 전통적인 역사학에 대한 비판적 이해도 크게 증진시켜나가고 있다. 그에 덧붙여 현 세대의 서구의 중국사학자들은 급속히 발전하고 있는 유럽, 일본 중국의 중국학 연구들로 계속 굳건한 토대를 쌓아가는 동시에 현대 서구의 역사학 연구의 새로운 관점과 기법, 그리고 사회 과학 분야에서 이루어진 최근의 발전에 의존할 수 있게 되었다. 또한 최근의 역사적 사건들은 새로운 문제들을 돌출시키는 한편으로 동시에 좀더 오래된 관념들을 의문시하도록 만들었다. 이처럼 복합적인 충격 속에서 서방의 중국학 연구에서는 새로운 혁명이 꾸준히 세를 얻어가고 있다.

1966년에 처음 기획되었을 때 이 『캠브리지 중국사』는 서구의 역사학 애독자들에게 일종의 표준으로서 중국 역사에 대한 핵심적인 내용을 설명해주는 것을 목표로 삼았다. 6권으로 당시 우리가 중국에 대해 알고 있던 바를 설명해보려고 했던 것이다. 이후 각 시기와 관련된 연구들이 엄청나게 쏟아져 나오고, 새로운 연구 방법이 적용되고, 새로운 영역으로 연구 범위가 확대되면서 중국사 연구가 크게 촉진되게 되었다. 얼마나 괄목할 만한 성장이 있었는지는 이 '중국사' 가 지금은 14권으로 불어난 것만 보아도 잘 알 수 있는데, 여기서는 왕조 이전의 고대사는 제외되어 있다. 뿐만 아니라 예술사와 문학사, 경제와 기술의 많은 측면들, 그리고 정말 풍부한 지역사 자료들 또한 한편으로 제쳐놓을 수밖에 없었다.

지난 10년 동안 중국의 과거에 대한 우리의 지식은 현격하게 향상되었으며, 앞으로도 계속 가속화될 것이다. 이처럼 거대하고 복합적인 주제를 서구 학자들이 많은 노력을 기울여 탐구해보려고 하는 것은 서구의 여러 국민들이 중국을 좀더 많이, 그리고 깊이 이해해보려고 하기 때문이다. 중국사는 이제 당연한 권리와 필수품으로서뿐만 아니라 저도 모르게 관심을 갖지 않을 수 없는 주제로서도 전 세계 모든 사람들의 것이다.

존 K. 페어뱅크
데니스 트위체트
1976년 6월

THE
CAMBRIDGE
HISTORY
OF CHINA

01

이끄는 글:
구질서

역사와 중국의 혁명

    중국 근대사 — 즉 지금을 기준으로 과거에 중국에서 벌어졌다고 생각되는 일들 — 는 논쟁으로 가득 차 있다. 중요한 사건들은 널리 알려져 있지만 각 사건의 의미는 여전히 논쟁 중이다. 반면 무수히 많은 작은 사건들은 잘 알려지지 않거나 무시되고 있다.
    이처럼 논란이 분분한 첫번째 이유는 역사적 무지가 널리 퍼져 있는 데 있다. 이 분야에 관한 연구가 불충분한 바람에 연구나 서술을 위해 누구나 받아들일 수 있는 토대가 마련되어 있지 않은 것이다. '역사적 무지'라는 표현을 사용하는 까닭은 모든 관련 당사자들의 환경, 동인, 행동 등을 이해하는 것이 역사학의 과제라고 할 때 한쪽만을 고려하는 편향적 지식은 반대 측에 대해서는 완전히 무지하도록 만들어 결과적으로 아무것도 이해할 수 없도록 만들기 때문이다.

예를 들어 1840~1842년의 아편전쟁에 관한 영국 측 문서들은 이미 당시에 광범위하게 공개되었지만 중국 측 문서는 90년이 지난 1932년에 가서야 비로소 공개되었다. 게다가 양측 문서는 모두 주로 공적 관점을 대변하고 있다. 이 전쟁 동안의 일반 중국인들의 경험에 대해서는 제대로 기록되지 않았으며, 따라서 연구도 제대로 이루어지지 않았다. 따라서 겉으로는 꽤나 잘 알려진 것처럼 보이는 이 사건도 실제로는 여전히 완벽하게 이해되고 있는 것은 아닌 셈이다. 예를 들어 당시 중국의 지역민들은 중·영 간의 전쟁에 대해 과연 어느 정도로 수수방관하는 자세를 보였을까 또는 반대로 이들의 애국적 저항 운동의 수준은 어느 정도였을까 등에 관한 견해와 주장은 크게 갈리고 있다.

논란이 분분한 두번째 원인은 역사의 주요한 주역들을 갈라놓고 있는 광범한 문화적 차이에 있다. 그것은 19세기에 중국을 침략한 외세와 그에 저항한 중국의 지배층 사이의 언어, 사고, 가치관 등에서 나타나는 문화적 차이뿐만 아니라 이들 지배층과 — 20세기 들어와서는 혁명적으로 바뀌게 되는 — 중국의 광범위한 대중들 사이의 차이 모두를 가리킨다. 간단히 말해 중국의 근대사는 두 개의 커다란 드라마로 구성되는데, 하나는 국제 교역과 전쟁을 무기로 팽창을 거듭해 온 서구 문명과 농업과 관료주의를 무기로 이에 끈질기게 저항한 중국 문명 사이의 문화적 충돌이며, 이러한 충돌의 와중에서 미증유의 혁명을 거치며 이루어진 중국의 전면적 변화가 다른 하나이다.

중국과 외부 세계 그리고 구중국과 신중국 사이의 갈등과 변화로 점철된 이처럼 거대한 움직임들은 역사 기록과 역사가들 사이에서 여러 상이한 견해를 낳아왔다. 서구 역사가들은 이 시대가 빅토리아적 세계관으로 충만했던 시대라는 데 일단 의견의 일치를 보이고 있으며, 이를 기반으로 영국, 프랑스, 미국의 팽창주의자들이 19세기 중반에 불평등 조약 체제를 성립시켰다고 본다. 팽창주의자들은 국민 국가, 법치, 개인의 권익, 기독교와 과학 기술, 그리고 전쟁은 진보를 위한 수단이라는 생각 등을 신봉했다.

　마찬가지로 분명하게 확인되는 것이 바로 중국의 구지배층의 세계관으로, 이들은 유교 경전의 가르침과 천자가 천하를 다스린다는 정치관 등을 신봉했다. 천자는 위계질서와 신분에 기반한 조화로운 사회 질서의 정점에서 백성을 교화시킬 수 있는 성덕을 베푸는 모범을 보임으로써 천하를 통치하는 존재로 인식되었다. 이러한 구체제 속에서 고전의 가르침은 오직 전통의 범위 안에서 이루어지는 변화만을 용납할 수 있었으며, 확대된 가족 제도가 개인을 지배했고, 원칙적으로 권리는 무시된 채 의무만이 강조되었으며, 문관이 군대를 통솔하고 상인을 부렸으며, 도덕적 행동의 원리가 인간적 열정, 물질적 이익, 법조문보다 우선시되었다. 이처럼 두 문명은 참으로 대조적이었다.

　아무래도 변화가 상대적으로 더딜 수밖에 없는 구시대의 문명이 점차 보다 근대적이며 동적인 문명 앞에 무너지게 되면서 중국의 선구적인 학자와 관리 세대는 개혁을 추구하게 되었고, 이를 통해 새로운 세계관 그리고 세계 속에서의 중국에 대한 새로운 시각을 갖게 되었다. 그러나 이처럼 새로운 견해는 몰락기에는 필연적으로 그에 앞선 시대의 견해가 갖고 있던 통일성을 결여할 수밖에 없었다. 중앙 정부의 권위가 쇠퇴하면서 사상적 혼란은 한층 더 가중되었으며, 20세기 중반에 들어서야 마오쩌둥 사상을 통해 마르크스-레닌주의를 중국에 적용하면서 새로운 역사적 정통성이 비로소 재확립될 수 있었다.

중국의 대혁명이 계속 진전되어가면서 마오주의적 역사관 또한 계속 발전해나갈 것이다. 따라서 그와 함께 서구, 일본, 기타 외국의 역사관들 또한 그렇게 될 것이며, 그 결과 어느 정도 그들 사이에 의견이 접근할 가능성도 기대된다. 그럼에도 불구하고 근대 중국에서 어떤 일이 발생했고, 그러한 일이 발생한 원인은 무엇이며, 어떻게 전개되었는가를 둘러싸고 현재 진행되고 있는 격렬한 논쟁은 한동안 계속될 전망이다.

19세기에 역사에 대한 중국의 시각과 서구의 시각, 그리고 유교적 시각과 빅토리아적 시각은 현격한 대조를 보였는데, 그것은 오늘날까지 다양한 견해들 사이의 논쟁을 통해 계속 이어져왔다. 그리고 오늘날에는 근대사의 성격과 관련해 그처럼 상이한 견해들 사이에 이전보다 많은 공동의 논거가 마련되고 있지만 그것은 이들 사이에 발생한 논쟁을 한층 더 날카롭게 만들고 있을 뿐이다. 하지만 현재가 과거의 어디에서 기원했는지를 이해하려는 다양한 의견들 간의 논쟁이 계속되다 보면 결국에는 각 민족들 간의 이해를 증진시킬 수 있는 공동의 토대가 더욱 강화될 수 있을 것이다.

역사적 관심의 초점은 세대마다 다를 수밖에 없겠지만 근대 중국의 경우 당분간 몇몇 해결되지 않은 해석상의 문제들이 계속 관심의 대상이 될 것이다. 그러한 해석상의 중요한 문제 중의 하나가 외세가 끼친 영향의 정도와 성격에 관한 것이다. 중국에서 외국인들의 활동은 19세기에 급증해, 꾸준히 영향력과 파급 범위를 확대하다가 결국 머리부터 발끝까지 중국인의 삶을 변화시키는 데 기여하게 되었다.

그러나 외세의 충격과 그에 대한 중국의 반응 과정은 서서히, 거의 알게 모르게 시작되었다. 이러한 과정에 대한 인식은 일련의 단계에 따라 발전되었는데, 매 단계마다 그에 대한 인식은 한층 더 강렬해지고 정교화되었다.

첫번째 단계에서는 외국인들뿐만 아니라 중국인 관찰자들 역시 농업-관료주의에 기반한 구 중화 제국은 국제 교역과 포함砲艦을 앞세워 팽창 일로에 있던 영국과 그 밖의 제국들의 상대가 되지 못한다는 것을 인식했다. 외세의 중국 침략 속도는 가속화되었다. 1840~1842년의 아편전쟁 후 채 15년도 안 되어 1857~1860년 영불 연합군의 침략이 있었으며, 채 10여 년도 안 된 1871년에는 러시아의 일리伊犁 점령, 1874년 일본의 류큐琉球 점거, 그리고 또다시 10여 년 후인 1883~1885년의 청불 전쟁으로 이어졌다. 이어 9년 후인 1894~1895년의 청일 전쟁에서 청이 참패당했고, 계속해서 1898년에는 조차권 쟁탈전이 벌어졌으며, 1900년에는 의화단의 난이 일어났다. 이러한 일련의 대재앙은 그만큼 가시적이지는 않지만 훨씬 더 파급력이 큰 붕괴를 초래했다. 중국인들의 전통적인 자기 이미지, 즉 중국이 세계의 중심이라는 관념〔중화中華사상〕이 무너져 내렸던 것이다.

따라서 회고해볼 때, 19세기에 중국은 엄청난 비극을, 전혀 예측할 수 없었으며 분명 역사상 거의 전례가 없을 정도로 거대한 붕괴와 몰락을 경험했던 셈이다. 이러한 비극은 그것이 점진적이고 냉혹했으며 전면적으로 진행되었기 때문에 그만큼 더 잔혹한 것이었다. 구질서는 이 싸움에서 지연 작전을 쓰며 서서히 퇴각했지만 항상 더 강한 적과 조우할 수밖에 없었고 재앙 하나가 끝나면 더욱 큰 재앙이 닥쳐왔으며, 결국 중국인들이 주장하는 중국의 우월성, 황제가 통치하는 베이징北京의 중앙 권력, 유교 이념에 따른 통치, 사대부들로 구성된 지배 엘리트들 등이 하나하나씩 차례로 붕괴되거나 파괴되고 말았다.

두번째 단계의 인식은 20세기 초의 혁명가들 사이에 퍼지기 시작했다. 민족주의자들이 이제는 각국의 민족주의가 서로 겨루는 확대된 국제 세계 속에 살고 있다는 것을 발견했듯이 이들 혁명가들도 지금까지와는 전혀 다른 세계에 살게 되었다는 점을 깨닫게 되었던 것이다. 19세기 말 동안 청조의 구체제는 제국주의의 압력 아래 계속해서 외세에 특권을 양도하는 부담을 감수해야 했다. 이것은 불평등 조약 체제의 지속적 확대로 나타났다. 조약항은 1842년의 5개에서 1911년에는 약 50개로 늘어났다. 이와 함께 조약을 강요한 열강들의 국민, 재산, 교역, 산업에 대한 치외 법권적 영사 재판권이 확대되었다. 중국 수역에 대한 항해권은 포함의 중국 연해 항해에서 증기선의 주요 하천 항해 허용에 이르기까지 확대되었다. 외국인이 해관海關뿐만 아니라 몇몇 상관商關, 우체국과 염정鹽政 기구에서까지 관리로 임용되었다. 선교 사업은 중국의 모든 성으로 확대되었고 교육이나 의료 분야에까지 진출했다. 그 외에도 1900년 이후 외국 군대의 베이징 주둔, 1911년 이후 차관 상환과 전쟁 배상금 지불을 위한 관세 수입의 담보 등과 같은 다양한 특권들이 허용되었다. 이 모든 것이 일반 중국인들의 삶에 특히 커다란 영향을 미친 외부의 영향력을 보여주고 있었다. 근대 민족주의자들의 애국적 분노심을 자극하는 데 이것 이상 가는 것이 있었을까? 제1차세계대전의 발발과 함께 이러한 외세의 침략은 점점 더 '제국주의'라고 불리게 되었으며, 반드시 제거되어야 할 치욕거리로 간주되었다.

이러한 시각 속에서 세번째 인식이 나타났다. 제국주의의 중국 침략은 중국의 허약함으로 인해 조장되었는데, 군사적인 면뿐만 아니라 도덕적인 면에서도 그러했다는 것이다. 조약항에서 산업 노동자를 착취하는 악행뿐만 아니라 아편이나 쿨리 수송 등 악명 높은 분야에 종사하면서 외세를 위해 일하고 그들과의 합작을 통해 이익을 추구하는 데서 잘 보이듯이 애국적 헌신이 결핍된 것이 대표적인 사례였다. 이와 마찬가지로 군벌의 할거, 지주들의 이기적 태도, 가족 우선의 족벌주의 등을 보면 도덕적 타락이 얼마나 심각했는지를 잘 알 수 있었다. 그리고 중국의 취약함은 대부분 구 지배층 — 이민족인 만주족이 통치하는 조정, 유교 경전만 교육받아 시대에 뒤떨어진 관리들, 특권을 이용해 고급 학문과 문화를 독점하고 있는 독서인들, 가난한 소작인들을 착취하는 지주들 — 에 내재되어 있었다. 각종 제도와 관행들로 이루어진 이러한 복합체를 한마디로 '봉건주의'로 요약할 수 있을 것이다.

이런 식으로 20세기 들어 19세기 중국의 재앙은 봉건주의와 제국주의라는, 하나의 맞짝을 이루는 두 개의 개념을 중심으로 인식되었다. 중화인민공화국에서는 중국의 근대사를 서술할 때 이 두 용어와 이 용어들에 대한 마르크스, 엥겔스, 레닌, 스탈린 그리고 마오쩌둥 등의 해석을 이용해왔다. 지금도 여전히 압도적으로 농업 중심적이며 아직도 1930~1940년대에 있었던 일본의 침략을 기억하고 있는 이 광대한 나라에서 여전히 토착 지배층과 외부 침략은 과거로부터 물려받은, 따라서 지금도 반드시 격퇴시키지 않으면 안 되는 두 개의 주요 악으로 간주되고 있다.

제국주의라는 개념은 중국에서 사용되는 동안 의미가 확대되었다. 앞서 언급한 대로 이러한 측면에서 제국주의는 1920년대 이래 국민당뿐만 아니라 중국공산당의 사상에서도 계속 역할을 확대해나갔다. 그리고 마오쩌둥의 사상 속으로 들어가 체계화되었다. 제국주의는 1890년대에 금융 자본주의 단계의 제국주의라는 레닌주의적 제국주의 개념이 등장하기 훨씬 전인 아편전쟁 시기부터 계속 활동하고 있었다. 마오쩌둥의 제국주의론은 시기를 훨씬 더 앞당겨 빅토리아 시대 초기의 상업 팽창기의 전쟁과 포함 외교를 포함하게 되었을 뿐만 아니라 범주를 확대해 19세기에 있었던 거의 모든 형태의 외국과의 접촉까지 포함하게 되었다. 예를 들어 기독교 선교 사업은 문화적 제국주의로 불리게 되었다. 서구 열강의 활동이 종종 공격적인 팽창운동으로 전개되었다는 것은 기록상으로도 명백하기 때문에 역사가들은 통상 중국인을 제국주의 침략과 착취의 피해자라고 보는 것은 얼마든지 개괄적인 결론으로 합당하다고 생각한다. 일반론이라면 그러한 결론은 거의 논란이 될 수 없을 것이다. 유럽이 공격적으로 팽창해나갔으며 그것이 이후 주요한 결과를 가져왔다는 것은 근대 세계사의 주요한 사실이기 때문이다.

 그러나 본서의 연구는 현재의 관점만큼이나 과거의 관점에도 충실할 것을 목표로 하고 있다. 따라서 해당 사건들이 발생했던 당시 사람들의 견해나 동기 혹은 역사적 이해 등을 재구성하는 데 주력하게 될 것이다. 중국인들의 역사의식은 혁명을 거치면서 변화되었기 때문에 구질서하의 삶의 조건을 이해하는 것은 물론 당시 중국인들의 자아상이 어떤 것이었는가를 이해하는 작업이 필수적이다. 그러한 탐구는 제대로 이루어지기만 한다면 제국주의란 어떤 것인가를 이해하는 데도 도움이 될 것이다. 즉 제국주의는 외부로부터 들어와 중국을 압도했던 일방적인 세력에서 상호 작용의 산물로 바뀔 것이며, 중국과 외부 세계 사이의 이러한 상호 작용에 대한 연구가 더욱 진전되면 일반 명사로서의 제국주의는 다양한 요소와 조건들로 다시 세분화될 것이다.

먼저 중국 사회는 인구가 매우 많고 지역적인 조건 또한 극히 다양했다. 넓은 영토를 갖고 있었기 때문에 그만큼 더 외부의 영향을 쉽게 받지 않았고, 외국과의 접촉에 대해서도 일사불란하게 결집하지 못하고 제각기 분열되어 상이한 반응을 보였다. 대체로 중국은 자급자족적인 성격이 강한 나라였다. 무엇보다 외국과의 교역에서 그러했으며 대외 교역이 경제에서 차지하는 비중은 상대적으로 중요하지 않았다. 그리고 두번째로 청淸 제국은 1750년대의 일리 정복, 러시아와의 성공적인 캬흐타恰克圖 교섭, 영국과의 성공적인 광저우廣州 교섭 등을 통해 군사적으로 매우 강력해 보이는 방어력을 구축해왔다. 그리고 마지막으로 청이 고수한 제국적 유교 이념은 외부 세계의 정치 관념을 수용할 수 없도록 만들었다. 이 세 가지 요인들이 중국의 독특한 자급자족성의 바탕이 되었다. 하지만 이와는 전혀 다른 또 다른 역사 전통이 중국인들로 하여금 외세의 침입에 대해 그다지 민감한 반응을 보이지 않도록 만들었다. 오랑캐의 침입 그리고 이들이 광대한 중국의 사회와 문화 속으로 흡수 또는 동화되어온 전통이 바로 그것이었다. 이 때문에 제국적 유교 사상은 외부 세계의 민족주의적 정서를 쉽사리 받아들일 수 없는 초민족주의적 체계가 될 수 있었다.

이처럼 1800년대 초에 중국은 국가적으로나 사회적으로 자급자족적인 전통적 삶의 방식에 매달려 있는 폐쇄적인 사회였기 때문에 서구의 침략에 재빨리 대응할 수 없었다. 그리고 뒤이은 침략자들과의 교섭도 중국의 입장을 충분히 반영한 가운데 외국의 체제를 수용한 것이 아니었다. 예를 들어 청조는 대외 교역이나 투자가 나라에 중요한 기능을 할 수 있다는 인식이 애초에 없었다. 청조는 통치 기반인 농업 — 주요 생계가 여기에 달려 있었다 — 적인 사회 질서를 유지하는 데 주로 관심을 집중했다. 외국과의 교섭은 부차적인 것으로 간주되었다. 처음에는 서양인들이 실제로 중국의 정치 질서나 사회 질서의 가장자리로 진입해 변두리에서 활동하는 것이 얼마든지 허용되었다. 과거에 오랑캐들이 그러했던 것처럼 말이다.

광대한 영토, 자급자족성, 무반응, 지배 계층의 무관심 등 이 모든 조건들은 결국 청으로 하여금 서구의 접촉에 제대로 대처할 수 없도록 만드는 결과를 가져왔다. 좀더 긍정적으로 보자면 근대에 들어와 실제로 이러한 접촉이 구체화되었을 때 중국이 붕괴한 한 가지 단서는 청 문명이 근대 이전 시기에 이룩한 성공 바로 거기에 있었다고 할 수 있을 것이다. 그러한 붕괴를 이해하려면 그보다 앞선 시기의 성공에 대한 이해가 선행되어야 하는데, 그러한 성공이 너무나 컸던 까닭에 오히려 중국의 지도자들이 재앙에 대비할 수 없었기 때문이다. 1896년 개혁가인 량치차오梁啓超는 이를 이렇게 표현한 바 있다.

> 여기 1,000년을 버텨온 대저택이 있다. …… 그것은 여전히 거대하다. 그러나 갑작스러운 비바람을 만나면 견디지 못하고 무너져 내릴 것이 분명하다. 그럼에도 불구하고 거기 사는 사람들은 전혀 무관심한 채 …… 즐겁게 뛰놀거나 깊은 잠에 **빠져** 있다.[1]

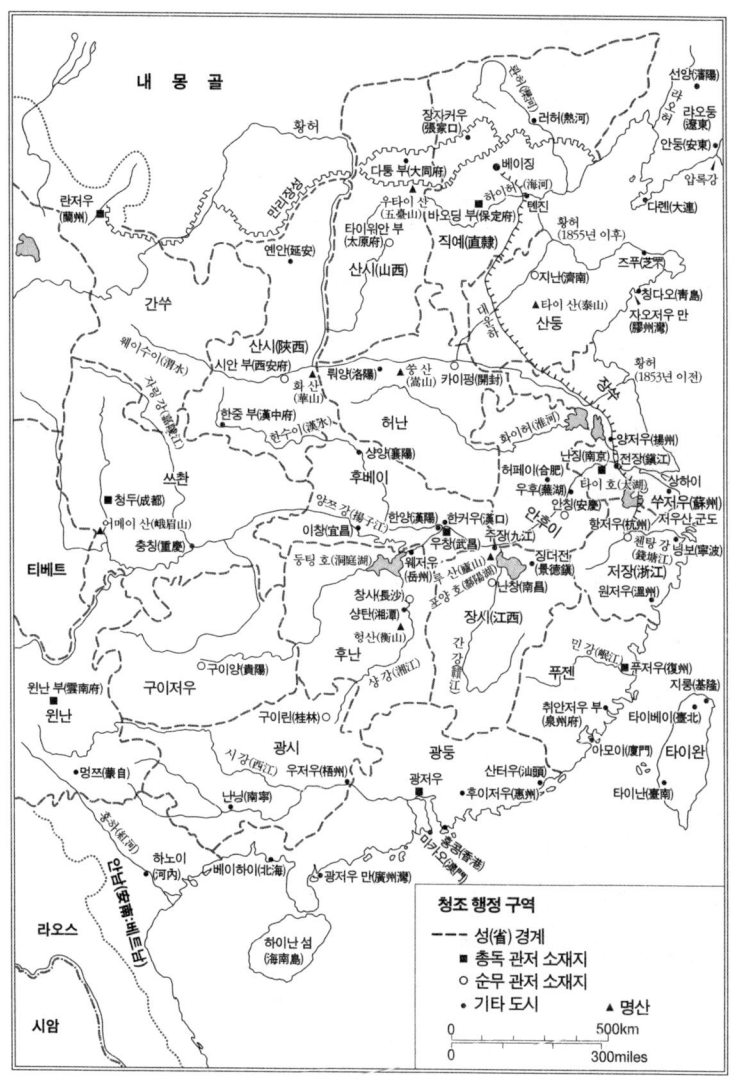

〈지도 2〉 19세기의 중국 본토

구사회

역사 해석과 관련해 아직까지 해결되지 못한 또 다른 일군의 문제들은 전통 사회와 관련되어 있다. 즉 사회 구조, 행정 조직, 통치 이념, 그리고 경제 성장 등이 그것이다. 이에 관해 널리 수용되고 있는 가설은, 전통 사회가 구조적으로 너무나 효율적이고 균형 잡힌 이념과 관습을 창조해냈기 때문에 서구의 접근에 혁신적으로 대응하기가 어려웠다는 것이다. 이러한 견해에 따르면 과거 중국 사회의 '성숙됨'은 마치 생체의 항상성같이 부동성을 유지할 수 있는 능력, 즉 안정성을 통해 확인된다. 다시 말해 그동안 축적되어온 기득권자들의 이익이 너무나 커 그것이 변화를 가로막았다는 것이다. 그 결과 불가항력적인 타성, 기존 생활 방식의 고수, 전통의 한계 속에서만 변화를 허용하려는 태도 등이 나타나게 되었다. 중국 역사의 흐름은 타성적이며 외세에도 둔감하다는 이런 견해들은 중국에서는 다양한 문화와 생활 방식이 상호 작용을 통해 서로를 보완해주고 있기 때문에 외부의 자극에 대해서는 부정적으로 반응할 수밖에 없다는 소위 문화적 자율성 이론에 의해서도 뒷받침되고 있다.

물론 이런 종류의 두루뭉술한 개념들은 그저 엄밀한 사고를 대신하는 것일 뿐일 수도 있다. 분명 그것은 현재 우리가 얼마나 무지한지를 말해주고 있다. 그러나 일반 독자들에게도 역사에 대한 이해를 제공하는 것이 역사학의 본령이라고 한다면 역사에서 일반적 관념의 사용은 피할 수가 없을 것이다. 그러한 일반화에 앞서 중국의 국가와 사회를 사실적으로 파악하는 일이 무엇보다 중요한데, 여기에는 1800년경의 일반적인 시대 상황과 제도적 관행 등도 포함되어야 한다. 이 시기에 중국 인구는 3억 명을 넘었는데, 이 수치는 러시아를 포함한 유럽 전체 인구의 거의 두 배에 해당하는 것이었다. 그리고 중국의 국내 시장과 교역 규모 또한 유럽보다 훨씬 더 컸다고 해도 큰 무리는 아닐 것이다.

19세기 초가 되면 어떤 수준에서든 중국의 사회 질서가 타성에 젖어 있는 것이 분명해 보였다. 그것은 농촌 마을과 성시城市의 평범한 사람들, 지배층을 이루고 있던 토착 엘리트 즉 '신사'들의 대가족, 각 현에서 베이징의 조정에 이르는 각 단계의 행정 기구들, 그리고 지상의 삶의 정점을 이루는 황궁 등 어디에서나 찾아볼 수 있었다. '천하'라는 이러한 중국적 세계는 확고부동하게 통일되고 언제나 변함없는 존재로 만세를 지속할 것으로 기대되었고, 또한 상당 정도는 그러한 성격을 갖고 있었다.

제국의 통일(성)은 중국 문명이 이룩한 업적 가운데 첫손에 꼽히는 것이었고, 또 통일은 평화를 의미했기 때문에 중국인의 주된 관심사이기도 했다. 그러나 중국은 대단히 넓은 영토와 다양성만으로도 쉽게 분열될 조건을 갖고 있었다고 할 수 있다. 18개 성은 다시 고유한 특성을 가진 수많은 지역들로 나누어졌고, 각 지역은 상당 정도 자급자족이 가능했다. 예를 들어 산시山西 성 중심부에 위치한 타이위안太原 분지와 펀수이汾水 유역은 두 방면은 산악 지대와 다른 두 방면은 황허黃河와 접하고 있었다. 훌륭한 관개 시설을 갖춘 쓰촨四川 분지는 사방이 산악으로 둘러싸여 있었으며, 오직 양쯔 강揚子江을 따라 펼쳐진 협곡만이 다른 지역과 관계를 맺을 수 있는 유일한 통로였다. 서남방의 윈난雲南 성 또한 고원 지대에 위치하고 있어서 다른 지역과의 접촉

이끄는 글: 구질서

이 쉽지 않았다. 쌀의 곡창 지역인 광둥廣東의 주 강珠江 삼각주, 양쯔 강 하구 삼각주, 후난湖南 성과 후베이湖北 성 등은 각각 지방 세력의 기반이 될 수 있는 지역이었다. 20세기 들어와 외국인들이 남만주라 부르기 시작한 지역, 즉 랴오둥遼東 지역 또한 만주의 청 왕조가 1644년 장성 이남을 장악하기 전에 세력을 키울 수 있도록 해준 또 다른 세력 근거지였다.

 게다가 중국은 남북으로 길게 뻗어 있어 다양한 기후 조건을 갖고 있는데, 그에 따라 생활양식도 크게 두 지역으로 나뉘어 뚜렷한 대조를 보였다. 남방 및 동남방 지역에서는 여름의 강한 계절풍의 영향으로 강우량이 많아 벼의 이기작이 가능했다. 반면 강우량이 적고 날씨의 변덕이 심한 북서부의 장성 지역에서는 사람들이 끊임없이 기아의 위기에 직면했다. 화북華北의 건조 지대의 농부들은 흙을 다져 굳히거나 햇볕에 말린 흙벽돌을 쌓아 벽을 세우고 위에 초가지붕을 얹어 집으로 삼았고, 습기가 많은 화남華南 지역 농부들은 가마에서 구운 벽돌과 기와로 지은 집에서 살았다. 또 화남 지방 사람들은 천으로 만든 신발 대신 짚신이나 나막신을 신었고, 비나 햇빛을 가리기 위해 짚 등을 엮어서 만든 넓은 모자를 착용한 반면 화북의 추운 지역 사람들은 귀마개가 달린 털가죽 모자를 썼다. 교통수단으로 남부 지방 사람들은 대개 수로를 이용하거나 아니면 포석 도로를 이용했는데, 도로는 큰 수레가 다니기에는 적절치 못했다. 그리고 물건을 메어 나르는 데는 긴 장대扁擔, 외바퀴 손수레, 나귀 등을 일반적으로 이용했다. 그러나 북부 지역의 전형적인 교통수단은 바퀴가 두 개 달린 우마차였다. 도로는 포장되지 않은 흙길이었는데, 때로 황토가 바람에 날려가 몇 피트나 움푹 파인 곳도 있었다. 가장 대조적인 것은 두 지역의 풍경으로,

화북 지역의 경우 유목민 약탈자들을 막기 위해 방벽을 둘러친 마을들이 넓은 평원에 점점이 흩어져 있는 모습이었던 데 반해 화남의 전형적인 구릉에 위치한 농촌 지역은 유목민 약탈자를 걱정할 필요가 없었으며 농장들은 무성하게 우거진 수풀을 방벽 삼아 곳곳에 보다 작은 단위로 흩어져 있었다. 그리고 관개 시설이 잘 정비된 지역의 벼 경작이 건조 지역의 곡물 경작보다 훨씬 더 높은 생산성을 보이고 있었기 때문에 화남 지역의 1인당 식량 공급량이 훨씬 더 많았을 뿐만 아니라 지주-전호 관계도 훨씬 고도로 발달해 있었다.[2]

특유의 집약 농법, 공고하게 조직된 가족생활, 관료주의적 행정 등을 특징으로 하는 중국 문명이 서서히 확산되면서 동서남북 사방으로 중국의 모든 것의 기저에 일정한 동질성이 자리 잡게 되었다. 아마 이러한 동질성은 사회학자들이 생각하는 것보다 훨씬 더 강력하게 지배 엘리트의 정신세계 속에 자리 잡고 있었을 것이다. 여하튼 이것은 가설로서 널리 인정되어왔다. 정치적 통일성 못지않게 문화적 동질성이라는 것 또한 중국의 거대한 사회적 신화 중의 하나로서 유교적 생활 방식의 보편성을 입증해주고 있었다. 그 결과 광대한 중국의 영토를 하나의 단위로 다루는 것이 일반적인 경향이었고 지금도 여전히 그러하기 때문에 지역 간 차이나 지역주의의 양상에 대한 연구는 아직 그다지 활발히 진행되지 못하고 있다.

이처럼 중국이 하나로 통일되어 있으며 동질적이라는 느낌을 갖게 된 것은 중국적 생활양식이 특이할 정도로 오랫동안 지속되어온 데서도 기인했는데, 그것은 역사의 여명기 이전 신석기 시대부터 부단히 이어져 내려온 것이었다. 정착촌을 이루어 사는 가족 집단이 괭이로 경작하는 농경법은 BC 5000년경 황허의 지류인 웨이수이渭水 유역(즉 시안西安 부근의 반포 마을半坡村과 같은 지역)에서 이미 출현했다. 전사-통치자들의 간헐적인 침입에도 불구하고 중국인의 촌락 생활은 외관상 사회적·기술적으로 갑작스런 변화에 의해 중단되는 일 없이 이때부터 지속성을 유지한 채 꾸준히 발전해온 것 같다. 촌락 공동체 사이의 평화와 질서를 유지하는 것 또한 오랜 전통을 지닌 중국 지배층의 특별한 관심사였다. 왕조는 계속 바뀌었지만 이들 지배층은 점차 복잡한 관료주의 통치 조직을 창조해냈다. 1800년 이후까지 이처럼 농업-관료주의에 기반한 중국 제국은 유럽의 상업적·군사적 사회보다 훨씬 오래된 그리고 그것과는 전혀 다른 사회 질서를 유지해 오고 있었다. 중국의 농업 공동체에서는 폭력의 사용을 포함해 개인의 용기와 적극적인 태도가 해상 활동, 전쟁, 탐험, 해외 이민 등을 추구하는 유럽 사회에서와는 달리 그리 중시되지 않았다.

    1800년을 기준으로 볼 때 최소한 전체 인구의 4/5를 차지하고 있던 일반 농민은 친족 간의 유대, 신분에 따른 의무의 수행, 예의범절과 사회적 처신 등에서 제대로 교육받았다는 점에서 문화인이라고 할 수도 있었다. 그러나 그들은 대개 문맹이거나 반문맹이었다. 따라서 그들의 삶은 유교적 합리주의보다는 민중 문화 속의 구전, 미신, 도교나 불교의 종교 의식 등과 좀더 밀접하게 연결되어 있었다. 농부였던 이들은 대부분 자연과 가까이하며 살았다. 이들은 자연의 아름다움에도 친숙했지만 전염병으로 많은 고통을 당하기도 했는데, 특히 눈병과 피부병이 심했고 기생충 감염도 많았다. 평민으로서 이들은 또한 지배 엘리트층과 그들의 특권에 대해 잘 알고 있었지만 직접 대면하는 일은 거의 없었고, 주로 마을과 시장을 중심으로 구성된 공동체에 매몰되어 있었다.

화북 지역의 경우 유목민 약탈자들을 막기 위해 방벽을 둘러친 마을들이 넓은 평원에 점점이 흩어져 있는 모습이었던 데 반해 화남의 전형적인 구릉에 위치한 농촌 지역은 유목민 약탈자를 걱정할 필요가 없었으며 농장들은 무성하게 우거진 수풀을 방벽 삼아 곳곳에 보다 작은 단위로 흩어져 있었다. 그리고 관개 시설이 잘 정비된 지역의 벼 경작이 건조 지역의 곡물 경작보다 훨씬 더 높은 생산성을 보이고 있었기 때문에 화남 지역의 1인당 식량 공급량이 훨씬 더 많았을 뿐만 아니라 지주-전호 관계도 훨씬 고도로 발달해 있었다.[2]

특유의 집약 농법, 공고하게 조직된 가족생활, 관료주의적 행정 등을 특징으로 하는 중국 문명이 서서히 확산되면서 동서남북 사방으로 중국의 모든 것의 기저에 일정한 동질성이 자리 잡게 되었다. 아마 이러한 동질성은 사회학자들이 생각하는 것보다 훨씬 더 강력하게 지배 엘리트의 정신세계 속에 자리 잡고 있었을 것이다. 여하튼 이것은 가설로서 널리 인정되어왔다. 정치적 통일성 못지않게 문화적 동질성이라는 것 또한 중국의 거대한 사회적 신화 중의 하나로서 유교적 생활 방식의 보편성을 입증해주고 있었다. 그 결과 광대한 중국의 영토를 하나의 단위로 다루는 것이 일반적인 경향이었고 지금도 여전히 그러하기 때문에 지역 간 차이나 지역주의의 양상에 대한 연구는 아직 그다지 활발히 진행되지 못하고 있다.

이처럼 중국이 하나로 통일되어 있으며 동질적이라는 느낌을 갖게 된 것은 중국적 생활양식이 특이할 정도로 오랫동안 지속되어온 데서도 기인했는데, 그것은 역사의 여명기 이전 신석기 시대부터 부단히 이어져 내려온 것이었다. 정착촌을 이루어 사는 가족 집단이 괭이로 경작하는 농경법은 BC 5000년경 황허의 지류인 웨이수이渭水 유역(즉 시안西安 부근의 반포 마을半坡村과 같은 지역)에서 이미 출현했다. 전사-통치자들의 간헐적인 침입에도 불구하고 중국인의 촌락 생활은 외관상 사회적 · 기술적으로 갑작스런 변화에 의해 중단되는 일 없이 이때부터 지속성을 유지한 채 꾸준히 발전해온 것 같다. 촌락 공동체 사이의 평화와 질서를 유지하는 것 또한 오랜 전통을 지닌 중국 지배층의 특별한 관심사였다. 왕조는 계속 바뀌었지만 이들 지배층은 점차 복잡한 관료주의 통치 조직을 창조해냈다. 1800년 이후까지 이처럼 농업-관료주의에 기반한 중국 제국은 유럽의 상업적 · 군사적 사회보다 훨씬 오래된 그리고 그것과는 전혀 다른 사회 질서를 유지해오고 있었다. 중국의 농업 공동체에서는 폭력의 사용을 포함해 개인의 용기와 적극적인 태도가 해상 활동, 전쟁, 탐험, 해외 이민 등을 추구하는 유럽 사회에서와는 달리 그리 중시되지 않았다.

    1800년을 기준으로 볼 때 최소한 전체 인구의 4/5를 차지하고 있던 일반 농민은 친족 간의 유대, 신분에 따른 의무의 수행, 예의범절과 사회적 처신 등에서 제대로 교육받았다는 점에서 문화인이라고 할 수도 있었다. 그러나 그들은 대개 문맹이거나 반문맹이었다. 따라서 그들의 삶은 유교적 합리주의보다는 민중 문화 속의 구전, 미신, 도교나 불교의 종교 의식 등과 좀더 밀접하게 연결되어 있었다. 농부였던 이들은 대부분 자연과 가까이하며 살았다. 이들은 자연의 아름다움에도 친숙했지만 전염병으로 많은 고통을 당하기도 했는데, 특히 눈병과 피부병이 심했고 기생충 감염도 많았다. 평민으로서 이들은 또한 지배 엘리트층과 그들의 특권에 대해 잘 알고 있었지만 직접 대면하는 일은 거의 없었고, 주로 마을과 시장을 중심으로 구성된 공동체에 매몰되어 있었다.

통상 100호로 이루어진 보통의 촌락은 시진 아래 단위로, 자급적이지 못했다. 이러한 촌락들의 진정한 공동체는 시진의 읍내에 중심지를 두고 있었는데, 물론 기껏해야 2~3마일밖에 되지 않는 이곳은 걸어서도 얼마든지 갈 수 있는 곳이었기 때문에 장이 서는 날이면 가족 중의 하나가 다녀올 수 있었다. 어느 한 도시에서 장이 서는 날(예를 들어 열흘장에서 3, 6, 9번째 날에 장이 서는 경우를 상정해볼 수 있을 것이다)은 이웃 도시에서 장이 서는 날을 함께 따져본 후에 정해졌다(예를 들어 이웃 도시에서는 2, 4, 7, 9자가 들어가는 날에 장이 설 수 있었다. 아니면 3, 5, 8, 10번째 날에 장이 설 수도 있었다). 이런 식으로 그보다 훨씬 더 큰 시장의 중심지 밖에서 장사하는 떠돌이 봇짐장수와 상인들은 해당 지역의 시진들을 순회할 수 있었다. 가장 낮은 단계 또는 표준적인 시진은 보통 12~18개의 촌락으로, 다시 말해 총 150여 호 또는 7,000명의 사람들로 둘러싸여 있었다. 이러한 촌락에서 건장한 남자라면 여러 해 동안 이러한 시진을 수천 번 다녀가는 가운데 그곳의 다관, 지역 불당 또는 임시 장, 축제 의식 등에서 이 시진 공동체의 다른 대부분의 성원들을 만날 기회를 가질 수 있었다.

이 공동체는 잉여 농산물이나 수공품을 주고 종이, 금속제 도구, 도자기 또는 그 밖의 물품을 얻는 경제적 토대뿐만 아니라 동시에 사회적 토대도 갖고 있었다. 많은 촌락들이 집성촌이어서 족외혼의 관습이 강했기 때문에 각 가정은 성시에 있는 중매쟁이들을 통해 신부를 다른 마을에서 구해야 했다. 만약 비밀 결사 지부 같은 것이 있다면 대개 성시에 근거지를 두는 것이 관례였으며, 또 농민들이 지역 유지나 관청의 대표자를 만나는 곳도 그곳이었다.[3]

현대 사회에서는 개인들이 생존과 안전을 보험에 의존하고 있다면 이러한 농민 사회에서는 친족 집단이 교육, 여흥, 주요한 사회적 교제뿐만 아니라 생존과 안전까지 함께 제공했다. 어릴 적부터 개인은 가족들 간의 예의바른 관계, 특히 효도를 중시하도록 교육받았다. 자식은 부모에게 복종하고, 아내는 남편에게 순종하며, 신하는 임금에게 충성을 다해야 한다는 고전적 가르침인 삼강은 권위주의적인 것이었다. 하지만 핵가족 내의 신분상의 위계질서는 다시 대부분의 가족이 연관을 맺게 되는 공동의 가문 또는 일족으로 확대되는 친족망의 일부분에 지나지 않았다.

　이러한 가문(또는 '일족'으로 불리기도 한다)은 온갖 계급적인 구분선을 가로지르는 자생적인 조직으로, 종종 그러한 구분선의 한 극단에는 영락해 거의 생계를 꾸릴 능력조차 없는 자가 있는가 하면 다른 극단에는 독서인 신분을 획득한 자들이 있었다. 가문 조직은 보통 가묘家廟와 일종의 종교 의식으로 조상에 대한 제례를 지켜나갔다. 그리고 보통 구성원의 결혼 문제를 다루고, 서당을 세워 재능 있는 아이들의 교육을 담당했다. 또 일족들 간에 법과 질서를 유지시켜, 일족 간의 갈등이 소송으로 발전해 관리들과 복잡하게 얽히는 사태를 막으려 했다. 같은 이유로 각 가문은 권위를 동원해 일족들의 납세 문제를 깨끗하게 처리하려 애쓰기도 했다. 혼란기에는 심지어 지역별로 자위단을 조직하기도 했다. 청조의 율령도 가문의 위상에 관한 규정을 두고 있었는데, 대체로 연장자들의 권위를 뒷받침해주고, 친족 내의 지위에 따라 처벌을 달리하도록 규정하고 있었다. 이처럼 국가가 사회 질서 유지를 위한 분명한 방법으로서 가족 구조를 법적으로 지지하고 있었던 것이다.

　이처럼 개인은 가족에 종속되어 있었다. 다만 그것의 완전한 의미를 이해하는 것은 현재의 우리로서는 쉽지가 않을 것이다. 아버지의 권위와 그에 대한 자식들의 복종이 어찌나 절대적이었는지 아버지의 가르침에 순종하지 않는 아들은 벌을 받거나, 심지어 '반인륜'에 해당되지 않는다고 인정될 경우 아들을 죽여도 법적 제재를 받지 않을 수 있었다. 아니면 부모는 당국자에게 불효자를 처벌해달라거나 추방시켜달라고 요청할 수도 있었다. "부모에게 욕을 하거나 폭행을 가한 자 혹은 기타 신체적인 위해를 가한 자에게는 사형이 선고되었다."[4]

친족 집단 내에서 연장자에게 복종하는 법을 배웠기 때문에 평민 농부들은 상위 계층의 윗사람들에게 쉽게 복종할 수가 있었다. 시진 공동체의 정점에는 신사紳士 구성원들이 있었는데, 이 신사란 용어는 영어로는 일반적으로 '젠트리gentry'라고 번역되지만 의미는 그렇게 명백하지가 않다. 중국 사회에 대한 막스 베버의 연구는 현대적 연구가 시작되었다고는 말하기 힘든 제1차세계대전 중에 진행되었지만 이후 큰 영향을 미치는데, 그는 독서인 계층이 중국의 국가와 사회 질서에서 핵심적인 기능을 수행했다는 점을 강조한 바 있다. 보다 최근에 많은 연구가 이루어지면서 과거 시험에 합격한 이들 계층의 모습이 좀더 분명히 드러나게 되었는데, 학위 소지자들로 이루어진 공적인 위계질서 속에서 이들이 차지하고 있던 지위는 아주 상이했다. 동시에 이와 다른 연구들은 1800년 당시 급격한 인구 증가로 농지 부족에 허덕이고 있던 농촌 사회에서 지주들이 얼마나 핵심적인 역할을 했는지를 강조하고 있다. 이처럼 당시 농촌 사회를 지배한 지역 엘리트의 역할을 이해하는 데는 두 가지 방식의 접근이 가능한 셈이다. 하나를 사회정치적 접근이라 한다면 다른 하나를 경제적 접근이라 할 수 있을 것이다. 종종 해석을 둘러싼 충돌이 없는 것은 아니지만 이 두 가지 접근 방법을 번갈아 살펴보면 이를 조화시키는 것이 영 불가능한 것도 아님을 알 수 있을 것이다.

19세기 초 학위 소지자들은 대부분 부府별로 실시된 원시院試를 통과한 생원生員이거나 연납捐納으로 그와 비슷한 지위를 획득한 감생監生이었다. 이 두 집단을 합친 숫자는 약 110만 명에 달했던 것으로 추정된다. 생원과 감생의 비율이 통상 2 대 1 정도였으므로 이러한 초급 학위 소지자의 1/3 정도가 일정액의 헌금을 국가에 헌납하고 지위를 획득했다고 볼 수 있다. 이 외에 고관들의 추천으로 학위 신분을 획득하는 사람들도 있었으나 소수에 불과했다. 따라서 재능 있는 사람들에게 기회를 제공해준 주된 통로는 3년마다 실시되는 고전적인 과거 시험이었다고 할 수 있다.

물론 학위 신분 자체가 관직을 보장해주지는 않았다. 보다 상급의 과거 시험을 통과하거나 아니면 천거를 받아야 했으며, 마지막으로 무엇보다도 구체적으로 관직에 임명되어야만 관계官界에 들어설 수 있었다. 가령 어떤 사람이 24세에 첫 관문을 통과했을 경우 향시鄕試에 합격해 거인擧人이 되는 나이는 보통 31세였고, 이후 다시 회시會試에 합격해 진사進士가 되는 나이는 35세 정도였다. 물론 이는 과거 합격자들에 한한 계산이다. 이처럼 학위 소지자 집단은 상층에서 하층에 이르기까지 경사가 급격한 피라미드 구조를 이루고 있었다. 수도 이외의 주요 지방 관직 수는 2,000여 개에 지나지 않았고, 거기에 교육직學官 1,500개 정도를 더할 수 있었다. 청조의 법규에 따르면 문관직은 총 2만여 개이고, 무관직이 7,000여 개였다. 권력층에 자리 잡고 있는 관리 수는 이처럼 매우 적었는데, 당시 언제든지 그러한 자리로 나갈 수 있는 자격을 갖춘 학위 소지자들의 수도 마찬가지였다. 즉 거인의 수는 약 18,000명이었고, 진사의 수는 약 2,500명이었으며, 베이징의 한림원翰林院에 근무하는 한림의 수는 650여 명이었다. 실로 관직 소유자들은 선택받은 사람들에 다름 아니었다. 따라서 100만 명이 훨씬 넘는 초급 학위 소지자들을 '평민 학자', 즉 면역免役의 특권을 획득하기는 했지만 아직 관리 계층에 이르지 못한 과도적 집단으로 간주하는 견해가 있는 것도 당연하다. 이들 소위 '하층 신사'들은 지역 내 독서인으로서 가정교사, 서당의 훈장, 서기직 등이나 기타 다른 형태로 점잖게 품위 있는 활동을 할 수가 있었다. 그러나 직접적으로 예비 관리층을 형성하며 때로는 기능 집단으로서 관리들과 상호 깊은 관계를 유지할 수 있었던 것은 제한된 수의 '상층 신사' 들뿐이었다.

하층 신사와 특히 상층 신사들은 지역 공동체에서 다방면으로 지도력을 발휘했다. 예를 들어 그들은 다리, 나룻배, 성벽, 사당 등을 유지하기 위한 공공사업을 감독했고, 학교와 서원을 지원했으며, 지방지 발간에 참여하거나 후원했고, 지방의 제사와 공자에게 올리는 제사를 주관했다. 또 이재민, 노숙자, 노인, 허약자 등에 대한 구제 활동을 조직함으로써 지방의 재난에 대처했다. 또 혼란기에는 중앙 정부의 재정적 후원하에 지방의 자위 무장 단체를 조직하고 심지어 이끌기도 했다. 이 모든 활동에서 이들 지역 엘리트들은 유교의 행동 규범과 지방 행정에 관한 지식뿐만 아니라 일반 서민들 사이에서 누리는 명성 그리고 관리들과의 밀접한 관계 등을 이용해 재정적 수단을 마련하거나 개인적인 지도력을 발휘했다. 이들은 행정과 관료 체제의 필수 불가결한 버팀목으로, 이들 없이는 아무것도 할 수 없었다. 반면 그에 대한 대가로 이들 지방 엘리트들, 특히 상층 신사들은 통상 관료 사회와의 접촉을 통해 자신들의 경제적 지위를 보호했다. 중국의 국가 제도에는 관에 의한 징수나 심지어 압수로부터 사유 재산을 보호해줄 수 있는 효과적인 법적 장치가 없었기 때문이다. 그들은 관에 대한 영향력 행사와 요역徭役과 체벌의 면제 특권을 철저하게 지켜냈다. 또한 그들은 신사 신분을 상징하는 고유한 생활양식을 갖고 있었는데, 긴 도포와 긴 손톱, 교양과 심미적 여가 활동, 예의범절, 서민 대중과 유리된 삶 등을 예로 들 수 있었다. 안정기에 이들 지역 엘리트, 즉 지배 계층은 강한 자의식과 상호 연대를 유지했다. 여러 세대가 많은 하인들을 거느리고 하나의 복합체를 이루어 대가족이 함께 넓은 뜰이 딸린 대저택에서 살아가는 것, 이것이 그들의 꿈이었다.[5]

    신사의 사회적·정치적 역할과 지주로서의 역할을 조화시킬 수 있는 방법 중의 하나로, 개인과 가족은 구분되었다는 것을 인식하는 것이 있을 것이다. 간단히 말해 학위는 본래 각 개인만이 소지할 수 있는 것이었던 데 반해 재산은 가족이 소유하거나 혹은 가족 내에서 상속되었다. 방금 살펴본 대로 독서인 계층이 수행한 중요한 비경제적 기능들은 개인들에 의해 수행되었지만 이들은 동시에 가족의 구성원이었다. 이들이 살던 사회에서는 지주제가 가족주의와 밀접하게 연계되어 있었는데, 특히 화남 지방에서 그러했다. 그리고 재산은 법이라는 안전망보다는 관리들과의 연줄을 통해 더 잘 보호될 수 있었기 때문에 학자-신사들은 그러한 정치적·사회적 지위를 이용해 지주-신사의 경제적 지위를 보호할 수 있었다. 학자-신사와 지주-신사라는 두 개의 기능적 요소는 양립 불가능한 것이 아니라 서로를 강화시켜 주거나 중첩되었으며 때로는 완전히 일치했다. 19세기 초 지역 엘리트층은 무엇보다 먼저 토지를 주요 재산으로 소유하고 있는 가족들로 구성되어 있었으며, 둘째 과거 합격자의 대부분은 이들 집단에서 배출되었다고 할 수 있다. 물론 일부 학위 소지자들의 경우 혼자서 개인의 능력에 의지해 길을 개척하고 또 높은 사회적 지위에까지 이르기도 했지만 일찍부터 학업에 전념할 수 있도록 가족이 뒷받침해주지 않거나 가족 내에 학위를 습득하는 전통이 없는 집안 출신 사람들은 의문의 여지 없이 매우 드물었다.

지주-신사 가족은 가문을 대대로 이어갈 수 있는 특별한 능력을 갖고 있었던 것 같다. 이들은 대체로 일반 농민들보다 일찍 자식들을 결혼시킬 수 있었다. 또 보다 많은 첩이나 후처를 들일 수 있었으며, 집안에서 태어나는 아이들의 유아 사망률도 더 낮았을 것이다. 따라서 이들 신사 가족들은 보다 많은 후손을 남기는 것이 가능했고, 따라서 재능 있는 자를 배출할 수 있는 가능성도 더 높을 수밖에 없었다. 기반이 탄탄한 가문의 경우 촌락과 큰 성시 두 곳에 모두 입지를 마련함으로써 인적·물적 자원을 다양화하기도 했다. 그리하여 시골 지역이 궁핍해지거나 혼란에 빠진다 해도 성시에 거주하는 가족 성원들은 아무런 해도 입지 않을 수 있었고, 반대로 도시 지역에서 왕조 교체나 사화가 있을 경우에는 시골 지역의 가족들이 보존될 수 있었다. 내란이 발생하거나 외부의 침입이 있을 때 한 가족이 두 편으로 갈라져 길 하나를 사이에 두고 서로 적대시한 경우도 흔히 찾아볼 수 있었다. 구 중국의 전통 가문들은 많은 자손을 두는 것과 가문의 혈통을 유지하는 것을 매우 중시했다. 출생, 결혼, 장례 등과 관련된 각종 화려한 행사, 관료층과의 밀접한 관계 형성과 유지, 자식들이 과거를 통해 출세할 수 있도록 해주는 학문적 투자 등은 모두 이를 위해 필요한 것이었다.

이처럼 학위 소지자 개개인의 사회적·정치적 기능은 지주-신사

가족의 경제적 기능과 밀접한 관계를 맺고 있었다. 오늘날 지방 엘리트층의 이와 같은 두 가지 분석적 토대 중 하나를 선택해야만 할 필요는 없을 것이다. 그럼에도 불구하고 역사적 상황 때문에 이처럼 경쟁적인 해석들이 조장되어왔다. 첫째, 1905년 과거제의 폐지와 함께 학위 소지자의 흐름이 끊어졌다. 이후 지주제 혹은 적어도 부재지주제가 현격하게 증가하는데, 이는 최근의 농업 혁명의 주된 공격 대상이 '토호열신土豪劣紳'일 수밖에 없는 결과를 낳았다. 토호열신이란 여전히 지주이지만 이전보다 훨씬 더 가혹한 착취를 일삼기만 할 뿐 더이상 지역 공동체 지도자로서의 역할에는 관심이 없는 자들을 가리켰다. 19세기 말에서 20세기 초까지 이러한 대규모 부재지주제가 실제로 어떻게 전개되었는가에 대해서는 1890~1930년대 양쯔 강 하류 지역의 조잔租棧, 즉 토지 관리인들의 활동을 보여주는 문서들을 통해 밝혀지고 있다. 이들 조잔들은 자신을 고용한 가계나 가문을 대리했으며, 때로 수수료를 받고 다른 대가문을 위해 일하기도 했다. 그들은 지대를 거두고 세금을 납부하며 각종 요금을 부과하고 주 사무실에 근무할 서기와 일꾼뿐만 아니라 시골 지역의 거주민들 중에서 지대 징수인들을 고용하는 등의 일을 담당했다. 또한 소작인들과의 교섭을 위해 아역衙役의 도움을 확보하기도 했다. 한 조잔이 관리하는 토지는 보통 수천 무畝에 달했는데, 그러한 토지는 수많은 땅뙈기로 잘게 나뉘어 임대 계약을 맺은 소작인들에 의해 경작되었다. 그러나 보통 임대 계약은 유효 기간을 기재하지 않았고, 대를 이어 전해질 수도 있었다. 이런 계약으로 맺어진 임차권은 매매될 수도 있었다. 또 상속되거나 혹은 여러 자식들에게 분할될 수도 있었고, 반대로 다량의 소작지를 손에 넣은 소작인에게 집중될 수도 있었다. 그러나 이런 계약은 세습될 수 있었지만 '법적 농노제'를 형성한 것은 아니어서 어느 정도의 유동성이 있었다. 일반적으로 양쯔 강 하류 지역의 소작인들이 지불한 평균 소작료는 수확량의 50%를 넘었던 반면 지주가 납부하는 평균 지세는 소작료로 받은 것의 13% 정도에 지나지 않았다. 조잔이 발급한 소작료 통지서는 징수인의 손을 거쳐 통보되었는데, 징수인은 보통 마을의 촌장, 승려 혹은 심지어 과부들이 담당했다. 소작료 징수를 강제하기 위해 지방의 아문衙門*이 지불 명령서를 발급하는 경우도 있었고, 소작료를 내지 않는 자들을 체포하기 위해 아역들이 동원되기도 했는데, 비용은 조잔들이 부담했다. 이와 같이 적어도 19세기 말 중국에서 생산성이 가장 높은 이 지역에서는 조잔을 앞세운 지주 가문들과 지방 관헌 사이에 매우 밀접한 관계가 형성되어 있었다. 조잔들은 보통 소위 질 나쁜 소작인들의 명단을 갖고 있었고, 지현知縣이나 지주知州는 아역들을 파견해 그들을 체포했다. 이처럼 국가와 지주 사이에는 공통의 이해관계가 성립되어 있었는데, 국가는 소작료 가운데서 지세를 거두어들여야 했기 때문이다.[6]

    이보다 이전 시기나 다른 지역에서 이루어진 이와 비슷한 활동에 관한 기록들은 이보다는 덜 상세하다. 1800년의 경우 중국 농촌의 대가문인 대호大戶들은 공동체의 양심적인 지도자로서의 존재와 소작인을 착취하는 가족 중심적인 이기적 존재 사이에서 일정한 균형을 유지했던 것처럼 보인다. 물론 그러한 균형이 어느 쪽으로 기울었는가 하는 점은 여전히 풀리지 않은 문제로 남아 있다. 전반적으로 생산성이 낮았기 때문에 도시 소비자들에게 수송·판매할 잉여 생산물의 재배나 수확이 적을 수밖에 없던 화북과 북서부의 경작 지대에서는 소

아문: 사무실, 관저, 감옥, 금고, 고방 등으로 구성된 관청.

작 제도가 남부에서만큼은 전개될 수 없었다고 하는 것이 일반적인 견해이다. 그렇지만 이런 현상에 대해서는 소작료를 낼 수 없을 정도로 가난이 심각했기 때문이었다고 해석할 수도 있다. 반면 18세기부터 19세기 초까지 농촌의 궁핍, 소란, 반란 등에 관한 기록들은 점점 더 상세해지고 있다. 지방 엘리트들이 과연 어느 정도까지 공동체의 지도자였는가 혹은 착취자였는가 하는 좀체 해결되지 않는 문제는 이처럼 농민들의 가난, 일반적으로는 중국인의 생활수준 등과 관련된 문제와 연결될 수밖에 없다.

우리는 여기서 한 가지 기본적이고 중대한 사실에 직면하게 되는데, 그것의 완전한 함의를 역사가들은 아직까지 파악하고 있지 못하다. 즉 중국 인구는 18세기에 적어도 두 배 이상 증가하며, 이처럼 전반적인 증가는 비록 증가율이 다소 낮아지기는 했지만 1850년까지 계속되었다. 이러한 증가가 가져온 사회적 영향은 여러 가지 방식으로 분명하게 확인되었다. 즉 토지가 없는 빈민들의 수가 증가했고, 많은 사람들이 인구 밀집 지역에서 빠져나갔다. 이들 이주자들이 정착한 곳은 교통 통신 수단이 미흡하고 정부 행정도 비효율적인 곳이었다. 입에 풀칠하기도 힘든 이들 새로운 정착지에서는 당연히 극도의 가난이 만연해 있었고, 무법천지인 데다 백련교의 난과 같은 반란이 빈번히 발생했다. 이런 현상은 다시 정부 기능의 약화를 가져오고 청조의 권위를 손상시켰다(3장을 참조하라). 따라서 청 왕조 중기에는 쌀값 폭등, 비축 곡물의 소진, 근검절약을 강조하는 정부의 권면, 그 밖의 다른 많은 사회적 긴장의 조짐 등에 관한 기록들이 많이 나타나게 되었다.[7]

그러나 인구 증가가 순전히 재앙인 것만은 결코 아니었다. 그것은 소비 대중의 급증을 의미했고, 따라서 국내 시장 경제의 대규모 확장을 불러와 지역 특산품에 대한 수요의 증가를 가져왔다. 그에 따른 교역 증대는 다시 나아가 어음 거래와 송금 체계 등과 같은 새로운 지불 수단뿐만 아니라 은행, 신용 체계, 행회行會나 상회 같은 새로운 기구의 설립을 촉발했다. 결론적으로 말해 당시 유럽의 일부 국가들처럼 중국에서도 근대 초기에 이루어진 인구와 교역의 성장은 상업화의 방향으로 나아갔으며, 상인들의 역할을 증대시켰던 것이다.

그러나 사대부들이 남긴 수많은 역사 기록들은 상인층에 대해서는 거의 주목하지 않았다. 일찍이 한나라 때에도 교역은 중국인의 삶의 중요한 부분이었다. 하지만 상인들은 좀체 하나의 집단으로 독립적인 지위를 획득하는 데까지는 이르지 못했다. 오히려 그와 정반대로 관리들에게 예속된 채 관리들이 발급하는 각종 허가서를 발부받거나 세금을 납부해야 했으며 동시에 사업과 무관한 사적인 착취를 피하기 위해 관리들과의 개인적 연줄에 의존해야 했다. 이처럼 상인에 비해 관리의 지위가 압도적으로 높았기 때문에 중국의 역사 기록들은 정부 제도와 학자층의 사상과 문학 작품에 편중되어 있다. 그렇지만 승려 엔닌圓仁*이나 마르코 폴로 시대부터 현재까지 중국의 도시 생활을 묘사한 개인적인 기록들은 통상 부산한 상업 도시적 성격을 강조하고 있다. 이 얼마나 역설적인가!

전통 중국에서는 경제 행위 또한 정치 경력이나 일반적인 사회생활과 마찬가지로 가족 단위에 기반하고 있었고 개인적 관계의 증진에 크게 좌우되었다. 따라서 교역 또한 가족 상회를 중심으로 영위되었

<u>엔닌</u>: 794~864년. 일본 헤이안 시대 전기의 승려이며 천태종 산문파山門派의 시조. 당나라로 건너가 9년 동안 공부했으며, 『입당구법순례행기』라는 저서를 남겼다.

는데, 여기서 친인척 관계는 그에 필수적인 연대감을 마련해주었다. 가족 상회 내의 각 개인은 무한 책임을 감당해야 했지만 동시에 위기 시에는 가족의 지원을 기대할 수 있었다. 비개인적인 법적 보호 장치, 보험 제도, 상법 등이 존재하지 않는 상황에서 상인들의 기본 자산은 개인의 평판과 보증인일 수밖에 없었다. 하지만 그와 동시에 공식·비공식 사업에 대한 허가를 내주는 관료 당국과 개인적인 친분을 유지하는 것도 그에 못지않게 중요했다. 상인 계층이 관리들의 자의적 행위와 착취에 맞서 자기를 지킬 수 있는 중요한 방어 수단은 상인 집단들 간의 결속을 유지하는 것뿐이었다. 역사적으로 아주 일찍부터 동종 업종의 상점들은 시가의 일정 지역에 집단적으로 모여 있었다. 또한 동일 직종에 종사하는 상인들은 직업별로 집단을 형성했다. 당 말 혹은 송대까지 그들은 관료 세계와 상호 관계를 맺으며 행회 제도를 발전시켰다.

이처럼 다른 한쪽으로 개인적인 관계들을 쌓아나가는 과정에서 상인들은 학인들과 동일한 일반적 관행을 따랐는데, 학인들은 먼저 큰 은혜를 베푼 스승, 시험관, 후견인 등과 수직적으로 친분을 유지했다. 수평적으로는 같은 해에 함께 과거에 합격한 사람들, 동일한 스승의 가르침을 받은 사람들이나 같은 서원에서 수학한 사람들 혹은 같은 학파에 속한 사람들과 밀접한 교분 관계를 맺었다. 이러한 인간관계가 사대부 생활에 있어 상호 도움을 주고받는 후원 관계망 역할을 했다. 상인들의 경우에도 통상 같은 물품을 취급하거나 동일한 수공업품 생산에 관여하고 있는 사람들, 달리 말해 가장 가까운 경쟁자들과 수평적 관계를 맺는 것이 관리들과 수직적 관계를 맺는 것보다 중요했다. 특히 고향을 멀리 떠나 타지에서 활동하고 있는 상인들은 동향 출신의 상인들과 강한 연대를 맺고 있었다. 이것을 바탕으로 동향회同鄉會, Landsmannshaften라는 것이 성립되었다. 상하이上海의 닝보寧波 회관이나 베이징의 광저우 회관 같은 이러한 상인 조직은 때로 사대부에게도 각종 편의를 제공했다. 그리하여 동향회가 엄청난 속도로 급증했는데, 순수하게 동향이라는 지역적 연고에 따라 조직된 것이 있는가 하면 교역 업종에 따라 조직된 것도 있었다. 그렇지만 19세기까지 이들 자생 조직들은 좀체 상인들의 이익과 권력을 공고히 하는 데까지는 이르지 못했다. 이들 다양한 교역 업종별 행회나 다양한 지역별 동향회 등은 각자의 전문 영역에서 개별적으로 분리된 채 남아 있었다.[8]

정부는 상인층을 다양한 수단을 동원해 통제했다. 국가에서 허가증을 발급하는 것도 그중 하나였는데, 소금의 생산과 유통 혹은 동전 주조를 위한 구리광 등에서 그러했다. 또 다른 방법으로는 직접 통제가 있었는데, 양쯔 강 하류에서 베이징까지 곡물을 배로 실어 나르는 조운 체계를 이용한 미곡 교역에 대한 관리, 비단 그리고 쑤저우蘇州와 항저우杭州, 징더전景德鎮 등에 있는 관요官窯에서 만든 도자기 등에 관한 통제가 그러했다. 그러나 전체적으로 정부는 엄격한 전매 제도보다는 지배적인 지위를 유지하는 것을 선호했다. 그것은 기본적으로 면허 발급이라는 원리에 의해 유지되었는데, 정부에게는 세수를, 제도를 운용하는 관리들에게는 비공식적인 부수입을, 상인들에게는 공식 허가와 기회를 제공해주었다. 이와 관련해 지금까지 연구되어온 주요 사례로는 광저우의 공행 상인과 양저우揚州의 염상이 있다.

한 세기 동안 인구가 두 배로 증가한 후 1800년경에는 국내 교역이 국제적인 교역로로 흘러넘쳐 들어감으로써 한층 더 확대되었으리라고 추측해볼 수 있을 것이다. 예를 들어 이러한 흐름은 주변부에서 부터 시작되었는데, 광저우에서는 공행 상인과 영국의 동인도회사 사이에 차 교역이 급속히 확대되는 것을 볼 수 있으며, 같은 시기에 시암에서 중국에 바치는 조공 교역이라는 이름 아래 방콕과의 미곡 교역이 증가하는 것도 볼 수 있다. 또 18세기 말과 19세기 초에는 나가사키와의 직접 교역은 물론이요 류큐와의 조공 교역, 따라서 일본(사쓰마 번)과의 간접 교역 등도 그와 비슷하게 증가했다. 일본, 류큐, 마닐라, 동남아시아를 왕래하는 중국의 정크선 교역의 증가 또한 아주 작은 배를 이용해 중국 내 연안이나 하천을 따라 이루어지던 교역이 엄청나게 확대되었음을 보여주는 지표의 하나로 보아야 할 것이다. 아모이와 동남아 사이를 왕래하는 중국의 정크선 교역은 닝보와 양쯔강 하류의 여러 항구와 남만주를 왕래하는 활발한 선박 운송 활동에 필적할 만한 것이었다. 국내 상업의 발달을 말해주는 또 다른 지표로는 당시의 대운하 이용 실태를 들 수 있다. 이 운하는 당시 정부가 관리하는 조운 이외에도 상인들 개인 소유의 수송선을 통해 점점 더 활발하게 이루어지던 사무역 통로로도 이용되었다.

간단히 말해 조약항을 개항하기 전 수십 년 동안 중국에서는 대규모 경제 성장이 진행되고 있었다고 추정해볼 수 있을 것이다. 18세기의 인구 증가 또한 화남과 화북 지방의 특산물 생산 지역들 간의 잉여 상품 교환 등과 같은 국내 상업의 성장이 없었다면 불가능했을 것이다. 1760년 이후에는 광저우를 통한 외국인의 중국 교역 참여가 활발해지지만 그것은 유럽의 해상 교역과 중국 국내의 대륙 교역 사이의 접촉으로 이해되어야 하지 외세의 중국 침략으로 간주되어서는 안 될 것이다. 국내 교역은 실제로는 종종 상품의 질이나 양에 있어서 유럽의 상품을 능가하고 있었다. 중국은 원면, 은, 시장성이 없는 경우가 많은 모직물 등을 해외에서 수입한 반면 값비싼 차, 견직물, 도자기류, 칠기류, 기타 수공품들은 수출했다.

1840년 이전 중국 국내 상업의 이러한 성장이 어느 정도였는가 하는 문제는 아직 연구되지 않은 분야로 남아 있다. 이 문제는 중국 자본주의의 시작, 상업 성장이 사회와 정부 사이의 균형에 미친 부정적 영향 등 역시 미해결 상태로 남아 있는 문제들과 직결되어 있다.

이와 마찬가지로 아직 해결되지 않은 또 다른 문제가 농업과 관련해 제기되고 있다. 인구 증가에 따라 경작지도 증가하고 또 척박한 토지에서도 재배 가능한 새로운 작물들(감자, 옥수수, 땅콩, 담배, 양귀비 등)이 조생종 벼와 마찬가지로 점점 더 널리 보급되었음은 이미 알려진 사실이다. 하지만 농업은 동시에 더욱더 노동 집약적으로 되어야 했다. 다시 말해 1인당 생산량은 저하되었다. 농민들은 이전 어느 때보다도 열심히 일했지만 생산량 감소의 법칙에 따라 1인당 잉여 생산물은 점점 더 줄고 생활수준도 열악해져갔다.

근대 중국 농촌의 빈곤에 관해서는 농업 기술적인 측면에서 설명하는 방식과 분배론적 관점에서 설명하는 방식이 있는데, 우리는 아직 이 두 견해 사이에서 균형을 잡지 못하고 있다. 화학 비료, 살충제, 종자 개량, 경지 정리, 보관 및 유통 시설의 구비, 농기구 개량, 새로운 경영법 그리고 이 모든 것이 함축하고 있는 자본의 집중화 등과 같은 근대적인 과학 영농 기술 없이는 중국의 농촌 생활수준이 결코 최근에 있은 인구 증가를 따라잡을 수 없었으리라는 점은 분명한 듯하다. 여하튼 19세기 초에는 농업을 근대화하는 데 활용되었을 수도 있는 잠재적 잉여 농산물이 전혀 그런 용도로 활용되고 있지 못했다.

전근대적인 농업 기술과 가용한 잉여 농산물의 불균형 분배라는 두 가지 요소는 상호 작용하며 사태를 악화시키는 악순환의 고리와 같은 것이었다. 불행히도 당시 중국의 낮은 농업 생산성이 수많은 사회악, 각종 비경제적인 관행 그리고 정부 정책의 실패 등 — 중국 경제의 낙후성을 설명하는 분배론적 견해들에서는 반드시 제시되는 요인들 — 과 겹쳐서 나타났다. 잉여 농산물은 주지하는 대로 온갖 방식으로 오남용되었다. 서민들 중 다수가 불완전 고용 상태였는데, 특히 화북 지방에서는 겨울에 그러했다. 재물은 저축되는 대신 생일잔치나 결혼식, 장례식 등과 같은 행사에 과시적으로 낭비되어 거꾸로 선산이나 전답을 팔아야 하는 사태가 벌어지기도 했다. 보다 중요한 문제는 상층 계급의 기생 생활에 있었는데, 이들은 지조[소작료], 고리대, 관료 수입 등으로 축적한 재물을 여흥이나 수많은 인력을 동원해야 하는 사치스러운 소비 생활 등에 낭비했다. 그러나 무엇보다 중요한 것은 정부가 전통을 타파하고 경제 발전을 이끌어나갈 수 있는 힘, 사상 그리고 의지를 갖고 있지 못했던 점이다.[9] 당연히 이 책을 통해 독자들은 이와 관련된 온갖 문제들이 해결되기보다는 계속 쌓여만 가는 것을 볼 수 있을 것이다.

정부

그렇게 소규모의 관료 기구로 어떻게 그리 많은 인구를 다스릴 수 있었을까 하는 것이야말로 청 제국의 미스터리 중 하나이다. 그에 대한 설명은 아무래도 지방 행정관이 어떤 역할을 했는지를 살펴보는 것에서부터 시작해야만 할 것이다.

지현知縣*은 베이징에서 임명받고 지방으로 내려갔는데, 그곳에는 이미 지방의 여러 세력과 지방 내 권력 구조가 굳건히 자리 잡고 있었다. 그의 첫번째 과제는 지방 엘리트들과 어떻게 관계를 맺어야 하는가에 모아졌다. 지현은 베이징에서 황제를 알현한 후 역참을 이용해 임지로 떠났다. 보통 역참로를 따라 한 성시에서 다른 성시로 매일 차례로 이어지는 여행은 한 달 또는 그 이상이 걸리기도 했다. 부임하는 지현은 역관에서 밤을 보냈는데, 보통 역관이 설치된 지방 지현의 융숭한 대접을 받았다. 마침내 그는 두 부류의 개인 수행원을 거느리고 임지의 아문에 도착하게 되는데, 하나는 개인 수행원 격인 장수長隨이고 다른 하나는 개인 비서인 막우幕友였다. 막우들은 행정 방면의 전문가로서 지현의 조언자 역할을 했다. 보통 이들은 학위를 가진 학자층 신분으로서 법과 재정 문제에 능통했다. 장수나 막우 모두 지현에게서 개인적으로 급료를 지급받았다. 지현은 자신의 고향 성에는 부임할 수 없다고 규정한 저 유명한 '본적회피법本籍回避法'에 따라 전혀 낯선 곳으로 부임했는데, 이것은 장수와 막우도 마찬가지였다. 따라서 이들은 아마 지방 사람들의 눈에 그곳 방언도 잘 알아듣지 못하고 해

지현: 중국 송나라와 청나라 때에 둔 현의 으뜸 벼슬아치.

이끄는 글: 구질서

당 지역의 이해관계와는 무관한 외부인으로 비쳤을 것이다.

아문에서는 두 집단이 이들 신참자들을 기다리고 있었는데, 첫번째는 아문 안의 문서를 관장하며 문서의 종류나 내용을 훤히 꿰고 있는 서리 집단이었고, 두번째는 아문을 대표해 주민들과 직접 접촉하며 질서 유지, 세금 징수, 범죄자 체포 등의 임무를 담당하고 있는 경찰과 같은 존재인 아역 집단이었다. 지현의 참모진을 구성할 이들 지방민들은 물론 지역 사회 안에 폭넓게 뿌리내리고 있었는데, 지현의 첫번째 과제는 일을 제대로 집행하기 위해 이들의 활동을 감독하는 것이었다. 그리하여 그는 개인 수행원들을 아문의 출입문에 세워 출입을 통제하도록 했고, 또 문서 처리를 관리하도록 해 서리들의 활동을 감독했다. 이런 식으로 외지 출신의 황제의 관리와 그가 통치 수단으로 이용하는 토착적 기구들 간의 균형은 유지되어야 했다.

지현은 주민 20만~25만 명이 사는 지역에서 유일하게 중앙 정부를 대표하는 존재였다. 따라서 그의 직무는 피상적이거나 명목적일 수밖에 없었는데, 이것은 지방 정부의 한 특징이기도 했다. 따라서 지주知州와 지현은 지도력 있는 지방 신사들과 긴밀히 협조해야만 업무를 제대로 수행할 수 있었다. 이론상 지주와 지현이 갖추어야 할 최고의 미덕은 친민親民이었다. 하지만 실제로는 지방 엘리트와 긴밀한 관계를 유지해야 했다. 베이징 정부는 나라의 안정을 유지하기 위해서는 이들의 협조에 의존할 수밖에 없었다. 반면 왕조는 현의 행정이 완전히 신사 지향적 체제로 변질되는 것도 막아야 했는데, 이를 위해서 신사들에게 서민들의 삶을 보살피도록 하는 애민 의식을 끊임없이 주입시키는 데 주의를 기울여야 했다. 어떤 왕조도 신사들이 바라는 것보다 더 훌륭한 통치를 제공할 수는 없었다. 간단히 말해 청조의 중앙 정부는 고도로 중앙 집중화되어 있었지만 다른 한편으로는 극히 피상적이기도 했다. 중앙 정부는 지방 자치는 허용하지 않으면서도 지현들에게는 지방 엘리트들과 긴밀한 협조 관계를 유지해야 하는 큰 책임을 요구하고 있었다. 그와 관련된 규정들은 엄격했지만 표현은 포괄적인 용어들로 되어 있었다. 그들은 지방 환경에 제대로 적응해야 했던 것이다. 지현들은 주로 처벌을 위협 수단으로 삼아 지방민들을 복종시켰지만 종종 협상이라는 방법에 의존해야 하기도 했다.

지방 통치의 또 다른 특징은 지방 정부가 독자적인 재정을 유지할 수 없었다는 점이다. 지방 정부는 주로 지방 내에서 관례적으로 거두어들이는 징수금(누규陋規)으로 경비를 충당했다. 부패(적어도 근대 서양인의 관점에서 보자면 그렇다)는 이렇게 세금 징수라는 관습을 통해 정부 안으로 파고들고 있었다. 정부는 미리 할당된 양만큼의 세금을 거두어들여야 했다. 아문의 서리와 아역들은 둘 다 관례적인 징수금을 통해 생활하고 있었고, 지현은 이 지방 재정에서 행정 경비를 충당하고 자기 몫의 급료를 확보했다. 따라서 청조의 문제는 불법적인 징수를 피하는 것이 아니라 과다한 징수를 피하는 데 있었다.

이로 인해 지방 정부는 몇 개의 이익 집단으로 구성되게 되었다. 특히 지방 신사들이 크게 유리했다. 이들은 세금 납부에 있어서 여러 가지 수단을 강구할 수 있었다. 그리하여 실제로 역진적인 세율이 적용되어 부유한 자들은 수입에 비해 낮은 비율의 세금을 납부하고, 가난한 자들이 더 높은 비율의 세금을 내는 현상이 나타났다. 많은 재산을 가진 데다 연줄도 넓으면 정부에 극히 적은 세금만을 낼 수 있었다. 신사들은 학위 소지자라는 신분, 특별한 접촉망, 온갖 특권을 이용해 지방 행정에 참여했지만 그것은 대의 행정의 일종이라기보다는 엘리

트주의의 한 형태로, 이는 신사들이 양심적으로 온정적이고 자애롭게
통치하더라도 마찬가지였다. 그 결과 청조 행정의 공평성과 효율성은
지역민의 사기 그리고 각 지역 내에 거주하는 지도급 신사들의 자기
수양과 절제에 크게 좌우될 수밖에 없었다.[10]

이처럼 청 왕조의 또 다른 특징은 정부의 성격 자체가 매우 사적
이었다는 것이다. 황제는 만백성의 아버지와도 같은 존재였다. 제국
에 대한 황제의 통치가 매일매일의 개인적인 통치 행위를 통해 이루
어졌듯이, 관리나 신사들의 충성의 대상은 구체적인 인간관계로 맺어
진 황제와 왕조였다. 왕조 권력의 궁극적인 정당성은 중국이라는 국
가와 사회를 통일적으로 통치할 수 있는 왕조의 능력에 있었다. 오늘
날 중국의 통일(성)은 국가주의 차원에서 근대적인 가치를 갖고 있는
데, 여러 국가들 사이에서 하나의 국가를 유지한다는 것이 그것이다.
이에 반해 전근대 사회에서 이러한 통일(성)의 핵심적 가치는 국란,
지역적인 무정부 상태, 도적의 횡행 등을 진압하여 백성을 안전하게
하는 것이었다. 과거에 천하의 분열은 재앙을 불러왔는데, 엘리트층
만이 아니라 평민들에게도 그것은 곧 주로 내란과 불안정을 의미했기
때문이다. 따라서 통일은 태평성대를 의미했다. 이러한 이상은 아무
리 늦어도 전국시대(BC 403~221년) 이후에는 중국인들의 가치 체계
속에 확고하게 자리 잡았다. 평화와 질서가 통치의 정당성을 보장해
주었던 것이다. 그것은 왕조의 중앙 권력이 나라 전체를 다스리는 관
료주의적 행정 체계의 정점에 자리 잡고 있고, 이러한 행정 조직의 하
부에서는 친족 집단과 신사들의 충성과 지도력을 통해 지방을 통제해
나가야 비로소 달성될 수 있었다. 그러한 충성은 유교적 가치 체계의
산물이었다. 따라서 중국의 전통적인 정치 형태는 유교적 관점에서만

이해될 수 있다.

통치 행위는 크게 둘로 나뉘었는데, 하나는 지역적으로는 지현 수준까지만 내려가는 공적 관료 조직에 의한 것이고, 다른 하나는 각 지방에서 신사 가문의 지도력과 영향력을 통해 이루어지는 비공식적 연결망에 의한 것이었다. 분쟁의 해결 방식을 보면 이러한 분리가 어떤 식으로 이루어졌는지를 분명하게 알 수 있다. 지방관이 주재하는 법정은 일반적으로 당사자들 간의 비공식적인 조정이 무위로 돌아간 후에야 법적인 해결책을 제공해주었다. 보통 분쟁이 발생하면 행회나 기타 비정부 단체뿐만 아니라 가족이나 가문 등을 통한 해결이 권장되었다. 공적인 '족규族規'도 친족 구성원들 사이에는 가능한 한 소송을 피하고 모든 분쟁을 어른들의 주재하에 친족 내에서 해결해 아문의 아역과 서리들의 간섭을 피할 것을 권하고 있다. 이처럼 민사 분쟁과 상업적 분규는 가능한 한 친족 집단, 행회 혹은 그 밖의 다른 비공식 집단의 주재에 맡겨졌다.

청의 형법은 4,000여 가지의 범죄 행위를 구체적인 용어로 규정하고 또 각 범죄에 따른 구체적인 처벌을 마찬가지로 세세히 규정해 놓고 있었다. 형벌은 다섯 단계五刑로 구분되어 있었는데, 가장 가벼운 것이 작은 대나무 매小竹板로 때리는 것笞刑[10대에서 50대까지 5단계로 되어 있었다]이었고, 다음이 큰 대나무 매大竹板로 때리는 것杖刑[60대에서 100대까지 5단계로 되어 있었다]이었다. 이 두 범주에 속하는 범죄의 종류가 무려 1,000여 가지에 달했다. 100장杖을 선고받았을 때 실제 형벌은 관례상 40장 정도로 감해졌다. 하지만 그것만으로도 형벌 이후 감염 등의 후유증으로 생명에 심각한 위험을 초래할 수 있었다. 세번째 단계의 형벌은 '도형徒刑'[강제 노동형]이었다. 도형을 받을 경우 보통 죄수가 충분한 음식을 공급받도록 하기 위한 비용과 함께 좀더 나은 대우를 받을 수 있도록 부패한 관원들에게 뇌물을 갖다 바쳐야 하는 등 많은 비용이 들었다. 네번째 단계의 형벌은 '유형流刑'이었다. 이 경우 평생 유배 생활을 하든지 아니면 일정한 거리 밖으로 쫓겨나거나 변방에서 군역을 하는 등의 형을 받았다. 마지막으로 가장 무거운 형벌로 사형이 있었는데, 800여 종에 달하는 범죄가 사형에 해당되었다. 그리고 사형에도 가혹함의 정도에 따라 단계가 있어 교형絞刑, 참수형斬首刑, 폭시曝屍, 지해肢解나 '살천도殺千刀'에 의한 능지형凌遲刑 등이 있었다.

청의 사법 체계는 약 6단계로 이루어진 각급 행정 단위에서 상향식으로 올라가는 방식으로 이루어져 있었다. 제일 낮은 단계의 행정 단위인 1,500여 개의 현이나 주 혹은 이들과 유사한 지역에서 시작해 다음에는 180여 개의 부 그리고 18개 성으로 올라갔다. 이후 사건은 다시 수도에 있는 형부刑部에서 심의되고, 다음으로는 다섯번째 단계인 삼법사三法司[형부, 대리시大理寺, 도찰원都察院 합동 재판부]의 합동 심의를 받았다. 황제가 최종 단계에 있었다. 황제는 아래에서 올라온 국사범에 대한 처벌안을 재가하거나 거부할 수 있었다. 이러한 사법 체계는 정교하게 조직되어 있었으며, 처벌 또한 — 적어도 기록에 따르면 — 엄격하게 집행되었다. 판례들이 인용되기도 했지만 법적 구속력은 없었으며 다만 참고용으로만 이용되었을 뿐이다.

실제로 태형이나 장형 등의 미미한 형벌은 보통 현이나 주에서 처벌하고 상부에 보고하는 식으로 처리되었다. 대체로 사소한 사건인 경우 지현과 지주에 의해 처리되었지만 도형 이상의 중벌에 해당하는 사건인 경우에는 형량에 관한 지현과 지주 등의 소견서를 첨부해 상부로 압송해 보내는 것이 관례였다. 지현과 지주는 보통 법률 비서(막우)의 자문을 받았지만 막우는 재판에 참석할 수 없었다. 지현과 지주는 일정한 기간 안에 범인을 체포해 정해진 기간 안에 사건을 마무리하도록 규정되어 있었다. 예를 들어 강도 사건의 경우 4개월 안에 범인을 체포해야 했다. 따라서 지현과 지주들 또한 수하의 아역들에게 기간을 정해 범인을 체포하도록 지시할 수밖에 없었고, 이들 아역은 임무 수행 결과에 따라 포상을 받거나 처벌을 받았다. 지현과 지주는 재판에서 원고나 피고 모두에게 사법상의 고문을 가할 수 있었는데, 정해진 기구들을 이용해 태장, 장취掌嘴〔뺨 때리기〕, 손가락이나 관절 비틀기 등의 고문을 가했다. 선고는 엄격한 법률 조항에 따라서만 내려질 수 있었고, 소송 당사자들은 본인들의 진술 내용에 서명해야 했으며, 판결문에 서명하고 그것을 받아들이도록 요구되었다. 그러나 역으로 지주와 지현 또한 잘못된 판결을 내렸을 경우 엄중한 처벌을 받았는데, 잘못이 있었다는 것이 입증될 경우 그러한 판결로 피해를 입은 사람과 동일한 처벌을 받도록 되어 있었다.

 법을 적용할 때 지주와 지현은 청 말 법전의 436개 항의 기본법인 '율律'과 1,900여 개 항의 보충 조항인 '예例'를 근거로 삼았다. 그러나 이 두 종류의 법조문은 상충되기도 했다. 청의 법률은 제일 원리도, 지배력을 갖고 있는 것도 아니었으며, 어딘지 애매모호하고 불명확했다. 따라서 지주와 지현들은 조심스럽게 처신하지 않으면 안 되었고, 판관으로서 확고한 위치에 있지도 못했다. 그들은 또한 소송에 관련된 사적 이해관계에 따라 재판의 방향을 잡아나갈 수밖에 없었으며, 신사들이 다른 경로를 통해 상급자들에게 불만을 호소하지 않도록 판결을 내려야만 했다. 법은 판관으로 앉아 있는 지주와 지현이라면 누구에게나 골칫거리였다. 일반 백성들 사이에서도 법은 일반적으로 관련 당사자 모두에게 파멸적인 것이었다. 아문의 아역들에게 지불되는 비용은 피고는 물론 원고까지 파산 상태로 몰고 갈 수 있었다. 그 결과 법정 소송은 청대의 중국 사회에서는 미미한 역할밖에 하지 못했다. 심지어 황제의 칙령조차도 백성들에게 법정으로 몰려가기보다는 법정을 피하라고 강하게 권고하고 있을 정도였다. 소송을 벌이는 것에 대한 거부감은 소송 취지서를 작성해주는 사람에게까지 미쳤다. 이들은 소송을 조장한다는 이유로 비난받았다. 법률가들이 없는 이 땅에서 법률 전문직은 인정될 수 없었다. 무엇보다도 법은 가족이나 친족들 사이에서 형성되어야 하는 사적인 인간관계의 버팀대 정도로 간주되었다. 법은 또한 유교적 사회 규범의 표현이기도 했다. 따라서 그것이 잘 지켜지는 한 굳이 법에 의지할 필요는 없었다.[11]

결국 전통 중국은 지방 차원에서는 확대 가족, 즉 가문에 의해 지배되고 있었다는 결론을 내릴 수밖에 없는데, 다름 아니라 가문은 혈연관계에 관한 유교 경전의 가르침이 요구하는 위계적 역할 구조를 지탱하는 주요한 토대였기 때문이다. 아버지든 남편이든 또는 신사든 관리든 유교는 윗사람에 대한 복종을 가르쳤다. 각종 정치적 통제 수단을 가진 관료 집단은 통치자를 대신하는 존재로서 사람들을 통치자에게 복종시키는 역할을 했다. 그러나 관료들은 일반 서민들의 삶 속에서는 중요한 역할을 하지 못했으며, 친족 구조가 주요한 역할을 맡았다. 근대 혁명 시기에 그러한 균형이 무너져 관료들이 지배하는 사회가 되었고 가족-친족 구조는 크게 파괴되었다. 그러나 1800년대 초의 청조 국가는 구체제의 기반 위에서만 이해될 수 있다.

청조의 중앙 정부는 기본적으로 1368년 이후 명대에서 굳어진 3

부 구조를 그대로 유지했다. 먼저 조정이 이끄는 내각이 있었는데, 천자가 그것을 지배하고 통치했다. 두번째는 군사 집단으로서 장성 내부와 변경 지대의 질서를 유지하는 일을 떠맡았다. 세번째는 감찰 기구로서 각급 행정 조직의 임무 수행을 감독했다. 청의 이 3부 체계는 모두 명을 계승한 것으로, 만주족이 건설한 청조에 들어와서는 약간의 개선만이 이루어졌을 뿐이다.

내각의 경우 중앙의 행정부는 6부로 조직되어 있었는데, 각 부의 수뇌부가 동수의 만한滿漢 장·차관으로 구성되어 있었기 때문에 서양식 용어로는 이를 'Boards'라고 불러왔다. 이러한 6부 구조는 당唐대 이래로 지속되어온 제도로서 각종 행정 업무들을 이吏, 호戶, 예禮, 병兵, 형刑, 공工이라는 범주로 분류해 처리했다. 이러한 6부 구조는 성 정부 이하부터 부와 현에 이르기까지 각급 지방 정부의 아문에도 반영되었다. 18개 성의 순무巡撫들은 대개 둘 정도의 성을 관장하는 총독과 함께 해당 성을 다스렸다. 따라서 총독은 대체로 두 명의 순무와 함께 다스렸던 셈이다. 일반적으로 청대에 순무는 한족이었고, 총독은 만주족이었다. 그들은 모두 신변의 안전을 위해 자기 군대를 소유했다. 성에 관계되는 장계를 올릴 때 총독과 순무는 보통 황제에게 합주合奏를 올렸다. 이하 각급 지방 행정 단위로는 두 개 이상의 부를 관리하는 도道가 있었으며, 부는 다시 두 개 이상의 현으로 이루어져 있었는데, 최하층의 현 또는 그와 비슷한 행정 단위는 전국적으로 1,500여 개에 달했다. 그리고 이들 관직은 거의 전적으로 한족들에 의해 채워졌다.

군사 부문의 경우 명의 위소衛所 제도의 잔재가 청대에는 녹영綠營의 기본 세포가 되었는데, 이들 녹영군은 소규모 단위로 전국 곳곳에 설치되어 있었다. 이러한 구조 외에도 만주족은 또한 비상시를 대비한 최후의 보루로 자신들 고유의 팔기군八旗軍을 예비 병력으로 보유하고 있었다. 화북을 점령하기 오래전부터 무장 민족인 만주족은 행정 조직이자 군사 조직인 소위 팔기로 조직되어 있었다. 팔기제에 따라 만주족 전사들은 태어나면서부터 팔기 가운데 하나에 소속되었고, 곳곳에 자기 몫의 토지를 수여받아 생계를 유지했다. 후에 이러한 원래의 행정 구조 외에 몽골 팔기와 한족 팔기가 추가되었다. 이들 총 24기의 군대는 필요할 때 직접 청조에 충성하는 기동 타격군 역할을 했다. 지휘관들은 황제에 의해 임명되었으며, 보수는 토지나 급료 형태로 국가에 의해 지급되었다. 팔기군은 어떤 특정 지역을 근거지로 삼지 않았으며, 사조직이 만들어지거나 조정에 대한 불복종이 일어나지 않도록 장교의 승진 문제는 주의 깊게 처리되었다.

감찰 기구를 대표하는 자들은 주로 감찰어사들로, 이 제도의 기원 또한 당대 이전까지 거슬러 올라간다. 어사들은 일반 행정 기구에서 일정 기간 차출되어 임무를 담당하다가 후에 다시 본래 근무지로 복귀하는 형식을 취했다. 그들은 중앙에서는 6부에 부속되어 육과급사중六科給事中으로, 지방의 성에서는 15개의 도어사道御史로서 동료 관리들을 감시, 감독하고 비리를 탄핵하는 등의 일을 했다. 전통적으로 어사들은 황제에게도 간언을 올렸는데, 이처럼 유서 깊은 임무는 청대에 이르러 완전히 폐기되지는 않았지만 부차적인 것이 되어버렸다. 그밖의 다른 몇몇 기구들, 무엇보다 먼저 황실도 군주를 대신해 행정을 감독했다. 친왕들은 중앙에서나 지방에서나 교묘하게 권력에서 배제되어 있었으나 중대한 문제를 다룰 필요가 있을 때에는 개입을 요청받았다. 황실은 황제를 보좌하고 통치권의 세습을 지원하도록 길러진 인재들의 저장소였다. 청조의 전통적인 황태자밀건법皇太子密建法은 임종을 앞둔 황제가 황위를 계승할 황자의 이름을 상자 속에 넣어 밀봉하여 전하는 방식으로 이루어졌는데, 황제의 뜻은 조종祖宗의 가법에 해당되었다. 그러나 분명히 이러한 방법으로도 강희제의 아들들 간에 있었던 형제 살상의 참극과, 황위 계승자였던 옹정제가 황권을 찬탈(하여튼 그는 자신의 다섯 형제를 전부 살해했다)했다는 의구심을 막을 수는 없었다.* 궁중의 환관들 역시 방식은 다르지만 일종의 감찰 의무를 수행했다. 재능 있는 후계자를 확보하기 위해 많은 수의 황자를 둘 필요가 있었던 황실의 후궁에서 이들 환관들은 필수적인 존재였다. 명대 환관들의 전횡을 익히 알고 있던 청조는 이들이 권력을 잡지 못하도록 엄격히 통제했으며, 일반적으로 청조의 환관들은 정부 업무와는 무관한 상태로 있었다. 대신 청조는 처음에는 한족 노복(본래 가내 노비)이나 한족 기인들 가운데서 가장 믿을 만한 자들을 찾아 썼다. 청 통치 초반기 100년 동안에는 고관 중에 이러한 출신들이 상당한 비중을 차지하고 있었다. 그러나 여전히 궁정에서 환관들은 필수 불가결한 존재였고, 마침내 19세기 말 서태후西太后 섭정기 동안 짧은 전성기를 누리기도 했다.

이러한 내각, 군사, 감찰 3개 집단의 정점에 위치한 황제는 날마다 권력 유지 또는 행사를 돕기 위한 일련의 기관들을 관리하며 업무를 처리해나갔다. 환관들과 함께 궁정 내에 거주하는 황제의 직계 가족뿐만 아니라 황실 귀족, 황족, 기인들에 관한 문제는 특별 관청에서 처리했다. 내무부는 다양한 재원에서 방대한 재정 수입을 거두어들였는데, 예를 들어 황실 토지, 특별세와 광저우의 교역 수입을 포함한 각

~막을 수는 없었다: 필자의 착각인 듯하다. 황태자밀건법은 강희제 말의 권력 투쟁을 경험한 옹정제에 의해 도입되었다.

지의 공품貢品, 인삼과 모피의 전매 수입금, 벌금과 몰수 재산, 황실 소유의 도자기와 비단 공장 등이 있었다. 그러나 이처럼 광대한 수입원들은 비밀로 유지되었으며, 만주 황실의 특별한 지원을 받았다. 이것은 정부 재정과는 완전 별개의 것이었다.

베이징 성내에서는 수백 개의 관청에 속한 수천 명의 서리들이 수십만 건에 달하는 공문서를 옮겨 적거나 문서철을 만드는 등의 작업을 했다. 공문서의 이러한 필사와 송달 과정은 전통적으로 내정內廷과 외정外廷으로 구분되었다. 외정은 공적인 행정 수뇌부로서 6부와 명조로부터 전해 내려온 내각을 포함해 기타 고위 행정 기관들이 포함되어 있었다. 그리고 내정에는 그보다는 덜 공식적인 황제의 자문 기관이나 기구들이 있었다. 친왕, 황후, 비빈, 환관, 그리고 개인적인 차원에서 황제의 통치를 보좌하는 사람들을 그러한 예로 들 수 있는데, 후자의 예로는 초기에는 그러한 일을 위해 선발한 '내각대학사'가, 후에는 군기대신이 있었다. 군기처는 1729년경에 설치되었다. 원래 군사 활동과 관련된 사항을 효율적으로 처리하기 위해 설립한 이 기구는 공적인 기관이라기보다는 황제의 신임을 전제로 한 비공식적 성격이 강했다. 이처럼 다양한 수단과 복잡한 과정을 거쳐 황제의 의지가 형성되고 표현되었으며, 피라미드 구조로 된 정부의 최고 결정들이 이루어졌다.

행정 절차를 밟아 황제는 각 성에 파견된 고위 관리들에게서 역참제를 통해 친히 상주문을 전달받았다. 청의 통치자들은 이러한 장치를 이용해 제국 전역에 파견되어 있는 친신親臣들로부터 정보를 확보할 수 있었으며, 관리들은 필요하면 오직 천자만이 친히 개봉할 수 있는 특별한 '주접奏摺'을 보낼 수도 있었다. 이러한 보고서들은 상주자에게 직접 되돌려주었는데, 거기에는 황제가 친히 쓴^{朱筆} 지시나 훈계 사항들^{硃批}이 기재되어 있기도 했다. 황제는 고관들, 심지어 백성들의 탄원서를 받는 경우도 있었다. 그에 답해 탄원서에서 제기된 문제에 대한 해결책을 지시하거나 거기서 제시된 제안들에 대한 결정을 알리는 칙유^{勅諭}가 반포되었다. 그러한 결정들은 다시 역참을 통해 되돌려 보냈는데, 많은 경우 상인 단체들이 베껴 적어 소위 『저보^{邸報}』[12]라는 형태로 각 성의 중심지로 배포될 수 있도록 궁정 밖에 게시되었다.

 천자는 이론상으로는 극히 광범위한 특권을 소유하고 있었지만 실제 현실에서 그것은 상당히 피상적인 데 그치고 있었다. 황제는 사회, 군 통수권, 내무 행정의 최상층부를 장악하고 있었을 뿐만 아니라 소금에 대한 전매 혹은 기타 대규모 경제 활동에 관한 허가와 규제를 통해 국가 경제를 손에 쥐고 있었다. 게다가 황제는 군자로서, 그의 일상적인 행동 하나하나가 확고한 도덕적 본보기가 되었다. 황제는 윤리적인 교훈들을 발표했고, 동시에 예술의 권위자였으며 문체의 모범이었다. 황제의 통치는 온갖 의식^{儀式}으로 둘러싸여 있었을 뿐만 아니라 지극히 개인적인 것이기도 했으며, 이론적으로는 전능한 것이었다. 그러나 이처럼 황제에게 전권이 집중되어 있었지만 그것은 관료 기구의 피상성에 의해 상쇄되고 말았다.

 비록 국가와 사회의 최상층부에 자리하고 있었지만 황제는 백성들의 일상생활 속에서는 그저 하나의 상징에 지나지 않았다. 서민들의 일상사는 정부의 관심 밖에 있었기 때문이다. 중국인 대부분이 삶을 영위하고 있던 촌락들에는 결코 황제의 관리들이 존재하지 않았다. 촌락 생활의 중심지인 시진에 거주하는 아역들이 이들을 겨우 대신할 뿐이었다. 따라서 우리가 그릴 수 있는 1800년대 초 중국의 모습은 원

근본적인 것이 될 수밖에 없다. 즉 우리는 제국 체제의 상층부에 관해서는 상대적으로 제법 많이 알고 있지만 일반 백성들의 삶에 관해서는 그리 많이 알지 못한다. 촌락 공동체에서는 도교나 불교 같은 민중 종교가 인기를 끌었는데, 그것은 원래 탈 중앙 집중화된 채 남아 있을 수밖에 없던 이들 종교가 정부 구조에 대한 경쟁 조직이나 대안 세력이 되지 않았기 때문에 가능했다. 매우 다양한 사원의 행사, 종교 의식, 절기節期와 축제 등이 관습에 의해 유지되었는데, 이런 활동은 공적 통로와는 전혀 상관없이 문중의 지원이나 신사들의 지도 아래 행해졌다. 강력하지만 빈약한 국가 기구와 이전부터 계속되어온 백성들의 자급자족적인 삶 사이에 이런 식으로 얼추 균형이 이루어지게 되었다.

제국 유교와 관련된 청조의 대구상大構想은 윤리와 정치를 결합하고, 사회 질서를 우주 질서와 융합하는 것이었다. 그것은 실제로 몇몇 유교적인 요소와 비유교적인 요소를 혼합한 것이었다. 본래 유교 경전의 가르침은 모범이 되는 덕행과 바른 행실이 어떻게 모든 사람들을 감화시키고, 또 그것을 통해 어떻게 사회의 위계질서를 지켜나갈 수 있는지를 강조해왔다. 그러나 이미 전한前漢 시대에 황실에서는 여기에 몇 가지 '법가'적 요소를 추가했다. 거기에는 백성들이 질서를 지키도록 형법과 신상필벌의 원칙을 강조하는 것뿐만 아니라 통치자들이 따라야 할 행정적 수단을 강조하는 것 등이 포함되어 있었다. '법'이라는 모호한 용어는 법률과 방법 두 가지를 모두 의미했다. 따라서 소위 '법가'는 행정학파로도 부를 수 있을 것이다. 무릇 통치자란 재능 있는 인재를 관료 체계에 맞게 기용하고, 그들이 임무를 제대로 수행하도록 돌봐주며, 최고 결정자로서 행정이 효율적으로 기능하도록 하는 것을 기본 과제로 삼고 있다고 그들은 보았다. 이처럼 행정에 관한 청대 관리들의 사고방식과 그들이 정부의 각종 문제를 해결하기 위해 사용한 '경세치용학'의 이면에는 아주 오랜 전통이 자리 잡고 있었다.

　유교와 법가의 이와 같은 혼합 외에도 청 왕조에서 관료적 조직 방식과 개인적·봉건적 조직 방식을 결합하는 것 또한 그와 동일한 방식에서 유래한 조직 원리였다. 일찍부터 중국의 왕조들은 관료제적 요소를 발전시켜왔다. 한대의 황제들은 관리들에게 고정된 관할 영역 및 법에 따라 정해진 공무를 부여하고 일정액의 급료를 지급했으며 서신으로 지시를 내리고 권한의 한계를 명확히 했다. 이 모든 것은 각자가 임무를 규칙적이고 지속적으로 수행해나가도록 하기 위한 것이었다. 고대 중국인들은 이처럼 행정은 분야별로 공적이고 객관적으로 나뉘어 이루어져야 한다고 믿었다. 이러한 이상은 오히려 '근대적'인 특징을 갖는 것이었다. BC 221년 진秦에 의한 통일과 함께 중앙 권력이 확대되기 시작해 중앙에서 임명한 관리가 다스리는 군현 등의 지방 행정 단위가 설치되면서 이러한 관료 통치 제도가 널리 확산되었다. 그러나 이와 동시에 이러한 유형의 관료제와 더불어 개인적 혹은 개인적·봉건적 성격의 통치도 계속해서 성장했다. 이것은 황제가 황제 본인에 대한 개인적 충성심을 관리 임명의 기준으로 삼은 사실에서도 분명하게 확인할 수 있다. 황제는 또한 봉토와 작위를 끊임없이 친척과 지지자들에게 하사했다. 천자는 누구나 개인적으로 충성을 다하는 귀족 봉신들을 거느리고 있었다. 또한 황제는 중국과 교류를 원하는 해외 통치자外藩뿐만 아니라 국내의 귀족 봉신內藩들에게서도 지속적으로 조공과 충성의 맹세를 받길 기대했다. 이 책에서는 중세 유럽의 봉건제에서 유래한 fief(봉토), vassal(봉신) 그리고 tribute(조공)

란 영어 용어가 중국 용어(封, 藩, 貢)와 상당히 유사한 의미를 갖고 있는 것으로 보여 [영어 사용자의 이해를 돕기 위해] 그대로 사용되고 있다. 심지어 관료제적 관행까지도 황제의 은총을 의미하는 '은恩' 혹은 관료의 의리와 충성을 의미하는 '충忠' 등 인격적 관계를 나타내는 용어로 표현되었다. 이러한 봉건제적 용어들이 황실 내의 친족 관계와 뒤섞여 있었다.

실제로 청의 행정에서는 유가적 원리와 법가적 원리 그리고 관료제적 원리와 봉건제적 원리를 모두 분명하게 찾아볼 수 있었다. 예를 들어 송대부터 전해 내려온 보갑제保甲制라는 연대 책임제는 모든 가구가 이웃에서 발생한 사건에 책임을 지게 하고 또 상호 감시와 보고를 통해 법과 질서를 유지하려는 법가적 발상에서 나온 것이었다. 이러한 보갑제는 신사들의 손길이 미치지 않도록, 또 촌락의 자연적인 연줄을 가로지르는 방식으로 조직되었다. 이는 지방의 영향력을 분산시켜놓아 각 보갑 조직의 우두머리를 임명하는 지방관이 독자적인 통제 구조를 유지할 수 있도록 하기 위한 것이었다.

일반 백성을 이념적으로 통제하기 위해 구상된 이 밖의 다른 방안들도 유교적 색채를 뚜렷하게 띠고 있었다. 예를 들어 공묘에서의 제례 의식이나 향약鄕約을 설명하고 백성들에게 도덕적 행위를 권면하는 『성유광훈聖諭廣訓』을 읽어주는 청 초의 강약제講約制 등이 그러했다. 물론 과거제 또한 기본적으로 관리가 되려는 인재들의 자발적 자기 교화를 유도하기 위한 유교적 수단이었다. 이 외에도 연장자나 덕행에 대한 경의를 표하기 위해 나이 많은 사람들과 후덕한 사람들을 상찬하는 지역적인 행사들이 확고하게 자리 잡고 있었다.[13]

대외 관계

대외 관계 면에서 1800년대 초까지만 해도 청은 여전히 국가적으로나 사회적으로나 동아시아 문명의 중심이라는 인식을 갖고 있었다. 주변의 이민족들과의 관계는 중화사상을 바탕으로 이루어졌다. 그러나 대외 관계 문제와 관련된 이러한 해법은 아주 서서히 형성되어온 것이었다. 화북 평원을 중심지로 하던 고대 중국인들은 만리장성 저 너머의 초원 지대에서 쳐들어올지 모르는 야만적인 기마 민족에 대처하기 위해서 많은 방법을 고안해냈다. 힘이 충분할 때는 그들을 정복하거나 영토 너머로 밀어낼 수가 있었다. 그보다 약할 때는 접촉을 거절하거나 아니면 식량이나 비단을 보내거나 심지어 공주를 시집보냄으로써 평화를 샀다. 그리고 쇠약해졌을 때는 다수의 중국인들이 소수의 이민족 침입자들을 흡수·동화할 수 있었다. 그러나 장기적으로 그들과 대등한 관계를 맺는 것은 거의 불가능했다. 근본적인 문제는 사물에 대한 중국인들의 관념이 위계적인 피라미드 구조를 바탕으로 하고 있다는 데 있었다. 중국 내에서 황제의 지위는 그의 통치를 받는 모든 중국인들의 복종을 통해서만 유지될 수 있었고, 다시 이것은 이민족들에게도 그와 비슷한 군신 관계를 받아들일 것을 요구했다.

중국은 점차 중국이라는 천하의 정점에 있는 천자로부터 사방을 향해 뻗어 나가는 형태의 고유한 세계 질서 이미지를 형성해나갔다. 거리가 멀어질수록 변방의 이민족들은 그만큼 더 황제와 빈약한 관계를 맺게 되지만 어쨌든 조공 관계에 있다는 구심적 계층 이론은 초기 역사에서 형성되었다. 중국의 황제와 맺을 수 있는 유일한 관계는 조공 관계여야 한다는 관념은 종종 심각한 도전을 받기도 했지만 항상 살아남았다. 한의 멸망 이후 이미 조공이란 용어는 확고하게 정립되어 외교적 접촉뿐만 아니라 이민족과의 교역 관계에도 적용되었다. 수와 당 왕조 때 한족의 힘이 재건되자 중화사상은 다시 생명력을 얻었다. 그리고 그것은 당唐대에 중화 제국이 해외에서 위세를 떨침으로써 입증되었다. 중국이 우월한 지위에 있고 이민족들은 조공국으로서 중국에 복속하고 있다는 관념은 이렇게 해서 확고한 이론적 기초를 갖추게 되었다.

　13세기 몽골의 정복에서 최고조에 달한 이민족의 침입은 중국이 몽골에 의해 전면적으로 정복당했다는 점을 제외하고는 중국 역사에서 새로운 경험은 아니었다. 그러나 이것은 중국인들에게 잊을 수 없는 충격을 준 철저한 정복이었다. 황제가 천하를 다스린다는 생각과 당조가 실증해 보인 관념, 즉 한족이 우월하다는 관념의 결합이 이제 산산조각 난 것이다. 몽골족의 원元 왕조는 그것을 천자가 모든 인류를 지배한다는 단일한 관념으로 대체시켰다. 하지만 이처럼 강력한 정치적 신화 또한 더이상 순수하게 중국적인 것은 아니었다. 따라서 1368년 명明 왕조에 의한 한족 세력의 부활은 전통적인 중화사상의 재생을 위해 더할 나위 없이 긍정적인 기회를 제공했다. 명 태조와 활력 넘치는 그의 계승자들은 덕치라는 오래된 유교 이념을 다시 주장했다. 그들은 미지의 세계의 국가들로부터 조공을 받으려 할 때 천자의 우월성을 입증하는 증거로서 천자의 공평무사함을 과시하려 했다. 그들은 또한 온정주의적 관대함을 보이기도 했다. 명을 건국한 태조 홍무제洪武帝는 통치 초기에 고려, 안남安南(베트남), 참파(캄보디아) 등 인접국의 산맥과 강을 중국 지도에 포함시켜야 할 자연 지형물로 간주해 그것들 각각에 돌로 된 경계비를 세워 표시를 해두었으며 또 제사를 올렸다. 외국 통치자들에게 관직과 인새印璽를 하사했고, 중국력의 사용을 허용했으며, 조공 사절을 위해서는 일종의 여권인 신부信符를 발행했다. 또한 외국 통치자들의 왕위 계승을 인정해줌으로써 권력에 정통성을 부여하는 권한을 행사했다. 이 모든 것은 규범화되어 있어서, 왕복 문서는 조공국의 문자가 아니라 한자로 작성되어야 했다. 그것은 중국이 우월한 중심적 존재이고 중국 황제는 보다 열등한 기타 번속 국가의 통치자들을 보살필 의무가 있다는 것을 보여주는 것이었다.

홍무제의 정열적인 후계자인 영락제永樂帝는 주로 환관들이 이끄는 원정대를 파견했는데, 따라서 이들은 중국 조정을 대표한다기보다는 황제 개인을 대표하는 존재였다. 22년에 걸쳐서 총 48차 원정대가 파견되었다. 이들은 조공국 통치자들에게 값비싼 선물을 가져다주었을 뿐만 아니라, 강력한 해군을 대동하고 있었기 때문에 보호망을 제공해줄 수 있었다. 황제는 또한 각국의 큰 산山을 봉하여 조공국을 조공을 바치는 중국 내 각 성과 동일하게 중국의 일부로 간주하는 상징으로 삼았다.[14]

중국의 천자가 관대하게 이인夷人들을 개명된 문명 세계 속으로 받아들인다는 원대한 구상은 청조에 의해 한층 더 발전되었다. 심지어 1644년 이전에 이미 만주에 내륙아시아 지역의 동맹자들, 특히 몽골족에 대한 만주족 지배자들의 우월성을 유지하기 위해 특별 부서인 이번원理藩院이 설치되어 있었다. 청 황제는 처음부터 이런 식으로 한족뿐만 아니라 비한족도 통치했다. 한족들에 대해서는 위에서 언급한 바 있는 두 가지 체제를 이용했다. 즉 계층 구조로 되어 있는 공적인 지방 행정을 통한 관료제적 통치와 사적인 인간관계를 통한 개인적·봉건적 종주로서의 지위가 그것이다. 봉신은 개인적으로 황제에게 예속된 존재였는데, 우선 친족 관계로 맺어진 황실 가문에서부터 시작되었다. 이어 중국의 직접적인 통치 지역 내의 내번까지가 포함되어 있었다. 이들은 모두 지위를 세습할 수 있었다. 물론 세대가 지남에 따라 품급이 낮아질 수도 있었다. 또 그들은 모두 작위를 수여받았는데, 심지어 황자나 비빈에게 수여되기도 했다. 그들도 공물을 바쳤는데, 그것은 본래 의례적인 선물에 지나지 않았지만 양쯔 강 삼각주 지역에서 올라오는 '조공' 같이 성의 세수税收가 포함되기도 했다. 그런 다음 이러한 개인적·봉건적 관계의 구조는 이어 중국 본토 밖에 거주하지만 여전히 중국 황제의 관심의 대상인 외번으로까지 확대되었다. 외번 역시 작위를 받았고 조공을 바쳤다. 몽골의 왕공, 티베트의 통치자, 기타 내륙아시아의 주요 인물들, 그리고 조선과 안남(베트남)과 같은 주변 국가의 통치자들이 여기에 해당되었다. 그리고 마지막으로 멀리 떨어진 국가라 하더라도 중국과 교류하기를 원할 경우 외번으로 편입되었다. 그들도 모두 번으로 간주되었다. 이런 식으로 중국을 중심으로 하여 동심원 형태로 계층지어진 세계 질서가 완성되었다.

이처럼 상이한 온갖 이민족 통치자들을 다루는 문제와 관련해 베이징의 천자는 일련의 정교한 방법과 수단을 레퍼토리로 갖고 있었다. 물론 첫번째 수단은 무력으로, 그것을 중국 내 각 성을 복속시키고 또 변경 수비나 변경을 넘어 정벌군으로 동원하는 데 이용할 수 있었다. 두번째 수단은 법이라는 관료제적 통치 체계였는데, 그것은 중국인들은 물론 중국 내 소수 원주민(주로 서남부)에 대한 행정적 통제 수단으로 이용되었다. 특히 후자에 대한 통제는 토사土司라는 소수 민족의 우두머리를 통해 이루어졌다. 세번째 방법은 덕치였다. 덕으로 모범을 보임으로써 규범적·이념적으로 교화시키려면 천자는 모범적인 행위와 경외심을 불러일으킬 정도로 군자다운 풍모를 보여주어야 했다. 이러한 덕치를 변용해 종교적 영향력을 행사하기도 했는데, 특히 라싸拉薩와의 관계에 이 방법이 사용되었다. 청 초에 황제들은 티베트의 라마 승려들을 후원하는 차크라바르틴, 즉 전륜성왕轉輪聖王으로 자처했던 것이다.

마지막으로 지리적 거리나 문화적 이질성으로 인해 무력이나 행정력 혹은 덕화가 미치지 않는 지역의 이민족들에 대해서 중국 황제들은 물질적 이익利을 이용해 이들을 교묘하게 조종했다. 그것은 주로 교역을 허락하거나 아니면 선물을 하사하는 형태로 이루어졌다. 외국인들이 중국의 문물을 탐낸다는 것은 익히 알려져 있었기 때문에 이를 이용해 그들로 하여금 중국적 세계 구도 속에 놓여 있다는 것을 확실하게 보여줄 수 있는 의식을 행하도록 부추길 수도 있었다. 비교적 최근 시기인 1795년 교역상의 양보를 얻어내기 위해 청나라 황궁에서 황제를 향해 여러 차례에 걸쳐 고두叩頭의 예를 행한 네덜란드 사절단의 경우가 이를 전형적으로 보여주었다. 마지막으로 외교를 이용한 조작 기술도 있었는데, 아무 차별 없이 대한다一視同人는 원리와 그리고 그것과 같은 원리에서 유래한 이이제이以夷制夷라는 원리[15] 등의 기본 원칙이 거듭 새로이 적용되었다.

이런 식으로 중국 중심의 중화사상 속에는 천자가 천하를 통치한다 — 다시 그렇기 때문에 천자가 비한족 왕조들의 통치를 승인할 수 있었다 — 는 고대의 이념이 보존되어 있었다. 17세기에 진행된 만주족의 중국 정복은 13세기에 있었던 몽골족의 중국 정복이라는 선례로

이끄는 글: 구질서

인해 한층 더 용이해진 측면도 없지 않다. 그들 모두 계속하여 천하를 다스리는 천자의 역할을 강조했으며, 정부의 성격을 한족이 계속 중국을 통치했을 경우보다 훨씬 더 전제적으로 만드는 동시에 민족주의적 성향은 약화시켰다. 물론 전제 통치의 강화가 전적으로 이러한 논리만으로 전부 설명되는 것은 아니다. 전제주의는 그저 행정 수단과 통제력의 진보에 따른 자연스런 결과였을 수도 있기 때문이다. 그러나 단합된 소수 민족 집단으로서의 정복 왕조는 연장자 우선라는 중국적 관례가 아니라 무용武勇과 개인의 역량을 따르는 부족적 관습에 따라 지도자를 선택했다. 따라서 정복자들은 놀라울 정도로 정력적인 지도자들을 갖게 되었다. 당조나 송조의 황제들은 종종 왕조 내의 일상 행정은 고위 관리들에게 맡기고, 군림하기만 하는 경우가 있었다. 각 부의 시랑이 지방 행정에 대해 독자적인 지시를 내리고 하급 관리들을 임명하기까지 했다. 그러나 이러한 관행은 몽골의 정복으로 인해 바뀌었다. 1368년 이후 직접 통치를 시작하면서 명 태조도 이러한 몽골의 선례를 따르게 되었다.

이처럼 장기간에 걸친 변화는 청조에 이르러 정점에 달했는데, 청의 통치는 과거로부터 물려받은 중국의 많은 통치 수단을 자의식 강한 정복자들의 예사롭지 않은 활력과 결합시킨 것이었다. 인구가 채 100만 명도 되지 않는 소수 민족 출신의 이들 황제들은 살아남으려면 굳건히 뭉쳐야 한다는 것을 잘 알고 있었다. 그들은 전쟁과 권력 유지술의 전문가였다.

청 초의 통치자들은 놀라운 업적을 세웠다. 누르하치努爾哈赤는 1626년에 사망할 때까지 남만주 지역에 중국화된 국가를 건립했으며, 기동 타격군으로 팔기제를 창설했다. 그의 후계자 홍타이지皇太極는

1643년에 사망할 때까지 몽골족과 한족의 동맹국들을 정복하거나 청 제국에 포섭시켰으며 팔기제를 그들에게까지 확대시켰다. 그는 이 외에 조선을 조공국으로 만들었다. 1650년까지 섭정으로 통치한 도르곤 多爾袞[1612~1650년]은 화북을 평정했다. 만리장성 안을 지배한 청의 첫 황제인 순치제順治帝[1638~1661년] 통치하에 만주족 침입자들은 만한 병용제를 성립시켰다. 그런 다음 청의 권력은 위대한 강희제에 의해 확립되었는데, 그는 1661~1722년까지 장기간 통치했다. 그는 삼번三藩의 난을 평정했을 뿐 아니라 왕조의 문화를 중국의 전통적인 사인士人 정부에 동화시키는 작업을 시작했다. 강희제康熙帝는 청의 정복 활동에 협력한 화남 지방의 삼번의 왕들이 그곳을 계속 지배하려고 난(이 난은 1673~1681년까지 계속되었다)을 일으키자 이를 진압했다. 1682~1683년에는 마침내 타이완을 장악했으며 1689년에는 네르친스크 조약을 맺어 러시아 세력을 아무르 강(헤이룽 강黑龍江) 이북으로 몰아냈다. 그리고 다시 1696년에는 갈단이 이끄는 서몽골족 즉 준가르와의 전쟁에서 승리를 거둠으로써 동부 외몽골 지역에 대한 청의 통치권도 확보했다. 이처럼 놀라운 성공은 부분적으로는 강희제의 유연성에서 기인한 것처럼 보인다. 그는 관점과 방법에서 아직 완전히 중국화되지 않았으며, 조정에서는 예수회 선교사들을 조언자로 이용할 수 있었고, 외교적으로 유용하다고 판단되면 대등한 관계 위에서 러시아인들과도 협상할 수 있었다.

옹정제雍正帝[1678~1735년]는 계속해서 군주권을 강화했다. 그는 1729년에 군기처軍機處라는 좀더 기민한 행정 기구를 새로 만들고, 동시에 밀주密奏 제도를 발달시켜 정부 내 모든 부서의 선출직 관리들과 직접적인 접촉을 유지할 수 있었다. 그의 계승자인 건륭제乾隆帝[1711

~1799년]는 국내에서는 안정을 유지했지만 제국의 변경 지역에서는 계속 전쟁을 수행했다. 그의 소위 십전무공十全武功 가운데는 쓰촨 지역에서의 반란에 대한 두 차례 군사 작전(1747~1749년, 1771~1776년), 결국 퇴각하게 되는 미얀마 원정(1766~1770년) 한 차례, 또 곧장 퇴각한 북베트남 원정(1788~1790년) 한 차례, 타이완 반란의 진압(1787~1788년) 등이 포함되어 있다. 그러나 건륭제의 중요한 군사적 업적은 내륙아시아에서 이루어졌는데, 1750년대에는 서몽골이 평정되고, 1760년에는 타림 분지가 청의 영역으로 편입되었다. 다른 한편 라마교를 이용해 몽골족을 간접 통치하기 위해 청은 1720년, 1727~1728년 그리고 1750년에 원정대를 라싸에 파견했다. 이러한 군사 활동은 1790~1792년 네팔의 구르카족에 대한 두 차례 원정으로 완성되었다. 이 모든 전쟁에서 만주의 팔기병은 용맹성을 과시했고, 지휘자들은 높은 상훈과 엄청난 부수입을 얻었다.

외형상 18세기 말 청의 통치는 감히 넘볼 수 없는 최고의 힘을 과시하고 있었다. 그러나 19세기 중반이 되면 그것이 속이 텅 빈 허상에 불과하다는 사실이 드러나게 되었다. 이처럼 갑작스러운 반전을 이해하려면 베이징 정부가 그때까지 무시해온 관점에서 청 제국을 전체적으로 조망하는 것부터 시작해야 한다. 이처럼 비관례적인 접근법을 통해서만이 비로소 1800년까지 청이 왜 내륙아시아를 최우선적인 전략 지역으로 생각했는지를 이해할 수 있을 것이다.

THE
CAMBRIDGE
HISTORY
OF CHINA

02

청령 내륙아시아
(1800년경)

내륙아시아에서의 대청 제국

18세기에 세 가지 변화가 일어나 이후 중국사의 발전 방향을 결정짓게 되었다. 이러한 변화 중 학문적으로 가장 큰 주목을 받아온 것은 유럽 세력의 존재가 확고한 것으로 굳어지는 과정이었다. 그러나 언젠가는 장기적인 관점에서 보면 다른 두 가지 변화가 훨씬 더 중요했던 것으로 밝혀질지도 모른다. 하나는 청 제국의 영토가 2배 확장된 것이고, 다른 하나는 한족 인구가 2배 증가한 것이었다. 이 세 가지 요인이 영향을 주고받으며 근대 중국사의 발전 방향을 좌우했다.

19세기 초반 이 중화 제국의 실질적인 주권이 미치는 영역은 역대 어느 왕조와도 비교가 되지 않을 정도로 넓었으며, 청은 바야흐로 정치적·경제적·문화적으로 변화를 시작하려 하고 있었다. 이러한 변화는 통상 '근대화' 라 불려왔는데, 그것은 유럽 문명이 직·간접적으로 행사한 영향의 결과였을 뿐만 아니라 동시에 중국 사회의 내적 발전의 결과이기도 했다. 인구 증가와 영토 확대를 가져온 중국의 내재적인 사회적·경제적 과정들은 외부의 압력 못지않게 지금도 여전히 진행 중인 중국 사회의 근대적 변형 과정의 기초가 되었다.

1800년 전만 해도 청 역사의 초점은 내륙아시아에 맞추어져 있었다. 그리고 그것은 점점 더 한족 중심으로 되어가는 단일한 중화 제국이 다양한 문화를 가진 거대한 지역을 정복, 통치, 병합, 흡수하는 등의 정책으로 나타났다. 그러나 1800년 이후에는 초점이 중국 본토와 연해 지역으로 옮겨가기 시작했다. 19세기에 청령 내륙아시아는 확장 일로에 있던 중국에 서서히 흡수되는 한편, 한족 중심의 중국 문화의 영향하에 들어가기 시작했다. 그러나 내륙아시아 지역의 근대화는 1860~1870년대에 발생한 회란回亂[무슬림 반란] 기간 동안 그곳에서 중국과 러시아가 서로 영향을 주고받게 되면서 비로소 시작되었다.

청령 내륙아시아는 현재의 중국 영토의 거의 절반에 달하는 방대한 규모와 천연 자원 그리고 문화적 다양성을 갖고 있었음에도 불구하고 역사가들은 놀라울 정도로 이곳에 관심을 두지 않았다. 대외 관계와 관련해서는 본 저서를 집필 중인 현 시점까지도 19세기 청의 내륙아시아 정책 및 영러 갈등과 관련된 맥락을 다룬 저서를 찾아볼 수 없는 형편이다.[1] 중국의 국내 역사와 관련해서도 영토 확장이 중국 본토의 사회사, 경제사, 정치사에 끼친 영향을 연구하고 있는 저서 역시 하나도 찾아볼 수 없다. 이러한 과제들은 앞으로의 연구를 기다리고 있다. 따라서 이 10권 중 내륙아시아를 다루고 있는 장들에서는 그저 1800년부터 중국 본토 서북 지역과 신장 등지에서 대규모 회란이 발생하기 직전까지의 청나라 변경의 역사를 개괄적으로 제시하는 것으로 그치고자 한다. 이들 회란 이후 만주滿洲, 몽골蒙古, 신장新疆, 티베트西藏에서 큰 변화가 일어나기 시작해, 청령 내륙아시아의 역사는 누가 봐도 분명한 근대적 모습을 띠기 시작했다. 또 이 장에서 논의되고 있는 각 지역은 동일한 비중으로 다루어지고 있지 않다. 복잡한 문화와 거듭된 반란 그리고 이곳의 역사와 관련해 영어권 독자에게 만족할 만한 설명을 찾아볼 수 없다는 점 등을 고려해 신장 지역을 가장 완벽을 기해 다루어보았다. 반면 티베트는 복잡하기로는 신장과 마찬가지이지만 그곳 역사와 문화를 기록한 좋은 책이 여럿 있다는 점[2]을 고려해 그보다는 짧게 다루었다.

17~18세기에 청나라 군대가 내륙아시아로 확장해 들어간 것은 역사적으로 장기간에 걸쳐 큰 영향을 미치는데, 이는 곧 한족 중심의 중국의 영향력과 문화 그리고 인구의 확산을 의미하는 것이었다. 하지만 그것은 만주족의 청조가 의도한 것은 아니었다. 청조가 특히 제국의 비한족 지역에서 한족들의 재능을 충분히 이용하고 한족 이주민들이 내륙아시아 변경 지대에 정착하도록 유도할 필요가 있다는 사실을 희미하게라도 인식하기 시작한 것은 19세기가 되어서였다. 그러나 이때는 이미 만주와 신장에서 청 영토를 온전히 보존하는 것이 불가능해진 이후였다. 한족의 팽창은 18세기 내내 이를 저지하려는 청 정부의 노력에도 불구하고 계속되었다. 그럼에도 청령 내륙아시아 변경에 한화漢化의 초석을 놓은 것은 만주족들이었다. 이러한 한화 과정은 깊이 있는 연구 자체가 쉽지 않으며, 더욱이 충분한 기록도 존재하지 않아 앞으로도 그렇게 남을 가능성이 크다. 만주 각 부, 몽골인, 티베

트인, 투르크계 회족 그리고 모든 기인들은 청 제국에 납세 의무를 지고 있지 않았다.

상당수의 한족이 만주, 내몽골 일부, 칭하이靑海 그리고 신장 북부 등으로 이주했지만 청조의 기본 정책은 한족들은 중국 본토에만 거주해야 한다는 것이었다. 청조는 통상 한 군기에 속하지 않는 일반 한족을 내륙아시아 지역에 관리로 임명하지 않았다. 내륙아시아는 기인旗人을 위한 보호 구역이었다. 1800년 당시 내륙아시아는 크게 만주, 몽골, 신장, 티베트의 4개 지역으로 구성되어 있었다. 이 4개 지역 모두에 청군이 주둔하고 있었지만 통치를 위한 행정 구조는 각기 달랐다. 만주는 3개의 성으로 되어 있었으며, 몽골은 이보다 훨씬 더 세분화되고 엄격하게 통제되기는 했지만 외형상 고유의 행정 체계를 갖고 있었다. 신장은 일리에 주둔하고 있는 청 장군의 관할하에 있었지만 하급 지방 행정 차원에서는 각급의 토착 지배자나 관리가 저마다에 해당하는 통치권을 행사하고 있었다. 티베트는 여러 지역으로 나뉘어 있었다. 티베트 본토는 온전한 토착 정부에 의해 다스려졌다. 그러나 북동부(칭하이) 지역은 청조에 직접 세금을 납부했으며 시닝西寧 성의 판사대신辦事大臣의 관할하에 있었다. 티베트 동단(동부 캄Kham)도 청에 직접 납세하는 구역으로서 쓰촨 성의 행정 구역에 속해 있었다.

적어도 이론상 청 제국은 내륙아시아 번속藩部(몽골, 신장, 티베트)과 각 성(펑톈奉天 성, 지린吉林 성, 헤이룽장黑龍江 성)이 자급자족할 수 있기를 기대했다. 이들 각 지역 당국의 경비는 자체 재정으로 충당하도록 되어 있었다. 그러나 몽골과 펑톈 성을 제외한 모든 지역에서 그것은 대체로 불가능했다. 특히 신장에서 청 제국의 지배를 유지하기 위해 필요한 군비는 세 수입을 훨씬 초과할 수밖에 없었다.

몽골, 신장, 티베트, 그리고 수도에 조공을 바치러 오는 그 밖의 다른 모든 내륙아시아의 조공국들을 감독하고, 청 제국 경계 밖의 여타 내륙아시아 국가들과의 관계를 감독하는 기관은 베이징의 이번원 理藩院이었다. 청의 영역 밖 저 멀리 서쪽에 있는 네팔(인도의 통치하에 있었다)과 칸주트Kanjut(일곱번째 이맘을 추종하는 시아파, 즉 이스마일파 회교도 주민으로 구성된 훈자와 나기르 지역)는 청에 직접 조공을 바친 반면 라다크Ladakh, 시킴Sikkim, 부탄 등은 티베트의 보호국이었기 때문에 청 제국과는 직접적인 관계를 맺지 못했다. 발티Balti의 상인들은 신장과 티베트의 시장에서 교역을 했으나 청 정부는 발티스탄을 볼로르Bolor(길기트Gilgit 계곡의 옛 이름. 그러나 청은 발티인들로 구성된 국가로 인식했다)라는 이름의 존재하지 않는 나라의 일부로만 알고 있었고,[3] 발티의 통치자들과는 정규적인 관계를 맺지 않았다. 히말라야 산맥을 넘으면 인도 대륙의 여러 나라와 영국의 동인도회사가 있었다. 동인도회사는 18세기에 몇 번이나 티베트에 접근하려 시도한 바 있었으며, 그러한 시도는 점점 더 적극적으로 변하고 있었다. 그러나 19세기 초 이번원은 티베트 서쪽의 인접 국가들에 대해 거의 잘 알지 못했고, 심지어 인도의 동인도회사가 광저우에서 교역하고 있던 회사와 같은 나라에서 왔다는 것도 알지 못했다.[4]

신장 서부에는 이슬람을 믿는 투르크계의 카자흐 유목 민족이 있었는데, 러시아와 청나라에 동시에 복속되어 있었다. 그리고 산악 지방에는 다양한 키르기스 부족이 있었는데, 이들 역시 이슬람교도였다. 페르가나Ferghana 계곡을 중심으로 고도의 농업과 도시 문명을 발달시켜 온 이슬람계의 코칸드Kokand 칸국汗國은 청의 조공국이었다. 그러나 청 정부가 신장 서부 변경의 평화를 유지하기 위해 정기적으로 금전과 차를 제공했던 까닭에 실제로 공물은 역방향으로 전달되기도 했다. 타슈켄트, 부하라, '볼로르', 바다흐산Badakhshan 그리고 분열 중이던 아프가니스탄의 두란Durran족 통치 지역 등도 청의 관점에서는 청 제국의 속국이었다.

청 정부는 조공 사절의 지위는 외국인들에게 특정한 조건하에서 교역할 수 있는 권리를 부여해주며, 중국을 방문한 외국 방문객은 황제의 권한하에 있다는 논리를 합법화시켜주는 것으로 보았다. 하지만 그것이 군신 관계를 의미하는 것은 아니었으며, 청 정부로부터 보호를 받는 관계에 있다는 것을 함축하고 있지도 않았다. 진정한 의미에서의 '보호국'은 제국의 변경 안에 있는 속국만을 가리켰고, 그러한 국가의 일부 통치자는 외국의 군주가 아니라 조공국의 지배자로 간주되었다.

1689년 네르친스크 조약에 따라 러시아는 마지못해 아무르 강 유역 전체를 청의 영토로 인정하고 분쟁의 소지가 없는 북서부의 러시아 땅으로 철수했다. 청 정부는 러시아가 시베리아의 중요한 세력이라는 사실을 알고 있었지만 이 나라가 기술적으로 얼마나 발달했는지, 군사적으로 얼마나 강력한지는 알지 못했다. 그 결과 청조는 만주 북부의 각 부족을 전통적인 기미羈縻 정책에 따라 통제했다. 청 정부는 만주와 러시아 영토 사이의 경계를 표시하기 위해 관료들을 파견했지만 이런저런 이유로 경계비들이 합의한 한계선보다 훨씬 남쪽에 세워짐으로써 청은 네르친스크 조약을 통해 확보했던 영토 가운데서 23,000 평방마일을 상실했다.[5] 러시아는 아무르 강 북쪽 영토에 대한 청의 무관심을 틈타 식민 활동과 탐사 활동을 계속했으며, 18세기 내내 동시베리아에서의 지위를 공고히 해나갔다.

만주

19세기로 접어들 무렵 이미 만주에서는 한족들의 이주가 진행되고 있었는데, 그것은 전에 퉁구스어계의 기인과 기타 토착 부족만이 거주하던 이 고립된 지역을 중국의 농공업 발전 지역으로 — 이것은 20세기에 확연한 모습을 드러낸다 — 변화시키게 된다. 팔기군 주둔지로서의 위치 그리고 부족적 관계를 통해 유지되어온 초기의 지배 방식은 와해 중이었고, 한족 이주민들은 점점 더 깊숙한 곳까지 이주해 들어가면서 언어와 문화를 함께 들여옴으로써 사회적·경제적으로 만주를 중국 본토와 연결시켰다. 18세기 말 만주 인구는 이미 100만 명을 넘었고 19세기 중반에는 이보다 약 3배나 증가했다.[6]

만주 변경(지린 성, 헤이룽장 성)은 공식적으로 한족 이주가 봉쇄되어 있었다. 하지만 18세기 내내 청 정부는 점점 더 이중적인 정책을 채택해 때로는 이주를 금하고 때로는 한족 이주민들의 류타오볜柳條邊 통과를 방임했다. 1800년경에는 이미 펑톈 성을 특별 봉금지로 지정하거나 중국 문명의 동화력으로부터 보호하는 것을 고려하기에는 너무 늦었다는 것이 분명해졌다. 그러나 지린 성과 헤이룽장 성의 경우 인구나 문화적으로 한화漢化 경향이 돌이킬 수 없을 만큼 그렇게 강력하지는 않았으며, 청 정부도 적어도 고위급에서는 한족의 만주 변경 이주를 금하고 만주 변경에서 한족 문화와의 접촉을 최소화시키려 진지한 노력을 계속했다. 예컨대 1811년 베이징 정부는 이전처럼 다시 명령을 내려 한족 이주를 금지시켰다.

지린 성과 헤이룽장 성의 팔기적 성격과 부족적 성격을 보존하려는 청 정부의 노력에는 네 가지의 중요한 동기가 있었다. 하나는 만주족이 중국을 포기하지 않을 수 없는 상황에 봉착했을 때 왕조가 퇴각할 수 있는 장소를 확보하는 것, 두번째는 엄청난 인구를 가진 중국인들 속에서 만주족의 지배를 유지하기 위해 팔기군의 군사적 보급소가 한족 문화의 영향을 받지 않도록 하는 것, 세번째는 인삼(아주 고가의 보양제이자 약용 뿌리 식물이었다), 모피, 진주, 금 등의 생산에 대한 정부의 독점권을 유지하는 것, 마지막으로 만주 문화와 조상 대대로 전해 내려온 만주족 왕조의 전통을 유지하는 것이 그것이었다.

돌아보건대 이러한 이유 가운데 어느 것도 19세기 초에 그렇게 다급하진 않았던 듯하다. 물론 첫번째와 두번째 이유는 그들 본래의 심리적·전략적 타당성을 일부 갖고 있었지만 말이다. 하지만 그렇다고 해도 1800년경이 되면 만주인들은 더이상 숨을 장소를 필요로 하지 않게 되었다. 이후 19세기 중반 중국 본토에서 발생한 반란을 진압하기 위해 청조는 만주의 팔기병을 대규모로 동원했지만 1800년에 이들 군대는 솔론索倫족*을 제외하면 훈련, 장비, 사기 모두 형편없었다.

그들은 청조가 중국에 대한 지배를 확고히 하기 위해 보유하고 있는 잘 준비된 군대로서의 모습을 잃어버리고 있었다. 더구나 이후 발생할 러시아의 침입을 고려해볼 때 이미 본질적으로는 중화 제국이 되어버린 청조는 이 지역에 대한 제국의 통제권을 유지하려면 한족의 아무르 강 유역 이주를 장려하는 것이 더 나았을 것이다. 오직 한족들만이 만주의 잠재적 자원을 최대한 개발할 수 있는 능력을 갖고 있었던 것이다. 만약 청 정부가 이민을 장려하고 한족들에게 인삼, 진주, 모피, 금의 전매권을 조심스럽게 맡겼더라면 훨씬 더 큰 이익을 확보

솔론족: 만주의 넌 강嫩江 유역, 후룬베이얼 등지에 사는 부족.

할 수 있었을 것이다. 일단 헤이룽장 성은 제쳐놓더라도 만주족의 본 거지이자 제국의 요람이었던 곳은 지린 성이 아니라 한화가 이루어진 펑톈이었다. 따라서 만주의 변경 지역을 한족의 영향으로부터 보호한 다는 정책은 만주족 고유의 제의, 문화, 전통 등을 보존하는 데서는 큰 역할을 하지 못했다. 요컨대 19세기 초에는 만주 변경 지역에서 한족 이주민, 한족 침입자들 그리고 한족 도망자들을 몰아낼 수 없다는 것 이 모든 사람들에게 분명해졌던 것이 틀림없다.

 18세기에 인구가 대규모로 팽창하면서 한족들의 북방 이주의 흐 름도 가속화되었다. 남만주 지역이 이미 한족 농부들로 넘쳐흐르고 있었기 때문에 점점 더 많은 이주자들이 북으로 향했다. 만주 변경 지 역의 당국자들은 이들의 유입을 막을 수가 없었다. 그리하여 비록 이 주 정착민의 농토에 지세를 부과해 그들의 지위를 완전히 합법화하는 데까지는 나아가지 못했지만 이주 정착민을 등록하고 세금을 거두기 시작했다. 실제로는 바로 이들 정착민들이 만주의 경제적 자원을 개 발해 추가 세수입을 제공하고 있었기 때문에 지방 당국자들이 한족의 변경 이주를 부추겼다고 해도 틀림없을 것이다.

 18세기 말경 지린 성과 아마 헤이룽장 성의 도시 인구의 약 80~ 90%는 한족이었을 것이다. 공식적인 금령에도 불구하고 청 정부는 그 곳의 이주민 공동체들을 통제하기 위해 한족 관리들을 만주 변경으로 파견하기 시작했다. 1800년경 아무르 강 남쪽의 만주 지역 거주민은 거의 모두 중국어를 사용했고, 한화의 결과 이미 많은 만주인들이 모 국어를 잊어버리고 있었다. 다만 변경 지역 여기저기에 흩어져 살면 서도 정착민인 한족이나 만주인들과는 현격히 다른 생활양식을 영위 하고 있던 몽골인들만이 이러한 문화 변용의 영향을 크게 받지 않은 채로 남아 있었다.⁷⁾ 헤이룽장 성의 한족 상인들은 만주인들과 중국어로 사업을 할 수 있었지만 몽골인들과의 교역을 위해서는 종종 몽골어를 배워야 했다. 아무르 강 북쪽 지역 사람들은 원시적인 삶을 영위하고 있었고 또 수도 극히 적었으며, 따라서 중국어를 할 수 있는 사람도 거의 없었을 것이다. 청 정부는 1765년 부승아富僧阿를 시켜 단 한 차례 이 지역에 대한 조사를 실시한 바 있을 뿐이다. 그는 아무르 강 북쪽 연안은 사람의 흔적이라고는 찾아볼 수 없으며 지독하게 춥고, 목초도 동물도 없다고 과장해 보고했다.⁸⁾

지리적으로 만주는 급팽창 중인 인구 문제를 해결하기 위해 여러 모로 추천할 만한 장소였다. 토양은 비옥했으며, 이곳 북동부에서는 경작 가능한 기간이 청 제국의 다른 농업 지대보다 짧았지만 대신 강우량이 풍부했다. 더욱이 만주족이 중국을 정복함으로써 많은 인구가 유출되었고, 그 결과 경작 가능한 토지가 개발되지 않은 채 버려져 있었으며, 경작지조차 중국의 일반적인 수준보다 뒤떨어지는 농업 기술로 경작되고 있었기 때문에 수확량은 한족 농부들의 생산량을 한참 밑돌았다.

19세기 초 만주 지역은 이곳의 농업 잠재력이 아니라 북동 변경의 삼림에서 생산되어 중국 시장에 내다 팔리는 모피나 인삼으로 더 유명했다. 18세기에 이 두 품목의 공급은 점점 감소했는데, 모피의 경우 이런 현상은 부분적으로는 러시아의 초기 동시베리아 진출에 기인하고 있었다. 그러나 1800년경 합법이든 불법이든 모피와 인삼 사업은 여전히 번창하고 있었다. 이에 더해 만주의 산악, 하천, 삼림 등에서는 금, 진주, 목재 등이 산출되었다. 또한 이 지역에는 사람들을 질색하게 만드는 모기 등의 해충이 많았다. 20세기의 상황에 비추어 판단해보건대 말라리아 또한 특히 동만주와 아무르 강 유역에서 유행하고 있었음에 틀림없다. 다만 이러한 질병이 인구의 증감에 미친 결과는 알려져 있지 않다. 결핵, 마마, 매독 또한 흔했을 것이다.[9]

'만주리아 Manchuria'라는 용어는 중국이나 만주어가 아니라 유럽어로서, 랴오허遼河 지역과 1689년 청러 사이에 체결된 네르친스크 조약에 의해 획정된 아무르 강 유역을 포함해 북쪽 변경 부족민들이 살고 있는 지역 일대의 만주 왕조의 발상지를 일컫는 용어이다. 이곳은 중국의 지방 행정 단위〔성〕의 일부로서, 중국에서는 동삼성東三省이라고 불린다. 따라서 엄밀히 말해 만주는 속국이 아니었다. 동삼성 가운데 가장 남쪽에 있는 펑톈은 성징盛京(오늘날의 선양)을 성도로 하고 있었는데, 성징은 동시에 순전히 명목상인 것이기는 했지만 청 제국의 부도副都이기도 했다. 그리하여 성징에는 베이징 중앙 정부의 6부에서 이부吏部를 제외한 5부(호부, 예부, 병부, 형부, 공부)의 행정 기구가 구성되어 있었다. 이들 부서는 만주의 팔기 관련 사무를 관장하고 점증하는 한족 이민을 관리하는 행정을 담당했다. 동시에 펑톈에는 장군將軍이 있어서 기인들을 관할했는데, 그의 직권은 많은 부분에서 성징의 5부와 중첩되었다. 옥상옥의 중첩되는 행정 기구는 행정적인 충돌과 혼란을 야기하여 많은 실정의 원인이 되었으며, 관리 부패의 길을 열었고 관료적 병폐의 숙주가 되었다.

만주 북부 변경의 두 성은 지린 성과 헤이룽장 성이었다. 지린 성의 성도는 성의 이름과 같고, 헤이룽장 성의 성도는 치치하르齊齊哈爾였다. 이곳을 중심으로 장군들이 성의 행정에 대한 군정권과 민정권을 행사했는데, 이들은 청령 내륙아시아의 다른 곳에서와 마찬가지로 기인이어야 했다. 대개는 만주족 기인들이었으며 가끔 몽골 기인도 있었다. 이들은 팔기인, 한족 민간 농부들, 한족 도시 거주자, 기타 부족들을 다스렸다. 이 지역에는 청이 팔기군으로 편성하려고 하지 않아 여전히 고유의 부족적 조직을 유지하고 있던 부족들이 존재하고 있었다.

만주족의 본토 입관入關 이후 청 정부는 정복 이전의 원래의 (구만주)기旗를 모방해 만주 동북부의 여러 부족을 통합해 새로운 기를 창설했는데, 이들은 만주인(여진족), 몽골인, 한족으로 편성되어 있었다. 청 정부는 쿠얄라庫雅拉, 북후르하虎爾哈, 허저赫哲, 솔론, 시보錫伯, 몽골어 계통의 다구르達呼爾 등의 부족들을 소위 신만주기로 편성하여 이들을 지린 성과 헤이룽장 성의 장군들이 지휘하는 청 제국의 군정 체제로 편입시켰다. 그리하여 이제 청군의 일부를 형성하게 된 이들 새로 편성된 부족들에게는 생계유지를 위해 세금이 면제된 기전旗田(또는 기지旗地)이 분배되었다. 이들은 지린 성과 헤이룽장 성의 연례적인 겨울 사냥에 참가했으며, 장군의 직접적인 지휘를 받았다. 헤이룽장 성에서 수렵 생활을 하는 기인 외에는 아무도 공물을 바치지 않았다. 수렵 생활을 하는 기인들은 특별한 범주에 속하는 존재들로서, 만주의 정규 주둔군의 보조 군대로 종사하는 동시에 공물을 바쳐야 했다. 여러 증거로 보아 청 정부는 그들의 호구戶口 수를 근거로 공물을 할당했던 것으로 보인다.

멀리 떨어진 아무르 강 유역과 연해沿海 지역의 경우 모든 부족민을 청의 팔기제로 통합하는 것은 불가능했다. 청 정부는 다만 외딴곳에 있는 이들 부족들을 제국 내의 조공민으로 등재하는 것에 만족하고 실제로는 그대로 방임했다. 모피, 특히 진귀한 흑표피黑豹皮와 흑호피黑狐皮 등의 공물이 청 황제에 대한 복속의 표시로서 정해진 기간마다 조공으로 바쳐졌다. 종종 베이징까지 가서 그러한 공물을 바치는 일도 있었는데, 이때 조공 사절은 이번원의 통제를 받았다. 그러나 대부분의 경우 부족민들이 공물을 싼싱三姓, 데렌德楞 혹은 무렌穆楞 등의 특정한 수집 장소로 갖고 오면 거기서 청 정부의 세무 관리가 모피들을 선별했다. 기준에 미달하는 모피는 시장에서 팔렸다. 그 결과 이러한 공물 수집 장소들은 정기 시장으로 발전해 한족, 몽골인들이 정기적으로 교역을 위해 이곳을 찾아오곤 했다. 청 정부가 공물에 대한 답례로 내리는 각종 하사품은 만주의 변경 지역에서는 사치품으로서 시장 가격이 매우 높았다. 그래서 부족장들은 그것들을 보통 시장에 내다 팔았다. 예컨대 연해 지역의 부족장들은 통상 이들 황제의 하사품을 정기적으로 일본 관리들과 모피로 바꾸고, 다시 그것을 한족 상인들에게 팔았다.[10] 이 북만주 변경의 부족들을 제국의 일원으로 묶어두기 위해 청 정부는 또한 이들에게 관직과 관호를 수여했다. 이전에는 만주 여자를 부족장들과 결혼시키는 혼인 동맹을 추진했으나 19세기 초 이후로 그러한 관행은 사라졌다.

1800년의 만주 사회는 기본적으로 3개의 주요 집단, 즉 기인, 한족 평민, 각종 부족민 등으로 구성되어 있었으며 이 세 집단 모두 다양한 사회 계층으로 나뉘어 있었다. 이들은 또한 인종적으로도 다양했다. 기인 가운데 만주인들은 샤머니즘을 믿었고, 몽골인은 거의 예외 없이 티베트의 황교黃敎(겔룩파格魯派)를 믿었으며, 한족들은 중국 종교의 특징인, 불교와 유교 그리고 민간 신앙이 혼합된 신앙을 신봉했다. 주로 샤머니즘이라고 부를 수 있을 다양한 종교를 믿는 부족민들은 계통은 상이했지만 대부분 퉁구스 계통의 언어를 사용했다. 그러나 사할린과 아무르 강 하류에 거주하는 길리아크基里雅克인은 독자적인 언어를 사용했다.

　외형적으로는 청조의 건립에 참여했던 기인들이 사회의 정상에 위치해 있었으나 실제로 그것은 고위 관리들, 즉 군대의 엘리트들에게나 해당되는 이야기로 이들은 행정적 권위뿐만 아니라 사회적 영향력 면에서도 만주 전역에서 최고 자리를 차지하고 있었다. 대부분의 기인 관리들은 적어도 지린 성과 헤이룽장 성에서는 만주 출신 기인이었지만 대체로 최고위급 관리들은 베이징의 만주인들로 만주의 기인들보다 훨씬 더 한화되고 세련되어 있었다. 중국 본토의 만주인들은 중국식으로 교육받았다. 제국의 거의 모든 부분에서 이들의 사회적·정치적 출세는 이미 이러한 교육에 달려 있었다. 반면 만주의 학교 교육 과정은 일부 사숙을 제외하면 만주어와 무술로만 구성되어 있었다. 17~18세기에 엄청난 양의 번역물과 일부 순문학 작품을 포함해 적지 않은 만주어 문학 작품이 나왔음에도 불구하고 수준 높은 만주어 문화를 창조하려는 노력들은 실패로 끝나고 말았다. 만주 문자는 점점 더 형해화되어 생명력을 상실하고 있었지만 20세기에 이르기까지 계속 정부 문서에서 사용되었다. 그러나 만주어 교육은 제한적으로밖에는 쓸모가 없었다. 조정은 중국식 교육을 받고 부시府試에 합격한 만주 기인들에게 일정한 학위를 배당했고, 할당 인원은 인구가 늘어남에 따라 점차 증가했다. 그러나 제대로 과거를 볼 준비가 되어 있는 기인들은 거의 없었고, 준비된 자들도 시험을 보려면 멀리 성징까지 가야 했기 때문에 부시 응시자들도 거의 없었다. 물론 베이징의 성시省試 응시자 수는 더욱더 적을 수밖에 없었다.

　한족 민간인들은 주로 농민, 상인, 장인 및 유배된 관리들로 구성되어 있었는데, 이 중 농민이 가장 많았다. 쉽게 예상할 수 있듯이 한족들은 펑톈 성에 집중적으로 거주했으며, 다음으로는 지린 성이었고 헤이룽장 성의 한족 거주자가 가장 적었다. 18세기 내내 만주의 한족 수가 증가함에 따라 인구의 도시 집중 현상도 증가했으며, 19세기 초가 되면 벌써 만주의 도시화 징조가 처음으로 나타나기 시작했다. 물론 남부의 도시들, 특히 성징이 가장 중요했지만 지린, 닝구타寧古塔, 치치하르 등의 도시도 성장 중이었고, 또 1799년에는 주변 지역에 정착해 살고 있는 한족들을 관리하기 위한 행정 중심지로서 창춘長春 현성縣廳이 세워졌다. 이들 도시들은 군사와 행정의 요충지로서뿐만 아니라 상업 중심지, 다양한 수공업과 이제 막 탄생 중이던 산업의 기지, 유락지로도 기능했다. 이곳에서는 도박이 대표적인 오락으로서 성행했으며, 성 도덕도 중국 본토보다 훨씬 느슨했다.

    1800년 만주에서는 부유한 한족 상인들이 고위 팔기 관리들 바로 아래의 최고위 사회 계층을 이루고 있었다. 이들은 고위 팔기 관리들과 다양한 사회적·문화적·상업적 관계를 맺고 있었다 — 상인과 관리들은 종종 대등한 위치에서 만남을 갖기도 했다.

    만주의 한족 사회는 뿌리 뽑힌 이민자들의 사회였다. 따라서 펑톈을 제외한 지역에서는 대부분의 한족들이 그곳에 살기 시작한 지 겨우 몇 십 년밖에 되지 않은 상태였다. 이들 이주민들은 주로 직예直隸 성, 산둥山東 성, 산시山西 성 출신들로서 출신 지방의 여러 사회적 양식을 갖고 왔지만 대개 가난하고 제대로 교육받지 못한 하층 사회 출신이었다. 따라서 19세기 초 당시 중국 본토에서 신사 — 이들 신사는 교육과 부 그리고 명망을 겸비한 세가로서 대대로 지방의 지도적 계층으로 영향력을 행사해왔다 — 라고 불리던 계층과 같은 것은 이제 겨우 펑톈에서나 출현하기 시작했을 뿐 기타 만주 변경에는 전혀 존재하지 않았다. 중국의 독서인들은 상인을 천시했을지 모르나 만주 변경에서는 사정이 달라서 최고의 학자가 종종 지도적인 거상인 경우도 있었다. 그것은 군정과 민정 계통의 몇몇 소수를 예외로 한다면 지린 성과 헤이룽장 성 지역에서 진정한 독서인은 대부분 청 정부가 그곳으로 추방한 유배된 관리들이었기 때문이다. 이론적으로는 삭탈관직당한 이들 전직 관료들은 평민이나 다를 바가 없었다. 그러나 실제로는 이들은 곧 사업을 하거나 아니면 중국식 교육을 요구하는 직무를 준비 중인 만주 관리의 자제들을 가르치면서 새로운 운명을 개척했다. 글을 가르치는 것은 또 다른 기회를 제공했다. 유배되기 이전의 명망이 얼마간 남아 있었기 때문에 만주인 사회의 엘리트들은 그들을 환영하며 기꺼이 친분을 맺었다.

　　만주의 지도적인 중간급 상인들 사이에서 중요한 비중을 차지하고 있던 또 다른 사람들은 중국 본토의 한족 상사商社원들이었다. 이들은 주로 저 유명한 산시山西 전장錢莊들로, 18세기 내내 만주에서 여러 분야에 걸쳐 사업을 확장시키고 있었다. 이들의 사업은 유배된 전직 관리들과 만주 출신 한족 상인이 경영하는 사업과 분명하게 연결되어 있었는데, 이들 한족 상인들 중에는 사업적으로 큰 성공을 이룬 사람도 일부 있었다. 이러한 최상위 범주에 속하는 상인들은 일반 소매상, 행상, 장인, 농부들과는 전혀 다른 높은 사회적 지위를 누리고 있었다. 그리고 후자들의 지위 또한 외형상 군사 우위의 사회였음에도 불구하고 팔기 사병들과 동일했다.

　　이론적으로 볼 때 청 정부에게서 특별 우대를 받은 지린 성과 헤이룽장 성의 각 부족 수령들은 사회적 지위 면에서 최고위급 팔기 관리들과 비슷해야 했지만 실제로 각 부족은 좀더 개화된 만주 거주민들과는 어느 정도 격리되어 있었으며, 북부 변경 지역과 해안 지대에 거주하고 있는 많은 부족 수령들 또한 지리적으로 고립되어 있었다. 따라서 공무나 교역을 위해 도시에 올 때면 그들의 모습은 사뭇 촌스럽고 원시적으로 보였다. 만주 한족들의 수가 증가하고 기인들의 한화가 점점 더 진행되며 또한 이 지역이 계속 발전함에 따라 각 부족 수령들의 이러한 사회적 신분 하락 경향 또한 갈수록 분명해졌다. 물론 일반 부족민들은 수령보다는 훨씬 덜 한화되었지만 시간이 지남에 따라 본인들 스스로 한화의 길을 택하거나 아니면 변화하는 만주 사회에서 점점 더 고립되어갔다.

사회의 최하층에는 미숙련 노동자, 노복, 기녀 그리고 노예를 포함해 유배된 범죄자들 등이 있었다. 만주, 특히 지린 성과 헤이룽장 성이 조정에 유용했던 점 중의 하나는 관직을 박탈당한 전직 관리들뿐만 아니라 범죄자들을 수용하는 유배지로 활용할 수 있다는 것이었다. 청의 형률 제도는 보통 죄가 중하면 중할수록 그리고 범죄자가 흉악할수록 유배자를 더욱더 북쪽으로 보내도록 규정하고 있었다. 이들 많은 유배범들은 수공업이나 혹은 소규모 사업에 종사하고, 마침내는 그곳 사회의 믿음직한 일원이 되었다. 하지만 이들의 숫자가 점점 더 증가함에 따라 만주 변경 사회는 더욱더 거칠고 무법천지인 세계가 되어갔다.

그리하여 1796년 초부터 조정은 죄인을 만주로 유배 보내는 것을 크게 줄였으나 이미 일부 중범죄자들을 노예로 만들어 만주로 보낸 다음 기인들에게 분배해 사역시키면서 야기된 문제들이 너무나 커져 있었던 바람에 정부는 추가 대책을 따로 마련해야 했다. 문제의 핵심은 기인들이 너무 가난해 정부가 떠맡기고 있던 노예들을 부양할 수 없게 되었다는 데 있었다. 따라서 노예주나 노예 모두 노예가 하루빨리 자유를 얻도록 해야 한다는 데서 이해관계가 일치하고 있었다. 그 결과 노예는 자유를 살 수 있게 되었다. 때로 노예주가 속금을 받지 않고 석방해주기도 했다. 이들 범법자 가운데는 중국 본토로 돌아가는 자도 얼마간 있었지만 많은 자들이 만주에 그대로 남는 바람에 자유롭게 돌아다니는 불법·반불법적인 무리들의 수가 증가하게 되었다. 정부로서는 이런 사태를 좌시할 수 없었다. 그리하여 1810년에 공식적으로 노예주에게 금령을 내려 노예를 속량시키지 못하게 했으며, 1813년에는 일시적으로 범법자의 만주 유배를 중단하기도 했다. 청 조정은 또한 기인들의 노예 부양 부담을 덜어주기 위해 몇 가지 조치를 취해 사정이 허락하는 경우 가난한 기인들이 노예를 좀더 부유한 장교나 만주의 행정 관료에게 넘겨주는 것을 허용했다. 이들은 좀더 많은 노예를 필요로 하고 또한 노예의 생계를 감당할 수 있을 것이기 때문이었다.

대부분의 지역이 지세가 험악해 쉽게 접근할 수 없는 지린 성과 헤이룽장 성에는 상당수의 한족 범법자들이 살고 있었다. 만주의 보호 구역 내의 밀렵꾼들, 즉 사냥꾼들, 수피 채취인, 산삼 채취자, 금 채굴자와 산적 등이 그들이었다. 이들 무법자들의 수는 18세기에 급속히 늘어났으며, 19세기에도 계속 증가했다. 이들 중 일부, 특히 금 채굴자와 산적들은 조직적 집단을 결성해 초급 지방 정부의 부패 관리와 결탁했다. 산삼을 불법으로 채취하는 집단을 '흑인黑人'이라 했는데, 이들은 만주 당국의 눈을 피해 삼림이나 산악에 거주하면서 변경 부족 지역을 소란스럽게 했기 때문에 1811년에는 지린 성의 장군이 군대를 산악 지대로 파견해 이들을 몰아내야만 했다. 그러나 지방 정부 당국도 한족 무법자들로부터 변경 지대를 보호한다는 것이 험한 산세 탓에 결코 쉽지 않다는 사실을 알고 있었다. 산삼 채취는 공식적으로는 기인들 그리고 호부戶部의 인증을 지닌 한족 채취자에게만 허용된 정부 독점 사업이었지만 해당 지방 정부가 정부의 금령을 만주 변방의 산악과 삼림 지대에 강제할 수 있는 수단은 거의 없었다.

19세기의 초기 10년 동안 만주의 한화는 이미 돌이킬 수 없을 정도로 진전되었다. 펑텐 성은 언제부턴가 본질적으로 한족이 지배하는 중국이 되어 중국의 일부가 되었으며, 지린 성과 헤이룽장 성의 장군들은 기인들이 사회적 우위를 유지하도록 하는 책임을 지고 있었지만 현상 유지에 실패했다. 기인에게는 한족 이주민이 갖고 있는 산업과 기술이 없었고, 그들의 관심이래야 오직 옛날에 갖고 있던 것을 어떻게 그대로 지킬 수 있는가 하는 것뿐이었다. 그들은 한족 이주민과는 달리 집을 짓거나 새로운 토지를 개간할 줄 몰랐다. 만주족이나 다른 부족들의 어떠한 문화 배경도 한창 몰려 들어오고 있는 한족들과 경쟁할 태세를 갖추도록 하는 데 전혀 도움이 되지 못했다. 반면 이들 한족들은 수적으로 만주족과 기타 부족들을 능가하고 있었고, 그들에 비해 일을 훨씬 더 잘했으며 그들에게서 토지를 사들이고 있었다. 청 조정의 반복되는 대책에도 불구하고 기인의 생활은 급속히 기울고 있었고, 점점 더 많은 사람들이 정부 보조금에 의존해 살지 않으면 안 되었다. 한편 문화적으로 가장 역동적이었던 전범은 한족들의 것으로 점점 더 기인들이 그것을 모방하게 되었다. 또한 시간이 지남에 따라 기인뿐만 아니라 많은 기타 부족들도 점점 더 한족 문화를 받아들이기 시작해 한족들의 취향, 시장, 일 처리 방식 등을 좋아하게 되었다. 오직 춥고 인적이 드문 아무르 강 유역만이 한족 이민을 흡인할 수 없어서 본질적으로는 여전히 중국 세계 밖에 머물러 있었다.

몽골

몽골 변경은 항상 중국의 전형적인 변경이었다. 몽골 유목 민족은 일찍부터 중국의 농업 문명에 거의 끊임없이 군사적 위협을 가했기 때문이다. 그러나 18세기 말에 이르면 몽골 유목민의 우세는 완전히 기울게 된다. 유목민이 힘을 자랑하며 독립성을 유지하던 시대는 완전히 사라졌다. 한때 유목 민족의 영광과 단결의 기초가 되었던 전쟁은 이제 과거의 일이 되었다. 청 정부는 이들의 유목적인 생활 방식에도 불구하고 내외몽골의 모든 몽골인을 중화 제국에 단단히 묶어 넣었다. 인구 기록이 없어 극히 대략적인 추측만이 가능하지만 1800년 청 제국에서 몽골어를 사용하는 몽골 인구는 기인을 제외하고 대략 총 350만 명에 달했을 것이 분명하다. 아마 이 중 대략 70만 명은 외몽골의 중북부에 거주하고, 260만 명이 내몽골 동부에 집중적으로 거주했으며, 나머지 20만 명은 신장, 칭하이 등지에 분산되어 있었던 듯하다. 만약 이러한 추정이 맞다면 몽골 인구는 18세기 전반기나 혹은 그 이전부터 시작해 계속 감소 중이었던 셈이다.[11]

정기적으로 시베리아에서 말과 가축을 수입한 것으로 미루어 볼 때 몽골인들은 유목민의 전통적인 생활 수단인 가축 사육에서 곤경에 빠졌던 것이 분명하다. 물론 가끔 외지에서 가축을 수입했다고 해서 그것을 해당 유목민이 장기간에 걸쳐 쇠퇴하고 있는 증거라 할 수는 없을 것이다. 왜냐하면 주드라고 불리는 목초지의 황폐화는 언제라도 발생할 수 있었기 때문이다. 때로는 "눈이 너무 많이 와서 방목조차 할 수 없게 되거나 아니면 건조한 겨울철 목초에 물을 대신할 만큼 충분히 눈이 오지 않는 경우도 있었다." 때로는 너무 많은 가축이 너무 협소한 목초지에 집중되어 풀을 짓밟는 바람에 뜯을 풀이 없게 되거나 아니면 — 가장 흔하고 가장 큰 재난을 가져오는 것으로서 — 철이른 해빙 이후 갑작스레 추위가 닥치는 바람에 얼음막이 형성되어 풀을 덮어 싸는 경우가 있었다. 이렇게 되면 겨울을 나면서 이미 약해져 있던 동물들이 풀을 뜯을 수 없게 되어 며칠 내에 "수천, 수만 마리의 동물들이 죽어나가기도 했다".[12] 그러나 당시 몽골이 시베리아에서 말과 소를 수입한 것은 불가피한 자연재해 이후에 종종 있었던 보충 이상의 것이었음을 입증해주는 증거가 있다.[13]

내외몽골을 막론하고 몽골에는 전체를 포괄하는 자신들의 정부가 존재하지 않았다. 청 정부는 내몽골에서는 몽골 남부와 동부 변경에 주둔한 청 군대를 통해 통치권을 유지했다. 이들 군대가 내몽골의 각종 업무를 엄격하게 통제했기 때문에 19세기까지 이 지역에는 실질적인 자치권이 거의 존재하지 않았다. 외몽골에서는 청의 주둔군들이 청 제국의 주권을 확인시키고 있었지만 중국 본토에서 멀리 떨어져 있었기 때문에 비교적 많은 자치권을 누리고 있었다. 그러나 여기서도 청의 통제력은 확고했다. 행정적으로 외몽골의 전 영역은 팔기 출신만 임명될 수 있는 울리아수타이(烏里雅蘇合) 장군의 관할하에 있었다. 그러나 실제로는 1800년까지 우르가[오늘날의 울란바토르]의 암반이 외몽골의 동부인 투시예투 칸의 부족 영토(아이막)와 세첸 칸의 부족 영토에 대한 전반적인 감독권을 갖고 있었으며, 울리아수타이 장군은 사인 노얀 칸과 자삭투 칸의 부족 영토에 대한 감독권을 행사했다. 외몽골 서단의 콥도[오늘날의 호브드] 인근 지역은 원래 울리아수타이 장군의 관할 지역이었지만 이제 독립 행정 구역이 되었다. 청 정부는 내외몽골을 『대청회전』과 『대청회전칙례大淸會典則例』(1818년 이후에는 『대청회전사례大淸會典事例』)의 규정에 따라 통치했다. 다만 외몽골, 즉 할하족 내부에서 충돌이 발생할 때는 전통적인 법전인 할하법에 의거해 처리하도록 했다.

몽골 사회는 기본적으로 귀족과 평민 두 계층으로 구성되어 있었다. 자사크, 즉 각 기맹旗盟의 왕공들은 귀족 출신으로 이들은 청 왕조 하에서 유목 민족의 기본적인 정치 단위인 기맹, 즉 코슌和碩의 세습 통치자였다. 이 기는 더 나아가 보다 작은 단위인 수문sumun, 즉 전箭으로 나뉘어 있었는데, 6개의 수문이 합쳐 1개의 잘란Jalan을 구성했다. 몽골의 각 기의 구성원은 청조의 가장 기본적인 인적 자원인 소위 만주 팔기, 몽골 팔기, 한족 팔기의 기인들과는 분명하게 구별되었다. 따라서 이 책에서 '기인'이라 할 때는 청의 군사 구조의 팔기군에 속한 기인을 가리키고, '기민旗民'이라고 할 때는 몽골 각 기의 구성원을 가리킨다.

몽골 귀족은 모두 청 정부가 하사한 귀족 작위를 갖고 있었는데, 직급은 화석친왕和碩親王에서 제4등급인 태길泰吉까지 모두 10등급으로 되어 있었다. 다만 왕공인 자사크만이 한시적인 권력을 갖고 통치했다. 청 황실에 대한 복속의 표시로 자사크들은 매년 황제에게 주로 가축이나 축산물로 구성된 특정한 조공품을 정해진 양만큼 진상했다. 이러한 조공품 가운데 가장 유명했던 것은 외몽골 칸들이 바치는 소위 '구백^{九白}'이었는데, 이론적으로 그것은 여덟 필의 백마와 한 필의 흰 낙타로 구성되어야 했다. 그러나 실제로 1800년이 되면 이 '구백'의 내용은 그때그때 바뀌어 모피와 야생 동물의 가죽과 정선한 가축이 포함되게 되었다. 그에 대한 청 조정의 하사품은 비단, 목면, 도자기, 금은 등이었다. 이들 답례품을 '회사^{回賜}'라 하는데, 실제로 조공품과 대략 가치가 같았다. 따라서 청 조정은 조공품 진상이 조공자들에게 경제적 부담이 된다고는 생각하지 않았다.[14]

몽골의 평민들(아라드^{arad})은 대부분 자신들의 왕공이나 청 정부에 납세와 요역(알반^{alban})의 의무를 지고 있는 기민들(알바투^{albatu})이었다. 세금은 통상 현물, 즉 가축으로 납부했다. 물론 시간이 흐르면서 점차 은납의 경향을 띠게 되었다. 기민들은 이 외에도 추가적으로 특별세의 부담도 지고 있었는데, 매년 청 정부의 요구에 따라 바친 가축, 모피, 모전^{毛氈}, 유르트, 토산품 보석 및 기타 몽골 특산물 그리고 1819년 돌로노르를 순행하던 가경제에게 할하에서 4만 두의 어린 가축을 선물로 바친 사례와 같은 특별 과세 등이 그러한 예이다. 요역의 종류로는 변경 요새의 유지, 역참 관리, 기타 순번으로 담당하는 공식적·비공식적 잡무들 등이 있었다. 기민은 모두 고정된 하나의 기에 속해 법적으로 자사크의 허락 없이는 소속 기를 벗어날 수 없었다. 자사크는 본인 판단에 따라 기민에게 적당한 방목지를 분배했는데, 방목지는 목축용 가축의 다과가 아니라 성인 남자들 수에 비례해 분배되었다.[15] 그리고 방목지 크기는 각 지역의 목초의 생산성에 따라 결정되었다. 종종 자사크는 방목지가 모자라 쩔쩔매는 자신의 기민은 나 몰라라 하며 대가를 받고 다른 기민들에게 자기 영지를 방목지로 내주기도 했다. 이럴 경우 해당 기민들이 생존을 위해 이웃 기의 방목지를 침입하는 일도 있었다.

기민은 수문^{sumun}민인 수문 알바투와 자사크와 기타 기 내의 다른 귀족들에게 예속되어 있는 예속민인 캄질가^{Khamjilgha}로 구성되어 있었다. 이론상 수문민은 다만 청 조정에 대해서만 조공을 바치고 청 조정의 행정을 지원하기 위한 요역과 세금을 담당하면 되었다. 자사크에 대한 사적인 봉사는 청 정부가 매년 은과 포필로 된 봉록과 함께 할당하는 예속민만이 담당하게 되어 있었다. 그러나 19세기에 이르러 수문민과 예속민 사이의 신분 구별이 어렵게 되었다. 이에 따라 자사크들은 종종 기록을 고쳐 가난한 예속민들을 부유한 수문민으로 바꾸거나 아니면 청 정부의 금령을 무시하고 수문민을 강제로 자사크 본인을 위해 동원하기도 했다. 또 다른 범주의 사회 집단 가운데 샤비^{shabi}라고 알려진 사원의 예속민들이 있었다. 샤비는 원래 '제자'라는 의미를 갖고 있지만 실제 신분은 사원의 승려나 수련자가 아니라 노복이었다. 샤비들은 사원이나 특정한 환생 라마(쿠빌간, 활불^{活佛})에게 예속되어 세금을 면제받는 예속민으로, 자사크는 자기 기에 속한 평민 가정을 사원이나 라마에게 샤비로 배당할 수 있는 권한을 갖고 있었다. 샤비가 되면 이들 가정은 즉각 원래 기 소속이 아니게 되며, 그들의 노동과 생산물은 모두 사원이나 라마 소유가 되었다. 사회의 최하층에는 노예가 있었는데, 대부분은 범죄 행위에 대한 벌로써 정부에 의해 그러한 지위로 강등된 자들이었다. 이러한 노예 계급 자체는 도저히 지울 수 없는, 영원히 벗어날 수 없는 세습 계급은 아니었다.

대초원에 대한 중국의 산업과 기술상의 우위 외에도 세 가지 중요한 요인들이 더해져, 한때 영광을 누렸던 몽골의 군사력의 쇠퇴와 유목 경제의 몰락을 재촉했다. 첫째는 기맹 제도로, 만주족은 몽골인들을 소규모로 나누고 부족 단위에 기반한 전통적인 권위 체계를 와해시키기 위해서 그것을 도입했다. 모든 기의 방목지는 청대 이전의 상대적으로 개방적인 유목 방식(경제적으로 생산력이 훨씬 높았다) 대신 고정된 유목 구역에 엄격히 제한되었다. 이 때문에 어떤 왕공도 기를 확장하거나 우월한 힘을 얻을 수 없었다. 이보다 훨씬 더 중요했던 것은 세력이 강대한 부족들의 경우 이전에는 단일한 부족 지도자의 지배를 받았지만 지금은 각각 자사크들이 통치하는 몇 개의 기로 쪼개져버린 것이었다. 각 자사크는 자기 기에 대한 자치권을 갖고 있었으며 청 정부에만 직접적인 책임을 지고 있었다.

이전의 아이막(部都) 또는 유목 귀족의 봉건령은 외형만이 남았고, 청 정부가 그것을 대신해 치굴간^{Chighulghan}, 즉 맹盟을 편성해 면밀히 감독했다.* 각 치굴간은 3년마다 한 번 모였지만 각 기들 사이에서 발생하는 분쟁을 처리하는 것이 고작이었다. 외몽골의 할하 각 부의 세첸 칸, 투시예투 칸, 사인 노얀 칸 그리고 자삭투 칸 등의 계승자는 여전히 칸이라는 직함을 보유하고 있고 작위는 화석친왕보다 높았지만(칸은 만주어로 '황제'를 가리켰다) 실제 정치권력은 저명한 기의 왕공과 별다를 바가 없었다. 그들이 통할하는 아이막은 단지 이름만 존재했다. 왜냐하면 만주인들이 아이막을 맹으로 통합하고, 3년마다 한 번씩 회합을 갖는 곳의 지명을 맹의 이름으로 삼았기 때문이다. 외몽골의 4개의 맹과 내몽골의 6개 맹 외에도 다리강가, 차하르, 구이화청歸化城의 투메드의 여러 기, 알라산과 콥도 변경 그리고 러시아와의 변경을 따

~감독했다: 아이막은 몽골에서 사용하는 행정 구획으로 원래 일정한 유목지를 공유하는 혈연 집단을 가리켰으나 몽골 제국 이후에는 유목 귀족의 봉건령을 가리키게 되었다. 청이 몽골을 정복한 이후 내몽골에서는 24개의 아이막을 6개의 맹으로, 외몽골에서는 거의 1아이막을 하나의 맹으로 통합시켰다.

청령 내륙아시아(1800년경)

라 설치한 위수구 등의 광대한 지역에 청 정부는 점점 더 엄격하고 직접적인 통제를 가했다. 칭하이에 있는 몽골인은 대부분 호슈우드 부에 속하는 오올로드인들로 할하 몽골인은 한 수문만이 있었을 뿐인데, 시닝 성에 주재하고 있는 청 정부의 판사대신辦事大臣이 관할하는 29개의 기로 구성된 한 개의 맹을 이루고 있었다.

만약 기의 왕공 혹은 맹의 장군盟長(치굴간우 다루가)이 문제를 일으키면 청 조정은 신분의 고하를 막론하고 즉각 삭탈관직할 수 있는 힘을 갖고 있었다. 예를 들어 1800년 조정은 칭기즈칸의 후예인 세첸 칸 상자이도르지의 치굴간우 다루가 직위를 해제하고 아울러 그와 그의 후손에게 칸의 지위를 박탈해버렸다. 칭기즈칸의 황금 세족의 후예는 또한 항상 혼인으로 청 황실에 묶여 있었고, 청 왕조는 이들 몽골 왕공들이 청 제국에서 특별한 지위를 누리고 있다고 느끼도록 하기 위해서 항상 세심한 주의를 기울였다. 그리하여 조정은 그들을 귀족의 반열로 승격시키고, 그들로 하여금 처음부터 군사적 동맹 관계로 시작한 만주, 몽골 두 민족이 정복된 중국의 관료 체계를 지배하는 위치에 서 있다고 느끼도록 했다. 그러나 1800년 무렵이면 이미 청 조정이 중국의 문화 가치와 규범을 지향한 지 오래였으며, 몽골인들은 동맹자가 아니라 누가 보아도 신민臣民에 지나지 않았다.

한때 용맹을 떨쳤던 몽골족을 길들이기 위한 두번째 중요한 요소는 겔룩파로 알려진 티베트 불교인 '황교'였다. 내몽골의 경우 베이징에 거주하는 환생 라마, 즉 이창스키야 쿠툭투가 황실의 후원을 받는 중앙 집권화된 사원 체제의 수장으로 내몽골에서 가장 중요한 종교적 인물이었다. 그가 관장하는 사원들과 라마들은 모두 납세와 요역의 의무를 면제받았으며 많은 특권을 누렸다. 내몽골의 그 밖의 다른 사원들은 이창스키야 쿠툭투가 이끄는 베이징 중심 체제의 통제를 받지 않았다. 비록 이들 사원들은 청 정부가 지원하는 사원과 동일한 법적 기반을 갖고 있지는 않았지만 청의 관료들, 자사크 및 일반 백성들은 관습상 그들에게도 그와 동일한 많은 특권을 인정해주었다. 대개 각 활불은 모두 자기 사원을 소유하고 있었다. 단 사원들의 중심인 돌로노르 대사원은 특수한 예외로, 이창스키야 쿠툭투와 12명의 다른 활불들을 위한 거처를 함께 보유하고 있었다.[16]

외몽골의 종교 지도자는 우르가에 있는 젭트순담바 쿠툭투로 몽골인들은 그를 황교, 즉 겔룩파 가운데서 티베트의 달라이 라마와 판첸 라마 다음으로 세번째 가는 권위를 지닌 라마로 생각했다. 청 정부는 단일한 몽골 불교가 발전해 몽골족 통합의 구심점이 되는 것을 막기 위해 이창스키야 쿠툭투의 지위를 높여 젭트순담바의 영향력을 제한하는 동시에 몽골 내에서 달라이 라마와 몽골의 두 종교 지도자 사이의 세력 균형을 교묘히 유지하려고 했다. 청 정부는 세속 귀족과 라마교의 연합을 막기 위해 — 그것은 몽골 사회를 통합시켜 위험한 결과를 가져올 수도 있었다 — 귀족 가문에서 환생한 라마를 찾는 것을 방해했다.

다른 한편 청 정부는 몽골족을 청 제국의 일원으로 묶어두기를 원했기 때문에 몽골인들의 종교적 정서를 거스르지 않는 범위 내에서 최대한 라마교를 중국인들의 종교관과 융합시키는 정책을 폈다. 예컨대 제2대 이창스키야 쿠툭투(1717~1786년)는 티베트어, 만주어, 몽골어 등으로 새 경문을 써 중국의 전쟁의 신(무성武聖)인 관제關帝[삼국 시대 촉나라의 관우를 무신武神으로 받들 때의 이름]를 황교의 3대 조사에 포함시키라는 압력을 받았다. 청은 이러한 정책을 추진하여 18세기 말 만주와 인근 내륙아시아 각 성에 관우 사당을 세워 기인-관리들의 보호신으로 삼도록 지원했다. 그리하여 이제 관우는 오랫동안 티베트와 몽골에 유포되어 있는 설화 속의 영웅인 게세르 칸과 동일시되어 온 바이스라바나*와 동렬에 오르게 되었고, 관우와 관련된 중국의 주문들이 몽골어로 번역되기 시작함으로써 청의 종교 혼합 정책은 한층 더 진전되었다. 19세기 하반기에 청 조정의 지원을 받는 몽골 불교의 이론가들은 노골적으로 관우/게세르 칸을 불교의 호법금강으로 격상시켰다.[17]

사원뿐만 아니라 환생한 라마 각 개개인의 수입 또한 자사크가 예속민으로 떼어준 샤비의 숫자가 증가함에 따라서 점점 더 늘어났다. 자사크들은 그 밖에도 넓은 목장을 사원에 제공해 사원 소유의 가축을 방목할 수 있도록 했으며, 승려들은 끊임없이 시주를 요구하며 기민들을 괴롭혔다. 일반 유목민들은 감히 이를 거절할 수 없었고, 이리하여 가난한 자들이 계속 굶주리고 있는 동안 사원은 버터로 불상을 조성하는 등 라마교 의식에 엄청난 금전을 쏟아 부었다. 19세기 초 외몽골의 젭트순담바 쿠툭투는 엄청난 샤비와 광대한 목장을 손에 넣게 되어 샤비 청이 관리하는 그의 재산은 실로 하나의 독립된 아이막을 이룰 정도였다. 1822년 조정은 사실상 이러한 사실을 승인해서 샤비 청의 샹 좃바라 불리는 재무부장의 지위를 직급상 치굴간우 다루가, 즉 맹장과 동일하도록 만들었다. 정부가 사원과 샤비들에 대해 면세의 특권을 허락했기 때문에 기민들의 납세 부담은 한층 더 가중되었다. 반면 사원은 그들이 가진 재산을 이용해 각종 사업에 투자했는데,

---

바이스라바나: 힌두교·자이나교·불교 설화에서 널리 알려져 있는 재보財寶의 신으로 불교 신화에서는 4천왕의 하나이다. 비사문천毘沙門天이라고도 한다.

그중 가장 많은 이익을 남기는 것이 고리대업이었다.

몽골인들이 보기에 라마교와 그 교리는 칭기즈칸 때부터 내려오는 몽골의 오랜 세속 문화와 전통적인 지도력을 훼손하는 것이었다. 구 바르가의 일부 몽골인들은 여전히 샤머니즘을 신봉했고, 러시아 영내의 부랴트 몽골족 사이에서는 18세기 말까지 샤머니즘이 강력하게 남아 있었다. 19세기 초에 들어와서야 비로소 부랴트 몽골의 샤머니즘 무구巫具와 의복들을 수색해 불태우는 일이 벌어질 정도였다. 게다가 몽골에서 불교는 혼합주의적 경향을 띠었기 때문에 많은 샤머니즘 전통이 불교의 옷을 걸치는 것이 가능했고 그러한 형태로 살아남을 수 있었다. 그러나 몽골 사회에서 중요하게 고려될 만한 하나의 힘으로서의 샤머니즘은 이제 과거의 유물이 되어버렸다. 18~19세기 내내 점점 더 많은 수의 우수한 몽골 젊은이들이 삭발하고 승려가 되었다. 그렇다고 해서 이들 모두가 유목 노동에서 벗어나 사원에 들어가 살았던 것은 아니다. 대략 2/3의 승려가 기에 남아 있었으며, 또한 라마승이 세속 귀족의 예속민으로 살아가는 것도 전혀 문제가 되지 않았다.[18] 그러나 갈수록 점점 더 많은 청년들이 사원에 들어갔고 점점 더 많은 목초지와 생산물이 백성을 먹여 살리는 데보다는 사원의 의식 비용을 지불하는 데 사용되었다.

인구는 날로 줄어드는 반면 사원 수는 오히려 날로 증가했다. 20세기 초에 내몽골에는 사원이 1,000개를 넘었고 외몽골에는 대략 750개의 사원이 있었던 것으로 보이는데, 이 외에도 몽골 전체에 작은 사원들이 수없이 많았다. 내몽골의 경우 출가한 승려 수는 놀랍게도 총 남성 인구의 약 30~65%(즉 적어도 한 호에서 한 명씩은 출가한 셈이었다)였던 것으로 추정되며, 외몽골에서 이 비율은 1918년의 경우 약

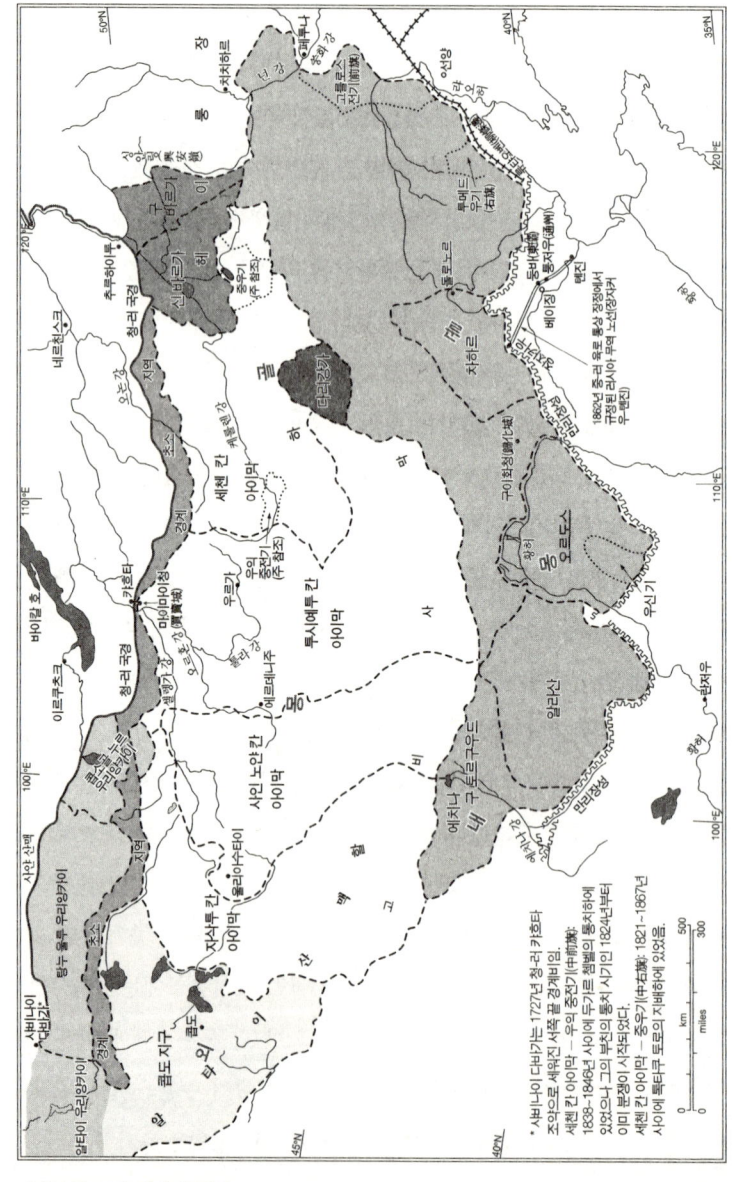

〈지도 3〉 1860년대의 몽골

45%였다. 참고로 19세기 말 티베트에서는 남성 인구의 1/3만이 출가해 승려가 되었다.[19] 이러한 통계치가 1800년 몽골의 정세와 어떤 관계가 있는지는 아직 밝혀지지 않았지만 19세기 내내 몽골의 승려 인구 비율은 사원 수와 마찬가지로 계속 증가했을 가능성이 높다.

 1800년에 이르면 사원들과 이들 사원의 비호를 받는 상업 활동들로 말미암아 도심의 형성이라는 또 다른 사회적 변화까지 일어나게 된다. 그것들은 처음에는 내몽골에서 성장하기 시작해 점차 외몽골 쪽으로 확산되어나갔다. 대사원, 특히 젭트순담바 쿠툭투가 거주하고 있는 우르가의 사원 주위에는 시장 공동체가 형성되고 그것이 발전해 라마승, 한족 상인, 장인, 기타 궁핍한 유민들이 북적거리는 도시가 되었다. 이러한 외몽골의 중심지들 가운데 우르가, 울리아수타이, 콥도처럼 가장 중요한 지역들에서는 청의 주둔군 또한 도시화 과정을 촉진하는 또 다른 요소로 작용했다.

 몽골의 사회적·경제적 쇠락을 가져온 세번째 요인은 앞서 언급한 두번째 요인의 부산물이었다. 사원 건립으로 인해 몽골이 중국의 상업적 침투에 완전히 노출된 것이 그것이다. 이전 시기만 해도 몽골인들은 초원의 변방에서 가축이나 축산물을 중국 혹은 기타 지역산 물품과 교환했다. 그렇지 않을 경우에는 조공 사절을 중국의 수도에 보내 그곳에서 교역을 하거나 아니면 몸소 대상隊商을 초원 지대로 몰고 들어온 중앙아시아의 소수 무슬림 상인들과 물물 거래를 했다. 이들 중앙아시아 상인들과의 수출입 교역을 제외하면 몽골에는 비교적 소규모인 비-시장적 교환 이외의 내부 교역은 거의 존재하지 않았으며, 따라서 몽골인 상인 계층도 존재하지 않았다. 몽골인은 러시아인들과도 일부 교역을 했는데, 합법적으로는 캬흐타에서 그리고 불법적으로는 러시아-몽골의 각 접경지에서 이루어졌다. 하지만 1728년 중러 사이에 캬흐타 조약이 체결된 결과 러시아와의 교역도 완전히 한족 상인의 수중에 장악되었다.

사원들은 이들 상인들이 몽골 전역의 상권을 장악하는 데 큰 도움을 주었다. 한때 유목민의 천막만이 광활한 목초지 여기저기에 점처럼 흩어져 있던 곳에 이제 담장으로 둘러싸인 정주 사원들이 건립되면서 장터와 화물 집산지 역할을 해 중국 상인들이 초원 지대로 직접 접근할 수 있게 되었던 것이다. 그렇다고 하여 중국-몽골 변경을 따라서 행해지던 변경 교역이 중단된 것은 아니었다. 이는 변경 지대, 특히 장자커우張家口(칼간)에 한족들이 경영하는 상점의 숫자가 청대 전반을 통해 꾸준히 증가했던 것만 보아도 알 수 있다.[20] 그러나 주로 베이징과 산시山西 성 출신인 한족 상인들이 각종 물건을 무사히 몽골 중심부로 운반해 와서 중국 상품에 대한 기호와 수요를 창출하고 있었다. 이제 몽골인들은 예전의 유목민들이라면 사치품으로 여겼을 차, 담배나 중국의 제조품들을 필수품으로 간주되게 되었다. 중국산 사치품들은 항상 유목 귀족들의 부의 상징이었으나 사원 공동체 세력이 증대함에 따라 승려들 또한 온갖 종류의 사치품을 요구하기 시작하게 되었으며 이를 위해 끊임없이 백성들에게 시주를 강요했다. 이것이 전반적인 불만을 초래했다. 18세기 말과 19세기 전반에 걸쳐 한족 상인들을 직접 겨냥한 국지적 소요가 많이 발생했는데, 특히 투시예투 칸과 세첸 칸 아이막에서 가장 두드러졌다. 때때로 폭도들은 한족 상인을 구타하거나 창고를 약탈하고 장부를 파괴하곤 했다.[21] 한족 상인들이 일반 평민층뿐만 아니라 사원들의 분노를 사는 일 또한 잦았으나 실제 사원의 역할은 여전히 중국과의 교역을 지원하는 것이었다.

18세기에 청 정부의 대 몽골 정책은 몽골을 군사력의 공급원으로 유지하는 것이었다. 한족 상인들의 상업적 침투로 말미암아 그러한 목적을 달성할 수 없게 되자 청 제국은 특히 외몽골에서 한족 상인들의 활동을 제한하기 위해 여러 가지 시도를 했지만 별다른 성과를 거두지 못했다. 청 정부는 몽골에서 교역에 종사하는 한족 상인들에게 매년 새로 교역 허가를 받도록 요구했다. 또 몽골 여자를 처로 삼거나 몽골인의 천막에서 밤을 보내거나 혹은 특별한 상황을 제외하고는 영구적인 건물을 세우는 등의 일을 금지시켰다. 한족 상인들이 이러한 규정을 지키지 않자 청 정부는 1805년의 예에서 보이는 것처럼 무허가 상인들을 몽골에서 추방하려고 했다. 그러나 그것도 효과가 없었다. 몽골인에게 돈을 빌려준 상인들의 경우 빚을 상환받을 때까지 몽골에 머무는 것을 허락하지 않을 수가 없었는데, 몽골인들은 빚을 갚는 것은 고사하고 오히려 더 많은 빚을 질 수밖에 없었기 때문이다. 그리하여 한족 상인들은 계속 몽골에 남아 사업을 계속할 수 있었다. 또 청 정부 자체도 몽골 내에서의 행정을 유지하는 데 점점 더 한족 상인들이 지불하는 면허세에 의지하기 시작했다. 한마디로 말해 청 정부는 점차 원래의 정책을 바꾸어 초원 지대에 한족 상인들이 거주하는 것을 옹호하게 되었던 것이다.

　몽골인들의 축산품 생산은 계절별로 이루어졌고, 이렇게 나온 생산품은 가능한 한 빨리 팔아야 했다. 그러나 일용품에 대한 그들의 수요는 지속적인 것이었다. 따라서 한족 상인들은 축산품을 헐값에 사들이고 일용품을 비싼 값에 팔아 외상을 늘려갈 수 있었다. 그리하여 몽골인들 사이에서는 부채가 만연하게 되었고, 몽골의 자산은 점점 더 한족 상인의 수중으로 흘러 들어가기 시작했다. 한족 상회들은 또

청령 내륙아시아(1800년경)

한 금융 기관 역할도 해 순박한 몽골인들에게 고리의 이율을 부가했다. 결국 기민 전체가 이런 사업체들에 저당을 잡히는 사태가 벌어졌고, 19세기에 이르면 한족 고리대금업은 크게 흥성하게 되었다. 몽골인들의 부채가 증가하자 이자율 또한 치솟았다. 자사크, 라마승, 상인 등은 함께 외상 판매를 조장했고, 자사크 자신이 채무가 많아서 상환 능력이 없을 때에는 불법으로 징세권과 징수권 등의 권리를 직접 한족 상인에게 넘겨주기 시작했다. 그리하여 시간이 지나면서 한족 사업체와 개인 상인들이 몽골의 아라드, 즉 평민들을 '소유하기' 시작했다. 더욱이 요역이나 세금의 현물 납부 방식을 화폐 납부 방식으로 바꾸는 바람에 이러한 상황은 한층 더 악화되었다. 18세기에 몽골은 이미 화폐 경제를 향해 나아가기 시작했고, 19세기에 이르면 많은 분야에서 은이 필수적인 지불 수단이 되었다. 사원은 샤비에게 은납을 요구하게 되었다. 동시에 은의 가격이 꾸준히 올라갔기 때문에 샤비가 사원에 바치거나 기민이 왕공에게 바쳐야 하는 고정된 은납액은 더욱 부담스러워졌다. 이처럼 어려운 경제적 상황에 더해 각 왕공들이 한족 상인에게 지불해야 할 비용을 마련하기 위해 기민들에게 세금, 요역 등을 점점 더 많이 부과하기 시작하면서 몽골 대중은 점차 빈궁한 상태로 빠져들게 되었다.

비록 교역과 돈놀이 대부분이 한족의 손에 장악되어 있었지만 이들 상인들과 각 왕공들 사이에는 협력 관계가 있었고, 왕공과 라마승들은 교역과 대출을 수행하는 한족 상회들과 이익을 나누는 사이였다. 고의든 아니든 왕공, 사원, 한족 상인들은 힘을 합쳐 그때까지 남아 있던 몽골의 전통 유목 사회를 파괴했다. 동시에 초원의 가장자리에서는 장기간에 걸쳐 이보다 훨씬 더 큰 변화를 몰고 오는 또 다른 과정이 진행되고 있었다. 즉 한족 이주민들이 과거의 목축 지대 변경에서 농경을 시작하고 있었던 것이다.

신장

톈산天山 산맥의 연봉을 기점으로 현저히 다른 두 개의 지역이 나타난다. 톈산 이남은 동투르키스탄 지역으로 농작 지대에 속하고, 이 북은 준가르 스텝 지역에 속한다. 1750년대 건륭제는 톈산 산맥의 남북 양면을 모두 정복함으로써 당시 내륙아시아에서 가장 다양한 민족이 사는 이 지역을 소유할 수 있게 되었다. 준가르는 톈산 북로라 불렸고, 동투르키스탄은 톈산 남로라 불렸다. 청의 군대는 이 두 지역을 통합해 간쑤 성의 '새로운 영역'이라는 의미의 신장新疆이라는 이름으로 속령으로 삼았다. 이 속령에는 옥, 금, 동, 면제품, 농토, 목초지가 풍부했다. 그리고 정치적 난제들도 그만큼이나 많았다.

이전의 준가르인들이 그러했던 것처럼 만주족도 일리에 행정 중심부를 설치했다. 그들은 카자흐인들과 기타 무슬림들이 쿨자라고 불렀던 준가르의 옛 수도를 닝위안寧遠이라 개칭하고, 그곳에서 서쪽으로 좀더 멀리 떨어진 곳에 후이위안惠遠이라는 새로운 도시를 건설했다. 카자흐인들은 이 신도시를 신쿨자 또는 소쿨자라고 불렀는데, 1762년부터 이곳에 청의 장군이 주둔하기 시작했다. 계속 증가 중이던 일리의 무슬림 이주민들의 경제적·문화적 중심지로 번영을 구가

하고 있던 닝위안은 구쿨자로 불리게 되었다. 18세기에 청은 일리 이외에도 7개의 도시를 더 건설했지만 쉽게 예측할 수 있듯이 장군이 주재하던 신쿨자가 가장 급속하게 성장했다.

신장의 전체적인 행정은 본질적으로 장군의 지휘를 받는 대군영과 다를 바가 없었는데, 이 장군은 이론적으로는 또한 코칸드, 타슈켄트, 부하라, 볼로르, 바다흐샨, 아프가니스탄, 그리고 칸주트 등 외곽지역에 대해서도 '기미'를 행하고 있었다. 그는 준가르 내의 오올로드(칼무크) 기민들, 키르기스와 카자흐 부족들, 이주민 거류지들, 하미와 투르판 청廳, 그리고 알티샤르의 모든 도시에 대해서도 민정 관할권을 갖고 있었다. 그러나 청은 원주민들의 내부 문제에 관해서는 가능한 한 간섭하지 않는 정책을 취했다. 신장의 관리들은 "자신들이 통치하는 사람들의 언어와 관습을 존중하려고도 또 배우려고도 하지 않았다".[22]

장군을 보좌하도록 하기 위해 청은 톈산 북부 지역과 위구르스탄(하미와 투르판) 지역의 관료 조직에 대한 통제권을 가진 도통都統을 우루무치(디화迪化)에 파견했다. 신장 군영은 또한 일리의 신쿨자와 신장 서북부 타르바가타이(추구착)에 참찬대신參贊大臣을 파견해놓고 있었고, 카슈가르에는 동투르키스탄인들이 '칸 암반'이라 부르던 또 하나의 참찬대신 — 그는 알티샤르(말 그대로 하면 '여섯 도시'라는 뜻으로, 하미와 투르판을 제외한 동투르키스탄 지역을 가리킨다)의 관료 조직을 통제했다 — 이 파견되어 있었다. 이러한 속령의 장군직과 모든 중요한 직책들은 기인들에게만 허용되었다. 주둔군 수는 10,000~23,000명에 달했는데, 주로 러허熱河 출신이나 중국 본토 출신의 팔기병으로 구성되어 있었지만 이 외에도 유목민(내몽골의 차하르인, 청의 정복에서 살아남은 오올로드인, 일부 러허인, 볼가 강에서 귀환한 샤비나르인)과 만주 지방의 토착 부족민(펑톈 성의 시보인, 헤이룽장 성의 다구르인이나 솔론인), 그리고 간쑤 성과 산시陝西 성 출신의 한족 녹영병 등이 포함되어 있었다. 이들은 점령군으로서 무기한 배치되어 있었던 만큼 사실상 가족과 모든 재산을 이끌고 신장에 영구 정착한 이주민이라 할 수 있었다.

주어진 임무에 따라 이들 군대는 동부, 남부, 북부의 3개 군구로 나뉘었다. 이 중 장군이 직접 통제하는 북부 군구에 가장 많은 약 13,000명의 군사가 주둔하고 있었다. 19세기 초 주둔 인원은 식솔을 모두 포함해 총 98,000명이나 되었다. 신쿨자의 팔기군 본영이 북부 군영의 주력인 동시에 전체 신장군의 주력이었다. 그리고 후이닝 성의 사령관 휘하에 또 다른 대규모 팔기군 군구가 있었고, 근처에는 각각 독자적 지휘권을 가진 4개의 시보인, 솔론인, 차하르인, 오올로드인 부속 파견대가 주둔하고 있었으며, 또한 샤비나르인, 다구르인, 한족 녹영병 출신의 이주민이 있었다. 차하르인과 오올로드인은 주로 가축을 사육해 말을 비롯한 각종 가축을 전투용, 수송용, 식용으로 군대에 공급하는 역할을 담당했다.

우루무치에 주재하는 도통이 통제하는 동부 군구에는 약 5,000~6,000여 명의 군인이 있었는데 대부분 팔기군이었고 그 외 1,000여 명은 키타이(구청古城)에, 또 다른 1,000여 명은 바르콜(전시鎭西)에 주둔하고 있었다. 그리고 녹영군의 수도 점차 늘어났다.

동부나 북부 군구와는 달리 남부 군구에는 자체의 영구 주둔군이 존재하지 않았다. 대신 동부와 북부 두 지역의 군대가 5년간(본래는 3년) 순회 복무하도록 되어 있었다. 그러나 가족들의 이주는 허락되지 않았다. 팔기병과 녹영병이 카슈가르, 야르칸드, 양기 히사르 그리고 우쉬 투르판에 주둔했다. 톈산 북부군의 녹영병은 카라샤르, 쿠차, 사이람, 악쑤, 호탄 그리고 그 밖의 지역에 배치되었다. 섬감 총독이 신장에 파견한 또 다른 녹영병은 하미와 바르콜에 배치되었다. 전부 합해서 남부 군구에 배치된 청군의 수는 약 6,000명 정도였을 것으로 추정된다. 여기에 덧붙여 카슈가르에는 원주민 지휘관인 총관總官과 6명의 속관의 지휘를 받는 500여 명의 소규모 동투르키스탄 군대가 있었다. 토착민들 또한 초소를 지키는 준군사적 역할을 담당했다.

19세기에 접어들 무렵, 즉 코칸드가 지역의 중요 세력으로 부각되기 직전이자 청령 중앙아시아 지역에 아직 러시아와 영국이 모습을 드러내기 전인 시기에 동투르키스탄은 톈산 산맥과 파미르 고원으로 둘러싸여 보호받고 있어 청 정부에게는 정치적·군사적으로 안심해도 좋은 지역처럼 보였다. 그리하여 청의 당국자들은 이 지역보다는 톈산 북로의 방어와 개발에 주의를 기울였고, 알티샤르는 주로 군비를 충당할 수 있는 거대한 세원으로 간주했다.

신장 주둔군 운영에는 많은 비용이 필요했는데, 군인들의 연간 급료만 해도 은 300만 냥에 달해 속령의 세수입으로는 감당할 수가 없었다. 외국과의 교역 관세와 기타 잡세를 제하면 알티샤르인들에게서 매년 거두어들이는 금납세와 구리 원석은 약 1,350만 풀(알티샤르의 화폐 단위)* 정도에 그쳤다. 구리 220풀이 은 한 냥에 해당하던 1801년 당시 환율로 계산해보면 이 액수는 은 62,000냥에도 미치지 못하는 것이었다.[23] 정부가 주로 준가르 둔민에게서 매년 곡물로 거두어들이

---

*풀(pul): 외형은 제전制錢보다 두껍고 작다. 홍동紅銅으로 주조하는데 1전錢 4, 5푼分에서 2전까지 다양했다.

는 전부田賦는 64만 9,000석을 조금 밑돌았다. 심지어 정부 소유의 구리 광산, 가축 사육지에서 나오는 산물들을 포함해 현물이나 화폐로 부과된 부가세를 전부 합쳐도 신장은 자급자족하지 못했다. 1800년경 주둔군의 곡식 창고는 가득 차 있어서 일리의 창고에만도 밀이 50만 석 넘게 보관되어 있었다(당시 정부는 밀만을 저장하고 있었다).[24] 그러나 신장의 비용을 충당하기 위해서는 매년 은 120만 냥이 중국 본토에서 유입되어야 했다.

신장의 경우 완전히 상이한 두 지역에서 유통되는 화폐가 달랐다. 먼저 서쪽으로 카라샤르까지 이르는 준가르 지역과 위구르스탄에서는 중국 본토에서처럼 은이 무게 단위로 화폐로 이용되었는데, 이 은은 중국에서 유입된 것들이었다. 하지만 일찍이 1814년부터 베이징 정부는 신장으로 유출되는 은의 양을 줄이려고 노력하기 시작했다. 중국에서 구리로 주조되는 표준 화폐인 제전制錢(혹은 간단하게 전錢)이 일리에서도 주조되었다. 또 다른 지역인 알티샤르에서는 구리 동전이 기본 화폐이기는 했지만 일리의 동전을 사용하지는 않았다. 당시 신장에서는 전체 신장 지역에서 보편적으로 사용되는 표준적 동전이 주조되고 있지 않았다. 알티샤르의 기본 화폐 단위는 풀이었는데, 순수 홍동으로 주조되었기 때문에 중국어로 '붉은 돈'이라는 의미로 홍전紅錢이라 불렸다. 동전의 앞면은 중국 돈과 유사했으나 동전이 주조된 장소가 아랍 문자와 만주 문자로 쓰여 있었다. 50풀은 1탕아tängä였다. 1800년 알티샤르에서는 오직 악쑤 한 곳에서 화폐가 주조되었고, 풀이란 화폐 단위는 알티샤르 밖에서는 통용되지 못했다. 알티샤르에는 금화나 은화가 없었지만 일반 은괴의 1/2 혹은 1/4 크기에 달하는 얌부Yambu(원보元寶)라 불리는 은 혹은 더 작은 크기의 은괴나 심지어 보통 은 덩어리까지 무게 단위로 유통되었다.

악쑤에서 주조되는 동전은 연평균 약 26,000관(관당 1,000풀)이었고, 일리에서 주조되는 화폐는 연평균 1,722관(관당 1,000전)에 달했다. 이 두 곳에서는 보통 1년에 두 번, 봄가을에 화폐를 주조했다. 악쑤의 풀과 일리의 제전의 무게는 동일해 1전 2푼에 달했지만 풀이 순동으로 주조되었기 때문에 일리의 제전보다 5배나 가치가 더 나갔다. 대부분의 동, 특히 악쑤 주조소의 동은 온 바슈On Bash에 있는 정부 소유 광산에서 생산되었다. 이곳에서는 청의 군 부역자들이 연간 21,000파운드(16,200근 이상)의 동을 생산해냈다. 은은 수입되어야 했던 반면 동은 자체 채굴되었기 때문에 은에 비해 동의 가치는 떨어지고 있었다.

준가르

톈산 북로의 목축 지대는 문화적 · 역사적으로 몽골이 연장된 곳이었다. 세습 자사크들이 유목민을 통치했는데, 그들은 일리, 쿠르 카라 우수(우쑤烏蘇), 타르바가타이, 카라샤르(옌치焉耆) 등지의 주둔군 장교들의 철저한 감시를 받았다. 준가르에서는 볼가 강에서 이주한 칼무크인들로 구성된 두 개의 맹이 가축을 방목하고 있었다. 그중 하나는 10개의 구 토르구우드 기로 구성된 우넨 수죽투 맹으로, 4개 집단 — 타르바가타이에 3개의 북부 기, 징허精河(에비 노르 호수 남쪽) 근처에 1개의 서부 기, 쿠르 카라 우수에 2개의 동부 기, 그리고 카라샤르 북서쪽 율두즈 강 유역의 톈산 산맥 남쪽 경사면에 4개의 남부 기 — 으로 나뉘어 있었고 다른 하나인 호슈우드 부의 4개 기로 구성된 바투 세드킬투 맹은 율두즈 강 지역 남부 구 토르구우드 근처에서 방목하고 있었다. 토르구우드와 호슈우드 부가 가축세를 내지 않는다는 사실만 제외한다면 그들의 행정 법규, 조공과 납세의 의무, 사회 조직 등은 모든 면에서 내외몽골의 여러 맹들과 비슷했다. 다른 몽골족과 마찬가지로 볼가 강의 칼무크인들도 겔룩파, 즉 티베트 불교인 황교에 속해 있었는데, 이 황교는 신장 북부의 문화생활에서 중요한 역할을 하고 있었다. 청 정부는 황교의 후원자로서 몽골의 다른 여러 지역에서 황교를 지원하고 있었던 것과 마찬가지로 이곳 준가르의 수도원과 사원들에도 혜택을 베풀었다.

    경비 초소들 서쪽의 부족 지역과 청 제국 국경 너머의 스텝 지역에서는 유목 생활을 하는 투르크어계의 무슬림 종족인 카자흐인들이 사실상 정부 당국의 어떤 간섭도 받지 않고 가축을 방목하고 있었다. 그들은 외국 조공국으로 간주되어 3년마다 베이징에 공물을 바쳤으며, 청 정부와의 쌍방 교역을 독점했다. 공식적으로는 청 당국이 카자흐와의 교역권을 독점하고 있었으며 이론적으로는 준가르에 주둔하고 있는 관리들은 신장 북부 지역에서 다른 어떤 외국인에게도 교역을 허락하지 않았다. 청과 카자흐 사이의 이러한 공식적인 물물 교환도 일리와 타르바가타이에서만 이루어지게 되어 있었다. (차하르인과 오올로드인이 군의 수요를 충당할 만큼의 충분한 가축을 사육하지 못했기 때문에) 카자흐인들은 고정된 교역 가격으로 가축(주로 말)을 제공하고 피륙(주로 비단)을 받아 갔다. 하지만 카자흐인들은 자신들의 조공권을 이용해 사무역을 했다. 비록 당국이 동투르키스탄 주둔군에 카자흐의 말을 공급하고 있었지만 카자흐인들 본인이 직접 동투르키스탄 지역으로 들어가 가축을 매매하는 것은 금지되었고 동투르키스탄인들 또한 가축을 사기 위해서 카자흐 방목지로 들어가는 것이 금지되어 있었다. 1808년 가축을 팔기 위해 카슈가르에 온 일부 카자흐인들은 그곳 관리들이 지나치게 낮은 가격을 고수하는 바람에 하릴없이 가축을 그대로 끌고 돌아가야만 했다. 준가르와 몽골에서는 관계 당국이 그보다는 덜 엄격해, 카자흐 대상들은 다양한 구실을 내세워 정부의 통제를 뚫고 우루무치, 콥도, 울리아수타이, 우리양카이 지역과 카슈가르를 방문하곤 했다. 그러나 청 정부는 카자흐, 키르기스 또는 기타 중앙아시아 상인들에 대한 금속 제품 판매 금지령은 철저하게 실행했다.

카자흐는 조공국으로서 청의 영토 안에서 방목하는 것을 허락받았다. 폭설이 내릴 경우에는 심지어 말에 1%의 세금이 부과되는 조건으로 초계선 안에서 겨울을 나는 것을 허락받기도 했다. 매년 신장 지역의 청 당국은 스텝 지역으로 관리를 보내 카자흐인에게서 세금을 거두어들이게 했다. 카자흐인들은 이민족이었기 때문에 청은 그들의 자사크를 임명하지도, 그들을 기로 나누려 시도하지도 않았다. 청의 영토 안에서 방목하는 카자흐인들은 자유롭게 왕래했으며, 그들의 족장들은 청의 조공국으로서 이익을 누리면서도 대부분이 러시아를 후견국으로 인정하고 있었다.

청 정부는 카자흐 내부 조직을 두고 혼동을 일으키고 있었다. 왜냐하면 18세기에 중장中帳(Middle Horde*)의 술탄 아블라이가 주장主帳을 통치하는 동시에 중장의 칸이 되었기 때문이다. 청 당국은 1750년대 당시 준가르 혹은 카자흐인들의 관례에 따라 카자흐를 2개 집단으

Middle Horde: 여기서 Horde는 유목민 사회의 기본 단위인 '부족'들을 가리키는 '오르도'에서 유래한 언어로, 유목민 무리를 가리킨다. 뒤의 주장은 'Senior Horde'의 역어이며 소장은 'Junior Horde'의 역어이다.

로 분류했다. 하나는 아블라이가 통치하는 동단의 중장과 주장이었는데, 청은 그들을 좌부左部라 불렀다. 또 하나는 우부右部라 불리는[25] 집단으로서 아불-무하마드가 통치하는 서쪽 지역 중장의 카자흐인들이었다. 그리고 이어 그보다 더 서쪽에 소장小帳이 존재한다는 사실이 발견되면서 세번째 범주인 서부西部가 더해지게 되었다. 이러한 분류는 18세기 말의 카자흐 스텝 지역에 실제로 존재하던 정치적 현실을 반영한 것이었지만 청 정부는 카자흐에 3개의 장帳이 있다는 사실에 대한 인식과 실제 현황을 연결시키는 데서 모종의 착오를 빚고 말았다. 1782년에 첫번째 공식적인 신장 지리지*가 출판되었을 때 좌부를 아블라이 및 중장과 결합시킨 것은 정확했지만 편집자는 우부를 소장 및 주장과 동일시하는 실수를 저질러 중장의 술탄 아불-파이드(아불-무하마드의 아들로 아블라이의 정적이었다)를 주장의 칸으로 기술했다.[26] 관에서 출판한 『신강식략新疆識略』(1821년)에서는 이런 실수들이 부분적으로 교정되었지만[27] 1842년 말까지도 역사가이자 대외 문제 전문가였던 위원魏源은 여전히 주장과 소장을 우부로 인식하고 있었다.[28] 19세기 초 무렵 카자흐인들에 대한 청의 '기미 정책'이 극단적으로 느슨해져 있었다는 것은 누가 봐도 분명했다.

신장 서부 변경 지역에 거주하고 있는 또 다른 투르크어계 무슬림 유목 민족은 키르기스인이었다. 이들은 청의 자료에는 부루트로 기록되어 있는데, 키르기스인들 본인은 이러한 명칭을 사용하지 않았다. 그리고 러시아인들은 도저히 접근 불가능한 산악 지대에 살고 있다고 해서 그들을 디코카메니예, 자카메니예 혹은 카메니예라고 부르거나 혹은 카자흐인들과는 달리 그들의 지배자가 칭기즈칸의 후예가 아니

─────────
신장 지리지: 부항傅恒, 『황여서역도지皇輿西域圖志』, 건륭 47년 증정판.

청령 내륙아시아(1800년경)

라고 해서 카라(검은) 키르기스라고 불렀다. 이러한 별칭들은 19세기 러시아인들이 카자흐인들과 키르기스인들을 구별하기 위해 붙인 것들이었다. 왜냐하면 러시아인들은 러시아 본토 내에 살고 있는 코사크인(러시아어로는 카자크)과 구별하기 위해서 카자흐인들을 키르기스-카자흐, 키르기스-카이자흐, 카이삭 혹은 심지어 그냥 키르기스라고 부르고 있었기 때문이다.

청 당국은 키르기스인을 두 개의 부족 연맹으로 분류해 톈산 산맥 서부의 동부 맹과 파미르 고원의 서부 맹으로 나누었다. 그러나 그러한 분류는 키르기스인 본인들의 생각과는 전혀 관계가 없었다.[29] 사실 그들은 전체적으로 전혀 아무런 정치적 통일성도 갖추지 못한 채 각 부족별로 방목을 했다. 그들은 머물게 된 지역에 따라 필요하다면 자신들을 코칸드, 바다흐샨, 카라테긴의 백성, 혹은 히사르의 동쪽 부하라 성(省)이나 청 제국의 신민 등으로 인정했다. 청 정부의 이론에 따르면 그들은 청의 조공국이거나 아니면 때로는 청 제국의 백성이었다. 그리하여 그들은 매년 말을 조공으로 바치게 되어 있었고 신장 내 악쑤까지 들어와 방목하는 것이 허락되었으며 카슈가르에서 교역을 행할 수도 있었다. 그들은 그곳에서 주로 가축을 팔고 면제품이나 기타 상품들을 구입해 갔다. 그들은 가축에 대해서는 30마리당 1마리의 비율로 상업세를 납부했고, 다른 상품에 대해서는 화물 가격을 기준으로 $3\frac{1}{3}\%$의 규정된 수입세를 납부해야 했다. 그러나 사실상 그들은 거의 법의 지배를 받지 않고 살고 있었으며, 청 정부도 그들이 국경을 넘어 오가는 것을 제한하려고 하지 않았다.

준가르에는 목초지 외에도 농경에 적합한 땅이 엄청나게 많았다. 그리하여 청은 동투르키스탄의 타란치인들을 대규모로 구쿨자 인근의 무슬림촌들, 이른바 회둔回屯에 보내어 식량을 생산해 군사와 민간의 행정 비용을 지원하도록 했다. 1800년경 타란치인의 수는 대략 34,000여 명에 달했다. 청은 또한 한족 녹영병, 시보인, 솔론인 그리고 차하르인들을 가족과 함께 톈산 산맥 북부의 토지로 이주시켜 비-기인들로 구성된 영구적인 병둔兵屯을 조성하고 1년 수확량의 일정량을 신장 주둔군에게 바치도록 했다. 그러나 18세기 말에 이르면 이들 병둔이 그렇게 생산적이지 못하다는 사실이 분명해졌다. 이에 따라 1802년 정부는 신쿨자 동쪽에 일리 강의 북쪽 제방을 따라 커다란 관개 수로를 조성해 기둔旗屯을 만들고 기인들로 하여금 농사를 짓도록 했다. 청 정부는 이들 기인-농부들의 역할을 명확히 규정하지는 않았지만 그들을 계속 병사로 훈련시키기를 원했기 때문에 그들이 토지를 소작 농부들 — 통상 타란치인들 — 에게 임대하는 것을 허락했다. 관계 당국이 관개 시설을 지속적으로 개선했기 때문에 일리 지역의 농경 지대는 계속 늘어났다.

장기적인 면에서 이보다 한층 더 중요했던 것은 한족과 중국계 무슬림 가족들을 중국 본토에서 신장 북부로 이주시키기로 한 정부의 결정이었다. 당시 청은 그러한 정책을 북만주에는 여전히 적용하지 않으려 했고 몽골에서는 최근에야 그것도 마지못해 시행하고 있었다. 청 정부는 정복 이후 곧 중국 본토로부터의 이주와 톈산 산맥 북부 지역으로의 정착을 장려해 대규모의 방치된 목초지를 호둔戶屯으로 바꾸었다. 19세기로 접어들 무렵에는 수십만 명의 중국계 무슬림과 비-무슬림 한족들이 신장 북부에 정착해 살고 있었으며 정착지는 주로 바르콜, 투르판, 우루무치 지역이었다. 정부는 만주와 마찬가지로 준가르 지방으로도 죄수들을 유배 보내 범둔犯屯 혹은 견둔遣屯을 경작하도록 했다. 1777년경 톈산 산맥 북부에는 약 10,750호의 녹영군 가족과 500여 호의 유배당한 민간인·군인 가족이 총 35,000에이커(22만 7,300무)에 달하는 농지를 경작하고 있었다. 톈산 산맥 남부, 주로 하미와 투르판에도 일부 둔전이 있었지만 총 면적은 북부의 1/3에도 미치지 못했다.

18세기 말의 몇 해 동안에는 녹영병 둔호의 수가 크게 증가하지 않았다. 그리고 1804년에 정부가 범둔을 정리하기 시작했기 때문에 유배범 수도 2,000명을 넘지 못했다. 그러나 호당 4.5에이커(30무)의 토지를 제공하겠다는 정부의 제안에 고무되어서 일반 호둔의 수는 엄청나게 늘어났다. 1775년에는 17,200호에 조금 못 미치는 호둔이 있었는데, 약 72,000명이 주로 우루무치 근처에서 42,500에이커〔28만 253무〕에 달하는 토지를 경작하고 있었다. 그러나 1808년 우루무치 관할 지역의 농경지가 1775년에 비해 10배나 확대된 것으로 보아 1800년경에는 중국어를 사용하는 사람들이 몇 배나 증가했을 것이다.[30] 일리에서도 이처럼 경작지와 이민 농경자 수가 증가해 19세기가 되면 새로운 민간 정착촌들이 쿠르 카라 우수와 징허에도 존재하게 된다. 호둔민들은 자기 땅을 소유했고 중국 본토와 동일한 수준의 납세와 요역의 의무를 지고 있었다. 정부는 또한 장인과 상인들에게도 가족을 데리고 중국 본토에서 신장 북부로 이주해 그곳과 하미 지역에서 사업을 하는 것을 허락했다.

준가르의 가장 귀중한 천연자원은 지하 광석이었다. 정치적으로 골치 아픈 유민들이 중국 본토로부터 몰려들까 우려한 청은 1801년에 준가르에서 귀금속을 채광하지 못하도록 하는 칙령을 선포하기에 이른다. 그럼에도 불구하고 석탄과 마찬가지로 금은 정부의 규제하에

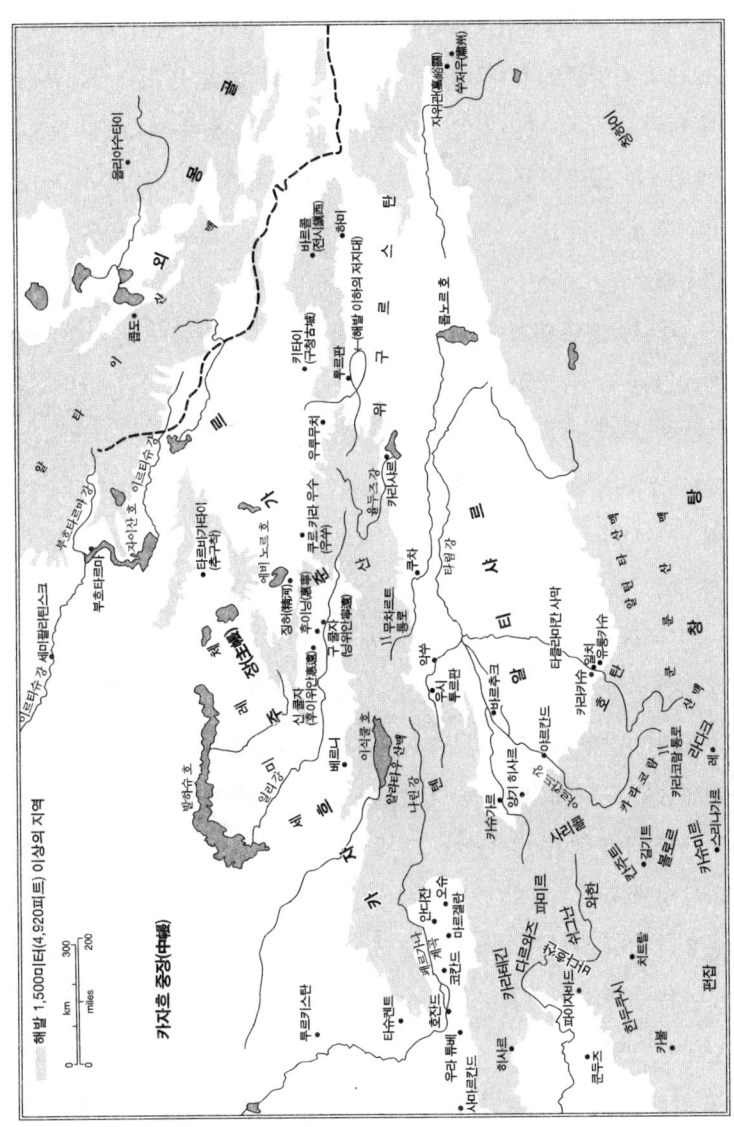

〈지도 4〉 1800~1860년 전후의 신장

청령 내륙아시아(1800년경)

민간에 의해 채굴되었다. 14개의 금광이 채굴되고 있었고, 광부 수는 1,223명에 달했으며, 이들은 각각 한 달에 3푼分의 금을 정부에 납부해야 했다. 그래서 매달 청 정부의 금 수입은 36.69냥에 이르렀다. 철과 납(총알을 만드는 데 사용되었다) 광산도 채굴되었으며, 준가르 동광도 19세기 들어 첫 10년 사이에 주로 일리 화폐 주조를 위해 채굴되기 시작했다.

행정적으로 일리의 농민들은 신장 장군의 관리를 받았으나 우루무치 도통都統의 감독하에 있는 동부 군구의 한족 농민, 장인, 상인, 광부들은 간쑤 성 관할하에 있었다. 그들은 전시鎭西(바르쿨), 디화迪化(우루무치) 도대*에 의해 통치되었는데, 전시와 디화의 도대는 우루무치에 관공서가 있었고 전시 부府와 독립적인 디화 주州와 독립적인 투르판 청廳의 3개 하부 행정 구역의 민정과 군사를 책임지고 있었다.

동투르키스탄인들은 산시陝西 성, 간쑤 성, 쓰촨 성 출신의 중국인 무슬림을 퉁간東干인이라 불렀는데, 이들이 이러한 한족 이주민 집단 가운데 가장 큰 집단을 이루어 신쿨자에만 1,500호가 살고 있었다. 퉁간인들은 수니파(정통 무슬림)였고, 그들 중 법학자들은 하나피 법학파에 속하거나 아니면 샤피이파에 속했다. 수피 형제단 Sufi tarikats(신비주의 형제단)도 그들의 종교 생활에서 중요한 역할을 했다. 이 중 가장 중요한 것이 낙쉬반디야(카피야, 쿠피야, '침묵' 형제단)의 구파(구교舊敎 또는 노교老敎)였다. 이 교파는 18세기 초의 설교가인 마래지馬來運와 관련되어 있었다. 그리고 다른 하나는 자리야, 즉 '말하는' 형제단이라고 알려진 또 다른 낙쉬반디파인 마명심馬明心(1781년 사망)의 신교였

도대: 식량, 소금, 무기, 역무驛務, 해관, 순수巡守 등에 관한 사무를 관리하고, 각 부현의 정무를 감찰하는 지방관.

다. 퉁간인들은 기도에는 아라비아어를, 설교와 주석서에는 중국어를 사용했으며 절제된 삶을 살았다. 그들은 콧수염을 깎았고, 담배와 술을 하지 않았으며 돼지고기도 먹지 않았다. 그들은 전시, 디화, 투르판의 둔전 지역에서 빠져나온 후 곧 일리와 타르바가타이 거주민의 중요한 일원이 되었다. 그리고 많은 퉁간인들은 동투르키스탄에 대한 청 정부의 이주 억제 정책에도 불구하고 톈산 서부 오아시스 지대로 이주해 식당을 운영하거나 차 교역으로 생계를 유지했다.

그러나 퉁간인들은 한족처럼 옷을 입었고, 동투르키스탄인이나 그 밖의 다른 중앙아시아 무슬림들과 쉽게 융합되지 못했는데, 이들은 퉁간인들을 이방인이자 침략자로 여겼으며 일반 중국인들과 구별하지 않는 경향이 있었다. 그럼에도 불구하고 퉁간인들은 어디를 가든 상업적 재능과 중국과 무슬림 세계 사이의 문화적 매개자로서의 위치를 이용해 교역에서 막강한 역할을 수행했다. 사실 무슬림이 아닌 일반 한족은 모두 산시陝西 성이나 간쑤 성 출신이었고, 대부분은 녹영에 속해 있었다. 그 외 나머지는 주로 정부 관리, 상인, 직공, 그리고 농민이었다. 퉁간인들은 중국어를 썼기 때문에 이들을 다룰 줄 알았으며, 이들을 통해 정부의 하급 관리들과 접촉하고 숙련된 중국인 세공업자나 중국 본토의 교역 업체들과 유리하게 거래할 수 있었다. 퉁간인들은 또한 보통은 한족 여인들과 결혼했는데, 이러한 혼인 관계를 통해 사업망을 확장하거나 여기서 태어난 아이들을 이슬람식으로 양육함으로써 무슬림 공동체를 확대시켰다. 또 그들 중 많은 사람이 타타르어를 조금씩은 할 수 있었기 때문에 일리나 타르바가타이에서 이루어지는 카자흐인과의 교역에서도 유리했다. 청의 군영 행정부 또한 퉁간인의 이름 높은 청렴결백성을 높이 사 신장 내 다른 민족보다

청령 내륙아시아(1800년경)

그들에게 치안 임무를 맡기는 것을 선호했다. 시간이 흐르면서 퉁간인들은 점차 인구, 경제력, 정치적·문화적 영향력을 증대시켜나갔다.31)

동투르키스탄

톈산 산맥 남쪽에 동투르키스탄, 즉 소부하라가 있었다. 동투르키스탄은 전에는 위구르스탄으로 알려져 있던 북동 지역 그리고 그곳보다 훨씬 더 넓은 서남부 지역의 타림 분지 — 이곳은 알티샤르 또는 카슈가르라고 불리고 있었다 — 로 구성되어 있었다. 하지만 알티샤르나 카슈가르는 둘 다 종종 동투르키스탄 전체를 가리키는 용어로 사용되기도 했다. 위구르스탄과 알티샤르 지역 주민들은 모두 거의 예외 없이 투르크계 언어를 사용했다. 신페르시아어계의 중앙아시아 지역 언어인 타지크어를 알아듣는 사람들이 여전히 일부 존재했지만 19세기가 되면 그 수는 극히 적어지게 되었다.32) 종교적으로 동투르키스탄인은 수니파 무슬림들로, 그중에서도 하나피 법학파에 속했다. 동투르키스탄인들에게 고유의 문화적 특징이 없다고 할 수는 없지만 이들은 온전히 중앙아시아의 투르크-이란계 문명의 일부였다. 외래인 그리고 현지 여인이 외래인과 결혼해서 낳은 아이들의 수를 계산하지 않을 때 토착민의 전체 인구는 30만 명을 밑돌았다. 그리고 이 중 70% 이상이 타림 분지의 서쪽 끝 카슈가르에 살고 있었던 반면 동쪽의 위구르스탄에는 원주민 인구의 10% 정도만이 살고 있었다.33) 1759년의 청의 정복과 1820년대의 정복 사이에 동투르키스탄의 인구와 경작지 모두 2배 증가한 것으로 보인다.

대체로 동투르키스탄인들은 예를리크yerlik란 말 이외에는 별다른 공동의 민족적 칭호를 갖고 있지 않았다. 여기서 예를리크는 단지 '지방적'이라는 의미를 가진 단어일 뿐이었다. 서로 분리되어 있던 이들은 각자가 거주하고 있는 오아시스 이름을 자신들의 명칭으로 삼았다. 예를 들어 카슈가르 거주민들은 자신들을 카슈가르 사람[카슈가리]이라고 불렀고, 투르판에 거주하는 사람들은 자신들을 투르판 사람[투루파니]이라 불렀으며, 기타 오아시스의 거주자들도 동일한 방식을 따랐다. 심지어 외국의 무슬림들조차 동투르키스탄인들을 함께 묶어 하나의 뚜렷한 종족 집단으로 보지 않았다. 예를 들어 19세기의 1사분기 동안 신장에서 교역에 종사한 시베리아의 타타르족 출신 상인 무르타다 파이드 앗딘 마르지안은 동투르키스탄 사람과 서투르키스탄 사람을 뭉뚱그려 그저 '우즈벡인'34)이라고 불렀을 정도였다.

그러나 전체 투르크어계 오아시스 거주민과는 구별되는 몇몇 인종 집단이 있었다. 예를 들어 카라샤르, 쿠차, 악쑤, 우쉬 투르판, 야르칸드 등지에 살고 있던 돌란족은 투르크어를 사용했지만 그들만의 독특한 억양을 갖고 있었고 여인들은 키르기스인처럼 머리를 하얀 차도르로 싸맸다. 악쑤와 우쉬 투르판에서 그들은 일반적으로 오올로드인이 기르는 것과 같은 종류의 양을 길렀으며, 신장 지역 주둔군을 위한 역참에 요역을 제공했다. 우쉬 투르판 지역에는 키르기스인에 기원을 두고 있는 것이 분명한 니우게이트인들이 살고 있었는데, 그들은 여름에는 펠트 천막에서 생활하고 겨울에는 정착 생활을 했다. 그들은 목축을 생계 수단으로 삼았으며 청 정부를 위해 무차르트 통로의 얼음을 제거하는 임무를 담당했다. 이처럼 여름에는 천막에 거주하고 겨울에는 마을에서 정착 생활을 하는 식의 생활 형태는 야르칸드와 양기 히사르 중간 지역에 살고 있는 거주민들 사이에서도 발견된다.[35] 롭노르 부근의 정착민 가운데는 다른 동투르키스탄 사람들과는 달리 이슬람을 신봉하지 않는 사람들도 있었던 것 같다.[36] 1800년 당시 우쉬 투르판 원주민들은 일부 예외가 있었지만 대개 그곳에 오랜 뿌리를 갖고 있던 것이 아니라 청이 한 세대 전에 타림 분지의 다른 지역에서 이주시킨 사람들의 자녀나 손자들이었던 것처럼 보인다. 투르크어는 동쪽으로는 간쑤 성의 쑤저우肅州 성 지역에서까지 사용되고 있었기 때문에, 이 지역을 넘어가지 않는 한 중앙아시아 상인들이 중국어 통역자를 필요로 하는 일은 없었다.[37]

타림 분지 서쪽 끝, 주로 카슈가르, 야르칸드, 호탄 등에는 상당수의 외래인 상인들이 거주하고 있었는데, 이들 중에는 외국 상인들과 연결되어 있는 수공업자들 그리고 점차 늘어나고 있던 외국인 혼혈들이 포함되어 있었다. 1795년 청 정부는 외래인이 원주민 아내를 취하는 것을 금지했지만 이러한 금지령은 제대로 지켜지지 않았으며 시간이 지나면서 주로 코칸드 출신인 외국의 무슬림과 카슈가르 여성들 사이의 혼인이 점점 더 늘어났다. 이들 사이에서 태어난 자녀들은 찰구르트라고 불렸는데, 이들은 어떤 언어를 사용하고, 어디에 거주하고, 어떤 문화를 갖고 있든 부계에 따라 국적이 결정되었다. 찰구르트를 아버지로 둔 자녀들도 동일하게 찰구르트로 간주되었기 때문에 청의 신민이 아니었다. 기인들은 지역의 여인들을 취했지만 청의 관원들이 동투르키스탄 여인들과 혼인하는 것은 법으로 금지되었다. 이들 사이에서 태어난 아이들은 원주민으로 간주되었다.

카슈가르 지역의 타슈말리크에는 키르기스의 투라이기르 킵차크 부족이 거주하고 있었는데, 이들의 수는 1850년대에 약 500호에 달했다. 이들은 청 정부가 오아시스 정착민과 동등한 조건으로 동투르키스탄에 살도록 허락한 유일한 키르기스인들이었다. 야르칸드 지역의 몇몇 마을에는 치트랄과 와한 출신의 해방 노예 정착지가 있었는데, 이들은 시아파(라피디) 이슬람교도였다. 좀더 깊은 산악 지대에는 타지크인, 갈차인(혹은 산악 타지크인) 그리고 와한인들이 살고 있었으며, 이들은 모두 이란계 언어를 사용했고 청의 영토에서는 반유목 생활을 하고 있었다. 당시 그들은 무슬림이었지만 이슬람 시기 이전 불을 숭배하던 조로아스터교의 잔재를 갖고 있었다.[38] 심지어 타림 분지 오아시스의 동투르키스탄인들 사이에서도 이슬람 이전 시기 문화의 흔적이 남아 있었는데, 특히 사회의 하층민들 사이에서 그러했다. 예를 들어 야다라는 돌을 동물의 피로 문지르거나 '감수甘水' 속에 놓아 두는 방식으로 비나 눈을 부르는 야다치라는 기우사祈雨師가 여전히 활발하게 활동하고 있었으며, 샤먼들도 여전히 고대로부터 내려온 기술을 사용하고 있었다.[39]

알티샤르와 위구르스탄 두 지역의 경제 모두 오아시스 농업과 수공업 그리고 교역에 의지했다. 일부를 제외한 나머지 동투르키스탄인들은 모두 농업에 종사하거나 아니면 몇몇 도시에서 상업에 종사했다. 오아시스 생활의 두 가지 주요 환경 가운데 하나는 톈산 산맥, 파미르 고원, 쿤룬崑崙 산맥이었고 다른 하나는 타클라마칸 사막과 롭 사막이었다. 산악은 하천의 발원지로 궁극적으로 지하수를 제공해준 반면 사막은 이러한 물들을 흡수함으로써 인간의 정착이 가능한 한계 구역을 형성했다. 이러한 구역은 산록의 목초지와 연결되어 있었고 사막 쪽으로는 인간의 노동력으로 사막에 물을 공급할 수 있는 거리에까지 펼쳐져 있었다. 이곳의 강우량은 "방목에 필요한 물조차도 충족시킬 수 없을 만큼" 불충분했다. 그리고 비가 내리는 것이 반드시 축복인 것만도 아니어서, 봄비는 태양을 가려 오히려 "고산 지대의 눈이 녹아 기갈을 해소하는 것을 방해했다".[40] 한 여행가는 야르칸드 지방은 초승달이 보이지 않을 만큼 먼지가 많아서 비가 오면 흙탕물이 내리는 것 같았다고 했다.[41]

물 부족과 이따금 발생하는 지진을 제외하면 동투르키스탄은 건강에 좋은 환경이었다. 이웃 간쑤 성과는 반대로 이곳은 여름의 덥고 건조한 날씨, 혹독하게 추운 겨울 날씨 때문에 전염병이 잘 발생하지 않았다. 도시와 유목민들 사이에 성병이 심심치 않게 돌았지만 발진 티푸스는 드물었고 콜레라는 더욱 드물었다.[42] 결핵은 많지 않았고 학질은 전혀 없었다.[43]

수리 관개 기술은 원래 서쪽 지역에서 동투르키스탄에 소개되었는데, 도랑, 천연 수로, 카리즈^{kārīz}라고 불리는 지하 수로 등을 광범하게 이용하는 방식이었다. 특히 이 지역에서는 지표수가 침투성이 강한 황토와 사력 지층 속으로 금방 스며들어 버리기 때문에 지하 수로인 카리즈는 필수적이었다. 일부 작물은 수확량이 대단히 많았다. 특히 위구르 지역은 포도와 멜론이 유명했는데, 투르판의 포도와 하미의 멜론이 그중 최상품이었다. 투르판에서 생산된 씨 없는 건포도는 중앙아시아 전역에서 유명했고, 인도와 중국 본토까지 수출되었다. 농업 기술과 상업 수완은 쓸 만하기는 했지만 비교적 원시적이었으며, 식량 생산량은 전체적으로 중국 본토보다 훨씬 적었다. 농민들은 자주 개자리를 심어 지력을 높였으나 윤작은 하지 않았다. 양식 저장은 보통 창고를 이용했으나 건조한 기후와 추운 겨울 덕분에 지하에 양식을 저장하는 것도 가능했다. 일반적으로 가난한 농민들은 땅굴을 이용했으며, 불안정한 시대에는 많은 사람들이 이 방법을 채택했다.

야르칸드와 호탄 지역에서는 숄 염소에서 숄 양모가 생산되었는데 "거의 모든 지주가 이 염소를 대규모로 기르고 있었다".[44] 서부 알티샤르에는 넓은 뽕나무 농장이 있었고 주로 여인들이 비단을 생산하고 있었다. 그러나 주요 환금 작물은 질 낮은 면화로서, 세금으로 납부되기도 하고 정부나 한창 번창하고 있던 신흥 방직 공장에 팔리기도 했다. 호탄에 상당한 규모의 밧줄 공장과 카펫 공장이 있었던 만큼 대마도 가치 있는 농작물이었다. 대마로는 해시시(대마초)와 그 즙인 차라스를 생산했다.[45] 양귀비의 둥근 꼬투리를 잘라 모은 코크나르라는 즙도 많은 사람들에게 인기가 있었다. 담배 재배 또한 19세기 초에는 상당히 성행했던 것 같고, 청 군대의 정복 활동을 따라 한족들이 신장성 북부로 유입되면서 술도 소개되고 아편의 사용도 증가했던 것 같다. 그러나 1800년에 톈산 산맥 남부 지역에서 이들 공업이 어느 정도 발전하고 있었는지는 알 수가 없다. 18세기 초에 동투르키스탄에서는 이미 술이 생산되고 있었으나 19세기 초의 이 지역의 술에 관해서는 알려진 것이 없다.

정부는 악쑤 지역의 온 바슈에 중요한 구리 공장을 운영하고 있었고 우쉬 투르판에는 초석(자연산 질산칼륨) 회사를 갖고 있었다. 또한 타림 분지의 서남단에서는 옥을 독점적으로 채굴하고 있었다. 호탄 지역의 강들에서는 백옥이 생산되었는데, 순수한 것은 동일한 무게의 은과 같은 가치를 갖고 있었다. 야르칸드 지역에서는 녹옥이 생산되었고, 정부의 독점하에 금도 채굴되고 있었다. 케리야에는 생산성이 매우 높은 금광이 있었으며, 호탄의 여러 광산에서는 약 200~300명의 노동자가 항상 일하고 있었다. 겨울에 호탄의 '전 주민'은 걸어서

40일 걸리는 먼 지방으로 가서 금을 채굴해야 했다. 이렇게 채굴된 금은 모두 청 정부에 넘겨졌다. 금은 또한 케리야 금광 부근을 흐르는 강의 모래 속에서도 발견되었다.[46] 카라샤르, 쿠차, 우쉬 투르판 등지에서는 초석이 생산되었고, 악쑤, 쿠차, 사이람 등의 주민들은 부근의 동광을 채굴했다.

오아시스들 사이에서도 상당한 양의 교역이 이루어졌다. 예를 들어 호탄은 마쉬루(일종의 견면직 혼방), 공단, 종이, 사금(정부 전매품이었을 것이다), 비단, 포도, 건포도, 기타 상품을 실은 대상을 야르칸드로 보냈고, 야르칸드는 호탄에 구리 항아리, 가죽, 장화 등과 같은 물품을 수출했다. 총 수익 면에서는 호탄이 야르칸드를 앞질렀다.

청조의 지배를 받고 있던 동투르키스탄 사회에 공식적으로 인정된 계급은 셋밖에 없었다. 벡이라 불리는 토착 관료, 종교계 인사들인 아훈드 그리고 평민에 속하는 알반 카쉬가 그들이었다. 벡과 아훈드는 면세의 특혜를 누리고 있었고, 일반적으로 종교계 인사들에 대해서는 법이 관대하게 해석되어서 사이이드, 물라, 피르자다, 파키르 등과 같은 사람들은 모두 인두세(알반)를 면제받았다. 알반 카쉬는 정부에 대해 인두세와 요역의 의무를 졌다. 도시에 거주하는 알반 카쉬는 화폐로, 농민들은 곡물로 세금을 납부했다.[47] 알티샤르 지역에 거주하는 외국인들의 경우 가족과 함께 정착한 자들조차 계속 일시적 거주자로 간주되어 알반을 면제받았다.[48]

알반 카쉬의 대부분은 1) 지주농들로 구성된 자유 농민인 라아야 ra'āyā, 2) 정부 소유의 관지官地 혹은 관전官田인 카니야 khāniyya를 경작하는 소작인, 3) 민간 지주의 토지를 임대한 소작인 가운데 하나에 속했다. 소수의 지주농 가운데는 면세 자산을 소유한 자도 있었는데, 이들은 주로 하미와 투르판에 있었다. 나머지는 청 통치 이전부터 유산으로 물려받은 소위 십일조 토지를 소유하고 있었으며 생산물의 1/10을 청 정부에 세금으로 납부했다. 이 밖에도 자유 농민은 정부의 공공사업에 대한 요역의 의무를 지고 있었다. 정부의 소작인들은 종자, 농사용 가축, 농기구를 받는 대신 수확의 반을 정부에 납부했다. 민간인 지주의 토지를 경작하는 소작인들은 정기적으로 계약을 갱신했는데, 계약 조건은 매우 다양했던 것이 분명하다. 여하튼 이들도 정부에 생산물의 1/10을 세금으로 납부해야 했다. 그리고 최소한 생산량의 2/10는 지주 손에 들어갔을 것이다. 청의 지배를 통해 새로운 요소들이 도입된 부분도 있었지만 1800년의 동투르키스탄은 토지 임대, 세금 징수, 요역 부담 등에서 기본적으로 이전부터 존재해온 관습을 그대로 계승하고 있었는데, 그것은 중앙아시아의 다른 무슬림 지역에서 볼 수 있는 것과 비슷한 것이었다.[49] 네번째 범주의 농민은 얀치^{Yanchi}라 불리는 예속민으로서, 그들은 본인 이름으로 세금을 납부하지 않았기 때문에 알반 카쉬에 포함되지 않았다. 이들 예속민들은 원래 죄수들로서 벡에게 예속되어 노동력을 제공하던 자들이었다. 그러나 벡이 일반 농민들을 강제로 얀치로 삼거나 아니면 농민들 가운데 세 부담과 빚 독촉을 피해 스스로 예속민이 되는 자도 있었기 때문에 시간이 지남에 따라 이들의 수는 증가했다.

　종교 조직에는 세 개의 집단이 있었다. 청의 관점에서 볼 때 가장 상위의 집단은 아훈드였다. 이들은 독특한 권능과 개인적 수련을 통해 종교적 역할을 수행하고 있었으며, 공적 지위를 인정받은 유일한 종교 계층이었다. 재판관, 무프티라는 회교 법전 해석자, 회교 사원 관리자, 마드라사(신학교)의 교사 등이 이 계층에 속했고, 청 정부는 징수한 알반 가운데서 일부를 떼어내 학생, 물라, 파키르, 순례자 등에게 소액의 지원금을 지출했다. 두번째 집단은 성직 가문인 사이이드와 호자였는데, 동투르키스탄 주민들 사이에서는 오히려 이들이 가장 큰 존경을 받았다. 이들 중 가장 중요한 가문이 마흐둠자다로서, 마흐둠-이 아잠이라는 16세기의 한 유명한 낙쉬반디 샤이흐(지도자)의 후손이었다. 또 다른 성직 가문은 쿠차의 낙쉬반디 호자로, 이들은 무굴인을 이슬람으로 개종시킨 15세기의 샤이흐 아르샤드 앗딘의 후손이었다. 세번째 집단은 신분이 비교적 낮은 수피 타리캇, 즉 수피 형제단의 샤이흐와 그의 추종자들, 특히 낙쉬반디야의 몇몇 지파들이라고 할 수 있었지만 우와이시야, 쿠브라위야, 카디리야, 그리고 기타 집단도 포함되었다. 준가르의 통간인들 사이에서처럼 동투르키스탄에서도 수피 형제단은 큰 영향력을 갖고 있었다.

청의 정복 이후 동투르키스탄의 아훈드들은 다른 중앙아시아의 물라(이슬람교 학자, 즉 교사와 율법학자들에 대한 경칭)들과 달리 더 이상 정치적 권력을 갖지 못했다(지방 통치자들이 적절한 물라들을 등용할 권리를 갖고 있었던 하미와 투르판 지역은 예외였을 것이다). 따라서 토착 관료 조직과 피지배자 사이를 이어주는 교량 역할을 하는 집단이 없었다. 또한 아훈드만이 아랍어, 페르시아어, 코란, 기타 주석서 등을 가르치는 마드라사라는 학교에 다녔기 때문에 야르칸드에만 기부금으로 건립된 종교 학교가 10개가 넘었으나 종교 교육이 동투르키스탄 지역에 끼친 영향은 투르크-이란 세계의 다른 지역만큼 그렇게 크지는 않았다.

정부는 성인의 무덤이나 기타 성지들을 유지하기 위한 종교적 기부용(와크프) 토지나 건물 대부분에 대해서 면세를 인정해주었던 것 같다. 심지어 카슈가르 구 시가지에서 북동쪽으로 약 10리 정도 떨어진 야쿱의 아파키 무덤도 여기에 포함되었다. 청은 더 나아가 야쿱에호자들의 무덤을 수비하기 위한 경비병을 임명하기까지 했다. 여기에는 물론 다른 동기도 포함되어 있었는데, 야쿱은 신장에서는 아파키 마흐둠자다의 가장 성스러운 중심지이자 그의 추종자들의 집합소였기 때문이다. 개인들이 새로 종교적 기부를 행할 때는 정부의 승인이 필요치 않았던 것으로 보인다.[50] 하킴 벡, 즉 토착 통치자가 정부 토지를 종교적 용도로 기증했을 때도 세금이 면제되었다.[51] 와크프 재산은 계속해서 무덤이나 제단을 관리하는 샤이흐들에게 경제적 토대를 제공하고 심지어 상당한 부의 원천을 제공하기도 했다. 이들 샤이흐들은 대개 수피 형제단이거나 성족聖族 출신들이었다.

동투르키스탄의 양대 지역 중 위구르 지역의 중심지인 하미와 투르판은 중국과 좀더 오랜 교섭의 역사를 갖고 있었으며, 이곳에 대한 청조의 통치력도 깊이 뿌리내리고 있었다. 몽골의 기의 왕공처럼 하미와 투르판의 왕공들도 청 황실 귀족의 반열에 올랐고, 단순히 청 왕조의 관리나 대리인이 아니라 자율적인 세습 통치자, 즉 자사크이기도 했다. 따라서 하미와 투르판은 몽골 기와 같은 지위를 갖고 있었으며, 우루무치에 주재하는 도통은 순수 감독자의 입장에서 그곳의 사무를 감독했다. 약 2,400여 명의 녹영병과 모두 하미에 있던 약 200명의 한족 유배범들은 대략 총 7,000에이커, 즉 45,200무의 토지를 경작하며[52] 청 정부의 직접적인 통제를 받고 있었다. 그리고 중국어를 사용하는 한족 민간 이주민들과 중국 본토 출신 이주 상인들도 마찬가지였다. 그러나 위구르 토착 정착민에 대해서는 하미와 투르판의 자사크들이 완전한 통치권을 갖고 있었다. 본인들은 청 왕조에 조공을 보냈으나 관할민에 대한 징세권은 온전히 그들의 수중에 있었다. 그러나 피잔 근처의 정부 관지를 경작하는 원주민들은 예외적인 경우로서 매년 청 정부에 총 3,500석의 곡물을 토지 이용료로 납부했다.

동투르키스탄의 또 다른 주요 지역인 알티샤르는 정치 조직상 위구르 지역과는 본질적으로 달랐다. 타림 분지 내의 모든 관료 기구는 일리 장군 아래 있는 카슈가르의 판사대신의 직접적인 통제를 받고 있었기 때문이다. 일리의 팔기병과 산시陝西성, 간쑤성, 우루무치 등의 녹영병으로 구성된 주력 부대 지휘부는 우쉬 투르판에 주둔하고 있었는데, 이곳은 알티샤르와 일리를 연결하는 무차르트 통로에 가까운 요충지였다. 카슈가르, 양기 히사르, 야르칸드에 소규모 팔기군과 녹영병이 함께 주둔하고 있었고, 카라샤르, 쿠차, 사이람, 악쑤 등지에도 녹영병이 주둔했다. 주목할 만한 군둔은 카라샤르와 우쉬 투르판에만 있었다. 호탄에도 녹영병이 있었으나 청군은 알티샤르 사람들의 반감을 피하기 위해 대개 우쉬 투르판 이서의 땅에는 중국 군대를 주둔시키는 것을 삼갔다. 왜냐하면 알티샤르인들은 타림 분지 서단西端에 가장 집중적으로 거주하고 있었기 때문이다.

청 정부는 한족 상인들이 알티샤르의 경제를 지배함으로써 동투르키스탄인의 분노와 반란을 불러올 것을 우려해 알티샤르인들과 한족 상인들 간의 접촉을 엄격하게 금지하는 정책을 취했다(만주와 몽골에서는 당시 이미 한족 교역상들과 전장들이 지역 경제를 장악하기 시작하고 있었다). 청은 알티샤르에 순환 근무 방식으로만 군대를 파견해 그들이 그곳에 오래 머무는 것을 방지했다. 또한 녹영병의 숫자를 최소한으로 하고, 알티샤르의 관전을 원주민 농민들에게 소작시켜 민·군정의 식량 수요를 충당하도록 했다. 조정은 알티샤르에는 범둔犯屯을 설치하지 않았으며, 또한 민간 이주민들이나 상인이 하미 이서 지역에 들어가는 것을 허락하지 않았다. 청 정부는 합당한 이유와 합법적인 여권 없이는 한족 평민이 동투르키스탄의 어떤 지역으로도 들어가는 것을 허용하려고 하지 않았다.

조정은 또한 청의 관리들과 알티샤르 토착민들을 격리시키려고 애썼다. 청조는 타림 분지의 각 주요 도시에 동투르키스탄인들의 거주 구역과는 별도로 담장으로 둘러싸인 격리된 행정 도시를 건설했다. 이런 곳은 만주인 혹은 한족 주둔지로서, 양기 샤르(신도시) 혹은 칼라이 샤르(요새 도시)라고 불렸고, 카슈가르와 야르칸드에서는 굴바그(장미 정원)라고 불렸다. 이곳에는 청의 군대와 행정 관서가 주둔했고 외부 출신 관원 등이 거주했다. 이들 만주인 주둔지는 원주민들이 거주하는 구 성벽 밖에 있었으나 보다 작은 규모의 거주지의 경우 옛 성채 곁에 어깨 높이의 토담을 쌓아 만든 곳도 있었다. 18세기 중엽 쿠차에서 무슬림과 비무슬림들은 함께 거주하고 있었다. 만주인 주둔지와 지역민 거주지 사이의 왕래는 엄격히 제한되었다. 청조 관원들은 오직 낮에만 원주민들과 접촉할 수 있었다. 밤이 되면 주둔지의 대문은 닫혔다. 적절한 초청과 허가가 없으면 동투르키스탄인들은 남녀를 불문하고 이러한 주둔지에 드나들 수 없었다. 마찬가지로 청의 관원들도 원주민들의 도시나 마을에 마음대로 드나들 수 없었다. 유일한 예외는 당국이 그곳에 주점, 객잔, 술도가 등을 운영하도록 허가한 — 법적으로 그러한 근거가 있었는지는 의심스럽다 — 소수의 청조 관원들이었다. 정부는 고리대업, 원주민 고용, 기타 사업 계약을 제한했다.

청 정부는 이슬람과 지방 관습에 대해서는 불간섭 정책을 유지해 동투르키스탄인들의 회력回曆 사용, 전통 복장의 착용을 허용하고, 벡 이외에는 변발에 대해서도 관대한 자세를 보였다. 하지만 이러한 상징적 제스처보다 더 중요했던 것은 청 정부가 무굴, 준가르, 마흐둠자다 호자 등의 통치하에서 존재해왔던 기존의 지방 통치 방식을 그대로 유지한 것이었다. 청조는 앞서 하미와 투르판의 통치자들을 청의 귀족으로 흡수한 것처럼 쿠차, 바이, 악쑤, 우쉬 투르판, 호탄 등지의 동투르키스탄 지도자들도 귀족으로 봉했다. 그러나 청은 알티샤르에는 실제 권한을 지닌 자사크를 인정하지 않고 대신 동투르키스탄인들로 구성된 관료 조직을 만들었다. 벡과 아훈드로 구성된 이들 관료층은 지역 도시나 읍, 마을 등에 살면서 주민을 직접 다스리고 하나피 학파의 법률 절차에 따라 사건을 심판했다. 무슬림과 '중국인'(즉 알티샤르에 살고 있는 만주인, 녹영병, 기타 비원주민 속민) 사이에서 발생하는 분규가 이슬람법으로 해결되고 있다는 사실은 외국인들에게 깊은 인상을 남겼다. 한 여행가는 이렇게 쓰고 있다.

> 법 집행이 대단히 엄격해 귀족도 예외가 아니었다. 어느 정도인가 하면, 예를 들어 왕공이 가난한 자 한 사람을 죽였을 경우에도 살해범은 사형을 면할 수 없었다.

다만 법의 집행을 위해 청 정부도 적어도 하나의 새로운 형벌을 중국 본토에서 도입했는데, 무슬림들은 범죄자가 칼〔고대 중국의 형틀〕을 쓰고 있는 모습에 충격을 받았다고 한다.[53]

청조의 통치하에서 토착 관리들은 모두 벡이라는 칭호를 갖게 되었고 그들의 원래 관직명 뒤에 이 칭호가 덧붙여졌다. 관직은 세습되는 것이 아니었고 관리 자신들도 반드시 청의 지배 이전에 세습적으로 이 칭호를 독점하던 귀족 벡 가문 출신인 것도 아니었음에도 불구하고 말이다. 다시 말해 이전에 귀족 칭호였던 '벡'이 이제 '관리'의 동의어가 된 것이다. 비록 대대로 이 칭호를 소유해온 일부 벡들은 예우 차원에서 계속해서 벡이라 칭해졌으나 청조가 벡 칭호를 이렇게 이용함으로써 필연적으로 타림 분지의 전통적인 지방 귀족들은 지도력을 상실하게 되었고 만주 왕조는 모든 세속적 권위의 원천이 되게 되었다.

    청조의 관료 조직상 3~4품에 해당하는 최고위층 벡들은 한족 복장을 하고 변발을 했다. 정부는 그들을 임명할 때 '회피법'을 따랐다. 이는 동투르키스탄의 중요한 벡들은 본인들이 관리하고 있는 지역 출신의 원주민일 수 없게 되었다는 것을 의미했다. 이론적으로 볼 때 이 회피법은 관리의 부패를 방지하기 위한 것이었으나 알티샤르에 이 법을 적용한 주된 이유는 정치적으로 청 정부가 하미와 투르판의 지배 가문들과 청조에 의해 지위를 부여받은 쿠차와 바이의 신귀족들을 동투르키스탄의 기타 지역 주요 귀족들보다 신뢰한 데 있었다. 벡들은 지위가 세습되지는 않았지만 정기적으로 순환 배치되는 청 주둔군 관원들과는 달리 독직瀆職의 경우가 아니면 대개는 계속 지위를 유지할 수 있었다. 바꾸어 말하면 알티샤르의 최고위 벡들은 총독, 관리이자 많은 경우 귀족 출신이었지만 세습적인 통치자가 아니었다는 점에서 하미와 투르판의 통치자들과는 달랐다. 그들은 궁극적으로는 이번원에 속해 있었다. 1859년에 그러한 관행이 폐지될 때까지 최상층 벡들은 매년 베이징의 황제에게 조공을 진상하고 그에 대한 보답으로 상당량의 황제의 선물과 기타 혜택을 받을 수 있는 특권을 갖고 있었다.

토착 관료층을 통솔하는 사람들은 토착 총독이라 할 수 있는 하킴 벡들이었다. 이들 중 가장 중요한 존재가 알티샤르의 8대 도시의 행정을 담당하는 하킴 벡들이었다. 여기서 8대 도시란 이른바 '동부 4개 도시'인 카라샤르, 쿠차, 악쑤, 우쉬 투르판과 '서부 4개 도시'인 카슈가르, 양기 히사르, 야르칸드 그리고 일치(구 호탄 — 당시 호탄은 지역 전체의 이름이었다) 등이었다. 이들 도시들은 각각 여러 개의 좀더 작은 도시와 마을로 구성된 구역을 감독하고 있었다. 카슈가르와 양기 히사르의 하킴 벡들은 베이징의 황제에게 직접 상주할 수 있는 권한을 갖고 있었다. 반면 다른 하킴 벡들은 신장의 주둔군을 통해서 중앙정부와 접촉했으며, 베이징과 연락을 취할 필요가 있을 경우에는 카슈가르에 주재하고 있는 참찬대신을 통해 일을 처리했다. 하킴 벡 아래로는 각각 전문적인 사무를 담당하는 하급 벡 집단이 있었다.

벡들은 직접적인 봉록 대신 지위에 따라 달리 주어지는 관전 — 곡물로 주어지는 벡의 수입은 온전히 이러한 토지에서 나왔다 — 과 이 토지를 경작하고 기타 사역을 수행할 예속민을 받았다. 뿐만 아니라 청의 일반적인 관행에 따라 국가는 그들에게 소량의 '양렴은養廉銀'을 지급하고 이동할 때는 여비를 지급했다. 벡들은 아랫사람들에게 고두叩頭를 요구했고, 권력의 상징으로 자랑스럽게 변발을 했다. 코칸드와 부하라의 관원들 가운데는 종종 글을 알지 못하는 자들도 있었으나 알티샤르의 벡들은 중국어와 만주어를 둘 다 알고 있었고 종교와 역사에 관해서도 약간의 지식을 갖고 있었다. 벡들이 본인들의 종교와 절충시키느라 골치를 앓은 국가 의식이 있었다면 아마 그것은 매월 초 새벽에 공자묘에서 거행되는 제례에 참여하는 문제였을 것이다. 벡들은 그때마다 황제의 초상에 궤배跪拜를 해야 했다. 그리고 이들

은 또한 청의 기인들을 모방해 술을 마시고 아편을 흡연했다.[54]

종교 시설 중 정부의 공인을 받은 부분은 지역 관리들의 관할 밖에 있었으나 공공 도덕과 종교 교육을 위해 자체에 고유한 사법관과 감독관의 관리를 받는 것이 관례였다. 토착 민정 관원들이 벡이라는 직함을 갖고 있었던 것과 유사하게 그들도 모두 아훈드라는 직함을 갖고 있었다. 동투르키스탄의 관원 울라마[이슬람법과 신학의 지도자]에 해당하는 이들 아훈드들은 지방 사법을 집행하는 직능을 갖고 있었으며 거주민들의 종교와 문화생활을 조직하고 이끌었다. 각 지역 종교 조직의 주요 인물은 재판장인 알람 아훈드였고, 그 아래 법관인 카디 아훈드와 무프티(무프티 아훈드)들이 있었다. 대모스크의 수장들, 헌금 수납원들, 교구 모스크의 수장들 그리고 마드라사 학교에서 가르치는 아훈드들 등도 모두 그곳 재판장의 지시를 따랐다. 아훈드들은 생계원이 분명하지 않으나 아마 각종 기부와 사례금에 의지했던 것 같다. 많은 아훈드들, 특히 가장 부유한 측에 속하는 아훈드들은 종교 기금에서 수입을 얻고 있었다.

알티샤르 원주민들의 내정은 그곳 벡과 아훈드들에 의해 처리되었지만 동투르키스탄인들은 또한 직접 청 정부에 각종 납세와 요역의 부담을 지고 있었다. 앞서 언급했듯 알티샤르의 구리 생산량은 매년 1,350만 풀의 가치에 해당했는데, 이 중 온 바슈에서 생산된 정세되지 않은 구리 160만 풀을 제외한 모든 구리가 원주민이 납부한 세금이었다. 그것의 대부분은 카슈가르, 양기 히사르, 야르칸드, 호탄 거주민들에게서 징수한 것이었다. 알티샤르 거주민들은 매년 양곡 66,000여 담, 면직물 14만 3,000여 필을 납부해야 했는데, 대부분은 원면처럼 타림 분지 서단에서 생산된 것이었다.

이들 세수의 주요 원천은 주로 구리나 곡물로 징수하는('매월 1인당 1루피 그리고 토지 생산물의 1/10' 55)) 인두세 즉 알반이었다. 정부는 납, 원면이나 면직물 혹은 화약의 원료가 되는 유황과 초석으로 대납하는 것을 허용했다. 정부는 이 외에도 개인의 교역 행위, 점포나 사업장, 채소밭, 과수원, 석탄 채굴장 그리고 신축 건물 등에도 모두 세금을 부과했다. 반면 금과 옥은 조공 품목으로 간주해 신장 주둔군의 과세를 허락하지 않았으며 직접 베이징으로 보내도록 했다. 각 초소에 인력을 제공하는 동투르키스탄 가정과 카슈가르에 있는 500명의 원주민 군대는 알반을 면제받았다. 이 밖에 무차르트 통로를 지나가는 도로를 유지하는 데 지출되는 비용을 충당하기 위한 특별세가 있었는데, 주로 니우게이트인들이 이 도로를 유지하기 위한 요역을 담당하고 있었다. 지방 관청의 행정 비용을 충당하기 위해 하킴 벡들은 알티샤르의 각 가정에 준조세인 키르클리크, 즉 '1/40세'를 부과했고, 이것으로 부족할 경우에는 또 부가세를 징수할 수 있었다. 청 주둔군 관리들이 알티샤르의 초소를 순시할 때마다 하킴 벡은 여행 비용을 징수했다. 벡들은 때로는 일반 속민에게서 식량, 의복, 기타 용품을 무상 징수하기도 했다. 또 청 기인이 재산을 징발하면 벡은 특별세를 올림으로써 자산 소유주의 손실을 보상해주었다. 이러한 세금들 외에 중앙아시아 전통의 울라그라는 역마세가 있어, 말을 소유하고 있는 집에 부과되었다. 도시의 관리들은 정기적으로 호부에 세무에 관해 보고해야 했다. 하지만 세액이 고정되어 있었음에도 불구하고 관리의 부정부패는 만연해 있었다.

토착 벡과 그들의 상관인 청의 관리들도 여러 가지 방식으로 직권을 남용했다. 각급 정부 기관 사이에 뇌물 수수는 일상화되어 있었고,

하킴 벡은 지역 내 시장에서 권력을 이용해 고정된 가격으로 상품을 구입하고 수확기에는 제일 먼저 산물을 팔았다. 벡들은 또한 불법으로 관전을 매입해 이익을 남기고 팔았으며, 관개용수를 자의적으로 분배해 농민들을 농락하는가 하면 황폐화된 경작지를 다시 개간하면서 그것들을 등록하지 않기도 했다. 또한 돈을 빌려주며 소농들을 채무의 올가미에 걸려들게 해 그들의 자산과 노동력을 착취했다. 소농들은 이로 말미암아 가노家奴(얀치)로 전락할 수도 있었다. 화폐는 규정된 납세 수단으로서 그리고 시장의 공인된 교환 매체로서 점점 더 많이 사용되게 되었는데, 이런 현상 또한 벡의 입지를 강화시켰다. 농민들은 가계를 꾸리고 정부의 요구, 특히 비공식적인 요구를 들어주기 위해 돈이 필요했는데, 사실상 작물을 팔아 돈을 사는 것이나 다름없는 형국이었다.

알티샤르의 대외 교역

화폐의 사용은 대외 교역을 편리하게 해주는 동시에 그것에 의해 증가되었다. 19세기의 1사분기 자료에 따르면 당시 자유로운 교역이 이루어져 적어도 동투르키스탄 원주민들에 대해서는 판매가 금지된 물품이 없었다.[56] 청의 주요 수입품은 가축, 과일, 숄, 모피, 아편, 흡연용 인도 대마, 대부분 러시아에서 생산된 유럽산 공산품 및 200~500루피에 매매되는 소년, 소녀 그리고 성인 노예였는데, 바다흐샨, 와한, 쉬그난 출신 상인들이 칸주트, 길기트, 치트랄에서 이들 노예를 구매해 야르칸드에서 팔았다.[57] 합법적인 주요 수출품은 보석, 귀금속, 생사(이것은 수입도 되었다), 실크, 공단 옷, 면포, 면사, 도자기, 자기, 키리아나(향료 및 약재들로, 특히 중앙아시아 서부에서 약재와 염료로 많이 쓰인 주요 수출품이던 대황이 있었다), 대마즙과 차 등인데, 이 중 가장 중요한 것은 차로서 남부 중국에서 호탄까지 말로 운반되었다. 차는 포장된 것과 전차磚茶(말 한 마리에 30~40덩어리를 실을 수 있었다)로 구분되었는데, 전차는 품질이 떨어져 가난한 계층만이 이용했다. 불법적인 수출품 가운데 주요한 것으로는 금은괴(금·은화와 은원보銀元寶)가 있었다. 이러한 수출품 가운데 특히 차, 금은, 보석, 생사와 키리아나 등은 산시山西 성, 산시陝西 성, 장쑤 성, 저장 성 일대의 상인들에 의해 중국 본토에서 운반되어 왔는데, 이들 상인들은 이 지역에서 생산되는 생사, 가축, 기타 물품을 구입해 중국으로 운반했다.

 중국 본토와 신장 성 사이의 교역 활동은 앞으로의 연구 과제로 남아 있지만 청조가 한족 상인들에게 유리하게 차별 과세한 것은 분명하다. 자위관嘉峪關을 통해 중국 본토로 수입되는 상품들 가운데 오직 옥에만 세금이 부과되었다. 중국-알티샤르 간 교역이 합법적으로 이루어지고 있던 우쉬 투르판에서는 동투르키스탄인들이 중국 본토의 상인들에게 비단, 저가 옥양목, 가죽 및 기타 상품을 팔 때 가격 기준으로 1/10의 세금을 납부한 반면 카슈가르와 야르칸드에서 교역할 때에는 세금이 그것의 절반이었다. 안디잔인 등 다른 외국인 상인들은 우쉬 투르판에서는 상업세로 겨우 1/20의 세금만 납부하면 되었고, 한족 상인들이 차 이외의 물품을 알티샤르 상인에게 팔 때는 심지어 이보다도 적은 1/30만을 납부했다.

 신장 성에서 소비되는 전차는 국가 특허 상인과 정부 자체에 의해 간쑤 성에서 수입되었다. 또한 정부는 1760년의 법령을 근거로 산시山西 성의 무허가 사상私商들이 주로 중앙아시아에 내다 팔기 위해 몽골을 경유해 준가르까지 직물과 여러 종류의 찻잎을 소규모로 수출하는 것을 허락했다. 쓰촨 성에서 온 상인들은 구청古城에서 쌀과 밀가루를 판매했다. 장쑤 성와 저장 성 상인들도 정기적으로 야르칸드를 방문했던 것이 틀림없지만 정책적으로는 한족 상인의 알티샤르 진입이 금지되었다. 간쑤 성의 전차상磚茶商의 경우 일부 예외가 허용되었지만 시간이 지남에 따라 산시山西 성의 무허가 상인들이 판매하는 찻잎과 기타 상품이 알티샤르의 시장에서 점점 더 중요한 위치를 차지하기 시작했다. 신장 성에서 차 교역을 하는 한족 상인들의 입장에서 보면 여러 종류의 차를 수출하는 산시山西 성 사상들의 교역이 그에 대한 당국의 통제가 쉽지 않았던 만큼 간쑤 성의 공적인 전차 교역보다 훨씬 더 많은 이익을 가져다주었다. 그러나 정부의 관점에서 보면 산시山西 상인들이 납부하는 세금보다 간쑤 성의 특허 상인들에게서 얻는 수입이 훨씬 더 많았다.[58]

우쉬 투르판 외에 알티샤르, 준가르와 중국 본토 사이의 교역 경제의 주요 집산지는 카라샤르였으며, 이곳은 알티샤르 지역에서 풀과 일리 동전이 자유롭게 유통되는 것이 허용된 유일한 도시였다. 카라샤르의 인구는 오올로드인(칼무크인)들이 대부분이었던 것으로 보인다. 하지만 이곳을 둘러싼 지역은 한족 이주민이 정착하고 개인적으로 토지를 소유하는 것도 허락된 유일한 지역이었다. 이러한 이유로 — 그리고 청조의 격리 정책 때문에 — 호탄, 야르칸드, 카슈가르의 거주민과 외국 상인들 모두 이 도시 안으로 들어가는 것이 허락되지 않았다. 기타 지역의 거주민들은 비록 카라샤르 성내에는 들어갈 수 있었던 것이 분명하지만 거주는 허락되지 않았다.[59]

알티샤르에서의 활발한 교역에도 불구하고 동투르키스탄 상인 계층은 제멋대로 간섭을 일삼는 관료들과 개인 사업에 대한 온갖 고

압적인 요구 때문에 재산을 모으는 데는 실패했다. 관리들의 탐욕과 상인들에 대한 유교의 전통적인 편견이 함께 작용했기 때문이다. 상인들은 아무리 부유하더라도 공적 지위를 소유할 수 없었고, 한때 상당한 비중을 가졌던 상단은 청조의 정복 이후 영향력을 잃어버려 그 후로 다시는 정부와 현지 상인들을 연결하는 교량 역할을 하지 못했다. 심지어 교육 수준에서도 현지 상인들은 중앙아시아 서부 상인들과 상당한 차이가 있었다. 그곳 상인들은 일반적으로 율법 학교[마드라사]에서 교육받았기 때문에 학식이 이슬람 율법학자 다음으로 높았다.

카슈가르 상인들의 해외여행은 1794년부터 제한되기 시작했다. 그들은 해외 통행증을 받고 국경의 교역 통제선을 넘어 가장 가까이 있는 키르기스와 집단적으로 교역을 할 수 있었으나 그것이 전부였다. 그들은 세금 납부에서 차별 대우를 받았다. 수입세 부담이 매우 컸고 관리의 '착취'도 심했다. 심지어 교역권조차 돈으로 사야만 했다.

일반적으로 청 정부가 추진한 정책은 알티샤르 현지 상인들보다 외국 상인들에게 더 유리한 결과를 가져왔다. 따라서 현지 상인은 불가피하게 어느 정도는 외국 상인에게 매달리지 않을 수 없었다. 타림 분지에 그대로 눌러 사는 성공한 알티샤르 상인들은 이윤과 재산을 감추고 짐짓 가난한 태를 냈다. 그렇지 않으면 사업 규모가 충분히 큰 상인들은 일리나 우루무치로 거주를 옮기기도 했는데, 그곳 관료들의 압력이 훨씬 덜했기 때문이다. 청조에 조공을 바치던 카자흐인과 키르기스인이 수입하는 가축들에 대해 정부는 해당 가격의 1/20에 달하는 관세를 부과하고 외국인이 수입하는 가축에 대해서는 겨우 1/30의 관세만을 징수했다. 카슈가르 상인이 수입하는 실크 제품과 모피에는

1/10의 세금을 부과한 반면 외국인일 경우에는 1/20만 지불하면 되었다. 기타 대부분의 상품에 대해 현지의 수입상은 1/20을 지불했고, 외국 상인의 경우 (발티인들과 파미르의 여러 나라에서 온 상인을 포함해) '카슈미르인'은 겨우 1/40만 납부하고 나머지는 모두 1/30을 납부했다. 바다흐산에서 수입되는 귀금속에 대한 세율은 근당 500풀이었다.[60] 이러한 정책의 결과 중 하나는 은이 외부로 유출되는 문제였으며, 청 정부는 이를 막아보려고 노력했지만 성공하지는 못했다.

외국 상인들은 대부분 코칸드, 부하라, 발티스탄, 칸주트, 카슈미르 또는 카자흐 초원 출신이었고, 이란인, 시르반인, 러시아인(또는 노가이인), 타타르인, 인도인, 중앙아시아 유대인(코칸드에 이들의 대규모 정착촌이 있었다) 그리고 아르메니아인들도 있었다. 파미르에서 온 키르기스인들은 대개 현지의 속민 행세를 했던 것 같다. 청조 당국은 이처럼 다양한 외국인을 확실하게 구분하지 못했고, 그들 전부를 크게 '안디잔인'(안디잔은 코칸드의 통제하에 있는 페르가나 계곡의 도시와 지역 이름이었다) 또는 '카슈미르인'으로 간주했다.[61] 때문에 심지어 정부는 공물을 바치지 않는 나라의 상인들까지도 신장에 들어가 사무역을 할 수 있도록 허가했다. 사실 소위 '안디잔인들'은 카슈가르에서 교역을 하는 사람들이었고 '카슈미르인들'은 야르칸드에서 교역을 하는 사람들이었다. 그럼에도 불구하고 조공 사절단은 이익을 얻었던 듯하고, 외국 사절은 통상 신장 주둔군의 장군이나 기타 고위 관리들에게 말을 선물로 제공하면서 항상 그 이상의 가치가 있는 것을 대가로 받아냈다.[62]

코칸드의 신민들과 부하라 및 기타 중앙아시아 서부 출신 상인들은 대외 교역의 대부분을 19세기의 1사분기 당시에는 부하라보다 큰 도시였던 카슈가르에서 행했다.[63] 청 제국은 공식적으로 대외 교역을 평화와 청에 대한 순종의 대가로 외국인들에게 제공하는 특혜로 간주했다(그리고 중국은 물산이 풍부해 자급자족이 가능하다고 여겼다). 따라서 외국의 교역상들은 현지 상인들은 갖지 못한 교섭상의 지위와 일정 수준의 자치를 누릴 수 있었다. 코칸드 주민들 — 진짜 안디잔인들 — 이 가장 유리한 위치에 있었는데, 이들은 카슈가르인과 '풍습과 관습'이 '매우 비슷했고'[64] 카슈가르의 외국 상인들 가운데 규모가 가장 큰 단체를 형성하고 있어서 외국인 상계를 장악하고 있었기 때문이다. 이러한 상인들을 대변하고 일상의 시장 활동을 감독하기 위해 카슈가르의 하킴 벡과 외국인 상계는 함께 만주에서는 '교역 감독관'(만주어로는 후다이 다, 즉 상목商目[65])이라 칭하고 중국 연안에 설치된 대반大班과 유사하지만 청조의 관원은 아닌 선임 외국 상인(감리監理)을 지명했다. 최소한 처음에는 대반과는 달리 신장과 교역하는 각국의 상인들마다 독립된 관리자를 두지는 않았으며, 모든 교역 상인들을 감독하는 한 명의 감독관만 둔 것처럼 보인다. 이러한 교역 감독 체제 하에서 외국 상계는 상당한 자치권을 누렸으며 청조 통치의 간섭으로부터 자유로웠다.

    교역 감독관은 통상 코칸드인이었는데, 시간이 흐르면서 이 자리는 서서히 카슈가르의 대외 교역을 통제하기 위한 코칸드 정부의 기구로 변해갔다. 이 도시의 대외 교역 대부분이 코칸드 영토를 지나간다는 사실이 카슈가르에 대한 코칸드 정부의 통제를 한층 더 강화시켰고 카슈가르의 교역은 또 역으로 코칸드 경제를 살찌웠는데, 18세기 말엽에 왕국이 급속하게 성장한 데는 여기에 많은 원인이 있었다. 처음에 청 정부는 코칸드와 타협적인 태도를 취했다. 1809년 청조는 코칸드의 통치자인 알림 칸에게 순종한 대가로 신장에서의 그들의 상품에 대해 그해 관세를 면제해줄 것이라고 통지했다. 그리고 앞으로 코칸드의 수출품에 대한 관세는 절반으로 내려갈 것이라고 말했다.

인도, 티베트, 라다크, 발티스탄, 아프가니스탄 및 파미르의 여러 나라와의 교역은 야르칸드와 사리콜 지역에 집중되었다. 야르칸드는 카슈가르보다 인구가 훨씬 더 많았고, 사리콜은 인도와 러시아 사이의 물품 교역지로서 중요한 역할을 하고 있었다. 이곳과 호탄의 외국 상인 사회에서 안디잔인이 차지하는 비중은 매우 적었고, 바다흐샨인, 카슈미르인, 아프가니스탄인, 발티인, 티베트인, 그리고 인도인이 더 많았다. 그러나 유대인, 러시아인, 타타르인은 없었다.[66] 이는 이곳들이 카슈가르보다 외국인의 구성 성분이 훨씬 더 복잡했다는 것을 의미하는데, 카슈가르의 선임 외국 상인(후다이 다)과 동일한 임무를 가진 한 명의 외국인 교역 감독관이 있었는지는 분명하지 않다.

준가르와 알티샤르 사이의 교역은 대부분 악쑤에서 이루어졌다. 악쑤가 톈산 산맥을 가로지르는 무차르트 통로 근처에 있었기 때문이다. 동투르키스탄인들이 카자흐인들과 톈산 키르기스인들을 대상으로 행하는 교역은 악쑤 시장에서 중요한 비중을 차지했으며, 일찍이 최소한 1770년대부터 장날이면 '어찌나 사람들로 붐비고 땀이 비 오듯 하는지 상품들이 안개에 싸여 있는 것'[67] 같았다. 중국과 러시아 사이의 캬흐타 교역이 폐쇄된 것이 일부 원인이 되어 1780년대 말에 청조의 통제 노력에도 불구하고 점점 더 많은 러시아산 물품들이 악쑤로 유입되기 시작했고, 청의 상인들은 이 물품들을 악쑤에서 국내의 다른 지역으로 유통시켰다. 도시에 외국 상인들이 점점 더 늘어남에 따라 1825년 말 무렵 악쑤 인구는 원주민과 외국 상인을 합쳐 1만 호

를 넘어선 것으로 보이며, 이 중 약 8,400호가 청의 속민으로 등록되었다.(68)

청 제국의 국경 내 첫번째 통관장에 도착한 외국 상인은 서류를 제시하고 허가를 받은 후에야 비로소 입국할 수가 있었다. 입국 허가는 신장의 신원 보증 상인(보상保商) — 중국 연해의 행상行商(4장을 참조하라)과 유사했다 — 에게서 '보증서 소지자는 특별한 채무가 없는 여행자다. 나는 그가 떠난 후 그를 대상으로 한 어떤 요구에 대해서도 책임을 진다'라는 내용의 서면 보증서를 획득해야 가능했다. 상인이 이 서류를 제출하면 지방 벡은 다시 그것을 청 주둔군 당국에 제출했다. 그러면 당국은 원본은 보관하고 중국어 번역본을 상인에게 내주었다.(69) 이런 식으로 합법적인 통행증을 발급받으면 중앙아시아에서 온 외국 상인들은 알티샤르 서부와 준가르에서 교역에 임할 수 있었다. 그러나 그들이 쿠차, 카라샤르, 투르판, 하미, 중국 본토로 들어오는 것은 허용되지 않았다. 이들 외국 상인들은 대부분 코칸드인들이었지만 부하라, 바다흐샨, 카슈미르 출신 상인들도 있었으며, 일부는 심지어 장사로 벌어들인 돈을 알티샤르의 토지에 투자하기까지 했다. 이런 시도는 벡의 도움으로 성사되는 경우가 많았다. 외국 상인이 청 영토 안의 토지를 구입하는 것은 불법이었지만 안디잔인들은 분명히 토지를 구입하고 있었고 대금은 은으로 지불되었다. 심지어는 정부 소유의 토지도 이렇게 외국 상인의 수중에 들어갔음을 알 수 있다. 외국인 소유 토지가 가장 집중된 곳은 카슈가르, 양기 히사르, 악쑤 지역으로 현지인 농부에게 임대하는 경우가 많았다.

알티샤르에는 광저우의 공행에 견줄 만한 공적인 상인 집단이 형성되지 않았던 것 같다. 그리고 외국 상인과 알티샤르 벡들 간의 관계가 이 지역의 중요한 관계였던 것으로 보인다. 이 관계는 기본적으로는 우호적이었지만 때로 다음과 같은 충돌이 발생하기도 했다. 1808년 카슈가르에 주둔한 청조의 참찬대신 빈정斌靜이 교역 감독관商目의 딸을 욕보였다. 코칸드 상인이었던 아버지는 격분하여 딸을 죽인 다음 빈정의 관아에 뛰어들어 가지고 온 딸의 머리를 흔들어댔다. 그처럼 공공연한 항의 행위는 그가 청조의 관부를 조금도 두려워하지 않았음을 잘 보여주는 것 같다.[70] 타림 분지의 관원들은 뇌물을 받고 관세를 감해줌으로써 외국 상인들을 특별히 배려하기도 했다. 변경의 관원들은 때로 외국 상인의 짐 가운데 일부만을 검사했다. 질산염 광석과 같은 군수품은 외국인에게 판매가 허용되지 않았지만 그럼에도 수출이 이루어지고 있었다(이 금령들은 설사 잘 지켜졌다 할지라도 얼마나 의미가 있을지는 의심스럽다. 왜냐하면 19세기 중반 여행자들은 코칸드에서 유황이 시장에서 팔리고 있으며 '초석이 즉석에서 제조되고 있는 것'을 목격하고 있었기 때문이다).[71] 코칸드인들은 메카 순례 때 '중국 단검'[72]을 몸에 지니고 있었다. 이것이 금지 품목에 속했는지는 분명하지 않지만 밀수는 널리 퍼져 있었고 당국은 통상 이를 무시했다.

마흐둠자다족

알티샤르 서부 지역의 안디잔인들이 특권적 지위를 갖고 있었던 것은 청조의 입장에서 볼 때 매우 중대한 결과를 가져올 수 있었다. 왜냐하면 이 외국 상인들이 알티샤르 주민과 그들의 이전 통치자들인 낙쉬반디 형제회의 아파키 사이의 연락선을 열어놓고 있었기 때문이다. 당시 아파키 호자는 중앙아시아 서부에 살고 있었다. 수세기 전에 부하라에서 유래한 낙쉬반디야는 중앙아시아의 모든 수피파 교단

tarikat 가운데 가장 영향력이 컸다. 그리고 분명히 알티샤르에 거주하는 외국 상인들 가운데 상당수가 낙쉬반디 교도(낙쉬반디야)였을 것이다.

마흐둠자다족은 앞서 언급한 바 있는 마흐둠-이 아잠의 후손으로, 청조의 지배 이전에 이미 동투르키스탄의 낙쉬반디야들 사이에서 우월한 지위를 확보하고 있었다. 그리고 마흐둠자다 호자 자리를 놓고 경쟁하던 두 계파인 이샤키야(흑산파)와 아파키야(백산파)가 교단의 지도권을 놓고 경쟁해오고 있었다. 아파키야는 준가리인을 끌어들였으며, 1755년에는 경쟁 세력인 이샤키야를 거의 몰살시킴으로써 만주인들의 알티샤르 정복을 재촉했다. 낙쉬반디야의 일부 종파는 청에 대항하지 않았고, 청은 아파키야 노선을 따르지 않는 몇몇 마흐둠자다 호자를 귀족으로 만들어준 다음 베이징으로 거주지를 옮길 것을 요구했다. 1450년경에 활약한 아르샤드 앗딘의 후손인 쿠차의 낙쉬반디 교단의 호자와 무자디디야의 후손인 인도의 낙쉬반디야 교단은 모두 분명히 청과 아무런 갈등도 없었다. 그러나 1759년에 두 명의 중요한 아파키 호자들이 바다흐샨으로 피난해야 했고, 그곳에서 죽음을 맞았다. 당시 수천 호의 알티샤르인들이 그들과 함께 피난했으며 그들 가운데 대부분은 코칸드 영토에 정착했다.

이러한 이주민 카슈가르인 공동체들과 국외 이주자인 이샤키야와 아파키야의 종교 지도자들은 신장과 교역을 하는 상인들을 통해 알티샤르의 친척들과 연락을 할 수 있었다. 이샤키야는 야르칸드에서 특히 강성했으며, 이곳의 오래된 무굴 칸의 황금 묘지에는 초기 이샤키야의 호자들이 묻혀 있었다. 이샤키야는 또한 카슈가르 남서부와 양기 히사르 그리고 호탄 지방의 거주민에게도 영향력을 행사했다. 그들은 코칸드의 영토 안에 있는 마르겔란의 호자들에 의지해 종교적 지도력을 확보하려 했으며 해마다 공물을 보냈다. 한편 아파키야의 주력은 카슈가르 시와 그곳의 북동쪽 지역에 정착했으며, 악쑤와 쿠차에도 있었다. 1800년 아파키야는 종교적 지도력을 확보하기 위해 청조에 의해 바다흐샨으로 쫓겨난 부르한 앗딘 호자의 후예들에게 의지했다. 삼삭으로 더 잘 알려진[73] 부르한 앗딘의 아들 무하마드 아민은 서아시아 여러 지역을 방랑하다가 말년에 코칸드의 국경 내에 정착해 1798년쯤 사망했다. 청 정부는 변경 지역의 평화를 유지하는 데 코칸드의 협력을 얻기 위해 코칸드의 지배자에게 해마다 1만~5만 냥의 은과[74] 상당량의 차를 보냄으로써 삼삭에 대한 코칸드의 통제에 보답했다. 그러나 아파키야 추종자들이 많았던 유랑 상인들과 키르기스인들이 삼삭으로 하여금 알티샤르에 있는 추종자들과 계속해서 접촉할 수 있도록 해주었다.

삼삭은 무하마드 유수프, 자한기르, 바하 앗딘 등 세 아들을 두었다. 그중 장남인 무하마드 유수프는 1797년 키르기스 군대의 선봉에 서서 신장의 국경 지역을 공격하다가 청에 의해 격퇴당한 것으로 보인다. 삼삭이 사망한 후 19세기 초쯤 유수프 호자라는 한 인물(무하마드 유수프와 동일 인물이었을 것이다)이 이집트와 샤리즈, 바그다드를 방문했는데, 이곳에서 와지르[재상]에게 체포되어, 이유는 알 수 없지만 영국 영사에게 넘겨졌고 다시 이 영사에 의해 죄수 신분으로 인도로 이송되었다. 유수프 호자는 봄베이 항구에서 탈출해 바스라 그리고 이후에는 시라즈와 테헤란으로 도망쳤다. 이곳에서 그는 카자르 정부의 호감을 사는 데 성공했다. "그리고 할 수만 있으면 왕이 되리라는 염원을 마음에 품었다."

유수프 호자는 요무트와 고클란 투르크멘인들과 동맹을 맺고

1813년에 카자르족을 공격했다. 첫번째 전투에서 패한 후 그는 다시 2만 명의 요무트와 고클란인들을 끌어 모아 카자르족을 약탈했지만 무하마드 타키 시피르에 따르면

> 카슈가르 호자와 깊은 관계가 있는 기라일리 (투르크멘인) 중의 하나가 그를 알아보고서 지체 없이 달려 나가 총을 쏘았다. (충격을 당한) 유수프 호자는 말에서 떨어져 죽었다. 바다흐샨 왕이 (아파키 호자들을 살해한 데 대한 보복으로 죽임을 당했다고 알려진) 부왕 술탄 샤(의 복수)를 위해 유수프 호자의 머리를 가져오는 사람에게 황금과 은을 후하게 포상으로 주겠다고 맹세했기 때문에 투르크멘인들 사이에 유수프 호자의 머리를 쟁취하기 위한 난투극이 발생했고 많은 사람이 죽었다. 결국 투르크멘인들은 유수프의 머리를 잘라내 바다흐샨 왕에게 건네주었다. 이란인들은 말발굽으로 유수프의 시체를 짓밟은 다음 손가락에서 옥새를 빼고 허리에 찼던 검을 풀어 (카자르) 왕자에게 갖고 갔다.[75]

그러나 정작 유수프 호자는 1813년에 살해되지 않았을 가능성이 높다. 왜냐하면 투르크멘인들을 이끌고 이란 변경 지역을 침범하던 '중국 혹은 인도의 변경' 출신의 한 신비한 '술탄 칸'이 1819~1820년까지 히바에[76] 살아 있는 것이 발견되었고, 1830년에는 명백하게 무하마드 유수프가 다시 출현해 알티샤르를 침략했기 때문이다.

 종교적 후계권을 계승한 것으로 보이는 삼삭의 둘째 아들 자한기르는 19세기 초까지 부하라에 거주한 것 같다. 반면 삼삭의 셋째 아들 바하 앗딘은 확실히 코칸드에 있었다. 이들 두 아파키 호자와 알티샤르의 추종자들 사이의 연락망은 기본적으로 단절되지 않았고, 알티샤

르의 일부 벡들도 코칸드 정부와 접촉하며 정치적 미래를 계산하고 있었다. 특히 카슈가르의 하킴 벡인 유누스는 코칸드의 무하마드 우마르 칸과 서신 왕래를 하고 있었다. 러시아인 통역자 나자로프가 1813년에 코칸드에서 목격한 중국 '사신'은 유누스가 보낸 대상의 우두머리였던 것 같다.[77]

알티샤르의 벡들과 코칸드 정부는 아파키 호자들의 알티샤르 침입을 저지해야 하는 점에서 이해관계가 일치했는데, 그것이 코칸드-카슈가르 사이의 교역을 저해할 것이었기 때문이다. 심지어 유누스는 무하마드 우마르 칸을 부추겨 기존의 준관리인 후다이 다 대신 코칸드 정부의 공식적인 관리를 카슈가르에 주재시키는 것을 청 당국이 허락해줄 것을 요청하도록 하기까지 했던 것이 분명하다. 코칸드 정부가 이러한 요청을 올린 것은 1813년 말경으로 그들은 칸이 지명한 사람에게 카디(법관) 벡 지위를 부여한 다음 그로 하여금 교역 감독과 코칸드 상인들에 대한 징세 업무를 담당하던 카슈가르 하킴 벡의 직무를 대신하도록 할 것을 제안했다. 바꾸어 말하면 코칸드는 사법상의 치외 법권과 청의 토지에 대한 세금 징수권을 요구했던 셈이다. 신장의 장군 송균(松筠)은 이를 거절하고 알티샤르 벡들과 코칸드 사이의 모든 연락 관계를 금지시키는 것으로 유누스를 징벌했다.

1814년 무하마드 우마르 칸은 이에 대응해 위협을 가해왔다. 그는 자기가 삼삭의 아들들이 알티샤르에 침입하는 것을 막아왔다고 말하면서 이에 대한 보상과 코칸드 상인들에 대한 관세 감면을 요구했다. 송균은 전년도에 행한 조사로 미루어 볼 때 삼삭에게 아들들이 있다는 사실이 의심스럽다고 하면서 그러한 요구를 재차 거부했다. 당국에서는 계속 은과 차를 연금으로 칸에게 제공했지만 청 황제는 무하마드 우마르가 다시 같은 요구를 해오면 교역 중단을 협박 수단으로 사용해도 좋다고 송균에게 허락했다.

1814년이면 동투르키스탄에서 청조 당국의 권위가 이미 확고해져 있던 시기였지만 무거운 세 부담을 지고 있는 농민과 장인, 불이익을 당하는 상인들과 벡들은 모두 만주인들에게 넘어가는 세수입을 아깝게 여기면서 궁극적으로 이교도들의 지배는 비합법적이며 한시적이라고 믿고 있었다. 비록 만주의 지배에 대항해 성전을 이끌 수 있는 최고의 지도자는 삼삭의 아들들이었을 테지만 코칸드인들은 청과의 교역에서 얻을 수 있는 이익을 탐내, 그들이 산맥을 넘어 신장으로 진입하는 것을 방해했다. 따라서 이 시기는 이샤키야가 이득을 노릴 수 있는 적기처럼 보였다.

1814년 초 디야 앗딘이라는 이름의 타슈말리크의 이샤키 수피가 종교적 추종자 및 몇몇 키르기스인들과 함께 청의 지배를 뒤엎기 위한 음모를 꾸미기 시작했다. 타슈말리크의 하킴 벡은 키르기스인이었고, 그곳에는 수백 호의 투라이기르 킵차크인들이 거주하고 있었다. 1814년 가을 투르디 무하마드 비라는 키르기스의 한 추장이 디야 앗딘의 반란을 지지하겠다고 코란을 걸고 맹세했고,[78] 수많은 다른 키르기스인들이 음모자 대열에 참가했다. 이듬해 여름 반란군은 청군의 마사馬舍들을 불태우고 수비군을 공격하는 한편 주민들의 봉기를 선동했다. 그러나 주민들은 이에 호응하지 않았다. 청군이 반격을 가하고 키르기스인들을 원군으로 소집하자 반란이 성공하지 못할 것이라고 결론을 내린 반란군들은 디야 앗딘의 생포에 협조했으며, 결국 질서는 회복되었다. 반란군 중 일부는 국경을 넘어 코칸드 영토로 도망쳤다.

청 정부는 반란자들을 처형하고 반란에 가담한 자를 전부 색출하기 위한 조사에 착수했다. 그러나 사형 선고를 받은 투르디 무하마드 비처럼 수많은 사람들이 양쪽 모두에 협력했기 때문에 키르기스의 여러 집단의 역할을 규명하는 일은 매우 어려웠다. 반란은 한 지역에서 짧은 기간 동안 이어졌지만 그것은 앞으로 다가올 더 큰 어려움들의 전조였다. 19세기에 신장은 청 제국에서 반란이 가장 빈번한 영토가 되었던 것이다.

티베트

티베트는 만주, 몽골, 신장과 달리 상당한 정도의 독립을 누리고 있었는데, 대체로 먼 거리와 험준한 지형 덕택이었다. 1800년경 티베트 정부는 철저한 쇄국 정책을 실시하고 있었는데, 이런 고립 정책은 이전의 티베트 역사에서는 찾아볼 수 없는 것이었다. 실제로 그것이 어찌나 이질적이었는지 "19세기는 티베트를 '금단의 땅'이라 불러야 마땅한 유일한 시기"라는 주장을 찾아볼 수 있을 정도이다.[79]

티베트 본토인과 기타 인종적으로 티베트 민족에 속한 사람들을 보티아인이라 부르는데, 1800년 이들의 인구는 총 600만 명을 넘지 않았고 라싸 정부의 직접적인 통치를 받는 인구는 400만 명에 훨씬 못 미쳤을 것이다.[80] 이들의 경제 생활은 독특한 방식의 곡물 경작과 목축에 기반하고 있었다. 이 방식은 원래 중동의 초기 문명에서 유래했으나 티베트의 고산 지대 환경에 맞게 계속 변형되어온 것이었다. 목축 지역이 훨씬 더 넓은 면적을 차지하고 있었지만 인구의 5/6 정도는 농업에 종사하고 있었다. 이 나라의 문화적·정치적 중심지도 언제나 농경 지역에 있었다.

14,000피트 이상의 고지에서도 생육하는 보리는 티베트의 주요 작물이자 티베트인들의 주식이었다. 메밀, 콩, 무, 겨자 등도 재배되었으며 낮은 지대에서는 밀, (살구, 복숭아, 배 등의) 과일과 호두가 재배되었다. 벼는 시킴, 부탄, 남부 캄(캄스) 등 지대가 낮은 일부 지역에서만 재배되었다. 고산들에 가로막혀 계곡에 위치한 주요 농업 지역에서는 비가 잘 오지 않고 강우량도 충분하지 않아 관개가 필수적이었다. 라싸 정부로부터 토지를 받은 지주들은 관개 시설의 유지에 협조했고, 농민들은 소유한 농지의 규모에 비례해 노동력을 제공했다. 관개 시설이 제대로 된 농지는 생산성을 꾸준히 유지할 수 있었다.

모든 보티아인들은 공용어인 티베트어 중의 한 방언을 사용했고 적어도 라마 불교, 토착 종교인 본Bon교, 이슬람교 중 한 종교를 신봉했다. 본교와 라마교는 완전히 분리되지 않았으며, 게다가 둘 다 이 두 종교 어느 것과도 상관이 없는 티베트 고유의 종교 전통과 혼합되어 있었다. 아마 토착 티베트 문화의 고유한 특색을 가장 잘 보여주는 것은 결혼 풍속일 것이다. 다양한 형태의 일처다부제와 일부다처제가 귀족이나 서민을 가리지 않고 행해졌는데, 부자가 동시에 한 여자를 아내로 두거나 모녀가 한 남자를 남편으로 공유하는 경우도 있었다. 또 혼외 성 관계가 여러 명의 자매나 동일 세대의 여러 여인들에까지 허용되기도 했는데, 이러한 관습은 '상당히 많은 잉여 여성들을 취함으로써' 일처다부제의 부작용을 해소하는 기능을 했다.[81] 물론 무슬림들 사이에서는 이슬람식 결혼법이 적용되었다.

　정치적으로 보티아인들은 몇 개의 다른 국가로 나뉘어 있었다. 가장 서쪽에는 발티스탄, 즉 소티베트가 있었다(여기에는 종종 라다크도 포함되었다). 이 지역은 14세기 이래로 이슬람(시아파의 열두 이맘파) 지역으로, 누르바흐쉬야파의 수피 형제회의 영향을 강하게 받고 있었다. 이곳에서 불교가 소멸된 이후 이 지역은 명목상으로도 다른 보티아 국가로부터 완전히 독립적인 국가가 되었으며, 스카르두, 시가르, 카풀루의 통치자들은 라다크와 맺어왔던 기존의 지역적 연대를 포기했다. 사람들은 여전히 티베트어의 발티 방언을 사용했으나 티베트 문자는 불교와 함께 사라졌고 발티스탄의 식자층은 페르시아어로 글을 쓰게 되었다.

　이처럼 티베트는 정치적·종교적으로 얽히고설킨 관계로 결합되어 있었다. 이러한 관계로부터 벗어나 있던 또 다른 보티아 국가로는 쿨루의 힌두 왕(라자)들이 지배하는 라훌이 있었다. 하지만 여기서도 역시 라훌이 일찍이 라다크의 보호국이었다는 흔적이 일부 남아 있는데, 몇몇 지역에서는 라훌의 족장들이 여전히 라다크의 왕에게 공물과 지대를 바치고 있었기 때문이다.

　이 밖의 다른 모든 보티아 국가들, 즉 라다크, 시킴, 부탄, 동부 캄과 암도의 다양한 지역들은 보호국은 아니었지만 조공국으로서 라싸의 달라이 라마에게 조공을 바쳤다. 이 중 라다크, 시킴, 부탄과 같은 나라는 직접적으로 지배를 받았고, 암도와 동부 캄의 족장들은 정치적 의미를 기저에 깔고 있는 종교적 제휴를 통해 간접적인 지배를 받았다.

　티베트의 변경 서쪽 끝에 위치한 라다크 왕국은 북서쪽의 발티스탄과는 구어 방언의 차이에 의해 구별되었다. 라다크의 수도인 레는 주로 카슈미르인들에 의해 유지되고 있는 광범위한 교역망의 중심지로, 라싸, 창탕, 야르칸드, 카슈미르, 편잡, 쿨루, 영국령 인도 능지와 교역로를 통해 연결되어 있었다. 국왕은 수많은 소규모 지역의 왕들과 세습 관료와 족장들에 대해 지배력을 행사했는데, 이들 가운데 카르길, 추쇼드, 칙탄, 파스쿰, 소드 등과 같은 일부 지역의 족장은 무슬림이었으며 그들의 백성은 발티스탄과 마찬가지로 시아파의 열두 이맘파에 속했다. 레의 수도 지역 자체에 대규모의 외국 이슬람 상인들이 있었으며, 라다크에서 3년마다 한 번씩 라싸에 조공 사절이 파견될 때마다 항상 이슬람 상단이 불교도들과 함께 참여했다. 이들 외국 이슬람인들은 대부분 수니파로서, 평화 시에 라다크 사람들이 개인 자격으로 발티스탄의 시아파 토벌대에 참여하는 것을 허용하는 라다크 불교 정부의 조치에 반대하지 않았던 것이 분명하다. 이 토벌대는 발티인들을 살해한 실적에 따라 토지를 보상으로 받았다.[82] 발티인들은 레 정부에 대한 '농민들 — 그들과 마찬가지로 이슬람 시아파였다 — 의 우호적인 감정을 떼어버릴' 목적으로 파스쿰과 소드 그리고 주변 지역에 스파이를 파견하는 식으로 이에 대응했다.

티베트의 다른 지역에서와 마찬가지로 라다크에서도 절대 우세했던 종교는 라마 불교였다. 주요 교파는 왕실과 특별한 관계에 있는 카규파와 달라이 라마 교파인 겔룩파였다. 카규파의 주요 사원은 헤미스에 있었고, 라다크의 겔룩파 라마 사원은 스피툭에 있었다.

역시 세속 지배자의 통치하에 있던 시킴은 남쪽으로는 모룽이라는 이름의 타라이 정글 지역까지 그리고 북쪽으로는 국경을 넘어 티베트 본토의 영지까지 포함하고 있었다. 우기가 되면 왕은 춤비 계곡의 영지에서 거주했으며 목축업자들은 시킴과 달라이 라마의 영지 사이를 계절에 따라 이동하면서 두 정부 모두에 세금과 요역을 제공했다. 보티아의 14개 씨족 — 이 중 한 씨족이 왕족이었다 — 이 16세기에 캄에서 시킴으로 이주해 왔으며, 대부분 렙차인들로 구성된 토착민들을 지배하고 있었다. 이론적으로(그리고 오직 이론적으로만) 왕은 절대적이었으며, 보티아 부족장들의 영토를 마음대로 재할당할 수 있었다. 보티아인들과 렙차인들은 대부분 불교도였고, 중심 교단은 닝마파였다. 그리고 중심 사원인 페미옹치는 오직 순수한 티베트 혈통의 승려들만 받아들였다. 카규파의 일파인 카르마파도 다른 3개의 사원과 함께 시킴에 있었다.

    종교 국가인 부탄은 달라이 라마의 영지와 유사한 점을 갖고 있었다. 하지만 부탄의 중심 교파는 카규파에 속하는 브룩파였고 국가 전체는 사실상 브룩파의 기증지였다. 부탄에는 그 외의 다른 어떤 교파도 존재하지 않았다. 명목상 정부의 수장은 잡스드룽 린포체로 그는 영어로는 통상 다르마 라자로 알려져 있는 종교적 수장이었다. 그는 11세기 인도의 탄트라 수련자이자 카규파의 창시자의 스승인 나로파의 화신이었다. 수도 생활을 중심으로 한 생활이 부탄 사회를 지배했는데, 심지어 세속 관료들조차 독신으로 가족과 떨어져 살아야 했으며 고위 관직을 얻으려면 가족과의 모든 관계를 포기해야 했다. 부탄의 세속적인 업무는 영어로는 뎁라자로 알려진 세속 장관이 담당했는데, 그는 6명의 지방 장관과 기타 고급 관리들이 모인 위원회에서 임명되었다. 관리들은 대부분 세금 징수를 통해 지위를 유지했다. 산악 지역에 살던 보티아인들이 모든 관직을 독차지했으며, 그보다 높은 고위직은 오직 일부 특권 계층의 가문에게만 열려 있었다. 저지대에 있는 부탄령 두아르스(관문)에 사는 힌두인들은 농업에 종사했고, 고지대의 보티아인들을 위해 하인이나 노예로서 봉사했다.

18세기에 청 정부에 의해 병합된 캄의 동쪽 지역은 비록 다젠루打箭墟로부터 해마다 5,000냥의 관세가 달라이 라마에게 보내지긴 했지만 쓰촨 총독의 최종 감독하에 현지의 세습 부족장들에 의해 각 지역별로 통치되었다. 그렇게까지 명백히 정치적이지는 않은 차원이긴 하지만 달라이 라마는 여전히 동부 캄의 토착적인 세속 및 종교 지도자들로부터 종교적 수장으로 인정받고 있었다. 그런데 우리는 여기서 티베트인들의 눈에는 종교와 정치적 충성이 확실히 구분되는 것이 아니었다는 점을 명심할 필요가 있다. 심지어 중국 본토와 가까운 캄의 동쪽 끝에서조차 청조의 통제는 쉽게 유지되지 못했다. 특히 진촨金川 지역에서 그러했는데, 이곳에서는 토착 종교인 본교가 티베트의 대부분 지역보다 강성했고, 이곳 백성들이 사용하는 티베트어는 티베트 본토의 방언과 근본적으로 다른 것이었다.

마찬가지로 청조에 병합된 암도는 칭하이로 알려져 있는데, 몽골어로는 이 지역의 북쪽 끝에 있는 거대한 호수의 이름을 따라 코코노르라고 불렸다. 이곳은 중국의 간쑤 성 관할로서 (탕구트인 혹은 중국어로는 시판西番이라고 알려진) 티베트인, 오올로드 몽골인, 그리고 그 밖의 다른 몇몇 소수의 원주민 집단들과 점점 증가하고 있던 한족 이주민들이 거주했다. 이곳 원주민들은 시닝西寧에 주둔하는 판사대신의 감독하에 있는 현지 족장들에 의해 다스려졌는데, 시닝 성의 판사대신은 서남부의 낭첸囊謙 지역도 함께 관할했다. 그러나 티베트인들은 낭첸을 캄의 일부로 인식하고 있었다. 청조의 직접적인 감독에도 불구하고 달라이 라마는 교역을 감독하고 지역 사원들을 통제하는 감독관을 암도에 두고 있었으며, 적어도 일부 사람들은 라싸에 세금을 납부하고 있었다는 증거가 있다.[83] 또한 유목적 요소가 농업적 요소를 압도해, 중동 지방의 검은 텐트와 비슷한 텐트에서 생활하는 티베트 유목민들이나 투르크-몽골식의 둥근 펠트 천막 속에서 살아가고 있는 오올로드 몽골인들의 모습은 전원에서는 흔히 볼 수 있는 풍경이었다. 티베트의 토착 유목민들 사이에서 청조의 법은 느슨하게 적용되었다. 1807년 캄 인근 지역의 유목민인 골록족의 수령 2명을 진압하기 위해 청조는 8,000명의 군대를 파견해야 했는데, 이때 달라이 라마 정부도 동시에 군대를 파견했다. 캄 지역은 청조의 감독을 받고 있었지만 티베트 군대가 2년 동안이나 활동하며 이 지역 부족들을 진압했던 것이다.

칭하이 동북단의 황중湟中 지역에는 몽구오르라는 토착 족속이 살고 있었는데, 이들은 몽골어, 티베트어, 투르크어 그리고 중국어 방언을 사용했다. 그들의 종교는 라마교와 샤머니즘이었으며, 특히 이들의 샤머니즘에는 중국 도교의 요소가 혼합되어 있었다. 투르크어를 사용하는 무슬림족인 살라르족 또한 중요한 존재였다. 이들 사이에서는 이슬람의 낙쉬반디야 교파와 마명심馬明心의 신교新教가 상당한 영향력을 미치고 있었던 것처럼 보인다. 칭하이의 교역에서 중요한 역할을 하고 있던 이 지역의 중국인 무슬림들에게서도 아마 마찬가지였을 것이다. 청조는 일찍부터 신교를 금지시켰고, 1789년에 시닝 당국은 소요를 일으키고 있던 소규모의 신교 신봉자 집단을 해산시킨 바 있었다.[84] 그러나 갖은 노력에도 불구하고 당국은 이들을 뿌리 뽑을 수 없었다. 이슬람교는 확대 일로에 있었고, 무슬림의 숫자는 계속 증가 중이었다. 그러나 티베트 불교, 특히 겔룩파가 여전히 압도적으로 지배적인 종교의 지위를 유지하고 있었다. 이 교파의 대사원인 쿰붐과 라브랑은 엄청난 재산을 소유했고, 상당한 규모의 농민 집단과 유목민 집단을 지배했다.

티베트 본토, 즉 달라이 라마의 영지는 4개의 주요 지역으로 구성되어 있었다. 서부 캄 지역, 우衛와 창藏을 포함하는 중부의 각 성, 가리阿里 지방, 그리고 대부분 사람들이 거주하지 않던 북부 초원 지대인 창탕 등이 그곳이었다. 또한 브라마푸트라 강 북쪽 약 30마일 지역에 동서로 뻗은 좁고 긴 저지대인 아삼의 두아르스에 대해서도 달라이 라마는 권리를 주장했다. 서부 캄 지역은 고위 성직자나 세속 왕공들 또는 달라이 라마 정부가 임명한 관원들에 의해 각 지역별로 통치되었고, 그들 모두는 라싸 정부의 직접적인 통제를 받았다. 일찍부터 라다크의 보호 아래 있던 가리 지역은 대부분 목축 지역이었으며, 창탕은 거의 전부가 그러했다. 라싸가 자리 잡고 있는 우 지역과 2대 주요 도시인 쉬가체와 기안체가 있던 창 지역은 주로 농업 지역이었다. 정치적으로 우와 창의 예속지인 콩포와 닥포 지역도 마찬가지였다. 이 농업 지역의 중요한 강은 동쪽으로 흐르는 야루짱푸雅魯藏布 강으로, 남쪽으로 휘돌아 아삼으로 흘러 들어가서 그곳에서부터는 브라마푸트라 강이라는 이름으로 서쪽을 향해 흘렀다.

티베트 본토의 세속적 · 정신적 통치자는 겔룩파 교단의 수장인 달라이 라마였다. 그는 라싸의 포탈라 궁에 거처했고, 활불로 믿어졌다. 달라이 라마가 미성년일 때에는 섭정이 티베트 국가 수장의 권한을 행사했는데, 19세기에 국정이 섭정의 손을 벗어나는 경우는 매우 드물었고 있다 해도 아주 짧은 기간 동안뿐이었다. 8대 달라이 라마(1804년 사망)는 46세까지 살았지만 그는 정치에는 거의 관심을 보이지 않았으며 모든 것을 섭정에게 맡겨두었다. 9대 달라이 라마는 1815년에, 10대는 1837년에, 11대는 1855년에, 12대 달라이 라마는 1875년에 각각 사망했다.

19세기 초에 이르면 달라이 라마 정부는 이미 청조의 지원을 등에 업고 티베트의 세습 지방 수령들을 현저히 관료화된 귀족으로 변형시키는 작업을 거의 완수하게 된다. 청조는 일찍이 티베트 정부에 압력을 넣어 평민들에게 관직을 허용하고 문관과 무관을 분리시키도록 하려고 시도했다가 실패한 바 있었다. 그러나 크게 보아 라싸는 티베트 본토의 귀족들의 독립성을 깨트려 당시에는 이미 가리에서 서부 캄 지역에 이르는 국가 전체를 직접 통제하고 있었다. 다만 야루짱푸 강 남쪽에서 자치권을 누리고 있던 라갸리의 왕과 이 강의 굴곡부 주변의 포율의 세습 통치자만이 중요한 두 가지 예외였다. 하지만 이 두 집단도 라싸에 공물을 바쳤고 우와 창 지역 귀족과 통혼했다. 라갸리 왕은 심지어 달라이 라마 정부를 위해 관료를 파견하기도 했다.[85]

달라이 라마가 다스리는 라싸 정부는 승려와 세속인으로 구성된 두 계통의 조직이 균형을 이루고 있었으며 각각 175명의 관원들로 채워져 있었다. 세속 행정 계통은 카샤그라는 이름의 각료 회의에 의해 이끌어졌는데, 이들은 달라이 라마를 직접 면전할 수 있었다. 카샤그는 칼론이라 불리는 4명의 장관들로 구성되었다. 1800년 이들 중의 하나는 반드시 성직자여야 하는 것으로 규정되어 있었지만 1804~1878년까지 정부는 성직자를 임명하는 것을 그만두어 4명의 칼론은 모두 세속인이 맡게 되었다. 해임되거나 사임한 칼론은 결코 복권될 수 없었으며, 달라이 라마 살아생전에는 그의 어떤 친척도 칼론에 임명될 수 없다는 불문율이 있었다. 라싸 정부는 대부분 우와 창 지역에 집중되어 있는 각 성을 통제하기 위해 행정관을 한 명(세속 관리) 혹은 두 명(보통 승(僧)과 속(俗) 각 1명) 임명했다. 그들은 세금 징수와 법과 질서의 유지, 민형사 사건의 심리 — 필요할 경우 식섭 카샤그에 탄원할 수도 있었다 — 를 떠맡았다. 많은 경우 대귀족 출신의 젊은 행정관은 현지에 부임하지 않고 라싸에 머물러 있었으며, 집사가 임무를 대리 수행했다. 이들 집사들은 동시에 정부의 재정 수입원 가운데 하나인 정부 소유 부동산도 관리했다. 티베트 군대는 지방군으로 구성되어 있었으며, 비상시에 소집 동원되는 이들은 통상 칼론 가운데 한 명이 지휘했다. 창에는 3명, 우에는 2명의 지방 장군 *mda'-dpon*이 있었다.

승려 계통의 조직은 스피캅 칸포라는 최고 성직자를 우두머리로 했고, 그는 달라이 라마를 친견할 수 있었다. 최고 성직자 아래에는 익창이라는 성직자 회의가 있었는데, 세속 행정 조직의 카샤그처럼 4명의 라마 성직자로 구성된 일종의 사무국이었다. 이 성직자 회의는 달라이 라마가 직접 관리하는 라싸 지역 겔룩파의 3대 사원인 간덴, 드레풍, 세라를 제외한 다른 모든 사원들을 관리했다. 이 회의는 또한 환생한 라마들의 명부를 관리했다. 성직자 회의 아래 간덴, 드레풍, 세라의 승려들로 구성된 종교 관료 조직이 있었는데, 이들의 대다수는 평민 출신이었다. 승관(僧官)은 종교 부문의 행정 기구에 들어가거나 달라이 라마의 궁정의 일원이 되는가 하면 속관(俗官)과 마찬가지로 행정 장관과 같은 기타 각종 직무를 담당하기도 했다. 이처럼 성직자와 속인 관료들로 구성된 정부 구조는 1720년대에 시작되었는데 "이후 200년 동안 본질적인 변화 없이 그대로 유지되었다."[86]

속인 관료는 티베트 귀족 출신이었으며, 날 때부터 농토와 정부 관직을 보유하고 있었다. 달라이 라마 정부의 관점에서 보면 유목민이나 다른 목축민들 가운데는 귀족이 존재하지 않았다. 이론상 귀족 지위는 반드시 정부 관직과 관련이 있었다. 따라서 아버지의 지위를 계승하지 못한 아들들은 출가해 승려가 되지 않는 한 다시 평민의 지위로 떨어졌다. 그러나 실제로 귀족 가정의 젊은 자녀들이 평민으로 사는 경우는 거의 없었다. 1~2명의 자녀를 정부를 위해 봉사하도록 바친 것에 대한 보상으로 달라이 라마 정부에서 하사하는 세습 영지가 귀족 가문의 주 수입원이었다. 이러한 영지는 그들 귀족의 주요 토지 재산이었다. 귀족 가문은 통상 그들이 소유한 영지의 이름을 가문의 이름으로 사용했지만, 귀족들이 이 외의 다른 토지를 소유하지 못하도록 되어 있지는 않았으며, 영지의 이름과 함께 라싸에 있는 가족 저택의 이름도 자신들의 칭호로 썼다. 어떤 귀족 가문에 정부의 관직을 맡을 아들이 없는 경우 해당 자리를 채울 때까지 영지에 대해 공제액을 지불해야 했다.

귀족의 관직과 소득 사이에 직접적인 상관관계는 없었다. 보다 부유한 고위 귀족 가문 출신 관리들은 낮은 직급의 관직에 봉사해도 수입이 많았던 반면 가난한 집안 출신의 관리는 심지어 최고 직급의 관직에 올라도 수입이 적었다. 관원들은 유리한 조건으로 정부에서 돈을 빌려서 높은 이자를 받고 빌려주었다. 그들은 세금 징수자로서 규정된 액수의 세금을 라싸에 납부했지만 언제나 그것 이상으로 세금을 징수해 재산을 불렸다. 자리를 옮기거나 할 때 관리들은 정부의 특별수당을 받았고 농민들을 동원할 수도 있었다. 또한 권한을 남용해 사적 교역에 농민들을 동원해 상품을 운반하도록 하는 것도 손쉬운 일이었다.

우와 창의 귀족 가문은 출신 성분이 다양했다. 가장 오래된 귀족은 라싸에 중앙 권력이 확립되기 이전부터 이 지역의 통치자였던 초기 티베트 왕과 관료들의 후손이었다. 그러나 18세기에 겔룩파 세력이 확고해지면서 날나이 라마의 가문들도 귀족 반열에 오르기 시작했다. 이 신진 귀족들은 곧 구귀족보다 훨씬 더 큰 세력을 갖게 되었다. 일반적으로 귀족 남자들은 오직 귀족 여자들과만 결혼했고, 아들이 없는 경우 다른 귀족 가문에서 양자를 들여 대를 잇기도 했다. 양자로 입양된 이들은 가문의 성을 계승하여 가계를 이어나갔다. 정부의 최고위 관직에 있는 귀족들은 특권을 갖고 있었지만 정부는 어떤 한 가문이 특정 관직을 장기간 독점하도록 허용하지 않았다. 귀족들의 영지와 정부 관리가 될 수 있는 권리는 세습되었지만 관직은 세습되지 않았다. 사실상 라싸 정부에서 정치적 영향력은 콩포와 닥포 지역의 주도적인 가문들과 함께 우와 창의 귀족들만이 행사할 수 있었다. 18세기에는 창이 더 중요했으나 1792년경부터 우의 영향력이 더 커졌다. 소수의 귀족 가문들이 정부의 최고 관직을 독점했으며, 귀족 가문의 수는 19세기 동안에 극히 미미하게만 증가했다.

 중앙 정부의 관리를 배출하고 이를 통해 귀족이 되었던 우와 창의 귀족 가문 외에 많은 지방 지주와 명망가 그리고 본포(본교의 사제)와 스각스파(티베트 여러 지역에 치명적인 피해를 입히던 우박 폭풍을 막아주는 역할을 하는 대가로 우박세를 받던 우박 사냥꾼阿巴) 같은 고위 성직자들이 있었는데, 이들은 지역에서 일종의 준관료적인 권위를 행사했다. 초기의 지방 영주의 후예들도 티베트 본토의 외곽 지역에서는 중요한 존재였다. 이들은 어떤 곳에서는 일종의 지방 하위 귀족으로 행세했고 또 어떤 곳에서는 비과세 토지를 소유한 촌락의 세습 수령에 불과했지만 마을 사람들의 노동력을 이용할 수 있는 권리가 있었다.[87]

귀족 계급과 깊은 관계를 맺고 있던 겔룩파 사원 집단은 세속 귀족들과 대등한 권력을 갖고 있었다. 달라이 라마 다음으로 가장 중요한 인물은 판첸(또는 타시) 라마였는데, 활불로 간주되었으며 황교에서는 서열 제2위였고 쉬가체 부근의 타시륜포 사원에 거주했다. 판첸 라마의 영지는 하나의 자치구로서, 토착 세속 귀족들이 관료가 되어 봉사하고 그에 대한 대가로 토지를 수여받는 등 라싸의 축소판이었다. 서부 캄 지역의 여러 겔룩파 활불들은 자신들의 토지를 얼마간 자율적으로 관리했고, 겔룩파 라마승과 사원들은 티베트 전역 어디에나 존재했다. 보통 귀족 출신들은 이들 사원 시설에서도 특권적 지위를 향유했다. 활불은 주로 귀족 가운데서 탄생했고, 귀족 출신의 라마승은 일반적으로 평민 출신의 라마승에게는 허락되지 않은 기회를 가졌다. 귀족 가문 출신의 승관들이 일반 승관보다 더 큰 권세를 갖고 있었고, 가문에서도 더 큰 재정 지원을 받을 수 있었다.

　라싸 정부의 승관들은 모두 간덴, 드레풍, 세라 등의 사원에서 가장 재능 있는 동자승들 가운데 선발되어 포탈라의 특수학교에서 훈련받는데, 그곳에서는 철저한 금욕이 요구되었다. 세속 관료들과는 달리 승관들은 관리로 봉사하는 대가로 개인 소유의 토지를 소유하지는 않았던 것으로 보인다. 다만 담당자의 생계를 지원하기 위한 특별 토지가 딸린 관직에 봉사하는 경우에는 달랐다. 승관들은 주로 본인들이 소속된 본사에 의지해 생활을 유지했다. 여기서 승관들의 제한된 생계 수단과 다양한 겔룩파 활불들의 풍요로운 생활이 극명히 대조되었던 것을 볼 수 있는데, 활불들은 풍부한 부동산을 보유하고 있었을 뿐만 아니라 고리대업과 교역을 통해 수입을 증대시키고 있었다.

　좀더 오래된 '비개혁적' 교단에 속한 사원들은 달라이 라마의 정치적 권위를 인정함으로써 토지를 보유할 수 있었다. 왜냐하면 이론상 모든 토지는 달라이 라마에게 속하는 것이었기 때문이다. 사캬파, 닝마파, 카규파 등 이처럼 좀더 오래된 교단들은 통칭 홍파紅派로 불렸다. 그러나 겔룩파처럼 이들도 종파라기보다는 교단이라 할 수 있었다. 그리고 '붉다紅'라는 형용 어구도 좀더 정확하게 말하자면 흑모파 라마승들과 구별해 카규파에 속한 카르마파 계통의 소위 홍모파 라마승들을 가리키기 위한 용어였다. 티베트 본토에서 사캬파는 특수한 지위를 누렸는데, 이 파의 장로들은 창 서부 지역에서 하나의 자치적인 종교 국가를 통치하고 있었다.

1800년에 티베트의 각 라마교파 내에는 2,500여 개의 상이한 사원에 소속된 총 약 76만 명의 남성 라마들이 있었던 것 같다.[88] 모든 계급의 남자들이 라마가 될 수 있었지만 사회적으로 버림받은 사람들(천장사天葬師*, 백정, 어부, 사공, 대장장이, 그리고 서부 티베트에서는 음악가)은 제외되었고, 또한 신체적으로 결함이 있는 자도 제외되었다. 반대로 부유한 가문 출신은 후보자, 수련생, 수계 라마, 학위 습득자, 법사 단계로 구성된 계층 구조를 타고 올라가는 데서 훨씬 더 유리했다. 왜냐하면 승려 본인이 생계비 일부를 책임져야 했고 또 각 단계로 올라가기 위해서 요구되는 각종 모임과 연회 비용을 감당해야 했기 때문이다. 따라서 가난한 집안 출신 후보자 가운데 많은 사람이 수련생 이상 나아가는 데 실패했으며 대중에게 설법을 전하거나 사원 재산을 관리하거나 혹은 기타 다양한 기술로 생계를 유지했다. 몇몇 교단의 최고 지위는 대개 낮은 계급에서 올라온 사람들에게는 열려 있지 않

천장사: 티베트의 전통 장례 풍습인 천장天葬 혹은 조장鳥葬에서 새들이 쪼아 먹을 수 있도록 시신을 처리하는 사람.

았다. 달라이 라마와 판첸 라마가 활불로 간주되었듯이, 겔룩파의 기타 고위 인물들 역시 활불로 간주되었다. 부탄의 브룩파의 지도자, 시킴의 닝마파의 지도자, 라다크의 헤미스 사원의 원장은 모두 환생한 활불이었다. 반면 사캬파와 닝마파의 지도 계층과 원장직은 모두 세습되었기 때문에 재능 있는 라마들이 접근하기 어려웠다. 다만 겔룩파 창설자의 좌座라고 알려진 간덴 사원의 원장 지위가 재능 있는 사람에게 개방되어 있었다는 점은 주목할 만하다.

모든 지위와 계층의 사람들이 교역에 종사했다. 이윤이 가장 많이 남는 상품, 특히 차, 양모, 쌀 등은 통상 정부의 전매품으로서 사원이나 개인들에게 독점권이 주어져 있었다. 사원과 환생한 라마승들이 최대의 교역상에 속했는데, 이들은 또한 주요 고리대업자들이기도 했다. 평민들은 큰 이익이 남지 않는 교역에 종사할 수밖에 없었다. 그들은 아무리 부유해도 지위가 최하위급 관원 아래였고 비단옷을 입는 것이 금지되었다. 수공업자들도 불리한 상황에 처해 있었다. 정부는 농민의 노동을 이용해 몇몇 직물 공장과 기타 전문 공장을 운영했으며, 기타 수공업의 경우에는 매우 낮은 가격으로 생산품을 구매할 수 있는 권한을 갖고 있었다. 정부는 가리에 국가 독점의 금광을 소유하고서는 한 계약자에게 3년 기한으로 임대해주었다. 또한 이 계약자에게 금 채굴을 위해 무료로 농민의 노동력을 징발할 수 있는 권한을 주었다. 앞서 언급한 대로 대장장이는 사회로부터 버려진 사람이었다. 레에서처럼 라싸에서도 외국 상인들이 상권을 장악하고 있었는데, 카슈미르인, 네팔인, 한족이 그들이었다. 티베트 상인 가운데는 다수가 캄 출신이었다.

티베트에 대한 청조의 영향력은 1792년 티베트-네팔 전쟁에 대한 건륭제의 군사 개입 때 정점에 달했다. 이후로는 서서히 쇠퇴하기 시작한다. 카샤그에 대한 청조의 감독은 라싸에 주둔히는 주장대신駐藏大臣 암반, 방판대신幇辦大臣 부암반, 그리고 소규모 주둔군이 담당했다. 만주, 몽골, 신장에서와 마찬가지로 주장대신(암반)에는 항상 기인이 임명되었다. 이론상 결원이 생길 때 카샤그나 지방 총독의 임명은 청 황제 본인에 의해 이루어지게 되어 있었다. 그러나 그것은 형식이었고, 실제로는 달라이 라마나 그의 섭정이 정기적으로 주장대신에게 추천하는 절차를 밟았으며 주장대신은 추천장을 베이징으로 보냈다. 게다가 청은 세속 관료들을 청 제국의 관리로 인정하고 있었다. 알티샤르의 하킴 벡처럼 칼론과 특별히 청의 작위를 수여받은 사람은 3품의 품계를 받았고, 지방 총독을 포함한 다른 고위 관리들은 4품을 받았다. 가끔 특별한 호의의 표시로서 황제는 티베트인들을 2품으로 등용하기도 했다. 달라이 라마와 판첸 라마는 청의 품계 조직보다 위에 있어 거기에 포함되지 않았으나 티베트인이 이런 관품을 중시했다는 사실은 '4품' 즉 림지라는 용어 속에서 엿보이는데, 림지란 티베트의 고위 관료들 대부분을 가리키는 보편적 칭호였다.

청 정부와 티베트인들은 황제와 달라이 라마의 관계를 완전히 다른 관점에서 바라보았다. 청의 입장에서 보면 달라이 라마는 강력한 성직자이며 신성한 존재이지만 그럼에도 불구하고 황제의 보호를 받고 있는 자였다. 티베트인의 관점에서 보면 황제는 단지 라마의 세속 후원자일 뿐이었다. 이는 티베트인들이 달라이 라마의 지위를 청 황제의 지위보다 높게 보고 있다는 것을 의미했다. 왜냐하면 티베트에서는 승단을 위해 물적 자원을 제공하는 것이 세속인의 의무였을 뿐만 아니라 승단(이 경우에는 겔룩파)은 지배 집단이어서 세속인은 부자든 세력가든 종속적 지위에 속했기 때문이다. 티베트 정부는 이 문제에 관한 청의 관점을 잘 알고 있었으나 티베트인들이 청조의 해석에 문제를 제기하는 것은 무분별한 짓이었다. 티베트 정부가 고질적으로 당면하게 된 문제는 청조의 영향력에 대해 적대적인 티베트 대중들의 이해관계를 어떻게 사원들, 귀족 가문들 그리고 베이징 정부 각각의 이해와 조화시키느냐 하는 것이었다.

이런 종류의 장기적인 문제 가운데 하나는 환생한 활불을 어떻게 선별하느냐 하는 것이었다. 1793년 건륭제는 금 항아리를 라싸에 보내어 달라이 라마와 판첸 라마 및 기타 고위 활불 라마의 주요 후보들의 이름을 종이에 적어 항아리 안에 넣은 후 제비를 뽑도록 했다. 전통적으로 일련의 시험을 거쳐 선출하는 방법을 사용했는데, 예를 들어 어린 후보자가 이전 활불이 쓰던 물건들을 구별해낼 수 있는지를 시험하는 방식이었다. 환생한 활불로 선택된 자는 관례적으로 주요 티베트 관리들의 동의를 얻은 귀족 출신이었다. 그러나 청조는 달라이 라마를 평민 중에서 선출하라고 명령하면서 티베트 관리들이 지배적 정치 집단의 이익에 부합하여 귀족들 가운데서 달라이 라마를 선출하지 못하도록 라싸에 항아리를 보냈던 것이다. 청의 입장에서 보면 달라이 라마처럼 중요한 고위 성직자가 황제의 권위를 배제한 어떤 제도에 의해 선택된다는 것은 생각할 수도 없는 일이었다. 티베트인들은 금 항아리를 달갑지 않은 간섭으로 여겼을 뿐만 아니라, 그것을 티베트 내 청조의 권위의 상징으로 간주했다 — 이는 청조 자체의 인식이기도 했다. 따라서 달라이 라마가 사망하면 라싸 정부는 티베트 민중들에게는 전통적인 방법을 사용해 후계자를 선출했다고 믿게 만드는 동시에 청조 당국에게는 항아리 추첨으로 달라이 라마가 선출되었다고 믿도록 만들어야 했다.

19세기에 이 추첨 항아리가 실제로 어느 정도까지 사용되었는가는 불가사의한 문제로 남아 있다. 그러나 추첨 항아리가 사용되었다고 일반적으로 인정되는 경우가 두 번 있었는데, 한 번은 1841년이고 또 다른 한 번은 1858년이었다. 이 시기는 정확히 티베트에 대한 청의 영향력이 최저 상태로 떨어지고 있을 때였다. 이는 청 제국의 세력이 너무나 미약해져 실제로 어떤 권위도 행사할 수 없게 될 때는 티베트인들이 청의 보호를 받고 있다는 외관을 유지하기 위해 자발적으로 항아리를 사용하려 했다는 것을 의미한다. 하지만 이와 반대로 청이 강력할 때 티베트인들은 티베트의 자치를 강조하기 위해 항아리를 사용하는 것을 망설였다.

1804년 8대 달라이 라마 사후 항아리 문제가 청의 주둔에 대한 대중적 적대감을 증폭시켰다. 선동자들은 소책자를 배포하고 벽보를 게시했다. 티베트 정부는 사태를 진정시킬 요량으로 베이징에 주둔군 규모의 축소를 강력히 요청했다. 청이 양보하자 라싸 정부는 반청 시위의 주모자들을 감금하는 것으로 이에 화답했다. 그럼에도 불구하고 민중들은 카샤그의 관원들이 청의 주장대신(암반)과 연결되어 있고 정부 재정이 여전히 그들 수중에 있다고 믿고 있었기 때문에 항의 운동은 계속되었다. 민중의 동요가 커지자 섭정은 두 명의 칼론을 가택연금했을 뿐만 아니라 청 정부를 자극할 수 있는 사건이 발생하지 않도록 티베트 군대를 파견해 주장대신(암반)을 보호했다.

대중의 의심은 어느 정도 근거가 있었던 것처럼 보인다. 왜냐하면 1805년 청의 자체 조사 결과 주장대신(암반) 한 명은 체포되어 소환되

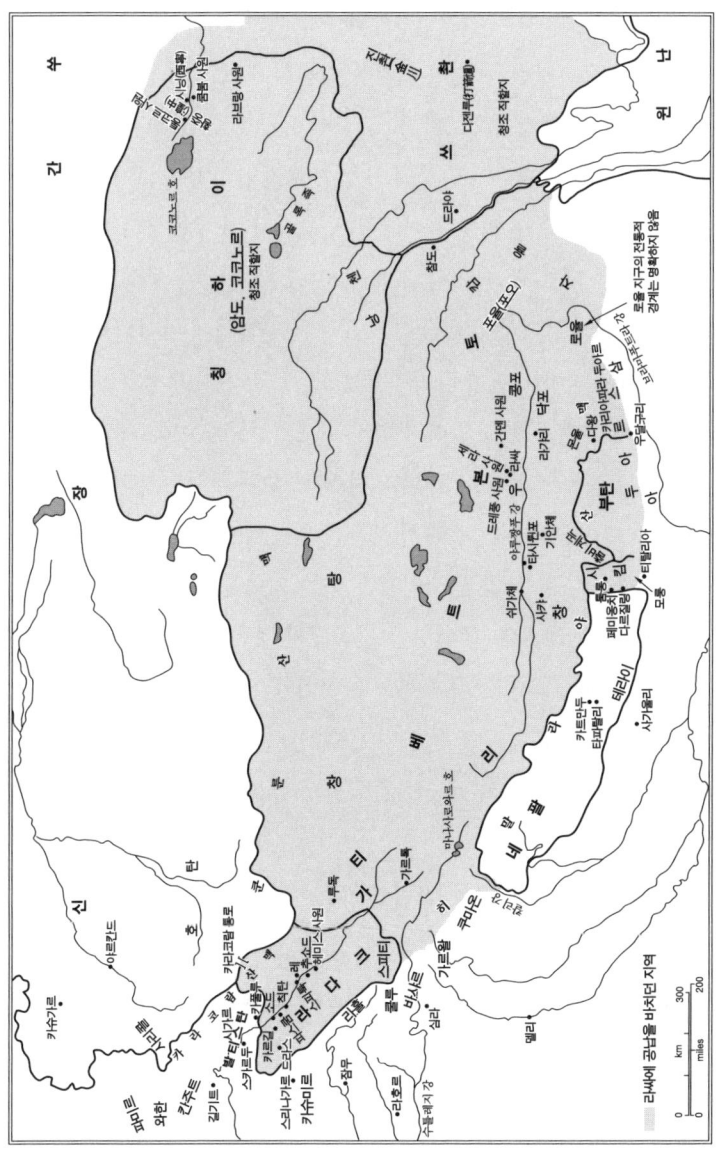

〈지도 5〉 19세기 초기의 티베트

고 다른 한 명은 우루무치로 추방되었기 때문이다. 섭정은 부정행위를 한 혐의로 고발된 두 명의 칼론을 강등시키고, 반청 운동의 주도자들을 라싸에서 추방함으로써 청 조정의 요구에 응답했다. 1808년 청은 티베트인들에게 항아리 추첨 대신 전통적인 방법으로 제9대 달라이 라마를 선출할 수 있도록 허락했다. 그러나 청 주둔군의 위력은 계속해서 감소되었다. 베이징 정부가 자금을 보내지 못했기 때문에 1801년에는 주장대신(암반)들이 주둔군 병사들에게 급여를 지불하기 위해 달라이 라마와 판첸 라마에게서 2만 냥을 빌려야 했다. 주장대신(암반)이 두번째로 돈을 빌리려 하자 티베트인들은 이를 거절했다. 게다가 청 조정은 규정대로 3년마다 한 번씩 주둔군을 교체해야 했는데, 그렇게 하지 못했다. 그 결과 병사들은 티베트 여성들과 혼인하고 넉넉지 못한 급여로 부양을 책임져야 하는 가족을 거느리게 되었으며, 그리하여 빈곤해졌다. 베이징의 관점에서 보면 그들의 결혼은 또한 그들의 충성심을 의심스럽게 만드는 것이었다. 1815년 주둔군의 재정은 화약 사용과 훈련 빈도를 줄여야 할 정도로 치명적인 상황에 빠져 있었다. 이제 주장대신(암반)들은 '정치적 옵서버에 지나지 않게'[89] 되었다.

 티베트 정부가 직면한 또 다른 고질적인 문제는 네팔과 영국의 동인도회사를 다루는 일이었다. 티베트인들은 네팔 상인들이 티베트 국경 내에서 상거래를 할 수 있도록 허용하는 교역 협정을 네팔과 맺고 있었다. 동인도회사는 또 다른 문제였다. 티베트인들은 강력한 외부 세력이 티베트에서 영향력을 강화하는 것을 원하지 않았다. 영국의 위험은 이중적이었는데, 우선 그들이 티베트를 침공할 가능성이 있었고 다른 한편으로는 그러한 침공이 청의 반발을 불러일으킬 위험이 있었다. 1792년 네팔의 침입은 청조의 간섭을 불러일으켜, 라싸에서 청조의 영향력이 강해지는 계기가 되었다. 티베트에서의 영국의 활동은 청 정부를 자극해 티베트에 대한 지배력을 한층 더 공고하게 만들지도 몰랐다. 티베트인들은 어떤 식이든 그러한 사태는 피하고 싶어 했다. 그래서 그들은 영국을 가급적이면 멀리하려고 했다.

1792년 청의 간섭으로 티베트-벵골 사이의 교역이 중단되었고, 영국인들은 부탄에 들어올 수 없게 되었다. 그러나 동인도회사의 이사들은 여전히 상업적 가능성에 강한 관심을 보이며 티베트가 중국 내지와의 직접 교역을 위한 교역로가 되기를 희망했고, 광저우에서 차를 구입하는 데 필요한 은과 금을 티베트와 부탄에서 획득할 수 있기를 바랐다. 동인도회사는 또한 자신들의 영토에 차나무를 심으려고 했다. 18세기에 티베트를 경유해 차나무를 구하려는 시도는 실패했지만 노력은 계속되었다. 이러한 목적을 달성하기 위해 동인도회사는 1792년 이후 청의 속국이 되어 있던 네팔에 주의를 돌렸다. 비록 티베트와 부탄은 모두 영국과의 교역에 문을 닫고 있었지만 동인도회사는 네팔로 수출된 영국 상품들이 네팔 사람들에 의해 티베트에서 거래될 수 있을 것이라고 생각했다. 그리하여 영국은 재빨리 네팔 내부의 분쟁을 이용했고, 1801년에는 카트만두에 거류민을 둘 수 있는 권리를 획득했다. 그러나 상황은 영국의 영향력이 구르카족의 통치자들 사이에 확대되는 데 유리하지 않았다. 영국-네팔 관계는 급속하게 나빠졌고, 1803년 동인도회사는 거류민을 철수시켜야만 했다. 동인도회사가 계속 네팔에 압력을 가하자 네팔은 청과의 조공 관계를 이용해 네팔이 청조의 보호 아래 있는 것처럼 보이도록 만들었다. 그러는 사이 베이징에 파견된 1812년의 네팔 조공 사절단은 영국과 전쟁이 발생할

시 지원을 약속해달라고 청에게 헛되이 요구하고 있었다. 청은 사실상 이 요청을 거부했다.

1814~1816년 간의 영국-네팔 전쟁은 네팔의 조공국 지위에 대한 청조의 입장을 명확히 보여주었다. 네팔 정부는 영국이 네팔을 병합해 베이징에 대한 네팔의 조공을 끊으려 한다고 라싸에 있는 청의 주장대신(암반)에게 거듭 청원서를 보냈다. 네팔의 팽창을 염려하고 있던 시킴 왕은 동인도회사와 동맹을 맺은 반면 영국의 팽창주의를 좀더 걱정한 부탄인들은 네팔에 동조했다. 티베트 본토의 판첸 라마와 라싸의 일부 관리들은 청 정부에 네팔을 원조하라고 촉구했다. 그러나 티베트의 섭정은 도리어 네팔에 강화를 권했다. 마침내 청 황제는 청 정부의 입장으로서는 카트만두에서 5년마다 한 번씩 계속 조공만 보내온다면 네팔인들이 영국에 복속하는 것도 받아들일 수 있다는 훈령을 주장대신(암반)에게 보냈다. 주장대신(암반)은 네팔 정부에 보낸 편지에서 이렇게 말하고 있다.

> 황제께서는 그대들이 영국을 섬기는 것에 개의치 않습니다. …… 그대들이 영국과 싸우든 말든 그것은 우리 국경 밖에서 일어나는 일입니다. 제국의 병사는 그곳으로 출정하지 않을 것입니다.[90]

네팔은 명백히 청의 보호하에 있지 않았던 것이다.

영국-네팔 전쟁은 또한 황제는 제국의 변경 안팎의 모든 국가를 평등하게 간주한다는 청의 '일시동인一視同仁' 원칙의 진상을 분명하게 드러내주었다. 네팔은 조공을 바쳤고 동인도회사는 그렇지 않았다. 그러나 정부는 청의 조공국에 대한 보호를 거절하는 것을 정당화하기 위해 '일시동인' 원칙을 끌어들였다.[91] 몇 차례의 실패 끝에 영국은 네팔에 승리해 칼리 강에서 수틀레지 강 사이의 모든 영토를 양도받았다. 청 정부는 이러한 상황에 대해서도 전혀 무관심했다. 조공국을 보호할 책임을 부정하면서 청 조정에서는 후일 조선, 류큐, 카자흐 초원, 파미르와 기타 제국의 변경 지역에서 경험하게 되는 불행한 현실의 고통을 쉽게 넘길 수 있는 관행을 만들고 있었던 것이다.

중국 본토에서와 마찬가지로 내륙아시아에서도 청 당국은 평화 시에는 황제의 신민들 위 저 높은 곳에 있다가 반란이 발생할 때만 압박을 가하는 겉 씌우개 같았다. 청의 상부 구조는 평민들의 일에는 거의 간섭하지 않았지만 그들의 존재 자체만을 통해서 토착적인 권력 구조를 유지했고, 지방의 제도들을 보존하고 한층 더 공고히 하기까지 했다.

중국에서 내륙아시아를 분리하려는 청조의 정책에도 불구하고 19세기 초엽에는 이미 한족이 내륙아시아로 팽창해 들어가기 시작했다. 정부의 허락하에 한족 농민들은 펑톈, 칭하이, 동부 캄 지역과 준가르 변경 지역에서 토지를 경작했다. 이어 중국의 지방 행정 제도인 주현제가 실시되었다. 한족 농민들은 또한 불법적으로 만주 변경과 내몽골 초원 지역으로 침투해 들어가기 시작했다. 한족 상인들 또한 증가했다. 한족 상인과 수공업자들은 지린 성과 헤이룽장 성의 성읍에 거주했고, 한족 범법자들은 산속에서 산삼을 캐면서 지냈다. 한족 상인들은 캬흐타에서 칼간에 이르는 몽골 교역을 장악했고, 초원 각지에서 상거래를 했다. 또한 한족과 퉁간 상인들은 준가르의 상업에서 중요한 역할을 담당했고, 티베트 변경에서도 상거래를 했으며, 나아가 활동 무대를 동투르키스탄으로까지 확장하려고 시도했다. 그들에게는 오직 티베트 중앙만이 완전히 막혀 있었다.

그렇다고는 해도 19세기 초 이런 팽창은 제한적이었다. 내륙아시아의 평민들에게 중국과 한족은 멀리 있었다. 기인과 청조 관리들의 모습은 거의 볼 수 없었다.

내륙아시아의 속국들에서 베이징으로 유입되는 세입은 많지 않았다. 사실 청이 그들에게서 원한 것은 오직 평화였다. 만주인의 내륙아시아 정복은 이윤을 고려한 것이 아니라 강력한 적대적 세력의 등장을 억제할 목적으로 전략적 차원에서 이루어진 것이었다. 그리하여 마침내 대륙 방면에서 중국 본토는 안전하게 보호받았다. 그러나 변경 문제는 여전히 존재하고 있었다. 영령 인도의 팽창은 티베트의 청조 당국에 강력한 위협이 되었다. 코칸드의 상업적 야심과 마흐둠자다의 종교 정책은 알티샤르에 대한 청의 지배를 위협했다. 신장, 몽골, 만주 등의 변경에서는 러시아 세력이 대두했다. 그러나 중국 본토에서 보면 이들은 먼 지방의 문제였다. 1815년 베이징에서 이러한 문제들은 거의 감지조차 되지 않았다.

THE
CAMBRIDGE
HISTORY
OF CHINA

03

왕조의 쇠퇴와
동란의 근원

청 말의 역사를 포괄적으로 해석하는 글들은 어쩔 수 없이 왕조가 쇠퇴하고 있다는 이미지들로 되돌아가는 것 같다. 그러나 청 말에 발생한 몇몇 정치적 사건과 사회적인 사건을 좀더 면밀하게 고찰해보면 왕조의 쇠퇴라는 것은 하나의 전체적 개념으로는 일정한 한계를 가질 수밖에 없다는 것이 드러나게 된 동시에 청 말을 중국 근대사의 일반적 추세와 연결시켜주는 장기간의 정치적 · 사회적 변화의 요소들이 시야에 들어오기 시작할 것이다. 전통적으로 왕조의 쇠퇴에는 관료 체계의 도덕적 · 행정적 활력 상실이라는 현상이 포함되어 있었다. 하지만 그러한 현상들은 우리에게 친숙한 왕조의 쇠퇴 모델에 따라다니는 도덕적 범주들보다는 관료들이 삶을 영위해야 했던 사회 · 정치 세계라는 맥락 속에서 이해하는 것이 훨씬 더 용이하다. 물론 관료 체계 전반에 부패가 만연해 있었던 것은 분명하다. 그러나 19세기 초는 동시에 중국의 일부 지도적 학자와 관료들 사이에서 제도 개혁과 국방

에 대한 관심이 나타나기 시작하던 시기이기도 했다.[1]

　왕조의 쇠퇴는, 중앙 정부의 권력이 약화되면서 그러한 권력이 점점 지방관들 손에 넘어가면서 국가와 사회 사이의 팽팽한 균형이 무너지는 현상으로 이해되어왔다. 그리고 몇몇 측면에서 이러한 쇠퇴 현상이 실제로 19세기 동안 일어나고 있었다. 그럼에도 불구하고 청의 제도적 틀은 19세기의 가장 파괴적인 내전 가운데 하나 속에서도 놀라울 정도로 중국을 하나로 묶어줄 수 있었다. 분명 바로 이 때문에 20세기의 혁명적 전환들이 전국적 맥락에서 국가 보존을 주목표로 하여 발생할 수 있었던 것이다. 건륭제 말기 이후 청 세력 감퇴를 검토할 때 중국이 전국적으로 정치적 통합을 — 심지어 학자 엘리트들의 공적인 삶에까지 침투해 있던 부패한 후원제하에서도 — 어느 정도나 이루고 있었는지를 반드시 검토해야 하는 것은 바로 이 때문이다.

　이 시기 왕조 쇠퇴의 징조는 지방 정부의 착취, 출세 제일주의, 비능률 등에서도 나타나고 있었다. 이 모든 것이 민중 반란을 야기하는 요인이 되었다. 이러한 현상들을 이해하려면 가경제[1760~1820년] 초의 정치적 위기가 미친 영향과 그로 말미암아 결국 정부가 추진한 성급한 기초적 개혁에서 별다른 성과를 거두지 못하게 되었다는 사실에서부터 시작하지 않으면 안 된다.

　1799년 건륭제가 세상을 떠난 후 가경제가 직면한 가장 급박한 과제는 정부에서 화신和珅*의 영향력을 제거하는 것이었다. 황제는 일을 재빨리 진행시켰다. 건륭제 사후 채 1개월도 안 되어 화신은 스스로 목숨을 끊어야 했으며, 그와 가까운 무리들은 직위가 강등되었다.

화신: ?~1799년. 만주 기인 출신으로 건륭제의 총애를 받아 군기대신, 호부상서, 의정대신 등을 역임했다. 황제의 총애와 지위를 이용해 뇌물을 모으는 등 횡포가 극에 달했지만 건륭제가 퇴위한 후 가경제에 의해 체포되어 황제의 명으로 자결한다.

이때 화신 무리 — 이들의 영향력은 지방의 관료 체계, 특히 군사 행정 방면에 속속들이 스며들어 가 있었다 — 가 조성한 광범위한 후원 체계망을 어떻게 처리할 것인가 하는 문제가 남았다. 가경제는 관련자들의 수가 너무나 많고 또 그들이 방대한 책무를 담당하고 있는 점을 고려해 숙정은 하지 않기로 결정했다. 그는 차라리 많은 관원이 본래는 정직했는데 잠시 길을 잘못 들었으므로 적절히 지도하면 곧 바른 길로 돌아올 것이라고 믿기로 했다. 황제는 나아가 과도한 숙정은 관료 세계를 위축시켜 군신 사이의 언로를 개방하려는 황제 본인의 노력을 수포로 돌아가게 하지나 않을까 우려했다. 그는 오히려 많은 관료들이 지위를 보존하려면 공금을 유용할 수밖에 없었으리라며 그들을 변호했다.[2]

이처럼 부분적으로는 가경제 본인이 25년간에 걸친 화신의 영향력을 제거하기 위해 필요한 조치를 취하기를 꺼렸다. 당시 이처럼 주저주저하는 그의 모습은 상당한 비판의 대상이 되었다.[3] 그렇지만 가경제 시대의 조정은 관료 조직의 능력을 넘어서고 있는 저변의 복잡한 사회적 문제들이라는 또 다른 딜레마에 직면하고 있었다. 그 가운데 핵심적인 것은 바로 인구와 자원의 불균형 문제였다.

인구 압력과 그 영향

청 말과 근대 시기 중국 사회사의 가장 현저한 특징은 분명 인구 급증이었다. 그것이 영향을 미친 구체적인 메커니즘에 대해서는 아직 충분한 연구가 이루어져 있지 않지만 이 시기 특유의 많은 문제들이 이러한 인구 증가에서 비롯된 것으로 추정되고 있다. 17세기 말에 시작되어 18세기 말 백련교도의 난까지 지속된 제국 내부 평화의 시기에 중국 인구는 약 1억 5,000만 명에서 3억 명 이상으로 2배 이상 증가했다. 1777~1850년에만 해도 56%의 인구 증가율을 기록해 19세기 중반 태평천국의 난이라는 대동란이 일어나기 직전 인구는 이미 4억 3,000만 명에 달했다.[4]

비교적 안정되었던 이 인구 증가의 시기 동안 상업 시설이 확대되어 지방이나 지역 간 교역에서 한창 증가 중이던 수요에 부응할 수 있었다. 18세기는 내지에 있는 향촌들의 정기 시장이 그물 같은 연결망을 확대하고 남북 간 연해 해운업이 번창하기 시작하는 전환점이었다. 도시 상인 조직들의 급증과 신용 기관의 출현 — 최초의 지방 은행인 전장과 산시山西 은행인 표호票號 — 은 교역의 질과 양이 모두 급변하고 있었음을 확인해주는 최고의 증거라고 할 수 있을 것이다. 민간 영역에서의 교역 증가는 또한 상인들이 당시 상업적 투자의 중심으로서 정부가 통제하고 있던 염업 이외의 부문에서도 자본 축적과 투자를 행하고 있었다는 것을 의미한다. 중국의 차, 생사, 자기 등에 대한 유럽 시장의 수요는 국내 경제의 상업화를 한층 더 촉진시켰다. 이러한 상업화는 인구 밀도가 높은 평야 지대나 연해 지역의 도시에 번영과 부를 가져다주었다. 그러나 주요 교역로 및 교통로와 연결되어 있지 않은 지역은 변함없이 빈곤과 고통에 허덕이고 있었다. 대신 그처럼 외진 지역에는 인구 변화의 산물이라 할 수 있는 토지 없는 이주민들의 대열이 밀려 들어왔다.

중국은 명대 이래 여러 가지 방법으로 식량 생산 증대에 힘써 인구 증가에 균형을 맞추어왔다. 지역 간 인구 이동을 이용해 경작지를 확대하거나 불모지에 아메리카 대륙에서 들어온 고구마, 옥수수, 땅콩 등의 새로운 작물을 심음으로써 늘어나는 인구가 생산적으로 이용할 수 있도록 했다. 인구가 많다는 것은 또한 그만큼 천연 비료인 분뇨를 더 많이 생산할 수 있다는 것을 의미했을 뿐 아니라 노동 집약적인 2모작 혹은 2기작의 벼농사 문화에서는 인력이 그만큼 더 많다는 것을 의미했다. 이러한 경작 방법의 효과가 점점 더 감소하고 있다는 것은 18세기 말경에는 분명히 감지되기 시작하는데, 이때쯤 관개 사업 등에서 인력의 증가로 얻을 수 있는 이익은 이미 한계점에 이르렀던 것 같다.

이보다 중요한 사실로는, 변경 지역까지도 사람들로 가득 차게 되자 토지에 대한 인구 압력이 현저해진 것을 들 수 있다. 예컨대 18세기 동안 엄청나게 밀려드는 이주민의 물결을 흡수했던 비옥한 쓰촨 분지가 있는 쓰촨 성도 이미 만원이었다. 심지어 이 성의 동부 변경의 산악 지역조차 흉년을 당해 다른 성에서 이주해 온 난민들로 가득 찰 정도였다. 18세기에 광둥 성 동부 지역 '객가客家'들의 이주지 역할을 한 광시 성의 여러 유역들도 토지를 둘러싼 격렬한 다툼으로 시끄러웠다. 1795년 후난 성 서부 산악 지역에서는 쇄도해 들어오는 이주민들과 토착민인 먀오족 사이에 격렬한 충돌이 발생했다. 아마도 인구 압력이 가장 심했던 곳은 양쯔 강 하류의 각 성으로서, 이곳들은 곧 이 세기의 가장 참혹한 내전의 전장이 되었다.[5] 기존 농업 지역들의 경우 토지 없는 수많은 농민들이 정부에 고용되어 노동자, 향용鄕勇 혹은 이역吏役*이 되었다. 이렇듯 농업 부문의 잉여 생산이 증가하고 건륭제

시대의 오랜 평화가 인구 증가를 조장했다. 그러나 막상 그러한 인구를 흡수할 수 있는 새로운 종류의 경제적·정치적 성장은 이루어지지 못했다. 전통의 틀 안에서 번영이 지속된 이 시기에 실제로는 19세기 초의 위기가 이미 뿌리내리고 있었던 것이다.[6]

인구 증가는 청 말의 역사에 다양한 방식으로 영향을 미쳤는데, 그것의 구체적인 모습은 청의 사회 및 제도가 가진 특별한 성격에 의해 결정되었다. 농민의 삶에 끼친 영향이 가장 파괴적이었지만 정치에 미친 영향도 마찬가지로 심각할 수밖에 없었다. 이 시대 정치 세계의 특징은 승진과 안전을 확보하기 위한 격렬한 경쟁이 모든 단계의 행정 조직에서 전개되고 있었다는 데서 찾을 수 있다. 신분 상승을 위한 공식 통로가 당시의 인구 증가를 감당해내지 못했다는 사실을 감안하면 그러한 경쟁이 자주 초법적인 형태를 띠었을 것은 당연해 보인다.

비록 이 문제에 관한 연구는 충분히 이루어지지 않았지만 당시 중국은 분명히 현재의 저개발 사회에서 종종 나타나고 있는 전형적인 징조들, 즉 지식인들을 흡수하고 보상해줄 수 있는 정치·경제 체계의 수용 능력에 비해 지식인을 과다하게 배출하는 현상을 보이고 있었다. 이러한 상황은 관리 양성을 지향하는 교육 체계, 지식인의 재능을 다른 대안적인 분야로 분산시키지 못하도록 만드는 가치 체계, 그리고 확대나 자기 개조를 통해 주변의 변화하는 상황에 적응하는 것을 방해하는 행정 조직 등으로 인해 더욱 악화되었다.

관직의 법정 숫자와 공명의 정원도 모두 날로 증가하는 인구수에

<u>이역</u>: 서리胥吏와 아역衙役. 조미漕米의 징수 또는 그것을 절징折徵해주는 동전에 대한 책임을 지고 있었다.

따라 균형 있게 증가하지 못했다. 비록 일부 지방(대도시 수준)에서는 진사의 정원이 증가했지만 18세기를 거치는 동안 진사와 그 이하의 각종 공명들의 전체적인 정원은 인구수에 비해 실제로는 현저하게 감소되었다. 건륭제 때 진사 정원의 절대 수가 감소했고 생원의 정원은 고정되었다. 심지어 이전에는 아무런 제한도 없던 동생童生(하급 예비 학생) 수까지도 18세기 말에 이르러서는 제한되기에 이르렀다. 동생 지위를 획득하려는 욕구가 너무나 집요했기 때문에 관원들은 명부에서 빠질 것을 두려워하는 동생들로부터 뇌물을 착복함으로써 상당한 이윤을 남길 수 있었다. 청대에 반복적으로 사용된 재정 충원 방법, 즉 감생 칭호, 관함官銜, 실결實缺 등에 대한 매매도 분명히 엘리트 지위를 얻으려는 욕구가 점증하면서 마련된 출구였으나 충분치 못했다. 과명科名[과거에 합격한 영예]과 매관매직 행위는 관직에 오를 수 있는 법적 자격을 갖춘 사람들의 수를 증가시킴으로써 제한된 수의 관직에 대한 압력을 증대시켰고, 결국 어떤 의미로는 그렇지 않아도 현저했던 사회적 이동 통로의 부족 현상을 한층 더 첨예화시켰다.[7]

    이러한 욕구는 필연적으로 다른 통로로 흘러나갈 수밖에 없었다. 지방 차원에서 보자면 가장 두드러진 결과는 각급 행정 기구 전반에 걸쳐 정원 외의 보조 인원을 임명하는 현상이 만연한 것이었다. 이러한 보조 인원은 행정 조직에 공적으로 소속된 사람들이 아니었다. 더 정확히 말하면 그들은 수행원이나 수행 측근, 수뇌진의 일원이나 개인 참모, 개인 부관이나 노복, 고용 노동자나 온갖 잡무를 담당하는 서리 등이었다. 문서 수발, 심부름, 세금 독촉 및 지방 치안 유지 등의 천한 업무에 종사하던 서리와 아역 층은 이익을 추구하는 자들로 가득 차 있었고, 그들 가운데는 입신출세를 위한 정규적인 통로가 막혀 있는 독서인들도 많이 있었다. 1800년에 한 안찰사는 최근 서리들의 수가 이미 정원을 몇 배나 초과했다고 불평한 바 있다. 왜냐하면 당시 서리들은 모두 여러 명의 비서를 두고 있었고, 또 모든 아역이 10여 명의 조수를 데리고 있었기 때문이다. 만약에 이러한 추산이 대충이라도 정확한 것이라면 서역胥役층은 18세기를 거치면서 엄청나게 팽창되었음에 틀림없다.[8]

이러한 서역층의 팽창은 분명히 명 말에 시작된 '일조편법一條鞭法'이라는 세제 개혁 이후 현이 떠맡게 된 행정 업무의 부담이 커진 것에 일부 원인이 있었다.[9] 하지만 뿌리 깊은 사회적 압력 또한 영향을 미쳤다. 모든 단계에서 정부는 한창 팽창 중이던 직업 집단의 기생 숙주가 되고 있었으며, 이 집단은 자신들의 경제 투쟁에서 행정 기구를 무기로 사용했다. 1803년 서리들의 복장이 어찌나 사치스러운지 복장으로는 직위의 고하를 판별할 수 없게 되었다고 개탄하는 한 어사의 탄식은 그들의 투쟁이 성공적이었음을 말해준다.[10] 이러한 정원 외의 보조 인원들은 모두 사적인 후견 관계를 통해 얻은 금전으로 부양되고 있었다. 그러한 금전들은 '짜내기'라고 불리던 강제적인 방식으로 관료 부문 종사자들, 궁극적으로는 납세자들에게서 거두어들인 것이었다.[11]

100년 전부터 이어져온 중국의 평화 pax sinica 시기[12]가 절정에 달하고 있었던 19세기 초, 이처럼 인구 증가를 따라잡을 만큼 확대되지 못한 관리 임용 체계 내에서 관직을 얻어보려 하는 교육받은 독서인들의 수가 급증했다. 그 결과 자격은 갖추었지만 관직을 얻지 못한 소위 예비 관료들의 수가 크게 증가될 수밖에 없었다. 하급 과거 시험에는 합격했지만 제한된 정원 때문에 상급 시험에는 번번이 탈락하는 하층 신사들의 수도 계속 늘어만 갔다.[13] 수많은 사람들이 금전으로 공명을 얻으려 했는데, 이러한 관행은 정부가 새로운 재원 조달 방법을 찾아 나서면서 한층 더 보편화되었다. 하급 관직조차 얻기 어렵게 되면서 어떤 사람들은 실의에 빠지기도 하고, 또 다른 사람들은 아예 관료가 되는 것을 포기하고 다른 직업을 찾기도 했다.

이처럼 치열한 경쟁이 벌어지는 상황 속에서 수완이 좋은 일부 신사들은 불법 혹은 반#합법의 활동을 통해 생존을 추구했다. 그중의 하나가 포람包攬(징세 청부업)이었다. 구전을 받고 서민의 세금을 대납해주던 포람은 엄격하게 금지된 것이었음에도 불구하고 지역 사회에서는 널리 만연한 암거래 행위였다. 제법 돈이 되는 또 다른 관리 업무로는 소위 송곤訟棍(소송 브로커)이 있었는데, 이들은 현의 관청에서 다른 사람을 대신해 소송 안건을 처리하는 일에 간여했다. 오늘날의 관점에서 본다면 변호사의 초기 형태라고 할 수도 있겠지만 당시 정부는 그들을 달갑지 않은 거간꾼으로만 간주했다. 청대의 법률 체계 속에서 그들은 합법적인 지위를 갖지 못했다. 하지만 이들 '질 나쁜 생원과 부패한 감생들'이 행하는 포람과 송곤 행위는 둘 다 지방 행정에서 일정한 역할을 했던 것은 분명하다. 넓은 인맥을 가진 포람들은 관아의 자의적인 비행에 맞서 의뢰인들을 어느 정도 보호해줄 수 있었고, 법에 밝은 송곤들은 서류 작성 능력과 현의 관아에 체계적으로 쌓아놓은 인맥을 이용해 재판 과정에 개입할 수가 있었다. 지방의 행정 기능이 상업화되는 데에도 기여한 이 두 부류의 사람들은 합법적으로 정치적 소명을 펼칠 수 있는 기회가 박탈된 집단이었다.[14]

관리들의 입장에서 볼 때 서리들은 지방의 관리 집단 가운데서 가장 교활하고 통제하기 어려운 부류였다. 하지만 청대의 회피 제도와 뿌리 깊은 관료주의 행태로 인해 지방관들은 여전히 임지의 행정을 세밀히 살필 수가 없었다. 이 때문에 서리들이 끼치는 온갖 폐해에도 불구하고 그들 없이는 어떤 일도 진행할 수가 없었다.[15]

교육, 후견인 제도 그리고 사회적 유동성

명대와 청대에 주요한 계층 상승 수단은 교육과 과거제도였다. 명대의 교육 기관이 대부분 사적인 성격을 갖고 있던 반면 청대에는 점점 더 정부 관리들의 통제를 받게 되었다. 옹정제 치세에 각 성에 조정의 지원 아래 수많은 학교[관학]들이 건립되었다.[16] 뒤이은 건륭제 시기에 조정은 학술 활동에 특히 적극적인 관심을 보여 그것을 요란하게 후원하는가 하면 다른 한편으로는 [문자의 옥*으로 대표되는] 학문 통제를 강화했다. 국가가 성의 학교들의 교과 과정을 직접 통제하지는 않았지만 이렇게 많은 학교를 설립한 목적 중의 하나는 (옹정제의 말에 따르면) "변덕이 죽 끓듯 하는 논쟁을 제거하는" 동시에 교육계에 만연한 '상호 비방 풍조'를 뿌리 뽑기 위한 것이라고 공언되었다.[17] 청대의 문자옥은 특히 북방과 서북 변경 지방 그리고 군사 및 해방海防 등

문자의 옥: 일반적으로 '자기가 쓴 문장 때문에 화를 당하는 일'을 가리키며, 명대와 청대의 중국 황제들이 이를 통치술로 이용했다. 신하의 문장이나 글자를 하나 꼬투리 삼아 해당 인물을 제멋대로 제거하는 구실로 삼았는데, 청대에는 여기에 한족의 민족의식을 소멸시키려는 목적도 덧붙여졌다. 고도의 언론 탄압이라고 할 수 있는 이것은 종종 고대의 분서갱유에 비교되기도 한다.

과 관련된 학술 저작들을 맹비난했다.[18] 비록 문자옥을 통해 가해진 이처럼 엄격한 통제가 1800년 이후 급격히 완화되기는 하지만 19세기가 되면 통제와 감독이라는 이중의 압력에 처해 있던 수많은 학교들은 과거 시험을 위한 작문 기교를 가르치는 기관으로 전락해 있었다. 당대의 비판자들은 이런 상황이 초래된 원인들을 여러 가지로 지적하고 있는데, 그중의 하나는 개인적 추천이나 뇌물을 통해 교육직을 얻는 사례가 많아지면서 교육의 질이 낮아진 것이고, 다른 하나는 과거 합격에 지나치게 매달리는 경향 때문이라는 것이었다.[19]

교육의 성격이 변한 것 또한 취업 경쟁이 심해졌기 때문이었을 것이다. 한편으로 교육 기회는 점점 더 확대되고 표준화되고 있었다. 나아가 지방의 학교 조직들이 정비된 후 학자들은 교육을 위해 외지로 나가기 시작했는데, 이것은 분명히 좀더 다양한 계층의 사람들이 신분 상승의 꿈을 품을 수 있도록 조장했을 것이다. 신흥 개발 지역의 유동성은 훨씬 더 커지고 있었다. 그렇지만 전반적인 추세로는 사회적 이동 비율이 낮아지고 있었는데, 인구가 많고 풍요로운 남동 지역에서 특히 심했다.[20]

19세기의 중국 사회에서 합법적으로 출세하는 과정에는 이처럼 온갖 장애물이 놓여 있었기 때문에, 즉 교육과 관리 임용 체계에 온갖 문제가 있었기 때문에 불법적인 경로에 호소하는 경향이 점점 늘어나게 되었으며 그러한 경로의 중요성도 따라서 점점 더 커졌다. 특히 부유한 유력 가문들 사이에서 그러했다. 또한 이 때문에 권력자들은 친구를 돕거나 혹은 보은을 위해 자리를 만들었고, 결과적으로 예비 관원의 수가 팽창했다. 이들은 수륙의 역참驛站에 모여서 관리 임용의 꿈이 이루어지기를 헛되이 기다렸다. 한편 관리 임용 자격을 심의할 때

유력자의 추천과 보증이 점점 더 중요해졌다.[21]

　기존의 사회적 이동 통로에 가해진 압력이 후견 체제망이라는 청대 특유의 정치적 행동 유형이 등장하는 데 기여한 것은 분명해 보인다. 그러한 체제망에서 후견인-피후견인 관계는 정부의 각종 업무에서 보통 때보다 훨씬 더 중요한 역할을 했다. 이러한 후견 체제는 주로 혈연과 지연으로 규정된 전통적인 사회관계 속에 뿌리내리고 있었다. 낯선 사람과 관계를 맺을 때 활용하는 제일 원칙이 바로 가문이 같은지 그리고 동향인지의 여부를 따지는 것이었다. 그것은 사업 관계와 상호 의무를 확인하는 일뿐만 아니라 사회적 거리와 계급 질서를 확정하는 데도 이용되었다. 이러한 관계들이 성립되어 있지 않은 곳에서는 유사 혈연관계가 그것을 대신했다. 그러한 관계는 비공식적인 사회적 상호 작용의 토대로 작용했고, 또한 문인 시사(詩社)로부터 비밀 결사, 상인 조합(행회行會)에 이르기까지 영구적인 사회 조직들의 기본 골격이 되었다. 신사・관료 사회에서는 교육 제도와 과거제도가 이와 유사한 후견인-피후견인 관계의 근간이 되고 있었다. 즉 스승은 후견인이 되고 제자(문생門生)는 피후견인이 되었다. 여기서 '스승'은 서당의 선생뿐만 아니라 지방과 중앙 정부의 각종 시험을 주관하는 주고관主考官과 학정學政을 모두 포함하는 것이었다.

　이처럼 비인격적 제도에 인간적 유대를 혼합하는 경향은 사회적 상호 작용의 모든 영역에서 분명하게 드러나고 있었다. 이러한 경향은 정부와 사업계에서 작게는 잠재적으로 업무 효율성을 방해하고 심하게는 부패를 낳게 되는 것으로 인식되었다. 이런 식으로 굳어진 공고한 사적 이해관계들은 관료 행정의 공익을 해치고 사업체들의 기업 이익을 훼손할 수도 있었다. 뇌물 수수, 정실주의, 족벌주의 및 온갖 종류의 선물 진상과 행하行下가 중국 관료 사회에 만연해 있었는데, 그것은 그럴 만한 것으로 인정되고 몇몇 상황에서는 심지어 묵과되기까지 했다. 문제는 이러한 관습을 제거하는 것이 아니라 어떻게 그것을 통제할 수 있는 범위 안에서 관리하는가였다.

그러한 타협을 위해서는 극히 주의 깊게 균형 잡힌 태도를 보일 필요가 있었는데, 정부는 그만한 능력을 갖고 있지 못했다. 널리 사용된 전략 중의 하나는 공식적으로 모든 뇌물 수수, 선물 진상, 정실주의 등을 금지하는 것으로, 이렇게 하면 비록 그런 행위들이 비밀리에 진행되기는 하겠지만 적어도 용납할 수 있는 범위 내에 머무를 것이라고 여겼다. 이에 따라 황제는 즉위 초에는 언제나 그러한 모든 악습과 그렇게 해서 만들어진 붕당을 금지한다는 조칙을 내렸다. 무릇 관원 사회에서 사사로이 파당을 만든다고 의심받을 수 있는 행위는 반드시 탄핵당하고 처벌받게 되어 있었다. 이런 정책이 엄격하게 시행될 때는 ― 친목을 위한 것이든 공적인 것이든 ― 어떤 맥락에서든 상사에게 '인사'를 하는 행위는 모두 비판의 대상이 될 수밖에 없었다. 한 장의 글, 한 마디 말, 한 차례 방문 등도 모두 쌍방에게 혐의를 불러일으킬 수 있었다.

하지만 인간관계는 결코 끊어질 수 없는 것이기에 아무리 엄격한 금령이라 할지라도 정부가 반대하는 사적인 정치 집단 혹은 사회 집단의 형성을 억제할 수는 없었다. 따라서 어떤 시기 관료 사회의 부패 정도를 가늠할 수 있는 훌륭한 척도 중의 하나는 사사로운 파당적 관계가 얼마나 공개적으로 노출되거나 과시되고 있는가에서 찾을 수 있었다. 이는 대신인 화신의 집이 청탁자들로 문전성시를 이루었다고 하는 스캔들 속에, 그리고 한 관리가 '그의 집 문밖에는 사사로운 청

탁자들이 하나도 없었다'고 어느 유명한 고관의 성품을 상찬하는 말 속에 반영되어 있다. 관료 사회와 교육계에서 후견인-피후견인 관계는 매우 중요했다. 그러나 통치 행정에 문제가 있을 때 그러한 관계가 왜곡되는 경향은 또한 후견인이나 피후견인 모두에게 짐이 되었다. 많은 관리들이 학정의 직위에 임명되는 것을 거부했는데, 과도한 정치적 부담을 지게 하는 자리였기 때문이다. 수많은 과거 합격자들이 힘 있는 고관에게 관례상의 '인사치레'를 하는 것을 무시하거나 심지어 거부하는 바람에 관직을 얻지 못하기도 했다.

중국인들은 중국 역사의 황금기는 가르치는 자와 관리가 분리되지 않은 시기였다고 생각했다. 그러나 19세기는 정확히 말해 교육이 관료 체계와 유착됨으로써 부패가 발생한 시기였다. 후견인으로서의 스승과 피후견인으로서의 문하생에게는 분명한 정치적 의무가 수반되었다. 실제로 호의를 베풀어주기를 기대하는 후견인에게 선물을 제공하고 본인이 그의 문하임을 표명함으로써 정치적 관계가 형성될 수 있었다. 이러다 보면 때로 체면이 서지는 않지만 자기보다 나이가 어리고 학식도 낮은 자의 문하가 되는 일도 얼마든지 있을 수 있었다.[22]

가경조의 개혁

가경제는 단지 화신 계열의 꽃을 잘라내기만 하면 뿌리와 줄기도 저절로 시들거나 죽어버릴 것이라고 생각했다. 그는 점진적으로 각 성의 유력자 중 화신의 추종자 무리를 관직에서 쫓아내거나 강등시켰다. 또 화신이 정권을 장악하고 있던 시기에 청렴성을 유지한 건륭제의 구신들에 대한 신임을 재확인했다. 거기에는 전임 태사太師인 주규朱珪, 군기대신軍機大臣 동고董誥, 전임 도찰원좌도어사都察院左都御史 유용劉墉이 포함되어 있었다. 황제는 행정 문제에 대한 허심탄회한 비판과 자문을 널리 구했으며, 관원들에게 군기처를 거칠 필요 없이 직접 비밀 상주를 올리라고 조서를 내렸다.[23] 당시 군기처는 화신 세력의 중심지 역할을 하고 있었다. 황제는 군기처에 어사를 배치해 감시하게 함으로써 군기처 내의 파당을 제거하겠다는 결심을 재삼 강조했다.[24] 그럼에도 불구하고 상층 행정 관료에 대한 개혁만으로는 19세기 관료 체제 속에 깊이 뿌리박힌 병폐를 치유할 수 없었다. 지방 행정은 너무나 심각하게 부패해 폐정 개혁에 대한 황제의 단호한 결심에도 불구하고 그가 제위에 오른 지 6년이 지나도록 지방의 질서는 여전히 정상적인 궤도를 찾지 못하고 있었다.

　　가경제는 개혁 조치를 두 가지 방면에 집중했다. 인사 문제와 재정 지출 문제가 그것이었다. 화신이 권력을 장악하고 있을 때 임명된 각 성의 고위 관료들은 대부분 교체되었다. 1799년 초 11명의 핵심 현직 관료 중 6명이 전격 교체되었는데, 양강 총독〔장쑤, 장시, 안후이 총괄〕, 섬감 총독〔산시陝西, 간쑤, 후에는 신장까지 총괄〕, 민절 총독〔푸젠, 저장, 타이완 총괄〕, 호광 총독〔후베이, 후난 총괄〕, 운귀 총독〔윈난, 구이저우 총괄〕과 조운 총독이 여기에 포함되었다. 이듬해에도 2명의 하도 총독이 면직되었다.[25]

　　이러한 개혁을 통해 화신의 붕당은 숙청되고 이전에 화신에 반대하다가 강등되거나 전임된 관료들이 다시 중용되었다. 예컨대 경안景

安을 대신해 호광 총독이 된 오웅광吳熊光은 1797년 화신 일당의 작당으로 군기대신에서 물러난 인물이었다. 고서린高書麟(그의 아우는 1799년 화신을 최초로 탄핵한 어사 중의 하나였다)은 화신과 충돌한 후 서부 변방의 지방직으로 쫓겨났던 인물인데, 화신의 사후 곧 운귀 총독이 되었다. 그 밖의 관원들도 곧 주규의 추천으로 지방관이 되었다. 왕병도王秉韜는 하동 하도 총독河東河道總督에, 형도건荊道乾은 안후이 순무에 그리고 완원阮元은 저장 순무에 임명되었다.[26]

이 개혁으로 해임된 지방관들은 어사들이 제출한 일련의 탄핵문을 통해 기소되었는데, 그러한 탄핵은 전통적으로 정부를 비판하는 수단이었던 언로를 다시 열어놓겠다는 황제의 선언에 부응한 것이었다.[27] 하지만 가경제와 가까운 한 만주친왕은 황제가 그러한 탄핵 이전에 이미 많은 의견들을 듣고 있었고, 독자적으로 화신파를 제거하는 일련의 조치들을 결정했다고 주장하기도 했다.[28]

이전 연구자들은 청대 한족 관리들이 지방 행정을 장악하게 되는 종족 비율상의 변화는 태평천국의 난에서부터 비로소 시작되었다고 생각했지만 최근 그러한 변화는 사실상 가경조부터 시작되었다는 주장이 제기되고 있다.[29] 따라서 1799년의 개혁안과 탄핵을 담당한 인물들 가운데 만주족 출신 어사가 많았다는 사실을 지적할 필요가 있을 것이다.[30] 과연 이 시기에 관료를 임명할 때 만·한의 인종적 차이를 중시했는지 그렇지 않은지는 여전히 밝혀지지 않은 문제로 남아 있다. 지금까지만으로 볼 때 가경조 초의 개혁들이 종족주의 노선을 따르고 있었다는 사실을 증명할 만한 자료는 없다.

1799년 연속적으로 신속히 진행된 인사 조치들이 지방 행정의 진정한 개혁의 출발점을 이루었는지도 여전히 명확하지 않다. 새로 임명된 관원들은 화신 일파였든 아니든 모두 일찍이 화신 시대의 관료 기구의 일원이었다. 더욱이 면직된 화신파 관료들 가운데 많은 자들이 이후 다시 다른 관직에 복직되거나 아니면 원래 관직에 걸맞은 편안한 퇴직 생활을 누릴 수 있었다. 현재 진행 중인 연구에 따르면 한족 지방관 수가 증가하기 시작한 결정적 전기는 1814~1820년의 시기였다.[31] 임청林淸의 난(1813년)*과 도광제의 황위 계승(1820년)으로 구획지어지는 이 시기에 이전과 마찬가지로 고위 지방 관원들에 대한 신속하고도 대폭적인 인사이동이 이루어졌다. 이 기간 동안 화신 시대 이후에 학위와 관직을 받은 새로운 인물들이 지방 정부로 유입되었다. 이들은 대부분 한족으로 어사나 한림원에서 발탁된 인물들이었다. 옛날과 마찬가지로 황제는 인재 선발 시 여전히 몇몇 측근의 천거를 따르고 있었다. 후난 출신의 개혁가 도주陶澍를 포함해 이처럼 새로 임명된 일군의 인물들 가운데 많은 이가 어사로, 한족 기인으로서 후에 유명한 지방관이 되는 장유섬蔣攸銛의 친우들이었다. 이들은 또한 베이징의 비공식적 시사인 선남시사宣南詩社의 회원으로서 관계를 유지하고 있었는데, 이후 이 시사에는 지도적인 '경세가' 임칙서林則徐와 위원도 참여하게 된다.

　이처럼 이 시기 한족 문인들이 다시 청조의 관료 체제에 영향을 미치기 시작한 것은 태평천국의 난과 그에 뒤이은 동치同治 중흥기에 증국번曾國藩과 그의 피후견인들이 등장하면서 정점에 달하게 되는 하나의 흐름의 단초였다고 볼 수 있다. 또한 이것은 지방 관직에 대한 한족 한림과 어사들의 관심이 점증하고 있음을 의미할 수도 있다.

　가경제와 도광제 시기 개혁 운동에서 나타나는 또 다른 특징은 궁

임청의 난: 가경 18년에 일어난 천리교의 반란으로, 결사대 200여 명이 궁중으로 난입해 궁중의 점령을 기도한 점에서 전대미문의 사건으로 천하의 이목을 끌었다.

정의 사치성 낭비를 억제함으로써 재정 지출을 줄인다는 고도의 홍보성 노력에 치중했다는 것이다. 가경제는 아버지인 건륭제 통치의 상징이던 사치스러운 남행南行의 전통을 폐지했다. 그는 공식 정책과 개인적 모범을 통해 국고 낭비를 줄이고 귀족과 관료들 사이에 만연된 나태한 풍조를 혁파하고자 했다. 이를 위해 변방 신하들이 매년 올리는 공품의 진상을 폐지했으며, 왕실의 예복조차도 기워 붙여 사용토록 했다고 한다. 그러나 이와 같은 변화들은 중앙의 만주족 귀족이나 지방 관원들 어느 누구에게도 지속적인 영향을 주지 못했던 것 같고, 건륭제가 사망한 후 국상 기간이 지난 뒤에도 변화에 대한 저항은 강고하고도 성공적이었다.[32] 예컨대 점증하고 있던 베이징 지역의 궁핍한 기민들을 먹여 살리는 것과 내무부內務部의 지출은 여전히 중요한 재정상의 문제였다.[33]

위기의 조짐: 조운 행정

가경조에 새로 임명된 지방관들은 관할 구역 내의 관료 행정을 개혁하라는 지시를 안고 부임했다. 하지만 중앙으로부터의 정부 개혁은 바로 지방에서 화신 시대의 유산에 부딪히게 되었다. 그리고 바로 이러한 대립에서 백련교의 난의 평정과 지방 행정의 부패 문제와 관련된 갈등이 초래되었다. 세번째 갈등은 조운 체계의 관리 문제를 두고 벌어졌다.

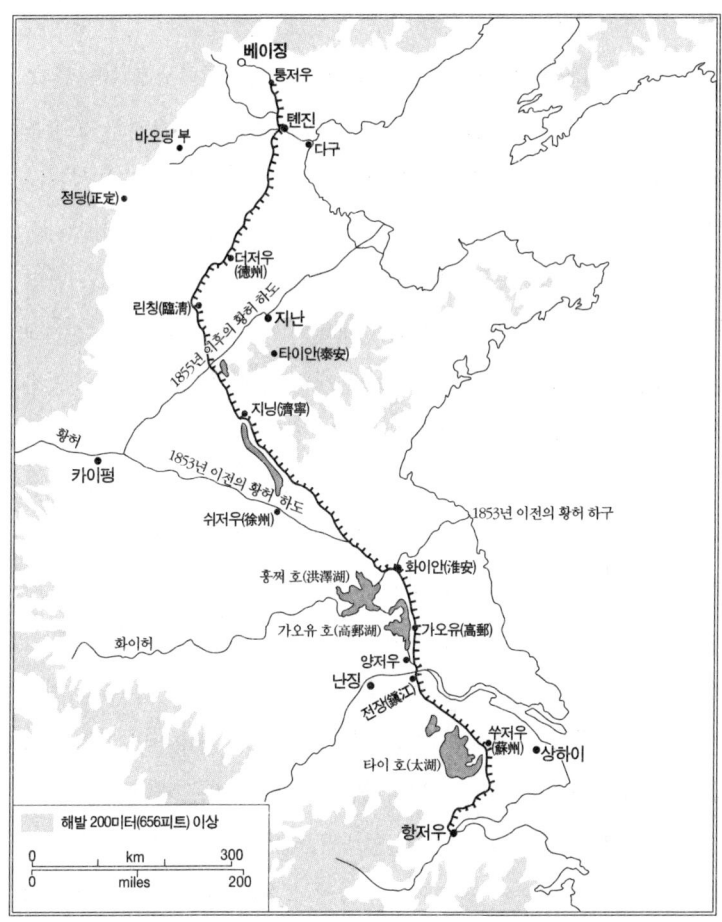

〈지도 6〉 조운 체계

조운은 염무(鹽務)와 하방과 함께 지방 업무 가운데 중앙 정부가 직접 통제하는 3대 업무였다. 조운 행정은 화남과 화중 지방의 8개 성에서 모아들인 세량(稅糧)을 베이징으로 운반해 궁중과 귀족들에게 식량으로 공급하고 관의 창고에 저장했다가 화북 지역에 분배하는 데 사용되었다. 이러한 세량의 징수와 운송 체계는 지방 정부의 일반 행정과 대등한 독립적인 행정 체계를 갖추고 있었는데, 각 하도의 업무와 중첩되기도 했다. 이 업무를 관장하는 장관은 조운 총독으로서 본청은 장쑤 성 화이안淮安에 있었다. 총독 아래 조공을 올려 보내는 각 성마다 1인의 독량도督糧道가 있었는데, 그는 담당 지역의 지방 장관이 아니라 조운 총독의 직접적인 통제를 받았다. 그리고 각 성의 독량도가 관리하는 조량 징수 조직의 인원은 대개 관원이 아니었다. 이들 인원은 대부분 대운하를 따라 설치되어 있는 둔전 지대에 살고 있는 세습 기정旗丁들이었다. 이 기정들을 고용하고 있는 조운 선박들은 많게는 100척에 달하는 대선단으로 조직되었다. 조운 행정에는 또한 세량선들을 보호하기 위한 독자적인 민병대, 감독 인원, 운하를 따라 설치된 갑문들마다 있는 검문소, 미량을 각지의 지정된 수집소에서 운하를 따라 나 있는 저장소로 옮기는 조운 나루터의 짐꾼 등이 포함되어 있었다.[34]

　가경조에 이르면 이처럼 방대한 조운 체계는 조직의 모든 단계에서 나타나고 있는 인원 초과 현상, 담당자의 손을 거치거나 점검 지점을 지날 때마다 지급되는 누규陋規 등의 문제로 이미 부패해 있었다. 세습 기정층은 경제 성장과 지속적인 인플레이션, 인구 증가를 특징으로 하는 시기에 고정된 수입으로 생활해야 했던 청대의 많은 집단 가운데 하나였다. 기정은 수가 점차 증가하면서 이들의 합법적인 생계 수단인 세습 둔전을 소유할 수 없게 되었다.[35] 나아가 조운 체계는 시간이 갈수록 점점 더 이른바 수수水手라고 하는 떠돌이 고용 노동자 계층에 의지하게 되었다. 이 집단이 서서히 명대 이후 조운 체계의 근간이던 세습 기정을 대신하면서 급료뿐 아니라 세량에서 자신들의 몫까지 떼어 취했다. 가경조가 되면 이러한 수수의 수는 3배 이상 급증하여 거의 4만~5만 명에 육박했다.³⁶⁾ 이 외에 조운 체계상의 각 역참들은 관료 사회 내에서 후견인 관계를 맺는 중심지가 되었다. 수백 명을 헤아리는 관료 예비 집단이 이곳에 모였는데, 이들은 조위漕尉라는 관직명으로 중앙 정부로부터 급료를 지급받았다.³⁷⁾

조운 행정에 종사하는 인원이 증가하고 18세기 내내 비용이 증가함에 따라 세량선의 운반비도 증가했다. 1732년 세량선 1척당 요금은 130~200냥이었던 데 비해 1800년에는 300냥, 1810년에는 500냥으로 증가했으며, 도광조 초기(1821년)에 이르러서는 700~800냥으로 급증했다. 세량의 비용이 증가하자 지방의 향신들은 관청에 면세를 간청할 수밖에 없었는데, 이 때문에 일반 담세호의 부담이 증가하여 결국 가난한 가정에서 전토를 버리고 다른 곳으로 옮겨 가는 일이 많아지면서 국가가 거둬들이는 부세의 총량도 점차 감소했다. 그 결과로 나타난 현상 중의 하나가 조운의 점진적인 상업화인데, 지방 관원들이 양곡을 개별 상인들에게서 구매해 할당량을 채우지 않으면 안 되었기 때문이다.³⁸⁾

할당된 양의 곡물을 조달하는 것이 각 성의 독량도의 가장 중요한 단일 임무였다. 이를 위해 그들은 베이징의 창고를 관리하는 관원들과 긴밀하게 협력했다. 이들 중앙 관직은 주요한 공금 횡령원이었을 뿐만 아니라 지방의 조운 행정과 베이징의 관원들 사이에서 핵심적인 가교 역할을 했을 것이다.³⁹⁾ 정액의 세량이 주 혹은 현에 할당되어 있었는데, 세량의 징수 자체는 조운 행정이 아니라 일반 지방 행정에 의해서 이루어졌다. 대개 지방 중개인들이 징수 대상자에게서 세량을 징수해 현의 창고까지 운반했으며, 거기서 지현이 세량을 검사한 후 책임지고 조운 행정의 담당자에게 넘겨주었다. 따라서 조운 수송 체계에 의해 자행되는 착취의 부담은 궁극적으로 사방에서 끊임없이 시달리는 지현의 어깨 위에 지워질 수밖에 없었다. 지현이 직속 지방 장관에게 불만을 자주 호소한 것은 바로 이 때문이었다.[40]

지현들의 이러한 불만은 결국 일부 지방관들과 조운 체계에서 기득권을 누리고 있던 관료들 사이에 갈등을 야기했다. 조운 체계가 1803년 이후 붕괴 조짐을 보이기 시작했을 때 이해관계를 둘러싼 이러한 갈등은 해로를 이용하자는 상주를 둘러싸고 집중적으로 표출되기 시작했다. 조운 총독과 관계를 맺고 있는 관리들은 대운하를 따라 나 있는 기존의 내륙 운송 체계를 유지하려 했고, 많은 일반 지방관들은 운하를 포기하고 연안을 따라가는 해운을 선택하기를 원했다. 이러한 갈등은 내륙 조운망이 일시적으로 붕괴되었던 1824~1825년의 해운 논쟁에서 절정에 달했다.

조운 위기의 징조는 이미 1803년에 나타나기 시작했는데, 당시 황허의 범람으로 대운하가 진흙으로 막혀버리는 바람에 조공미의 운반선이 베이징에 도달하는 시간이 지체되었다. 이때 원대나 명대 초에 사용했던 것처럼 그에 대한 대안으로 해로 개발의 방법과 그에 따른 장점에 관해 일련의 상세한 계획과 상주문들이 제출되었다. 이 제안들은 일단 홍수가 진정되면서 즉시 보류되었지만 1810년 미곡 운송이 또다시 지체되자 황제가 조서를 내려 하운과 해운을 병행하는 방법을 모색하도록 하면서 다시 고려의 대상이 되었다. 이 제안들에 대한 당시 지방관들의 반응은 압도적으로 부정적이었다. 당시 양강 총독이던 늑보勒保는 저장 성과 장쑤 성의 고급 관료들의 지지하에 해운이 불가할 뿐만 아니라 바람직하지도 않다며 열두 가지 이유를 상세하게 열거한 상주문을 올렸다. 1815년에 이 안건은 또다시 제기되었지만 다시 한 번 거부되었다. 이때 제기된 가장 중요한 반대 논거 중의 하나는 조법祖法을 개정할 수 없다는 것이었다. 이러한 입장을 옹호한 사람들은 후일 황제 본인의 지지를 통해 더욱 확고한 힘을 얻게 되는데, 1816년에 황제는 강한 어조의 상유문을 통해서 해운안을 거부하게 된다.[41]

사실 당시 연해에서 사무역이 번창하고 있던 점을 고려해볼 때 실행이 불가능하다며 해운에 반대한 대부분의 주장은 근거가 없는 것이었다. 해운에 반대하는 이유로 거론된 해적, 열악한 기후, 선박 건조 비용 등 가운데 가경조 당시 약 3,500여 척의 장쑤 교역선, 즉 사선沙船을 운용하며 해상 교역을 하고 있던 양쯔 강 하류 상인들에게 문제가 되는 것은 하나도 없었다. 이들은 한 상인이 30~40척으로 구성된 선단을 소유하고 있었으며, 주로 화북의 콩을 화남으로 운송하여 이익을 내고 있었던 것으로 알려져 있다. 해운 지지자들은 정부가 이들 사상들과 합작하면 이러한 사무역이 한층 더 증진될 수 있고, 궁극적으로는 양자 모두에게 이익이 될 것이라고 주장했다. 주지하듯이 당시 연해 교역은 대부분 화물을 북에서 남으로 운송하는 것이었다. 얼마 안 되는 짐을 싣고 북쪽으로 올라가는 배들은 종종 모래나 진흙으로 바닥을 채워 무게를 늘려야 했다. 호부상서 영화英和는 사상들이 선박으로 관량官糧을 북으로 운반할 때 20%의 사적인 화물을 실을 수 있도록 하고, 남쪽으로 돌아올 때는 사적인 상품만 싣도록 허용하자고 제안했다.[42]

옹호자들의 관점에서 볼 때 해운의 최대 이점은 무엇보다 경제성에 있었다. 왜냐하면 해운은 대운하를 따라 미로처럼 널려 있는 무수한 세관과 중개인들을 피할 수 있었기 때문이다. 그러나 운하 체계에서 이득을 얻고 있던 기득권자들 또한 정확히 동일한 이유로 해운안에 반대했다.[43] 1820년대경 이러한 이익 집단 중 가장 강력한 세력 가운데 하나는 바로 운하를 따라 요소요소에 설치되어 조위로 활동했던 관원 후보 계층이었다. 이들 조위의 임명은 조운 총독의 감독하에 이루어졌기 때문에 조위직은 전적으로 사적인 후견인-피후견인 관계의 영역에 속하는 것으로 간주되었다. 예컨대 1819년 황제는 단 1년 만에 휘하의 조위를 140명이나 증가시켰다는 이유로 당시의 조운 총독을 책망한 바 있다.[44]

상인들은 운하를 이용하든 연해 교역에 종사하든 모두 해운에 반대하는 쪽에 가담했다. 그 이유 중의 하나가 가경조에 이르러 운하를 통한 조운이 이미 상당히 상업화되어 있었다는 점이었다. 조량을 북으로 운송할 때 상당 부분이 사선에 의해 운반되었는데, 남하할 때는 이윤이 많은 사염私鹽을 적재할 수 있었다.[45] 게다가 1684년 강희제가 해상 교역에 대해 해금령解禁令을 내린 이래 사선을 통해 해상 운송 사업을 독점해온 연해의 교역상들은 이 영역에 정부가 개입하는 것을 원치 않았다. 해운에 반대하는 관원들이 초기에 채택한 전술 중의 하나는 선원들 본인들에게 해상 운송의 여러 조건들을 직접 조사하도록 하는 것이었는데, 선원들은 한결같이 해운의 불리함을 보고했다.[46]

1824년 말 베이징으로 올라가던 조운 선단이 진창에 좌초되고, 또한 가오유高郵 남쪽 지역이 홍수로 잠겨 선박의 왕래가 영구히 불가능해지면서 해운 지지자와 반대자 사이의 갈등은 극에 달하게 되었다. 이러한 위기 상황이 발생하자 도광제는 부친인 가경조에 시작된 논쟁을 재개시킬 수밖에 없었다. 하지만 이번 위기는 너무나 심각했기 때문에 쌍방 모두 모종의 타협을 이루지 않으면 안 되었다. 베이징을 향한 조운 선박 가운데 채 1/4도 황허를 건널 수 없었으며, 나머지는 모두 절망적으로 좌초되어버리고 말았던 것이다. 황제가 수용한 해운안의 주요 내용은 영화가 기획한 것으로, 이러한 위기 상황에서 조정이 양강 총독으로 임명한 또 다른 만주인 정치가 기선琦善에 의해 실행에 옮겨졌다. 부임 후 기선은 신임 장쑤 순무 도주陶澍, 포정사 하장령賀長齡의 협력하에 상하이에서 바다로 곡물을 실어내는 계획을 입안했다. 조운 총독의 직권은 잠시 중단되었던 것 같다. 대신 2년 동안 연이어 임명된 다른 사람들이 그를 대신했는데, 거기에는 짧은 기간이었지만 황제가 총애하던 떠오르는 젊은 인재 목창아穆彰阿도 포함되어 있었다.[47]

처음부터 황제는 모든 관원들에게 해운이라는 혁신안은 단지 일시적인 조치라는 사실을 인식시키려 여러 모로 애를 썼다. 사실 해상로의 이용은 다음 해까지 운하를 복구하기 위한 수리와 재건축을 마무리한다는 조건하에서 허가된 것이었다. 복구 공사 자체는 해운을 채택함으로써 실업자가 될 셰습 하운 노동자들에게 꼭 필요한 일자리를 제공할 수 있을 것이라는 주장이 제기되었다. 1827년 기선의 후임자는 해운을 계속해서 이용할 것을 강력하게 상주했는데, 해운의 효율성과 가능성이 입증되었다는 것이 그의 주장이었다. 그러나 그의 건의는 받아들여지지 않았다.[48]

1840년대 말이 되어서야 비로소 조정은 영구적으로 하운을 포기하고 해운을 채택하게 된다. 이러한 결정이 내려질 때쯤 해서 몇 가지 요소들이 권력 투쟁의 내용을 변화시키기 시작했다. 수수들은 백련교도의 신앙 체계와 흡사한 신앙 체계를 근거로 비밀 결사를 조직해놓고 있었다. 1840년대 이 집단은 정치적 지향성을 띠고 있다는 징후를 비치기 시작했고, 뿐만 아니라 점차 선원, 나아가 심지어 세습 기정들 사이에서도 영향력과 조직을 확대해나가기 시작하고 있었다.[49] 이 집단들이 아편전쟁 후 반만反滿 이데올로기를 받아들이자 이들이 지속적으로 수행해온 역할에 대한 중앙 정부의 관심도 현저하게 줄어들게 되었다. 그리고 1845년 이후 수도에서 심각한 식량 부족 현상이 재발하자 해운은 거의 논란 없이 채택되었다. 뿐만 아니라 태평천국의 난의 발발, 1853년 대홍수로 인한 황허 물길의 엄청난 변동 등으로 인해 하운의 복구는 아예 고려의 대상도 되지 못하게 되었다.[50]

1824년 이후 도광제가 하운을 복구한 이유가 무엇이든 적어도 그는 정치적으로는 해운을 옹호하는 사람들에 반대하지 않았다. 도주는 1830년까지 계속 장쑤 성 순무로 재직했고 이후에는 양강 총독으로 승진해 9년 동안 재직했다. 기선도 비록 일시적으로 강등되기는 했지만 1841년 영국과의 교섭 과정에서 불명예를 얻을 때까지 줄곧 지방의 요직을 유지했다. 조운 감독 부문 자체에서도 일련의 개혁가들이 나타났으니, 1830~1832년의 오방경吳邦慶, 1834년의 주위필朱爲弼, 1837년의 주천작周天爵 등이 그들이었다.[51] 그리고 실제로 염정 최초의, 그리고 유일하게 의미 있는 개혁은 1831년 양회兩淮[화이베이, 화이난]에서 도주의 주도하에 이루어졌다.[52]

이런 개혁들을 감독한 도광제는 어쩔 수 없이 이와 관련된 행정 문제들을 궁정의 관점에서 바라볼 수밖에 없었는데, 궁정은 수로를 따라 그리고 관료 행정 체계를 통해 형성되어 있던 후견인-피후견인 관계의 정점에 위치해 있었다. 그는 신중한, 심지어 소심한 통치자로서 소수 근신의 말에만 귀를 기울이면서 여러 가지 충언과 경고를 현실주의적으로 바라보기를 거부한 것처럼 보인다. 해운의 채택은 선왕의 전례를 무시하는 일이며 동시에 수십만의 하운 노동자들을 실업자로 내모는 일이라며 반대론이 비등했을 때 아무도 그가 조운 체계를 개혁하기 위해 행동에 나서리라고 기대하지 않았다.

그러나 염정은 달랐다. 비록 소금 밀매와 사염의 판매 자체가 엄청난 기득권이었지만 소금 밀매꾼과 운하의 노동자들 사이에는 중요한 차이가 있었다. 첫째, 운하 노동자는 합법적인 관료 기구에 의해 고용된 사람들이었다. 그렇지만 소금 밀매꾼은 염세 제도 바깥에서 소금 전매 제도의 취지에 반하는 활동을 했다. 둘째, 조운 체계는 베이징을 중심으로 하고 동시에 정규 관료 조직과 수평적인 관계를 유지하고 있는 계층적인 행정 기구의 필수 불가결한 한 부분이었다. 이와는 반대로 소금 밀매꾼은 주로 (해적들의 경우와 마찬가지로) 연해나 화남의 내륙 수로를 따라 지방 혹은 기껏해야 지역 연결망 속에서 활동하는 것이 고작이었다. 또한 조운 체계상의 착취는 관료 계통을 통해 고위 관료들에게까지 상달되었지만 소금 밀매꾼은 합법적인 염정에서 나오는 관료와 (염)상들의 수입을 강탈하는 사상과 모리배들이었다.

게다가 궁정 내의 한 강력한 이익 집단이 소금 밀매를 뿌리 뽑음으로써 이익을 도모하려 했고, 동시에 염정 개혁의 범위를 제한할 수 있었다. 바로 내무부內務府였다.[53] 이 조직의 수입은 상당 부분이 염정 수입으로 이루어져 있었으며, 전통적으로 염정은 내무부에서 임명한 인물들에 의해 관리되고 있었다. 다른 논쟁에서도 마찬가지지만 내무부가 염정 부문에서 어떤 역할을 했는지를 말해주는 문헌 자료는 빈약하기 짝이 없다. 그러나 18세기 초부터 내무부가 정부의 일반 재정 수입에 대해 점점 더 많은 관심을 갖기 시작했다는 것은 잘 알려진 사실이다.[54]

분명한 것은 염정 개혁안이 향촌 사회의 안정을 위협했다는 것이다. 왜냐하면 그것은 땅 없는 유랑 부랑배들 가운데서도 가장 수가 많고 거친 소금 밀매꾼들을 실업자로 만들 것이었기 때문이다.55) 그러나 핵심 쟁점은, 향촌 구성원들을 이간시킬 위험성이 있다는 것이 아니라 조정 내의 이익 집단인 관원들을 어떻게 달랠 것인가 하는 문제였다. 애석하게도 이러한 이익 집단의 성분, 특징, 중요성에 대한 우리들의 이해는 여전히 아주 제한적이다. 이에 대해서는 추후의 연구를 기다려야 할 것이다.

조운 체계의 위기는 19세기 초 관료들의 부정행위가 한 요인이 되어 나타난 공공 기능의 전반적 붕괴 현상의 일부분이었다. 조운의 경우 관료들의 부패는 도중에 황허와 합쳐지는 복잡한 운하 체계의 물리적 어려움을 한층 더 복잡하게 만들어버렸다. 이러한 물리적 어려움은 심각한 토양 침식과 화북 평원의 주기적인 범람으로 말미암아 토사들이 계속 쌓이기 때문에 빚어지는 것이었다. 18세기 말이 되면 황허의 하상은 이미 위험할 정도까지 높아져 제방 붕괴의 위험성을 안고 있었으며, 관찰자들은 조만간 황허의 물길이 바뀔 것이라고 예측했다. 그리고 황허는 과연 1853년에 물길을 바꾸었다. 그러나 베이징에 도착하려면 조운선은 반드시 화이안 부근에서 황허를 횡단해야만 했다. 이 결정적인 연결 지점 서쪽에 유수지가 마련되어 있었는데, 이곳에다 황허에서 흘러나온 물을 담아두었다가 항해가 불가능해졌을 때 방출하여 운하의 수위를 높였다. 이러한 정책을 '차황제운借黃濟運', 즉 '황허 물을 빌려 운하 문제를 해결하는' 정책이라고 했다. 오랜 시간에 걸친 토사의 퇴적은 이러한 체계의 운용에 변화를 가져왔다.

황허와의 교차 지점에 모래톱이 형성되고 운하 체계 전체의 하상이 높아짐에 따라 수위 통제가 불가능해졌고 마침내 심각한 범람이 초래되곤 했던 것이다. 화이안 일대의 홍수는 베이징으로의 식량 공급을 위협했을 뿐만 아니라 염세 징수에도 지장을 초래했다. 재난 지역 안에 양회 지역의 수많은 제염 시설과 증염 시설(증염장蒸煉場)이 있었기 때문이다.

황허 관리상의 부주의, 잘못된 예산 감축, 고의적 태만 등이 1780년 이후 관료들의 상주문에서 중요한 관심사로 나타나고 있는데, 부정부패는 19세기 초에도 계속 행정을 마비시키고 있었다. 많은 사람들의 이야기가 잘 말해주고 있듯이 하방 행정의 목적은 홍수를 방지하는 것이 아니라 오히려 정기적으로 수해가 발생하도록 해 경비를 계속 치수 사업에 투입할 수 있도록 적절한 균형을 유지하게 하는 데 있었던 것 같다. 남쪽 하도를 따라 3일 동안 떠들썩한 연회를 벌이며 끊임없이 연극을 공연했다느니 하는 이야기들은 연 600만 냥의 치수 경비 가운데 10%만이 적법하게 사용된 사실을 말해주고 있다. 예컨대 1808~1810년 사이 정부는 강의 남쪽 하구를 준설하기 위해 대략 800만 냥을 사용했던 것 같다. 하지만 이후 2년 동안 이어진 수해는 오히려 이전 어느 때보다도 훨씬 더 심각한 것이었다.[56]

비공식적인 기록들은 이런 부패가 18세기 말에, 즉 화신 치하에서 치수 기구가 후견인-피후견인 관계라는 형태를 갖게 된 때 뿌리를 내렸다고 설명하고 있다. 그러나 당시 하방 기구의 관원은 반드시 화신에게 뇌물을 주어야만 계속해서 특혜와 보호를 받을 수 있었다. 화신이 죽고 난 뒤 이 돈은 베이징의 국고로 회수되지 않았다. 도광조의 하방 기구 또한 대운하와 마찬가지로 후보 관원들의 천국을 이루었다.

신진 한림이 조정 관료의 추천서를 갖고 하방과 관련된 관직에 임용될 경우 매년 1만 냥에 달하는 급료와 기타 부수입을 얻을 수 있었다고 한다. 심지어 거인 학위만으로도 그러한 수입의 1/10에 해당되는 연봉을 받을 수 있었다.[57]

화폐 제도와 조세 제도의 혼란

19세기 초 후견 체제의 확대가 어떤 영향을 남겼는가를 이해하려면 그렇게 멀리 살펴볼 필요도 없다. 이 체제의 핵심적인 윤활유는 돈이었는데, 후견 체제의 확대 결과 곧 각급 정부 재정의 광범위한 영역에서 결손이 발생했다. 화신의 몰락 이후 정부는 지방관들에게 이러한 결손(휴흠虧欠 혹은 휴공虧空)을 보충하도록 촉구하기 위해 다각도로 노력을 기울이면서 심지어 현직 관리들에게 전직 관료들이 물려준 결손까지도 채워 넣을 것을 요구했다. 탁월한 식견을 갖고 있던 지방관 하장령의 의견에 의하면 1820년대 재정 결손 문제는 관료계 전체를 사로잡은 문제가 되어 있었다.[58]

일반적으로 이러한 결손은 백성들의 납세 부족 때문이 아니라 관리들의 착복 때문인 것으로 인식되었다. 관리들은 한편으로는 이것저것 요구하는 주위 사람들의 요구를 들어주기 위해 돈이 필요했을 뿐만 아니라 공직의 후견인에게도 의무를 다해야 했으며 심지어 본인들의 재산을 제대로 관리하는 일보다 그런 일을 우선적으로 고려해야 하기도 했다. 후견인 체제 아래서 '상납 행위, 즉 궤송饋送'은 관직 생활의 필수 불가결한 요소 중의 하나였다. 18세기 말의 분위기에서 관료들이 재정 결손으로 처벌받을 가능성은 거의 없었다. 실제로는 한 어사가 풍자하고 있는 대로 결손을 크게 내면 낼수록 더 좋은 대우를 받았다.[59] 하지만 화신 시대 이후 환경이 바뀌어 지현들이 재정 적자를 메우기 위해 필사적으로 납세자들을 압박하게 되면서 대중들에 대한 착취는 더욱 심해졌던 것 같다. 성의 순무들은 재정 손실을 보충하기 위해 지현들의 '양렴은養廉銀'(별로 많지 않은 형태의 급료)을 삭감했으며, 그러자 지현들은 간단하게 백성들에게서 더 많은 '누규'를 짜내는 식으로 이에 대응했다. 그 결과 이런 식으로 재정 부담이 모두 납세자에게 전가되는 관행이 너무 깊이 만연되어 심지어 도광제는 1820년 즉위하면서 관리들로부터 '누규' 동결을 명한 상유를 철회하라는 압력을 받을 정도였다.[60]

 요컨대 청의 세수 제도는 체계적 착취와 절묘하게 부합되어 있었다. 비록 기본 정액(각 관할구가 중앙 정부에 납부해야 하는 세액)은 이미 18세기 초에 '영구히' 고정되어 있었지만 지방 정부의 행정 경비를 충당하기 위해 거두어들이던 부가세가 제도화되면서 무한히 확대될 수 있는 세수 체계의 한 부분이 되었다. 관직으로 생계를 유지하는 사람들의 증가는 또한 부가세의 증가를 의미했다. 청 말의 세제에 관한 샤나이夏鼐의 고전적인 연구를 보면 세제가 전문 관료와 그들의 막료들의 손에 의해 매우 탄력적으로 운용되었음을 알 수 있다. 이러한 제도상의 결점은 청조에 들어와 화폐 경제가 고도로 발달하기 시작하면서 한층 더 심각한 영향을 미쳤다. 전부田賦와 요역을 은으로 대납받는 것은 명대부터의 추세였는데, 이것이 이제 일반적으로 통용되게 되었다. 따라서 관원들은 납세자가 아니라 자신들에게 유리하도록 은과 동전의 환율을 유지하는 것만으로 실질적인 세율을 쉽게 조종할 수 있었다. 이러한 조작 때문에 납세자들은 실제로 공적인 곡물 할당액보다 몇 배나 많은 양을 납부해야 했을 것이다. 곡물 가격, 은과 동전의 태환율 등에 대한 조작은 또한 본인들이 책정한 터무니없이 낮은 가격으로 곡물을 강제로 구매(채매採買)해 정부 창고의 부족분을 보충했던 관리와 아역들에 의해서도 널리 행해졌다.[61]

역설적으로 화폐 경제의 영향이 점점 더 커져가면서 이러한 종류의 일상적인 착취는 농민들이 착취를 감당할 수 있는 능력을 잃어버리지 않도록 하면서도 성행할 수 있었다. 그 원인 중의 하나는 장기적인 곡가의 상승이었는데, 이는 생산자에게 아주 유리했다. 18세기 동안 곡가는 약 300% 상승했으며 이 때문에 농민들은 매년 증가하는 세금에 대처할 수가 있었다. 확인할 수 있는 물가 상승의 원인으로서 서양으로부터 은 공급이 증가된 것을 빼놓을 수 없다. 그리고 주요 상업 중심지들에서의 인구 증가 또한 곡가의 상승을 부추겼을 것이다. 화신 시대의 전국적인 부패가 18세기 동안의 장기간에 걸친 인플레이션으로 말미암아 조장되었으며, 동시에 이러한 인플레이션 덕분에 농업 부문에서 관료 조직의 착취를 감당할 수 있었다는 것도 사실일 것이다.

하지만 예리한 관찰력을 가진 풍계분馮桂芬이 과거를 되돌아보며 지적한 바 있듯이 건륭조의 번영은 '근본적인' 재부인 농업이 아니라 '부차적인' 성격의 재부(풍계분은 상업 활동의 확대를 염두에 두고 있었다)를 통해 이룩한 것이어서 극히 불안정하여, 쉽게 성장했던 것만큼이나 쉽게 무너져갔다. 사실상 인플레이션 현상은 1800년 이후 점차

완화되었고, 19세기 2사분에 물가는 급격히 제자리를 찾기 시작했다.[62]

인플레이션과 마찬가지로 물가의 갑작스러운 회복 역시 은의 공급과 관련되어 있었을 것이다. 1830년대경에는 아편 밀수로 인해 불법적인 아편 수입 대금으로 은이 국외로 유출되면서 중국의 복본위複本位 화폐 체계가 영향을 받기 시작하는데, 이러한 화폐의 불균형은 즉시 세수와 상업에 심각한 영향을 초래했다. 동전에 대한 은가銀價의 상승은 투기꾼, 환전상, 고리대금업자를 제외한 거의 모든 사회 집단에 피해를 입혔다. 농민들은 동전이나 곡물로 세금을 납부했지만 관리들은 그것을 은으로 환전하여 상부에 전달했다. 이 때문에 실제 세율은 은으로 할당된 정액세를 충당하기 위해 동전이나 곡물이 얼마나 필요한가에 따라 결정되었다. 따라서 은이 부족하게 되면 그 밖의 다른 상품에 대한 상대적 가치도 자연적으로 높아졌기 때문에 실제적인 세수 또한 두 배 또는 그 이상으로 증가했다. 이러한 상황에서 일부 소지주들은 파산을 면할 수가 없었다.

상황이 이렇게 절망적으로 변하자 농민들은 본인들에게 가해지는 세액과 부가세를 감당할 수가 없었다. 전국에서 가장 무거운 부세의 부담을 지고 있던 양쯔 강 하류 지역의 지방관들은 문제의 심각성을 인식하지 않을 수 없게 되었다. 이 때문에 이 지역에서는 지방관들이 허위로 재해를 보고하여 중앙 정부로부터 감세 조치를 얻어내는 식의 기만이 등장하게 되었다. 이러한 방법은 사실상 1820년대 도주와 임칙서가 재임하는 동안 시작되어 이후 하나의 관례가 되었다. 분명히 이러한 방법이 정식으로 감세를 요구하는 것보다 용이했으며, 정식 감세는 1860년대 이후에야 가능했다. 양쯔 강 하류 지역에서는 소작제가 아주 보편화되어 있었다. 따라서 이처럼 은밀한 감세가 경작자들에게 실제로 얼마나 이익이 되었는지는 알 수가 없다. 아무튼 화폐 가치의 하락과 화폐 체계의 혼란은 지방 정부의 고질적인 부패에 더해 국가의 세수입에 엄청난 충격을 주었다. 1848년 말 누적된 지세 미납액은 거의 한 해의 국고 세수와 맞먹었다.[63]

화폐 가치의 하락과 실제 세율의 상승에 대한 민중의 반응은 1840~1850년대 광범위한 항세抗稅 운동으로 폭발했는데, 특히 양쯔 강 중하류 지역에서 격렬했다. 때로 이 운동은 생원, 감생과 같은 하층 신사들의 지도하에 발생하기도 했다. 저항의 형태는 소송과 대중 청원에서 폭동에 이르기까지 매우 다양했다. 일부 폭동은 종종 공공연한 반란과 현성縣城의 점거로까지 진행되기도 했다. 이런 사건들 중 상세한 기록이 남아 있는 한 사례가 있는데, 그것은 이러한 운동 중 많은 것들이 놀라울 정도로 온건하고 나라에 대한 충성심을 표현하고 있었다는 것을 보여주고 있다.[64] 즉 반청을 정치적 목표로 봉기를 정당화하려는 시도는 전혀 찾아볼 수 없었던 것이다.

이러한 항세 운동에서 하층 신사들의 입장은 극히 양면적이었다. 그들이 자주 불법적인 징세 청부 행위인 포람을 행함으로써 정부와 백성 사이의 매개자 역할을 했던 사실은 역으로 그들이 분명히 항세 운동에 연루되었을 가능성을 확인해준다. 당시 화폐 체계가 일대 혼란을 겪으면서 관료들은 난폭한 탄압을 일삼았는데, 이제 그러한 상황은 중간에 일을 거들면서 뭔가를 뜯어내려던 하층 신사들의 역할에 명예로운 사회적 목적을 부여해주었던 것처럼 보인다. 즉 지역 공동체와 착취를 일삼는 세리들 사이의 완충자를 자임할 수 있었던 것이다. 이처럼 새로운 역할은 포람인의 이미지를 긍정적으로 부각시켜,

상당한 대중적 지지를 이끌어낼 수 있도록 해준 것 같다.[65]

하지만 그러한 지역 지도자들이 순수한 사회적 양심을 갖고 있었다거나 혹은 지역 사회의 이익을 위해 국가에 대한 저항에 투신했다고 생각해서는 안 될 것이다. 상층 신사들은 사회적 명망과 연줄을 갖고 있었기 때문에 관료들에게서 확실하게 우대를 받을 수 있었다. 그러나 생원이나 감생과 같은 하층 신사 집단에게는 그러한 배경들이 없었다. 이처럼 이들은 아주 취약한 집단이었다. 동시에 그들은 식자 집단으로서 지역에 영향력을 행사하고 있었기 때문에 지방 행정에서는 핵심적인 매개 계층이었다. 따라서 그들이 항세 운동에서 지도적 역할을 담당한 것은 전혀 이상한 일이 아니다. 그렇지만 그들의 생원 신분(때로는 포람인으로서의 신분)은 현존 국가 제도에 의해 주어진 것이었기 때문에 그들의 정치적 입장은 상당히 애매했다. 정부는 거의 언제나 그들을 진압했고, 항세 운동은 어떠한 지속적인 저항의 전통도 만들어내지 못했다. 그럼에도 불구하고 항세 운동은 지방 사회의 해체를 촉진했고, 청의 관료 체제에 대한 대중의 증오심을 심화시킴으로써 태평천국의 난의 발발을 준비하고 있었다. 태평천국군은 바로 항세 운동이 가장 격렬했던 양쯔 강 하류 지역의 여러 성들에서 수십만 명에 이르는 군사들을 모을 수가 있었다.

반란의 근원

청 말에 발생한 반란들의 배후에 인구 압력이 존재하고 있었던 것은 의심의 여지가 없지만 동시에 양쯔 강이나 주 강 하류나 계곡들 같은 인구 밀집 지역보다는 최근에 정착이 이루어진 변경 지역에서 그러한 반란들이 쉽게 점화되었다는 것 또한 주목할 만하다. 예를 들어 인구 압력의 영향은 청대에 들어와 대규모의 국내 이민을 통해서 다른 곳으로 전달되었는데, 일반적으로 18세기 초 이후 인구의 지속적인 유입이 이루어지고 또한 반란이 가장 쉽게 발발한 곳이 바로 이들 변경 지역이었다. 예컨대 타이완 섬, 쓰촨의 산간 지방, 광시의 낙후된 향촌, 후난과 구이저우의 접경 지역의 먀오족 거주 지역 등이 그러했다. 이들 지역의 사회적 특징에 대한 이해가 아직 불충분하기는 하지만 그러한 지역들 속에서 일련의 반란을 조장한 몇 가지 공통적인 요인들을 찾을 수 있을 것이다. 예를 들어 강력한 공동체 의식이나 준종족적 자각을 들 수 있는데, 이는 변경 지역 사람들의 종족적 이질성으로 인해 첨예화하고 때로는 언어의 불일치로 말미암아 더욱 심화되었다. 또 다른 한 가지 특성으로는 불안정한 변경 지대에서 빈번하게 발생하는 비적들의 출몰이나 집단 간 분쟁으로 인해 고도의 무장화가 필연화된 것을 들 수 있다. 이러한 조건 속에서 초래된 반란은 19세기에 사회적 위기가 격화되면서 성공 여부에 있어서는 정도차가 있지만 좀더 인구가 밀집된 평야 지대와 삼각주 일대로까지 확산되었다.

먀오족 반란

한족과 만주족이 중국의 중서부 토착민 사회에 가한 압력은 부분적으로는 청 정부가 정상적인 관료적 통치를 이전의 자치 지역들에까지 확대하려고 기도함으로써, 또 부분적으로는 한족들이 경지를 찾아 내지의 산악 지대의 변경으로 이주함으로써 발생했다. 1720년대 먀오족 지역에서 실시한 '개토귀류改土歸流'(자치권을 행사하고 있던 원주민 우두머리를 제거하고 중앙 정부의 정규 관리를 파견하여 통치하는 조치) 정책은 토착민인 먀오족들 사이에서 격렬한 저항을 초래했다. 이어 일련의 먀오족 반란이 계속 이어져 18~19세기에 걸쳐서까지 계속되었다. 이러한 반란 때문에 문무 당국의 강압책은 더욱 강화되었다. 국가는 먀오족 반란자의 토지를 몰수했고, 먀오족 지역 내에는 정부의 공권력을 지탱해줄 일련의 군 요새들이 설치되었다. 청 정부의 연이은 행정적·군사적 통제 정책 속에서 토지를 구하는 한족들, 이익을 추구하는 상인과 고리대업자들이 지역 내로 들어왔다.

1795년 후난과 구이저우 성의 변경에서 발생한 대규모 먀오족 반란은 대량의 객민客民들, 즉 토지를 찾아 이 변경 지역으로 이주해 온 가난한 한족 정착자들에 의해 야기된 것이 분명하다. 비록 18세기 하반기에 정부는 이러한 한족 인구의 유입을 통제하려고 했지만 분명 이민의 압력은 점점 더 거세어졌고 통제는 너무나 허술했다. 1795년에 이르면 이미 인구의 대량 유입을 통제할 수 있는 효과적인 방법이 없게 되었다. 이민자들은 관리, 서리들과 함께 먀오족 거주민들을 만만한 먹잇감으로 생각했고, 결과적으로 먀오족의 토지는 매우 신속하게 한족 이민자의 수중으로 넘어갔다. 1795년 초 먀오족 지도자인 석

삼보石三保와 석유등石柳鄧의 지도 아래 무장 반란이 발생하자 청 정부는 대규모의 군대를 먀오족 지역으로 파견했다. 이러한 충돌은 오랫동안 지속되었고 또한 잔혹했으며, 1806년에 먀오족의 저항 세력이 최종적으로 분쇄되고 나서야 비로소 종결되었다.(66)

이 반란은 정부 관리들로 하여금 변경 지역에서 한족과 먀오족의 관계를 안정시키는 것이 시급한 문제라는 것을 깨닫게 했다. 먀오족 반란을 무자비하게 진압한 지현 부내傅鼐는 한족과 먀오족의 관계를 세밀하게 감독하는 규정을 고안했다. 한족 거주자들과 먀오족 모두를 군율로 다스리기 위한 둔전이 설치되었고, 동시에 한족 향단鄕團을 조직해 정부의 권위를 지지하도록 했다. 교역은 오직 정부의 엄격한 통제하에 있는 지정된 장소에서만 행해졌다. 먀오족 우두머리들이 지방관의 조수 역할을 담당했으며, 한족 서리의 먀오족 촌 출입이 금지되었다. 정부는 한족과 먀오족 사이의 토지 양도와 매매를 금하는 한편 양 종족 간의 접촉을 최소화시키는 정책을 추진했다. 하지만 후에 지방관들은 계속 쇄도해 들어오는 수많은 이주민들로 인해 거주 지역을 구분하여 보존하는 정책을 유지하는 데 상당한 어려움을 겪었다. 게다가 정부가 몰수한 토지를 부치는 먀오족들에게 부과되는 터무니없는 소작료와 중국식 교육을 도입하고 먀오족의 전통적인 종교 의식을 금지함으로써 먀오족 문화를 파괴하려는 부내의 교묘한 정책으로 말미암아 갈등이 계속 증폭될 수밖에 없었다. 결국 1855년에 다시 대규모 먀오족 반란이 일어나 18년 동안이나 계속되었다.(67) 이 같은 대규모 먀오족 반란은 중국 문화의 세계와 단절되어 있었기 때문에 한족 반란과는 아무런 지속적인 관련도 맺을 수 없었다. 그러나 그것은 중국인들이 당시 최후의 변경으로 간주되던 지역으로 침입하기 시작하면서 청 말 사회에 더이상 억누를 수 없는 압력들이 생성되고 있었음을 보여주는 증상들이었다.

남방의 비밀 결사들

일반적으로 '삼합회三合會'로 알려진 단체는 실제로는 매우 느슨하게 연결되어 있는 여러 집단들의 연합체로서, 삼합회, 삼점회三點會, 천지회天地會 또는 통칭해서 홍문洪門 등으로 불렸다. 삼합회가 처음 출현한 것은 청대 초기로서, 아마 푸젠에서 타이완으로 건너간 이민자들에 의해 만들어진 것으로 보인다. 18세기에는 대륙의 푸젠 성, 광둥 성 그리고 광시 성으로 확산되었고 19세기 초에는 양쯔 강 유역의 각 성으로 깊숙이 침투했다. 이 조직은 먼저 내지의 수로들에서 일하는 노동자와 수수들, 도시의 유랑 노동자들, 그리고 관청의 하속들 사이에서 추종자들을 확보했다. 이 조직은 또한 도적이나 해적 패거리들의 구심점 역할을 하게 되었다. 이처럼 삼합회의 영향력이 확산된 것은 분명히 청대 사회의 몇 가지 주요 흐름들, 특히 국내 이민, 도시화, 국내외 교역의 확대 등과 관련이 있었다. 이런 추세들이 하나하나 전개되면서 전통적인 사회적 유대가 약화되거나 단절된 수많은 대중들이 생겨났는데, 비밀 결사들의 의사 혈연관계 구조들은 그들에게 안전, 상호 부조 그리고 조직의 틀을 제공했다.

국가의 입장에서 볼 때 이러한 비밀 결사들의 가장 위험한 측면은 이들이 조직적인 비합법 활동들 그리고 토비들과 연결되어 있어 결국 반란으로 이어질 수 있다는 점이었다. 그러나 범죄 집단으로서의 삼합회와 정치 조직으로서의 삼합회는 명백히 달랐다. 형제 관계로 연결되어 있는 '당黨'은 도적 떼, 밀수꾼, 해적 등 정착 사회의 모체에서 분리된 자들로 구성된 집단들에게는 이상적인 조직 틀을 제공해주었다. 마찬가지로 그들의 내부 연락망과 기율은 시진과 도시의 갈취단이나 도박단 등에서 이용되었다. 그리고 아역 계층에 사람을 심어놓아 형사적인 책임을 피할 수 있었다. 이처럼 수지맞는 분야에서 활동하는 비밀 결사의 핵심적인 목표는 기존 사회와 공존하며 그것을 잘 이용해먹는 것이지 사회 전복 음모에 힘을 기울이는 것은 아니었다.

그러나 비밀 결사들은 또한 화남의 각 성들의 희망 없는 그러나 끈질긴 복명주의자들의 은신처이기도 했다. 그들의 의식과 정치적 입장은 모두 '반청복명'을 지향하고 있었다. 그들은 반청 수사법으로 가득 찬 글을 통해 북방의 침략자들이 왕위를 찬탈했을 뿐만 아니라 중국의 토착 문화를 파괴했다고 비난했다. 하지만 이들 화남의 비밀 결사들의 이념 속에서 현존 사회 체제나 정치 체제를 거부하고 있음을 암시하는 것은 전혀 찾아볼 수 없었다. 그들의 대체적인 견해는 복명주의에 있었을 뿐만 아니라 동시에 전통적인 혈족 관계의 원리에 기반한 내적 기강을 재강화하려고 노력한 점에서 다소 보수적이기도 했다. 그들의 평등 이념은 실제 혈연 가문의 평등주의와 다르지 않았는데(이상적으로 말하면), 이러한 가문에서 경제적 경쟁은 혈연 집단 내에서의 상호 부조를 위해 억제되어야 했다. 군주제와 관료제에 대한 그들의 견해는 전적으로 보수적인 것이었다. 복명주의는 지방에서 일어나는 산발적 저항 운동의 명분으로는 계속 기능했지만 사회 변혁의 추동력이 되지는 못했다.

그러나 18세기 말과 19세기 초의 사회적 위기는 삼합회의 활발한 활동을 큰 파도처럼 몰고 왔고, 비밀 결사들의 사회적 성격에도 놀라운 변화를 가져왔다. 1786년 타이완에서는 이주민 집단이 천지회의 우두머리인 임상문林爽文의 지도 아래 대규모 폭동을 일으켰다. 이 난은 곧 평정되었지만 이후 수십 년 동안 대륙에서 천지회의 활동은 신속하게 확대되어 푸젠, 광둥, 광시 각 성의 수많은 지방에서 지역 봉기가 일어났다. 19세기로 접어들 무렵 삼합회는 안남인들의 지원을 받아 해적 활동을 하며 남부 연해를 소란스럽게 했다. 19세기 초의 수십 년 동안에는 삼합회의 영향력이 후난, 장시 성 등 남부의 산간 지대로 확대되어, 이곳에서 그들은 광저우에서 북상하는 교역과 밀수 노선을 장악했다. 19세기 중반 비밀 결사들은 상당 정도 후난 성과 광시 성 변경 지대의 소수 민족 지역 내에까지 침투해 들어갔다.

하지만 체제에 좀더 위험했던 것은 비밀 결사들이 점차 풍요로운 주 강 삼각주의 정착 농민들을 조직할 수 있는 능력을 새로이 갖게 된 것이었다. 이런 과정은 1840년대에 시작된 것처럼 보이는데, 이는 비밀 결사들의 사회적 토대에 뚜렷한 변화가 생긴 것을 의미했다. 본래 도시와 교역로의 유민들, 산악 지대와 연해의 부랑배들 사이에 뿌리내리고 있던 이들 조직들이 이제는 오히려 주 강 삼각주의 풍요로운 정착 사회 속에서도 중요한 지위를 점하게 된 것이다. 이러한 상황이 조성된 원인들이 무엇인지는 아직 명확하게 밝혀진 바가 없다. 삼합회의 무술武術(전통적인 '권술' 도 여기에 포함된다) 단련자들은 분쟁 중인 혈연 집단들에게서 쉽게 후원을 얻을 수 있었다. 아마 이보다 중요했던 것은 삼합회가 정통적인 혈연 체계의 혜택을 누리지 못하고 있던 농민들에게 집단적 보호와 경제적 생존을 보장해주리라는 희망을 제공하고 있었기 때문일 것이다. 족전族田과 그 밖의 다른 수입으로 되어 있는 혈족의 자산은 통상 부와 권세를 가진 일부 사람들의 손에 장악되어 있었다. 따라서 그러한 혜택이 가난한 농민들에게 돌아가는 경우는 거의 없었다. 인구가 넘쳐나고 경제적 경쟁이 격렬하게 벌어지는 환경 속에서 극빈 상태의 농민들은 지방 삼합회 조직인 당에 가입함으로써 생존 기회를 제공받을 수 있었다. 당의 연결망은 또한 서쪽으로는 광시 성의 여러 유역들로까지 확대되어 이 지역에서 삼합회는 좀도적과 밀수업자들의 본거지가 되었다. 약탈품은 '미반주米飯主'가 통솔하는 당의 재물 관리자들이 구성원들에게 분배했다. 비록 이러한 조직들은 유적流賊들과 긴밀하고 유용한 관계를 맺고 있기는 했지만 본질적으로는 여전히 지역적 성격의 조직으로서, 향촌과 시진 사회의 충족되지 못한 사회적·경제적 필요에 의해 나타난 것이었다.

구성원들 사이의 이러한 연결망은 공동의 신화에 의해 연결되면서 한층 더 광범위한 동원을 가능하게 했다. 또한 아편전쟁에서 패한 직후 분열된 광둥 사회는 삼합회가 한층 더 야심 찬 모험을 펼칠 수 있는 기회를 제공했다. 1840년대 중반부터 수많은 삼합회 분파들이 하나로 뭉치기 시작하더니 성곽 도시들을 공략하고 광저우 자체를 위협했다. 단련團練과 정부군의 진압 작전은 일시적인 성공에 만족해야 했다. 이러한 흐름은 1854년의 홍건회紅巾會의 난에서 절정에 이르렀다. 이 대중 봉기에서 수만 명에 이르는 삼합회 무리들은 수많은 현성을 장악했는데, 거기에는 광저우 성 서남부의 주요 도시인 포산佛山까지 포함되어 있었다. 그러나 성공의 정점에서 반군 지도자들은 추진력을 상실했다. 그들의 복명 구호는 지방 신사들의 지지를 불러일으키지 못했으며, 정부를 구성하고 약탈을 억제하려 한 노력이 오히려 그들을 추종자들에게서 멀어지게 했다. 이 때문에 성안의 삼합회는 신사들의 지도와 혈족 조직의 지원을 받고 있는 지방 단련의 강력한 활동

속에서 향촌 지지자들로부터 단절되었다. 정부의 단호한 진압 활동이 시작되면서 홍건회는 1855년 초 완전히 분쇄되었다. 이들은 새롭고 설득력 있는 왕조적 구호도, 추종자를 동원하고 통제할 수 있는 새로운 사회적 목표도 제시하지 못했다. 따라서 이들의 봉기는 분열과 실패로 끝날 수밖에 없었다.[68]

백련교의 난

백련교는 삼합회 같은 '비밀 결사'는 아니었고 오히려 신앙 모임들의 연결망으로서 서쪽으로는 쓰촨 성에서부터 동쪽으로는 산둥 성에 이르는 여러 성에서 민중 신앙의 주요 매개체 역할을 했다. 이 종파는 민간 신앙 형태로 11세기에 처음 모습을 드러냈으며, 훨씬 오래된 전통인 불교의 정토종과 관계가 있었다. 이 종파의 특징인 대처승 제도, 채식주의, 방언으로 기록된 경전 등은 정통 불교 승려들과 유학자들 모두에게서 반감을 샀다. 지역 공동체 속에 스며들어 있었기 때문에 백련교 교리는 지역적으로 다양했고 매우 혼합주의적이었다. 이를테면 그것은 본래의 아미타 교리에 창조 신화, 민중 도교의 장생불로설, 미륵 신앙과 마니교의 천년왕국론을 더한 것이었다. 아마 마지막의 두 천년왕국론과 같은 요소가 백련교를 반란으로 끌어들였던 것 같다. 미륵불, 즉 '미래' 불의 출현은 세계사의 최후 단계를 열어 태평성세를 이루는 것으로 여겨졌다. 그리고 마니교의 현신인 '명왕明王'은 세계 최후의 혼란이 도래할 때 어둠을 물리치고 빛의 승리를 가져다주게 되어 있었다. 삼합회처럼 백련교도 지방 사회에 폭넓게 분산된 조직 근거지들을 갖고 있었다. 그러나 삼합회와 달리 백련교는 현

존 국가 체제에 맞서 대규모 대중을 동원할 수 있는 열광적인 신앙과 강력한 말세론을 갖고 있었다.⁶⁹⁾

또 그 밖에 삼합회와는 달리 백련교는 과거에 한 차례의 중대한 역사적 성취를 이룬 바 있었다. 즉 14세기 중반의 대반란에 참여해 이민족 왕조인 원元을 전복시키는 데 일익을 담당했던 것이다. 비록 원 왕조를 이어받은 명 왕조로부터 잔혹하게 진압되었지만 명 왕조의 붕괴가 가까워진 격동의 17세기에 발생한 여러 반란(가장 유명한 것은 1622년의 산둥 반란이었다)에 백련교 집단은 계속해서 가담했다. 비록 청 전반기 내내 지방 사회 속에 생존해 있었지만 이들 집단이 광범위한 활동의 기미를 다시 보이기 시작한 것은 18세기 4사분기 이후의 일이었다.

건륭제 연간에 부활한 백련교의 지도 체계는 수없이 분산된 각지의 소두목을 중심으로 한 느슨한 연결망 형태를 띠고 있었다. 이들 소두목의 지위는 통상 계승을 통해 전수되었고, 그들 사이의 상호 관계는 사제師弟 간의 유대를 통해 공고해졌다. 이 중 일부는 신도들의 재정적 지원을 받으며 순회 설교가가 되어 여러 성에 백련교의 가르침을 전파했다. 예컨대 이후 반란의 근거지가 된 후베이 성-쓰촨 성-산시陝西 성 지역은 허난 성과 안후이 성에서 온 사람들의 활동으로 수많은 신도가 생겼다. 이들의 포교는 사실상 정부의 박해로 인해 더욱 촉진된 측면이 있는데, 지도자들이 체포를 피해 계속 옮겨 다녔기 때문이다. 백련교 부흥의 일등 공신은 허난 사람인 유송劉松으로, 그는 일찍이 1775년에 백련교를 조직한 인물로 지목되어 간쑤 성으로 추방되었다. 그의 사업은 수제자인 유지협劉之協에게 계승되어 추진되었다. 유지협은 포용력을 지니고 있었을 뿐만 아니라 지략 또한 빼어난 인물이었다. 그는 재빨리 정통 명 왕조의 후예가 나타났다고 선언했을 뿐만 아니라 미륵불이 유송의 한 아들로 현신했다고 선포했다. 이러한 묵시적·정치적 상징들은 대중 봉기의 강력한 동력이 되었다. 원대의 복송復宋 구호처럼 복명 구호도 백련교의 본질적인 부분이라기보다는 한족들의 정서에 좀더 쉽게 먹혀들게 하기 위한 부차적인 요소였을 것이다. 유지협은 후베이 성 서부 지역에 수많은 (백련교) 집단들을 설립했지만 지도력을 집중시키지는 못했다. 그의 한 제자는 그에게서 떨어져 나와 독자적인 세력을 만들기도 했다. 지방 집단들은 재빨리 독자적인 지도자들을 세웠으며, 유지협과 같은 순회 예언가들에 대해서는 단지 정신적인 존경심만을 보였다.

    1793년 정부는 반란이 임박한 것을 감지하고 화중 지역 전체의 백련교 조직들에 대한 조사를 지시했다. 지방 정부의 탐욕스러운 무리들에게 그러한 지시는 백성들에 대한 착취를 합법화해주는 면허증과도 같은 것이었다. 한바탕의 공포 정치가 농촌에 불어 닥쳤다. 돈을 바치든가 아니면 목숨을 바쳐야 되는 상황에 몰린 많은 백련교도들은 자위를 위해 무장했다. 1795년 인근 후난 성과 구이저우 성에서 발생한 먀오족 반란은 후베이 성 서남부 이두宜都와 즈장枝江 지방의 무장화를 촉진시켰다. 이들 지방 자위 단체들은 백련교의 영향하에서 핵심적인 저항 세력이 되었다. 정부 측의 견딜 수 없는 박해에 직면한 무장 집단들은 (지방 관원들이 암시하듯 먀오족과 결탁하고) 1796년 2월 결국 공개적으로 무장 반란을 일으켰다. 난은 후베이 성 서부 산간 지방을 따라 급속하게 북쪽으로 퍼져나가 곧 후베이 성, 쓰촨 성, 산시陝西 성 3성의 교차 지역을 삼켜버렸다. 백련교 집단은 애초에 전략 도시를 지키고 통치하는 능력을 갖고 있지 못했다. 행정 중심지들을 탈취하고 장악했지만 오래 버티지는 못했다. 결국 백련교 세력은 변경 산악 지대의 요새로 물러나 그곳을 근거지 삼아 하곡의 도시들을 급습해 보급품과 인원을 확보하면서 진압군으로 파견된 청군에 완강하게 저항했다.

중국의 민간 신앙과 반란 사이의 관계는 해석하기가 아주 까다로운 문제 중의 하나이다. 스즈키와 오버마이어[70]의 최근의 연구는 백련교 그리고 이 종파의 여러 지방적 변형태와 같은 혼합주의 종파들은 기본적으로 영혼의 구원과 질병의 치료를 지향하고 있었으며, 이런 기능들이 그들 공동체 회합의 초점이었다는 사실을 보여주고 있다. 이런 신앙 공동체 종파들과 대규모의 반왕조 반란 사이의 역사적 관련성을 규정하는 작업은 중국의 전통적인 반란에 관한 연구의 중심 과제였다. 이 문제는 불교의 영향을 받은 중부와 북부의 여러 종파들의 형태나 성향이 남부의 비밀 결사들과 혼합됨으로써 한층 더 복잡해졌다. 만약 삼합회가 암암리에 고도의 반왕조적 계획을 각종 의식이나 신화적 배경 속에 구체화하며 진행시키고 있었다면 민간 불교 종파들 역시 마찬가지 아니었을까? 금욕적 양생술과 경건한 독경은 깊이 숨겨진 정치적 계획을 감추기 위한 외피가 아니었을까?

백련교 교리가 가진 복합성이 오히려 그럴듯한 해석의 노선을 제시해준다. 마니교와 미륵 신앙의 혼합물이 사회적·정치적 조건이 최악으로 치달을 때면 역사적으로 일정한 역할을 하게 되는 묵시적 긴장을 마련해주었던 것이다. 마니교의 명왕이든 아니면 불교의 미륵이든 구세주의 출현은 모든 세속적인 제도의 변혁을 의미했고, 사방으로 흩어져 있는 신앙 집단들의 무장 봉기를 점화시킬 수 있었다. 백련교의 전망과 교리 속에 깊이 각인되어 있는 이러한 천년왕국적 예언들은 경제가 극심한 어려움에 처하거나 정치적 박해가 있을 때는 언제든지 공개적인 반란으로 이어질 수 있었다.

바로 그러한 때 신도 수가 팽창했던 것으로 보인다(새로운 추종자들은 대개 천년왕국적 전망을 받아들이기는 했지만 본래 집단처럼 반드시 금욕적 양생술과 경건한 신앙 수행에 참여한 것은 아니었던 것 같다). 동시에 유지협과 같은 지도자의 순회가 지역적으로 다양한 특성을 갖고 있던 지방 집단들 사이의 응집력을 어느 정도 강화시켰을 것이다. 그리고 개별 조직들은 상호 보호를 위한 군사적 지원을 포함해 구성원들 간의 상호 의존성을 좀더 높임으로써 열악해지고 있는 사회적 환경에 대응했다.[71]

하지만 이 종교 조직들 내부에서 진행되고 있던 사태의 전개들만으로는 후일 이 운동이 보여주게 되는 군사적 능력들을 제대로 설명할 수 없을 것이다. 이 종파들은 신앙 외적 영역으로 손을 뻗쳐 폭력 집단과 결합하게 되고서야 비로소 대규모 반란을 일으킬 수 있었다. 이렇게 백련교와 연합하게 된 무장 집단들(스즈키는 '인민들 속의 무장 집단'이라고 불렀다)은 백련교 자체와는 분명하게 구별되어야 한다. 비록 변경 지역의 무장 도비들 또한 일부 백련교와 유사한 종교 신앙을 갖고 있었지만 그들의 특징은 다른 전통에서 기원했다. 즉 세심하게 양성되고 전수되어온 평민들의 무술 전통에서 말미암은 것이었다. 그러한 무술은 보통 자위를 위한 권술과 봉술 등으로 구성되어 있었다. 반란의 군사적 주력은 개인주의적인, 즉 열심히 기도하는 구원 지향적인 종교 종파들이 아니라 바로 이러한 무장 집단들이었다. 비록 '무장 집단'과 종교 집단들 사이의 핵심적 연결 고리가 아직 충분한 사료로 증명되지는 않았지만 일단 그러한 결합의 형성이 백련교나 기타 유사한 반란의 필수 요소였던 것처럼 보인다.

백련교의 경우 '무장 집단'의 주요 구성 요소는 '국노國嚕' 도비들이었다. 이 집단의 기원은 대략 건륭제 초기까지 거슬러 올라간다. 국노는 앞서 말한 3성의 교차 지역 삼림 지대에 사는 무장 도비들이었지만 농민 사회와 일정 수준의 정규적인 관계를 유지하고 있었다. 특히 그들은 성채를 갖춘 향촌의 자위 단체인 '단團'의 지도층, 지방 관청의 서리, 지방 통치의 하부 조직인 '보갑保甲'의 장들과 호혜적인 관계를 맺고 있었다. 때문에 이들 무장 범죄 조직은 싸우지 않고서도 지방 사회를 착취할 수 있었다. 백련교의 난 때 이들이 백련교 군대에서 상당히 중요한 역할을 한 사실로 미루어 이미 이들이 이 지역의 종교 종파들과 관계를 맺고 있었다고 보아야 할 것이다. 이런 의미에서 그들은 남방의 삼합회 전통 중의 '당비堂匪'와 유사했다. 당비도 마찬가지로 기존 사회 집단의 생활이나 활동과 밀접하게 연결된 무장 집단으로 구성되어 있었기 때문이다.

국노와 관계가 밀접했던(그리고 아마 국노의 한 부분이었을) 집단에는 또한 소금 밀매업자와 사전私錢 제조자들이 있었는데, 청 정부는 이런 불법적인 무리들을 무력으로 진압해왔다. 소금의 암거래는 19세기 내내 중국 북방에서 발생한 수많은 반란(그 가운데는 1850~1860년대의 염비捻匪의 난도 포함된다) 운동과 근원적으로 연결되어 있는 중요한 문제였다. 도주와 같은 성 관료들이 관염 제도의 개혁에 관심을 갖게 된 것은 부분적으로는 이 문제로 인해 야기되고 있던 사회적 무질서 때문이었다. 그리고 1830~1840년대 아편이 국내 최고의 가치 있는 밀수품이 되었을 때 이와 동일한 붕괴 양상이 남부 각 성에서 나타나게 된다.

백련교의 다양한 종파들 자체와 전체로서의 백련교의 난 사이의 관계를 평가할 때는 공식 집계된 반란자 수보다는 그것의 이면을 살피는 것이 중요하다. 반란자 가운데 핵심 신도가 차지했던 비율은 일반적으로 추정되는 것보다는 훨씬 더 낮았을 것이 틀림없다. 백련교와는 전혀 관련이 없는 수많은 지방 농민 폭동이 청대 행정법의 독특한 성격 탓에 잘못 분류되었다. 행정 중심지를 반란자들에게 빼앗긴 관리는 그러한 사건이 본인의 잘못된 행정으로 발생했을 경우에는 엄중히 처벌받게 되지만 반란자들이 '사교' 집단에 소속되어 있다는 것이 입증될 경우 관직을 상실하는 것으로 그칠 수가 있었다. 따라서 관료들이 왜곡해서 보고했을 것은 두말할 필요도 없다. 1800년의 한 어사의 평가에 따르면 백련교 반군 가운데 진짜 교도는 채 10%도 되지 않았다.[72]

청군은 1793년 티베트 내 보호국들을 보호하기 위한 야심 찬 군사 작전에서 네팔의 구르카족의 난을 평정함으로써 베이징 당국을 만족시켰다. 그러나 이후 전개된 중국 본토에서의 활동은 청군이 얼마나 무디어졌는지를 보여주었다. 먀오족 반란 진압 작전의 군사 지휘권은 처음에는 만주족인 복강안福康安에게 주어졌다. 그는 건륭제와 혼인 관계로 연결되어 있었을 뿐만 아니라 화신과 아주 긴밀한 사이이기도 했다. 이 진압 작전에는 화신의 동생 화림和琳이 그와 함께했다. 당시의 비공식적인 기록들은 그들이 살아 있는 동안 군비를 관료들의 사복을 채우고 고급 군인들의 노고를 위로하는 데 이용했다고 비난하고 있다. 그들은 군비 착복을 숨기기 위해 낙관적으로 혹은 거짓으로 승리를 보고하기도 했다. 먀오족 반란 진압 작전과 뒤이은 백련교 진압 작전에서는 전투를 회피하고 전사자 수를 허위로 보고하는 일이 쉽게 이루어졌다. 만·한滿漢 정규군은 전통적인 전술로 유격전에 대응했는데, 주로 유격대의 우두머리를 찾아내기 위해 수색을 실시해 근거지를 파괴하는 것이었다. 따라서 민간인들의 엄청난 희생과 농촌 마을의 파괴를 피할 수 없었다. 농촌 지역의 초토화는 성진城鎭의 운명과 극명하게 대비되었다. 성진은 대부분 반군에게 점령되지도 않았고 또한 장기간 성이 포위되는 것도 면할 수 있었다. 반군의 공격을 받으면 장군들은 이처럼 방어가 견고한 성내로 퇴각해 반군들이 마음껏 향촌을 약탈하도록 방관했으며 심지어는 피난 농민들이 성진 내로 피신하는 것을 거부하기까지 했다. 이렇듯 농촌 지역은 성진을 지키기 위해 내주는 희생양 역할을 했다. 성진을 반군에게 빼앗긴 군 지휘자들에게는 엄중한 처벌이 내려졌기 때문에 군 지휘자들의 그러한 대응은 피할 수 없는 것이었다.[73]

전장에서 죽은 '반당叛黨'의 구성 성분도 명확하지 않았다. 그러한 작전의 수행을 비판했던 관리들은 죽은 자들은 대부분 반군이 아니라 강제로 전장에 끌려 나간 농민, 즉 협박이나 회유로 참전한 이른바 '협민脅民'이라고 보고했다. 그리고 실제로 그들을 상대로 전투를 벌인 군대는 정부의 정규군이 아니라 지방의 향용鄕勇이라고 보고했다.

복강안, 화림 모두 화신이 죽기 3년 전인 1796년에 전장에서 전사했다. 그리고 다음 해 먀오족 반란의 진압을 지휘한 장군들은 후베이 성 전선으로 전임되어 백련교의 반도들과 싸우게 되었고, 먀오족 지역에는 2만 명의 정규군이 남았다.[74] 1800년 전까지 이 두 전선 모두에서 질서를 회복하려는 정부의 노력은 계속 실패했는데, 그것은 분명히 초기에 전장의 관리들이 황제에게 올린 허위 승전보와 관계가 있을 것이며(후임자 역시 다른 내용의 보고를 올리기를 두려워했다), 또한 건륭제가 살아 있는 동안 가경제가 단호하게 대처할 수 없었던 상황도 작용했을 것이다. 이 두 가지 사실을 통해서도 화신의 두 측근이 전사한 후에도 화신의 영향력이 여전히 광범위하게 미치고 있었음을 알 수 있다.

지방 관원들은 독자적으로 진압 대책을 수립해 진행시킬 수밖에 없었다. 그들은 명조 이래의 행정 전통을 바탕으로 일종의 군영(채寨)을 기초로 하는 지방 통제 체계를 마련했다. 그리고 군영 안에 사람들과 식량을 집결시킴으로써 그들이 반당의 손아귀에 떨어지는 것을 막았다. 이러한 전략은 이후 탁월한 군영 전략가인 공경한龔景瀚에 의해 공식화되면서 '견벽청야堅壁淸野' 작전이라 불리게 되었다. 군영, 즉 채의 조직은 기존의 보갑 제도를 바탕으로 거기에 단牌이라고 알려진 등록 단위를 근거로 하는 새로운 군 징집 체계를 더한 것이었다. 단련을 건립할 때 공경한 등의 지방관들은 지방 엘리트의 지도력에 의지했는데, 이들 중 많은 이들은 이미 향토를 보위하기 위해 단용團勇을 조직하고 있었다. 정부는 이들 지방 지도자들에게 명예직이나 칭호를 수여함으로써 그들로 하여금 공적인 책임자가 되게 하는 전략을 구사했다. 이 전략은 1797년 백련교의 난을 진압하기 위해 새로 임명된 두 명의 지휘관 명량明亮과 덕릉태德楞泰에 의해 공식적으로 황제에게 제시되었다. 그들은 또한 지방마다 소규모 요새를 건립해서 전란이 발생했을 때 농민들이 피난처로 삼을 수 있도록 할 것을 건의했다. 그렇게 하면 지현들이 중앙군에 의지하지 않고도 자기 방어력을 갖출 수 있게 될 것이며 또한 농민들도 반당 가입을 강요받지 않도록 보호받을 수 있으리라는 것이었다. 그러나 황제는 이 제안을 거부하며 제안자들을 엄중히 꾸짖고, 반군의 우두머리를 추적하여 체포하는 기존의 전략을

유지할 것임을 재천명했다.[75]

2년 후 화신이 죽고 나서야 늑보勒保 등의 제안으로 이 전략은 비로소 채택될 수 있었다. 이후 이 전략은 백련교의 난을 성공적으로 진압하는 기반이 되었다.[76] 황제의 입장 변화는 화신의 제거와 관련이 있을까? 분명 이처럼 새로운 정책은 중앙 정부에 초점을 맞춘 군 내부의 후견 조직에 심각한 위협이 되었다. 그것은 정책 결정과 군사 징집이 점차 지방 분권화되어가며, 또한 군사 보급과 군사비 면에서 중앙에 대한 지방의 의존도도 낮아진다는 것을 의미했다. 역으로 말해서 지방 분권 체제에 대한 이러한 요구는 유격전에 속수무책이었던 중앙 집권적인 군 조직의 무능력에서 직접 말미암았다고 할 수 있다. 화신이 버티고 있는 바람에 채택이 늦어졌는지도 모르지만 견벽청야 전략은 전통적인 관료 체제로는 더이상 처리할 수 없게 된 문제에 대한 해결책을 찾으려는 노력을 보여주는 또 다른 사례 중의 하나였다.

이러한 전략을 채용하게 된 동기에 관해서 논할 때 반드시 검토해야 할 한 가지 복잡한 요인은 정부 측 기록에 나타나고 있는 저 유명한 '협민'의 두드러진 역할에 관한 것이다. 농민들이 본인의 의지에 반해 강제로 반란에 참가했다는 개념은 관이 핍박하여 백성들을 반란으로 내몰았다는 소위 '관핍민반'에 관한 당시의 빈번한 기록들과는 부합되지 않는다. 백련교의 난의 확산 속도와 범위는 이 난이 복잡한 사회 문제에 뿌리를 두고 있었고, 화신의 세도는 단지 이런 문제가 노출된 한 사례에 지나지 않는다는 사실을 보여주고 있다.

비록 결국 정부가 난을 평정하는 데 성공할 수 있었던 것은 대부분 지방 차원에서 통제를 강화한 것 때문이었지만 짧은 기간이나마 정규군이 뚜렷이 군사력을 회복한 것도 상당히 중요한 기여를 했다.

반란 지역에서 정부군은 아주 값비싼 대가를 치르고서야 비로소 만주에서 직접 징발한 7,000명의 용맹스런 팔기군과 비교적 부패하지 않은 구이저우와 윈난의 녹영군으로 보강되었다. 액륵등보(額勒登保), 명량, 덕릉태 등 단호한 팔기 장군들은 부하들의 군기를 바로 세웠다. 그러나 그러한 노력에도 불구하고 여전히 향용을 고용해 정규군을 보충하지 않을 수 없었다. 이들 향용은 비록 불법적인 무리를 포함하고 있긴 했지만 종종 백련교 진압 작전에서 청군의 선봉 역할을 했다.

청 정부의 무자비한 공격은 점차 작전의 성격을 변화시켰다. 궤멸당해 근거지와 요새에서 흩어진 백련교 군대는 4개 성내에서 관병의 추격을 받았다. 사방에서 쫓기고 견벽청야 정책의 전략적인 확산으로 인해 지방 사회와 단절되면서 백련교도들은 속속 추적되어 궤멸당했다. 결국 한때 10만 명에 달했던 반란 세력은 1805년에 사실상 소멸되었다. 백련교와 두 세대 후에 발생하게 될 반란들을 과감하게 전략적으로 비교하려 한다면, 인구가 밀집된 하천 유역과 분지에 위치한 향촌 사회의 거주 안정성이 주요한 고려 대상이 되어야 할 것이다. 이 지역에서는 정통 신사들이 여전히 막강한 세력을 지니고 있었다. 비록 반란 세력들은 3성 교계 지역의 산악 지대에 거주하는 불안정한 집단들 가운데서 기반을 확보할 수 있었지만 저지대 사회의 재력과 인력을 동원할 수 있는 능력은 갖고 있지 못하다는 사실이 드러났고, 그 결과 결코 체제 도전에 성공할 수 있는 추진력을 얻을 수 없었다.

그러나 결국 반란은 청 왕조에 치명적인 타격을 가했다. 첫째, 이 반란으로 말미암아 지방 신사층의 지지, 새로운 지방 통제 체제의 부과 그리고 향용의 고용이 없으면 정규군만으로는 내부 반란을 진압할 수 없다는 사실이 분명해졌다. 향용은 결국 값비싸고 위험한 임시방편이었다. 난이 평정된 후 대략 1만 명의 향용이 정규군으로 편입되었지만 그들은 여전히 반항적이며 통제하기 어려운 집단이었다. 따라서 청 정부의 군사력이 돌이킬 수 없이 쇠퇴한 사실을 드러낸 사건은 아편전쟁이 아니라 오히려 백련교의 난이었다고 할 수 있다. 둘째, 10여 년에 걸친 군비 지출은 정부 재정에 치명적인 타격을 가했다. 건륭제 말기에 축적되어 있던 잉여 세액 7,800만 냥이 1억 2천만 냥으로 추산되는 반란 진압 비용 때문에 완전히 사라졌다.

그렇다고 백련교의 유령이 완전히 사라진 것도 아니었다. 중앙 집권적이지 않은 세포 조직들로 이루어져 있는 특성 덕분에 이 종파는 상당한 생존 능력을 갖추고 있었던 것이다. 1813년 백련교의 한 지파인 천리교天理敎는 임청과 이문성李文成의 지휘 아래 산둥 성, 허난 성, 직예성에서 짧은 기간이지만 아주 격렬한 폭동을 일으켰다. 이 중 한 집단은 심지어 베이징의 황성까지 침입했다. 1820~1830년대에 허난 성과 안후이 성 변경에서는 여러 차례 백련교와 연루된 반란이 폭발했는데, 그곳의 도비 및 소금 밀매업자와 결탁한 경우도 있었다. 화중과 화북 전역에서 백련교가 뿌린 씨앗들이 팔괘교八卦敎, 의화권義和拳, 호미편虎尾鞭, 기타 수많은 지방 종파들로 싹을 틔웠다. 그들의 끊임없는 반란과 정부의 잔인한 진압은 19세기 전반의 지방사에서 중요한 주제였다.

중앙 정부의 쇠퇴와 새로운 학술 동향

1820~1830년대에 사방에 만연한 분위기 중의 하나는 관료들의 부패로, 그것은 청 정부 특유의 정교한 후견 체제를 통해 조장되고 유지되었다. 개혁의 필요성에 대한 날카로운 자각이 있었고, 개혁 문제는 관료 체제 전반에 이르기까지 거듭 논쟁의 대상이 되었다. 궁정에서 명시적으로 개혁 노력을 지지한 정치가들 중에는 영화英和, 왕정王鼎, 기선琦善과 같은 사람들이 포함되어 있었다. 또한 개혁안을 제시한 지방 관료들 가운데는 완원阮元, 하장령賀長齡, 도주陶澍 같은 사람이 포함되어 있었다. 그러나 이 시기 내내 황제로 대표되는 중앙 조정의 자세는 전반적으로 엄격하고 경직되어 있어서 대부분 지방 자체의 지도력에 의해 기금이 조성되어 추진된 각 지방 성들의 매우 다양하고 실험적인 개혁 시도와는 크게 대조를 이루었다.

　가경제는 개혁 조칙을 반포하면서 통치를 시작했다. 그렇다면 결과는? 분명 황제는 화신 시대에 뿌려진 부패의 정도를 과소평가하고 있었다. 나아가 황제는 치세를 끝낼 때까지 전대 건륭조의 유산인 노관료들의 인도 아래 통치를 해나갔는데, 이들 노신들은 가경제만큼이나 화신 문제에 사로잡혀 있었으며 아마 황제와 마찬가지로 화신을 제거하는 것으로 마음을 놓았던 것 같다. 동고董誥가 1818년에 이러한 노신들로서는 마지막으로 사망했는데, 이때는 도광제가 제위를 계승하기 겨우 2년 전이었다.

　1820년에 새로운 황제가 즉위했을 때 조진용曹振鏞(1755~1835년)이라는 베이징의 한 걸출한 관료가 즉각 황제의 신임을 독차지했다.

그는 죽을 때까지 줄곧 내각과 군기처의 수장을 겸직하면서 황제의 최측근으로 있었다. 조진용은 한 번도 부패 혐의로 탄핵받은 적이 없었다. 그는 검소하고, 자신에 대해서 엄격하며, 꼿꼿한 관리였던 것으로 묘사되고 있다. 하지만 동전의 양면처럼 그가 가진 최악의 결점은 바로 그의 나무랄 데 없는 성품에서 말미암은 것이었다. 그는 전통과 관습에 묶인 비타협적인 유학자였던 것이다. 관료 제도에 미친 그의 영향에 관해 전하고 있는 출처 불명의 한 문건은 새로 즉위해 노심초사하고 있는 도광제에게 올린 초창기의 간언을 담고 있다. 조진용은, 황제에게 매일 올라오는 수많은 관료들의 보고서에 대해서는 고민할 필요가 없는데 왜냐하면 관료들은 문제를 상주하는 것이 의무라고 생각해 심지어 아무런 문제가 없을 때에도 상주를 하기 때문이라고 충고했다고 한다. 그러나 상주자를 꾸짖거나 처벌해서는 안 되었다. 왜냐하면 그것은 곧 솔직한 비판을 무시하는 것과 마찬가지로, 유교적 군주가 취할 자세가 아니었기 때문이다. 따라서 군주는 한편으로는 신하들에게 상소가 충분히 상달되었다는 사실을 알려주는 동시에 다른 한편으로는 어떻게 해서든 상소문의 양을 줄이도록 해야만 했다. 조진용의 해결 방법은 아주 간단했다. 즉 황제는 단지 주접의 서법과 작성법에 오류가 있는지를 대충 훑어본 다음 규례를 어긴 자를 벌주면 된다는 것이었다. 이런 식으로 황제는 세목까지 얼마나 세심하게 주의를 기울이는지를 과시하는 동시에 쓸데없이 소란을 피우는 자를 혼내주고 제기된 문제를 무시할 수 있다는 것이었다.[77]

이런 책략이 정말 제안되거나 실행에 옮겨졌는지의 여부와는 상관없이 이 이야기가 도광조의 관료 제도에 관해 전해주고 있는 의미는 명백하다. 상주자들은 상주문의 내용보다는 형식에 치중하도록 유도되고 있었던 것이다. 황제와의 의사소통은 가경제가 그렇게 힘들여 물리치려고 했던 요식적이고 형식적인 상주문들로 넘쳐나게 되었다. 조진용의 요식주의는 당시 과거 시험에서도 기준이 되어 창의성보다는 진부한 것이 우대되고 혁신적인 글들은 경멸의 대상이 되었다고 한다.[78]

일찍이 18세기 말의 중국 관료 세계를 비판한 한 비평가는 화신의 영향력 아래 조성된 뇌물 수수의 풍기가 완전히 뿌리 뽑히지 않을 경우 다른 부패한 권신이 권력을 잡게 되면 그러한 풍기가 되살아날 것이라고 말한 바 있다.[79] 이 예언은 아주 정확해서, 도광조에 자주 화신과 비교되는 한 관리가 출현하는데, 만주인 기인으로 고위 관리였던 목창아穆彰阿(1782~1859년)가 바로 그였다. 이전의 화신과 마찬가지로 그는 청 관료 체계의 방대한 부문들을 장악하고 그것을 이용하여 사익을 도모했다. 1835년에는 조진용을 대신해 내각과 군기처의 수장이 되었다.[80]

하지만 화신 시대의 관료 부패와 목창아 시대의 관료 부패 사이에는 한 가지 중요한 차이가 있었다. 도광조 때는 중앙 정부의 힘이 전보다 약해져 있었다. 국고에 남아 있던 은은 고갈되어 18세기 초 6천만 냥에 달하던 것이 1850년대에는 8백만 냥으로 줄어들었다.[81] 정부군의 힘 역시 많이 약화되어 있었다. 황제의 통치는 17~18세기에 보여주었던 위엄을 상실했다. 황제권의 약화는 1840~1850년대에 명시적으로 드러나듯 개혁적 지방 관료들이 주도권을 장악한 현실 속에서 은연중에 인지되고 있었다.

지도적인 지방관들은 각기 다른 관심을 갖고 있었다. 완원은 고전 경전의 연구를 통한 도덕적 · 지적 부흥을 추구했다. 도주는 정규적인 관료 행정 속에서의 제도 개혁을 실험했다. 조진용에 의해 조장된 관계의 요식주의와는 극히 대조적으로 도광조에는 다양한 지적 분위기가 형성되었는데, 그것은 부분적으로는 이런 인물들에 의해, 그리고 중앙 정부의 분열과 무능으로 행정이 원활하게 집행되지 못하게 되면서 이들이 제한적이나마 지방관으로서 주도권을 행사할 수 있었기 때문에 형성된 것이었다.

18세기의 학문을 지배한 것은 고증학파와 한학파였다. 당연히 당시 학자들이 모두 문헌 고증에 몰두한 것도, 또 모두가 한대의 주소注疏[경서와 고전의 원문에 후세 사람들이 해석과 설명을 붙이는 일]에만 관심을 집중한 것도 아니었다. 그러나 지적 명성과 특히 학자로서의 평판은 당시 유행하던 이들 흐름들에 의해 평가되었다. 19세기 초에 이르면 이러한 훈고학적 학풍과 그것으로 대표되던 학술적 합의가 무너지기 시작하는 징후들이 나타나게 된다. 중앙 정부가 건륭 시대의『사고전서』같은 대규모 편찬 사업을 더이상 지원하지 않게 됨에 따라 학자들이 전국 각지에서 베이징으로 몰려와 표준화된 사업에 종사하는 일도 없어지게 되었다. 게다가 지방의 문인과 철학자 집단들이 문헌 고증의 현학성을 비판하기 시작했다. 이 시대가 갖고 있던 각종 제도적·사회적 문제들이 지적 활기로 넘치는 새로운 시대가 등장하게 되는 동기를 제공하고 있었던 셈이다.

비록 19세기 초에도 여전히 대부분의 학자들은 고전 경전을 읽고 있었지만 이 시기의 새로운 지적 경향은 18세기의 고루한 훈고학주의의 두 가지 측면에 대한 반발 형태를 띠고 있었다. 첫째, 한학파는 송대의 이학을 거부하고 후한 시대에 기록된 주소에 매달려 있다고 절충파 유학자들에게서 비판받았다. 둘째, 19세기의 다른 비평가들은 18세기 유학자들이 주장한 '실학'은 쓸모없을 뿐만 아니라 무책임하기까지 한 것이라고 비판했다. 사회와 정치에 대한 본연의 소명으로부터 유학자들의 관심을 다른 곳으로 돌려놓았다는 것이었다. 후대 학자들은 강희조와 건륭조의 검열과 문자옥 등을 실례로 들면서 18세기 학술의 약점은 주로 만주 정권의 탄압에서 연유한 것이라고 생각하고 있었다. 그러나 고증학을 비난한 이 19세기 초의 비판자들은 청 조정에 충실한 학자들로, 그들의 연구와 저작은 청을 강화하고 국력을 회복시키는 방법을 추구한 것들이었다. 이러한 비판자와 경세經世에 대한 그들의 관심은 학계의 새로운 방향을 대변했던 것처럼 보인다.

동시에 당시 유행하던 정통 고증학도 이미 이처럼 조직적인 역류의 대두로 인해 고유의 성격이 많이 희석되어 있었다. 퉁청학파桐城學派와 창저우금문학파常州今文學派 모두 각기 다른 방법이기는 하지만 문자 해석과 어원학에 집중하는 편협한 고증학에 대해 불만을 표시했다. 청 초에 학자들은 명 말의 지적 풍조인 추상적 사고와 철학적 담론을 비판하며 거부감을 보인 바 있었지만 이제 그러한 흐름에 대한 관심이 되살아나고 있었는데, 경전과 문학 작품의 '대의大義' 혹은 '의법義法'을 파악하려는 이들의 관심을 보면 그것을 잘 알 수 있었다. 반명反明 감정에서도 비슷한 이완 현상이 나타났는데, 송대 이학에 대한 관심이 새롭게 부활하고 그에 대한 연구가 시작된 것이 그것을 반영하고 있었다. 그리고 절충주의 철학이 18세기 말의 사상가들 사이에서 일반화되었는데, 완원, 장존여莊存輿, 요내姚鼐 같은 이들이 여기에 속했다.[82]

이러한 학풍의 변화는 정치적·사회적 변화를 동반했고, 그것은 다시 학자들의 사회적 지위를 변화시켰으며 또한 그들의 사고를 다시 정부의 문제들 쪽으로 돌리도록 만들었다. 학자들은 정부 내 관직을 얻기가 점점 더 어려워지고 있다는 사실을 인식하게 되었을 뿐 아니라, 18세기의 4사분기에는 관리가 된다는 것은 점점 더 그다지 매력적인 것이 아니게 되었다. 화신 시대의 부패의 영향은 지현이나 지부가 징세와 치안의 최종 책임을 담당하는 지방 차원에서 가장 극명하게 나타났다. 상급 관료들의 뇌물 요구, 복잡한 소송 사건, 반란 진압 등의 책무 때문에 많은 학자들은 정부의 직무를 담당하고 싶어 하지 않았다. 대신 18세기 말과 19세기에는 유명한 학자들이 관리가 되기보다는 성의 고위 관료들의 막부幕府에서 막우로 활동하는 경향이 점점 더 증가하기 시작했다.

명 말부터 시작된 제도인 '막부제'는 청대에 이르러서는 상당히 중요한 것이 되었다.[83] 막부를 구성하고 있는 막우는 법, 재정, 문서 등에 관한 실무 전문가로서, 각 성의 관료들에 의해 사적으로 고용된 관료들의 자문관이었다. 막우들의 급료는 중앙 정부가 아니라 고용한 관리가 지급했으며, 그들은 해당 관리를 따라 이리저리 옮겨 다녔다. 성과 지방 행정 단위의 지방관들의 업무가 늘어남에 따라 막우의 규모와 숫자도 늘어났다. 18세기 말이 되면 이들 보조인들의 총수는 이미 7,500명에 달했던 것으로 추산된다.[84] 신뢰할 수 있는 통계 자료는 없지만 부분적으로는 당시의 행정 위기, 국내의 혼란과 서양의 침입, 태평천국의 난 이후 성 정부가 새로 떠맡게 된 재정적·군사적·상업적 책임, 그리고 그에 따른 각 지방관들의 업무 수요의 증가 등으로 인해 19세기에 이들 막우들의 수는 계속해서 증가했을 것으로 추정된다. 이 시기에 막우들은 정책 기획에서 결정적인 역할을 했는데, 그것을 가장 잘 보여주는 예가 탁월한 조력자였던 위원魏源 그리고 그의 동시대인인 포세신包世臣 같은 사람들이었다. 그들은 염정, 조운, 변경 방어, 수리, 지방 행정 등 여러 문제를 연구하여 개혁안을 입안했다. 이들의 저작이 지닌 의미는 그들이 광범한 분야에 관심을 갖고 있었다는 사실뿐만 아니라 그들의 실제 활동 범위를 보아도 알 수 있다.

경세 사상과 금문경학 — 위원을 중심으로

물론 위원(1794~1856년)을 단지 막우로만 바라보았다가는 그의 역할을 과소평가하게 될 것이다. 19세기 초의 사상계에 미친 그의 영향은 의심할 바 없이 이전 시대의 고염무顧炎武나 대진戴震과 비교될 수 있을 정도였다.[85] 실제로 위원의 사상 속에는 19세기 초 주요 사상의 모든 흐름이 집대성되어 있다고 말하고 싶을 정도이다. 그는 경세 사상가인 동시에 금문경학자였을 뿐만 아니라 당시 사회가 직면하고 있던 각종 변화를 비추어 보여주는 거울이기도 했다.

후난 성에서 태어난 위원은 22세 때 베이징으로 상경했는데, 이전에 이미 걸출한 학자로 명성을 날리고 있었다. 16년 후인 1831년에 그는 베이징에서 양저우로 이주하여 그곳에서 노년을 보냈다. 그는 후난 성의 우수한 사대부 집단(하장령과 도주도 포함된다)과 베이징의 우수한 관리나 사상가 집단(임칙서, 공자진龔子珍, 유봉록劉逢祿이 포함되어 있었다)을 친구나 스승으로 삼았다. 이들 중 많은 사람이 후에 성의 관리로 재직하면서 위원의 자문을 받았다. 그의 학문 경력은 전통적인 방식에 따라 경전 연구로부터 시작되었다. 초기에 그는 이학에 관심을 보였지만 32세가 되는 1824년에 조운 위기가 발생하자 해운 채택을 지지하는 상세하고 비판적인 제안서를 제출함으로써 경세학자로서의 경력을 시작했다. 이 제안은 당시 장쑤 포정사이던 하장령의 지지를 얻었고, 하장령은 같은 해 그에게 경세와 관련된 문집을 편집할 것을 위탁했다. 다음 해 완성된 문집은 『황조경세문편皇朝經世文編』이라 명명되었다. 이 책은 광범위한 영역의 청조 저술가들의 글을 모아놓은 것이었다.[86]

『황조경세문편』은 이후의 『해국도지海國圖誌』(5장을 참조하라)와 함께 위원의 가장 널리 알려진 대표작이다. 『경세문편』이 중요한 까닭은 이 책이 끼친 영향이 클 뿐만 아니라 포괄적이고도 개념적으로 '경세치용'을 정의하고 있는 데 있었다. 책은 전부 8개의 부로 나누어져 있는데, 학술, 치례治禮부터 시작해 구체적으로 제도와 행정 문제를 논하는 방향으로 나간다. 그것들은 이·호·예·병·형·공 6부의 관할 영역에 따라 따로따로 분류되어 있다. 『경세문편』은 목록만 보아도 책 전체의 중심이 호정戶政(특히 조운), 공정工政 그리고 병정兵政 세 방면에 초점을 맞추고 있음을 발견할 수 있다.[87] 하지만 경전 연구와 정치 이론을 다루고 있는 서문 부분 또한 실제적인 경세와 전통적인 학술적 관심이 어떻게 조화될 수 있는가를 보여주고 있다는 점에서 여러 모로 시사적이다. 이 부분 그리고 『경세문편』 본문 전체에 대해 앞으로 좀더 심도 깊은 연구가 이루어져야 할 것이다.

이 책이 출판된 후 30년 동안 위원은 계속해서 놀라울 정도로 여러 영역에 걸쳐 제도 개혁안을 제출했다. 그는 이를 위해 엄청난 양의 공문서와 개인들의 문집을 섭렵한 다음 요점을 발췌하여 참고했다. 1831년 그는 양저우로 초빙되어 도주의 화이베이^{淮北} 염정 개혁을 도왔다. 이 기간에 그는 새로운 책을 쓰기 시작했는데, 『성무기^{聖武記}』라는 이 책은 난징 조약이 조인되던 1842년에 완성되었다. 이 책은 청조 성립부터 도광 연간에 이르기까지의 중요한 전쟁을 다루고 있다. 『경세문편』과 마찬가지로 이 편년사 또한 공문서와 사문서를 결합해서 저술되었다. 위원이 『성무기』를 저술한 목적은 기록만을 위한 것이 아니었다. 위원은 공적인 기록의 정확성을 검토하기 위해 사적인 자료들을 비판적으로 이용했고, 서문과 책의 결론이라 할 수 있는 시사적인 글들을 통해 청대의 정책, 특히 군사 정책상의 문제를 분석했는데, 그것을 보면 중국이 왜 아편전쟁에서 패배했는지 설명이 될 수도 있었다.

    전통적인 방식을 따라 위원은 중국의 대외적 허약함과 대내적 약점을 연결하여 설명했다. 그는 특히 군사 방면의 인재를 발탁하는 일에 관심을 두었다. 왜냐하면 한족들은 일반적으로 문관이 되기를 선호했고, 또 청의 군사 조직 내에는 종족적 구별이 존재하고 있었기 때문이다. 위원은 역사적 조망 속에 자기주장을 숨긴 채, 또 중국 문화의 일반적인 규범들을 비판하면서 오직 관병들, 특히 장교들의 질을 높이고 서양과 같은 해군을 창설해 정규군으로 배치하며 화폐 제도를 안정시키고 방대한 재정 적자를 해소하는 등의 새로운 정책을 채택해야만 중국은 '부강'한 나라가 될 수 있을 것이라고 주장했다. 그러한 정책에는 전문적인 군사 훈련, 높은 급료와 사회적 지위, 지방 무관들의 탄력적인 충용 등이 포함되어 있었다(마지막 사항은 일부 지방의 남아도는 무과 후보자들을 흡수하는 것을 목적으로 하고 있었다). 위원은 또한 군대의 명부를 철저하게 관리해 탈영과 허위 등재 등을 막아야 한다고 주장했는데, 이 두 가지는 군사 행정의 부패의 원천이었다. 재정 개혁을 위한 제안에서 그는 다음과 같이 건의했다. 즉 외국 화폐에 대한 의존도를 줄이고 아편 무역을 통해 백은이 해외로 유출되는 것에 대처하기 위한 최선의 방법은 국내 은광의 개발을 확대하고 개선해야 한다는 것이었다. 그는 또한 정부 재정을 사용할 때는 보다 책임 있는 회계 절차를 마련해야 하며 지출을 삭감하고, 황제의 은총을 상징하는 관습적 제스처로서 관행적으로 남발되고 있는 감세 조치들을 중단해야 한다고 주장했다. 위원은 이전의 몇몇 청대 유학자들의 글을 실망과 경멸의 어조로 비판하면서 그들이 왜 그러한 관심을 갖게 되었는지를 이해할 수 있도록 해줄 수도 있을 이전 시기의 이념적 또는 정치적 요소들을 전혀 참작조차 하지 않았다. 위원이 보기에 외국에 대한 그들의 무지, 중국 본토 바깥 지역들의 전략상의 지리적 특성에 대한 관심 부족 등은 도저히 이해할 수 없는 것이었고 심지어 경박한 일이기까지 했다. 위원은 또한 군의 전황 보고에서 관군의 패배가 과소평가되거나 은폐되는 관행도 마찬가지로 무책임한 짓이라고 주장했다.

금문경학에 대한 위원의 관심 또한 '무용한' 훈고학풍에 대한 그의 혐오감을 반영하는 것이었다. 그러나 당시의 금문경학은 후에 캉유웨이康有爲가 주도한 유토피아적이고 메시아적인 경향의 금문경학 운동보다는 고증을 추구하는 주류 한학파와 더 공통점이 많았다.[88] 경전 연구는 다른 시대와 마찬가지로 위원 시대에도 학문적 토론을 위한 매개일 뿐만 아니라 정치적·파당적 투쟁의 매개체이기도 했다.

이때 금문경학은 후한의 훈고학을 공격하는 무기인 동시에 새로운 학술 방향을 탐구하기 위한 매개체가 되었다. 이전 세기의 고증학 운동은 소위 한학파의 개창자 혜동惠棟(1697~1758년)의 사상으로부터 깊은 영향을 받고 있었다. 혜동은 송대의 이학을 거부하고 대신 경전 연구의 정통적인 해석의 원천으로서 한대의 표준적인 주석서들을 부활시켜야 한다고 주장했다. 비록 혜동처럼 오직 한학만 고집한 사람은 거의 없었지만 혜동의 영향은 정현鄭玄과 같은 후한의 주석가들의 철학과 학문 그리고 그들이 주석을 달아놓은 경전 중 그때까지 남아 있던 판본들에 대한 관심을 높이는 데 기여했다.

이러한 표준 경전은 '금문'과 '고문'으로 알려진 것들을 포함해 고대 경전의 수많은 판본들을 종합한 것인데, 금문과 고문이란 용어는 원래 경전에 쓰인 서체를 가리키는 용어였다. 이 경우 '고문'이란 주대周代에만 사용된 서체(대전체大篆體)를 의미했다. '금문'은 그보다는 후대인 한대 당시의 서체를 가리켰다. 금문 경전은 기억에 의지해 기록된 것으로, 그에 대한 표준적 해석은 한대 초기 황제가 지명한 학자들에 의해 궁정에서 벌어진 토론을 통해 확정되었다. 진대秦代에 모든 경전이 파괴된 것으로 간주되었기 때문에 당시 구술을 통해 경전을 복원하는 일은 필수적인 것처럼 보였다. 그러다가 전한 말에 선진先秦 시대의 고체로 쓰여진 일련의 경전(고문경古文經)들이 발견되었고, 그것들은 한동안 경전의 원본으로 받아들여지다가 결국 표준 정경으로 통합되었다. 이 과정에서 전한 시대에 3개 판본의 『시경』을 포함해 대부분의 금문 경전이 사용되지 않게 되었고 결국 후대 왕조 때 소실되었다.

송대에 이르기까지 고문 경전의 진정성은 의심받지 않았다. 17세기에 염약거^{閻若璩}(1636~1704년)가『고문상서^{古文尚書}』에 대한 체계적인 어원학적 고증을 시작해 그중 일부가 실제로는 후세 사람들이 위조한 것이라는 사실을 증명했다.⁸⁹⁾ 염약거가 선도한 고증의 학풍이 대두되고 고문 경전의 진정성에 대한 관심이 늘어나면서 18세기 말경 장쑤성의 창저우^{常州}에서 하나의 소규모 학술 운동이 등장해 금문 경전에 대한 특별한 관심을 표명했다. 금문 경전 중에서는 오직『춘추공양전^{春秋公羊傳}』만이 완전한 형태로 전해져 내려왔다. 이 때문에『공양전』은 금문학 연구의 중심이 되었다. 창저우학파의 개창자인 장존여는 한학 연구에 환멸을 느낀 사람 중의 하나였다. 그는 절충주의적 접근 방식을 택해 송대의 이학과 전·후한 시대의 경전 주석 등을 선택적으로 이용했다. 이후 그의 제자들, 특히 유봉록(1776~1829년)은『공양전』에 관심을 보이며 이 책이야말로 전한 철학의 권위 있는 정통 이론인 동시에 역사 해석이라고 생각했다. 유봉록 등의 학자들은『공양전』이 보여주는 역사적 사건들에 대한 미묘하고도 도덕주의적인 접근 방식('미언대의^{微言大義}'[은미한 말 속에 함축되어 있는 큰 뜻])과 후한의 훈고학적 주석을 대조했다. 그들은 후한의 학문은 오직 사건에만 관심을 기울이고 있는 반면 전한의 주석가들은 사건들의 의미를 해석하려 하고 있다고 주장했다.

유봉록의 영향 아래 위원도 전한의 철학, 특히 동중서^{董仲舒}의 저술에 관심을 보였다. 이에 따라 그는『시고미^{詩古微}』와『서고미^{書古微}』라는 두 저서에서『시경』과『상서』의 텍스트를 비판적으로 분석했다. 이 책들을 통해서 그는 전한 이후 상실되었거나 모호해진 해석상의 '고대의 오묘한 뜻'(고미^{古微})을 복구하려고 했다. 두 저술 모두 형식상으로는 실학 연구의 전통을 따라서 경전 원문과 주석의 구절 하나하나를 꼼꼼히 비교 분석하는 방법을 택했다. 그러나 후한의 금문 경전들에 관해 위원이 갖고 있던 대부분의 정보는 어쩔 수 없이 2차 자료들에 기반한 것이었기 때문에 비판적 학술서로서 이 책들의 가치는 그렇게 높지는 않다. 따라서 그가 증거 자료라고 제출하고 있는 것들은 그의 조상들이라 할 수 있는 전한 학자들의 견해라기보다는 위원 본인의 역사관을 드러내고 있다고 할 수 있다. 위원이 경전에 관한 그러한 논의를 세밀하고 끈질기게 연구할 만한 가치가 있다고 생각했다는 것은 당시 학술뿐만 아니라 정치에서도 경전 해석이 얼마나 지속적인 중요성을 갖고 있었는지를 헤아릴 수 있게 해준다. 의심할 바 없이 위원은 금문학을 18세기의 한학에 대한 일종의 공격이라고 생각했다. 동시에 항상 경전은 정치 행위를 이끄는 근본적인 전거라고 여겼다. 그가 주창한 새로운 정치 개혁 방침은 모두 경전 속에서 전거를 찾을 수 있는 것이었다. 그는 부단히 변하며 언제나 독특하게 나타나는 역사적 상황이 결정적으로 중요하다는 점을 강조했는데, 그것 또한 경전에서 이론적인 전례를 찾아야만 했다.

    위원이 역사적 환경은 가변적이며 구제도는 각 시대의 새로운 요구에 맞게 바꾸어나갈 필요가 있다고 생각한 것은 이미 송대에 그러한 역사적 선례가 있긴 했지만 주로 금문학 연구의 등장과 관련되어 있었다. 또 다른 금문학자인 공자진처럼 위원도 태고太古, 중고中古, 말세末世의 삼세三世가 반복적으로 순환한다는 일종의 역사 순환론을 주장했다. 그는 평생 온갖 사건을 겪으면서 또 다른 하나의 말세가 임박했다고 확신했다. 그러나 그는 과거에서처럼 현자의 도움과 깨어 있는 지도력이 있으면 다음번 태고 시대로의 전변이 가속될 수 있다고 생각했다.[90]

위원은 당시의 문제를 만주족 탓으로 돌리지 않았다. 오히려 그는 청조의 통치자들이 명대의 수많은 병폐들을 성공적으로 일소했다고 평가했다. 설득력 있는 한 분석을 통해 위원은 특히 환관의 농단과 중과세 등 전 왕조의 폐단을 폐지했다고 청조를 상찬했다. 나아가 청조는 '인민의 경제적 복지에 큰 관심'을 가져 여러 차례에 걸쳐 면세 혜택을 베풀었을 뿐만 아니라 건륭 이래로 민간 노역을 동원하지 않고 황허 치수 사업을 관리해왔다고 찬양했다. 변경 지역들의 안정에도 성공했다. 평화와 안정이 어찌나 일반적인 분위기가 되었는지 "이 시대에 태어난 사람 치고 정부의 억압에 관해 듣거나 검의 날을 본 자가 없었다". 궁중의 조신들은 처벌받을 걱정 없이 마음 놓고 간언을 올렸다. 전체적으로 위원은 청조가 "명조보다 이루 말할 수 없이 우월하다"고 결론지었다. 아마 건륭 시기의 문자옥, 오랜 세월 화신을 둘러싸고 일었던 지저분한 추문, 부패 그리고 국내의 반란에 대한 잔혹한 진압 등을 떠올리면 그처럼 아부 섞인 칭찬에 대해 의아하게 생각할지도 모르겠다. 그렇지만 청 제국 말기의 기준에서 보면 위원이 왕조의 안정화와 재정 지출의 억제라는 면에서 청의 정치적 업적을 높이 평가했을 가능성은 얼마든지 있다.

그러나 위원은 이런 업적에도 불구하고 "제국 내에는 온갖 재앙이 전혀 예기치 않은 곳에서 계속 발생하게 될 것"이라고 말을 잇고 있다. 그러한 재앙에는 조운 체계의 부실 운영 그리고 퇴적물을 제대로 준설하지 않음으로써 발생하는 황허의 반복적인 수해 등이 포함되었다. 그리고 "그러한 식의 치수 비용은 전대미문의 것이었다". 관계 진출 통로는 "막히고" 군사비는 "유용되고 있었다". 외국과의 접촉은 더욱 커다란 불행을 초래했다.

아편 흡연의 도입과 은의 해외 유출, 거기에 더한 조운과 염정의 부패 그리고 관리와 인민들의 생활고 증가 등은 모두 이전 왕조에서는 들어보지 못한 것들이었다.

따라서 위원의 관점에서 볼 때 청 말의 문제는 무능하고 악한 정부('백성들에 대한 관심'이란 점에서 청조는 저 유명한 '3대'에 비교될 수 있었다) 때문이 아니라 중국 역사상 전례 없는 상황 때문에 발생한 것이었다. 그러한 상황 중 하나로 특히 연해 지역에서의 대외 교역과 군사적 접촉을 들 수 있었는데, 화폐 위기와 군사 위기의 근원은 그것들로 거슬러 올라갈 수도 있었다. 그리고 통제 불가능하게 된 황허의 수해도 문제였다. 황허 강바닥에서의 토사의 퇴적은 끔찍한 것이었는데(위원은 이를 적시하고 있지는 않다), 그것은 인구 대폭발의 부산물이라 할 수 있는 상류 지역 산림의 남벌과 산비탈의 마구잡이 개간 등으로 인해 침식이 가속화된 데 원인이 있었다.

그러나 위원은 적절한 인재를 발굴해 제대로 쓰기만 하면 이처럼 새로운 문제들도 얼마든지 해결할 수 있다고 확신했던 것처럼 보인다. 위원은 이러한 도전들에 직면해 있음에도 불구하고 중국 지성들의 에너지가 "전혀 쓸데없는 것을 추구하는 데 집중되고 있는" 사실에 분노했다. 과거제도는 문헌학과 어원학만 강조하고, 관원들은 전혀 엉뚱한 기준에 의해 평가되고 있었다. 예를 들어 한림원에서는 '서예의 재능'이 평가 기준이 되었고, 행정 관청에서는 '서리들을 다루는 솜씨와 기록 보관'이 평가 기준이 되었다. 위원의 개혁안은 기존의 전통적 기준에 따라 왕조의 기본적인 장점을 강조하는 동시에 새로운 도전이 지닌 전대미문의 독특한 성격과 부적절한 제도적 대응 등을 교묘하게 강조하는 방식으로 작성되어 있었다. 이처럼 그것은 개혁에 대한 경세론적 접근법의 기조를 잘 보여주는 것이었다. 즉 새로운 문제들에는 새로운 방식으로 대응하되 모든 것을 국가에 대한 충성이 변함없이 유지된다는 한계 내에서 추진함으로써 국가를 부강하게 만든다는 것이 그것이었다.[91]

변경 방어에 대한 새로운 관심

19세기 초 위원과 같은 학자들이 변경 방어(변방邊防) 문제에 큰 관심을 보인 것은 18세기의 경험에 기반하고 있었다. 『경세문편』에 들어 있는 자료들의 대부분은 실제로 청조가 북서 변경과 중앙아시아 내륙에서 겪은 장기간의 군사 경험에서 얻은 것으로, 『성무기』의 기록자였던 위원 본인이야말로 이 방면의 전문가라 할 수 있었다. 그런데 위원 세대의 변경 방어 연구에는 몇 가지 독특한 특징들이 있는 것처럼 보인다. 위원은 사람들이 소위 청 말의 '성세'(이것은 그의 완곡한 표현이다) 속에서 변경의 위험을 보지 못하고 있으며, 따라서 이에 대한 자각이 필요하다고 확신하고 있었다.[92] 그가 쓰고 있는 것처럼 투르키스탄은 이미 호자들, 즉 성직 가문의 수장들이 이끄는 반란에 휘말려 있었다(7장을 참조하라). 이러한 동요는 1825~1828년까지 계속되었는데, 아마 이것이 위원으로 하여금 변경 방어에 관해 연구하도록 자극했을 것이다. 그러나 위원과 그의 친구 공자진(공자진의 글들이 『경세문편』의 「변방편邊防篇」에서 단일 주제로는 최대 분량을 차지하고 있다)이 제시한 해결책은 전략적 지정학을 중심으로 하는 관습적인 논의를 훨씬 넘어서고 있다. 두 사람 모두 내지의 인구 밀도가 높은 성에서 동투르키스탄(현재의 신장)으로 사람들을 이주시켜 지역을 발전시켜야 한다고 주장했다. 공자진은 강제 이민과 이들 서부 지역을 정규 지방 행정 체제(성省)로 편입시키는 것에 대한 대규모 계획을 제출했는데, 이 계획은 실제로는 변경 방어에 대한 요구보다는 오히려 중국 내부의 인구 압력 문제를 해결하는 데 더 큰 목적이 있었다.[93]

중앙아시아의 변경 연구에 대한 관심은 주로 베이징에서 집중적으로 고조되었는데, 서송徐松의 저술이 커다란 자극이 되었다. 서송은 일찍이 본인이 일리 지역에 살면서 그곳을 두루 여행하며 변경의 지리에 관해 엄청난 분량의 글을 남겼다. 서송의 영향을 받은 사람 가운데는 위원과도 친교가 있던 장목張穆이라는 학자가 있었는데, 그는 몽골 각 부족의 거주 지역들을 체계적으로 분류하고 정리했다. 후에 그것은 한학의 치밀한 경험주의적 장점과 경세 사상가의 실용주의를 잘 결합시켰다는 평판을 얻었다.[94] 이 베이징 그룹은 교육과 과거 시험 감독 활동으로 명성을 얻은 관료이자 전직 태사였던 정은택程恩澤을 둘러싼 한 집단과도 겹쳤다. 정은택은 다방면에 걸친 경험과 학문을 바탕으로 청조 사회에 위기가 임박해 있다는 것을 예측할 수 있었다. 정은택을 둘러싼 집단의 구성원들의 특징은 분명 이처럼 청 사회가 급격히 쇠퇴하고 있다는 것을 자각하여 동시대인의 무감각과 무기력을 몹시도 안타까워했던 점에서 찾을 수 있을 것이다. 정은택은 주변에 경험적 탐구, 특히 중앙아시아 변경의 지리에 대한 탐구 등을 포함해 다양한 관심을 가진 일련의 학자들을 끌어 모았으며, 해양 국가들에 대한 선구적인 정보 수집 작업도 그의 주도로 이루어졌다. 유봉록, 위원, 공자진 등에 의해 일련의 초기 금문 경학 이론들이 발표되고 한학자와 송학자들 사이의 깊은 골 위로 다리가 놓인 것도 모두 이 집단 내부에서였다.95)

이들 베이징 학자들은 개인적 관계나 지연을 통해 조정 안에 정치적 동맹을 형성하고 있었던 것이 틀림없다. 정은택은 안후이 성 서 현歙縣 사람으로 조진용과 동향인이었으며, 조진용은 정은택의 부친을 알고 있었다. 장목 등을 포함하는 정은택 집단은 기준조祁寯藻와도 친밀한 관계를 유지했는데, 기준조는 후에 군기대신이 되며 줄곧 목창아의 반대파로 있었다. 임칙서와 공자진도 관료로 활동하며 줄곧 목창아와 충돌을 일으켰다. 이런 관계의 구체적인 특성과 그들이 청의 정책 결정에 미친 영향에 대해서는 더 깊은 연구가 요구된다.96)

지역 군사 방위와 그러한 목적을 위한 실용적 학문은 그와는 전혀 다른 배경, 즉 서북 지방 내지의 원주민들이 사는 변방 출신의 한 사대부에 의해서도 촉진되었다. 후난 성 출신의 학자 엄여익嚴如熤(1759~1826년)은 우공생이라는 중간 정도의 학위만 갖고 있었지만 19세기 초 가장 영향력 있는 경세 활동가 중의 하나이자 백련교의 난 진압의 지도자가 되었다. 그는 1800년에 실시된 특별시 효렴방정에 합격해 관리가 되었다. 이 시험에서 그는 장문에 걸쳐 백련교 진압에 사용하고 있는 정통적인 군사 전략을 비판하고 대신 지방의 단련을 양성할 것을 주장했으며 이후에 채택되는 견벽청야 정책과 크게 다르지 않은 정책을 제시했다. 엄여익은 일찍이 글을 가르치는 일에 종사하다가 고향인 후난 성 서부 쉬푸漵浦 부근의 산지에서 먀오족 반란 진압 활동에 참가했다.[97] 그는 군사학에 관심이 있었을 뿐만 아니라 또한 그곳 지리와 민족에 관한 전문가였다. 먀오족 반란의 평정에 관한 그의 저술은 먀오족의 생활상에 관한 상세한 자료들을 포함하고 있는데, 피상적인 데 그치지 않고 이질적인 부족 지역들의 문화를 각각의 구체적인 특성을 파악하여 서술하고 있는 것으로 유명했다. 이러한 재능을 다른 경세학자들도 배양하여 서양 오랑캐洋夷들에 대해 적용하는 것은 아주 천천히 이루어졌다. 엄여익 본인도 후에 남방의 해적 진압에 조언자로서 참가한 후 해방海防에 관심을 갖기 시작했다. 그의 『해방집요海防輯要』는 위원의 『경세문편』이 출판되기 몇 년 전에 이미 편집이 끝나 있었던 것이 분명하다. 이 책은 중국 전 해안의 전략적 요충지를 모두 다루고 있으며, 주요 자료들은 고염무와 청 초의 지리학자 고조우顧祖禹 그리고 명대의 군사 조직 전문가인 척계광戚繼光(그의 저술은 이후 19세기에도 관리들에 의해 종종 인용되었다)에게서 가져왔다.

관점이 서로 다르기는 하지만 중앙아시아 변경이나 내지 국경 지대에 관한 이들의 저술은 학문이 정치적으로 유용해야 한다는 확신이 부활하면서 나온 것이었다. 두 사람 모두 오랜 전통을 가진 전략적 지리학 연구들에 의지했는데, 청조의 허약함에 대한 새로운 인식으로 말미암아 다시 그러한 연구들이 활기를 띠고 있었다. 이러한 전략적 관심이 해방이라는 새로운 문제로 돌려질 수밖에 없었던 것은 아마 필연적이었던 것 같으며, 실제로 얼마 후 위원도 그렇게 하고 있다. 이러한 전환 과정에서 위원은 경세가들이 가치 중심적 진술을 피하고 대신 실용적 진술을 선호했던 것에서 도움을 얻을 수 있었다. 이러한 관점은 획기적인 것으로, 그동안 경멸해온 야만 문화(어떤 지역의 것이든)를 다루는 데 있어 필수적인 것이었다.

엄여익은 일찍이 창사長沙의 유명한 악록서원嶽麓書院에서 공부했다. 이 서원과 자매 학교인 성남서원城南書院은 아마 19세기 후난 성 출신 지식인들의 특징을 이루었던 공공 행정에 대한 관심이 형성되는 데 강한 영향을 미친 것 같다. 건륭조 말기부터 시작해 1840년대까지 악록서원의 지도자들은 모두 실제 행정 경험을 갖고 있었다. 나전羅典(1718~1808년)은 어사였고 특히 학정學政으로는 대단한 수완을 발휘했다. 그는 탁월한 팔고문 교관으로 널리 이름이 나 있었지만 마음속으로는 표준적인 한학의 고증 방법을 사용해 경전의 진리를 추구하고 있었다. 후에 원명요袁名曜(1801년 진사)이 악록서원을 이끄는데, 전략적 지리학에 대한 전문가였던 그는 엄여익과 도주의 친구였다. 그는 베이징에서 관료 생활을 할 때 궁중 일지를 기록하는 직책을 맡은 덕분에 정부의 최고위층에서 일어나는 사건들을 관찰할 수 있는 귀중한 경험을 할 수 있었다.

그의 후임자 구양후균歐陽厚均(1799년 진사)은 일찍이 호부에서 15년간 복무했고 공공 행정에 통달한 지식을 가진 인물로 존경받았다. 그는 27년 동안 악록서원의 학장으로 있으면서 3천 명에 달하는 제자들을 배출했다. 이 서원이 어떤 교과 과정을 갖고 있었는지는 아직 구체적으로 알려진 바가 거의 없지만 적어도 학장들이 송학자나 혹은 한학자가 아니었다는 것과 그들 모두 국가 실무에 대한 폭넓은 지식을 배경으로 갖고 있었다는 것만큼은 분명하다.[98]

실제로 19세기 초의 몇 십 년 동안 창사에 새로운 기풍이 나타나고 있었다는 것을 암시하는 많은 증거들이 있다. 한학의 훈고학적 학풍의 위세가 양쯔 강 하류의 성들에서만큼 크지는 않았던 후난 성에서는 17세기부터 왕부지王夫之의 행동주의와 불굴의 도덕주의가 보존되어 있었다. 엄여익이 변경 방어에 관한 실제적인 연구를 통해 실용적 학문의 분위기를 조성하고 있었듯이 창사의 사대부인 당감唐鑑(1778~1861년)은 윤리학적인 송학의 부흥을 이끄는 도덕적 지도자가 되고 있었다. 위원의 후원자인 하장령의 친구이기도 한 당감은 엄격하고 다소 편협한 정주학의 지지자였다. 정주학은 엄격한 방법론적 정신 수양을 통해 윤리적 가르침에 의식을 집중하도록 했다. 그러나 당감은 행동가이기도 했다. 활력 넘치고 능력 있는 관리로 유명한 당감은 주희의 가르침의 두 가지 차원을 실천으로 보여주었다. 즉 자기 수양이 열정적인 학문 연구와 치자治者로서의 삶과 균형을 이루도록 하는 것이 그것이었다. 이러한 청교도적인 엄격한 가르침은 엄여익의 행동주의와 실용적 학문과 함께 당감의 가장 유명한 제자인 증국번의 배경이 되었다. 증국번은 1850년 이후 왕조가 위기에 처했을 때 왕당파 세력의 우두머리가 되었다.

이 시기 다른 하나의 중요한 지방 서원은 1820년 완원에 의해서 세워진 광둥 성의 학해당學海堂이었다. 완원은 가경조의 새로운 내각하에서 임명된 지방관 중의 하나였다. 그는 학자인 동시에 학문 후원자를 자임했다. 이러한 태도는 18세기의 일반적인 분위기로, 그의 보증인 주규朱珪 형제가 일구어놓은 것이었다. 그러나 완원은 인재를 알아보는 안목을 지닌 능력 있는 관원이기도 했다. 그는 조정에 영향력을 갖고 있었고, 그의 명성은 그가 부임한 분야에 신뢰감을 불러일으켰다. 1799년 이후 그는 여러 성에서 관직을 맡았는데, 그중 두 지방에 서원을 설립했다. 항저우의 고경정사詁經精舍(1801년)와 광저우의 학해당이 그곳으로, 두 곳 모두 유명한 교육 중심지가 되었다.

완원의 교육관은 당시의 학술 풍조의 변화를 잘 보여준다. 생도들은 한대의 주석을 강조하는 어원학과 문헌학 연구를 통해 경전을 터득하도록 교육받았다. 또한 '실학', 즉 사실적인 지식과 함께 경전의 원리를 당시의 문제에 적용하도록 노력할 것 등이 강조되었다. 아울러 지방의 학문 전통이 부활되고 재연구되었다. 고경정사와 학해당은 시기적으로나 지리적으로나 중요한 차이가 있었다. 고경정사가 학해당에 비해 20년 정도 먼저 설립되었으며, 또한 항저우가 역사적으로 중요한 문화와 정치의 중심지였음에 반해 광저우는 화남 변경에 위치한 교역항이자 성도省都였다. 뿐만 아니라 설립될 때 두 서원을 이끈 교사들도 달랐다. 1801년 때 항저우의 학장은 왕창王㫜과 손성연孫星衍이었는데, 두 사람 모두 이 지역 사람들이 아니었으며 진사 출신이었다. 또한 조정과 성 정부에서 노련한 관료로서의 경력을 갖고 있었다. 두 사람 모두 오랫동안 베이징에서 역사 당안의 편찬과 『사고전서』의 편집 작업에 종사했으며 전국의 학자들 사이에서 명성이 높았다.

그러나 20년 후에 성립된 학해당의 여덟 학장은 이러한 대도시적 세련미를 가진 사람들이 아니었다. 그리고 8명 중 오직 두 사람만이 진사 출신이며 일곱 사람은 광동 본지 사람이었다. 한 사람만이 지방 학관 이상의 관직을 가졌는데, 한족 기인으로서 군사 방면에서 한동안 재직했었다. 한마디로 말해 그들은 전국적인 문인이거나 혹은 관계의 구성원으로 명성을 날리던 사람들이 아니었다. 그들의 경력은 지방의 정치·학술계에 제한되어 있었다. 예컨대 웅경성熊景星은 거인 학위를 취득했지만 진사 시험에서는 실패한 시인이었다. 그는 지방 학교의 학관직에 만족하지 못했다. 그가 보기에 그것은 자기 재능에 터무니없이 못 미치는 직위였다. 또한 그는 대부분의 학자들이 너무 문약하다고 생각하여 기마술과 권법을 몸소 익혔다. 그의 동료 임백동林伯桐도 거인으로서 학관인 동시에 광저우 지역 관료 집안의 가정교사로 일했다. 1810년 그는 광둥 연안의 해적을 소탕하기 위한 제안을 올렸는데 그것이 양광 총독(광둥, 광시 총괄)에게 받아들여졌고, 이 건의로 인해 그는 관함官銜을 얻었다. 임백동은 군사 전략가 겸 철학자였으며, 광둥 학계에서 한학과 송학의 절충을 지지한 최초의 학자 중의 하나였다.

세번째 교사인 증교曾釗는 발공생拔貢生 학위까지밖에 받지 못했고, 앞의 두 사람과 별다를 것 없는 지방 교육직에서 일했다. 그는 처음에는 완원에 의해서 아이들의 가정교사로 고용되었다. 후에 그는 학해당에서 가르쳤고, 1841년에는 양광 총독의 고문이 되어 영국군에 대항해서 광저우성을 방어하기 위한 계획을 세우는 데 도움을 주었다. 아편전쟁 후 그는 광저우성 방위를 위한 10조의 건의문을 제출했다. 또한 그는 학해당에서 가르친 여덟 학장 중의 하나였던 임백동, 오란수吳蘭修 등과 함께 양정남梁廷柟을 도와 광둥 지방의 해방을 주제로 한 지방지를 편찬하는 일을 도왔다. 양정남 본인도 후에 학해당의 교직을 담당했다. 여덟 학장 가운데서 가장 뛰어났던 서영徐榮은 광저우에 주둔하고 있던 한군정황기漢軍正黃旗의 기인이었다. 그는 1836년 서원을 떠난 후에야 진사가 되었다. 광둥의 한 유명한 시인의 제자였던 그는 높은 수준의 시와 여러 편에 걸친 해적 진압 관련 논문들로 매우 유명했다.[99]

연해의 상업 도시에서 교육 활동에 참여한 이들 소수의 시인·학자 겸 군사 전략가 집단을 당시 사회의 전형이라 할 수는 없었다. 그렇지만 그들은 당시 중국에서 일어나고 있던 중요한 변화 가운데 일부를 대변하고 있었다. 남동 지역에서는 19세기 초에 재부의 중심이 염상鹽商들이 지배하고 있던 양저우에서 공행公行들이 활개 치던 광둥으로 넘어가고 있었다. 그리고 위기의 중심 또한 야만적인 유목민들의 본거지인 중앙아시아의 변경으로부터 해외 침략자들이 발을 들이고 있던 남동 해안으로 바뀌고 있었다. 광저우는 짧은 시간 안에 중앙 정부, 특히 [황실 재정을 담당한] 내무부의 중요한 재정 수입원으로 부상했으며 또한 중국 방위 전략상의 중요한 거점으로 떠올랐다.

19세기 초의 중국은 통상 1840년대에 일어난 아편전쟁과 1850년대에 발생한 태평천국의 난을 역사적 기점으로 회고적으로 조망되곤 한다. 하지만 미래 지향적으로, 즉 18세기 말부터의 발전이라는 맥락 속에서 바라볼 때에야 비로소 이 시기는 보다 정확히 이해될 수 있다. 이러한 방향에서 보았을 때 우리는 일련의 중요한 문제들에 대한 우리의 이해가 얼마나 제한적인가를 더욱 명료하게 알 수 있게 된다. 가령 전통적인 학문이 어떤 방식으로 실제 통치와 조화를 이룰 수 있었을까 등과 같은 문제가 그렇다.

이 시기에는 출처 미상의 '비공식적인' 사료들이 풍부하게 나타났다. 이들 자료들은 대부분 아직 정리되지 않았지만 분명히 인적 관계로 얽히고설켜 있던 중국의 정치 세계를 좀더 잘 이해할 수 있는 길을 제시해줄 것이다. 정책 결정이 제도나 행정적 고려 이상의 어떤 것에 의해서 이루어졌다는 사실은 놀라운 일이 아니다. 이러한 차원을 이해하는 데 실패하게 되면 그만큼 후기 전통 시대의 정부 조직과 운영에 관한 우리의 이해도 제한될 수밖에 없다.

일반적으로 이 시기 중국 정치의 특징은 다원주의의 결여에서 찾을 수 있다고 주장되고 있다. 개별 집단의 관심사들에 대한 인식이나 그에 관한 기록은 거의 찾아볼 수 없다. 당쟁 문제는 주목받지 못하다가 근래에 들어와서야 중국 근대사학자들에 의해 연구되고 있다. 19세기 초의 제도적·행정적 난제들은 이전의 상황 속에서 각종 당파와 이익 집단이 어떤 역할을 했는지를 탐구하는 데 필요한 전거상의 맥락을 제공해주고 있다. 한족 관원들 사이에서의 반만 정서의 대동, 중앙 관료들과 지방 관료들 사이의 불화, 그리고 정부 각계에 만연되어 있던 후견 관계의 기능 방식 등과 같은 문제들이 모두 연구를 기다리고 있다. 그러한 연구들은 분명히 중국의 학자-관료들의 세계를 획일적인 것으로 바라보는 우리의 시각을 변화시키게 될 것이다.

이 시기에 대한 연구에서는 반복적으로 왕조의 쇠퇴에 관한 질문이 제기되는데, 우리에게만 그러한 것이 아니라 우리에게 정보를 제공해주고 있는 사료들에도 그렇다. 왜냐하면 왕조가 쇠퇴하고 있다는 역사적 의식과 1775~1780년의 시기가 청조 역사에서 쇠퇴로 접어드는 전환기였다는 일반적 인식이 19세기 초의 관료와 학자들이 쓴 정치적·사회적 논평을 지배하고 있기 때문이다. 그러나 이러한 추세를 돌이키려는 그들의 노력은 추진력을 얻지도, 부흥에 대한 자각을 불러일으키지도 못했다. 기존의 제도나 관행을 변화시키려고 한 사람들은 개혁당을 결성하지도 않았고 심지어 본인들을 개혁가라고 생각하지도 않았다. 그들의 노력은 산발적이었고 제한된 영역에 한정되어 있었다. 혹시 성공을 거두었다 해도 그것은 일시적인 것에 지나지 않았다.

당시 사람들은 대개 '공'과 '사'라는 이분법으로 자신들의 사회에서 일어나고 있는 일들을 설명했다. 그들은 이런 관점에서 정부가 관리하는 공공 이익이라는 고유한 영역이 사적인 이익의 침입을 받아

축소되고 있다고 생각했다. 그들은 이런 사적 이익 집단 속에는 후견인 집단, 소금 밀매업자, 서리나 아역을 포함한 하급 관원들 등이 포함되며 특히 서리나 아역 집단은 조세, 수리 사업, 조운과 염정 등과 같은 국가 재원을 사적 수입원으로 착복하고 있다고 보았다. 그러나 공에서 사로의 전환 현상은 이들 관찰자들이 생각했던 것보다도 훨씬 더 심대한 것이었던 듯하다. 학자들은 다시는 공직에 복무하지 않고 방향을 바꾸어 개인에게 고용되는 쪽을 택하고 있었다. 운하 체제는 요역 징발 대신 사적인 노동자들을 고용하여 운영되고 있었다. 군적부는 점점 더 쇠퇴한 세습 군인 대신 용병으로 채워지고 있었다. 세리들은 민간 상인에게서 곡물을 구매했고, 조공 담당관은 민간 선박을 임대했다.

바꾸어 말하면 근대로 진입하기 직전에 부패만이 아니라 상업화가, 그리고 타락만이 아니라 점증하는 사회적 복잡성이 중국 사회와 내부의 권력 분배를 변화시키는 힘들로 작용하고 있었다. 전제 군주제가 사적 집단들의 요구를 물리칠 수 있는 능력을 상실하면서 공공 이익 분야의 범위를 지정하고 그것을 통제하던 중앙 정부 자체의 역할 또한 회복할 수 없을 정도로 타격을 입게 되었던 것이다.

THE
CAMBRIDGE
HISTORY
OF CHINA

04

광저우 교역과
아편전쟁

교역의 특징

1760~1834년 사이 청과 유럽 간 교역을 규제한 광저우 교역 체제는 다음과 같은 위계적인 종속 관계로 이루어져 있었다. 먼저 외국의 교역업자들은 청의 인가받은 독점 교역업자들에게 종속되어 있었는데, 이들을 '공행公行'이라고 통칭했다. 둘째, 공행의 구성원들은 황제가 임명한 월해관粤海關 감독에게 복종해야 했는데, 서양인들은 이들을 '호포Hoppo'라고 불렀다. 법률적으로나 정치적으로나 권력은 이러한 위계질서에 따라 위에서 아래로 행사되었다. 월해관 감독뿐만 아니라 광둥 순무, 양광 총독 등 광저우 지방의 관리들이 공행 구성원들에게 훈령과 지시를 내릴 수 있었고, 또 복종하지 않는 자들은 투옥시키거나 수모를 줄 수 있었다. 이들은 광저우에 주재하고 있는 영국 동

인도회사의 광저우위원회*와는 어떠한 직접적인 접촉도 거부했고, 상관의 행상行商을 통해 명령을 전달하는 것이 관례였다.

하지만 경제적 측면에서 보면 어쨌든 권력은 비교적 공평하게 분배되어 있었는데, 광저우 교역 체제를 이론적으로 뒷받침하고 있는 유교의 공식적인 논거와 참가자들의 실익 사이에는 묘한 불일치가 존재했기 때문이다. 이 체제는 조공을 바치는 외국인들이나 아니면 러시아인들이 캬흐타(마이마이청買賣城)에서, 그리고 1760년 이후 유럽인들이 광저우에서 그랬던 것처럼 변경의 화물 집산지에 국한하여 활동을 허락받은 외국인들에게 제한적인 교역을 허가함으로써 대외 관계를 안정시키려고 한 중국의 전통적인 노력의 일환으로 등장한 것이었다. 청 정부가 공개적으로 표명하고 있던 정책적 입장에 따르면 상업적 이익은 국가의 정치적 이익에 종속되어야 했다. 그러나 사적으로는, 심지어 청 황제까지도 광저우 교역을 중요한 개인적 수입원으로 보았다. 외국인들은 월해관 감독이 호부에 속해 있다고 잘못 알고 있었지만 실제로는 내무부에서 파견된 자로서, 광저우의 1년 관세 수입 가운데 해마다 85만 5,000냥의 현은現銀을 황제의 사적인 금고로 올려 보내는 임무를 맡고 있었다.[1] 해관 감독으로서의 그의 업무 수행 능력은 이처럼 황제의 몫을 채워줄 수 있는 능력에 의해 평가되었다. 따라서 광저우 교역을 원활히 유지할 수 있느냐가 어느 정도는 관건이 되었다. 항구의 봉쇄를 초래할 수도 있는 국제적 사건이 발생하면 그가 책임진 재정 충당 임무가 위기에 처하게 되었기 때문이다. 이와 비슷

---

*광저우위원회: 중국은 공반아公班衙, 영국 측은 Select Committee라고 불렀다. 공반아는 당안 중에서는 보통 대반大班이라고 기록되어 있는데, 대반은 이 기구의 책임자를, 공반아는 기구를 가리켰다.

하게 감당할 수 없을 정도로 심하게 '착취하는' 바람에 공행 상인들이 파산하는 것도 월해관 감독이 최고의 이익을 거두는 일에는 배치되었는데, 공행들만이 광저우 교역의 지속에 필요한 충분한 자금을 갖고 있었기 때문이다.

    공행 상인들은 차와 직물을 영국 동인도회사와 같은 독점 교역 회사에 팔아서 얻은 이익으로 자본을 마련했다. 동인도회사는 중국으로 들여온 면직물 등의 상품들로 이들 상품의 대금의 일부를 지불했다. 하지만 이러한 수입품의 가치는 매년 평균 350만 달러에 불과한 반면 매년 동인도회사가 중국에서 사들여 국외로 수출하는 상품 액수는 약 700만 달러에 달했다. 350만 달러의 차액은 원래 동인도회사가 중국으로 갖고 온 아메리카 은화로 메웠다. 1805년 이후 동인도회사는 은화를 더이상 광저우로 갖고 오지 않았다. 그렇게 하는 대신 각종 공구, 인도산 면화, 동남아시아산 기호품 등을 광저우 소상인들에게 판매하고 있던 '사무역업자들' 혹은 자유 교역상들에게 의존할 수 있게 되었기 때문이다. 중국 정부는 이들 영국의 사무역업자들이 현은을 갖고 광저우에서 나가는 것을 금지했다. 이 때문에 그들은 현은을 영국의 동인도회사에 맡기고 런던 혹은 인도에서 현금화할 수 있는 국외 어음을 받았다. 물론 동인도회사는 곧 이 은으로 대량의 차를 구입해 영국에서 팔았다. 그러나 세 가지 상황의 발전이 이런 식으로 균형을 유지해오고 있던 경제적 이익 실현 체계에 변화를 가져왔다. 먼저 청조의 해관 감독이 점점 더 개인적으로 부패해갔고, 청과 영국의 교역 독점업자들의 신용이 점차 불안정해졌으며, 마지막으로 아편의 자유로운 거래가 성행하게 되었던 것이다.

부패와 공소 기금

대외 관계를 책임지고 있던 청의 관리들은 교역에서 이익을 얻고 있으면서도 공식적으로는 사익을 얻을 생각은 추호도 없다고 부정했다. 역대 황제들도 마찬가지로 교역으로 얻는 수입에 대해서는 무관심한 척했지만 실제로는 오히려 월해관 감독을 압박해 더 많은 수입을 확보하려 했다. 황제의 개인적 이익은 공적으로는 청조의 손실이었다. 왜냐하면 월해관 감독이 종종 '남는' 세금을 황제에게 바치느라 호부가 할당한 정액을 채우지 못하기도 했기 때문이다. 18세기 말로 가면서 이러한 개인적 부패가 점점 더 극성을 부려 부임하는 월해관 감독은 누구나 거기에다 더해 3년 임기 내에 온갖 방법을 동원해 본인의 개인 주머니까지 채우려 들게 되었다. 점차 '광저우의 이익'은 교역에서 빨아내 외국인 상인이나 공행과 관련된 모든 상하 관리의 호주머니로 들어가는 식으로 유용되는 기금으로 변질되었다.

공행들은 자기 보호용으로 1775년에 비밀 기금(후에 동인도회사는 그것을 '공소公所 기금'이라고 불렀다. 공소는 공행들의 집회소 또는 공행 전체를 가리키는 말이었다)을 설립했는데, 여기에 참가하는 각각의 회원은 교역 이윤의 10%를 갹출해 관원의 부당한 요구 같은 긴급 용도를 위해 비축해두었다. 1780년경에 이르면 이것은 공개적인 기금이 되어 이때부터는 공식적으로 수입 상품에서 3%의 정액을 징수해 납입하도록 하는 일종의 부가세로 변했다. 이 기금은 표면상으로는 외국인 상인에 대한 행상의 부채 상환을 담보하는 보증금으로 사용하도록 되어 있었다.

공소 기금의 설립과 함께 광저우 교역의 마지막 가장 중요한 단계 (1780~1833년)가 시작되었다. 이 기금 자체는 행상들을 보호하기 위한 하나의 방편으로, 전매 제도 밖에서 사적인 투자가 증가되고 있는 데 대항하기 위해 공인된 것이었다. 하지만 공소 기금의 운용 방식이야말로 1796년 이후 중국 전역을 휩쓴 사회적 무질서를 말해주는 하나의 지표라 할 수 있었다. 건륭조 말기는 전통 왕조가 쇠퇴하는 최초의 징조들을 보여주고 있었다. 진기한 보물과 재산으로 고위 관직을 살 수 있었고, 군적부는 가짜 이름들로 채워졌으며, 지방세 수입도 중간에서 가로채는 일이 빈번했다. 홍수와 기근 등 잇따른 자연재해를 겪은 화중의 많은 농민들이 1795~1803년 사이 쓰촨 성과 후베이 성의 경계 지역에서 일어난 백련교의 난으로 크게 동요했다. 이러한 소요는 광둥 지방으로 확산되어 1802년 삼합회의 반란과 연해 지역을 따라 자행되는 해적의 약탈이라는 형태로 이어졌다. 통킹東京[베트남 북부]에서 구엔阮 왕조를 부흥시키는 데 실패한 용병들이 잇달아 합세하면서 광저우 해적들의 숫자는 날로 증가해 1804~1809년 사이에는 실제로 주 강 삼각주를 포위할 정도가 되었다.[2] 청조는 전통적인 방법으로 사회 동란과 기근을 진정시키려 했고, 또 여러 난을 진압하기 위해 특별 군사비를 지출했다. 관리와 부유한 상인들에게는 기부금 '출연'이 요구되었다. 실제로 관리의 직위에 따라 정해진 금액이 할당되었고, 상인 조합에게도 마찬가지였다. 공행은 공소 기금에서 할당액을 납부했다.

예를 들어 1807년 공소에서 지불한 금액은 황제에 대한 '공물' 5만 5,000냥, 군사 작전 비용 6만 1,666냥, 황허의 치수 사업과 연안의 해적 진압 비용 12만 7,500냥, 호부 관원들에 대한 예물 비용 5,400냥,

시계와 '음악상자'(오르골과 기계 완구는 '관리들이 베이징의 상사들에게 바치는 공공연한 뇌물이 되어' 있었다)³⁾ 등의 구입 비용 20만 냥 등이었다. 이 시기에 행상들이 지급한 금전이 정확히 얼마나 되는지는 아무도 모를 것이다. 그러나 최소한 동인도회사의 조사에 따르면 1807~1813년 사이 공개된 공소 기금의 지출 총액은 498만 8,000냥에 달했다. 하지만 이 정도 액수의 돈으로도 반계관潘啓官처럼 공행 중에서도 부유한 축에 드는 사람들에게는 별다른 도움이 되지 못했다. 여전히 개인들에게는 매번 10만 냥까지 달하는 연납금이 요구되고 있었기 때문이다.

청과 영국의 독점 상인들

이 모든 상황이 행상들의 신용 불안정성을 증가시키면서 동인도회사가 지급하는 선수금이 이전 어느 때보다도 더 독점적 교역 메커니즘의 유지에 관건이 되었다. 매년 동인도회사는 다음 해 구입할 차 대금의 50%와 생사 대금의 90%를 광저우 행상들에게 지불했다. 행상들은 이 가운데 일부 자금을 차나 생사 도매상에게 지급해 다음 해 계약분을 미리 확보했다. 이러한 관행으로 모든 행상은 부채를 지게 되었다. 파산 지경에 있다는 소문이 퍼지기 시작하면 그 행상은 자기의 신용 안정성에 대한 영국 상인들의 신뢰의 표시로 그들에게서 더 많은 자금을 확보해야만 비로소 국내의 차와 생사 상인에게서 신용을 유지할 수 있었다. 그러나 보다 많은 돈을 얻는다는 것은 선수금을 더 많이 받는다는 것을 의미했고, 선수금 비율이 높아진다는 것은 다음 해 계약에서 건네주어야 할 상품의 할당량이 그만큼 더 많아진다는 것을 의미했다. 그런 할당량을 떠맡으면서 행상은 그에 비례해 더 많은 양의 영국산 모직품을 받는 데도 동의해야 했다. 그러면 그처럼 원치 않던 모직품을 광저우의 직물 행상에게 위탁 판매할 방도를 마련해야 했다. 그것이 다시 부채를 더욱 증가시켰고, 결국 신용 불안정성은 갈수록 커져 몇 해가 가도 동인도회사의 속박에서 벗어날 길은 보이지 않게 되었다. 1783년에 이르면 동인도회사의 교역 지배력이 어찌나 커지게 되었는지 동인도회사의 광저우위원회는 설령 월해관 감독이라고 해도 자기 회사에 불리한 가격 카르텔을 형성할 수는 없을 것이라고 생각하게 되었다.[4] 그렇지만 물론 이 어느 것도 행상들에게서 금전을 착취하는 월해관 감독의 권력을 조금도 약화시키지 않았다. 왜냐하면 새로운 종류의 청-영국 독점 체제가 만들어졌기 때문이다. 이때 동인도회사는 이미 너무 많은 돈을 특정 행상에게 투자하고 있었기 때문에 파산하도록 가만히 보고 있을 수만은 없었다. 행상의 파산은 곧 '담보물', 즉 이후 몇 년간의 차 교역에 대해 그가 동인도회사에 저당 잡혀놓은 것을 환수할 모든 희망을 잃어버린다는 것을 의미했기 때문이다. 이처럼 동인도회사의 선수금 지불 관행은 이 회사의 자산을 행상들과 너무나도 긴밀하게 묶어놓음으로써 월해관 감독도 더이상 독점권을 팔 수(팔 필요도) 없게 되었다. 오히려 월해관 감독들은 동인도회사가 행상들 대신 요금과 관세를 간접적으로 지불하고 있다는 사실을 알고서는 행상들을 영국 상인들의 대리인으로 이용했다.

차를 계속 확보하기 위해 쇠약해져만 가는 행상들을 회복시키려고 광저우위원회가 노심초사했음에도 불구하고 동인도회사가 차 교역 자체를 통해 얻는 금전적 이익은 거의 없었다(다만 1830년대에 이르면 영국 정부는 차세에서 정부 재정의 10%에 달하는 수입을 확보하고 있었다). 1780~1790년 사이 인도와 중국 교역에서 얻은 전체 이익은 대략 200만 파운드를 밑돌았는데, 투자 원금에 대한 수익률이 겨우 5%밖에 되지 않는 액수였다. 물론 거기에는 동인도회사를 하나의 수입원으로 삼은 수많은 회사 관계자들의 개인적 부가 수입은 포함되어 있지 않았다. 이런 부가 수입에는 동인도회사 선박의 화물 감독과 회사 직원들의 사무역권, 높은 가격으로 '상속 화물선' 또는 선적권을 회사에 팔 수 있는 권리를 가진 몇몇 집안들이 받는 보상금 등이 있었다. 그러나 어쨌든 동인도회사가 계속 광저우에서 교역한 것은 이 회사가 인도를 통치했고, 중국은 가장 좋은 송금 매체였기 때문이다(동인도회사는 무엇보다 인도 정복에 필요한 경비 명목으로 런던에서 빌린 2,800만 파운드의 차관을 상환하기 위해 인도에서 얻은 잉여 수입을 송금해야 했다).

이때 송금 기구는 대리점이었다. 동인도회사는 직원들이 인도의 사무역을 장악하지 못하도록 1787년에 대행업 제도를 도입했다. 1832년 한 사람은 그러한 제도의 기원에 대해 이렇게 묘사하고 있다.

> 대리점의 소유주들은 주로 중산층 인사들로 구성되어 있었는데, 이들은 일찍이 내무나 군사 방면에서 복무한 경력을 가진 자들로서 상업에 더 재질이 있다는 것을 깨닫고는 관직을 사직하고 대행업이나 상업에 종사하도록 허가받은 사람들이었다. 그들은 동인도회사를 위해 활동하고 자금을 축적했다. 그리고 그러한 자금을 다른 사람들에게 빌려주거나 상업적 목적으로 투

자했기 때문에 실제로 자금의 소유자라기보다는 분배자였다. 그들은 통상적으로는 교역을 통해, 대출과 대부 간의 이자 차액을 통해 혹은 수수료 수취를 통해 이윤을 챙겼다.[5]

1790년경 캘커타에는 이러한 사무역 회사가 15개 있어서 인도 역내의 '지방 교역'*을 장악했는데, 이 회사들은 또한 동쪽으로 사업을 확장해 말라카 해협과 중국에까지 이르렀다. 교역에 필요한 여건을 마련하기 위해 그들은 은행과 보험 회사를 설립하고, 외국 투자자의 대리인 역할을 하며, 개인 재산을 송금하고 인디고〔쪽빛 물감 원료〕재배에 자금을 투자하는 등 다방면으로 활동했다. 유럽에서 염료 공업에 사용되던 인디고는 주요한 송금 수단으로서 다만 동인도회사 선박들을 소유하고 관리하는 '항운계'의 높은 운송 비용만이 문제였을 뿐이다. 1801년 인디고 판매가 갑자기 부진해지자 많은 대리점들은 대량으로 면포와 아편을 광저우로 수송하는 방법에 의존하기 시작했다.

중국에서는 동인도회사가 차 구매를 독점하고 있었기 때문에 '지방 교역'(인도에서 동인도회사의 허가를 받아 사무역 회사들이 수행하고 있었다)에 의해 인도에서 중국으로 수송된 화물은 모두 반드시 중국에서 값싼 상품, 즉 설탕이나 정제되지 않은 아연(납이나 구리 등의 불순물이 섞여 있는 경우도 있었다) 또는 금속 화폐(금화와 은화 등의 경폐硬幣)로 교환해야 했다. 이로 인해 수지 결산을 위한 대규모 은행업이 도

지방 교역(Country trade): 동인도회사는 우선 유럽 상품을 아시아에 와서 팔고 대신 아시아 상품을 유럽에 갖고 가서 팔았다. 그러나 유럽 상품은 값이 비싼 데다 아시아 시장에서 그리 인기가 없었다. 반대로 차, 후추 등 아시아에서 유럽으로 가져가는 상품들은 상당한 중요성을 갖고 있었다. 그러나 이러한 아시아-유럽 간의 상품 이동보다는 아시아 내 여러 지역들 간의 교환이 더 중요했다. 이러한 아시아 지역 내의 교역을 '지방 교역' 또는 인도 내의 교역이라 불렀다.

입되었다. 동인도회사는 이런 가외 수익을 이용해 세 가지 방식으로 금속 화폐를 얻거나 이윤을 창출했는데, 동인도회사로서는 당시 광저우 교역 체제에서 운용하던 거대한 투자금과 선수금을 유지하려면 그러한 이윤이 반드시 필요했다. 첫번째 방식은 인도의 3대 행정구 중의 하나에서 루피화를 한 대리점에 선수금으로 주면 이 대리점은 그것으로 매입한 인도의 면직물을 광저우에서 팔아 스페인 은화를 취득하고, 그것 가운데 '지방 교역' 상의 이윤을 뺀 나머지를 동인도회사의 상관 금고에 입금시키는 것이었다. 둘째로는 광저우의 이 상관이 '지방 교역' 상들에게서 금속 화폐를 받고 대신 런던이나 벵골에서 교환할 수 있는 어음을 발급해주는 방식이 있었다. 마지막으로는 부채를 '회사 기금에 전가하는' 방법인데 다음과 같이 진행되었다. (1) 동인도회사가 행상 갑에게 주어야 할 선수금이 있을 때 (2) 갑은 [받을 선수금을

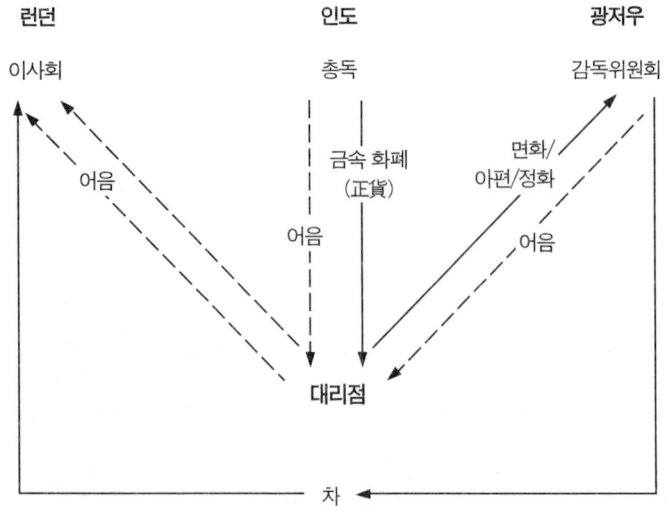

〈중국과의 삼각 교역〉

담보로) '지방 교역' 상 을에게서 면직물이나 아편을 구입할 수 있다. (3) 이런 방법을 통해 행상 갑이 동인도회사가 자신에게 진 빚을 '지방 교역' 상 을에게 갚도록 전가하면, (4) '지방 교역' 상 을은 런던의 (동인도) 이사회가 발행한 환어음을 이용해 런던으로 송금하게 되었다.

얼핏 보면 '지방 교역' 상들은 이미 명·청 시대부터 있던 중국의 전매 제도하의 포상包商 혹은 승소상承銷商과 비슷해 보인다. 그러나 후자들과 달리 이들 '지방 교역' 상들은 필수 불가결했다. 이들이 출현한 가장 기본적이고 궁극적이며 변함없는 이유는 아주 간단했는데, 영국의 방대한 차 수요에 비견될 만큼 중국인이 대량으로 소비할 유럽산 상품이 없었던 것이다. 그 결과 동인도회사의 독점 체제는 독자적으로는 이 교역을 유지할 수 있는 자금을 마련할 수 없었다. 그리하여 직접적인 차 수송 외의 모든 교역은 인도의 대리점과 광둥에 있는 이들의 대리인들인 '영국인 사상' 들을 통해 진행되었다.

교역 독점권의 폐지

청과 영국의 관계가 소원해질수록 양국의 교역 대표들은 오히려 더욱 가까워졌다. 1801년경 광저우위원회와 공행은 단일한 청-영 길드를 형성한 듯한 모습을 보였다. 이들 사이의 경쟁은 아무래도 좋았다. 확실히 양자는 영국과 미국의 새로운 사무역상들의 침투에 상호 원조로 맞섰다. 이들 영국과 미국의 사무역상들은 독점 제도 밖에서 사업을 했는데, 이들이 보기에 그러한 제도는 아무래도 시대에 뒤떨어지고 사업에 방해만 될 뿐이었다.

1785년에 첫번째 미국 선박이 광저우에 도착했다. 독립전쟁이 종결되면서 미국의 사무역업자들은 일거리를 잃어버렸고, 앤틸리스 제도*는 미국 선박의 접근을 허락하지 않았다. 따라서 세일럼, 보스턴, 뉴욕의 선주들은 청과의 교역에 안달이 나지 않을 수가 없었다. 그들의 외돛 범선과 종범식 범선은 누트카[지금의 밴쿠버]에서 인삼을, 그러다가 1787년 이후에는 모피를 실어 날랐다. 1806년 이후 아메리카 대륙의 태평양 서북 해안에 서식하던 해표와 수달이 절멸되자 하와이와 피지의 단향목檀香木이 집중적으로 중국으로 운송, 판매되었다. 그러나 1830년에 이르면 단향목도 모두 벌목되어버렸다. 케이프 혼을 돌아 교역하던 미국인들 또한 아메리카 대륙의 스페인령 항구로 유럽산 상품을 싣고 가서 멕시코 은을 받고 판 뒤, 그것으로 중국의 차, 생사, 자기 등을 사들이기 시작했다. 이와 함께 매년 은 200만~300만 냥 이상이 광저우 교역에 추가로 흘러 들어가게 되면서 청과 미국 사이의 교역량이 급속히 증가되었다. 미국 선박의 운송비가 동인도회사에 비해 훨씬 저렴했기 때문에 미국 상인들은 영국에서 차세를 납부한 후에도 여전히 동인도회사보다 낮은 가격으로 차를 판매할 수 있었다. 1820년에 이르면 극히 일부를 제외한 광저우 교역 전체가 동인도회사, '지방 교역' 상들 그리고 미국 상인의 지배하에 들어가게 되었다.

미국인들은 괜히 동인도회사 자리를 차지해 공소 기금의 포함으로 치솟아버린 가격을 행상들에게 지불해야 하는 상황을 초래하는 것

<u>앤틸리스 제도</u>: 서인도 제도에서 바하마 제도를 제외한 섬들로 이루어진 제도.

을 결코 바라지 않았다. 대신에 그들은 공행 밖에서 행상들, 특히 광저우 상관을 둘러싸고 있던 점주店主(이들은 중국 정부의 허가를 받지 않았다)를 찾았다. 그러나 1818년 한 점주가 단독으로 생사를 구입하려다가 적발되자 월해관 감독은 이후 서양 선박의 보상保商으로 일하는 행상들은 반드시 모든 외부 중개인들의 활동에 대해서도 보증할 것을 지시했다. 이것은 공행과 광저우위원회 모두에게 이익이 되었다. 왜냐하면 이 조치로 대부분의 점주들이 성내로 들어와야 했기 때문이다. 10년 후 한 염상이 바로 이들 점주들이 출연한 자금으로 새로운 대외교역 업체를 만들어 미국인과 교역하려고 시도했다. 이 염상에게서 막대한 뇌물을 받은 월해관 감독이 이를 묵인하려 할 즈음 동인도회사는 마치 17세기의 '특권 상인'처럼 총독을 동원해 그러한 결합을 깨뜨려버렸다. 하지만 광저우위원회가 중국이 공식적으로 개입하는 등의 혜택을 베풀어준 것에 대해 높이 평가한 반면 런던 당국은 거기에 동의하지 않았다.

 런던의 이사회는 멀리 떨어져 있었기 때문에 자사의 광저우 교역 조직이 중국화되어가는 것을 보다 넓은 시야에서 바라볼 수 있었다. 예를 들어 1810년에 이사회는 350만 냥이 행상들에게 선지급된 것을 발견했다. 광저우위원회는 그러한 선금이 한 해의 차 가격을 적어도 3.5%까지 낮추고 있다고 늘 주장해왔다. 그러나 런던 측은 인도에서는 반드시 12.5%의 이자로 자금을 빌려주면서 광저우에서는 이렇게 적은 이윤을 위해 그토록 많은 자금을 묶어두는 이유가 무엇이냐고 물었다. 도저히 반박할 도리가 없는 논리였다. 1818년이 되자 감독위원회는 마침내 차 교역이 완전히 안정화되었기 때문에 선불금은 더이상 필요하지 않게 되었다는 것을 인정했다.[6] 환금 작물의 재배가 이미 푸젠 성, 화중 지방 그리고 광둥 성 등지까지 확산되었고, 이들 지역에서는 점점 더 많은 농민들이 단작 재배 방식을 통해 전 세계의 차 수요에 응하고 있었다. 그 결과 광저우 상관은 다음 해의 계약을 체결할 때 행상들에게 경폐(經幣)를 지급하던 관행을 언제 그랬냐는 듯이 중단해버렸다. 현금은 여전히 공소 비용으로 중개인들에게 지급되었지만 이러한 지급마저도 1825년 3월에 열린 광저우위원회의 비밀회의 후에 정지되어버렸다. 앞으로 어떤 행상이 파산할 처지에 놓이게 되면 그가 스스로 꾸려나가도록 내버려두는 것이 최선이라고 판단되었다. 예전의 광저우 독점 체제는 와해 직전에 이르렀다. 왜냐하면 '지방 교역' 상들이 점점 더 많은 자금을 광저우로 끌어들여 행상들은 비교적 낮은 이율로 개인 채권자들에게서 자금을 빌릴 수 있게 되었기 때문이다. 이율은 연 20%에서 12%로 낮아졌고, 동인도회사의 자의적인 신용 거래 방책들은 더이상 필요 없게 되었다.[7] 이로 인해 청-영의 독점 상인들 사이에 1세기에 걸쳐 존재해왔던 교역상의 연계는 별 큰 소동 없이 끊어지고, 양국 회사들 간의 분리도 급속하게 진행되었다. 공행은 계속 미래에 희망을 걸고 있었으나 광저우위원회는 이 위원회가 담보 능력을 가진 독점 조직이던 시대는 이미 끝났으며 이제 철수를 시작해야 할 때가 되었다는 것을 알고 있었다.

　　1813년 7월 13일 영국 의회는 동인도회사의 인도 교역 독점권을 폐지했으며 또 중국에서의 독점권도 20년 후에 종결시키기로 결의했다. 인도가 자유 무역에 개방된 후 캘커타와 봄베이에 수십 개의 새로운 대리점이 급격하게 설립되었다. 이 중 많은 대리점들이 중국에 대한 '지방 교역'에 투자했다. 광저우의 영국 사무역상들은 이미 수년 전부터 정규 교역의 주변부에서 런던의 음악상자, 중동의 몰약, 마드

라스의 단향목, 말레이시아의 구갑龜甲 등을 수입하고 있었다. 이전에 이들의 주요 취급 상품은 인도산 원면으로, 난징의 면화와 경쟁하며 화남 지역의 방직 공장에 팔리고 있었다. 그러다가 인도 붐도 끝나버렸다. 1827~1828년 사이 세계 무역에 불경기가 몰아닥치고 유럽의 염색 공장들이 인디고 대신 감청색 안료를 사용하면서 캘커타의 대규모 대리점들 대부분이 거의 파산 지경에 이르게 되었다. 뿐만 아니라 광저우의 '지방 교역' 회사의 소유주(많은 사람들이 캘커타 상인들의 스코틀랜드인 친척들이었다)들도 중국 시장에서 자신들의 화물에 대한 수요가 줄어드는 동시에 불안정해지고 있다는 사실을 발견했다. 싱가포르가 1819년 이후 급속히 성장해 광저우 시장은 말라카 해협 교역에서 들어온 상품들로 가득 차게 되었다. 한때 그들의 주요 취급 품목이던 인도산 면직물은 더이상 난징의 면직물과 경쟁할 수 없게 되었는데, 난징의 면직물이 이제 육로 대신 정크선으로 광둥까지 운송, 판매됨으로써 운송비가 매우 저렴해졌기 때문이다. 심지어 음악상자까지도 팔리지 않았는데, 광저우 사람들이 똑같이 만들어내는 방법을 알게 되었기 때문이다. 그럼에도 불구하고 '지방 교역' 회사들은 광저우 지역 은행업에서 너무나 중요한 역할을 수행하게 되었기 때문에 이처럼 특수한 종류의 교역에서 실패했다고 해서 파산하지는 않았다. 앞에서 언급한 귀중품 운송업이나 금은 중개업 외에도 사무역상들은 다른 새로운 교역 방법을 개발했다. 예를 들어 1826년 이후 스페인령 아메리카의 은 공급원이 고갈되고 미국인들이 국내 투자로 방향을 전환하면서 중국으로의 은화 수입이 크게 줄었다.[8] 그렇게 되자 자딘 같은 상인들은 미국인들에게 런던에 있는 미국산 면화를 베어링사Baring Brothers가 발행한 어음을 받고 팔 것을 권하기 시작했는데, 이 대금은 투자를 위해 광저우로 들어왔다. 그러고 나서 자딘은 광저우에서 어음을 받고 미국인들에게 외상 판매를 한 뒤 런던에서 현금으로 교환했는데, 이는 중국 교역과 관련해 개인 투자자들에게 새로운 형식의 송금 방식을 제공해주었다. 이러한 은행업 덕분에 1820년대 말기에 세계 신용이 위기에 빠졌을 때도 지역 교역상들은 명맥을 유지할 수 있었다. 그러나 그들은 부를 축적할 만큼의 충분한 이익을 남기지는 못했다. 그렇게 된 것은 광저우의 사무역상들이 직접 인도의 3대 수출품 가운데 하나인 아편에 투자하면서부터였다.

아편 무역

아편은 중국에서는 이미 당대부터 약재로 사용되고 있었다. 1620년 타이완인들이 아편과 담배를 섞어서 흡연하기 시작하면서 아편은 마취제로 남동 연해 지역으로 전파되었다. 비록 청 정부가 1729년에 아편 수입을 금지했지만 포르투갈인들은 계속 인도의 다마오와 고아 등과 같은 항구에서 소량의 아편을 들여왔다. 1773년 동인도회사는 동인도에 자체적인 아편 독점 조직을 세울 것을 결정하고는 인도 농민들에게 자금을 제공해 포르투갈인들이 서인도에서 재배하고 있던 말와산[백피토白皮土] 아편보다 품질이 훨씬 좋은 파트나산[공반토公班土] 아편을 재배하도록 했다. 하지만 1796년경 중국이 이 마약에 극도로 민감한 반응을 보이자 동인도회사는 중국에 직접 아편을 수출하다가 차 교역 독점 체제를 위태롭게 하는 사태를 막기 위해 캘커타에서의 공매를 통해 영국의 사무역상들에게 아편을 팔기로 결정했는데, 실제로 이후에는 이들이 인도 동쪽의 소위 '지방 교역'에서 소규모 아편 거래를 주도했다. 이로 인해 1800~1818년 사이 마카오를 거쳐 중국으로 수송된 아편은 매년 4,000상(1상箱은 대략 140파운드)을 넘지 않았다.

하지만 1819년에 이르러 갑자기 아편 무역이 붐을 이루게 되었다. 파트나산 아편과 말와산 아편 사이의 경쟁이 가격을 낮추어 소비를 확대시켰으며 이는 다시 나아가 수요의 확대를 가져왔다. 한 대리인은 "아편은 곧 황금이다. 물건을 찾는 사람들이 끊이질 않는다"고 쓰고 있다.[9] 1820년 사대부 출신의 총독 완원은 아편 수입을 철저하게 단속했다. 16명의 중국 상인이 마카오에서 체포되었는데, 이 중 하나가 아편의 암거래 과정 전체와 함께 고급 관료들에게 뇌물을 준 사실까지 모두 자백했다. 계속하여 추문이 발생하는 동안 아편 공급의 거점이 포르투갈인들이 1517년에 처음 상륙했던 조그마한 섬, 즉 후먼虎門 밖에 있는 링딩 섬零丁島으로 옮겨졌다. 유럽인들의 밀수 체계가 한 바퀴를 다 돌아 제자리에 돌아오게 된 셈이었다. 1822~1830년 동안 이 거점으로부터의 아편 무역은 다시 한 번 크게 비약해 거래량이 연간 18,760상까지 증가했다. 그러나 그것들은 대부분 동인도회사 것이 아니라 말와산으로, 다마오의 대리점 연합체들이 구매한 것이었다. 동인도회사는 인도 중부의 토착 왕공들에게 이들 대리점 연합체들에 아편을 판매하지 못하도록 하다가 마침내 1831년 운송비를 받고 캘커타를 거쳐 말와산 아편을 운반하는 데 동의했다. 이리하여 아편은 인도 전역에서 광저우로 자유롭게 유통되었고, 1836년에 이르면 전체

수입량이 1,800만 냥에 달하게 되었다. 이로써 아편은 19세기에 세계에서 가장 값나가는 단일 교역품이 되었다.

비록 이처럼 엄청난 양의 아편 하역이 링딩 섬 주변에 떠 있는 '돈선躉船'에서 이루어졌기 때문에 중국 관원들의 감독에서 멀리 벗어났다고는 해도 판매는 반드시 광저우를 거쳐야 했다. 수십 명에 달하는 중국의 아편 도매상〔요구窯口〕들은 광저우의 '지방 교역' 상들에게서 증명서를 받은 뒤 무장한 돈선에서 이 증명서를 아편으로 교환해 '배룡扒龍'이나 '쾌해快蟹'에 싣고 달아났다('배룡'이나 '쾌해'는 모두 아편 밀수에 사용된 중무장 선박들로 40개의 노가 설치되어 있었고, 흉폭한 단민蜑民들이 선원으로 승선해 있었다). 이들 선박은 도중에 전투도 벌이고 뇌물도 제공하면서 강을 거슬러 올라가 도비 집단이나 삼합회 등이 경영하는 내륙의 배급처까지 아편을 운반했다. 그러나 이처럼 효율적인 조직들로도 인도에서 수입된 아편 전부를 처리할 수는 없었다. 항상 이익을 내는 데 여념이 없던 '지방 교역' 상의 대표급 인사인 자딘은 1832년 선박을 화북으로 보내 푸젠 성과 저장 성 연해의 후미진 곳에서 직접 갑판에 실은 아편을 판매하기로 결정했다. 이런 식으로 그의 중무장한 화려한 연해 쾌속 범선은 새로운 시장과 새로운 중독자를 만들어나갔으며, 결국 아편 판매를 유례없는 규모로 확대해나갔다.

19세기의 첫 10년 동안 중국은 대외 교역 수지에서 대략 2,600만 냥의 흑자를 기록했다. 그런데 1828~1836년 동안에는 3,800만 냥이 유출되었다. 이렇게 교역 수지를 흑자에서 적자로 돌려세운 것이 바로 아편으로, 그것은 결국 영국에 보다 많은 자금을 공급해 인도의 식민지화 사업을 한층 더 가속화했다. 1830년 동인도회사의 총감사관은 매년 반드시 인도에서 적어도 400만 파운드를 영국으로 송금할 것을 선언했다. 인도 현지에서 얻은 이러한 잉여 수입의 대부분은 우선 아편 형태로 전환되어 광저우에서 판매된 뒤 차로 바뀌어 영국으로 보내졌고, 이 덕분에 영국 정부는 차 관세를 통해 매년 330만 파운드의 세수를 추가로 확보할 수 있었다. 수세기에 걸친 교역의 결과 서양인들은 마침내 중국인에게 대량으로 판매할 수 있는 것이 무엇인지를 발견하게 되었다. 도덕주의자들이라면 이 상품이 어떤 물건인지를 생각하며 죄의식으로 양심의 가책을 느낄 수도 있었겠지만 이 마약은 '지방 교역'의 중요 상품이 아니었던가? 그리고 '지방 교역' 이야말로 당시 앵글로색슨인들이 가장 높이 평가하던 가치들 — 자조, 자유 무역과 상업 우선주의 — 의 결정체가 아니었던가? 이리하여 양심의 가책은 무시되고, 도덕주의자들은 경멸받았으며, 회의주의자들은 조소거리가 되고 말았다. 어쨌든 자유 무역주의자들은 그것 덕분에 정말 많은 것을 얻었다고 느끼고 있었다. 맨체스터는 날로 번영을 구가했으며, '지방 교역' 상들은 광저우위원회가 거의 당연한 것으로 여기고 있던 각종 규제에 분노를 감추지 못했다. 자딘은 한 친구에게 보낸 편지에서 이렇게 말하고 있다.

> 영국의 선량한 민중들도 중국을 생각할 때면 차, 그리고 그것을 통한 세수입만 생각하며, 별 탈 없이 그것들을 얻을 수만 있다면 어떤 수치스러운 짓이라도 마다하지 않을 것이네.[10]

그러나 그러한 시절은 종말을 고하지 않았던가? 1833년 4년간에 걸친 청원, 공개 강연, 시위 그리고 로비 끝에 자유 무역주의자들은 드디어

의회에서 동인도회사의 교역 독점권이 폐지되는 것을 보게 되었다. 중국에서도 이제 영국의 자유 무역이 시행될 길이 열리게 된 것이다.

하지만 실제로는? 영국에서는 자유 무역주의자들이 승리했지만 광저우에는 여전히 제약들이 남아 있었다. 이 도시는 여전히 외국인들이 성 밖에 머물면서 지역 관원들의 속박을 받도록 하고 있었다. 그런데 광저우 너머에는, 바로 코앞에 4억 명의 인구가 사는 거대한 시장이 있었다.

> 모든 중국인들이 그저 옷자락 길이를 1인치씩 늘리기만 해도 우리 공장은 수십 년 동안 정신없이 돌아갈 것이다! 장벽을 없애버릴 수만 있다면, 또 영국이 안전한 항구 한 곳을 확보하거나 섬 하나를 탈취해서 영국의 보호하에 부패와 갈취로부터 자유로운 화물 집산지로 만들 수만 있다면!

1830년 12월 광저우의 영국의 사무역상들은 하원에 중국 교역의 잠재력은 세계에서 가장 중요하며, 지금이야말로 '영구적이고 정당한 기초를 세울 때'라고 청원했다. 1793년의 매카트니 사절단과 1816년의 애머스트 사절단의 실패는

> 어떤 우아한 외교로도 중국에서 얻어낼 수 있는 것은 거의 없다는 사실을 영국 의회에 아주 강력하게 일깨워주었다.[11]

심지어 동인도회사의 광저우위원회도 사업을 접고 광저우를 떠날 채비를 하면서 외교의 '자매'인 전쟁만이 답이라고 느끼지 않을 수 없게 되었다. 거의 한 세기 동안 서양과 중국의 독점 상인들은 함께 고통을

겪어왔지만 이제 그러한 시대는 지나갔다. 광저우위원회는 전쟁을 하면 쉽게 승리할 수 있을 것이며, "우리의 교류를 하나의 합리적 토대 위에 세울 것"이라고 선언했다. 왜냐하면

> 중국인들은 결코 영국과의 관계를 해치고 싶어 하지 않기 때문이다. ······ 적대감은 단지 정부의 시기심으로 인해서 형성된 것일 뿐이다.[12]

중국인들 또한 얼마나 커다란 이익을 함께 누려왔는지를 기억하고 있는 화물 관리인들은 관리들에게 박해받고 월해관 감독의 중과세에 시달리고 있던 일반 중국인들은 수세기 동안 중국 국내 상인들은 실현해내지 못했던 것, 즉 상업에 대한 각종 관료주의적 규제들의 폐지 — 비록 이를 위해 무력을 동원하더라도 마찬가지일 것이다 — 를 받아들이지 않을 수 없을 것이라고 완전히 확신하고 있었다.

영국인들이 조금이라도 본인들의 동기를 주의 깊게 살펴보았더라면 자신들이 얼마나 통탄스러울 정도로 중국을 오해하고 있는지를 깨달을 수 있었을 것이다. 포르투갈인들이 처음으로 무장 상선을 바다에 띄운 날부터 유럽의 상인들은 이윤, 종교, 국가의 명예에 의해 움직여왔다. 중상주의와 민족주의는 늘 짝을 이루고 있었다. 그런데 19세기에 들어와 제국주의가 하나의 공식적인 정책이 됨에 따라 중상주의와 민족주의는 과거 어느 때보다 더 긴밀하게 결합하게 되었다. 교역은 항상 국기國旗를 앞세우고 진행되었다. 그런데 만약 영국 국기가 마침내 광동에 도착하면 광저우 사람들이 교역 대신 자기 나라를 선택할지도 모른다고 생각해본 사람은 아무도 없었다.

아편전쟁(1839~1842년) 전야에 청조의 대외 정책은 오랫동안 유

지되어온 세 가지 가정에 근거하고 있었다. 즉 중국은 전투력에서 우위를 지키고 있으며, 오랑캐들을 '교화시키는' 기술이 있고, 또한 외국인이 조공국 지위를 받아들이도록 해주는 귀중한 교역품을 갖고 있다는 것이 그것이었다. 이 세 가지 모두 시대착오적인 것이었지만 1839년의 시점에서 볼 때 세번째 가정이 특히나 더 그랬다. 왜냐하면 그것은 산업화 시대 이전의 통상 관계에나 어울리는 것이었기 때문이다. 한때 외국 상인들이 그저 중국 상품을 구해 가기 위해 찾아온 적이 있었다. 하지만 이제는 서양의 제조업자들이 중국 시장을 노리기 시작하고 있었던 것이다. 맨체스터 상공회의소는 1836년 2월 외상에게 보낸 의견서에서 광저우는 매년 300만 파운드어치의 인도 상품의 판로를 제공하며, "이 덕분에 우리 인도 신민들이 대규모로 영국 제품을 소비할 수 있게 되었다"고 지적하고 있다.[13] 1천 년 동안 지속되어온 유럽과 동아시아 사이의 수요 공급 관계를 영국이 역전시킨다는 것은 여전히 실제적인 것이라기보다는 희망형에 가까웠다. 하지만 서방의 상업적 침투를 가로막고 있는 중국의 모든 장벽을 철폐하라는 끈질긴 요구는, 휘그당 자유주의와 맨체스터 기업의 19세기 혼합물로 이후 '자유 무역'이라고 불리게 되는 것과 자연스럽게 하나가 되었다. 공격적인 팸플릿의 저자들과 의회 로비스트들과 같은 '자유 무역' 대변인들은 당시의 민족주의를 완벽하게 반영하면서 거의 한목소리로 교역상의 특권과 평등한 외교 관계를 요구했다.

네이피어 사건

동인도회사의 독점권을 폐지한 1833년의 법령은 또한 수석 감독관(상무감독)을 광저우로 파견할 것을 규정하고 있었다. 외상이던 파머스턴 경은 해군 장교이자 목양업자인 스코틀랜드 귀족 네이피어 William John Napier를 수석 감독관으로 임명했다. 선량한 인물이긴 하지만 중국의 상황에는 깜깜했던 네이피어는 모순적인 훈령을 갖고 마카오로 파견되었는데, 이런 모순은 그의 상관이 전쟁(이것은 당시의 교역 체제를 붕괴시킬 것이다)이냐 아니면 수동적인 수용(그것은 청조의 독점 제도와 단일 항구 유지 정책을 그대로 인정하는 꼴이 될 것이다)이냐 사이에서 여전히 마음을 정하지 못하고 있었기 때문에 발생한 것이었다. 먼저 외상은 네이피어에게 절대로 기존의 청-영 관계를 해쳐서는 안 된다고 지시했다. 하지만 그러고 나서 파머스턴은 거의 뒤늦게 생각이 나기라도 한 듯 "경은 반드시 총독에게 광저우에 도착했다는 사실을 편지로 알려주어야 합니다"[14]라는 문구를 추가했다. 수십 년 동안 광저우의 교역 관계에서 청 관원과 외국인 사이의 직접적인 교섭은 금지되어왔다. 따라서 파머스턴은 별 생각 없이 중국이 반발할 것이 틀림없는 혁신적인 내용의 명령을 내리고 있던 셈이었지만 그러한 요구를 무력으로 뒷받침해줄 준비는 하고 있지 않았다. 이러한 내부 사정은 알지도 못한 채 1834년 7월 25일 광저우에 도착한 네이피어는 훈령대로 도착 사실을 편지로 총독에게 알렸다. 이 편지는 즉각 거부되었으며, 총독 노곤盧坤은 그에게 즉시 마카오로 돌아갈 것을 명령했다. 네이피어는 이를 거부했고 이에 노곤은 교역을 정지시켜버렸다.

네이피어가 여전히 떠날 조짐을 보이지 않자 총독은 상관을 봉쇄하고 보급을 중단시키도록 지시했다. 그러자 네이피어는 파머스턴의 지시를 어기고 두 척의 전함을 주 강珠江으로 진군시켰고 아울러 인도로 병력 지원을 요청했다. 한편 노곤은 주 강을 봉쇄하고 68척의 전투용 정크선을 결집시켰으며, 또 황제에게서 무력을 사용해도 좋다는 허락을 받아냈다. 네이피어는 말라리아에 걸려 몸조차 가누기 힘들 정도였지만 금령과 봉쇄에 대항해 17일 동안이나 버텼다. 결국 본국 상인들의 지지를 잃어버리고 나서야 비로소 그는 포기하고 불명예스럽게 마카오로 물러났다. 그리고 10월 11일 그곳에서 고열로 병사했다.

네이피어 사건은 두 가지 중요한 결과를 가져왔다. 그것은 청조의 관원들로 하여금 상관을 철저히 봉쇄할 경우 영국 상인들은 꼼짝없이 인질로 잡힌다는 것을 확신하도록 했다. 그리고 네이피어의 후임자에게는 전쟁에 대비한 긴급 대책 없이 광저우 체제에 도전하는 것은 미련한 짓이라는 것을 깨닫도록 해주었다. 후임 총감독인 데이비스John Francis Davis는 파머스턴에게 차후의 다른 훈령이 있기 전에는 "절대 침묵하고 병사를 움직이지 않을 것"이라고 선언했다.[15] 하지만 이러한 조용한 정책은 광저우의 '지방 교역' 상에게는 결코 바람직한 일일 수가 없었으므로 결국 그들로부터 3개월 동안 집요하게 '나약하다'는 비판을 듣다가 마침내 사직하고 말았다. 그의 후임자는 1835~1836년 내내 조용히 지내면서 결코 오지 않을 훈령을 기다리고 있었다. 그는 한 가지 생각뿐이었다. 즉 청의 모든 규제를 받아들이는 한이 있더라도 교역이 계속되도록 하겠다는 것이 그것이었다.

강력한 자유 무역 압력 단체는 훨씬 더 많은 것을 요구했다. 동인도회사의 독점권을 폐지하고 난 뒤 교역액은 증가했다. 그러나 그것은 광저우의 물가가 폭등한 데 주원인이 있었다.[16] 당시 영국 교역상들은 날로 치솟아만 가는 가격으로 중국 상품을 구입해야 했던 것은 말할 것도 없고 매사추세츠의 로웰 공장을 헐값에 팔아버려야 했을 만큼 힘든 시기를 맞고 있었다. 이러한 가격 폭등은 서방 교역의 약점을 보여주는 하나의 징후였는데, 영국의 독점권 폐지는 실제로는 상품 가격을 낮게 유지시켜주던 회사의 강력한 구매력과 신용 거래 수단의 상실을 의미했기 때문이다. 게다가 자유 무역상들은 얼마 지나지 않아 행상들이 현금을 마련하기 위해 은밀히 영국 직물을 7% 덤핑 판매하고 있는 것을 발견했다. 이것은 분명히 임박한 신용 위기(1836년의 파산 위기)를 경고하는 것인 동시에 동인도회사의 독점권을 폐지하면서 나타난 또 다른 결과를 보여주는 것이었다. 이제 월해관 감독의 가혹한 착취로부터 개별 행상들을 지켜주는 데 관심을 가진 영국 회사 대표들로 구성된 단일 단체는 더이상 존재하지 않게 되었다. 이처럼 자유 무역이 중국의 중상주의에서 중요한 버팀대를 하나 제거해 버린 셈이 되었고, 광저우 교역 체제는 이때부터 완전히 무질서 속으로 빠져들어 갔다. 실제로 한편에서 자유방임주의 정책을 실시할 경우 상대편에서도 그에 맞추어 각종 제한을 철폐해야만 효과적으로 교역의 균형을 회복할 수 있었기 때문이다.

이런 사실을 몰랐던 것은 아니었지만 '지방 교역' 상들은 시장이 닫히고 있고 날강도나 다름없는 관원들의 변덕에 희생당하고 있으며 네이피어와 영국 국기가 모욕당하기까지 했다는 것을 더 크게 문제 삼았다. 물론 이들이 본인들의 투쟁의 정당성을 영국 국민들에게 설득시키기 위한 대중 캠페인과 청원에서 이용한 것은 이 중 마지막 사항이었다. 이제는 전쟁을 할 수밖에 없다는 격한 목소리들이 『광저우 신문』에서 처음으로 들려왔다. 그러자 1835년경 제임스 매디슨[James Matheson]이 그러한 고함 소리들을 영국으로 들고 갔다. 처음에 그는 당시 웰링턴 공작이 수장으로 있던 외무성으로부터 거의 아무런 공감도 얻어내지 못했다. 그러나 얼마 후 휘그당이 재집권하면서 그의 자리를 대신한 파머스턴 백작은 그의 말에 훨씬 더 진지하게 귀를 기울여주었다. 비록 맨체스터와 리버풀의 제조업자들과 힘겨루기를 해야 했지만 중국에 대한 보다 강경한 정책을 실시해야겠다는 생각은 확실히 화려함을 좋아하는 이 신임 외상의 성격과 잘 맞아떨어졌다. 그는 중국인들이 전쟁의 결정적 구실을 제공하지 않는 상황에서 이것이 영국 대중에게 먹혀들어갈 수 있으리라고 믿을 만큼 순진하지는 않았다. 왜냐하면 영국의 대중들은 복음주의의 영향을 받아 아편 판매를 죄악이라고 믿고 있었기 때문이다. 하지만 그는 좀더 강경한 정책을 밀어붙일 수 있었다. 그리하여 그는 찰스 엘리엇 대령 — 영국 해군에 복무하다가 당시에는 마카오의 부수석 감독관 자리에 있었다 — 의 제안을 받아들여 네이피어의 완고함과 데이비스의 수동적인 자세를 절충한 정책을 추구했다. 1836년 6월 15일 파머스턴은 엘리엇을 수석 감독관으로 임명했다. 6개월 후 그의 임명장이 마카오에 도착했다.[17]

엘리엇은 아무리 곤란한 문제라도 '합리적인' 해결책이 있다고 믿을 수 있는 운 좋은 사람 가운데 하나였다. 하지만 불행히도 그는 그저 낙관론자였을 뿐 세세한 사항에 충분히 주의를 기울이지도, 또 종종 외교에서 미묘한 문제를 제대로 해결하기 위해 요구되는 인내심을 갖고 있지도 않았다. 파머스턴은 네이피어에게 그랬던 것처럼 그에게도 품청 형식의 공식 문서를 사용하지 말라는 훈령을 내렸다. 그러나 확실히 좀더 유화적이었던 등정정鄧廷楨이 노곤을 대신해 이미 총독이 되어 있었기 때문에 엘리엇은 의사소통을 위해서라면 중국식 방식을 따르는 것도 나쁘지 않다고 생각했다. 그리하여 상급자에게 보내는 문서 형식의 '품청'을 보낸 후 그는 등정정이 승인한 영국의 수석 감독관이 되었고, 광저우에 와서 사무를 처리하는 것을 허락받았다. 파머스턴의 질책을 듣기 전까지만 해도 그는 유쾌하게 직무를 수행하고 있었다. 파머스턴은 그러한 의전이 조공 제도의 핵심이라는 것을 정확히 꿰뚫고 있었기 때문에 정부 간 대화에서 품청을 사용하지 못하도록 그토록 엄금했던 것이다. 한편 등정정 역시 양보할 수 없었다. 그는 도광제에게 이렇게 보고했다.

> 만일 이들이 지방관들과 대등한 위치에 서도록 내버려둔다면 이는 곧 오랑캐 나라가 천조天朝에 맞서는 것을 허용하는 일이 될 것입니다.[18]

엘리엇은 군사적 수단을 사용해 이러한 대치 상태를 타개하려고 했다. 해군 소장인 메이틀런드Maitland는 1838년 7월에 명확한 훈령도 없이 인도 함대로부터 영국 군함 2척을 거느리고 광둥에 도착했다. 엘리엇은 이러한 소규모 무력 시위가 중국의 태도를 변화시키기를 바라면서 그러한 조짐이 나타나기를 기다렸다. 등정정이 메이틀런드의 출현으로 긴장한 것은 당연한 일이었다. 그리하여 사소한 사건이 하나 발생했을 때 그는 본인 휘하의 수군 장교가 이 영국 해군 소장에게 사과하는 것을 허락했다. 엘리엇에게는 그것으로 충분했고, 영국 함대는 10월 초에 인도로 돌아갔다.

이 일로 엘리엇은 자기가 뭔가를 해냈다고 믿었지만 다른 사람들은 아무도 그렇게 생각하지 않았다. 중국인들은 영국인들의 허장성세에 적절히 맞섰다고 생각했고, '지방 교역' 상들은 배 몇 척이 한 번 출현했다고 해서 그토록 원하는 전쟁이 발발하지는 않을 것이라는 것을 알게 되었다. 그들은 중국 교역에서 나오는 세수입이 계속 영국으로 유입되는 한 영국 정부는 전쟁을 감행하지 않을 것이라는 사실을 이미 1835년에 깨달았다. 다만 아편 — 영국-인도-중국 사이의 삼각 교역의 교환 매체인 — 이 장벽에 부딪히게 될 경우에는 파머스턴도 자유 무역주의자들이 그렇게 오랫동안 갈망해온 결정을 내리지 않을 수 없을 터였다. 따라서 주도권은 결국 이미 제법 적극적으로 아편 밀무역 단속에 나서고 있던 중국의 수중에 있었다.

아편 문제에 관한 논쟁

1836년 무렵에는 매년 대략 1,820톤의 아편이 중국으로 수입되고 있었다. 아편 중독자는 나날이 증가하고 있는 것 같았다. 보통 흡연자 한 사람이 하루 평균 얼마 정도의 아편을 소비했는지에 대한 믿을 만한 수치가 없기 때문에 확산 정도는 결코 정확히 계산해낼 수 없다. 1836년 당시 서양의 통계로는 대략 1,250만 명의 흡연자가 있었다고 한다. 1881년 하트 경Robert Hart은 비교적 상세한 조사를 통해 대략 전체 인구의 0.65%에 달하는 200만 명의 흡연자가 있다고 밝혔다. 하지만 당시 대부분의 사람들은 그것은 너무 낮은 수치라고 생각했다. 스펜스Jonathan Spence는 꼼꼼한 연구를 통해 1880년 말경이면 10%의 인구가 아편을 흡연하고 있었다고 보는 것이 합리적이라는 결론을 내놓았다. 심각한 중독자가 대략 3~5%라고 한다면 1890년경에는 1,500만 명의 중독자가 있었을 것이다.[19]

일찍이 1820년에 외무 전문가인 포세신은 쑤저우 시에 10만 명의 아편 중독자가 있다고 말한 바 있다. 또한 임칙서는 1838년에 중국인 가운데 아편 흡연자는 최소한 1%는 된다고 주장했다. 그러나 이들 학자들이 인용하는 숫자보다 더 중요했던 것은 도처에 아편 흡연이 만연해 있는 실상이었다. 도심이나 주요 도로 주변을 따라, 그리고 인구가 밀집된 하류의 삼각주 지역에서 흡연자의 존재는 더이상 무시할 수 없는 것이었다. 일단 중독되면 많은 돈이 필요했기 때문에 시간이나 수입 면에서 여유가 있어야 했다. 따라서 통상 흡연자들은 신사 계층의 부유층, 중앙 정부의 관원(어떤 사람들은 이들 중 1/5이 중독자라고 했다), 아문의 관리(임칙서는 이들 중 4/5가 중독되어 있다고 추정했다)나 병사들이었다. 청 왕조는 한편으로는 조정 전체가 중독으로 인해 뿌리째 썩어 있다는 사실에 경악했으며 다른 한편으로는 은화〔은괴〕유출이 나날이 증가하고 있는 경제적 상황에 다시 전율했다. 중국은 조악한 복본위 화폐 제도를 실시하고 있었는데, 이 제도에서는 1,000문의 동전을 은 1냥으로 교환하도록 법적으로 규정하고 있었다. 그러나 은 가격이 날로 앙등해 1838년에는 은 1냥을 교환하는 데 동전 1,650문이 필요하게 되었다. 토지세는 대개 동전으로 납부했으나 은으로 환전해 중앙 정부로 보냈기 때문에 농민들이 점점 더 많은 세금을 납부하는 상황에서도 국가 수입은 전혀 증가하지 않았다.

환율이 이렇게 변화하게 된 것은 순전히 국내적인 이유들 때문이었다. 예를 들어 윈난 지역의 구리 생산량이 점차 감소하고 있었기 때문에 정부는 저렴한 가격의 경폐를 제조해야 했다. 이러한 품질 저하와 그에 따른 가치의 하락은 보다 많은 현금 통화에 대한 수요를 창출했고, 이로 인해 19세기 전반기의 30년 동안 매년 주조한 경폐는 18세기 초에 비해 무려 8배가 되었다. 그레셤의 법칙대로 은냥은 이로 인해 거의 유통되지 않게 되었고, 이 때문에 은의 수요는 점점 증가하고 은의 가치도 더욱 높아져만 갔다.[20] 이처럼 동전의 교환 가치의 하락은 완전히 동전의 실질적인 가치가 떨어진 것에서 말미암은 것이었음에도 불구하고 청조의 관원들은 이를 모두 아편 무역으로 중국에서 백은白銀이 초과 유출된 탓으로 돌렸다. 이러한 경제적 우려는 다른 주장들과 맞물리게 되었다. 예를 들어 아편은 서양 오랑캐의 침입의 첨병 또는 일종의 '도덕적 독약'으로 사람들의 영혼을 타락시키는 것으로 간주되었다. '사교邪敎'와 마찬가지로 그것은 인간을 금수와, 중화민족을 오랑캐와 구별시켜주는 고유한 사회관계('윤리')를 파괴시키는 것이었다. 1836년에 어사 원옥린袁玉麟은 이렇게 주장했다. 즉 만일 사람들이 계속해서 중독자의 이기적인 나른함에 점점 더 깊이 빠져들게 된다면

> 지아비는 처를 훈계하지 못하게 될 것이고, 주인은 종을 다스리지 못하게 될 것이며, 스승은 제자를 훈도하지 못하게 될 것이다. …… 그리하여 결국 백성의 목숨이 끊어지고 나라의 원기가 상하게 될 것이다.[21]

뿐만 아니라 마약 거래는 관원들로 하여금 무뢰배들과 결탁하도록 해 공직 사회를 부패시켰다. 특히 광저우에서 그러했다. 광저우에서는 일찍이 1826년에 특별 수사水師 순선단을 설립해 아편 밀수자들

을 체포하도록 한 바 있었다. 그러나 얼마 지나지 않아 단속 선원들은 매달 36,000냥을 받고 밀수선('쾌해')들이 단속을 벗어나 통과하도록 내버려두었다. 그리하여 순선 제도는 1832년에 폐지되었다가 5년 뒤에 등정정이 다시 적극적으로 아편 밀수를 단속하려 했을 때 부활되었다. 문제는 단시간에 재물을 모으려는 부패한 관원들이 모두 이 수사 순선에 눈독을 들이고 있었다는 것이다. 심지어 함대 사령관인 중군 부장 한조경韓肇慶도 아편 운반을 허용하는 대가로 뇌물을 받았다. 광저우의 큰 상인들도 연루되었다. 그들은 너무 깊이 연루되는 것은 어떻게든 피하려고 했는데, 그것이 자신들의 합법적인 사업을 해치게 될 것을 염려했기 때문이다. 그러나 결국에는 그것도 별 문제가 되지 않게 되었다. 푸젠 성의 도매상들, 광저우의 의류 행상들, 산시山西의 전장들 등 어찌나 많은 상인들이 마약 거래에 연루되었는지 관원들 눈에는 모든 이가 뒤죽박죽 뒤얽혀 있는 것으로 보일 지경이었다.

아직 증거 자료는 없지만 공적 기록의 이면에는 한 가지 의혹이 숨어 있다. 즉 원래는 서양 교역에 대한 독점에 의해 지탱되고 있던 광저우의 실업계가 점차 아편 무역에 의지하게 되고 그에 따른 이익을 조정에 제공함으로써 심지어 베이징까지도 아편에 의지하도록 만든 것은 아닐까 하는 점이 그것이다. 부패에 따른 이익과 고상한 도덕 원리가 이 세계 권력의 중심에서 공존했던 적이 한두 번은 아니었다는 사실에 비추어 보면 그러한 연결 관계는 얼마든지 있을 수 있는 일이었다. 가경조 시대(1796~1821년)에 매년 광저우에서 황실로 들어오는 세관의 잉여금은 85만 5,000냥에 달했는데 이것은 제국 전역에 걸쳐 있는 21개의 세관에서 거두어들이는 전체 잉여금(226만 1,000냥)의 1/3을 넘는 규모였다. 여기서 우리는 수많은 광저우 관원들이 이익을 보는 가운데 월해관 감독은 일정액을 떼어 조정으로 보내야 했을 것이라고 추측해볼 수 있을 것이다.[22] 게다가 청대 교역 초창기부터 남동 지역 상인들은 이미 연해 지역의 해적들과 긴밀히 결탁하고 있었다. 이러한 결합은 광저우 교역 체제가 안정되어 있을 동안에는 약화되었다. 그런데 당시 이러한 관계가 다시 회복되고 있었으며, 이 지역으로 파견된 청조 관원들은 서양 오랑캐들을 도와 중국을 부패시키는 지역 '매국노'들의 광범위한 조직망이 존재하고 있다고 어느 때보다도 굳게 확신하게 되었다.

아편은 18세기에 이미 금지되었지만 그것은 별 효과가 없었다. 1820년에 즉위한 도광제는 이를 둘러싼 위법 행위에 경악을 금치 못했다. 당시 양광 총독이던 완원 또한 분노를 감추지 못하며 아편 밀무역자들을 마카오에서 링딩 섬으로 몰아냈다. 어쨌든 1820년대 내내 마약의 확산에 대한 보고가 끊임없이 들어왔다. 심지어 베이징에서도 공공연히 판매가 이루어지는가 하면 산시山西 성에는 아편 끽연점(연관烟館)이 있었고 상하이 부근에서도 아편이 밀수되었으며 심지어는 안후이 같은 산간 지역에까지 양귀비 재배가 확산되었다. 1830년에 이르면 황제도 양쯔 강 남부 지역의 은 가격 앙등을 알게 되며, 이듬해 그는 밀매업자들을 체포해 광저우로부터의 아편 수송을 막으라고 명령했다. 또한 보갑 제도를 되살리고 밀고자를 포상해 국내의 아편 재배를 봉쇄하도록 했다.[23] 그러나 어떤 정책도 막대한 이익의 유혹을 감소시키는 데는 성공하지 못했으며, 1836년에 이르면 '엄금 정책'으로는 결코 아편의 확산을 막을 수 없다는 것이 분명해졌다. 이로 인해 그해 5월 17일 베이징 관원인 허내제許乃濟가 대담하게 엄금이 능사가 아니라고 선언하기에 이른다. 만일 도덕적 문제를 논외로 한다면 은의 유출이 진짜 문제라는 것이었다. 그리고 이 문제는 물물 교환 방식으로 아편 무역을 합법화하면('이금책') 해결될 수 있다고 주장했다. 황제는 즉각 고위 관원들에게 이 문제를 토의하도록 하면서 당분간 적극적인 행동을 중단하고 논쟁의 진행 과정을 지켜보았는데, 이런저런 논쟁들이 2년 동안 계속되었다.

　첫번째 문제는 합법화에 관한 것이었다. 여기서는 의견이 크게 두 가지로 갈렸다. 합법화를 주장하는 사람들의 논지는 다음과 같았다. 황제가 공포 정치를 실시하려는 것이 아니라면 '공상'에 가까운 금령을 실시하는 것은 비현실적이다. 계속 금령을 유지하면 관원들의 부정부패만 조장하게 될 것이다. 가장 좋은 방법은 현실을 제대로 파악해 물물 교환 방식으로 아편을 수입한 다음 이를 월해관 감독의 독점적인 통제하에 두는 것이다. 이렇게 하면 국가 세수는 오히려 상당히 증가하게 될 것이다. 여기서 마지막 논지는 분명히 도광제의 마음을 흔들었다. 그는 근검절약을 강조하는 것으로 유명한 황제였기 때문이다. 하지만 동시에 그는 역사상의 현명한 군주들을 모방하려고 했고, 또 자신의 도덕적 책임을 크게 의식하고 있었다. 그는 이 때문에 법이 지켜지지 않는다고 해서 법률을 폐지하자는 것은 가당치 않다는 도덕주의자들의 반대 의견을 쉽게 받아들였다. 설령 상황이 나쁠지라도 그런 만큼 오히려 더욱더 도덕을 굳건히 회복시키려고 과감하게 노력해야 했다. 다른 한편 만약 아편이 합법화되면 사람들은 모두 그것을 흡연하려 들 터였다.

　황제는 도덕주의자들의 주장에 찬동했으며, 광저우의 관원들에게 현지의 아편 밀매업자들과 판매업자들에게 한층 더 법을 엄격하게 집행할 것을 지시했다. 이 정책은 베이징에서 알고 있던 것보다 훨씬 더 성공적이었다. 1837년 1월에 이르면 거래는 거의 정지 상태에 이르렀으며, 또 이 한 해 동안 광둥 안찰사 왕청련王靑連이 끽연점들을 폐쇄하기 시작하면서 2,000명의 판매업자들이 체포되었다. 실제로 '지방 교역' 상들이 아편을 너무 많이 보유하게 되면서 가격이 급락했다. 그러나 외국 상인들은 한 명이 밀수 혐의로 추방되었음에도 불구하고 어쨌든 중국이 끝까지 그렇게 강경하게 나오지는 않을 것이며 합법화가 결국 재정 안정에 도움이 되리라는 것을 인정할 것이라고 믿었다. 무엇보다도 그들은 줄곧 자신들이 체포 면제권을 갖고 있다고 여기고 있었다. 바로 이 면제권이 문제의 관건이었는데, 도광제가 광저우에서 올린 낙관적인 보고를 의심했고 — 충분히 납득할 만한 의심이었다 — 또한 아편 문제의 철저한 최종적 해결을 갈망했기 때문에 이러한 체포 면제권의 차원이 완전히 바뀌게 되었다. 1838년 6월 2일 또 다른 베이징 관원인 황작자黃爵滋가 도광제에게 아편 흡연자들은 참수형에 처하라는 율령을 포고하라고 진언하면서 아편 문제를 어떻게 뿌리 뽑을 것인가 하는 문제를 둘러싼 논쟁은 새로운 국면으로 접어들게 되었다. 이때까지는 아편 판매상이나 재배자들만 처벌되었다. 황작자는 그것만으로는 부족하다고 주장했다. 수요가 있는 한 무뢰배들은 무슨 수를 써서라도 아편을 공급할 것이니 그러한 수요를 근절해야 하며, 그것이 설령 수천 수백만 명의 사람을 죽여야 하는 것을 의미하더라도 애석해할 필요가 없다는 것이었다.

그러자 이번에는 성징盛京의 타타르족 장군(만주 장군) 보흥寶興이 도덕주의자들에게 누가 흡연자인지 어떻게 정확히 찾아낼 수 있는가라고 반문했다. 그는 이런 법령으로 이익을 볼 사람들은 아문의 차역이나 서리들뿐으로, 이들은 법령을 이용해 죄 없는 애먼 사람에게서 금전을 착취하거나 과거의 원한을 보복하는 수단으로 삼을 가능성이 있다고 주장했다. 오히려 공격 대상은 여전히 아편 판매상과 밀수업자들로, 이들이 바로 문제의 관건이었다. 따라서 가혹한 법률을 새로 만드는 대신 현행법을 세심하고 엄격하게 집행해야 한다고 그는 주장했다. 그러한 권고는 합리적이었다. 그러나 황제는 1820년부터 밀수업자들에 대한 단속이 이루어지고 있지만 아편이 계속 중국으로 쏟아져 들어오고 있다는 사실을 알고 있었다. 엄격한 법 집행을 말하기는 쉽다. 그러나 확실히 집행될 수 있도록 하려면 무언가 다른 방법이 강구되어야 했다. 다른 한편 도덕주의자들의 간언은 근본적인 것처럼 보였다. 국가가 사회의 최하층 백성에게까지 개입한다는 것을 의미했기 때문이다. 그것은 법가적 방법으로 보일 수 있을 뿐만 아니라 또한 강력한 무기를 속관들 손에 넘겨주는 것을 의미했는데, 그들이 이것을 적절하게 사용하리라는 것은 누구도 믿을 수 없었다. 그렇다면 당시 합리적인 해결책을 제시할 수 있는 사람은 없었을까?

그에 대한 대답으로 1838년 7월 10일 또 다른 목소리가 들려왔다. 바로 호광 총독인 임칙서의 목소리였다. 푸저우福州의 몰락한 명문 가문 출신인 임칙서는 이미 뛰어난 정치 활동 경력을 갖고 있었다. 1804년 그는 18세의 나이로 처음으로 상당히 높은 학위를 취득했다. 이후 5년 동안 순무의 막료로 있다가 이어서 3년 동안 한림원 서길사를 역임했다. 이후 조정의 총애를 받아 상당히 빠른 속도로 진급을 계속했다. 그는 학정(향시 고관考官) 강남도감찰어사江南道監察御史, 저장 염운사鹽運使, 장쑤 안찰사按察使, 장닝 포정사布政使 등등을 거쳐 비교적 젊은 나이인 47세에 순무에 올랐다. 그리고 5년 뒤에 총독으로 승진했다. 그의 전력은 흠 잡을 데가 전혀 없었다. 1838년 당시 임칙서는 아직 서양인과 교섭해본 경험이 없었다. 그런 만큼 그는 평생 한 번도 중대한 과실을 범한 적이 없는 사람 특유의 자신감으로 불타오르고 있었다. 이처럼 독특한 배경을 갖고 있던 그는 항상 도덕을 강조했고 강한 책임감을 갖고 있었다. 그것은 부분적으로는 청조의 가장 진지한 지식인들과 교류하면서 형성된 것이었다. 일찍이 베이징에서 그는 저명한 정치 이론가인 위원과 함께 모두 금문학의 강한 영향을 받은 몇몇 다른 학자들을 규합해 학사學社를 조직하기도 했다.

금문학은 한대까지 거슬러 올라가는데, 그때 당시까지 남아 있던 유가 경전을 믿을 수 있는가를 둘러싸고 격렬한 논쟁이 오간 바 있었다. 한쪽 집단의 학자들은 한대 당시 서체, 즉 금문今文으로 쓰인 경전이야말로 진짜 고적이라고 주장한 반면 다른 학파는 공자 생가의 벽 속에서 발견된 '옛' 서체로 쓰인 문서들이야말로 신뢰할 수 있는 진정한 경전이라고 주장했다. 결국 후자의 흐름이 널리 받아들여지게 되었는데, 이것은 부분적으로는 금문 주석가들이 『춘추공양전』을 지지했기 때문이다. 『춘추공양전』이 보다 세속적인 『춘추좌전』보다 훨씬 더 이상주의적으로 공자 사상을 해석하고 있었던 것이다. 아리우스파의 이단적 주장이 중세 가톨릭 교리의 발전에 중요한 역할을 한 것처럼 유가 사상의 발전에 중요한 역할을 한 이 논쟁은 그러나 3세기경에 이르러 점차 소멸되어갔다. 금문학은 18세기에 이르기까지 묻혀 있다가 문헌학자인 장존여에 의해 되살아났다. 한때 문하에서 쫓겨나기도 했던 그의 제자 공자진은 아편전쟁 동안 계속해서 금문학설을 주창했다. 공자진은 임칙서의 절친한 친구로 정통 사상인 정주程朱 이학理學이 청조에 치명적인 압력이 될 수 있다는 것을 깨닫기 시작한 진보적인 학자 집단의 일원이었다. 도덕적 참여가 필요하다는 정서는 처음에는 어렴풋이 감지되다가 1890년대에는 캉유웨이에 의해 대담하게 표명되기 시작했다. 그것은 결코 송 현학宋學의 '공허한' 사유나 청대 한학의 고식적인 문헌학식의 참여가 아니라 일상적인 통치 행위에 대한 참여를 의미했다. 사대부들은 마땅히 이처럼 중요한 책임을 담당해야 하며 아울러 변화하는 시대에 적응해야 한다는 것이었다. 금문학자들은 고대의 '합시合時'라는 관념을 이처럼 시대에의 적응을 강조하는 본인들의 주장의 논리적 근거로 삼았는데, 이 합시라는 관념은 경전 속에 어찌나 자주 등장하는지 공자 본인이 고대의 사례들은 반드시 현재의 상황에 맞게 이용해야 한다고 믿었다는 이들의 이론에 신빙성을 제공하기에 충분했다. 과거의 전범을 무조건 따르기보다는 오히려 '탁고개제託古改制'의 태도로 현재의 과제에 맞추어 적용하는 것이 바람직한 일이었다.

이런 관념 덕분에 임칙서는 중국의 문화를 수호하기 위해 서양 지식과 무기를 사용하는 것에 별다른 저항감을 느끼지 않을 수 있었다. 그러나 그는 금문학파의 글에서 흔히 나타나는 신비주의와 도덕주의의 미묘한 혼합물에서 좀더 깊은 영향을 받았다. '군자'가 '하늘의 뜻天意'을 정확히 파악한다면 천도天道의 장엄한 힘을 불러내어서 기적을 만들 수도 있다는 것이었다. 간단히 말해서 현자는 바로 하늘을 대표하는 사람이었다. 예를 들어 위원의 저서에서 다음과 같은 부분을 발견할 수 있다.

대나무의 새싹은 단단한 흙을 뚫고 나온 채 열흘이 지나지 않아 형체를 이룬다. 연꽃잎은 물속에서 싹터 하룻밤 사이에 몇 마디가 자라기도 한다. 둘 다 모두 허공을 이용한다. 진실로 허공, 즉 공간의 힘은 하늘을 떠받치고 땅을 담을 수 있다. 물은 흙을 이기고 불은 물을 이기며 바람은 불을 이기니 비어 있을수록 힘이 더욱 커진다. 군자의 학문 또한 이처럼 비어 있음에 있는 것이 아닐까? …… 한 번 음이 되고 그런 다음에는 양이 되는 것은 하늘의 도리이니, 성인은 항상 양을 잡고서 음을 누른다. 한 번 다스려지고 그런 다음에는 다시 어지러워지는 것 또한 하늘의 도리이니, 성인은 반드시 어지러움을 다스려 바름을 세운다. 그러므로 어찌 하늘의 이치와 다른 점이 있겠는가?[24]

인간의 세속적인 생각과 행동 사이에는 항상 단절이 있고, 철학을 배우는 학인의 사색과 그가 작성하는 관례적인 상소문 사이에도 단절이 있다. 그러나 임칙서는 다른 대부분의 사람들보다 훨씬 더 많은 것을 보여주었다. 정말 딱 이 시대에 갇혀 있던 임칙서는 훗날 영국과 전쟁이 시작되었을 때 하늘이 자기편에 있다고 믿게 되었다. 또 그보다 몇 개월 전에는 그와 동일한 도덕적 열정으로 도광제의 아편 정책을 변화시켜 본인의 금연 대책을 받아들이도록 할 수 있었다.

1838년이 되자 도광제는 관리들이 뚜렷한 정책을 갖고 있지 않은 점에 분노했고, 또 논쟁이 결론에 이를 기미를 보이지 않는 것에 절망했다. 그가 원한 것은 이 문제를 둘러싼 양측의 논의를 정확히 평가해 단호한 조치를 내리는 것이었다. 그는 곧장 논의의 핵심을 찌르고 있는 임칙서의 7월 10일 상소문에서 바로 그러한 것을 발견했다. 그는 한편으로 아편 흡연자를 사형에 처하는 것은 너무 가혹한 형벌이라는 점에서 보흥의 견해에 동의했다. 그러나 결국 아편은 나라의 건강(성)에 심각한 위해가 되었다. 아편 흡연자는 도덕적으로 병든 사람이기 때문에 그를 법률 위반 혐의로 사형에 처하는 것은 옳지 않은 일이었다. 하지만 사형시키겠다는 위협으로 공포감을 불러일으켜 아편 흡연 습관을 버리도록 하는 것은 적절하다 할 수 있었다.

> 무릇 아편 흡연의 습관을 버리도록 하는 것이 어려운 것이 아니라 마음을 바꾸기가 어려운 법입니다. 계속 법을 무시하려는 성향의 마음을 바꾸기를 원한다면 어찌 그러한 마음을 두렵게 만들 수 있는 법을 제정하지 않을 수 있겠습니까?[25]

이때까지 어떤 사람도 중독자의 심리 상태와 사회 복귀를 문제 삼고 있지 않았다. 그러나 임칙서는 이 두 가지를 강조했다. 예를 들어 그는 인이 박인 중독자들은 처형에 대한 두려움에도 불구하고 아편을 끊는 고통을 계속 피하고 싶어 할 것이며 그러다 보면 돌이킬 수 없는 지경에 이르러버리게 되리라는 것을 알고 있었다. 그러므로 국가의 힘으로 아편 중독자들을 구해야 한다는 것이었다. 요양원을 열어 사형에 처해질 자를 1년 동안 집행 유예하고 살펴본 다음 네 등급으로 나누어 등급이 높을수록 무거운 벌을 내리도록 하는 동시에 남부 지방의 마약상들에 대한 단속을 강화하는 것이 필요하다고 그는 주장했다. 아편 중독자들이 도처에 깔려 있지만 관건은 역시 광저우였기 때문이다. 광저우의 서양인 밀무역자들도 국내의 밀무역자들과 마찬가지로 처리되어야 했다. 결국 그들이 죄악의 배후였기 때문이다. 임칙서는 지금은 그들을 부드럽게 상대할 때가 아니며 중국의 법률로 통제할 때라고 주장했다.

다각적인 해결 방법을 제시하고 있는 이 금연론이 실효성이 있을 듯 보였기 때문에 임칙서는 곧 황제의 부름을 받아 베이징으로 올라갔다. 이때 그는 개인적으로 황제를 19차례나 알현하는 극히 이례적인 특별 대우를 받았다. 1838년 12월 31일 임칙서는 흠차대신으로 임명되었다. 도광제는 유지를 내려 이처럼 파격적인 인사를 단행한 이유를 이렇게 밝혔다.

> 어제 짐은 유지를 내려 특별히 호광 총독 임칙서에게 광둥 성에 내려가서 연해 지역 문제를 조사한 다음 처리할 것을 지시했다. 또 해방海防을 위해서 그를 흠차대신으로 임명해 광둥 성의 수사들을 모두 통솔하도록 했다. 임칙서는 광둥에 도착한 뒤 반드시 짐의 유지를 받들어 최선을 다해 조사함으로써 폐단의 근원을 말끔히 제거해야 할 것이다. 광둥 성의 아편 중개업자와 쾌해선들 그리고 아편 매매자, 아편 창고, 흡연 장소 등 아편과 관련된 심각한 부패 요소를 말끔히 제거하도록 해야 할 것이다. 뿐만 아니라 장소와 상황에 따라 그것과 관련된 문제들의 뿌리를 일소해야 할 것이다.[26]

이것은 전면적인 훈령이었다. 그것은 필요할 경우 청조가 전쟁 비슷한 행동을 취할 수 있도록 하는 권한을 임칙서에게 부여하는 것으로 해석될 수도 있었다. 비록 도광제와 임칙서가 근대적 의미의 정식 선전 포고를 의미하는 '개전'이라는 개념은 잘 몰랐다 하더라도 의심할 바 없이 그러한 가능성은 분명히 논의했을 것이다. 두 사람은 영국인들을 불순한 폭도라고 생각했으며, 임칙서가 남방으로 내려가는 이유는 그들을 제대로 다루어 진정시키기 위해서라고 생각했다. 그는 상황에 따라 무력에 호소할 수도 있겠지만 그것은 바람직한 것이 아니었다. 그는 1839년 9월에 도광제에게 이렇게 간언하고 있다.

아편은 철저히 금지되어야 하지만 동시에 연해 지역에서 전쟁이 일어날 위험도 피해야만 합니다.[27]

그러한 위험을 피할 수 있는 확실한 길은 당근과 채찍, 곧 '관대함과 엄격함'을 융통성 있게 조합하는 것이었다. 그것은 그가 아편 중독자를 분석할 때처럼 심리적 원리에 기초하고 있었다. 청 제국의 도덕적 우월성을 적절히 과시하는 것으로 서양인들에게 위압을 가해 순종시키려는 의도였던 것이다. 이처럼 이 두 가지 측면에서 볼 때 도광제가 판단한 흠차대신 임칙서의 탁월한 점은 심리 전술을 이용한 도덕적 설득 활동을 통해 아편을 근절한다는 그의 대담한 구상에 있었다. 그러나 결국 어떻게 해야 그러한 목적에 확실하게 도달할 수 있는지는 도광제도 분명히 알고 있지 못했다. 도광제는 임칙서의 정책뿐만 아니라 그의 사람됨을 신뢰하고 있었고, 임칙서는 여느 흠차대신과 마찬가지로 결과로 평가받게 될 터였다. 임칙서는 결과에 대해서 추호도 의심하지 않았다. 도덕적 엄정성과 단호하고 신속한 행동을 통해 국내의 아편상들과 마찬가지로 영국 상인들을 쉽게 위압할 수 있을 것이라고 믿었다. '전쟁'은 결코 고려할 문제가 아니었다.

광저우에서의 아편 단속

광저우에 도착하기 전에 이미 임칙서는 광저우의 범죄자 17명을 체포하라고 명령했으며 아울러 아문의 속리들이 밀무역에 간여한 사실을 조사하도록 했다. 대다수의 고위 관료들과 마찬가지로 이 흠차대신도 광저우야말로 부패와 범죄의 온상이라고 깊이 확신하고 있었다. 행상들은 그저 대부분의 밀수업자들보다 조금 더 부유한 밀수업자들일 뿐이었다. 따라서 신속하게 60일 만에 베이징에서 광저우로 내려온 임칙서는 월화서원越華書院으로 들어가 직접 지방 사대부들의 도움을 청했고, 그들을 통해 광둥의 모든 암거래 집단에 대한 강경한 조치를 취할 수 있기를 기대했다. 임칙서는 도착하는 순간부터 임기가 끝날 때까지 서슴없이 광저우 지역 신사들을 동원해 아편 흡연을 근절시키려 했다. 하지만 거기에는 위험이 따랐다. 왜냐하면 향촌의 지도적 인물들에게 체포권을 행사할 수 있는 금연위원회를 수립할 것을 허락한다는 것은 통제하기 쉽지 않은 세력에게 커다란 권력을 넘겨준다는 것을 의미했기 때문이다. 이로 인해 무고한 사람을 죄인으로 오인해 체포하는 사례와 원한 관계에 있는 이웃끼리 밀고하는 소동이 자주 발생했고, 과거의 원한이나 재산 분쟁 때문에 가족끼리 서로 중상모략하는 일도 허다했다. 이 모든 사태를 임칙서는 이미 자신의 유명한 7월 상주문에서 예견한 바 있었다. 그러나 당시 그는 이런 문제들은 훨씬 더 위험한 사회적 병폐를 해결하기 위해서 참고 수용하지 않으면 안 되는 필요악이라고 주장했다. 하지만 그는 그것은 동시에 광둥의 지방관들과 지역의 유력 인사들 — 이들은 지금 지방의 경찰력을 장악하고 있었다 — 간의 세력 균형을 미묘하게 혼란시킬 것이라는 점은 차마 깨닫지 못했던 것처럼 보인다. 사법권과 군사권에 대한 이러한 잠식은 1850년대까지는 아직 노골적으로 이루어지지는 않지만 그때가 되면 신사들의 손에 장악된 오만한 권력을 회수하

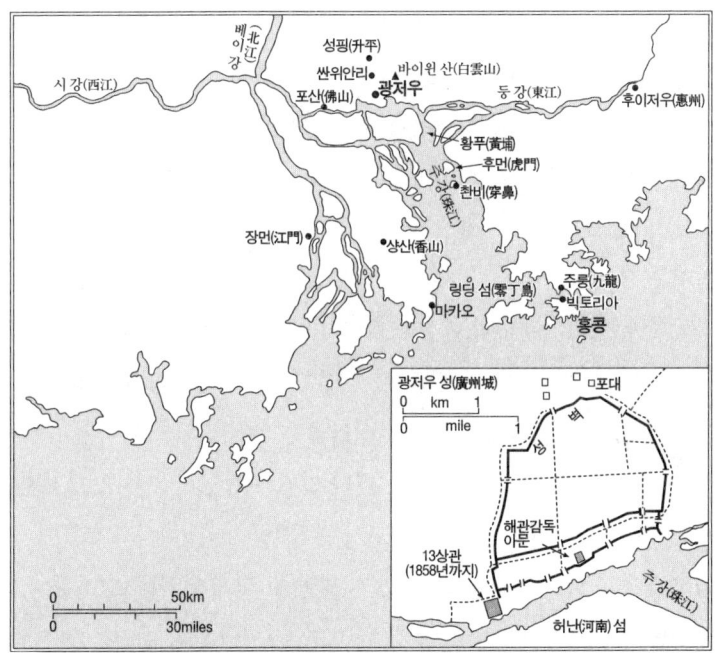

〈지도 7〉 19세기 주 강(珠江) 삼각주 지역

는 것은 이미 너무 늦은 일이 되어버렸다. 그러나 이 모든 정열적인 행동, 즉 구류와 체포와 압류에도 불구하고 흠차대신 임칙서는 아편 흡연의 풍조를 근절시키지 못했다. 게다가 그의 금연 계획의 다음 단계인 외국 상인의 체포가 벽에 부딪히게 됨에 따라 국내 아편 흡연자들에 대한 공격도 곧 직접적인 효과를 잃고 말았다.

처음에 임칙서가 어떤 식으로 아편 수입을 근절시키려고 노력했는지는 아래의 두 가지 결정에 잘 나타나 있다. 행상들에게 보상保商(사실상 국내 인질)의 임무를 주어 서양인들을 '통제'하도록 한다는 결정이 하나이고, 다른 하나는 영국 측의 배후에서 마약 밀매를 주도하고 있는 주요 인물을 찾아내어 체포 구금한다는 것이었다. 이런 식으로 임칙서는 중국과 서방의 갈등을 인적인 갈등으로 바꾸었다. 1839년 3월 18일에 그는 첫번째 조치를 취했다. 즉 행상들에게 3일의 시간을 주면서 서양인을 설득해 아편을 중국 정부에게 넘겨주도록 하고, 아울러 다시는 아편 거래를 하지 않겠다는 서약서를 받아내라고 통보했던 것이다. 그렇게 하지 않으면 행상을 1~2명 법에 따라 처형하고, 나머지는 모든 재산을 잃게 될 것이라고 했다. 유럽인들은 그것을 상투적인 수법으로 간주하며 행상들도 심각하게 받아들일 리 없다는 식으로 냉소적으로 반응했다. 결국 임칙서가 정말로 진지하게 말하고 있을지 모르는 경우를 대비해 외국 상인들은 상징적 의미로 아편 1,056상자를 넘겨주는 데 동의했다. 그러나 임칙서는 당시 그가 찾고 있던 주요 아편 공급자가 두번째로 규모가 큰 '지방 교역' 회사의 대표이며 영국 상공 회의소 소장인 덴트Lancelot Dent라고 믿게 되었다. 그리하여 3월 22일 임칙서는 덴트 체포령을 내리고, 두 명의 중국 상인을 인질로 잡아들인 다음 만일 덴트가 지방관에게 자수하지 않는다면 이 두 인질을 대신 참수할 것이라고 했다.

 이러한 소식은 신속히 마카오의 엘리엇에게 전달되었고 그는 즉시 최악의 상황을 예상했다. 그는 이것이 전쟁 자체는 아닐지라도 "적어도 전쟁 직전의, 그리고 그것을 피할 수 없도록 만들 수 있는 예비 행동"이라고 느꼈다.[28] 그는 동원 가능한 군함을 홍콩으로 파견해 중국의 적대 행위에 대비하도록 할 것을 지시한 다음 3월 23일 소수의 호위대만 대동한 채 마카오를 떠나 다음 날 광저우 상관에 도착했다. 그의 도착은 극적이었다고도 할 수 있는데, 도착하는 즉시 네이피어에게 가해졌던 것과 똑같은 제재를 받게 되었기 때문이다. 곧 중국은 교역을 중단시키고 노동자들로 하여금 작업을 거부하도록 했으며 상관을 봉쇄해 350명의 서양인들을 이후 47일 동안 구금했던 것이다. 엘리엇이 아무리 용맹스러웠다고 해도 당시로서는 절망적인 상황이었다. 그는 자기가 책임지고 있던 사람들의 생존에 대해 노심초사했고, 그가 아무 손도 쓰지 못하고 있는 사이에 상관을 봉쇄하고 있는 수천 명의 청군이 그들을 학살할 준비를 하는 상황도 얼마든지 일어날 수 있는 일이었다. 그의 군함과 얼마 되지 않는 군대는 멀리 떨어져 있었던 것이다. 그리하여 3월 26일 임칙서가 아편을 넘겨주면 영국인들을 즉각 석방하겠다고 명백히 밝혔을 때야 비로소 엘리엇도 안심할 수 있었다. 다음 날 그는 모든 '지방 교역' 상에게 보유하고 있는 아편을 모두 임칙서에게 넘겨줄 것을 지시했다. 아편 판매상들이 모두 체포되어 5개월 전부터 단 한 상자의 아편도 광저우에 판매하지 못하고 있었기 때문에 영국 상인들은 모두 크게 기뻐했다. 엘리엇이 영국 정부가 이번 손실을 충분히 보상해줄 것(이것이 후에 파머스턴을 얼마나 격노시켰던가!)이라고 약속했기 때문에 영국 상인들은 실제 소유하고 있던 아편보다 더 많은 양인 900만 달러에 해당하는 아편 20,283상자를 넘겨주겠다고 보고했다. 5월 5일에 임칙서는 이미 이들 상품의 일부를 파기하기 시작했으며, 영국 상인들이 성실히 협조해주었다고 믿고는 봉쇄를 해제하면서 원하면 광저우를 떠날 수 있도록 허락했다.

전쟁을 향해

임칙서는 이러한 성공으로 의기양양했다. 오랑캐들이 '두려움에 떨면서' 다시 순종하게 된 것이다. 그는 서양인들이 복종했음을 보여주는 징표들을 모두 황제에게 보고했다. 매일같이 차양을 친 정자에 앉아 석회로 가득 찬 염호鹽湖에서 대량의 아편을 파기하는 작업을 감독하면서 임칙서는 호기심에 가득 찬 서양인 구경꾼의 모습을 하나하나 바라보았다. 서양인들은 모자를 벗고 슬픔 어린 표정으로 고개를 절레절레 흔들고 있었는데, 이 모든 행동은 그들이 '진정으로 기꺼이 복종한다'는 것을 확인시켜주는 것으로 간주되었다. 이들 오랑캐들은 길을 잘못 든 과거 중국의 농민 반란자들처럼 강직하고 공정한 흠차대신의 지시에 고분고분하게 따르게 될 것이었다.

하지만 이러한 복종의 표시는 좀더 분명한 보증물로 바뀔 필요가 있었다. 임칙서는 이를 위해 서약서를 받는 것이 가장 중요하다고 생각했다. 외국 상인들이 서약 후에 또다시 아편을 밀수하면 처형하겠다는 내용이었다. 바꾸어 말해 그러한 서약서를 통해 오랑캐들이 중국법을 승인하도록 하겠다는 것이었다. 그러나 같은 시기 파머스턴의 대외 정책은 영국인이 무단으로 외국에서 기소당할 경우 어느 곳, 어떤 상황에서도 정부가 보호한다는 입장을 유지하고 있었다. 따라서 문제는 바로 치외 법권이었다. 엘리엇에게 "당신들은 어째서 당신네 국가의 법을 중국에 적용하려 하는가"[20]라고 물은 것으로 보아 임칙서 본인도 이런 사실을 인식하고 있었음을 알 수 있다. 그러나 영국 상인들이 서약서에 서명하지 않은 것은 추상적인 재판권 관할의 원리 때문이라기보다는 인신 구속에 대한 실제적인 두려움 때문이었다. '지방 교역' 상들은 서약서 작성에 불응했다는 이유로 임칙서가 갑작스럽게 재차 봉쇄를 단행할까 두려워 광저우에 머물 수가 없었다. 그리하여 엘리엇은 마카오 당국에 피난처를 제공해달라고 요청했다. 포르투갈 총독은 영국인들을 전혀 좋아하지 않았을 뿐만 아니라 흠차대신 임칙서와 분쟁에 휘말려 들어가는 것도 바라지 않았다. 그러나 그는 결국 엘리엇의 필사적인 요청에 양보했다. 7월 4일까지 영국인 전체가 마카오로 옮겨갔다. 임칙서는 처음에는 그러한 사태에 별로 당황하지 않았다. 항상 그랬듯이 교역 때문에 그들은 되돌아올 것이고, 그때는 서약하지 않을 수 없을 것이었기 때문이다. 그러는 동안 그는 책들을 이리저리 정리하기도 하고 시를 짓기도 하고 붓글씨를 쓰기도 하는가 하면 매일 일기도 썼다. 1839년 7월 12일자 일기의 앞머리에는 다음과 같이 적혀 있다.

> 맑은 날씨였다가 갑자기 비가 오다. 해균海均[총독 등정정]과 같은 운으로 군시軍詩를 지었다. 듣자 하니 주룽九龍에서 서양 선박의 선원 몇 명이 중국 농민들을 구타해 한 명을 살해했다고 한다. 관리를 파견해 처리하도록 했다.[30]

우리는 이처럼 간략한 기록을 통해 임유희林維喜 피살 사건이 발생한 사실을 확인할 수 있다.

5일 전에 영국 수병들이 젠사쭈이尖沙嘴라는 조그마한 마을에서 주정을 벌이다가 사당을 하나 약탈하고 또 곤봉으로 중국 농민 몇 명을 구타했다. 임유희라는 농민이 흉부에 중상을 입은 뒤 다음 날 사망했다. 죄인은 반드시 처벌되어야 하지만 과연 어느 수병이 그를 살해했는가? 그리고 그는 살인죄로 기소되어야 하는가 아니면 과실 치사로 기소되어야 하는가? 개인의 책임에 관한 이러한 문제가 엘리엇을 곤혹스럽게 했다. 그러나 임칙서는 엘리엇에게 다음과 같이 단호하게 주장했다.

> 살인에 대해 목숨으로 갚게 하지 않는다는 원리를 인정한다면 앞으로 어떤 사태가 발생하겠는가? 만일 이후 영국인이 영국인을 죽이거나 또는 다른 나라 사람이, 예컨대 중국인이 영국인을 죽일 경우 엘리엇이 살인자에게 목숨으로 갚으라고 요구하지 않으리라고 내가 어떻게 믿을 수 있겠는가? …… 엘리엇이 두 차례에 걸쳐 친히 젠사쭈이에 가서 여러 날 조사했는데도 정녕 누가 그러한 짓을 했는지 알지 못한다고 주장한다면 이렇게 말할 수밖에 없다. 꼭두각시 인형이라도 그보다는 나을 것이며, 그러고도 스스로 관리라고 자칭하는 것은 터무니없는 일이라고 말이다.³¹⁾

엘리엇은 중국 관리들의 기준으로는 확실히 자격 없는 자였지만 적어도 영국 해군 사병을 보호해야 하는 본인의 의무는 다하고 있었다. 사실 그는 전적으로 선례에 따라 일을 처리하고 있었다. 중국인과 서양인들은 형사 재판권과 관련해 끊임없이 갈등을 일으키고 있었는데, 임유희 사건은 그러한 충돌의 연속선상에서 발생한 또 하나의 사례일 뿐이었다.

당시 서양의 생각과는 반대로 중국의 법은 상당히 인도적이었다. 계획적 살인자는 참수형에 처하고, 우발적 살인자는 교수형에 처하고, 과실 치사자에게는 손해 배상을 청구하고, 정당방위를 위해 살인한 자에게는 죄를 묻지 않았다. 그러나 한바탕 소동 중에 발생한 이 살인 사건이 우발적 살인인가 아니면 과실 치사인가에 관해 영국의 대표들과 중국 당국자들의 의견은 좀체 일치하지 않았다. 중국인들은 일반 살인죄라고 주장했다. 첨언하자면, 19세기 초 영국에서는 1실링 이상을 훔치면 사형에 처해졌다.[32] 그러나 유럽인의 기준으로 볼 때 범죄에 대한 중국인의 규정은 흔히 자의적인 것으로 간주되었다. 예를 들어 1784년에 '지방 교역' 상선 레이디 휴스호가 쏜 예포가 잘못 날아가 구경하던 중국인이 사망하는 사건이 벌어졌다. 어느 포수가 사람의 목숨을 빼앗아간 포탄을 발사했는지는 도저히 가릴 수가 없었지만 중국으로서는 반드시 범인을 붙잡아서 죄를 묻지 않을 수 없었다. 중국인의 관점에서 볼 때 잘못을 바로잡는 것이 범죄자를 처벌하는 것보다 중요한 것처럼 동기보다는 행위가 훨씬 더 중요했다. 이것은 '생명은 생명으로 갚는다'는 원칙의 '동태복수법同態復讐法, Lex talionis'처럼 들리는데, 범죄자의 생명으로 상처 입은 피해자의 영혼을 달램으로써 정의로운 통치라는 도덕적 균형을 회복하려는 것이었다. 결국 레이디 휴스호의 화물 감독이 범인을 찾아내지 못하자 대신에 그가 '담보'로 잡혀갔다. 마침내 한 불행한 포수가 중국인들에게 넘겨져 처형되었다. 1821년 그와 동일한 종류의 사건이 또다시 발생했는데, 미국 상선에 승선하고 있던 이탈리아인 선원 테라노바가 부주의로 죄를 저질렀던 것이다. 이렇게 되자 1830년대에 이르러 서양인들은 혐의자가 먼저 본국 사람들에게서 재판을 받아 살인죄를 범했다는 것이 확실히 증명되지 않는 한 지방 관헌에 넘겨주지 않겠다고 결정하게 된다.

임유희 사건은 치외 법권 논쟁을 상징할 뿐만 아니라 영국인과 중국인들이 마카오 세관 양편에서 서로를 의심스러운 눈초리로 노려보고 있던 1839년 그해의 뜨거운 여름날에 긴장된 상황을 한층 더 악화시키는 주요한 자극제가 되었다. 당시 결국 영국인은 살인범을 건네 주지 않았다. 그러자 임칙서는 영국인들이 편안히 마카오에 머물러 있는 한 이 문제와 서약서 문제를 두고 계속 저항할 것이라고 걱정했 다. 이로 인해 그는 8월 15일 마카오에 대한 농산품과 필수품 공급을 차단하고, 동시에 인근 지역인 샹산香山에도 2,000명의 추가 병력을 파 견하는 등 보다 강력하게 상관을 압박했다. 이에 포르투갈인들은 즉 각 굴복해 영국인들에게 마카오를 떠나도록 명령을 내렸다. 8월 24일 엘리엇과 그의 동료들은 배를 타고 바다를 가로질러 홍콩 부근 항만 에 정박했다. 이때 임칙서는 성공적으로 청 초의 해금海禁* 조치를 활 용할 수 있다고 생각했다. 8월 27일 그는 황제에게 이렇게 보고했다.

> 선박에 건조식품은 부족하지 않겠지만 그들은 자신들이 좋아하는 풍성하고 기름진 고기 상을 받지는 못할 것이라는 사실을 분명히 알게 될 것입니다. 더구나 해안에 상륙해 신선한 담수를 구할 수 없다는 사실만으로도 그들에 게는 생사가 걸린 문제가 될 것입니다.[33]

영국인들이 양식을 구하러 상륙하지 못하도록 하기 위해 수사와 새로 모집된 수용水勇들이 연해 지역을 봉쇄했다. 필수품이 감소함에 따라 엘리엇은 거의 자포자기 상태에 빠졌다. 9월 4일 그는 소규모 선단을 이끌고 주룽으로 간 다음 그곳의 청조 선대船隊 대장에게 만일 30분 내 에 식량을 제공하지 않으면 중국 선대를 격침시킬 것이라고 통고했다. 그리고 통고한 시간이 지나자 곧 포격을 개시해 중국 선대를 격퇴시

해금: 1842년 난징 조약으로 중국이 개방되기까지 유지되어온 조치로 해상 교통이나 교역, 어업 따위를 규제하던 조치를 말한다. 명나라와 청나라 때 크게 강화되었다.

켰다.

　이것은 아직 선전 포고가 이루어지지 않은 전쟁의 첫번째 포격이었으나 엘리엇이 다시 본국의 훈령을 기다리고 있었기 때문에 그것으로 임칙서가 자신의 정책을 중단하는 일은 벌어지지 않았다. 이번 교전의 상세한 정황이 알려지지 않았을 뿐만 아니라 중국의 이 흠차대신은 여전히 영국의 일부 상인들은 교역을 재개하기 위해 서약서에 서명하기를 원하고 있다고 확신하고 있었다. 엘리엇도 처음부터 영국 상인들은 치외 법권 원칙을 자신들의 이윤보다 중시하고 있지 않다는 사실을 잘 알고 있었다. 특히 경쟁자인 미국 상인들이 매년 한 차례씩 차 매매 계약을 체결하는 시기에는 더욱 그러했다. 이에 따라 엘리엇은 미국 상인들에게 두 나라 상인들의 미래의 공동 이익을 위해 영국 상인들과 함께 광저우를 떠날 것을 요청했다. 그러나 이에 대해 북미 상인들을 이끌고 있던 포브스Robert Bennett Forbes는 이렇게 대답했다.

> 내가 중국에 온 것은 건강과 쾌락을 찾기 위해서가 아니다. 단 1야드의 직물을 팔거나 단 1파운드의 찻잎을 사들일 수만 있어도 나는 나의 자리를 지키고 있을 것이다. …… 우리 미국인들에게는 손실을 보상해주겠다고 보장해 줄 여왕이 없다.[34]

영국 상인들이 광저우를 떠나자 미국 상인은 즉시 큰돈을 벌어 횡재했다. 아직 아편 문제에서는 깨끗한 영국 상인들은 홍콩의 정박지에서 이 소식을 들은 후 엘리엇의 입항 금지에 대해서 안절부절못하기 시작했다. 결국 주룽 사건이 발생한 직후 토머스 쿠츠호의 화물 위탁인이 영국 선단에서 이탈해 아편을 거래하지 않겠다는 서약서에 서명했다. 얼마 후 자바에서 쌀을 싣고 온 로열 색슨 호가 뒤를 따르기로 결정했다.

임칙서에게 그것은 아편 밀매로 부당한 이익을 보는 것을 비호하고 있는 자는 엘리엇 한 사람뿐이라는 것을 분명히 드러내는 증거였다. 그리하여 임칙서는 영국 정부가 엘리엇의 사기에 말려들어 잘못된 길로 들어섰다는 믿음 아래 영국의 빅토리아 여왕에게 공개서한을 보내어(동시에 이 편지를 회람시키도록 했다) 도의적 차원에서 아편 무역을 제지해줄 것을 요청했다.[35] 그러면 임칙서가 예상한 대로 이윤을 추구하지만 아직 밀수에는 가담하고 있지 않던 다른 영국 상인들은 광저우로 돌아와 중국 측의 통제에 복종할 것이었다. 살인 사건 문제는 아직 해결되고 있지 않았지만 그것은 수사 제독 관천배關天培의 군대를 파견해 홍콩에 정박 중인 영국 상선 중의 하나에서 아무 서양인이나 하나 체포해 엘리엇이 보호 중인 진짜 범인을 인도받기 위한 인질로 삼으면 손쉽게 마무리할 수 있는 일이었다. 이를 위해 29척의 전함으로 구성된 관천배의 함대가 후먼 통로 부근의 촨비穿鼻에 집결하자 엘리엇은 자신의 깃발 아래 정박 중인 50여 척의 상선 전체를 공격하려고 준비 중인 것으로 생각했다. 그리하여 그는 1839년 11월 3일 배를 몰고 강을 거슬러 올라가 중국 함대를 몰아내려고 했다. 두 줄로 늘어선 양측의 전함들이 막 전투 태세로 들어가려고 할 때 우연히 광저우로 들어오던 중이던 로열 색슨 호가 엉겁결에 이 상황에 끼어들고 말았다. 이 배가 항구로 들어가는 것을 봉쇄하기 위해 영국 전함 볼라지 호가 즉각 이 상선의 앞쪽을 향해서 포를 쏘았다. 이에 수사 제독 관천배가 개입해 들어오자 — 아마 로열 색슨 호를 보호하려는 생각도 있었던 것 같다 — 엘리엇의 선단은 함포를 곧 중국 군함 쪽으로 돌렸다. 잠깐이지만 파상적인 공격으로 4척의 중국 선박이 격침되었고 관천배의 선대는 흩어져서 달아났다. 훗날 찬비 전역戰役이라고 불리는 전투는 이렇게 끝났다.

그러나 중국과 영국 양측 어느 쪽에서도 아직 정식으로 선전 포고는 하지 않은 상태였다. 도광제는 해전이 발생했다는 말을 들었지만 패배한 사실은 몰랐다. 그리하여 그는 더이상 농민 살해범 체포나 아편 서약서 서명 문제에 관해 논쟁을 벌이는 것은 쓸데없는 짓이라고 확신하게 되었다. 오히려 지금은 이들 골치 아픈 영국인들과는 완전히 접촉을 끊고 영원히 중국에서 추방해야 할 시기라고 생각했다. 그리고 그것은 아주 쉽게 처리할 수 있는 일이라고 믿어 의심치 않았다. 왜냐하면 흠차대신 임칙서가 오랑캐들의 선박은 너무 커서 중국의 강에서는 움직일 수 없을 뿐 아니라 그들의 병사는 육지에서는 잘 싸우지 못한다고 보고했기 때문이다.

> 게다가 오랑캐 병사들은 총포만 다룰 줄 알지 창칼의 사용법은 알지 못합니다. 그리고 다리를 천으로 단단히 싸매고 있어 몸을 움직이는 것이 전혀 민첩하지 못합니다. 만약 육지로 상륙한다면 더더욱 말할 필요가 없을 것입니다. 이로 볼 때 그들의 화력이라고 하는 것은 별 어려움 없이 제압할 수 있을 것입니다.[36]

실제로는 영국이 절대적인 우위를 차지하고 있었다. 인도의 기지에서 군대와 군수 물자를 즉각 공급할 수 있었고, 얕은 물에서도 움직일 수 있는 철갑 증기선인 네메시스 호 같은 당대의 최신식 무기를 중국 연안에 배치해두고 있었기 때문이다. 이들 전투선들은 아주 쉽게 강의 상류 쪽 도시들로 포문을 돌릴 수 있었다. 야포는 정확하고 강력했으며 치명적이었다. 보병들이 소지하고 있던 활강식 수발燧發총은 이미 중국의 화승총에 비해 월등히 뛰어났는데, 그마저도 당시에 격발 장치를 갖춘 머스킷 총으로 대체되고 있었다. 게다가 전술도 영국군이 더 뛰어났다. 일찍이 공성전에 뛰어났던 청군은 정면으로 공격해 들어오는 적의 주력 부대를 향해 포문을 고정시켜놓은 채 연해안의 고정된 요새를 굳게 지키고 있었다. 따라서 매번의 전투에서 영국군은 그저 해군 포화의 지원 아래 상륙한 다음 철저하게 훈련되어 정확하게 밀집 대형을 이룬 부대로 측면에서 공격하기만 하면 쉽게 포대를 탈취하거나 적진을 돌파할 수 있었다.

이와 대조적으로 청 제국의 군대는 정원도 채우지 못했고 훈련도 제대로 되어 있지 않았다. 만주족, 한족, 몽골족 등의 24기에서 선발된 군대는 모두 해이한 수비 부대로서 만주족 지휘관들의 지휘 아래 전국 각지의 전략 요충지에 주둔하고 있었다. 동시에 녹영군(조직상으로 볼 때 이 군대는 17세기에 중국의 대부분을 점령한 산시陝西와 펑톈의 부대에서 유래했다)은 비록 각 성의 총사령관의 지휘 아래 육군과 수사로 나뉘어 있었지만 실제로 충분한 병력을 갖고 있었던 것은 아니다. 군적부는 가짜 이름들로 채워졌으며, 점호를 통과하기 위해서 황급히 장터의 쿨리苦力를 돈으로 사기도 했다. 또 정기적으로 군사 훈련을 실시했으나 외양만 중시하고 실제는 도모하지 않았으며, 마치 경극에서 무용을 하는 듯한 검술 훈련을 중시했다. 큰 전투가 벌어질 때마다 시기심 많은 각 지역의 지휘관들이 각각 통솔하는 각양각색의 부대들을 한 명의 지휘관의 통일적 지휘 아래로 끌어들여야 했는데, 이 지휘관은 종종 본인이 지휘하고 있는 군대의 특성에 대해 깜깜한 문관인 경우가 많았다. 실제 전투가 벌어지면 병사들은 부대에서 달아나 농촌을 약탈하는 등 적을 두렵게 하기보다는 오히려 백성들을 두려움에 떨게 하는 경우도 얼마든지 있었다.

전쟁 기간 동안 이런 약점을 보완하기 위해 다양한 시도가 이루어졌다. 한 가지 방법은 향용을 모집하는 것이었다. 임칙서는 광둥에서 특히 이러한 해결책을 강조했다. 왜냐하면 이 지역의 향용들이 가진 민중적 '열정'이라면 어떠한 적이라도 물리칠 수 있을 것이라고 굳게 믿었기 때문이다.37) 1840년 여름 도광제는 군비 지출을 절약하기 위해 향용 모집을 그 밖의 다른 연해의 성들로까지 확대시켰다. 하지만 이러한 비정규군의 다수는 원래 도비나 염판鹽販 또는 지역의 무뢰배들로, 이들은 군대 내 직위를 이용해 지역 농촌을 강탈했다. 서양의 군함과 대포 앞에 무력한 모습을 보이던 군대를 개선하기 위한 또 다른 방책은 도가의 신비한 방술이나 사찰의 권법을 채용하는 것이었다. 예를 들어 무술의 고수들이 물속에서 호흡하지 않고 10시간 이상 머물러 있을 수 있다고 장담하자 이들을 고용해 강물 속에 들어가 영국 선박의 바닥에 구멍을 뚫도록 하기도 했다.38) 이처럼 필사적으로 비책을 찾는 가운데 몇몇 중국인들은 심지어 서양의 무기와 전술을 채용하려 하기도 했다. 임칙서는 유럽인들에게서 수백 정의 총과 군사 훈련에 사용할 서양 선박을 구입했다. 그는 또 서양 신문에 실린 기사들을 번역하도록 해 적의 의도를 파악하려고 했다.39) 그러나 당시 대부분의 관리들은 자의식에 가득 찬 눈초리로 그러한 시도를 더없이 고귀한 중국 문화에 대한 치욕적인 배신행위로 바라보고 있었다.

청조가 아편전쟁의 최초의 포성에 무기력하게 대응하고 있는 사이 위기를 알리는 소식이 영국에 도착했다. 엘리엇은 일찍이 공식 보고서에서 '즉각 강력한 조치'⁴⁰⁾를 취해 아편 무역을 합법화시키고 임칙서 도당을 무력화시킬 때가 도래했다는 것을 런던 당국에 확신시키기 위해 적극적으로 노력했다. 그의 적수 임칙서가 모든 사태의 책임이 엘리엇 한 사람에게 있다고 생각한 것과 마찬가지로 엘리엇도 이번 위기의 배후에 있는 사람은 다만 흠차대신 임칙서 한 사람뿐이라고 확신했다. 엘리엇은 무력시위가 민중의 지지를 얻을 수 있을 것이며, 이에 따라 임칙서를 베이징 당국의 눈 밖에 나게 해 그가 교체된 상황에서 타협에 이를 수 있을 것이라고 잘못 생각하고 있었다. 그러나 파머스턴은 이보다 훨씬 더 멀리까지 나갈 준비가 되어 있었다. '전진파Forward Party'는 휘그당 내에서 점점 더 목소리를 높여가고 있었다. 광저우에서 가장 부유한 상인 자딘은 이미 1839년 1월에 런던으로 돌아가서 아편 몰수 문제로 야기된 논쟁을 시기적절하게 이용하고 있었다. 그는 2만 달러의 군자금을 보유한 상인 대표단의 수장으로서 '상관을 포위한' 사건을 또 다른 캘커타 군 감옥 사건*이자 빅토리아 여왕의 권위, 즉 국기에 대한 참을 수 없는 모욕으로 묘사하는 교묘한 팸플릿 선전전을 지원했다. 그는 또 영국 중부 지역의 300개 방직 기업들의 지지를 끌어 모아 파머스턴에게 광저우 문제에 간여하도록 요구하기도 했다. 자딘은 10월 26일 파머스턴과의 개인 면담에서 어느 정도로 간섭할 것인지에 대해 다음과 같이 대략적인 개요를 제시했다. 즉 중국의 항구들을 봉쇄해서 배상금을 받아내고, 공정한 교역 협정에 서명하도록 하며, 4개 항구를 새로 개방시키고, 홍콩 등 몇 개의 섬을 점령한다는 것 등이었다. 이날 파머스턴은 논쟁할 필요를 느끼지

---

* 캘커타 군 감옥 사건(Black Hole of Calcutta): 1756년 6월 인도 캘커타의 토굴에 갇힌 영국 병사 146명 중 123명이 하룻밤 사이에 사망한 사건.

않았다. 왜냐하면 8일 전에 그는 이미 엘리엇에게 원정군이 다음 해 3월 중국에 도착해 광저우를 봉쇄하고 베이징 남쪽의 베이허北河를 공격할 것이라는 소식을 전했기 때문이다. 따라서 자딘의 건의는 환영받을 수밖에 없었다. 실제로 그때부터 파머스턴은 계속 이 호상蒙商의 런던 지점으로부터 정보를 제공받았다. 양쯔 강을 경계로 중국을 양분하는 이후의 전략도 마찬가지로 그에게서 영감을 얻은 것이었다. 이후 4개월 동안 이들 계획은 계속 다듬고 또 다듬어지다가 1840년 2월 20일 마침내 파머스턴은 정식으로 두 사람의 전권 대신을 지명해 원정을 책임지도록 했다. 바로 엘리엇 대령과 그의 사촌 조지 엘리엇 제독이었다. 그들은 상관의 포위에 대한 '사죄'를 받아내고, 아편 손실에 대한 배상금을 받고, 또 모든 행상의 채무를 받아내며, 공행을 해산하고, 모든 전쟁 비용을 배상받고, 섬을 할양받아 영국 상인의 안전을 보장하라는 등의 지시를 받았다. 중국인들이 이 모든 요구 사항에 동의하도록 강요하려면 중국의 주요 항구들을 봉쇄하고, 저우산舟山(항저우 만 외곽 닝보寧波 근처에 있는 섬)을 점령해 담보로 삼아야 했다.

영국 의회는 아직 정식으로 이 문제를 논의하지 않았다. 그러자 야당이던 토리당은 1840년 4월 7일 이처럼 의롭지 못한 전쟁은 여왕의 식견 없는 현직 고문들이 일으킨 것이라고 주장하며 치고 나왔다. 그러자 당시 내각에서 가장 젊은 장관이자 런던 사교계의 총아였던 매콜리Thomas Babington Macaulay가 휘그당을 대표해 답변했다. 그는 의원들에게 이렇게 선언했다. 즉 광저우에 봉쇄되어 있는 영국인들은

> 패배, 굴복 또는 치욕이라고는 모르는 국가의 국민이며, 자국민을 위협하는 자에게는 귀를 의심할 정도의 배상금을 받아온 국가의 국민이며, 모욕당한

영사 앞에서 알제리 지사가 먼지 속에서 머리를 조아리도록 만든 국가의 국민이며, 플라시 황야 전투 시 벌어진 캘커타 군 감옥 사건의 희생자들을 위해 복수를 감행한 국가의 국민이며, 위대한 호국경이 영국 시민들로 하여금 과거의 로마 시민들이 향유했던 것과 똑같은 명성을 누리게 하겠다고 맹세한 이래로 쇠약해진 적이 없는 국가의 국민입니다. 그들은 비록 적에게 포위되거나 아무런 도움도 받을 수 없는 상황에서 끝없이 넓은 바다와 대륙에 고립되어 있다 하더라도 어느 누구라도 자신들의 조그마한 털 한 올이라도 상하게 하는 자는 틀림없이 처벌받게 된다는 것을 알고 있습니다.[41]

한마디로 '나는 로마 시민이다*Civis Romanus sum*' 라는 말이었다. 이에 대해 또 다른 젊고 전도양양한 정치가인 토리당의 글래드스턴은 이렇게 답했다.

원인을 두고 볼 때 이 전쟁보다 더 의롭지 못한 전쟁이나 이 전쟁보다 더 우리나라를 영원히 치욕스럽게 만든 전쟁이 있었다는 것을 저는 알지도 못하고 또 읽어본 적도 없습니다. 저 건너편의 존경스러운 신사 분께서는 광저우에서 자랑스럽게 펄럭이고 있는 영국 국기를 이야기하셨습니다. 그것은 파렴치한 밀무역을 보호하기 위해 게양되어 있습니다. 만일 이 국기가 지금 중국 연해에서와 같은 식으로 게양된 적이 한 번도 없었다면 우리는 두려워하는 심정으로 그곳에서 물러나야 합니다.[42]

그러나 파머스턴은 자기 내각이 이처럼 사악한 아편 무역을 지원한다는 것을 부인함으로써 교묘한 수법으로 논쟁의 초점을 바꾸어버렸다. 그는 그들이 바라는 것은 다만 장래 교역의 보장과 영국 시민들의 안전뿐이라는 주장을 고수했다. 반드시 기억해야만 할 중요한 사실은 영국이 이미 모욕당했다는 것이었다. 결국 토리당의 반전 결의안은 겨우 다섯 표 차이로 부결되었지만 이것이 멀리 지구 반대편에 있는 청조에 위로가 될 리는 만무했다.

전쟁의 첫번째 단계

공식적인 아편전쟁의 첫번째 단계는 1840년 6월부터 1841년 1월까지 지속되었다. 영국의 전략은 간단했다. 즉 광저우를 우회해서 북으로 진군해 저우산을 점령한 다음 해상을 통해 톈진 부근의 베이허 입구로 진출해 청 황제에게 파머스턴의 각서를 보낸다는 것이었다. 6월 21일이 되자 16척의 영국 전함, 4척의 무장 기선, 4,000명의 영국군을 실은 28척의 수송선이 마카오 연해에 집결했다. 소규모 부대가 후방에 남아 광저우를 봉쇄하고 나머지 병력은 즉각 저장으로 진격했다. 대부분의 광저우 사람들은 흠차대신 임칙서가 새로 건설한 해안포대에 놀라 영국인들이 모두 도망갔다고 생각했다. 그러나 7월 5일 영국 함대가 저우산 연해에 다시 출현했다. 처음에 그곳의 하급 관원들은 이들 선박이 교역을 위해 온 것으로 생각했으며, 이 자그마한 항구는 큰 이익을 볼 수 있으리라는 생각에 들떠 있었다.[43] 하지만 이들에게 돌아온 것은 이 영국 함대를 이끌고 있던 제임스 브레머 경의 투항 요구였다. 중국 총병總兵이 투항을 거절하자 저우산은 9분 동안 포격을 받았다. 이후 영국 군대는 아무런 저항도 받지 않고 상륙해 파괴된 건물과 시체를 밟으며 이 도시를 약탈하고 점령했다.

파머스턴은 중국인들이 저우산 점령에 충격을 받아 즉각 항복할 것을 예상했다. 하지만 현실은 그렇지 않았다. 저우산의 수비군이 참패한 것은 영국 해군의 포격에 의한 것이었기 때문에 섬이 함락당했음에도 불구하고 영국인들은 일단 상륙하면 전투력이 형편없어진다는 황당한 생각이 완전히 없어지지는 않았던 것이다. 더구나 처음에 많은 사람들은 저우산 함락은 순전히 인근의 닝보를 영국과의 교역항으로 개방시키려는 계획의 한 부분에 지나지 않는다고 생각했다. 당시까지만 해도 영국인들은 여전히 해적질하는 장사치 정도로만 간주되었지 장래의 정복자가 될 가능성이 있다고 심각하게 보는 시각은 찾아볼 수 없었기 때문이다. 하지만 이처럼 안일한 생각은 영국 함대가 베이허 입구로 쳐들어가자 곧 사라졌다. 8월 9일 영국 선단이 연해안을 따라서 북진하고 있다는 보고를 받은 군기처에서는 한바탕 소동이 벌어졌다. 도광제와 만주족 근신들은 영국인들이 심지어 베이징 자체를 점령하려고 생각하고 있을지도 모른다고 걱정하기 시작했다. 어떠한 대가를 치르더라도 수도를 공격할 수 있는 거리 밖으로 그들을 물러나게 해야 했다. 이에 따라 8월 30일 베이허 입구를 수비하는 다구大沽 포대를 영국군이 돌파하려고 할 때 청 측에서 기선琦善이 사절로 파견되어 해안에서 영국의 전권 대사를 만나 협상을 개시하는 것에 동의하게 된다.

협상을 시작하기로 결정했다는 것은 오랑캐들을 '두려움에 떨게 해서' 복종시킨다는 임칙서의 정책을 포기했다기보다는 임칙서 개인에 대한 거부를 의미했다. 파머스턴이 편지에서 너무나 격렬하게 흠차대신을 공격했기 때문에 청 조정에서는 임칙서를 파직시키기만 하면 영국 측이 완전히 만족할 것이라고 생각하고 있었다. 그러한 결정을 내리는 것은 결코 어렵지 않았다. 왜냐하면 도광제 본인이 임칙서가 중대한 과오를 범했다고 생각해 크게 화가 나 있었기 때문이다. 그가 '굳은 결의'가 필요한 이 시점에 임칙서와 의견을 달리했던 것은 아니다. 그가 불만으로 여겼던 것은 임칙서가 영국군은 싸울 생각도 없으며 싸운다고 해도 제대로 싸울 수 없다고 낙관적으로 수차례 예견했음에도 불구하고 남방의 형세가 갑자기 이 흠차대신의 통제권 밖으로 벗어나 버린 데 있었다. 청 황제의 마음을 괴롭힌 것은 '전쟁'이 아니라 '반란적인' 적대 행위가 한 성의 관할 범위에서 마침내 제국의 심장부로까지 옮겨온 것이었다. 당시 도광제는 신속하고 손쉽게 아편 문제를 해결하겠다는 임칙서의 온갖 약속은 도대체 어떻게 되었는지가 알고 싶었다.

> 경은 대외 교역을 단절시켰다고 말하고서도 얼마 후에는 그것이 여전히 진행되고 있다고 시인했다. 법을 어기는 범법자들을 처리했다고 하고서도 아직 범법자가 많다고 했다. 이 모든 것은 의미 없는 말로 발뺌하려는 의도일 뿐이다. 끝내 어떠한 실적도 거두지 못했을 뿐만 아니라 오히려 수많은 파란을 새로 일으켰을 뿐이다. 그러한 것들을 생각하노라면 분노를 금할 수 없다.[44]

임칙서는 전쟁에 대한 책임을 엘리엇에게 전가시키려고 했다. 영국의 수석 감독관이 죄행이 드러나자 자발적으로 아편을 내어줌으로써 부끄러운 짓을 했음을 인정해놓고는 자국 정부에는 아편이 불법으로 몰수되었다고 거짓 보고를 올렸다고 그는 주장했다(후에 도광제는 기선에게 이러한 변명의 진위를 조사하도록 했는데, 기선은 그것이 거짓임을 증명했다). 그 결과가 전쟁이었지만 마침내 전쟁이 벌어진 이상 그것은 임칙서가 전적으로 책임져야 했다. 하지만 임칙서는 어떤 대가를 치르더라도 저우산을 되찾고 영국인을 몰아낼 수 있도록 모든 연안에서 오랑캐들과 싸울 수 있는 권한을 요구할 뿐이었다. 왜냐하면 임칙서가 보기에 "그들의 욕망은 끝이 없어서, 많이 얻으면 얻을수록 더 많은 것을 요구할 것이기에 군사력으로 그들을 제압하지 않는다면 두통거리는 끝이 없을 것"[45]이었기 때문이다. 아마 도광제도 개인적으로는 그러한 생각에 동의했을지 모르지만[46] 그는 더이상 임칙서가 그러한 임무에 적임자라고는 생각하지 않게 되었다. 어쨌든 다구 입구에 정박해 있는 영국 측은 이 흠차대신의 직책을 박탈하라고 요구했다. 이에 따라 9월 4일 청 황제는 다음과 같은 조서를 내렸다.

> 지난해 흠차대신이 황제의 지극한 뜻을 제대로 이해하지 못한 결과 적절하게 조치를 취하는 데 실패했다. 그는 지금 조사받고 있는데, 분명히 엄한 처벌을 받을 것이다. 그러므로 부당함을 바로잡는 데 이제 더이상의 장애물은 없다.[47]

임칙서는 1841년 5월 3일이 되어서야 광저우를 떠나 재판을 받았다. 7월 1일 그는 중앙아시아의 러시아 변경인 일리로 귀양 가는 처벌을 받았다. 그러나 1845년 그는 다시 황제의 소환을 받아 고위직을 맡게 되었고, 도광제에게 5년 이상 더 충성을 다하다가 병으로 사망했다.

어떤 관리가 임칙서의 자리를 맡았더라도 마찬가지로 실패하고 처벌을 받았을 것이다. 당시 수년 사이에 임명된 흠차대신들은 황제 자신이 제시한 조건을 양보하지 않으면서 동시에 평화와 질서를 유지한다는 황제의 결정을 실현해야 하는 존재들이었다. 따라서 아편전쟁의 역사는 바로 이러한 결정이 영국인들로부터 거듭하여 공격당하는 과정이었다. 결국 황제의 의지는 꺾이게 되지만 그때까지 그의 대리인들은 평화를 회복하되 양보해서는 안 된다는 모순적인 요구에 직면해 있었다. 이것이 임칙서의 딜레마였고 또한 그의 후임자들의 비극이었던 것이다.

  임칙서 대신 선택된 기선은 보르지기트博爾濟吉特 혈통의 후작으로 직예直隸 총독을 맡아 선망의 대상이었을 뿐만 아니라 중국에서 가장 부유한 사람 중의 하나였다. 그는 매우 세련된 학자였고, 교섭 능력이 뛰어난 관료로 파머스턴의 각서를 베이징에 전달한 것도 바로 그였다. 당시 황제는 영국인들이 불만을 갖는 것도 이해할 만하다고 인정하지 않을 수 없었다. 그러나 그러한 불만은 영국인들이 받고 있는 대우 때문이라고 생각했을 뿐 그들과의 관계의 성격 그 자체에 문제가 있다고는 보지 않았다. 어쨌든 그들의 궁극적인 요구들은 전혀 실현 불가능한 것이었다. 섬 하나를 할양하라니? 그야말로 황당한 소리였다. 몇 개의 항구를 새로 개방하라니? 이것은 '조법祖法'을 위반하는 것이었다. 행상의 부채를 상환하라니? 정부는 상업 자금의 유용과 아무 관계가 없었다. 아편 대금을 배상하라니? 그것은 원래 금지품이었다. 선례가 없었기 때문에 황제도 이들 전례 없는 적들과의 담판을 진행할 수 없었다. 대신 그는 당장 급한 일은 위험 요소를 제거하고 저 오랑캐들을 광둥으로 돌려보내는 것이라고 반복해서 강조했다. 이제는 바로 기선의 능란한 말재주를 이용해 영국군을 달래서 남쪽으로 돌려보내는 일만 남아 있었다.

　기선 본인은 청조가 직면한 여러 위험을 분명하게 의식하고 있었고, 18세기 이래 오랑캐 문제의 성격이 근본적으로 바뀌고 있다는 것을 황제에게 이해시키려 여러 차례 시도했다. 그러나 그도 역시 질적인 평가가 아니라 양적인 평가를 내리고 있을 뿐이었다. 그는 중국이 지금 오랑캐의 침입이 빈번하게 발생하는 긴 시기 — 이것은 애석한 일이지만 중국사를 연구하는 학자들에게는 익숙한 것이기도 하다 — 중의 하나로 들어가고 있다고 생각했으며, 어떤 방식으로든 영국인들로 하여금 약간 새롭지만 기존 형태에서 크게 벗어나지 않는 오랑캐 통제 체제로 되돌아가도록 압박해야 한다고 생각했다. 당장 그는 황제가 금지하고 있는 양보안을 경솔히 제의할 수 없었기 때문에 결국 영국군을 톈진에서 철수하도록 하기 위해서는 편법적 조치를 강구하지 않을 수 없었다. 기선이 매우 솔직하게 군기처에 보고한 것처럼, 그러한 조치는 '어루만지고 달래는' 방법, 즉 조공 정책의 변형으로서 실제로 이후 10년 동안 유지된 '기미羈縻 정책'의 첫걸음이 되었다. 이 정책은 능수능란한 외교적 언사로 오랑캐국의 교섭 당사자와 개인적으로 친밀한 인간관계를 맺음으로써 그에게 인간적 의무감이 생기도록 하는 것을 강조하고 있기 때문에 개인들 간의 특별한 우애감('감정')에 의지해 정치 집단이나 경제 집단 사이의 적대적인 원리의 충돌을 완화시키려는 중국의 사회적 전통을 그대로 따르고 있는 것이기도 했다. 기선은 이러한 정책을 영국인에게 적용한 것으로 추정되며, 훗날 외교 정책 전문가인 기영耆英에 의해서 완성되기에 이른다. 하지만 두 경우 모두 그러한 수법은 갈등에 대한 근본적 해결을 끊임없이 지연시키는 데나 성공했을 뿐이다. 게다가 제법 호감이 가는 중국의 외교관들이 앞에서는 막역한 사이라도 되는 양 굴면서 동시에 베이징을 향해서는 할 수 없이 상대하고 있는 이 무례하고 노린내 나는 서양인들을 보면서 어쩔 수 없는 혐오감을 극복하기가 얼마나 어려운지를 보고하고 있다는 사실을 알았을 때 영국 사신들은 오히려 배신감 때문에 불쾌감만 커질 뿐이었다. 그러나 이 방법은 당장에는 효과가 있었다. 1840년 9월 17일 기선은 영국 전함들을 광저우로 돌아가게 한 다음 그곳에서 교섭을 마무리할 수 있을 것이라고 황제에게 상주했다. 이 소식에 크게 기뻐하며 황제는 기선 본인이 육로로 남쪽으로 내려가 '처리'를 마무리하라고 지시했다. 기선의 책략이 어찌나 성공적이었는지 영국인들을 다루는 데 필요한 것은 그것뿐인 것처럼 보였다.

청조의 저의를 살피고 있던 엘리엇 측에서는 기선의 부드럽고 친밀한 태도를 보고 임칙서 등의 '주전파'가 비교적 합리적인 사람들로 구성된 '주화파'로 대체되었음에 틀림없다고 믿었다. 그러나 그들은 일단 화북 지역의 위협이 완화되자 청 황제의 불안도 줄어들고 조정의 호전적인 인물들도 더욱 대담해졌다는 사실은 제대로 깨닫지 못했다. 그 결과 엘리엇(그는 이때 유일한 전권 대사였다)의 주도로 12월에 열린 광저우 교섭에서는 기선으로서는 난감하기 이를 데 없는 문제들이 쏟아져 나왔다. 한편 베이징에서는 혈기 넘치는 젊은 어사들과 일부 나이 많은 보수 관료들이 영국인을 몰아낼 것을 강력히 주장하고 있었다. 심지어 몇몇 사람들은 유화론자인 기선 본인이 외국인들에게 농락당했거나 아니면 매수되었을 것이라는 근거 없는 소문을 암암리에 유포하기까지 했다. 그러나 광저우에서는 영국인들이 압도적인 군사적 우위를 압력 수단으로 이용해 구체적인 양보를 얻으려 하고 있었는데, 그중 만약 받아들였다가는 위험천만하기 짝이 없을 양보 사항은 홍콩의 점령이었다. 그리하여 기선은 먼저 광저우를 군사적으로 방어하는 것은 이미 거의 희망이 없는 지경에 있다는 것을 베이징에 알리려고 노력했다. 당시 그는 끔찍한 계산 착오에 빠져 있었다. 그는 배상금을 지불하고 유럽인들이 교역할 수 있도록 샤먼廈門[아모이]과 같은 새로운 항구를 개항하는 것을 교환 조건으로 하면 결국 홍콩의 할양을 막고 심지어 저우산을 영국인의 손아귀에서 회수할 수도 있을 것이라고 생각하고 있었다. 그는 중요한 것은 중국 영토를 외국인들에게 넘겨주지 않는 것이라는 점을 강조함으로써 상업이나 금전적인 면에서 다소 양보하는 유화적인 자세를 취하는 것이 크게 해롭지 않다는 점을 도광제에게 설득시키려고 했다. 그러나 심지어 그가 베이징의 답신을 듣기도 전에(이 두 도시 간의 통신에는 1개월이 필요했다) 영국인들은 무슨 일이 있어도 홍콩은 점령해야겠다는 의도를 명백히 밝혔다. 엘리엇은 기선이 군사적으로 무력하다는 사실을 다시 한번 상기하도록 할 필요가 있다고 생각하고는 1841년 1월 7일 영국군에게 후먼 포대를 점령하도록 명령했다. 후먼 요새가 점령되자 기선은 비로소 더이상 영국군으로부터 광저우를 지킬 수 없다는 사실을 절실히 깨달았다. 그는 혹 발생할지도 모르는 대량 학살을 피하기 위해서 어쩔 수 없이 1841년 1월 20일 촨비穿鼻 조약에 합의했다. 이 조약은 영국측 요구대로 홍콩을 할양하고, 600만 달러의 배상금을 지불하고, 양국 관리들이 평등한 관계에서 직접 교섭하며, 또한 광저우 교역을 자유화한다는 것 등을 규정하고 있었다. 엘리엇은 뛸 듯이 기뻐했다. 그가 보기에 청영 관계 문제가 불필요한 피를 흘리지 않고도 완전히 해결되었기 때문이다. 그러나 그의 승리감은 시기상조였다. 이 조약의 초안이 보고되어 비준이 요청되었을 때 양국 정부 모두 이를 거부했던 것이다.

　1월 초에 도광제는 이미 영국인들은 "늘 터무니없는 요구를 하고 있어서 이치에 맞게 다루기 어렵겠다"⁴⁸⁾고 생각하게 되었다. 오랑캐들을 공정하고 예의에 맞게 대우했음에도 불구하고 그들은 오히려 해적 같은 정복 활동을 계속하고 있을 뿐만 아니라 심지어 감히 광둥의 요새까지 공격했던 것이다. 따라서 회담은 그저 쉴 새 없는 변론으로 상대방을 탈진하게 만들고, 남부 지방의 관군이 새로 무장할 시간을 마련해줌으로써 마침내 오랑캐를 진압하도록 하는 데 목적을 두게 되었다. 1월 6일 도광제는 주변의 각 성에서 모집한 4,000여 명의 원군에게 광저우를 향해 진군하도록 지시했다. 또 1월 30일에는 사촌인 혁산奕山을 정역군靖逆軍의 지휘관에 임명해 오랑캐를 섬멸하라고 지시했다. 영국이 홍콩을 점령하는 것에 동의하고 이틀이 지난 뒤 망연자실해 있던 기선은 이러한 결정을 통보받았다. 그는 미친 듯이 상황을 되돌리려고 했다. 먼저 그는 광저우에 있는 대부분의 관리들에게 광저우가 채 영국군의 점령에서 벗어나지 못했다는 내용의 상주문에 함께 서명해줄 것을 설득시킬 수 있었다. 몇몇 섬에는 노후된 대포로 무장한 방어 요새가 건설되어 있었지만 배후로부터의 적의 공격에 그대로 노출되어 있는 상태였다. 임칙서가 모집한 자랑스런 '수용水勇'들은 뱃멀미를 하거나 아니면 돈을 주지 않으면 전투에 참가하지 않았다. 그리고 도시 자체가 한간漢奸들로 가득 차 있었다. 어쨌든 촨비 조약에 따라 엘리엇은 분명히 저우산과 후먼 포대를 반환하는 데 동의했으므로 비교적 여유 있게 숨 돌릴 시간을 갖고 도광제가 요구하는 '소탕 작전'을 준비할 수도 있었다. 하지만 바로 그 순간 기선은 가장 중요한 동료 중 한 사람의 지지를 잃었다. 흠차대신이 홍콩을 건네주는 대가로 거액의 뇌물을 받아먹었다는 유언비어가 광저우 지역에 떠돌자 광둥 순무인 이량怡良이 기선이 홍콩 할양을 자신에게 숨겼다고 베이징에 보고했던 것이다. 2월 26일 이 상소문이 도착하자 황제는 크게 분노했다. 그는 즉시 이렇게 기선을 비난했다.

> 짐이 천하에 군림한 이래 땅 한 조각이나 한 명의 백성도 제국에 속하지 않음이 없었는데, 기선이 마음대로 홍콩을 할양해주었다.⁴⁹⁾

이에 조약은 부결되었고(비록 이때 영국인들이 실질적으로 이미 홍콩을 점령하고 있었다 해도), 기선은 엄청난 재산을 몰수당한 채 3월 13일 족쇄를 차고 광저우를 떠났다.

엘리엇이 런던으로 보내온 찬비 조약 초안을 접수한 파머스턴은 엘리엇이 자기 훈령을 완전히 무시했다고 판단했다. 저우산을 점령함으로써 엘리엇은 자신의 조건을 강요할 수 있는 입장에 있었음에도 불구하고 오히려 이 주요한 근거지를 포기하고 실속 없는 돌섬인 홍콩을 선택했던 것이다. 당시 22세이던 빅토리아 여왕은 사촌인 벨기에 국왕 레오폴드에게 보낸 편지에 이렇게 쓰고 있다.

> 중국 사태에 얼마나 짜증이 나는지요. 파머스턴도 그 때문에 크게 분통을 터트리고 있습니다. 찰스 엘리엇의 그처럼 영문 모를 이상한 행동이 아니었더라면 우리는 아마 이미 바라던 바를 모두 손안에 넣었을 것입니다. ……그는 파머스턴의 훈령을 전혀 준수하지 않았을뿐더러 얻을 수 있는 것 중 최소한의 사항들만을 협상 조건으로 내걸려고 했습니다.⁵⁰⁾

그리하여 이후 우직하기만 한 52세의 아일랜드인 헨리 포틴저 경이 엘리엇을 대신하게 되었는데, 포틴저는 일찍이 수년 동안 신드 주의 영국 주재관으로 일한 바 있었다. 그가 파머스턴에게서 받은 훈령[51]은 극히 명확했다. 저우산을 다시 점령하고, 중국 측 협상 대표가 교섭에 관한 전권을 갖고 있는지 여부를 명확히 확인한 후 다음과 같은 양보를 얻어내라고 했다. 즉 아편 배상금(618만 9,616달러), 행상의 부채(300만 달러), 전쟁에 든 군비(약 250만 달러)를 받아내고, 적어도 4개의 항구를 새로 개항하며, 홍콩은 보유하면서 상품을 무관세로 하선시킬 수 있는 섬들을 더 많이 할양받고, 각각의 교역항에는 모두 영국 영사관을 개설하며, 공행은 폐지하고, 가능하면 '중국 정부 자신의 이익을 위해' 아편 무역을 합법화한다는 것 등이 그것이었다.[52]

광저우 탈환

포틴저가 임명된 것은 1841년 5월이었으나 홍콩에 도착한 것은 8월이었다. 그동안 엘리엇은 도광제의 명령으로 광저우에 집결한 청군과 대치하고 있었다. 기선은 세 명의 관료로 교체되었다. 황제의 사촌인 혁산, 만주 귀족 융문隆文, 완전히 귀가 먹은 칠순의 고령인 한족 장군 양방楊芳이 그들이었는데, 이 중 양방은 1828년 카슈가르에서 자한기르를 체포한 것으로 널리 알려진 인물이었다. 2월 한 달 내내 군대가 줄줄이 광저우로 입성했다. 그들은 요새들을 다시 세우고, 수로에 장애물을 설치하고, 향용들을 모집했다. 광둥의 신사들도 고무되어 광저우에서 애국적 방어 활동을 준비했다. 그럼에도 불구하고 가장 먼저 광저우에 도착한 양방은 즉각 군사적 상황이 이미 거의 절망적이라는 사실을 알아차렸다. 중국 해군은 사실상 이미 괴멸되었고, 새로 쌓은 성의 성벽은 무너져버렸으며, 포산佛山 주조창이 새로 주조한 5톤짜리 대포는 설치되어 있지도 않았고, 군대도 믿을 수가 없었다.

엘리엇은 이 모든 행동을 보면서 촨비 조약 초안이 더이상 준수되지 않고 있다는 사실을 확신했다. 그는 또다시 주 강을 따라 올라가면서 도중에 있는 여러 포대를 파괴한 뒤 3월 2일 광저우에 도착했다. 중국 대표는 도시를 적의 포화로부터 보호하기 위해 다시 협상에 나서지 않으면 안 되었다. 양방으로서는 또다시 교역을 개방하는 데 동의하는 것 말고는 다른 선택의 여지가 없었다. 하지만 그는 베이징으로 보낸 상주문에서는 교역 개방에 동의한 사실을 감히 밝히지 못하고 넌지시 암시할 수밖에 없었다. 4월 14일 삼인방 가운데 주전파인 나머지 두 사람이 도착하자 잠시 동안의 휴전은 더이상 유지될 수 없었다. 혁산과 융문이 화공용 뗏목을 준비하고 보다 많은 향용들을 무장시키기 시작하자 양방은 그저 따를 수밖에 없었다. 이에 엘리엇은 다시 휴전이 위협받게 되었다고 보고 중국 측에 그러한 준비 활동을 중단하라고 요구했지만 아무런 회신도 없었다. 그러나 그가 행동을 취하기 전인 1841년 5월 21일 마침내 혁산이 섬멸 작전을 개시해, 불붙은 뗏목을 강 아래로 띄워 보내 황푸黃埔에 정박 중이던 영국 함대를 향해 돌진하도록 했다. 이어 전개된 전투에서 중국 전투선 71척이 격침되었고 연안 포대 60좌가 파괴되어버렸다. 이후 네메시스 호의 호위를 받으며 수송선들이 광저우 성 부근에 영국군을 상륙시켰고, 이들 영국군은 광저우의 구성舊城 바로 밖의 북쪽 고지를 점령했다. 따라서 고지 아래로 내려다보이는 이 성도省都는 영국군 야전포의 포격에 완전히 노출되게 되었다. 당시 영국군 지휘관이던 휴 거프 경Sir Hugh Gough은 중국인들이 이미 여러 차례 약속을 위반했기 때문에 즉시 그곳 도시를 점령해야 한다고 생각했다. 그러나 여전히 '무고한 백성'들에게서 감정적인 지지를 얻을 수 있다고 믿고 있던 엘리엇은 광저우가 살육장이 되는 것을 막으려고 했다.[53] 당연히 전권 대사의 의견이 더 중요했다. 마침내 5월 27일 협정이 조인되었다. 이 협정에서 중국의 흠차대신 삼인방 및 모든 외성外省의 군대는 광저우에서 물러나는 데 동의했고, 광저우를 파괴하지 않는 대가로 일주일 내에 600만 달러의 '배상금'을 지불하기로 했다. 이 협정이 이행되자 영국군은 자신들의 배로 돌아가 포틴저가 도착하기를 기다렸다.

　광저우에 대한 5월의 공격은 영국 측으로서는 직접적인 군사적 의미를 가진 것은 아니었지만 중국 측에게는 중대한 영향을 끼쳤다. 우선 이번 공격의 결과로 약탈과 혼란이 이어지면서 평소에도 난폭했던 현지의 강도들과 주 강 삼각주 지역의 해적들이 이전에 비해서 더욱 대담해졌다.[54] 양광兩廣 지역의 거의 대부분, 특히 광둥 성과 광시 성의 교차 지역의 구릉 지역은 거의 순식간에 산적들에게 점령되었다. 그리하여 1841~1850년 사이 사회 질서는 날로 혼란해져갔으며, 그것은 실제로 태평천국의 난을 촉발시켰다.[55] 둘째, 훗날 중국과 서양의 관계에 심각한 영향을 미친 반외세 전통이 생겨났다. 광저우 북쪽에서 영국군과 인도군이 배상금 지불과 관련된 협약을 청 조정이 이행하기를 기다리고 있을 때 그들은 이 지역의 상업 중심지인 싼위안리三元里와 인근에서 몇 개의 사당을 약탈하고 몇 명의 부녀자를 강간

했다. 전쟁에 대한 공포로 가득 차 있던 민중들이 이로 인해 심각한 충격을 받게 되자 외국인들에게 비교적 친절하던 전통적 시각이 외국인을 혐오하는 인종주의로 바뀌게 되었다. 이 사건으로 인한 가장 즉각적인 결과는 5월의 마지막 2일 동안 현지 신사들이 대략 2만여 명의 분노에 가득 찬 농민들을 모집해 호미나 곡괭이, 조잡한 창칼 등을 무기로 외국 병사들을 살육하려 한 움직임이 일어난 것이었다. 이처럼 심각한 저항 운동이 발생하기 직전 광저우 지부는 지도층 신사들에게 정전 협정을 준수할 것과 비정규군을 해산시킬 것을 명령했다. 향용들은 분노를 채 삭이지 못하며 철수했으나 만일 정부 관료들의 간섭이 없었다면 적을 격퇴시킬 수 있었을 것이라고 믿고 있었다. 후에 민간 전설과 정부 보고서는 이러한 신념을 한층 더 과장해 많은 중국인으로 하여금 만일 싼위안리 향용들이 가서 싸우라는 허락을 받았더라면 전쟁에서 분명히 승리할 수 있었을 것이라고 믿도록 할 정도였다. 물론 당시 엘리엇이 광저우를 포격하겠다고 위협하고 있었기 때문에 광저우 지부로서는 그들을 해산시키는 것이 당연했다. 그러나 그는 구원자로 찬양받는 대신 오히려 '자기 나라를 팔아먹은' 비겁한 관료로 불렸다. 결국 궁지에 몰린 관원들이 오랑캐들에게 승리하지 못한 책임을 지고 민중의 속죄양이 되었던 것이다.

    1860년대 말 배외 운동이 북방으로 확대되었을 때에도 이와 똑같은 상황이 끊이지 않고 반복되었다. 별다른 악의 없는 지방관들이 자기 아문의 창문 밖으로 보이는 강가에 정박 중인 유럽 함선이 어떤 대가를 요구할 수 있을지 뻔히 알고 있었던 반면, 신사들은 거리에 벽보를 내붙이고는 이들 지방관들이 외국 선교사들이 '정의로운' 군중들의 보복을 피할 수 있도록 보호하는 '역도'라고 성토하는 일이 너무도 흔했다. 그런 다음 이러한 사태는 점점 더 악화되어 지방관들이 개인적으로 비난받는 것이 아니라 조정이 비난받는 데까지 이르게 되었다. 일부 주민들 중 반만 의식으로 가득 차 있던 사람들은 만청滿淸의 '이민족' 왕실이 중국 인민을 희생시키는 대가로 자신들을 보호하기 위해 오랑캐들에게 양보하고 있다는 식의 주장을 쉽게 믿어버렸다. 이러한 의미에서 싼위안리 사건은 이후 오랜 세월 동안 이어진 일련의 민중 소요 사건 — 이것은 공화 혁명 운동에서 표출되는 반만 민족주의에서 절정에 달하게 된다 — 가운데 첫번째 경우였다고 할 수 있다.

전쟁의 최후 단계

포틴저는 1841년 8월 10일 홍콩에 도착해 인도양과 싱가포르를 거쳐 온 원정군의 지휘를 맡았다(전쟁이 끝날 무렵 이 원정군은 25척의 군함을 포함해 14척의 증기선, 9척의 급양선, 1만 명의 병사를 운송할 수 있는 수송선으로 구성되어 있었다). 그는 즉각 2,000여 명의 병사와 일부 함대를 이끌고 북으로 향해 푸젠 성의 중요 항구인 아모이로 갔다. 이 지역의 지휘관인 안백도顔伯燾는 이미 도광제를 설득해 지역 방어에 은 200만 냥을 투입했기 때문에 아마도 침략군을 맞아 한바탕 전투를 벌이려는 열의에 가득 차 있었을 것이다. 그는 50척의 전함과 '견고한' 3개의 보루 및 9,000명의 보병을 보유하고 있어, 영국군이 일단 접근하기만 하면 즉시 격파할 수 있을 것 같았다. 8월 26일 원정 함대가 아모이 밖에 정박하게 되었을 때 해군 대장 파커는 화강암으로 된 성의 방호벽을 포탄으로 뚫을 수 없다는 사실을 발견했다. 그러나 중국 포수들은 영국 상륙 부대의 포대 점령을 저지할 만큼 집중 포격을 오래 가할 수가 없었다. 도시 자체는 방어하기 좋은 좁은 통로 배후에 위치해 있었지만 안백도는 그곳에 요새를 구축하려 하지 않았다. 오히려 영국군이 은밀히 그곳을 통과해 성을 둘러싸고 있는 고지들을 신속하게 점령해버렸다. 다음 날 그들은 성안으로 진격해 들어갔다. 영국군의 피해는 고작 전사자 2명, 부상자 15명이 전부였다.

영국 함대는 그곳에 수비대를 남겨두고 파머스턴이 주 목표로 삼고 있는 저우산을 향해 나아갔다. 촨비 조약 체결 후 이 섬을 회수한 중국인들이 요새를 크게 강화시켜놓았기 때문에 거프 장군은 더욱더 조심했다. 그러나 첫 정찰 후 겨우 3일째인 10월 1일 그는 이 도시를 점령할 수 있었다. 비록 거프가 공격 중에 부상당했지만 2명의 영국 병사만 전사했을 뿐이다. 이제 이 저장 성 연안을 완전히 장악하려면 부근의 항구인 닝보寧波를 점령하기만 하면 되었다. 영국군은 강 하구의 전하이鎭海 요새를 점령한 후 10월 13일 닝보를 향해 진격했다. 저장 성의 군사 책임자인 흠차대신 유겸裕謙은 곧 닝보의 대포가 과열되었으며 자신의 군대가 제대로 싸워보지도 않고 뿔뿔이 도망쳤다는 소식을 들었다. 유겸이 스스로 목숨을 끊으려 하고 있을 무렵 영국의 군악대는 닝보의 넓은 성벽 위에서 영국 국가인 '신이시여 여왕을 보우하소서'를 연주하고 있었다. 이어 이 안락한 항구 도시는 이해 겨울 원정군의 사령부가 되어, 영국군은 여기서 진격을 잠시 멈추고 재정비에 들어갔다. 이제 포틴저의 계획 — 자딘의 지략에서 영감을 얻은 것이었다 — 은 함대를 양쯔 강으로 진입시켜 위로 올라가면서 중국을 둘로 분할한 후 양쯔 강과 운하가 교차하는 지점에서 베이징으로의 식량 운송을 봉쇄해버리는 것이었다. 그가 동원할 수 있는 병력 대부분이 앞서 점령한 4개 도시의 수비군으로 묶여 있었기 때문에 그는 인도에서 증원 부대가 도착하는 늦봄이나 초여름까지 기다리기로 결정했다. 덕분에 중국은 춘계 반격을 준비할 수 있는 시간을 벌 수 있었다.

도광제는 닝보의 함락이 그렇게 심각한 재앙은 아니라고 판단하고 있었다. 오랑캐 군대가 이제 지상전에 돌입했는데, 지상 전투는 중국군의 장기이기 때문에 저장에서 대규모 군대를 조직해 한 차례 전투를 벌이기만 해도 일거에 그들을 깨끗이 쓸어낼 수 있을 것이라고 생각한 것이다. 너무나 많은 관료들이 그에게 중국의 패배를 감추었기 때문에(예를 들면 안백도는 아모이를 다시 탈환했다고 호언했다) 그는 자신이 신임할 수 있는 지휘관을 찾아내는 것이 절대적으로 필요하다고 생각했다. 그리하여 그는 사촌인 혁경奕經을 뽑아서 총사령관으로 삼았다. 그러나 그는 서예에 능하고 문장에는 뛰어났지만 군사적 경험은 일천해 어화원御花園과 엽원獵院을 감독하고 베이징의 금군禁軍을 지휘해본 것이 거의 전부였다. 혁경의 소질은 계획 수립과 준비 작업 등에 있었는데, 그는 이 일에 열정적으로 임했다. 쑤저우에 도착하자마자 그는 휘하 1만 2천여 명의 정규군과 3만 3천여 명의 향용을 하나의 지휘 체계로 통합해 조직하기 시작했다. 저장 성에 대한 정보를 얻으려면 현지의 유력 인사들에게 의지해야 했기 때문에 그는 사령부 밖에 나무 상자를 마련해놓고는 신사들로 하여금 명함을 넣어 사령부에 지원하도록 독려했다. 이렇게 해서 이처럼 나라가 위급한 순간에 경전 연구를 중단하고 몰려든 열정적이지만 미숙한 젊은 서생들로 구성된 대규모 참모진이 구성되었는데, 장교들은 모두 앞 다투어 자기 관품에 해당하는 호위병과 보조금 등을 요구했다. 따라서 지휘 계통이 분명히 서지 못했으며, 특히 여러 성에서 파견된 정규군들이 다른 지휘관의 명령을 받아들이기를 거부했기 때문에 더욱 그러했다. 그러나 멋진 깃발, 수를 놓아 장식한 전투복, 번쩍거리는 무기 뒤에 가려 군 내부에 존재하는 이러한 분열은 간과되었다. 이들 서생들은 군 진영 내에서 여러 차례 다회茶會와 연회 그리고 시사문회詩社文會 등을 개최하는 등 활기에 차 있었다. 승리는 문제없을 것 같았다. 실제로 실제 전투에 들어가기 한 달 전에 한 유명한 화가가 강렬한 색채의 아름다운 북송 원체화법으로 전투에서 승리하는 장면을 묘사하기도 했다. 심지어 혁경 자신이 한 차례 글짓기 대회를 개최해 어느 글이 앞으로 있을 승리를 선포하는 포고문으로 가장 잘 쓰였는가를 결정하느라고 며칠을 바쁘게 보내기도 했다. 마침내 그는 교전 상황과 각각의 지휘관들이 어떻게 명령을 하달하고 전공을 표창하는지를 가상으로 그린 작품을 하나 골랐다. 도광제의 이 사촌이 전투를 언제 개시하는 것이 가장 좋을지를 놓고 어느 정도 고민했던 것은 사실이다. 하지만 이 문제는 그가 어느 하루 항저우의 한 사묘寺廟에서 길일을 점치는 것으로 간단히 해결되었다. 그는 호형첨虎形籤[호랑이]을 뽑았다. 이를 근거로 공격 시간은 정확히 호랑이에게 길한 1842년 3월 10일 새벽 3~5시 사이, 즉 임인任寅년 인월寅月 인일寅日 인시寅時로 정해졌다. 그런데 이때는 공교롭게도 비가 많이 오는 봄철이었다. 그리하여 군사들은 발이 푹푹 빠지는 길을 힘겹게 걸어와 바퀴 자국들로 어지러운 진창투성이 진지에 투입되어야 했으며, 더욱이 전투 전날 밤까지도 도로 사정 때문에 군수 물자가 제대로 조달되지 못해 대부분이 여러 날 굶은 상태였다.

거의 탈진 상태에다 비에 흠뻑 젖은 몸을 이끌고 주린 배를 움켜쥐며 병사들은 공격을 준비했다.

공격은 세 방향으로 개시되었다. 원래의 전투 계획 — 거기에는 일부 병력의 보강이 포함되어 있었다 — 에 따르면 36,000명이 닝보의 서문과 남문으로 진격하고, 15,000명은 전하이를 탈취하며, 1만 명의 수군은 전함이나 어선을 타고 바다를 건너 저우산을 재탈환하는 것이었다. 하지만 실제로는 전 병력의 60%가 참모 본부의 호위병으로 파견되었고, 혁경은 술 생산지로 유명한 사오싱紹興에 있는 사령부 주위에 개인 병력 3,000명을 주둔시켜놓고 있었다. 나머지 지원 부대는 혁경의 참모장의 지휘 아래 닝보와 전하이를 잇는 교량에 배치되어 있었다. 이리하여 실제로는 대략 4,000여 명의 병사만이 공격에 나섰을 뿐만 아니라 심지어 그마저도 아무도 선봉에 서려고 하지 않았다. 이처럼 모두가 머뭇거리고 있는 바람에 닝보 공격의 선봉 역할은 700명의 쓰촨 병사들에게 돌아가고 말았다. 이들은 기습 공격의 원칙을 준수해 최후의 순간까지 총을 쏘지 말라고 명령받았지만 베이징어를 거의 할 줄 몰랐던 그들의 지휘관은 이를 총을 휴대해서는 절대 안 된다는 지시로 이해했다. 이로 인해 이들 진촨金川 토박이들은 장도長刀 하나만을 손에 들고 영국 공병들이 매설해놓은 지뢰 구역과 아일랜드병들의 유탄포榴彈砲 사정거리 안으로 유유히 걸어 들어갔다. 영국군이 발포를 개시하자 다른 미숙한 청군들이 이들 쓰촨 병사들의 후방으로 달려들면서 수천 명이 서문으로 몰리는 상황이 되었고, 곧 주변 거리는 피가 내를 이루었다. 영국군은 겁에 질려 갈팡질팡하는 청군들을 차례차례 학살해버렸다. 이것은 바다호스에 대한 포위 공격* 이래 가장 끔찍한 대살육으로 영국인들조차 구역질을 느낄 지경이었다.

같은 시각 전하이에서 전개된 중국군의 작전은 상당히 성공적이었다. 만일 혁경이 지원 부대까지 투입했다면 그들은 아마 이 도시를 탈환할 수도 있었을 것이다. 그러나 기묘한 아이러니라고 부르기조차 민망한 일이지만 후방의 지원 부대를 지휘하고 있던 그의 참모장은 타봉교駝峰橋에 있는 가마 위에서 아편을 흡연하고 있었을 뿐만 아니라 그의 병력도 필요한 순간 이미 마취 상태에 빠져 있었다. 그의 군관과 사병들은 첫번째 포성을 듣자마자 도망쳐버렸다. 이렇게 되자 단지 저우산 방면의 수군만 남게 되었는데, 그들 가운데 많은 이들이 배를 타고 바다에 나가본 적이 한 번도 없는 사람들이었다. 항구를 출발하자마자 대부분의 병사들이 뱃멀미를 했고, 지휘관은 영국군을 만날까 두려워 이후 20여 일 동안 연해를 따라 배를 몰고 왔다 갔다 하며 돌아다니면서 정기적으로 전투 상황을 거짓으로 보고했다. 이리하여 이 전쟁에서 청군이 감행한 마지막 공세는 끝났고, 그와 함께 명예로운 강화를 위한 모든 가능성도 사라졌다. 이후 몇몇 용감한 전투가 없지는 않았지만 청조는 오랜 기간에 걸쳐 계획된 포틴저의 양쯔 강 작전에 대해 전적으로 방어적 입장에 처하게 되었다.

1842년 5월 7일부터 8월 20일까지 계속된 양쯔 강 전투는 수백만 명의 사람들로 붐비며 제국의 가장 부유한 지식층을 부양할 수 있는 비옥한 토지를 지닌 중국 최고의 인구 조밀 지역 중의 하나를 가로지르며 거의 일방적으로 전개되었다. 5월 18일 자푸乍浦와 그곳의 만주 팔기군의 주둔지가 점령되었다. 방어 시설을 아직 갖추지 못했던 상

바다호스에 대한 포위 공격: 1812년 3월 16일부터 4월 16일까지 웰링턴 백작이 이끄는 영-포르투갈 군대가 에스파냐 남서부에 있는 바다호스를 포위하고 프랑스 수비대의 항복을 요구했다. 나폴레옹 전쟁 중 가장 유혈이 낭자했던 이 포위 공격에서 포위가 끝나기 전 몇 시간 동안의 격렬한 총격전으로 무려 3,000명이나 되는 연합군 병사가 목숨을 잃었다.

하이는 6월 19일 당시 이미 포기된 상태였다. 7월 20일에는 양쯔 강의 험난한 요새이자 만주 방어군의 주둔지인 전장鎭江도 점령되었다. 이로써 운하는 봉쇄되었고, 청 제국은 두 쪽으로 갈라져버렸으며, 과거 명의 부도副都이자 통치의 상징이던 난징도 영국군의 공격을 받을 수 있는 상황에 처하게 되었다.

외국군이 진격하는 곳을 중심으로 공포와 혼란이 번져나갔다. 거프 장군은 병사들이 멋대로 약탈하고 강간하는 것을 엄금하려고 했다. 중국 측 사료들은 몇몇 인도인 약탈자들이 지휘관에게 총살되었다고 기록하고 있다. 영국군은 군량과 말먹이를 징발하는 제도를 고안해, 군량을 바친 자에게는 조그마한 팻말을 상으로 주어 문 위에 걸어두게 함으로써 약탈당하지 않도록 보호해주었다. 그러나 보통은 이러한 장치도 효과가 없었다.54) 군인들은 빈번히 과격해져 도시 주민을 약탈했으며 노역을 강제했고, 술에 취해 지역의 부녀자들을 욕보였다. 더욱 고약했던 것은 군부대에 소속되어 있던 중국인 부역꾼들과 양쯔 강 삼각주 지역에서 창궐하던 무뢰배들이었다. 이들은 영국군을 따라 정복된 도시로 들어간 뒤 주택들을 깡그리 약탈하고 약탈이 끝나면 종종 불 질러버리기도 했다. 많은 도시 주민들이 이런 상황을 미리 예측하고 서둘러 향촌으로 피하는 바람에 중국 수비군은 황폐해진 도시의 장터에서 식량조차 확보하지 못하는 지경에 이르렀다. 이미 식량이 떨어졌을 뿐만 아니라 외국 군대가 마법을 부린다는 유언비어 때문에 사기까지 떨어져 있던 중국 병사들 사이에서는 군대 내에 '한간漢奸'이 숨어 있다는 추측이 나돌기 시작했다.

중국의 전통적인 전쟁의 역사에서 일반적인 공성 방법 중의 하나는 뇌물이나 회유를 통해 '내응자'로 하여금 안에서 성문을 열도록 하는 것이었기 때문이다. 청조의 많은 관리들이 이미 닝보 함락과 같은 패전을 당했을 경우 모든 것을 '한간' 탓이라고 황제에게 보고했기 때문에 만주족 장군들은 영국군이 제오열[변절자]에 주로 의지한다고 믿기 시작했다. 이처럼 외국인과 한간 사이의 야합은 중국의 대외 교역이 시작된 초창기까지 소급될 수 있었으며, 전통적인 군사적 지식은 유럽인들이 ─ 아편 중독자를 포함해 ─ 중국인 내응자를 끌어들이는 특수한 비법을 갖고 있다는 믿음을 더욱 강하게 만들 뿐이었다. 이와 관련해서는 한족들은 언제든 반역자가 될 가능성이 있다고 믿고 있던 만주 관료들을 확신시킬 만한 충분한 증거가 있었다. 청대 사회에서 천민, 즉 하층민들이 정치적·군사적 권위를 가진 대안적인 결사체에 의지하려 했던 것은 흔한 일이었다. 나아가 조약항의 범죄자나 소상인들 및 비밀 결사의 조직원들은 모두 연해 교역과 아편 무역에 종사하면서 서양인들과 밀접한 관계를 맺게 되었다. 이것은 1850년대 중반 광저우 부근에서 일어난 홍건紅巾의 난에서 아주 분명하게 드러난 바 있었다.[57] 따라서 포틴저가 포메른 출신의 선교사인 카를 아우구스트 귀츨라프를 영국이 점령한 저우산의 지방관으로 파견하자 성내의 모든 무뢰배들은 이 기회를 잡아 기존의 어떤 지역 세력들(신사 집단, 아문의 아전들이나 당시의 각종 토비 등)과도 관계가 없는 이 새 보호자를 이용하려 했다.[58] 예를 들어 귀츨라프의 치안 책임자는 매춘업자로 악명이 높았는데, 새로운 지위를 이용해 부자들에게서 보호비를 갈취했다.

이런 종류의 소식은 한층 더 부풀려져서 유언비어가 되었다. 한간들은 양쯔 강 유역 어디서나 찾아볼 수 있었는데, 선원, 사염업자, 토비, 시장의 건달 등이 그들이었다. 군 지휘관들이 이러한 잠재적 반역자들을 색출하는 데 역량의 절반을 투자하기 시작했기 때문에 이는 결국 청조의 국방에 참화를 가져왔다. 설상가상으로 전장의 만주 장군들은 영국군이 앞에서 공격을 개시하는 순간 성내의 한족 반역자들이 반드시 뒤쪽에서 만주인을 습격할 것이라고 확신하고 있었다. 그리하여 그들은 일단 행적이 의심스러운 자는 보는 즉시 체포하라고 명령했는데, 이후 이 지역 주민들은 만주 병사들이 근처에 오기만 해도 무서워서 달아나 버렸다고 한다. 몇몇 병사들은 도망자를 발견하면 무조건 사살하고 시체를 가져가서 상을 받았던 것이 분명하다. 이와 비슷한 공포 정치가 각지에서 자행되었다. 예를 들어 상하이에서는 일부 주민들이 영국군의 총성을 듣고, 시의 주민들을 닥치는 대로 살해하도록 청조 정부에서 명령을 내린 것으로 오해하기도 했다.

하지만 비록 만주인들이 당황하여 우왕좌왕하기는 했지만 실제 전투에서 그들의 저항은 아주 완강했다. 자푸에서 영국군은 1천7백 명의 만주 수비군의 사기에 놀랐으며, 패배에 이르자 그들이 라지푸트족 같은 대응을 보인 것에 충격을 받았다. 자푸와 전장(이곳에는 1천6백 명의 팔기군이 있었다)에서는 만주 병사들이 처자식을 죽여서 적에게 유린되지 않도록 했으며, 투항하기보다는 차라리 목을 매어 자살하는 길을 택했다. 거프 장군은 악취가 풍기는 시체 더미 속에서 "진심으로 나는 전쟁을 깊이 혐오한다"고 썼다.[59]

청조의 패배와 난징 조약

춘계 반격이 실패하자 청의 조정에서는 이와 관련된 정책을 둘러싸고 심각한 논쟁이 벌어졌다. 논쟁의 결과 일찍이 임칙서의 정책에 반대했던 관료들이 복직하여 다시 황제의 총애를 받게 되었을 뿐만 아니라 어떤 경우는 직접 외무와 관련된 고위직에 오르기도 했다. 노령의 황족인 이리포伊里布는 원래 기선과 함께 파직되었지만 다시 저장으로 파견되었다. 당시 사실상 수상 격이던 세력가 목창아는 톈진으로 보내졌다. 그리고 이 논쟁에서 이들의 반대파이자, 일찍이 조정 내의 임칙서 지지자였던 왕정王鼎이 6월에 사망했는데, 어떤 이는 그가 자살했다고도 한다. 그러나 아직도 황제는 태도를 180도 바꾸려고 하지는 않았다. 어린 시절 스승들이 그에게 불어넣어 준 모든 깨우침, 역대 조상들이 실시해온 모든 정책에 대한 그의 이해, 조정 내의 진정 '충직한' 신하들의 간언 등은 모두 하나의 간단한 원리로 수렴되었다. 즉 '명군名君'은 무력에 굴복해서는 안 된다는 것이 그것이었다. 고식적으로 우선 위기만 벗어나고자 하는 유화 정책은 제국과 황실에 대한 도덕적인 책임을 포기해버리는 것이었다. 역대 왕조의 역사를 살펴보면 반란자와의 타협은 결국 다음과 같은 결과를 초래할 따름이었다. 즉 정복당하거나 그렇지 않으면 민심을 잃어 황실이 제위를 보위할 수 없게 되는 것이었다. 명이 바로 이렇게 망했으며, 도광제도 자기 책임을 소홀히 하여 왕조를 멸망으로 이끌까 두려워했던 것이다. 제국 통치의 이러한 원리는 비록 아편전쟁으로 인해 바뀌지는 않았지만 순수함을 잃고 말았다. 왜냐하면 편의라는 이름으로 도덕적 원칙을 제쳐놓고 임시로 서양과 타협하는 것이 가능해 보이는 시기가 도래했기 때문이다. 따라서 논란의 핵심이 되었던 것은 굴복할 것인가 말 것인가를 즉각 결정하는 문제였다. 이처럼 진퇴를 둘러싼 반복적인 논쟁에 너무 많은 정력을 소모함으로써 강화의 조건들은 거의 주목받지 못했다.

하지만 그렇다고 해도 패배를 인정하기는 어려웠다. 예를 들어 상황의 변화 속에서 희망을 찾거나 혹은 심지어 절망 속에서도 불굴의 의지를 꺾지 않는 것은 언제든지 가능한 것이었다. 자푸가 함락된 후 주전론자인 젊은 어사 소정괴蘇廷魁가 영국군이 방금 인도에서 네팔에게 패배했다고 보고했다.[60] 이 소식에 황제는 이 기회를 이용해 홍콩을 수복할 생각을 잠시 품게 되었다. 당시 양쯔 강 전투가 진행되면서 그는 비록 싸우다 죽는 한이 있더라도 이처럼 야만적인 군대에 결코 굴복할 수는 없다는 생각을 키워가고 있었다. 이후 황제는 목창아와 이리포 등의 종친들에게 더욱 중요한 지위를 맡기기는 했지만 여전히 자기 방식으로 군사적인 승리를 얻을 수 있으리라는 꿈을 갖고 있었다.

전쟁과 강화를 동시에 고려하는 이처럼 모순적인 심리는 그토록 음울했던 그해 봄에 시행된 모순적인 관리 임명에서 잘 나타나고 있다. 한편으로는 혁경에게 여전히 저장에 진을 치고 있으면서 연해에서 군사 작전을 계속하도록 하고 다른 한편으로는 기영을 4월 7일 흠차대신으로 임명해 같은 지역에서 강화 회담을 진행하도록 했던 것이다. 기영은 황족으로서 황제의 심복이었으며, 일찍이 베이징의 여러 고위 관직을 역임하면서 그렇지 않아도 많던 가산을 더욱 손쉽게 불려나갔다. 기영은 세상 물정에 밝고 고상한 기품을 지닌 사람이었기 때문에 이처럼 까다로운 외교 문제를 원만하게 처리해줄 수 있으리라고 기대되었다. 하지만 그는 두 가지 장애물에 부딪혔다. 첫째는 조정에 여전히 완전한 승리를 요구하는 강한 여론이 있는 것이었다. 따라서 기선과 같은 비참한 종말을 맞지 않으려면 베이징의 여론에서 너무 크게 벗어나서는 안 되었다. 다음으로 그는 어떤 식으로든 포틴저와 접촉해야 했는데, 포틴저는 당시 신속하게 양쯔 강을 거슬러 올라가고 있었다. 기영은 상하이가 함락되었다는 소식을 듣자마자 곧 그곳으로 달려갔다. 그러나 원정군은 이미 맹렬히 앞으로 진군하고 있었다. 마침내 6월 28일 그의 대리인 중 하나가 영국 통역관인 모리슨과 대화를 나눌 수 있었다. 모리슨은 그에게 기영과 이리포가 전권을 갖고 있다고 믿지 않기 때문에 포틴저는 두 사람을 만나려 하지 않을 것이라고 거듭 설명해주었다. 황제가 명확한 지시를 내려서 확실히 그들이 전권을 갖고 강화 조약을 위한 담판에 나서고 있다는 것을 증명하지 않는다면 포틴저는 만족하지 않으리라는 것이었다.

기영은 이 오랑캐가 오만불손하다고 보고해 황제를 크게 분노케 했다. 이후 며칠 동안 사실상 도광제는 양쯔 강 지역의 형세에 조금도 희망이 없음에도 불구하고 전쟁을 계속하기로 결정한 듯이 보였다. 마침내 유화책 쪽으로 무게추가 기울게 된 것은 비록 영국군이 난징 점령을 눈앞에 두고 있지만 정치적 지배가 그들의 목적은 아니라는 사실을 기영이 보증한 데 따른 것이었던 듯하다. 단지 교역권을 지키기 위해서 대청 제국의 손실을 무릅쓰는 것이 과연 무슨 의미가 있단 말인가? 유화책은 민족 감정상으로는 혐오스러운 것이었다. 하지만 훗날 기영은 그에 대해 이렇게 쓰고 있다.

엎드려 생각건대 저희가 이번 오랑캐의 일을 맡아 처리하면서 온갖 방면에서 피할 수 없는 문제들에 직면해야 했습니다. 그리고 그러한 정책은 결코 권면할 것이 아니었음을 인정합니다. 저희가 하고 있던 일은 다만 위험과 안전 둘 중의 하나를 선택하는 것이었지, 옳고 그름의 문제가 아니었습니다.[61]

이러한 주장이 먹혀들기 시작했다. 7월 15일이 되자 도광제의 생각이 이미 바뀌고 있었다. 7월 26일 전장 수비군이 괴멸당했다는 소식이 베이징에서 확인된 후 도광제는 기영에게 강화 조약을 협의할 전권을 주었다. 이러한 보증을 받자 기영은 이제 막 난징을 향해 공격을 개시하려 하고 있던 영국군을 저지하기 위해 황급히 달려갔다. 영국군은 난징 성城 밖에서 기다려주었으나 청 제국이 증원 부대를 모집해 전투를 준비하고 있다는 소식이 전해지면서 너무 서두르지 말아달라는 이 사절의 요구는 믿을 수 없는 것이 되어버렸다. 8월 11일 새벽 영국군이 공격을 개시하려고 할 때 몇 명의 사절이 헐레벌떡 숨을 가누지 못하며 강둑을 따라 원정군 진영으로 달려왔다. 그들은 기영이 곧 회담을 위해 올 것이라는 소식을 알렸다. 영국이 먼저 공격하지 않으면 청은 그들의 요구 조항에 동의하리라는 것이었다.

1842년 늦여름 난징에서 진행된 회담에서 청조 측 대표자인 기영과 이리포, 그리고 그곳 총독인 우감牛鑑은 본질적으로는 영국의 침략자와 베이징 당국 사이의 조정자였다. 그들의 임무는 서로에 대한 공포심을 줄이고 양측의 자존심을 지켜줌으로써 두 진영을 화해시키는 것이었다. 기영은 우선 두 동료들과 조화를 유지해야 했다. 이 두 사람 모두 각각 자신들의 막료를 데리고 있었고 개인적인 관심사를 갖고 있었다. 기영의 주요한 문제는 최초의 프로테스탄트 선교사의 아들인 영국인 통역관 모리슨 그리고 귀츨라프와 대화할 수 있는 사절을 찾아내는 것이었다. 그는 미리 세 차례 사절을 보냈다. 1차로 파견된 인원은 단순히 연락원 역할을 담당한 자들로, 이들 청군 측 연락원들은 이전에 이미 서신을 전달한 적이 있었기 때문에 영국군이 아는 사람들이었다. 회담을 시작하기 위해 두번째로 내보낸 사절은 이리포의 가신 장희張喜였다. 그는 이리포 개인의 막료로 1840~1841년의 비교적 초기 단계의 회담 때부터 영국인들에게 알려진 인물이었다. 그리고 실질적으로 영국 측의 인물을 불러내어 대화하도록 하고 그들의 의도를 캐낼 수 있는 교섭 대표였다. 그는 모리슨과 정중히 인사를 주고받은 뒤 위협에는 위협으로 대응해가며 대화를 진행하는 것으로 이러한 역할을 충분히 수행해냈다. 장희의 일기에 기록된 것을 보면, 모리슨이 필요할 경우 영국군은 양쯔 강을 거슬러 올라갈 것이라고 위협하자 장희 역시 필요하다면 청 황제도 민중을 무장시키고 농촌에서도 거병할 것이니 "모든 풀포기들이 병사가 되어" 영국군에 저항할 것이라고 날카롭게 대응했다고 한다.[62] 물론 어느 쪽도 이런 행동을 정말 실행하려고 했던 것은 아니다.

영국 측은 진정 책임질 수 있는 교섭 대표를 중국 측이 파견해주기를 바랐는데, 이러한 요구는 중국 측이 세목까지 결정할 수 있는 고급 관원을 파견함에 따라 마침내 만족스럽게 해결되었으며 급기야 쌍방의 주요 교섭 대표가 만나서 합의에 도달하게 되었다. 청조의 교섭 대표들은 회담을 순조롭게 진행하기 위해서는 실제 품급보다 더 높은 관복을 입는 것이 훨씬 유리하다는 것을 알아차렸다. 영국 측은 그들의 관복의 문양이 몇 품에 해당하는지를 쉽게 식별할 수 있었지만 그것의 합법성은 따질 방법이 없었다. 마찬가지로 난징에 있는 청조의 사신들도 할 수 없이 거짓 관복을 입음으로써 베이징에 있는 상사들을 기만해야 했다. 사실 그들은 상호 적대적인 두 세력 사이에서 문화상의 뚜렷한 간격을 뛰어넘기 위해서 노력하고 있었던 것이다.

그리하여 그들은 우선 황제가 이미 어떤 동의를 표시했거나 현재 고려하려고 하는 영국 측의 요구 조건, 즉 전쟁 배상금 지불, 평등한 외교 관계 수립, 5개 항구와 홍콩에서의 통상 등만을 황제에게 보고했다. 나중에 그들은 영국 측이 공행을 폐지하고, 세관 조약을 마련하고, 각 항구에 영사를 두자고 요구한다는 것도 보고했다. 1842년 8월 29일 포틴저가 타고 온 영국함 콘월리스호에서 난징 조약을 체결할 때까지도 그들은 여전히 푸저우를 개방하고 외국인이 새로 개방한 조약항에서 장기적으로 거주할 수 있도록 하는 데 대한 황제의 묵인을 받아내지 못하고 있었다. 뒤에서 다시 살펴보겠지만 그 결과 푸저우에서는 10년 동안 대외 교역이 실시되지 않았고 광저우에서는 1858년까지 거주권은 물론 성안으로 들어갈 수 있는 권리조차 보장되지 않았다. 또한 영국 측이 서명한 조약문은 영국과 청이 평등한 지위에 있다는 것을 표시하기 위해서 문자의 크기까지 똑같이 해 중국어로 작성되었다. 그러나 이러한 평등주의적 형식은 베이징으로 보내는 조약문에는 적용되지 않았다. 사실 청 황제는 난징에 있는 신하들에게 영국의 모든 군함이 완전히 철수하기 전에는 영국인과 만나서는 안 된다고 지시했었다. 그러나 그의 교섭 대표들의 주된 관심은 조약을 체결해 영국 군함이 정말로 철수하도록 하는 것이었다. 마침내 이러한 목표를 성공적으로 달성했지만 그것은 난징에서 다시 한 달에 걸쳐 조약 체제의 장래 형식에 관한 담판을 가진 후에야 실현되었다. 실제로 대외 교역과 대외 교류를 진행할 새로운 규정을 마련하는 과정에서는 처리해야 할 문제가 너무나 많았기 때문에 양측의 교섭 대표들은 모두 다음 기회에 관세 및 교역과 관한 세칙을 정한 다음 추가 조약에서 그것들을 확정하자는 데 합의했다.

때문에 난징 조약은 새로운 교역 제도를 수립하는 것과 관련된 몇 가지 원칙을 천명한 기초적인 문건에 불과했다. 그것의 주요 항목은 다음과 같았다. 1) 2,100만 달러의 배상금을 분할 납부한다. 2) 광저우, 아모이, 푸저우, 닝보와 상하이 등 다섯 개의 항구를 통상을 위해 개방한다. 3) 품급이 같은 양국 관원들이 서로 평등한 입장에서 교섭한다. 4) 각 통상 항구에 영국 영사관을 세운다. 5) 공행의 독점을 폐지한다. 6) 수출입 상품에 대해서 일률적으로 적절한 관세를 부과한다. 7) 홍콩을 영국에 할양한다. 마침내 중국의 대문이 열렸지만 영국인들이 중국을 출입할 수 있도록 하려면 교섭 대표들은 여전히 협상을 벌여야만 했다.

THE
CAMBRIDGE
HISTORY
OF CHINA

05

조약 체제의
성립

조약 체제에 관한 개관

    불평등 조약 체제가 수립되던 당시 중국의 일반 국민들은 여전히 국가의 정치 생활에 참여하고 있지 못했다. 19세기 중반까지 여전히 그들은 전통적인 유교식의 인문주의 교육을 받고 있었고, 통치는 황제와 관료들이 지방 엘리트들의 도움을 받아 행하는 것으로 간주되고 있었다. 이런 구질서 아래 근대적 유형의 민족주의는 표현될 수 없었다. 청조의 주요 관심사는 민족주의가 아니라 지주-학자들로 구성된 지배 계층의 충성을 유지시킴으로써 그들의 도움으로 농민들 사이에서 발생할 수도 있는 모든 동요나 반란을 진압하는 것이었다. 이러한 맥락에서 해안 지방에서 영국인들이 일으키는 소란을 평정하는 것은 처음에는 주변적이고, 비교적 사소한 문제였다. 1830년대 말 청의 목표는 아주 단순했는데, 영국-인도-중국으로 이어지는 아편 무역이라는 범죄 행위를 중단시키는 것이 그것이었다.

영국 정부 소속의 인도 아편 제조 공장에서 끊임없이 물품을 공급받아 계속된 이 교역은 1세기 이상 지속되다가 1917년에야 폐지되었다. 근대 역사상 가장 오래 지속되었고 또 가장 조직적이었던 이 국제적 범죄는 또한 영국의 중국 침략 초기에 침략의 원동력이 되기도 했다. 제1차 청영 전쟁 기간에 주요 아편 밀매업자들은 파머스턴이 목표를 설정하고 전략을 수립하는 데 도움을 주었을 뿐만 아니라 전비도 일부 제공했다. 아편 밀수선들은 영국 함대에 임대되었으며, 배의 선장들은 길잡이로 그리고 기타 참모들은 통역관으로 파견되었다. 또 항상 자문과 최신 정보뿐만 아니라 접대까지 제공되었고, 아편 무역을 통해 벌어들인 은은 런던에서 화폐로 교환되어 육해군의 전비로 충당되었다. 아편 중독자들이 늘어가는 것만큼이나 급속히 중국인 아편 밀매업자들도 늘어났기 때문에 영국, 인도, 미국 그리고 그 밖의 다른 나라의 아편 밀수업자들은 아편을 중국에 가져오기만 하면 되었으며, 영국 정부가 개입하지 않아도 나머지 일은 중국인들에 의해서 처리되었다.

조약 체결에서 영국 정부가 목표로 했던 것은 좀더 일반적인 것, 즉 조공 체제를 제거하는 것이었다. 1842년에 체결된 난징 조약은 중국-외국 사이의 교역을 광저우와 그곳의 허가받은 공행의 독점으로 제한하던 제도를 폐지하고 국가와 국가 간의 외교 관계를 개시할 것 등을 규정하고 있었다. 인도의 아편과 외세의 침략이 중국의 배타성을 지켜온 장벽을 무너뜨리기 시작했던 것이다. 청이 전쟁에서 패배하자 전쟁의 원인이었던 아편의 해독은 더욱 심해진 반면 전쟁에서 승리한 영국은 청과 대외적으로 접촉하기 위한 새로운 제도를 모색하기 시작했다. 이 작업은 청 조정과 지방 관리들은 물론 프랑스, 미국, 러시아 등과의 관계 속에서 때로는 상호 협력하고 때로는 서로 충돌을 일으키며 향후 20년 동안 진행되었다. 1842~1844년과 1858~1860년 사이에 있었던 이처럼 새로운 제도들의 성장은 5개의 초기 조약항에 집중되었다.

1840~1850년대의 20년 동안 중국의 대외 관계는 새로운 질서를 향한 첫번째 단계로 들어갔다. 서양인들의 관점에서 보자면 이 시기는 제도적 구조가 창조되어 서서히 본모습을 갖추어가기 시작하는 초기 단계였다. 이후 단계에서 이 조약 체제는 점점 더 성장해 중국의 국가와 사회에 중요한 요소로 자리 잡게 되었다. 반면 근대 중국의 관점에서 보면 각종 조약은 제국주의 침략에 길을 터주는 하나의 매체였다. 1860년대부터 1890년대까지 이어지는 다음 단계 동안 조약항들은 중국과 외국이 공동으로 통치하는 지역이자 각종 문화가 혼재하는 도시가 되었는데, 이 도시들은 모두 중국 전체에 점점 더 큰 영향을 끼치게 된다. 1890년대부터 1920년대까지 이어지는 세번째 단계에는 주로 조약항을 통해 들어오던 외국의 영향들이 침략의 물결이 되어 중국의 전통적인 국가와 사회를 분열시키고 변형시키는 데 큰 역할을 하게 된다. 이 시기에 조약항에는 부르주아가 등장하고 자유주의의 싹이 나타났다. 그리고 중국 내에서의 외국인 활동도 최고조에 이르게 되었다. 마지막으로 1920년대부터 1950년대까지 이르는 네번째 단계에는 먼저 일본의 침략으로 조약 체제가 크게 파괴되고, 이후 공산당이 주도하는 새로운 시대의 혁명적 질서로 대체된다. 조약 체제는 복잡다단한 한 세기를 지나면서 몇 개의 단계를 거쳤던 것이다.

이처럼 근대 중국에서 조약 체제가 등장했던 막간은 '왕조의 정치가 공백을 이룬' 100년의 기간과 일치하는데, 이 시기 동안 청조의 중앙 통치 권력은 쇠퇴하고 그에 따라 정치적 혼란이 야기되었으며 일당 독재라는 전적으로 상이한 체제하에서 점차 새로운 중앙 권력이 재확립되었다. 그것은 결국 도시와 농촌 대중의 정치적 동원 그리고 경제 성장을 위한 현대 기술의 광범위한 적용 등과 결합하게 된다. 이런 식으로 개괄해볼 때 이 100년 동안의 조약 체제 시기는 한편으로는 제국주의자들에 의한 중국 침략이 시작되어 곧 절정을 맞이한 시기였으며 다른 한편으로는 그에 대한 중국인의 대응이 점차 혁명적으로 변한 시기였다고 할 수 있다. 조약 체제 아래서 중국의 주권에 대한 침해는 점점 더 심해졌다. 그리고 민족주의와 혁명의 기운이 성장함에 따라 주권에 대한 주장도 점차 강해졌다. 그리고 이러한 도전과 응전의 과정 속에서 조약항들도 초기에는 그저 연해 교역과 대외 교섭을 위한 주변부의 중심지에 불과하던 것에서 이제 주요한 관심의 초점이 되었다. 따라서 1840~1850년대의 조약 체제 형성기는 중국인의 삶에 미치는 외세의 영향이 여러 층위에 얽혀 무서울 정도로 증가하기 시작하던 단계였다고 할 수 있을 것이다. 물론 외세, 특권, 지배 그리고 결국에는 착취 등으로 특징지어지는 이 시기도 그 자체로는 중국인들의 유구한 역사 속에서 하나의 막간에 지나지 않았지만 말이다.

19세기 중반의 중국-서양 관계를 다루는 연구자들에게 지워진 하나의 중요한 과제는 당시 중국이 대응해야 했던 '서양'에 대해 사실적인 시각을 유지하지 않으면 안 된다는 것이다. 당시 서양은 기본적으로는 여전히 농업 위주의 사회였고, 특히 오늘날의 관점에서 보면 산업, 수송, 통신, 문맹률, 의학, 공공 보건, 정치 생활에의 민주적 참여도 등에서 '저개발' 상태였다. 예를 들어 19세기 중반 영국의 인구는 2,200만 명이었다. 그러나 정부와 기타 공직은 여전히 500여 개의 귀족 가문에 의해 장악되고 있었는데, 이들 가문이 전체 토지의 절반을 소유하고 있었고 1,300명 정도의 젠트리와 평민 지주들이 나머지 토지의 대부분을 소유하고 있었다. 1832년의 '개혁법〔선거법 개정〕'이 통과되었지만 19세기 중반의 영국은 여전히 상공업계의 새로운 지도자들을 교묘하게 흡수한 이 부유한 귀족층들에 의해 운영되는 국가였다. 반면 농촌과 도시의 새로운 빈민가에서는 급속한 인구 증가로 말미암아 땅도 투표권도 없는 피폐한 노동자 대중이 계속 증가하고 있었다.

 19세기 중반 내란과 혼란에 휩싸여 있던 중국의 모습은 석탄, 철, 직물 생산과 철도 건설 등에서 장족의 발전을 자랑하고 있던 당시의 영국과는 판이하게 다른 것처럼 보일지도 모르겠다. 그러나 복지와 안전이라는 인도주의적 관점에서 보면 내란 상태에 직면해 있던 중국의 대중과 도시와 공장의 삶 속으로 흘러 들어가고 있던 영국의 대중 사이에는 일반적으로 생각하고 있는 것과 같은 그렇게 큰 차이는 없었을 것이다. 인구 4억 명의 중국과 2천2백만 명의 영국 사이에 존재하는 진정한 차이점은 오히려 첫째는 양국의 지배 계급의 통치 동기에, 둘째는 그들이 동원할 수 있는 힘에 있었다.

 영국의 중국 침략의 동기와 힘은 둘 다 영령 인도에 있었다. 1813년 인도 교역이 사무역업자들에게 개방된 후 런던, 봄베이, 캘커타 등지에는 구동인도회사의 대리점들이 우후죽순처럼 세워졌는데, 중국의 중요한 교역 대리점들은 이들로부터 파생되어 발전한 것이었다. 홍콩에 있던 영국인 집단의 지도급 인사들 — 자딘, 매디슨, 덴트 등

등 — 도 이러한 배경 출신으로, 영국의 다른 교역 중심지의 거래 상대인 친구와 친척들 — 스코틀랜드인들이 많았다 — 과 함께 사업을 하고 있었다. 이들 기업인 집단은 금융, 보험, 해운업 등에 손을 댔을 뿐만 아니라 독자적인 자유 출판사를 운영하고 본국에서보다 한 세대 전에 이미 자유 무역의 이상을 지지했다.[1] 영국에서는 1846년의 곡물법 폐지와 1849년의 항해법 폐지와 함께 비로소 그것이 승리를 거둔다. 사무역업자들은 이익을 중시하고 공격적이었으며 종교적 신념으로 무장하고 있었다(한 아편 무역선 선장은 일지에 이렇게 쓰고 있다. "12월 2일. 아편 운송에 정신이 없었음. 너무 바빠 성경 읽을 시간도 없음").[2]

중국에 파견된 영국의 군사력은 처음부터 인도에서 활동하던 영국군들로 조직되어 있었다.[3] 1839~1842년 사이에 벌어진 대 아프가니스탄 전쟁이 중국에서의 전쟁을 가려버렸다. 1845~1848년 사이에 일어난 시크교도 반란 진압은 영국의 인도 지배를 계속 확대시켜주었다. 1841년 중국에 오기 전에 헨리 포틴저 경은 신드 주 작전에서 올린 공적을 인정받아 작위를 받은 바 있는데, 신드 주는 이후 1843년에 영국에 병합되었다. 한마디로 중국에서 무력을 사용할 당시 영국의 정책과 가치관은 인도에서의 성공적인 경험에 의해 형성된 것이었다. 그들은 우월하고 자신감이 넘치며 또 때로 오만하기까지 한 지배 집단으로서 들어왔다. 그들은 영국이 가진 힘의 비밀은 바로 힘을 축적하고 있어 필요한 경우에는 언제든지 사용할 준비가 되어 있다는 평판에 있다는 것을 확신하고 있었다. 또 교역에서도 지역의 세력가를 요리하고 그들 가운데서 협력자를 구하는 등의 책략을 능숙하게 구사할 줄 알았다.

19세기 중반 영국의 대 중국 정책은 주로 파머스턴 경에 의해 주도되었는데, 그는 1830~1865년에 이르는 36년의 2/3에 해당하는 기간을 외무상이나 수상으로 지냈다.[4] 그는 영국의 국익뿐만 아니라 자유 입헌주의라는 중산층의 대의를 위해 재능과 정열을 바쳤다. 또한 러시아의 팽창 정책으로부터 오스만 제국을 보호하기 위해 유럽 협력 정책을 펼쳤다. 비록 그의 주 관심사는 아니었지만 중국에 대해서도 파머스턴은 그와 비슷한 정책을 추진했다. 즉 항상 '정의는 우리 편에 있다'는 확신하에 영국 시민들을 위해 헌법상의 권리들을 요구하고 필요한 경우에는 이를 위해 무력도 불사하며 또한 다른 열강들과 공조 체제를 유지하는 것이 그것이었다.[5]

영국의 이러한 자신감을 고려할 때 중국의 새로운 조약 체제는 부분적으로는 영국의 기득권을 보호하기 위한 것이었고 또 부분적으로는 전 세계를 향한 영국의 상업적 팽창이라는 이상을 표현하기 위한 것이었다. 특히 영국은 영령 인도, 중국 그리고 영국 본국 사이의 삼각 교역에 안정과 기회를 제공하는 것을 목표로 하고 있었다. 이것은 바로 인도의 아편 수출 시장으로 중국 시장을 확보하고, 영국에는 중국의 차와 생사를 안정적으로 공급해주는 것을 의미했다. 그러나 조약 체결에 나선 영국인들은 본능적으로 **법**(법은 보편타당성과 효용성을 갖고 있다고 생각하고 있었다)의 규제를 통해 **교역**(그들은 이것이 근대 문명을 전 세계의 모든 민족에게 확산시키는 데 도움이 된다고 믿고 있었다)의 안전성을 확보하려고 했다. 최초의 조약들이 주로 상인들을 위한 권리 선언 같은 형태를 띠고 있었던 것은 이 때문이다.

그러한 권리들 중 일부는 유럽의 국가 체제에서 조약 체결국의 외국인에게는 통상적으로 부여되던 것이었는데, 예를 들어 "상대국의 영토 내에 있는 자국민의 생명과 재산에 대해 안전과 보호를 보장하는" 호혜 조항(난징 조약 제1조), 또는 영국인들이 "부당한 간섭이나 제약을 받지 않고" 중국의 5개 항구에 "가족이나 권속과 함께 …… 거주"하며 교역할 수 있는 권리(제2조) 등이 있었다. 19세기에 주권 국가들 사이에 일반적으로 인정되고 있던 거주와 교역에 관한 이러한 개인적 권리들은 중국에서도 과거 수세기 동안 하나의 관행으로서 외국인들에게 허용되어왔지만 조약 형태로 완벽하게 명문화된 경우는 없었다. 1689년 청과 러시아 사이에 맺어진 네르친스크 조약에도 여행과 교역에 관한 호혜적인 권리가 들어 있었지만(제5조) 1727년의 캬흐타 조약에 나타나 있는 양국 간의 최종적인 상업 협약(제4조)은 베이징이나 혹은 양국의 접경 지역에서 엄격히 통제되고 규제되는 대상 교역만을 인정하고 있는데, 이러한 방식은 1842년 이전의 광저우 교역 체제를 연상시킨다.[6]

새로운 조약에 규정된 영국의 권리들은 대부분 자유 무역의 이념을 중국의 연안에 투사하고 있었다. 즉 관변 교역 독점업자들과 교역하는 것이 아니라 영국 상인들은 자유 시장에 접근할 수 있어야 하며 "원한다면 누구와도" 교역할 수 있어야 했다(난징 조약 제5조). 그리고 "모두가 알 수 있도록 공개적으로 공포된 …… 정규 수출입 관세와 기타 세금에 관한 세칙에" 따라 세금을 납부할 수 있어야 한다(제10조).[7] 중국의 연해 항구들에서 이러한 이념들을 실제로 관철시키기 위해 영국은 포함으로 위협하며 영국 국민들에 대한 영사 재판권(치외법권)을 포함한 일련의 부수적인 권리들을 요구했다. 이리하여 새로운 권력 구조를 동반한 외국 사회가 중국의 연해 지방에 서서히 안착해 성장하기 시작했다.

영국과 청의 행정 관료들 사이에 묵시적으로 이해관계가 일치한 것이야말로 영국이 중국에서 성공할 수 있었던 중요한 비결 중의 하나였다. 양측 다 빼어난 도덕적 모범과 뛰어난 행정 기술을 통해 피정복자를 통치하는 법을 배워온 정복 세력의 대표자였다. 물론 청조의 국가 이념인 유교의 핵심에도 통치자의 도덕적 우월성이라는 위엄이 자리 잡고 있었다. 따라서 조약 체결은 영국과 만주족이라는 두 귀족정에 기반한 제국의 대표자들이 고안해낸 잠정적인 협약 *modus vivendi*에 불과했다. 이런 면에서 포틴저와 기영은 서로를 잘 이해하고 있었다.

기영이 광저우에서 취한 유화적인 협상 정책의 배후에는 베이징의 최고위 만주족 관리인 군기대신 목창아(1782~1856년)가 있었다. 그는 1830년대에 도광제의 수석 군기대신으로 두각을 나타내기 시작한 인물이었다(3장을 참조하라). 두 사람은 나이도 같았고 매우 가까웠다. 목창아는 권력과 이권이 관련된 베이징의 거의 모든 중요 직책을 거친 바 있었다. 그는 또한 임칙서의 아편 엄금 정책에 반대해 같은 만주 기인 출신인 기선과 기영의 타협적인 정책을 지지했다. 목창아도 이들 두 사람처럼 지방의 사정, 즉 진짜 중국의 현실에 대해서는 거의 아는 것이 없었지만 청조의 이해利害에 대해서는 주의를 게을리 하지 않았다. 중국 변경 지역의 이민족 문제는 청 제국의 건국 과정 내내 만주족이 전담했다. 그러한 정책 기조는 1840년대에도 여전히 변함없었다. 그러다가 내지 변경의 부족장들처럼 영국인들도 중국의 연해 변경의 권력 구조 속으로 편입되어 들어오게 되었다. 이러한 영국 세력이 앞으로 어떻게 성장할지는 아무도 예측할 수 없었다.

조약 체결(1842~1844년)

사실 1842~1843년 사이 난징 조약 이후의 세부 조항 협상에 임한 양측은 난징에서의 사전 합의 틀 안에서 서로 매우 다른 협상 목표를 갖고 있었다. 청의 협상자들은 영국이 영토에 대한 야심을 갖고 있을지도 모른다는 최초의 우려에서 벗어나 영국의 목표는 그들의 주장 그대로 영토가 아니라 오직 교역에 있다는 것을 확신하게 되었다. 따라서 중국의 협상 목표는 교역에 관한 양보를 통해 영국인들을 달래는 한편 이들의 활동에 대해서는 조약에 근거해 명확한 한계를 설정하는 것이었다. 즉 물질적인 유인책들을 통해 그들에 대한 통제력을 확보하는 것이었다. 이는 내륙아시아 이민족들을 향해 사용해온 전통적인 기미 정책의 적용에 다름없었다. 기미 정책은 다음 두 가지로 구성되어 있었다. (1) 상업 활동에 대한 양보와 개인적 교류. 교역상의 특혜와 친교를 통해 이민족 전사들을 달래는 것. (2) 위계질서가 잡힌 세련된 행동 원칙과 중국의 일반적인 문화적 우월성을 이용해 한계를 설정하는 것이 그것이었다. 일단 체결된 조약들 또한 이처럼 한계를 설정하기 위한 수단으로 이용될 수 있었다.

호전적인 외부 집단을 무마하기 위해서 전통적으로 이러한 책략들이 동원되어왔는데, 과연 청의 대 서구 정책에서는 어떤 사고의 변화를 찾아볼 수 있을까? 청 조정의 기록에서는 새로운 것은 거의 찾아볼 수 없다. 그러나 타협이 대세를 이루고 있던 조정의 당국자들 바깥에서는 활발한 지성들의 반응도 나타났다. 위원이 가장 두드러지는 인물이었는데, 그는 구 행정 체제가 정상적으로 작동되도록 만드는 일에 몰두한 개혁가였다. 그는 이미 조운과 염정이라는 핵심 분야에서 개혁을 추진한 경험이 있었다(3장을 참조하라). 그리고 이제 외부 세계에 대한 문제로 관심을 돌리고 있었다.

1841년 중반에 그는 친구 임칙서에게서 받은 몇몇 번역물을 이용해 신구 자료들을 기초로 『해국도지』라는 책을 완성했다. 그는 이 책에서 동양으로 교역과 군사력을 확대하고 있는 유럽의 움직임과 그것이 중국의 동남아 조공국들에 미치는 악영향 등에 대해 서술하고 있다. 그것이 중국 연해에 혼란을 초래하고 있다는 것이다. 이러한 움직임에 대해서는 유럽인들끼리 서로 견제하도록 하고 또 아시아 국가들로 하여금 그들에게 저항하도록 유도함으로써 반격을 가해야 한다고 그는 주장했다. 아울러 중국은 자위를 위해 서구의 무기와 군사 훈련 방법을 채택해야 하며, 또한 자체의 해군력을 갖추어야 했다. 청영 전쟁 직후에 완성된 이 책은 몇 군데 오류가 없는 것은 아니지만 청의 역대 군사적 성공을 기록한 역사서 『성무기』와 더불어 국제 교역과 서구의 함선에 의해 제기된 문제들을 다방면에 걸쳐 새로운 시각으로 이해하려 한 선구적인 시도였다.[8] 위원은 1852년의 최종판에서 새로운 자료를 첨가해 이 책을 증보했지만 중국 밖의 세계에 대한 그의 다방면에 걸친 시각은 곧 잊혀져갔다. 이후 발생한 반란으로부터 왕조를 지켜내는 데만 몰두한 나머지 서양의 침공에 대비해 중국을 개혁시켜야 한다는 사상들이 묻혀버린 것이다.

따라서 난징 조약 이후 10년간 청의 협상가들은 지적 창조성이라고는 조금도 없이 그저 판에 박은 듯한 전통적 전략을 동원해가며 그날그날을 대충 수습해나갈 뿐이었다. 그들은 사용하는 문구와 의전 문제에서 외국의 적대 세력들을 열등한 나라로 취급하려 애썼는데,

예를 들어 창고 같은 형편없는 환경에서 그들과 대면한다든가 혹은 낮은 지위의 관리들을 파견해 접촉케 하는 식이었다. 또한 양보하지 않으면 안 되는 순간에도 외국인들의 권리를 인정하는 것이 아니라 시혜를 베푸는 것으로 호도했다. 그들은 또한 백성들의 공공연한 저항을 불러일으킬 것이기 때문에 이러저러한 조치는 불가능하다는 구실을 댔는데, 그러한 수법은 이 인도의 통치자들에게는 빤히 수가 읽히는 핑계거리에 불과했다. 그러나 그들은 무엇보다도 개인적인 친분을 이용하려고 했다.

황족인 기영이 1842~1848년 사이에 새로운 조약 관계를 처리했는데, 그는 고전인 『손자병법』에 나오는 "적을 알고 나를 알면 백 번 싸워 백 번 이긴다知己知彼 百戰百勝"는 정신으로 이 과제에 접근했다. 이 간결한 경구가 당시의 시대적 구호가 되었다. 기영은 이에 대해 이렇게 말하고 있다.

> 오랑캐를 제압하려면 먼저 그들의 성격을 알아야 합니다. …… 마치 지린 성의 호랑이 사냥꾼들이 손에 쇠붙이 하나 들지 않고서도 가죽 부대를 호랑이 머리에 씌워 생포하는 것과 같습니다. 오늘날 우리가 오랑캐들의 습성을 꿰뚫어 알 수 있다면 그들의 심장을 서늘하게 하는 것도 가능할 것입니다.⁹⁾

그러나 기영은 지극히 저차원적인 방식으로 그러한 전략을 실행에 옮겼다. 영국의 상업적 팽창에 관한 저술들을 연구하는 대신 먼저 영국의 수뇌와 개인적인 친분을 맺어 그들을 통제하려 했던 것이다. 그는 포틴저와의 서신에서, 특히 1843년 6월 이례적으로 5일 동안 홍콩을 방문한 자리에서 그들의 비위를 맞추려는 태도를 노골적으로 드러내

보였다. 그는 편지에서 '因地密特(인디미터, 영어의 intimate를 음역한 중국어) 친구'라고 부르며 헨리 포틴저에게 짐짓 커다란 친밀감을 드러내는가 하면 심지어 포틴저의 장자를 양자로 삼고 싶다는 뜻을 표하기도 했으며 부인들의 초상화를 서로 교환하기도 했다(기영은 후에 황제에게 '영국 오랑캐들은 남자를 중시하지 않고 여자를 중히 여긴다'고 설명했다). 그의 제이(制夷) 기법은 영국의 전권 대사에게 보낸 고별 서신 속에 잘 나타나 있다. 다음의 구절은 거의 연애편지 같은 느낌을 준다.

> 우리 둘은 지금 1년 이상 같은 일에 함께 종사해오면서 서로 상대방이 자신의 국가를 위해 온 마음을 다 바치고 있으며 결코 개인적인 동기로 움직이거나 혹은 상대방을 속이려 하지 않았다는 사실을 알게 되었습니다. 이야기를 나누거나 사업에 관해 협상을 벌일 때면 서로의 마음이 이심전심으로 전해지는 듯하여, 이야기하지 못할 것이라곤 하나도 없었습니다. 아마도 후세 사람들은 우리에 대해 '비록 몸은 둘이지만 마음은 완전히 하나였다'고 말할지도 모릅니다. 이제 이별의 시간이 가까워지고 있습니다. 언제 어디서 우리가 다시 얼굴을 마주하게 되는 기쁨을 맛볼 수 있을지? 참으로 애석하기 짝이 없습니다.[10]

만주 고관의 이러한 연기는 군사적으로는 약자이지만 문화적으로는 우월하다고 믿는 중국의 지배 계층이 이민족 침략자들을 흡수해 무력화시키기 위해 사용하던 개인 외교술에 속하는 것으로, 아주 오랜 전통을 갖고 있었다. 만약 포틴저가 몽골인이었다면 기영이 사용한 이러한 수법은 대외 관계에 관한 중국의 전례를 반복한 것이었기 때문에 그다지 놀라울 것이 없었을 것이다. 예를 들어 한나라는 변경을 위협하는 흉노족을 위무하기 위해 '화친책'을 사용했는데, 그들에게 매년 일정량의 세폐(여기에 흉노족의 우두머리에게 공주를 시집보내는 것이 포함되었다)를 제공하는 대가로 변경 지역에 대한 침략 행위를 중지한다는 약속을 얻어냈다. 이러한 '화친'은 중국이 군사적으로 약하던 시대마다 반복해서 등장했던 '중국 역사에 나타나는 또 다른 유형의 불평등 조약'이었다. 한나라는 '화친' 관계로부터 완전한 조공체제로 넘어가는 데 성공하자 "흉노족의 복속을 보장하기 위해 왕자 한 사람을 볼모로 잡아두었다".[11] 아들이 없던 기영은 포틴저의 장자를 양자로 삼아 베이징으로 데려갈 것을 제안했다. 먼저 영국에서 학업을 마쳐야 한다는 말을 듣자 그는 "좋습니다. 그럼 오늘부터 제 양자가 되는 것입니다 — 프레더릭 기영 포틴저가 되는 거죠"라고 응답했다.[12]

 1842~1843년의 협상에서 영국이 목표로 한 것들은 보다 단순하고 구체적이며 장기적인 것으로서, 영국이 교역과 교류 일반의 범위를 용이하게 확대해나갈 수 있도록 조약 관련법에 의거해 권리들을 체계적으로 확보하겠다는 것이 그것이었다. 가장 직접적인 관심은 자딘이 권한 대로 교역 기회에 관한 것이었다. 따라서 영국인들과 광저우의 이해 당사자들 사이의 논의에서는 교역 관세가 핵심 쟁점이 될 수밖에 없었다. 중국 측 대표자는 4대 호관(浩官) 오숭요(伍崇曜)였고, 영국 측에서는 알렉산더 매디슨이 구 조약 체제의 폐지를 위해 필사적으로 노력하고 있던 영국의 상인 위원회를 이끌고 있었다. 하지만 양쪽 모두 이전에 행상들이 실제로 납부했던 관세가 얼마였는지 정확하게 알고 있지 못했다. 그리하여 관세와 관련된 세칙은 실제로는 전에 자딘의 대리인이었던 로버트 톰 Robert Thom에 의해 입안된 다음 광저우의

월해관 감독을 비롯한 몇몇 관리들과 협상을 통해 만들어졌다. 새로운 관세율은 수출입세 모두 여전히 과거 중국의 방식으로 부과되고 있었기 때문에 어떤 기준에서 보더라도 매우 낮았으며 또한 중국 경제를 보호하는 기능도 하지 못했다. 주요한 변화는 구관세율의 변화에 있었던 것이 아니라 오히려 광저우 교역 체제 속에 너무나 뿌리 깊이 자리 잡고 있던 누규와 관행적인 부가세 그리고 구조적인 착취 체계 전체를 제거하려는 시도에 있었다. 그리고 자구세子口稅(수입된 외국 물품이 조약항을 떠나 내지의 각 관을 통과할 때마다 내는 통행세)에 관해서는 '관세의 일정 비율'을 넘지 않도록 한다고 규정되어 있었지만 정보 부족으로 인해 문제의 비율에 관한 부분은 조약문에서는 빈칸으로 남겨두었다. 충분히 예상할 수 있는 일이었지만 영국은 조약항을 벗어난 곳에서 자국 상품에 관세를 부과하는 것을 막을 수가 없었다. 청 제국에 '자유 무역'을 강요할 수는 없었던 것이다.

청과 영국 간의 교역 장정章程이 1843년 7월 22일 관세 세칙과 함께 공포됨으로써 광저우 교역 체제 대신 새로운 절차에 따라 교역이 이루어지게 되었다. 장정에 따르면 영국 상선들은 항구에 정박하는 즉시 영국 영사관에 서류를 제출해야 했는데, 그리하여 사실상 영국 영사관이 이전에 바다에 정박하고 있던 각각의 배에 대한 책임을 지고 있던 공행의 '보상' 자리를 대신하게 되었다. 그리고 중국 정부는 상인들의 채무에 대해서는 아무런 책임도 지지 않는 것으로 했다. 동시에 영국 정부가 영사관에 영국인들에 대한 사법권을 부여하는 것으로 규정했다. 이리하여 광저우에서 중국 정부가 형사 재판권을 보유하고 있는 것에 반대해 오랫동안 주장되어온 치외 법권 원칙이 공식화되었다.

영국과 청 사이의 후먼 속약續約은 1843년 10월 8일 후먼자이虎門寨에서 포틴저와 기영에 의해 서명되었다. 이 조약은 영국의 교역을 5개 항으로 제한하여 영국인들이 그곳에 거주하는 것을 허용하는 동시에 밖으로의 여행은 금했다. 그리고 홍콩과 광저우 사이의 지역 교역, 5개 항 내의 군함 정박, 밀수 단속을 위한 영국 영사의 협조, 치외 법권과 범죄자 인도 등에 관해 규정하고 있다. 이 조약에는 또한 이후 중국이 다른 열강과 조약을 맺을 때 영국도 혜택을 받을 수 있도록 해주는 최혜국 대우 조항도 들어 있었다. 그럼에도 불구하고 이 후먼 속약은 후에 영어 조문과 중국어 조문 사이에 몇몇 불일치가 있었던 것으로 드러나는데, 부분적으로는 영국 통역관 모리슨이 적절한 후임자를 구할 사이도 없이 사망한 데 원인이 있었다.[13]

영국 측은 상업상의 기회를 확보하기 위해 육해군의 군사비를 확충하는 것을 목표로 삼았다. 하지만 이러한 노력이 어떤 식으로 제약을 받게 되는지는 홍콩의 사례가 잘 보여준다. 영국 측의 희망은 이제 영국 제국의 일부가 된 이 섬이 영국 상품의 창고 역할을 하는 것이었다. 이 섬을 중국의 전 해안으로 진출하기 위한 전진 기지로 삼으려 했던 것이다. 이를 위해 영국은 중국의 정크선 교역업자들을 그들의 새로운 섬의 항구로 유인하기를 원했고, 그러한 내용을 후먼 속약에 포함시키려 애썼다. 하지만 이 항목에 관한 중국어 번역은 아주 분명하게 홍콩은 외국의 영토이며 그곳으로 가는 모든 중국 선박은 5개 조약항의 해관에서 발행하는 통행증을 발급받아야 한다고 규정하고 있었다. 따라서 중국의 당국자들은 통행증 발급을 거부함으로써 합법적인 교역의 숨통을 쥘 수 있었고, 실제로 그렇게 했다. 영국 측은 중국 측의 이런 비협조에 대해 홍콩에 거주하는 영국인들의 선박을 보호하기 위한 항해 서류를 홍콩에서 발급하는 것으로 대처했다. 이는 새로운 수단으로서, 원래는 광저우, 홍콩, 마카오 사이를 오가면서 승객과 잡화품을 실어 나르는 작은 선박들을 위해서 창안된 것이었다. 영국은 이런 관행을 일방적으로 확대했고 곧 홍콩에 등록된 선박에는 중국인, 외국인을 가리지 않고 영국 국기의 게양을 허용했으며 이를 이용해 중국의 전 해안을 들락거렸다.

난징 조약과 후먼 속약에서 조약의 범주에 포함되지 않은 주요 현안은 아편에 관한 것이었다. 영국 정부는 중국이 분명 아편 무역을 금지시킬 수 없는 이상 그것을 규제할 수 있는 최선의 방법은 합법화시켜 세금을 부과하는 것이라고 주장했다. 도광제는 물론 도덕적으로 이에 동의할 수 없었다. 결국 아편 문제는 이 초창기의 조약 체결 과정에서 언급되지 않은 채 넘어갔는데, 그 사이 아편 무역은 조약이 정한 법의 테두리 밖에 있던 비공식적인 규제 체제 아래서 다시 생명을 연장해나갔다. 개항항 밖 무장 아편 저장선인 돈선들이 정박해 있던 연안의 아편 기지들은 이미 조약항들의 개항 훨씬 이전부터 사업을 정착시켜놓은 상태였다. 1843년 4월 상하이 당국이 이미 "우쑹吳淞 근처의 한 곳을 정박소로 지정해놓아 …… 교역이 급증하고 있었고 …… 많은 하급 관리들이 그곳의 배들을 방문했다".[14] 그러나 포틴저는 1842년 11월 조약항이 영사관을 갖추어 공식적으로 개항되기 전까지 새로운 항구들에서의 영국 교역을 금지시킨 바 있었다. 아직까지도 저우산을 점령하고 있던 영국 해군의 한 고위 장교는 아편 무역자들에게 이렇게 통지했다.

금지된 5개 도시 중의 하나에 …… 가까이 가지 않는 한 …… 출항증 없이

저우산과 마카오 사이의 중국 해안을 항해할 수 있고 어떠한 조사도 받지 않게 될 것이다.15)

그러나 막상 1843년 4월 아직 정식으로 교역 개방이 이루어지지 않은 상태에서 상하이 외곽에서 그들을 발견하자 그는 24시간 안에 그곳을 떠나라는 명령을 내렸다.

이 사건은 즉각 양국의 관찰자들에게 직관적으로 무슨 문제가 있다는 것을 깨닫게 해주었다. 포틴저는 상상력이라고는 눈곱만큼도 찾아볼 수 없는 해군의 이러한 행동에 대해 부정적인 견해를 표시했다. 앞의 장교는 견책되어 소환되었고, 그와 적극적으로 협조했던 상하이 도대도 같은 운명을 맞았다. 이후 영국 해군은 아편 무역의 존재에 전혀 간여하지 않게 되었다. 1845년경에는 "80척의 쾌속선이 홍콩을 중심으로 한 아편 무역에 간여하고 있었다". 그러나 제임스 매디슨은 주요 아편 밀수선 선장에게 해군에 대한 이러한 '승리'를 과신하지 말라며 이렇게 지시했다.

> 중국 관리들의 환심을 살 수 있도록 온갖 노력을 다하라. 만약 그들이 다른 곳으로의 이동을 원하거든 그렇게 응할 것이며 또한 그들이 다스리고 있는 도시에 너무 가까이 접근하지 말라. 아편 무역에 대한 평판이 영국 내에서 너무 좋지 않기 때문에 될 수 있으면 잡음이 나지 않게 해 공적인 논란의 대상이 되는 것을 피해야 하기 때문이다.16)

그 결과 중국에 대한 영국의 상업적 침투는 두 가지 경로를 통해서 진행되게 되는데, 하나는 합법적인 교역로였고 또 다른 하나는 비합법적인 아편 무역이었다. 합법적인 교역은 5개의 새로운 조약항에서 진행되었다. 아편 무역의 경우 조약항 밖에 있는 아편 저장소 수가 두 배로 증가되었고, 각 아편 저장소에는 보통 20~30척의 아편선(돈선)이 정박해 있었다. 그리고 1860년경의 아편 무역은 연간 수입량이 3만 상자에서 6만 상자로 두 배의 증가를 보이고 있었다. 그러나 업자들은 포틴저에게서 상해 이북으로는 나아가지 말도록 경고를 받고 있었다. 이러한 조치는 대규모 아편 판매업자들과의 비공식적인 협의에 의했던 것이 분명하고 또한 청 당국과도 그렇게 합의를 보았기 때문인 것으로 판단된다. 이처럼 중국 연해에서의 법에 의한 규제는 불완전한 것일 수밖에 없었다. 게다가 설상가상으로 영국 그리고 미국의 대 중국 교역이 성장하려면 차와 생사를 수입하기 위한 주요 재원으로서 아편 밀수에 계속 의지하지 않으면 안 되었던 것이다.

조약항들의 개항

새로운 조약 체계에 따라 조약항들이 순차적으로 개항되었다. 1843년 7월 27일 광저우 항이 개항되었고, 11월 2일에는 아모이, 11월 17일에는 상하이, 1844년 1월 1일에는 닝보 그리고 1844년 6월에는 푸저우가 개방되었다. 중국이 7월 3일과 10월 24일 미국 그리고 프랑스와 맺은 조약은 이 조약 체제에 약간의 수정을 가한 것이었다.

미국의 경우 대표 케일러브 쿠싱Caleb Cushing이 북상하겠다고 위협해 조약을 체결하려 했다. 그리고 그러한 위협을 철회하면서 광저우에서 조약을 체결할 수 있었다. 다른 것은 몰라도 무엇보다 총명한 법률가였던 그는 치외 법권에 관한 조항들을 보다 명확하게 규정했고, 홍콩과 같은 근거지를 갖지 못한 미국 상인들이 중국 연해 교역에 참가하는 데 도움이 될 수 있는 조항들을 첨가했다. 미국인들은 새로 개항한 항구에 비용이 많이 들지 않는 임시변통적인 상인 영사 제도를 도입했는데, 이 제도는 조약에 따른 법에 의거해 영사 제도를 강화하려던 영국인들에게는 거의 도움이 되지 못했다.[17]

한편 프랑스의 대표 라그르네Théodose M. M. J. de Lagrené는 주로 가톨릭 선교 사업과 청 제국 내에서의 자유로운 선교 활동에 관심을 기울였다. 기영은 처음에는 계절이 바뀌어 북상이 불가능할 때까지 협상을 지연시켜 라그르네가 베이징으로 북상하는 것을 막는 전술을 구사했다. 동시에 그는 프랑스 대표들이 요구하는 것이 영국이나 미국인들이 이미 받은 것들보다 훨씬 더 많다는 것을 알아차리고 있었다. 마침내 어쩔 수 없이 옹정제의 금령을 깨뜨리고 그리스도교의 활동을 용인하는 것에 동의하게 된 기영은 눈물을 글썽이며 프랑스인들에게 이렇게 말했다.

> 당신들은 목숨을 내놓아야 할지도 모르는 양보를 나에게 강요했습니다. …… 내 목숨을 구하는 것은 …… 전적으로 당신들에게 달려 있습니다.

그런 다음 포교 활동을 5개 조약항으로만 제한하려 했지만 결국 성공하지 못했다.[18] 1844년과 1846년 두 차례에 걸쳐 공포된 황제의 포고령을 통해 중국인들은 다시 로마 가톨릭을 믿을 수 있게 되었고 옹정제 시대에 몰수되었던 교회 건물을 다시 사용할 수 있게 되었다. 신교도들도 동등한 대우를 허락받았지만 선교사들이 조약항을 벗어나 내지로 여행하는 것은 금지되었다. 이어 프랑스는 광저우와 상하이에 영사관을 설치했다. 그러나 그들의 교역은 거의 증진되지 않았기 때문에 상하이 영사 몽티니Montigny는 주로 프랑스의 국가적 이익을 보호하고 영사관의 권위를 유지하는 일에 몰두했다.

기영의 대미 정책과 대불 정책은 '일시동인'을 원칙으로 하고 있었다. 즉 최혜국 대우 조항을 통해 두 국가는 영국과 동등한 권리를 가져야 하며, 동일한 특권을 누리게 된 데 대해 영국에 고마움을 느끼도록 해서는 안 된다는 것이었다. 그의 정책의 주목표는 미국과 프랑스를 영국으로부터 분리시켜 훗날 영국과 대결할 때 그들을 이용하겠다는 것이었다. 또한 광저우를 계속 중국의 외교 접촉의 중심지로 삼기를 원했다.

이러한 외교 정책은 해군 훈련, 화기 사용, 새로운 포대와 요새 건설 등을 포함하는 연해 군사력의 재건이라는 청 제국의 일련의 계획과 연결되어 있었다. 그러나 임칙서가 대표적으로 보여준 바 있는 서양 무기 획득 욕구는 기영의 유화 정책이 제법 효과를 거두는 것처럼 보이면서 점차 감소되어갔다. 그리고 중국의 군사력을 전혀 새로운 방식으로 편제하려는 노력은 별로 보이지 않게 되었다.[19]

새로운 조약항들의 외국인들을 다루는 데 있어서 기영이 부딪힌 기본적인 문제는 외국인들은 물론이고 조정의 신임 역시 확보할 수 있는 동시에 기영 자신에게 충실하고 지역의 이익을 고려할 줄 아는 능력 있고 믿을 만한 관리들을 찾아내 임명하는 일이었다. 그는 난징 조약 체결 때 자신을 보좌했던 인물들을 주로 등용했다. 그들 가운데 협상에 가장 능한 사람이 황은동黃恩彤이었다. 후먼 속약 체결 시 중국 측 대표였던 그는 정규 과정을 거쳐 관계에 입문한 이후 장쑤 성 염법도鹽法道를 거쳐 1842년에는 안찰사가 되었는데 장닝江寧 포정사의 업무도 처리하고 있었다. 그리고 1845년에는 광둥 순무가 되었다.[20] 그 밖에 난징 조약 체결에 함께했던 자들은 도대의 직위를 얻어 상하이와 닝보로 파견되었다. 아모이에 새로 등장한 인물이 서계여徐繼畬였는데, 그는 푸젠 포정사 그리고 나중에는 푸젠 순무를 역임하게 된다. 그는 서방의 각종 자료들을 수집해 44점의 서구식 지도가 포함된 세계 지리서인 『영환지략瀛環志略』을 편찬했다. 서계여는 1826년에 진사에 급제해 10년 동안 한림원 편수로 지내면서 주화파의 우두머리인 목창아의 신임을 얻었다. 그는 전쟁 기간 동안 푸젠 성 연안의 도대를 지낸 후 1842년 봄에 광둥 안찰사에 임명되었고 한동안 그곳에서 1826년 진사과 동기생인 황은동과 함께 지냈다. 이어 1843년에 다시 푸젠 성으로 자리를 옮긴 후 외국 영사나 선교사들과의 공적인 접촉을 통해 서양 세계에 대한 여러 자료를 얻을 수 있었다. 1848년에 나온 그의 『영환지략』은 위원의 저서(3장을 참조하라)보다 더 간결하고 정확했지만 서계여가 은퇴했다가 다시 베이징의 총리아문에 복귀하게 되는 1860년대가 되어서야 비로소 널리 알려지게 되었다.[21]

외국인들과의 교섭에 특별한 능력을 갖고 있다는 이유로 선발된 이들 관리들은 조약항들에서도 난징 조약 체결 시 청의 협상자들이 수행한 조정자로서의 역할을 계속 유지했다. 그들은 중간 조정자로서 외국과의 교섭을 처리하는 과정에서 커다란 위험에 직면하기도 했으며 결국 그것 때문에 처벌받은 사람들도 많았다. 후일 서양의 '중국 전문가'들처럼 이들 '이무통夷務通〔서양 관계 전문가〕'들도 다른 문화권의 풍속을 시험해보고 자기 몸에 익힐 수 있는 사람들이었다. 소위 '이성夷性〔오랑캐 기질〕'에 관한 중국인들의 추정들은 중앙아시아 여러 민족들과의 오랜 접촉을 통해 형성된 것이었다. 즉 이인夷人들의 행동은 천성적으로 예측 불가능하며 가늠할 수 없다는 것이 그것이었다. 그러한 습성이 형성된 것은 한편으로는 그들이 탐욕스러운 기회주의자로서 물질적 욕구에 이리저리 끌려 다녔기 때문이며 다른 한편으로는 문명인의 행동 규범에 따라 훈육되지 못해 천성적으로 반역적이고 기만적일 수밖에 없었기 때문이라고 중국인들은 생각했다. 한마디로 그들은 '견양지성犬羊之性'을 갖고 있다는 것이었다. 영국이 교역을 강조하는 것이야말로 이러한 본말의 전도 현상을 가장 극명하게 보여주고 있었다.

이인들은 상인을 중시하고 관리들을 중시하지 않는다. 따라서 그들이 수행하려는 일은 모두 다 먼저 상인 무리에 의해 계획된다.

왜냐하면

영국 오랑캐들은 나라 전체가 장사치 무리들이 나서는 상업을 생계로 삼고 있기 때문이다. 더 나은 자나 더 못한 자나 모두 함께 어울려 경쟁하고 있다. 물질적 이익 외에는 아무것도 도모하지 않기 때문이다.[22]

따라서 이처럼 우둔한 것을 보아 이들은 도덕적으로 미개한 것이 분명했으며, 이러한 약점을 기미 정책으로 저지하고 순화시킬 수 있다고 보았다. 첫번째 조약은 바로 이러한 정책을 수행하기 위한 수단으로 합리화되었다. 즉 조약항을 마련해주면 영국은 보다 확실하게 교역 이익을 볼 수 있게 되는 만큼 물질적 이익을 미끼로 영국인을 묶어둘 수 있게 된 셈이었으며, 이제 충분한 압력을 가하면 외국인을 통제할 수 있게 된다는 것이었다. 그러나 그러한 해석은 이론적으로는 그럴듯했지만 힘을 바탕으로 하지 않으면 아무 소용도 없는 것이었다.

외국 침략자들을 새로운 조약항에 묶어두고 길들인다는 정책은 당시 중국이라는 단일 세계가 아직 지적으로 허물어진 것은 아니었기 때문에 한층 더 그럴듯해 보였다. 당시 중국의 공식 문서들은 여전히 이 번외藩外의 이인들을 '영역英逆' 즉 '영국 반역자'로, 베이징 중심의 세계 질서에 속해 있지만 그에 반항하는 반역적인 존재들로 묘사하고 있다. 게다가 그들이 무력에 의존하는 것은 '반순反馴'에 해당하는 것이었다.[23] 실로 조약항 체제는 중국인들에게 완전히 새로운 것$de\ novo$으로 불쑥 튀어나온 것이 아니라 무엇보다 중국의 환경 속에서 자라나온 것이었다. 조약항 내의 외국인 거주지와 통상 지역을 지정하고, 상대국에 자국민들에 대한 영사 재판권을 허용하며, 다른 외국과의 교섭에서 최혜국 대우 등을 규정한 새로운 조약의 조항들은 모두 중국 전통의 확대였으며 제도로 볼 때 원래는 과거의 관습과 충돌하는 것이 아니었다. 항구들이 새로 개항된 1840년대에도 조공 사절단은 계속 베이징을 방문했다. 조선은 매년, 류큐는 7년에 한 번, 베트남과 시암은 3년마다 한 번씩 보내왔다. 조공에 관한 각종 규례와 기록들은 세부적인 내용까지 하나하나 보존되어 있는데, 이번원을 통해 몽골이나 기타 중앙아시아 각 민족의 수장들이 표한 충성의 표시까지 기록되었다. 아편전쟁은 오늘날 회고적으로 볼 때는 하나의 대격변처럼 보일지도 모르겠지만 당시에는 그렇게 기록되지 않았다. 류큐의 왕은

1844년에 한 프랑스인이 그곳에 남아 있게 되었을 때, 이어 1847년에 영국 선교병원이 세워졌을 때 불만을 터뜨렸다. 그러자 청의 황제는 "프랑스나 영국이 짐의 속국을 괴롭혀서는 안 된다"고 말했다. 만약 그러한 일이 중지되지 않는다면 "우리는 분명히 외번들을 위무하고 관리한다는 중대한 이념을 무시하고 있는 것이 될 것이다".[24] 그러나 이제 베이징에는 이처럼 오래된 관념을 실행에 옮길 만한 힘이 없었다. 그러한 관념은 계속 기록으로는 옮겨지고 있었지만 점차 효력을 상실하고 있었다.

조약항의 외국인 사회

외국인의 관점에서 볼 때 조약항은 뉴 프런티어, 즉 자연이라는 야생의 프런티어가 아니라 사람들로 버글거리는 전혀 다른 문화라는 프런티어에서 앞으로 계속 확장되어나가는 유일한 거류지였다. 앞 세대의 서양 교역업자들도 이들 항구들을 중국과의 교역을 개척하기 위한 잠재적인 진입구로서 선택한 바 있었다. 아모이와 닝보는 16세기의 포르투갈인들에게 잘 알려진 항구였다. 그러나 1840~1850년대에는 광저우와 상하이가 주 항구였고, 광저우와 상하이 사이의 3개 항구는 단순한 전초 기지에 불과했다. 조약 체결 후 첫 10년 동안 아모이의 외국인 거류지에는 약 25명이 거주하고 있었고, 푸저우와 닝보의 경우에는 각각 10명 내외였다. 항구 밖에 따로 떨어져 있던 아편 저장

소도 그 이상을 넘지는 않았다. 오랜 동안 교역의 중심지였던 광저우에는 약 300명 정도의 외국인 거주자들이 있었지만 그곳은 광둥 성과 광시 성의 성도로서 많은 관리들과 명문 대족들의 거주지로, 지역의 애국주의뿐만 아니라 정부의 위엄을 상징하는 곳이기도 했다. 그래서 상하이에 비해 훨씬 저항이 강했고 방어적이었다. 따라서 외국 세력의 성장의 실질적인 중심지는 양쯔 강 하구가 될 수밖에 없었다. 1840년대 중반 상하이에는 대략 10개 이상의 외국 회사와 100명 정도의 외국인 거주자들이 있었다. 그리고 1850년대 중반에는 회사 수가 약 70개 정도로, 거주자는 가족을 제외하고도 300명 이상으로 늘어났으며 영사관이 8개 세워졌고 36명의 개신교 선교사들이 활동하고 있었다.[25]

각 항구의 외국인 거주지는 해안가나 부둣가에 집중되어 있었다. 선적되어 온 물품들은 이들 부두에서 외국 교역 회사 역내의 물품 창고로 운반되었다. 또 이들 거주지들은 중국 도시의 바깥 해안에 있었기 때문에 유사시 쉽게 도움을 받을 수 있고 또 육상의 위협으로부터도 어느 정도 보호받을 수 있게 되어 있었다. 일찍부터 영국 영사들은 임대한 성곽 도시 안의 영사관 건물에 국기를 게양할 수 있는 권리를 요구해 광저우 이외의 모든 곳에서 그것을 허락받았다. 그러나 그들의 실제 거주지는 아모이의 경우에는 항만에 있는 '구랑위鼓浪嶼'라는 섬이었다. 푸저우의 경우에는 민 강閩江 가운데 있는 중저우 섬中州島이었으며 닝보의 경우에는 성 밖의 작은 하천 건너편 하안에 있었다. 그리고 상하이의 경우에는 성 밖 북쪽의 황푸黃浦를 거주지로 삼았는데 그곳은 두 개의 물줄기가 만나는 곳으로서, 나머지 한 면 육지와 연결된 부분에는 후제허護界河라는 인공 하천을 만들어 그곳을 육지와 분리시키고 있었다.

　1850년대 중국의 조약항에 거주하는 외국인은 전부 합해 500여 명 정도에 이르고 있었다. 그들은 약 200개 정도 되는 회사에 근무하고 있었는데, 거기에는 지역의 각종 서비스업에 종사하는 회사에서부터 국제 교역에 종사하는 회사에 이르기까지 다양한 업종이 포함되어 있다. 그리고 남자가 여자보다 압도적으로 많았다. 약 반 정도가 영국 본토 출신이고 1/4 정도가 파르세^{Parsee}*들을 포함한 인도 출신으로, 다시 말해 총 3/4이 영 제국의 신민이었다. 미국인들의 수는 상대적으로 얼마 되지 않았지만 중국을 찾아오는 선박 수는 영국에 이어 두번째였으며 특히 상하이의 경우에는 교역의 반을 차지했다. 1849년 6월 항해 조례가 폐지되어 미국 선박들이 직접 영국이나 영국의 식민지들로 상품을 실어 나를 수 있게 되자 1850년 1월 1일 이후 미국의 쾌속범선들은 런던으로의 차 수출 경쟁에도 뛰어들게 된다.

　기독교 선교사들은 수적으로는 소수였지만 외국인 사회에 대한 그들의 기여는 영적인 면과 지적인 면 모두에서 대단히 컸다. 프랑스의 후원을 받고 있던 가톨릭 선교사들은 꾸준히 그러나 조용하게 활동하며 옛 지위를 회복하고 내지의 요충지에서 신자들을 확대시켜나갔다. 1839년 중국에는 약 30여 명의 가톨릭 선교사들이 있었는데, 이 중 절반은 라자로 선교 신학교 소속^{Lazarist}이었고 나머지 반은 파리 외방선교회에 속해 있었으며, 이들 모두가 프랑스계였다. 지역별로 살펴보면 우선 마카오에 10명이 있었는데, 마카오는 선교를 위한 훈련,

---

* 파르세: 이란에 있던 조로아스터교도의 일부가 8세기에 신흥 이슬람교도에 쫓겨 현재 인도의 구자라트 주 해안 지방으로 이주했다. 17세기에 이르러 이곳의 수트라 시에 동인도회사의 상관이 설치되자 많은 파르세들이 산업이나 교역업에 종사하게 되었다.

물자 공급, 통신 등을 위한 주요 기지였다. 그 밖에 쓰촨 지방에 10명, 장시에 3명, 후베이에 3명, 그리고 나머지는 기타 푸젠 및 몽골 지방의 각 교회에 흩어져 있었다. 그들은 일부 개신교 선교사들처럼 때로는 아편 밀수선을 타고 중국에 들어오기도 했다. 그리고 1845년에는 이들 유럽인 가톨릭 선교사가 76명으로 늘어났다. 특히 예수회 소속 선교사들이 다시 상하이에서 활동하기 시작했다.[26] 반면 1839년까지도 여전히 12명 정도에 지나지 않던 제1세대 개신교 선교사들은 전후에도 대체로 조약항을 벗어나지 못하고 있었다. 중국옷을 입고 중국식 생활 방식을 좇으며 내륙으로 들어간 가톨릭 신부들과는 대조적으로 이들은 가족과 함께 유럽식 생활양식을 그대로 유지했다. 중국에서의 오랜 전도 활동을 통해 가톨릭교회는 중국의 많은 습속을 습득하고 있었다. 동시에 영혼의 구원, 신도들로 이루어진 가족과 신앙 공동체의 건설 등 순수한 종교 활동에 좀더 헌신했으며, 개종의 수단으로 의술과 교육을 베푸는 것에는 관심을 덜 기울였다. 그러나 보다 개인주의적인 개신교도들은 자신들 고유의 물질문명을 좀더 많이 갖고 들어왔으며, 중국 내의 외국인 거주자들과 보다 가까웠다. 결국 이들이 중국의 전통을 타파하는 쪽으로 나아가게 되었던 것은 바로 이 때문이었다.

    외국인들의 조약항 거류는 중국 연해의 미개척지에 대한 서양 세력의 확장의 일환이라고 할 수 있었는데, 동시대 미국 서부의 전진 기지가 역참과 포장마차 우편 제도에 크게 의지했던 만큼이나 그들에게 통신 연락은 중요한 것이었다. 그러나 중국 연안에서의 통신은 거의 모두 바다를 통한 것이었다. 영국으로부터의 우편물은 수에즈 지협을 가로질러 '육로'로 운반하면 약 2~3개월이 걸려, 배로 희망봉을 우회하거나 혹은 대서양을 가로질러 남아메리카의 케이프 혼을 우회하는 것보다 약 1달 정도 더 빨랐다. '반도 동양 회사Peninsular and Oriental Company'는 곧 외륜 기선을 이용해 시간을 단축하기 시작했다. 그리하여 1845년에는 기선을 이용한 우편물이 홍콩에, 1850년에는 상하이에 도착했다. 그렇지만 당시는 아직 범선의 전성기로, 중국 연안에서는 아편 저장소에 아편을 공급하기 위해 정기적으로 자주 운항하는 아편 운반용 쾌속 범선이 우편물 및 여행자들을 실어 날랐을 뿐만 아니라 홍콩으로부터 각종 신문 그리고 1850년 이후에는 상하이로부터 『노스 차이나 헤럴드North China Herald』라는 주간지를 운반했다. 그리고 아모이나 닝보 등 좀더 작은 조약항의 거주자들에게 아편 운반선의 선장들은 소유하고 있는 수표를 현금으로 환전하기 위한 최고의 수단이기도 했다.

무력으로 중국을 개방시킨 영국 정부는 조약항 체제를 만들어내는 데 적극적인 역할을 했다. 하지만 중국의 대외 교역은 자체의 동력을 갖고 있어 각 조약항 내의 영국 영사관들은 새로운 교역의 전개에 쉽게 적응하지 못하고 있었다. 공적으로는 이들 영사관들이 지도력을 발휘하게 되어 있었지만 서양식 교역과 문명(이 두 가지는 분리 불가능한 것으로 간주되었다)이라는 이름 아래 자행되는 구 중국의 제도들에 대한 영국의 공격은 실제로는 상인들과 영사의 합작품이었다.

영국의 상인 공동체는 경쟁 관계에 있는 두 회사 '자딘-매디슨사Jardine, Matheson and Company, 怡和洋行'와 '덴트사Dent and Company'가 이끌고 있었다. 이 두 회사의 아편 운반선 선장들은 1840년대에는 두 회사에 의한 아편 무역의 독점을 위해 협력 관계를 유지했다. 두 회사의 최대 경쟁자는 미국 국적의 보스턴의 '러셀사Russel and Company'였다. 이들 세

회사 모두 아편 밀수와 조약항에서의 교역 양 방면에서 다양하게 활동했는데, 독자적인 쾌속 선단을 보유하고 있었고, 독자적인 은행이나 보험 업무에 하역 창고 그리고 심지어 조선소 등 대규모 항만 시설까지 운용하고 있었다. 그리고 그들은 이러한 기구들과 축적된 자본을 이용해 부동산과 소비재 산업 부문에 대한 투자도 시작했다.

국제 교역에 종사한 기타 중소 업체들은 그리 광범위하게 사업을 벌이지는 못했다. 중국에 파견된 이들 대리점들은 해외 지사들에 시장에 관한 정보를 제공함으로써 투기 자금이 화물들에 투자되도록 하는 방식을 택했는데, 이들에게 돌아오는 이윤이라곤 거래처들 사이에 선적되어 오가는 위탁 상품에 대한 수수료가 고작이었다. 거대 교역 회사와 대리점 모두 중국과 해외에서의 시장 거래 가능성과 모든 경쟁사들의 반응뿐만 아니라 환율 변동, 그중에서도 핵심적으로는 특히 변덕스러운 중국의 거래 단위에 영향을 받을 수밖에 없었던 금은의 환율 변동에도 신경을 곤두세워야 했다. 광저우에서 희소성으로 인해 과대평가되었던 스페인의 카롤루스 은화가 1853년에는 멕시코 은화로 대체되었고, 1857년에 상하이 상인들은 은원제銀元制를 완전히 포기하고 은괴를 화폐로 사용하는 상하이 양은제兩銀制를 채택했다.[27] 환전은 중국인과 외국인들이 밀접한 협력 관계를 유지할 때에만 가능했다.

자딘 회사 소유의 거대한 시설들은 중국에 거주하는 영국의 간부급 직원들을 위한 거주지와 서기와 하급 직원들을 위한 거주지로 나뉘어 있었을 뿐만 아니라 중국인 매판, 화폐 감정인 그리고 기타 노역자들을 위한 사무실과 거주 구역도 갖추고 있었다. 그리고 회사에서는 차, 생사, 방직물, 기타 중국의 '잡화품'을 다루는 부서 등이 따로따로 나뉘어 있었다. 한마디로 말해 대규모 교역 회사는 인원과 건물의 규모 면에서 영국 영사관을 훨씬 능가하고 있었다. 이러한 회사들이 주도적인 위치를 점하고 있었던 셈이다. 그리고 이들 회사들 또한 자신들이 조약항 전체를 대표한다고 믿었다.

외국의 대반大班(회사의 수장)들은 전적으로 매판이라는 중국인 동업자에게 의지하지 않을 수 없었다. 광저우의 매판들은 새로 개방된 항구에서 외국 상인들의 중국 사업을 보조했는데, 그것은 그들이 차나 아편에 관해 직접적인 지식을 갖고 있기 때문이기도 했지만 또 다른 한편으로는 이들 사이에서는 중국식 상호 보증이 가능했기 때문이기도 했다. 중국의 관점에서 보면 매판은 중요한 교역업자였다. 그들은 외국 회사와 계약을 맺고 인원의 고용, 중국 내지 상인들과의 거래, 시장 정보의 확보, 환전, 모든 중국인 고용인과 보관된 상품에 대한 보증, 회사를 대신해 중국 해관들과 교섭을 벌이는 일 등을 처리했다. 매판은 이처럼 중국 내에서 활동하는 외국인들의 대리인이었을 뿐만 아니라 무엇보다 중개인으로서, 또 독립적인 교역업자로서 독자적으로 자기 사업체를 경영할 수 있었다. 매판은 이후 이러한 이윤과 후속적인 투자를 통해 조약항에서 새로운 형태의 중국 상인으로 등장해 전반적으로 외국의 영향력 아래 보호받고 있는 그곳에서 독자적으로 번영을 구가하게 되었다. 과거 광저우의 행상들이 수행했던 보상으로서의 일부 기능을 영국 영사관이 넘겨받아 자국 선박과 자국민의 안전은 이제 영사관이 보증하는 형태로 대체되고 있는 동안 교역에 관한 주요 기능은 매판들이 수행하게 되어, 이제는 이들이 외국 회사의 지역 활동 대부분을 관장하게 되었다.[28]

영국 영사관은 영사 1명, 부영사 1명, 그리고 1~2명의 보좌관 혹은 통역관을 두고(대체로 영국 내 부유한 집안 출신들로 구성되어 있었

다) 감독과 질서 유지라는 고유의 역할을 수행했다. 교역 장정에 따라 영사관은 전적으로 교역 증진 문제에 매진했다. 영사는 항구 내외로의 선박 출입을 안내하는 수로 안내인의 삯에 관한 문제까지도 해결해야 했다. 그는 선박의 서류를 접수하고 선박의 도착 사실을 중국 해관에 통보했으며 선박이 떠날 때는 해당 서류를 돌려주었다. 영사는 또한 수입 물품에 대한 검사를 요청했고 부과된 관세액에 관한 민원에 귀를 기울여야 했다. 그는 또한 화폐의 기준에 관한 문제를 두고 중국 당국과 긴밀한 협조 관계를 유지해야 했으며, 영사관 내에 공인된 표준 도량형을 비치해두어야 했다. 또 선박들 사이의 화물 이동을 허용하는 허가증을 발급하는 업무도 있었다. 또 항구 내 영국 선원들의 활동을 통제하는 것과 중국인이나 혹은 영국인들의 불법 행위로 인해 야기된 민원에 귀를 기울이는 것도 그의 의무였다. 그리고 영국인 범법자에 대한 처벌은 영사만이 할 수 있었다. 그 밖에도 중국 당국자들과 협조해서 수행해야 할 많은 임무들이 있었다. 즉 조약항 내에서의 각종 규제의 집행, 토지와 건물의 임대에 대한 감독, 밀수 단속, 범죄자 인도, 중국과 영국 양국 간의 일반적인 조정 업무 등이 그것이었다. 이 모든 일을 위해 중국 정부와 교섭하려면 중국어 사용이 필수적이었기 때문에 영사는 오른팔 역할을 하는 영국인 통역관에 의지했다. 토머스 프랜시스 웨이드, 해리 파크스, 호레이쇼 넬슨 레이, 로버트 하트, 월터 헨리 메드허스트 2세 그리고 토머스 테일러 메도우즈 등 개성 강한 인물들이 모두 이러한 통역관으로서 성장한 사람들이었다.

당시 미국은 영사 임무를 특정 상인에게 위임했고, 이렇게 영사가 된 상인들은 주로 당장의 이해에만 관심을 집중하는 경향이 있었기 때문에 외국인 거류지에서 영국의 지도적 위치는 더욱 확고해졌다.

중국인들에게 이러한 미국 영사들은 연납으로 관호를 구입한 과거의 행상들처럼 이중적인 존재로 보였다. 공식적인 직위를 갖고 있었음에도 이들은 본질적으로는 상인의 범주를 벗어나지 못했다. 당시 중국과 조약을 맺었으나 현지에 관리를 파견하지 못하고 있던 스페인, 페루, 네덜란드, 프로이센 그리고 기타 여러 국가들은 영국 상인들에게 영사의 지위를 위임했는데 미국 영사는 이들과 별다를 바가 없었던 것이다.

조약 체제는 포함에 의해 수립되었고 또 포함 외교에 의해 지탱될 수밖에 없었다. 그것은 해군력으로 위협해 자국의 통상권과 관련된 소위 합법적 요구를 관철시키는 기술로 규정할 수 있을 것이다. 이것을 고전적으로 보여주는 것이 바로 1848년 상하이에서 발생한 칭푸靑浦 사건이었다. 세 명의 선교사가 칭푸를 방문했는데, 상하이 외곽에 있던 칭푸는 당시 외국인 활동이 허락된 지역 내에 있었다. 선교사들은 그곳에서 곡물을 운반하는 정크선 선원들에게서 공격을 받았다가 지방관들의 도움으로 겨우 낭패를 모면할 수 있었다. 이에 대해 영국 영사 러더퍼드 올콕은 배상을 요구했다. 그러나 청 당국은 당시 베이징까지 세공미를 운반하는 일에 종사하고 있던 거의 1,400명에 달하는 정크선 선원들에 대해 조치를 취하기를 주저하고 있었다. 그러자 영사는 조약에 따라 시행되고 있던 교역 관세의 납부를 중단시키는 한편 10문의 포를 탑재한 영국 해군 함선을 동원해 출항 준비를 갖추고 있던 곡물 운송선을 가로막고 48시간 안에 주요 범법자 10명을 체포할 것을 요구했다. 그리고 마침 중국에 와 있던 또 다른 함선에 해리 파크스를 태워 도대의 상급자인 난징 총독에게 파견해 보상을 요구하도록 했다. 결국 총독은 도대를 해직시키고 범인에게 1개월 동안 칼을

씌워 외국인 지역에 구금하는 벌을 내리는 것으로 사건을 마무리지었다. 수적으로 절대 열세인 상황에서도 대담하게 무력을 사용할 의지를 비쳤던 영사의 이러한 조치는 홍콩과 런던에서는 그렇게 긍정적인 평가를 받지 못했지만 현지 외국인들에게서는 절대적인 지지를 받았다. 올콕은 그것만이 중국 내 영국인들을 보호할 수 있는 유일한 방법이었다고 강하게 주장했고, 후일 상하이에 거주하게 되는 사람들도 대체로 그와 같은 의견을 갖게 되었다.[20]

포함 외교는 중국과 서양의 접촉에서 누가 주도권을 잡을 것인가를 둘러싼 갈등이 결말이 나지 않으면서 표면화된 것이었다. 기본적으로 이 문제는 가장 넓은 의미에서의 문화 갈등이라고 할 수 있었다. 영국은 중국 제국을 하나의 식민지로서 지배하기를 바란 것이 아니라 법적 규제하에 진행되는 영국식 국제 관계와 자유 무역 방식을 중국이 따르기를 원했다. 그리고 그것을 통해서 영국의 상업적 이익이 보장되기를 원했다. 그러나 그렇게 되려면 중국의 전통 사회에 혁명이 일어나야 했다. 따라서 중국이 그것에 완강히 저항한 것은 너무나 당연했다.

영국의 광저우 입성

19세기 중반부터 영국은 넓은 통치 지역에 반해 기반이 약했던 청 정부에 여러 가지를 강요하게 되는데, 이것은 청 정부의 신망을 실추시키고 권위를 위태롭게 만들었다. 1841년 5월 발생한 싼위안리 사건(4장을 참조하라)이 바로 그러한 징조였다. 외국의 침략자들을 맞아 청의 관리들이 유화적이고 타협적인 자세를 취하자 백성들의 배외 감정은 더욱 고조되었고, 청조가 천명을 받아 중국을 통치하고 있다고 하는 일반적인 합의는 크게 와해되기 시작했다. 그리하여 1840년대 내내 광저우에 있는 청의 관리들은 양자택일의 기로에 서서 영국 세력과 신사들이 이끌고 있는 주민들 사이에서 눈치만 살피는 것 외에 다른 방법이 없었다.

전쟁 기간 동안, 특히 싼위안리 사건 직후에 신사를 비롯한 마을 주민들은 속속 힘을 합쳐 단련團練을 조직했다. 이러한 목적으로 그들은 80개 이상의 마을을 포함하고 있는 주변의 여러 시진들에 이미 설립되어 있던 10여 개의 단련들을 총괄할 총단總團을 광저우 북부에 조직했다. 이렇게 조직된 향단 지도부 승평사학昇平社學은 지방 정부의 인가를 받아 거대한 기금을 마련하고 수천의 용병을 고용했다.[30] 신사의 지도하에 이처럼 향촌이 무장을 갖추게 되자 막강한 영국인들에 맞설 수 있는 확고부동한 방어벽이 설치되는 것처럼 보였다.

광저우에 거주하는 300여 명의 외국인들의 주거지는 여전히 길이 800피트, 넓이 4에이커의 공간 위에 강변을 따라 설치되어 있던 13상관으로 제한되어 있었다. 보통 다른 곳에서는 그들에게 집을 빌려 주지 않았다. 그들은 강에 배를 띄울 수는 있었지만 대개는 운집한 많은 사람들 때문에 숨이 막힐 지경이었다. 따라서 영국인들은 운동, 오락, 스포츠, 특히 오리 사냥 등의 실용적인 이유로 시골로 나갔다. 그리고 그러한 활동 중에 발생한 사건들이 곧 영국의 공식 외교 문서인 『중국에서 받은 굴욕Insults in China』에 기록되었다.

조공 시대에는 외국인이 광저우 성내로 들어가는 것이 한 번도 허용된 적이 없었기 때문에 1842년 이후에는 그러한 금령을 유지하는 것이 곧 광저우인의 저항의 상징이 되었다. 당시 계속 발생한 투석, 구타, 소요 사건 등은 양측 모두에게 책임이 있었는데, 대개는 외국인의 무모하고 거만한 행동이 광저우 주민들의 오만함과 적대감 등과 맞물려 발생한 것이었다. 1847년 4월 홍콩 총독 데이비스J. F. Davis 경은 마침내 다시 한번 포함 외교에 의지하기로 마음먹고 홍콩의 영국 군함들로 하여금 후먼을 공격하도록 했다. 36시간 만에 이들 무장 군함들은 827문에 달하는 청의 대포를 파괴하고 광저우로 육박해 상관을 점령해버렸다. 그러나 그들이 획득한 성과라고는 2년 후 성문을 영국인들에게 개방하겠다는 기영의 약속뿐이었다. 이처럼 '데이비스의 습격'은 아무런 효과도 보지 못했다. 8개월 후 6명의 영국인들이 산책 도중 단련 구역 내에서 살해되는 사건이 발생했다. 기영은 즉시 군대를 보내 마을을 점령하고 살해자들을 처벌했다. 그러나 평화적으로 교류한다는 원리에 기반해 영국인들의 조약상의 권리를 보장해줌으로써 영국인들을 위무하려고 하는 그의 계속된 노력은 광저우에서 그를 타협적인 인물로 보이도록 만들었으며, 다른 한편 베이징은 그런 유화적인 태도로 인해 정부에 대한 백성의 충성을 잃어버릴까 두려워했다. 그리고 그것은 정확한 판단이었다. 기영은 1848년 초에 베이징으로 소환되었고, 그의 후임자 서광진徐廣縉은 백성들의 배외 감정에 의지하는 강경책을 추구했다.

1849년 초 영국이 다시 광저우 시 입성을 허가해줄 것을 요청하자 서광진은 주변 향촌과 시의 향단들을 발동해 방어 활동을 시작했다. 외국인을 향한 대중들의 그처럼 높은 저항 열기는 황제의 지지를

받았다. 당시 파머스턴은 또다시 전쟁을 벌일 생각이 없었기 때문에
영국은 즉시 후퇴해버렸다. 총독 서광진과 순무 섭명침葉名琛은 황제가
하사하는 작위와 광저우 지역 신사들의 찬사를 한 몸에 받았다. 영국
오랑캐들은 10여 년 동안 "우리의 변경을 유린하고, 남녀 백성들을 잡
아가고 학대해왔다". 이들 관리들이 백성들을 긍휼히 여겨 "그들의 용
기를 북돋우어 일어나게 하지 않았다면 백성들의 의지가 성곽처럼 강
하고 굳건해질 수 없었을 것이다".[31] 그 결과 고착 국면이 시작되었다.
1850년대 내내 조약 체제는 광저우에서는 전혀 효력을 발휘하지 못했
다. 서양과의 교역은 과거 1세기 이상 동안 그러했던 것처럼 적대 관
계의 해소 없이 계속되었다. 그리고 내륙은 태평천국의 난으로 소용
돌이치고 있었다. 이처럼 낡은 환경 속에서는 새로운 구조의 대외 관
계가 성립될 수 없었다.

연해 지방의 혼란

연해의 변경 지역에서 영국의 새로운 권위가 확립되자 정부에 충
성을 다해오던 주민들의 태도에서도 변화가 나타나기 시작했다. 즉
점점 더 청에서 멀어지는 동시에 일부에서 외국인들에게 충성의 뜻을
표시하기 시작한 것이다. 이러한 과정은 광둥의 상인들과 이들의 고
용인들이 서양의 확장 정책에 핵심적으로 참여함으로써 한층 더 촉진
되었다. 자딘, 덴트Dent and Company 그리고 러셀Russel and Company 등의 회

사들은 조약항 안에서는 합법적인 상품의 매매 활동을 강화하고 밖에서는 아편 무역을 확대해나갔는데, 이때 이들의 활동을 도운 사람들은 대부분 남부 지방 출신의 중국인들이었다. 광둥과 푸젠 상인들도 상하이에서 합법적이든 비합법적이든 독자적으로 다양한 분야의 교역에 뛰어들고 있었다.

서양 교역의 확산을 좇아 양쯔 강의 삼각주 지방에 도착한 광둥인들은 그곳 주민들에게는 말과 관습이 전혀 다른 이국적인 존재였을 뿐만 아니라 그중 많은 사람들이 해외 교역이 진행되면서 점차 확대되어가고 있던 지하 세계에서 사기꾼과 협잡꾼으로 살아가고 있었다. 해외로 나가 홍콩, 싱가포르, 피낭 혹은 말레이시아의 다른 지역에 거주하면서 영국 국적을 획득한 광둥 사람이나 아모이 출신의 푸젠 사람들은 영사의 치외 법권의 보호를 요구할 수 있었다. 이를 통해 서양과 동양의 중간에 서서 외국인에 대한 보호를 요구할 수 있을 때면 언제나 중국의 사법적 관할을 거부할 수 있는 중국인 계층이 형성되었다. 물론 중국인은 어디에 살든 중국 제국의 백성이라는 중국의 관습은 완고하게 남아 있었다. 이리하여 외국 세력의 보호를 받게 된 광저우 사람이나 아모이 사람들은 중국의 연해 지방에서는 외국 군대와 외국 연고 등에 업은 특권 인사들이 되었고, 중국의 관리들도 이들에 대해 강제력을 발동하려 할 때는 재삼재사 고려하지 않으면 안 되었다. 초기에 아모이 영사관에 등록된 영국 국적인 가운데 대다수는 화교들로서 싱가포르, 말라카, 피낭 등지 출신이었다. 양복을 입고 있는 이들 영국 국적의 중국인들은 통상 외국 세력의 보호를 받고 있는 것으로 간주되었다. 이들은 단순히 의복을 바꾸어 입는 것만으로도 청의 통제에서 벗어나거나 반대로 지역 사회에 융합되어 들어갈 수 있었다.

그러나 영국 세력을 이용해 불법적인 행동을 은폐하려는 이러한 움직임은 당시 화남 지방 사회에서 좀더 광범위하게 나타나고 있던 반청 추세의 한 징조에 지나지 않았다. 이러한 경향은 처음에는 교역로들을 따라서 그리고 나중에는 주거 정착민들 사이에서 광범위하게 확산되었다. 정부의 행정력이 인구와 교역의 증가를 따라잡지 못했기 때문에 아편 밀수꾼, 아문 잡역雜役, 선원 그리고 이들과 이익을 나누어 갖던 무뢰배들은 물론 합법적 교역에 종사하는 객상들 사이에 증가하고 있던 상호 협조와 안전에 대한 욕구는 비밀 결사 집단이 채워주게 되었다.

화남 지방의 비밀 결사들은 일반적으로 삼합회나 홍문洪門에 속해 있었다(3장을 참조하라). 삼합회의 각 분회는 대체로 독립성을 유지해 중앙의 통제를 받지 않았으며 필요하다고 느낄 경우에만 협력했다. 그러나 비밀 언어와 암호, 신호 등을 갖고 있어서 그것들을 사용해 서로를 알아볼 수 있었는데, 이 모든 것은 불법적인 사업에 종사하는 사람들에게 큰 도움이 되었다. 중앙의 수괴가 존재하지 않는 삼합회의 이런 느슨한 연결망은 물론 실제로 정부의 적대 세력이 될 수는 없었지만 정부 또한 이 세력을 완전히 제거할 수 없었다. 삼합회는 지역 범죄의 매개체로 사방에서 활개 치고 있었다.[32]

이런 식으로 중국의 불법 집단들은 서양과의 교역이 확대되면서 생겨나는 주변부의 교역로를 따라 활개 치기 시작했다. 삼합회는 홍콩으로 집중되었는데, 영국은 이들을 통제하려고 했다. 중국 연해에 건설된 영국 해군으로 대표되는 새로운 권위는 법에 의한 새로운 통치를 수립하려 했지만 동시에 어쩔 수 없이 불법 집단들에 대한 비호 세력이 될 수밖에 없었다. 예를 들어 아편 무역의 확대에 기여한 광저우인과 아모이인들은 동시에 쿨리 매매의 확대에도 기여했다. 아프리카 노예 교역은 폐지되었지만 새로운 플랜테이션들에서는 여전히 헐값의 노동력이 필요했기 때문이다. 그 결과로 나타난 것이 외국 선박을 이용해 아모이, 산터우汕頭, 광저우, 마카오 등지로부터 중국인 계약 노동자를 말레이시아, 수마트라, 자바, 페루 혹은 쿠바 등지로 송출하여 플랜테이션 개척을 가능케 하는 노동력을 제공해주는 새로운 사업이었다. 이러한 신종 사업은 아모이의 제임스 테이트 같은 악랄한 영국 상인들에 의해 추진되었는데, 그는 영국 국적을 지닌 자로서 치외법권의 보호를 받고 있었을 뿐만 아니라 네덜란드와 스페인을 대표하는 영사로서 각종 특권과 영향력을 갖고 있었다.

그리고 이제 연해 교역의 성장에 따라 해적들도 암약하기 시작했다. 1850년경 아모이 영사는 적어도 3,000명 정도의 중국 해적이 푸젠성 해안에서 활동하고 있다고 집계한 바 있다. 영국의 함선들은 정기적으로 해적 소탕에 나서 수십 명의 해적들을 체포해 항구의 중국 당국에 넘겨주곤 했다. 4년 동안 영국 해군은 약 139척의 해적선을 나포했고, 영국 정부는 체포되거나 피살된 7,000여 명의 해적들을 계산해 해적 1인당 20파운드의 포상금을 지불했다. 이런 활동은 일부만이 공해상에서 이루어졌다. 이것은 영국이 중국 당국을 대신하고 있던 또 다른 활동의 사례를 보여준다. 그러나 해적 소탕에는 해적인지의 여부를 판단하기 어렵다는 문제가 있었다. 중국의 어선단들도 해적들에 대항해 무장하기 시작했으며, 일부 무장 선박은 때로는 어선으로 때로는 해적선으로 활동하는 양면성을 띠고 있었다.

따라서 항해 시에 무장 호위함을 대동하는 관행이 해적들의 공격에 대처하기 위한 하나의 안전장치로서 발전하게 되었는데, 이것 또한 온갖 불법 행위의 근원이 될 수밖에 없었다. 이를테면 홍콩에서 영국의 항해 허가서를 받은 무장 선박들이 계약을 맺어 중국의 어선단이나 상선단을 보호하는 상황이 벌어지기 시작했던 것이다. 예를 들어 105톤급의 '스펙'이라는 무장선은 길이 70피트, 너비 9피트, 높이 8피트에 하나의 갑판과 두 개의 돛을 갖춘 범선으로 아홉 문의 포, 스물세 자루의 구식 소총, 다섯 자루의 권총, 열 자루의 단검, 창 네 개, 작살 다섯 개로 무장하고 있었고 선원은 11명이었다. 선주는 닝보의 윌리엄 데이비드슨이었고, 홍콩 총독이 발행하는 유효 기간 1년짜리의 항해 허가서를 받아 영국 국기를 달고 활동하고 있었다. 선장, 항해사, 포수는 영국인이었지만 기타 선원들은 대부분 마닐라 출신이었다. 어떤 중국 선박도 두려워할 필요가 없는 전함 '스펙'은 해상에서는 스스로 법이었지만 해적과 합법적인 어선을 구분하기 위해서는 중국인들의 도움을 필요로 했다. 결국 어쩔 수 없이 중국인들 간의 분규에 휘말리게 되었고, 영국 국기는 사적인 목적으로도 이용되었다. 이에 대해 선장, 항해사 그리고 포수들도 굳이 반대의 뜻을 표하지는 않았다.[33]

    영국이 운영하던 이러한 무장 선박 호위 사업은 곧 다른 외국인들, 즉 마카오의 포르투갈인들과 경쟁에 들어가게 되었다. 그리고 19세기 중반이 되면 10여 척 이상의 그들의 무장 로어처Lorcha*가 닝보 하구에 정박하고 있었다. 포르투갈은 마카오에서 그들을 규제하려 했지만 그들은 각종 불법 행위를 계속했다. 1850년대 초에는 호위 사업 분야에서 벌어지고 있던 영국과 포르투갈 사이의 경쟁 관계는 악명 높

로어처: 서양식 선체를 지녔으나 중국식 삭구 장비를 갖춘 중국 배.

은 포홍유布興有('아파Apak')가 이끄는 24척의 선단으로 구성된 광저우 해적이 닝보 해역에 도착하면서 복잡한 양상을 띠게 되었다. 관에서는 특정인을 관직으로 매수하는 전통적인 방법을 좇아 포홍유를 청의 해군에 임명했지만 그는 약탈을 계속 일삼으며 호위 사업에까지 뛰어들었다. 불행히도 중국의 지방 당국은 광저우인들과 포르투갈인 두 적대 세력이 서로 파괴하도록 하지 못했고, 결국 상황은 통제 불능의 상태에 빠지고 말았다.

이러한 배경을 바탕으로 쿨리 매매, 해적질, 호위 사업 등과 함께 불법적인 아편 무역이 확대되어감에 따라 새로운 조약 체제에 의해 아주 조심스럽게 성장해오던 서양의 합법적인 대 중국 교역은 부패와 무질서로 위협받게 되었다. 너무나 많은 불법 행위가 자행되면서 협정 관세의 강요는 점점 더 가망 없는 것이 되어버렸다. 파렴치한 외국 상인들은 중국의 세관원을 위협해 복종시키고 또한 사이좋게 이익을 나누어 가질 수 있는데, 왜 그러지 않겠는가? 중국 해관이 규례銀規禮을 받는 전통적 관습을 포기할 리 없었고, 통제할 수 없는 외국 상인들에게 외국 제도를 강요할 도리도 없었다. 그러나 협정 관세의 적용이 점점 더 힘들어지면서 협정 관세를 바탕으로 활동하던 대교역상들의 교역 이익이 점점 더 중요한 것이 되어갔다. 상하이가 새로운 성장의 중심지가 되었고, 외국인들의 침략성과 중국인들의 연약함이 결합되어 중국의 새로운 조약항 제도가 만들어졌다.

상하이의 부상

상하이는 하나의 작은 현성에서 시작해 대도시로 급성장했는데, 그것은 몇 가지 요소가 한데 어우러짐으로써 가능했다. 물론 그러한 요소 중의 하나로 지리적인 요소를 꼽을 수 있었다. 상하이는 넓은 황푸 강변에 위치하고 있었으며 불과 12마일 떨어진 곳에 양쯔 강 어귀가 있었다. 따라서 항구 시설과 안전한 항만을 갖춘 데다 내륙을 향해 펼쳐진 수많은 수로를 통해 내지와의 교통 통신이 용이했다. 상하이는 한편으로는 양쯔 강을 거슬러 올라가 쓰촨 성에까지 이르는 수로와 또 다른 한편으로는 연안을 따라 광저우에서 만주 동북 3성東北三省에 이르는 해로의 교차점에 위치하고 있었다. 그리고 국제적으로도 배편으로 광저우, 톈진 그리고 일본으로부터의 접근이 가능한 중간 지점에 있었고, 거대한 양쯔 강 유역과 화중의 교역 집산지 역할과 더불어 동아시아 전체의 배급소 역할을 했다. 상하이의 성장은 지역적으로는 양쯔 강 삼각주의 풍부한 미곡 산지에서 생산되는 식량의 공급이 있었기 때문에 가능했다. 이 미곡 산지에서 대운하를 통해 또는 산둥 반도를 거쳐 바닷길로 북쪽에 있는 베이징을 향해 식량이 운송되었다. 중국에서 가장 비옥한 이 지역은 대도시 하나를 먹여 살릴 만큼의 생산력을 갖추고 있었다.[34]

1850년대 초 상하이는 중국-서양 관계에서 새로운 세력 균형이 이루어지면서 영국의 주도권이 확고히 굳어지게 되는 핵심 지역이 되었다. 영국이 상하이의 이러한 성장에 기여한 것은 무엇보다 해군을 통해서였는데, 해군은 중국인과 외국인을 막론하고 모든 사람들의 재

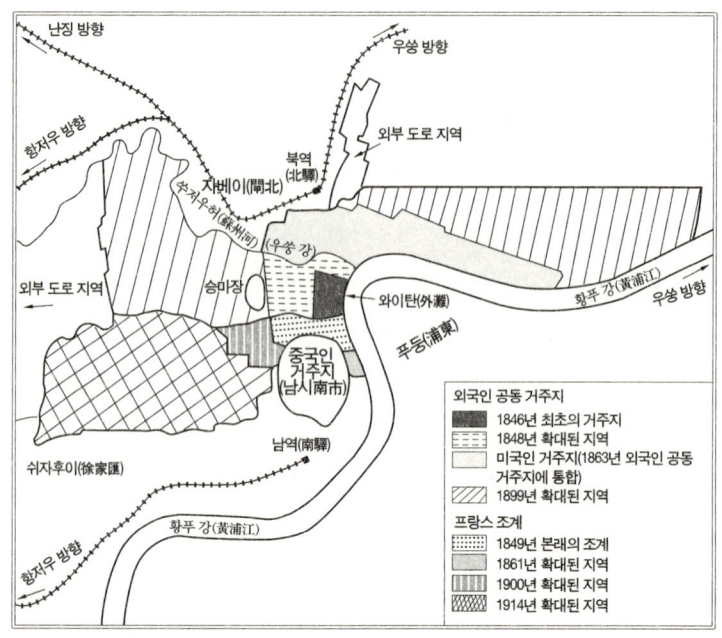

〈지도 8〉 상하이의 성장

산을 보호해줌으로써 그러한 과정에 기여했다. 다음으로는 영국의 상인들이 있었는데, 이들은 돈을 벌었으며 동시에 중국인 조력자들과 동업자들에게도 그렇게 할 수 있는 기회를 제공함으로써 상하이의 성장에 기여했다. 그리고 영국 영사는 상하이에서 활동 중인 각종 세력에게 법적·제도적 틀을 제공했다. 그러나 그들은 그저 동료들 중의 제1인자*primus inter pares*일 뿐으로, 미국과 그 밖의 다른 나라 상인들은 물론 미국과 프랑스 영사들에게서 도움을 받지 않으면 안 되었다. 상하이의 성장에 기여한 몇 가지 중국적 요소들을 살펴보면, 첫째는 풍요로운 양쯔 강 삼각주 전역에서 지주-신사들의 자본을 끌어들인 중국 상인들, 두번째는 무질서라는 절박한 문제를 야기해 외국의 간섭을 불러온 중국 폭도들(소도회小刀會의 난), 그리고 마지막으로 그들을 통제하기에는 너무나 허약한 정부를 명목상으로만 대표할 뿐 이익 추구에 여념이 없던 기회주의적인 청의 관리들을 들 수 있었다.

상하이는 원대 이래로 현성縣城[현의 중심 도시]이었다. 1871년에 편찬된 지방지를 보면 1813년의 추산 인구는 거의 50만 명을 넘어서고 있고 1852년에도 그와 비슷한 것으로 기록되어 있다.[35] 외국인들의 거주는 성 밖 북쪽 지역 그리고 성곽과 우쑹 강吳淞江이 황푸 강과 합류하는 지점에서 시작되었다(지도 8을 참조하라). 거주지에 관한 초기 영사들과 도대(관할 구역으로는 쑤저우 부와 양쯔 강 삼각주 지역의 중심부인 쑹장 부가 포함되어 있었다) 사이의 협정은 오히려 비공식적인 것이었다. 후일 다른 조약항들에서 체결되는 협정과 달리 상하이의 영사들은 청 정부가 각 정부에 임대해주는 공식적인 조차지를 획득하지 못했다. 다른 조약항에서는 보통 이렇게 임대받은 토지는 영사들에 의해 외국인들에게 다시 임대되었다(예를 들어 톈진에서는 결국 여덟 곳의 조차지를 획득했고, 한커우漢口에서는 다섯 곳을 획득했다). 하지만 상하이에서는 프랑스, 영국, 미국 등이 애초에 독립된 조차지를 요구했지만 초기의 토지 관련 규정은 외국인들에게 토지의 구매를 허가하지 않고 대신 직접 중국인 지주들과 교섭해 영구적으로 토지를 임대할 수 있도록 하는 것이었다. 임대와 관련된 사실은 각국 영사를 통해 도대에게 보고되고 도대는 직접 인정서를 발급해주었다. 비록 프랑스인들의 거주지는 '프랑스 조계'로 분류되어 프랑스 영사에 의해 관리되게 되었지만 그것 또한 하나의 단일한 조계가 아니라 이처럼 조각조각 임대된 토지에서 시작된 것이었다. 반면 다른 나라보다 세력이 막강했던 영국은 자유 무역 정신에 따라 138에이커에 달하는 본래 영국인 거주 지역에 각국 영사들뿐만 아니라 온갖 국적의 국민들도 받아주었다. 그리하여 이 지역은 점차 확대되면서 각 조약국 영사들로 구성된 상하이 영사단의 사법적 통치를 받는 국제적인 자치구가 되었다. 이렇게 등장한 독특한 제도는 국제 거류 지역이라는 훗날 그곳을 지배하고 있던 영국인들의 실용주의에 바치는 찬가가 되었다. 그러나 그것은 20여 년에 걸친 형성 과정을 거쳐야 비로소 본모습을 드러낼 수 있었다.[36]

    1843~1853년까지 이러한 소규모 거주지에는 일반적으로 하인이나 서비스업 종사자 말고는 중국인의 거주가 허용되지 않았다. 1853년 초 이 지역에 거주하고 있던 중국인의 수는 500명 정도로 추산되었다. 그러나 3월에 난징이 태평천국군에게 점령되자 피난민이 대규모로 흘러 들어왔다. 집 없는 수천 명의 중국인들이 곧 해안 길을 따라 천막을 치거나 부두 밖의 배에 살림을 차렸다. 이들을 수용하기 위해 거적으로 이은 오두막, 각종 상점, 싸구려 집들로 이어진 새로운 거리 등이 급속히 확산되었다. 그리고 외국인 거주지는 돌연 중국인과 외국인들이 뒤섞여 사는 도시가 되었다. 태평천국군을 피해 온 피난민들 가운데는 평민뿐만 아니라 상당한 재산과 지위를 가진 지주와 상인들도 포함되어 있었다. 이후 10년 동안 고향에서 쫓겨난 신사들이 상하이에 유입되었는데, 그 결과 양쯔 강 하류 지역의 지주 가족들이 더욱 빈번히 외국인과 접촉하거나 교역을 하게 되었다. 그리고 얼마 안 되어 외국 상인들과 중국 지배층 사이에는 일정한 공통의 이해관계가 생겨나게 되었다. 상하이에서 토지를 임대받았던 서양인들이 이제는 그것을 다시 중국인 부동산업자와 건축업자에게 빌려주어 이익을 얻게 된 것이다. 1854년 중반에 이르기까지 기존의 150채의 외

국인 저택 외에 약 8,000채의 중국인 주거 시설이 추가되었다.

 이런 식으로 중국인들이 뒤섞이게 되면서 이들의 수가 서양 거주자들의 수를 훨씬 능가하게 되었는데, 그렇다고 상하이의 이 거주지가 다시 중국의 사법권 아래로 돌아간 것은 아니었다. 오히려 구상하이가 1853년 9월 광둥 성과 푸젠 성 출신의 소도회에게 점령되자 난민들의 피난처로서의 이 외국인 거주지의 역할은 어느 때보다도 강화되었다. 프랑스와 중국 연합군이 17개월 후인 1855년 2월 반도들을 쫓아낼 때까지 상하이의 이 외국인 지역 주위에는 무질서와 폭동이 끊이지 않았다.[37] 외국 영사들은 중립을 지키겠다는 입장을 공표했지만 중국인들이 관련된 사건에 대한 사법 처리를 포함해 지방 정부로서 점점 더 늘어나는 책임을 감당해야 했다. 그들은 사소한 범법 행위에 대해서는 벌금형이나 구금형에 처했고, 심각한 사건인 경우에는 중국 당국에 넘겨주었다. 당시 도대는 오건창吳健彰이었는데, 그는 원래 광저우의 공행 행상이던 오상행吳爽行에서 일하다가 연납으로 지위를 획득해 당시까지도 에드워드 커닝엄이나 러셀사의 기타 인물들과 상거래를 계속하고 있었다. 그리고 1853년 9월의 소도회 사건 때는 미국인 친구들에 의해 구출되기도 했다. 따라서 이후에도 그는 계속 그들과 협력 관계를 이어나갔다. 이제 상하이에는 이해관계를 함께하는 새로운 중국-외국인 공동체가 형성되게 되었다. 아편을 제외한 서양 수입품들은 힘을 발휘하지 못했지만 태평천국의 난으로 말미암아 중국의 국내 수요가 붕괴되고 광저우로의 수송로가 끊기게 되어 차, 특히 견직물 수출이 크게 촉진되었다.

 이 모든 일로 인해 중국의 지방 당국자들은 선선히 외국인 자치구를 묵인하게 되었을 뿐만 아니라 그곳의 안전을 보장하기 위한 방범 활동에도 적극적으로 참여하게 되었다. 상하이가 성공적으로 독립을 누릴 수 있던 비결은 외국인의 이익과 중국인의 이익이 이처럼 밀접하게 연결된 데에 있었다. 1854년경에는 새로운 제도들 속에서 새로운 질서를 위한 요소들이 나타나 형성되고 있었다.

이처럼 여러 제도들이 새로 혼합되면서 도입된 요소 중의 하나가 세관 감독에 외국인을 임명하는 원칙이었다. 청의 각 세관은 외국인을 중국 관리로 고용해 외국 상인들이 세칙稅則을 준수하는지 혹은 교역에 관한 제반 법규를 지키는지를 감독하도록 했다. 물론 이처럼 획기적인 고안은 오랜 발전의 산물이었다. 1842년 이후의 첫번째 단계에서 영국 영사들은 영국 상인들이 조약에 규정되어 있는 협정 관세를 제대로 납부하고 있는지를 감시했다. 그러나 이와 같은 '밀수 방지를 위한 영사관의 개입'은 곧 상인들의 불평을 야기했는데, 이들은 중국의 세관원들을 위협하거나 회유해 상호 이익이 되도록 관세액을 조절할 수 있었기 때문이다. 중국 관원들의 이러한 '기군欺君[임금을 속이는 것]'은 법을 준수하는 외국 상인들에게는 불공정한 경쟁의 요인으로 불만거리였지만 중국 세관을 숙정하는 것은 불가능한 것으로 드러났다. 특히 부도덕한 외국인들이 힘으로 위협을 가하고 또 정직한 세관원이라도 힘이 없는 상황에서는 더욱 그러했다. 1850년경 영국 정부는 합법적인 교역 내에서 자행되는 외국인과 중국인들의 탈세 행위를 보고 크게 당황했다. 쌍방이 공동으로 관세의 세칙을 준수한다는 원칙 — 바로 이것이 조약 체제의 기초였다 — 이 와해되고 있었기 때문이다.

1850년대 초의 두번째 단계에서 상하이의 영국 영사이던 러더퍼드 올콕은 관세 납부를 보류시키는 방식으로 중국 세관에 압력을 넣으려고 했지만 이는 오히려 조약 체제를 약화시켰을 뿐이다. 그리고 세번째 단계는 1853년 9월 7일 소도회의 반란으로 세관의 기능이 정지되는 사건과 함께 시작되었다. 올콕은 영국 상인들에게서 조약에 따라 납부해야 되는 관세에 대해 약속 어음을 받고서 교역을 계속할 수 있도록 했다. 해관 감독을 겸임하고 있던 도대 오건창이 황제의 재가를 받아 세금 납부를 요구하면서 약속 어음을 받는 올콕의 '임시방편적인 체제'는 결국 폐기되었다. 그러나 조정은 상하이에서 이루어지는 외국인과의 교역에서 나오는 풍부한 관세를 징수할 능력이 없었다. 그리하여 오건창은 영사의 감독 범위를 벗어난 내지에서 외국 상품들에 대해 세금을 부과하기 시작했다. 이런 현상이 계속되면 조약항 체제가 붕괴될 수밖에 없었다.

그러는 사이 1854년 4월 성내의 반도들을 포위하고 있던 청 정부군이 성 밖 북쪽에 있던 외국인 거주지의 외국인들을 약탈하고 위협하기 시작했다. 청 당국은 그들을 통제할 수 없었다. 그리고 4월 4일 영사 올콕은 미국, 프랑스 영사와 함께 선원들과 자원한 상인들로 구성된 약 400명의 혼성군을 편성해 4문의 대포를 앞세우고 소위 '이탄지전泥灘之戰'*을 벌여 외국인 거주지의 서쪽 경계선을 평정했다. 광저우의 상관 지역에서와는 달리 서양인들은 성공적으로 상하이를 통제할 수 있었다.

본래 군사적·상업적 성격을 띠었던 이 사건은 미국의 신임 사절인 맥레인R. M. McLane의 정치적 수완에 의해 처리되기 시작했다. 그는

이탄지전(Battle of Muddy Flat): 영미 연합군 중 300명의 해병과 해군, 100명의 토착민으로 구성된 자위군이 청군을 공격해 5,000여 명의 사상자를 냈다. 영미 연합군 무기의 사정거리가 청군의 구식 무기를 무력화시켰기 때문이다. 하지만 전투의 이름과 달리 전투 당일 날씨는 매우 맑았고 전장 또한 진흙탕이 아니라 단단히 굳은 평지였다고 한다.

중국의 성 정부들과 협상에서 한동안 영국인들과 긴밀한 협조 관계를 유지했다. 마침내 상하이의 영국, 미국, 프랑스 영사들은 오건창과의 협상을 통해 1854년 7월 12일 새로운 제도를 창설하기로 타협을 볼 수 있었다. 오건창이 해관 감독의 자격으로 영사들이 임명한 '외국인 감독관'을 고용한 다음 그를 통해 외국 상인들의 관세액을 확정짓고, 그 후 세금 징수는 이전처럼 중국인 세관원에 맡긴다는 것이었다. 이러한 타협에 대한 반대급부로서 오건창은 '임시방편적인 체제' 아래서와 그 이후에 받아놓은 약속 어음에서 약 120만 냥(39만 1,000달러)을 지급받게 되어 있었다(하지만 복잡한 법적 절차를 거친 후 미국인이 지불해야 되는 관세액 11만 8,125냥 중 1/3만을 지불받았고 영국 측으로부터는 한 푼도 받지 못했다). 결국 이처럼 다양한 동기들이 뒤섞여 불편부당하고 정직하며 효율적인 세관이 등장하게 되었다. 이를 통해 외국 영사들은 법에 의한 통제력을 확보할 수 있었고 중국 정부는 관세를 확보할 수 있었다. 비록 1854년의 규정들은 영사들에게 세관에 대한 통제권을 부여하고 있었지만 영국 정부는 그러한 책임을 포기했다. 그리고 외국인 감독관은 국적은 비록 외국이지만 전적으로 중국 황제를 위해 봉사하는 자라는 합의가 곧 이루어졌다.[38] 상하이에서 이러한 혁신이 가능했던 것은 부분적으로는 극히 불확실한 상황에 처한 중국의 당국자가 유교 경전을 읽으며 성장한 인물이 아니라 광저우 교역을 통해 성장한 약삭빠른 무뢰한 출신이었기 때문이다.

두번째 혁신은 난민들의 대규모 유입으로 인해 요구되었는데, 그것이 자치 정부의 위기를 초래했기 때문이었다. 중국인 거주지에는 부자와 빈민이 함께 뒤섞여 있어 그로 말미암아 도시의 온갖 병폐와 항구 특유의 범죄들이 연이어 발생했다. 그에 따라 화재와 질병 예방 그리고 치안 유지 등이 시급한 문제가 되었다. 이러한 상황이 계속되자 1854년 7월에 영사들은 도대 오건창과 '시정과 토지에 관한 신법규[市政與土地章程新法規]'에 합의했다. 이전의 협약들 위에 세워진 이 법규는 도로, 방파제, 교량 등의 건설과 보수 및 유지, 청소, 적절한 조명과 배수 처리 등을 준비하기 위해 그리고 그 밖에도 경찰력을 확보하기 위해 영사들이 토지 임대인들을 매년 소집할 수 있도록 했다. 이 연례 회의에서 토지와 건물에 대한 세금 부과 그리고 부두에 하역된 상품들에 대한 선착 사용료 징수 등이 의결되었다. 그리고 세금 부과나 선착 사용료 징수 등을 책임진 위원회에는 위반자에 대한 공소권과 매년 회계를 보고할 수 있는 법적 권한이 주어졌다. 이리하여 외국 영사에 의한 영사 재판권에 더해 중국 정부의 묵인 아래 외국인 거주지에 대한 과세권과 경찰권까지 갖게 된 교역인들의 공화국이 형성되었다. 즉 청 제국의 관리들은 힘이 없고 중국의 지방 이익은 아직 제대로 보호되지 않는 사이에 상하이의 야심적인 외국인들은 그들에게 유리한 새로운 제도를 만들었던 것이다.

 1854년 이후 10년 동안 혼란이 계속되는 와중에 중국 자본은 중국과 서양 사이의 상업적 협력의 새로운 중심지인 상하이로 집중되었다. 광저우 출신의 매판 상인들은 곧 상하이 부근인 닝보의 전장들의 도전에 직면하게 되었는데, 아주 오래된 상업 중심지인 닝보는 과거에는 일본과의 교역항으로서 이름을 날렸으며 당시에도 여전히 항저우 만에서 북쪽의 동3성 지역에 이르는 연안 교역의 상당 부분을 장악하고 있었다. 정부 측과 밀접한 관계를 유지하며 지역 간에 특히 화북 지방에서 자금을 움직였던 산시[山西] 성의 표호[票號][환전, 송금 등의 사업을 주로 하던 구식 은행. 표장[票莊]]와 달리 닝보의 전장들은 연해 및 외국 교역과 관계를 맺으며 양쯔 강 하류에서 성장했다. 초기의 환전상에서 성장해 올라온 그들은 동전이나 은화로 태환 가능한 수표를 발행하고 신용 거래를 정착시킴으로써 교역을 활성화시켰다. 특히 닝보의 전장들은 화폐 이체 제도를 발달시킴으로써 신용 거래에 대한 수요를 충족시켜주었다. 상인들이 매일 이루어지는 상호 간의 거래를 전장의 장부에 기록해놓으면 전장이 매일 저녁 거래 장부들을 결산해 거래들을 성립시키고 거래 대금은 구좌에서 이체시키는 제도였다. 이런 식으로 해서 신용 수단으로 이용할 수 있는 초보적인 어음 교환소가 생겨나고 있었다.

닝보의 전장들은 19세기 초에는 상하이 교역에서 두각을 나타내 상하이 금융업계에서 주도적인 역할을 수행하기 시작했다. 조약항의 개항으로 국제 교역뿐만 아니라 연해 교역까지 활기를 띠게 되었을 때 상하이에서 차와 생사 교역을 장악하고 있던 지역의 자본가들은 대개 닝보 지역에서 오랜 기간 교역에 종사하며 자본을 축적한 그곳 상인 가문 출신이었다. 아편 무역이 약속 어음과 수표의 사용을 조장했으며, 태평천국의 난으로 인해 양쯔 강 하류의 교역이 불가능해지자 닝보-상하이 전장들에게 더욱 유리한 상황이 조성되었다. 조약항에 각자의 은행을 보유하고 있던 외국 상인들은 어음 교환소 조직을 이용하려면 중국인 전장들과 협력하는 것이 필수적이라는 것을 알게 되었다. 그리고 외국인들과의 그러한 관계는 역으로 중국인 전장들에게 각 지방 정부로부터 어느 정도 독자성을 유지할 수 있도록 해주었다.[39]

제2차 아편전쟁의 발발

이처럼 광저우와 상하이에서 서양인들이 완전히 상반된 경험을 했던 것은 19세기 중반의 중국에서 외국인들의 역할이 어떤 것이었는지를 조명해준다. 당시 청의 일차적인 관심은 내란의 확산에 집중되어 있었는데, 그것은 중국의 경제에 깊이 내재되어 있던 각종 병폐가 표출된 것이었다. 다음 장에서 필립 쿤 Philip Kuhn이 설명하겠지만 구질서는 구조, 환경 양 방면에서 수많은 결함들로 삐걱거리고 있었고 지배층인 유학자들은 그에 대해 마침내 상당한 열정과 창의성을 갖고 대응했다. 따라서 일부 주요 성을 중심으로 내전과 소요가 발생한 1950년대 동안 연해 지방의 서양 상인, 선교사 그리고 군대 문제 등은 부차적인 문제로 취급되었다. 변경의 문제일 뿐이었던 것이다. 적은 수의 외국 군대는 막강한 화력을 바탕으로 광저우 또는 심지어 결국에는 톈진과 베이징까지 진격할 수는 있을지 몰라도 중국인들을 쫓아낼 수도, 또 중국인의 도움 없이 지배할 수도 없는 것이었기 때문이다. 요컨대 영국인들은 과거의 몽골족과 만주족 침략자들처럼 무력을 이용해 복잡한 지배 계층으로 구성된 중국 권력의 구조 속으로 밀고 들어올 수 있었으며 조만간 제국의 정부 안에서 일정한 역할을 하게 될 수도 있었다. 하지만 그것은 중국인들의 도움이 있어야만 가능했고, 또 중국인들의 도움이라는 것은 우선 기존 지배층과 상호 조정을 거쳐야만 가능했으며 또한 중국의 백성들이 근대 민족주의의 감정에 따라 그들을 배척하지 않아야만 비로소 가능했다. 1860년 영불 연합군의 베이징 점령으로 청 왕조는 중국에서 사는 외국인들에게 조약상의 특권과 함께 특별한 지위를 부여하도록 강요받게 되는데, 그것이 확산되어 제국의 정치 형태까지 완전히 재편시키기에 이른다. 그러나 1860년까지 베이징 정부는 내부적으로는 전투 태세를 갖추고 있었으며 완고한 배외 정책을 유지하고 있었다. 반란을 진압하기 위해 분투 중이어서 적절히 다루고 있지는 못했지만 서양 침략자들은 여전히 격퇴해야 할 대상으로 간주되고 있었다.

1850년 3월 19세의 나이로 황제로 등극한 함풍제咸豊帝는 즉위 직후 발생한 국가적 재난에 무기력하게 대응하면서 적절하고 강력한 지도력을 발휘할 만한 인물이 못 됨을 드러냈다. 외부 세계에 대해 완전히 무지했던 황제는 서광진(대외 관계를 담당하는 임무를 부여받고 광저우로 파견된 흠차대신 겸 양광 총독)이 대중의 배외 감정을 이용해 영국 세력을 광저우성 밖으로 쫓아내자 크게 감명받았다. 1850년 5월 톈진에서 '총독 서광진이 조약을 무시했다'는 영국 측의 항의가 1842~1844년의 조약 체결을 주도한 목창아와 기영 앞으로 전달되었다. 그러나 이 젊은 황제는 이에 대한 대응으로 부왕의 신임을 받던 이 두 관리가 영국에 굴복했다고 비난하며 지위를 강등시켰다. 그리고는 서광진 그리고 그와 아주 가까운 동료인 광둥 순무 섭명침葉名琛이 취한 정책, 즉 외국 사절단과의 접촉을 회피하는 정책을 지지했다. 동시에 상하이, 난징, 톈진의 당국자들에게 모든 외교 문제를 광저우의 황제 칙사[흠차대신]와 상의하라고 지시했다. 베이징의 노선이 이처럼 강경해지자 1851년 파머스턴은 무력 보복을 고려하기도 했다. 그러나 파머스턴은 12월 외무상에서 해임되었고, 그의 후임자들은 중영 갈등에 휘말리기를 그다지 원치 않았다.

1858~1860년에 있은 영불 연합군의 중국 원정은 1854년 조약

개정을 위한 양국의 공동 노력이 실패로 돌아감으로써 야기된 것이었다. 몇몇 요소들이 이러한 외교적 노력을 가능하도록 해주었다. 난징의 태평천국 반군과의 교역 가능성을 타진해온 영국이 현실을 인식하게 된 것, 1854~1855년의 크림 전쟁에서 러시아를 상대로 영국과 프랑스가 외교 협력과 합동 군사 작전을 펼쳤던 것, 그리고 전임자들보다 영국에 대한 신뢰가 컸으며 영국과 프랑스의 동료들과 기꺼이 협력할 용의가 있던 미국 공사(로버트 M. 맥레인)가 중국에 파견되어 있던 것 등이 그것이었다. 모든 상황을 고려해보건대 태평천국군이 승리할 가능성은 거의 없다는 것이 1854년 당시 외국의 의견이었다. 이에 따라 영국 정부도 중립과 불간섭 정책을 채택했고 프랑스와 미국도 동일한 보조를 취했다. 따라서 이들 세 열강 모두 조약 개정을 통해 중국에서의 이익을 확대하려는 정책을 취했다. 그 결과 공사들은 1854년 5월부터 11월 사이 당시 양광 총독이던 섭명침을 배제한 채 푸저우, 상하이 그리고 마지막으로는 톈진으로 갖가지 제안과 불만 사항들을 전달했다. 이들의 노력은 앞서 지적한 대로 상하이에서는 지역적 협의를 용이하게 해주었다. 그렇지만 베이징 정부와는 어느 곳에서도 접촉할 수 없었다. 1855년 2월 파머스턴이 수상으로 권력의 핵심에 앉게 되자 이후 영국의 중국 내 활동은 점차 완강해지기 시작했다.[40]

섭명침은 그동안 광저우 주변의 반도들을 진압하는 데 진력하고 있었다. 영국의 성내 진입 요구를 워낙 완강하게 거부하는 바람에 그는 서양의 기록에는 융통성 없이 앞뒤가 꽉 막힌 황소고집의 전형으로 묘사되어 있지만 그가 광둥에서 근무한 10년 동안 부근의 광시 성, 후난 성 심지어 주 강 삼각주 지역까지 반란의 소용돌이에 휘말려 들어가 있던 상황이었음을 고려할 때 당시 정부군을 제대로 통제한 것은 그의 큰 공적이라는 평가가 최근에 나오고 있다. 광시 성에서 일어난 태평천국 운동이 1852년에 북쪽으로 방향을 틀어 양쯔 강 지역으로 번져나간 것은 부분적으로는 그가 광둥을 잘 방어한 데 이유가 있다는 것이다. 그러나 태평천국의 사례는 광둥 지방에도 영향을 주어 일련의 변란들이 계속해서 일어났다. 섭명침은 광저우 지역도 어려운 시대를 맞이하자 신사들에게서 염출한 재원을 이용해 지방 단련들을 유지하는 방법으로 이에 대응하려고 했다. 화남 지방이 각종 반란으로 시끄러워지자 푸젠 지방의 차와 안후이-장쑤 지방의 생사는 좀더 가까운 수출로인 상하이를 통해 수출되었으며, 이에 따라 메이링梅嶺을 넘어 광저우로 이어지던 과거의 수송로에서 생계를 유지하던 선부船夫와 짐꾼들은 일자리를 잃게 되었다. 1853년 아모이와 상하이를 점령한 바 있는 소도회와 같은 삼합회 관련 비밀 결사들이 그곳을 파고들었다. 1854년에 광저우 지역은 홍건의 반란에 휩싸였다. 광저우 성 자체가 약탈을 면할 수 있었던 것은 순전히 민단들의 용감한 활약 덕분이었다. 이 민단은 지방의 씨족 구조를 기반으로 조직되어 있었기 때문에 사람들을 제대로 선발하고 조직할 수 있었으며 동시에 구제 사업, 물가 통제, 생산 활동 등의 사업도 펼칠 수 있었다. 이 모든 활동은 신사들의 지도하에 이루어졌는데, 원칙적으로는 황제의 승인을 받는 것으로 되어 있지만 실제로는 총독이 모든 것을 관장하고 있었다. 섭명침은 꼿꼿한 사람이었을 뿐만 아니라 과거 시험의 유지, 신사들의 공적에 대한 보상, 범죄자 처벌 등 모든 일에 있어 정력적으로 활동했던 것처럼 보인다. 그러나 1855년 일단 홍건이 진압되어 2만여 명이 처형되자 광저우의 신사들은 이제 상세商稅를 거두어 단련과 용병을 유지하는 등 지방 세력가로서 새로운 지위를 그대로 유지할 수 있게 된 데 반해 농민들은 이전 어느 때보다도 더 궁핍해졌다. 신사가 지도하는 공인된 단련 조직 내에는 신사들이 고용한 용병들도 포함되어 있었는데 이들은 너무나 자주 서민들을 대상으로 적군이나 다를 바 없이 행동을 했다.[41]

    1856년 10월 개전의 원인이었던 로어처선 애로Arrow 호 사건은 앞으로 있을 영중 관계의 전형적인 특징인 복합적 성격을 그대로 보여주었다. 애로 호는 서양식 선체를 지녔지만 중국식 장비를 갖춘 배였다. 배의 소유주는 중국인이었지만 홍콩에 거주하고 있었다. 선장 토머스 케네디Thomas Kennedy는 영국인이었지만 12명의 선원들은 중국인이었다. 애로 호는 홍콩에 등록되어 있었지만 매년 갱신하는 등록의 유효 기간이 11일 전에 만료되어 있었다. 그러나 식민지 법령에 따라 이 배는 홍콩으로 귀환할 때까지 영국 국기를 게양할 수 있는 자격을 갖고 있었다. 하지만 실제로 영국 국기는 게양되지도, 강제로 끌어내려지지도 않았을 가능성이 높았다. 그런 상태에서 애로 호는 해적질을 하고 있었다. 당시 섭명침은 경찰이 12명의 중국 선원을 체포했을 때 악명 높은 해적이 하나 포함되어 있었다고 주장했다. 그는 이미 그런 해적들을 법에 따라 수백 명 처형한 바 있었다. 그러나 해리 파크스 영사는 당시 영국에서 파머스턴으로부터 '강경 자세'를 취하고 사소한 침해에 대해서도 중국 측의 보상을 요구한다는 것에 동의를 받고 막 돌아와 있던 참이었다. 파크스 영사는 또한 당시 홍콩 총독이던 존 보링 경으로부터도 지지를 받고 있었는데, 당대의 지도적 자유주의자였던 그는 처음에는 광저우에 영사로 파견되어 온 바 있었다. 자유 무역에 대한 보링의 열정은 포함 외교에 대한 해리 파크스의 단호하고 무자비한 신념과 어우러졌다.

　1856년 10월 영국 해군은 다시 후먼의 포대를 점령하고 상관을 향해 진격했다. 그들은 섭명침의 집무실을 1문의 포로 10분 간격으로 포격하고 성벽을 파괴하고 또 아문에 돌격대를 진격시키는 등 사방에서 화력을 과시했다. 그러나 섭명침은 완강히 저항하며 협상을 거절했다. 이러한 위기에서 그가 취한 탄력적이지 못한 경직된 자세에 대해 후일 지역의 한 기록은 "부전不戰, 불화不和, 불수不守, 불사不死, 불항不降, 부주不走"[싸우려고도, 강화하려고도, 수성하려고도 하지 않았다. 순사할 생각도, 항복할 생각도, 도망갈 생각도 없었다]42)라고 운을 맞춰 적어놓고 있지만 그가 거둔 성과를 고려해볼 때 공정한 평가라고는 볼 수 없다.

　하여튼 양측이 아무런 양보 없이 자기 고집만 내세우면서 국면은 경색될 수밖에 없었다. 1856년 10월 섭명침이 광저우 해관을 폐쇄하면서 교역은 중단되었다. 12월에는 상관들이 불탔다. 이듬해인 1857년 2월 말에는 보링이 광저우에서 취한 조치들을 놓고 영국 의회 안에서 논쟁이 발생했다. 글래드스턴과 디즈레일리가 정부의 조치에 반대하는 안건을 제출해 동의를 얻었지만 이어진 총선거에서는 파머스턴이 승리를 거두었다. 이러한 승리는 중국에 대해 추가로 압력을 가하는 정책을 승인한 것으로 받아들여졌다. 그러나 6월 중국으로 파견되어 가던 원정군은 인도의 반란을 진압하기 위해 인도로 방향을 틀어야 했으며 이에 따라 광저우에 대한 공격은 1857년 12월까지 미루어질 수밖에 없었다. 동시에 프랑스도 자국 선교사에 대한 사법적 살인(1856년 2월 광시 성에서 프랑스 신부 샵들레느가 사형당했다)에 대해 보복하기 위해 군대를 합류시켰다.

마침내 광저우에 도착한 영불 연합군은 총 5,700명에 달했다. 12월 28일 광저우에 대한 포격을 시작한 후 그들은 이윽고 성벽을 넘어 들어가 시내로 진격했다. 그리고 1858년 1월 4일 군대를 파견해 순무와 총독을 체포했다. 그런 다음 완강한 섭명침을 배에 태워 캘커타로 이송했는데, 그는 그곳에서 다음 해 생을 마감했다. 그리고 광둥에서 20년 이상 재직해온 몽골 출신의 소심하고 특색 없는 순무 백귀栢貴는 아문에 그대로 남아 있도록 했는데 이리하여 그는 근대 최초의 괴뢰 정부 행정가 중의 하나가 되었다. 백귀의 이름으로 조직된 연합 위원회는 당연히 연합군 중 유일하게 중국어에 능통했던 해리 파크스의 지배를 받았고, 이 연합 위원회가 이후 1861년 10월까지 광저우를 3년 6개월 동안 통치했다. 이 연합 행정부는 폐쇄 17개월 만인 1858년 2월에 다시 교역을 개시했다. 그리고 중국 경찰과 외국인 해군으로 구성된 합동 순찰대를 거리로 내보내 도시의 치안을 유지했다. 다만 중국인들의 소송 사건이나 기타의 일상적인 업무는 정부의 아문에서 다루어졌다. 백귀가 내리는 포고령은 모두 사전에 뒤에서 파크스의 꼼꼼한 검토를 거친 것이었다.

베이징 정부는 이러한 재난이 발생한 원인은 섭명침에게 있다고 비난했다. 그리고 순무 백귀가 외국인의 통제를 받고 있다는 사실을 대강 알고 있었지만 광저우를 재탈환하기 위해 다른 관리들을 파견하면서도 그를 해임하거나 전보시키지는 않았다. 반소경이나 다름없던 베이징 정부는 막연히 사태를 낙관하면서 광둥의 민단들이 외국 침입자들을 몰아낼 수 있을 것이며, 그러면 신임 총독 황종한黃宗漢이 중립적 입장을 취하면서 대중들의 뿌리 깊은 저항감을 이용해 외국인들의 요구를 제한할 수 있으리라고 생각하고 있었다. 그것은 어떤 정권이

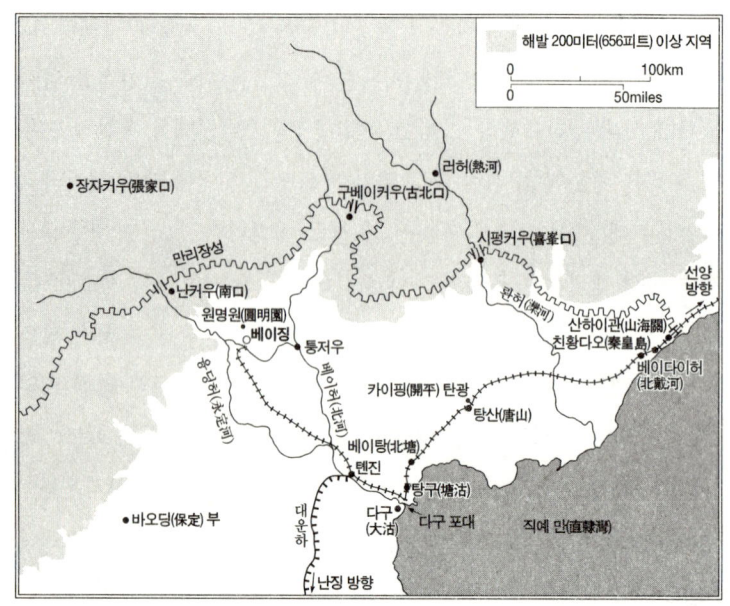

〈지도 9〉 19세기 중엽의 베이징-톈진 지역

든 천명天命, 즉 백성의 동의가 있어야 비로소 성립 가능하다는 말로 요약될 수 있는 중국식 인민주권 이론이 적용된 것이었다. 주전론자들의 말대로 "국가의 기반은 전적으로 민심에 있고, 영국이 두려워하는 것도 바로 그것이다".[43] 그러나 신사들의 주도하에 대중들에게서 그러한 배외 감정을 끌어내는 것은 어렵지 않았지만 침략자들에게 뭔가를 강요하는 것은 그와는 별개의 문제였다. 언제나 그랬듯이 청 정부로서는 군사적 위력을 과시할 필요가 있었지만 그들에게는 그럴 능력이 없었다. 청 정부의 은밀한 부추김을 받아 광둥의 민단들이 마침내 1858년 7월 13일 광저우 성에 대한 공격을 감행했지만 영국 포대의 반격을 받아 격퇴되고 말았다. 그러는 사이 베이징 조정에서는 주화파가 득세하게 되는데, 조정은 이미 톈진 조약을 수용한 상태였다(아래의 글을 참조하라).

　더이상 정부의 지원을 받을 수 없게 된 민단은 이제 연합 순찰대의 압력에 직면하게 되었다. 1858년 말에 이르기까지 이들 연합 순찰대들이 점점 더 광저우 시 주위의 향촌 지역까지 침투해 들어가면서 새로운 권위를 의미하는 깃발들이 각 마을과 읍에 펄럭이게 되었다. 1859년 1월 700명의 영국 해군이 한 민단 지휘소에 접근하자 민단 측에서 마침내 공격을 가했는데, 영국은 이에 다시 1,300명의 군대와 여섯 척의 포함을 파견해 3일간의 격전 끝에 지휘소와 인근 마을을 점령하고 불태워버렸다. 민단들에 대한 재정 지원은 고갈되기 시작했다. 그리고 강력한 배외 감정으로 오랫동안 외국인들의 입성을 저지해온 광저우 주민들도 점점 더 영불 연합군에 의한 질서 유지에 적응해나가기 시작했다. 향촌 지역의 신사들이 주도하는 단련들의 활동도 점차 소멸되어갔다. 여기서도 상하이에서와 마찬가지로 다른 대안을 찾지 못한 가운데 '서양 오랑캐들'이 지역 권력 구조의 일부로서 인정되기 시작한 것이다.

톈진 조약(1858년)

　광저우에서 일단 자신들의 의지를 관철시키는 데 성공한 영국과 프랑스는 향후 2년 동안 베이징 정부와의 협상에 전념하게 된다. 원정군에 대한 물자 공급은 바로 영국과 미국의 회사들에는 사업 기회를 의미했다. 그들의 대반大班들은 군대의 지휘관들과 외교 사절들을 위해 집을 지어주고 여흥을 제공했다. 그리고 선교사들도 도움을 주었다. 상인, 군인, 정치인 그리고 선교사가 모두 하나의 공동체를 형성해 그들의 문명을 대표하고 있었던 것이다.

연합군의 작전은 상하이에서 북상하는 것으로 시작되었다. 베이징은 이에 대해 늘 하던 대로 광저우로 돌아갈 것을 요구했지만 1858년 4월 그들은 베이징의 요구를 무시하고 수천 명의 군대를 실은 범선과 20여 척의 증기선 군함을 이끌고 톈진 하구의 다구에 도착했다. 그러나 전쟁을 선포하는 대신 연합군은 단지 협상만을 요구했다. 특히 엘긴Elgin은 자신처럼 군주에게서 '전권'을 위임받은 협상자를 파견해 달라고 청 정부에 요구했다. 전권 대사라는 개념은 중국에는 생소한 것이자 황제가 바로 인근에 있는 이상 말도 되지 않는 소리였다. 그러나 그것은 구속력 있는 조약을 체결하기 위한 엘긴의 적극적인 노력의 일부일 뿐이었다. 엘긴은 그러한 협상을 관철시키기 위해 함선을 진격시켜 강에 설치된 저지선을 뚫고 다구의 포대들을 점령한 다음 톈진으로 육박해 들어갔다. 이에 청의 전권 대신은 여러 차례의 항의 끝에 1858년 6월 마침내 영국, 프랑스, 러시아 그리고 미국을 대상으로 새로운 조약에 서명했다. 러시아와 미국 공사는 각자 자국 선박을 타고 비무장의 중립적인 참관인으로 찾아와서는 영불 연합군이 싸움을 통해 획득한 거의 모든 특권들이 포함된 유사한 협정을 체결했다.

톈진 조약 체결에서 웨이드T. F. Wade와 함께 영국 측의 주요 협상자로 활약한 사람은 젊은 통역관 호레이쇼 넬슨 레이Horatio Nelson Lay였다. 광저우의 초대 영국 영사의 아들인 그는 1855년 중반부터 상하이 해관의 주 감독관으로 재직 중이었는데 협상에 즈음해서 엘긴 경을 보조하기 위해 '차출' 되었다.[44] 막다른 골목에 몰린 청 조정은 영국인들에게 호감을 산 바 있는 노 대신 기영을 다시 파견했다. 하지만 26세의 레이는 기영 앞에서 광저우의 아문에서 노획한 기영의 상주문 내용을 읊어 내려갔다. 거기서 기영은 영국 오랑캐들은 무례하기 짝이 없는 야만인이라고 묘사하고 있었다. 결국 기영은 체면을 잃었고, 이는 또한 조정의 체통에도 먹칠을 하는 결과를 낳았다. 이에 함풍제는 한 차례 심문을 마친 후 기영에게 자진自盡할 것을 명했다.

엘긴 경은 광저우를 경유하지 않고 직접 청 중앙 정부에 조약을 체결하도록 압력을 가하여 교역을 증대시키는 것은 물론 영국인들의 행동을 통제하기 위한 수단으로서 조약을 체결할 수 있도록 베이징에 공사를 설치하기를 원했다. 중국에서 그는 "극히 사적인 목적을 위해 이 오래된 문명을 짓밟고 다니는" 자들에 대해 증오감을 느꼈다. 후일 그는 이렇게 쓰고 있다.

나는 우리 동포들이 이곳 중국에서 내가 평생 보아온 것보다 훨씬 더 혐오스러운 짓들을 저지르는 것을 목격하게 되었다.

그는 조약상의 권리들을 확보하게 되었으므로 영국의 외교 정책은 이제 영국인들의 비행들을 막아야 한다고 생각하고 있었다. 중국에 대한 영국인의 책무라는 이 같은 생각이 베이징에 상주 외교관을 두어야 한다는 강력한 주장을 한층 더 강화시켜주었다. 그러한 안은 그(그리고 레이)의 생각이었다. 런던과 톈진의 다른 공사들은 모두 일이 있을 때마다 베이징에 사람을 파견해 해결하는 쪽을 지향하고 있었다. 청 조정도 조공 사절에 관한 규정을 지킨다는 전제하에 이 제안에 동

의했다.[45]

베이징에서는 상주 공사 건에 대해 주전파 관리들의 탄핵 상주문이 빗발쳤다. 상주 공사들은 평등한 국가 관계를 주장함으로써 조공체제를 무너뜨리고 더 나아가 '체제' 자체를 파괴시키게 된다는 것이었다. 6월 23일에 열린 어전 회의에서는 대체로 상황 전개에 밝지 못한 주전파가 연합군의 막강한 군사력을 눈앞에 두고 있음에도 불구하고 조약상의 상주 공관에 관한 조항을 맹렬히 비난했다. 그러나 6월 26일 황제의 승인 없이 청의 협상 관계자가 서명한 영국과의 조약에는 연합군의 베이징 진입을 피하기 위해 이 조항이 포함되었다. 그리고 황제도 7월 3일 톈진 조약 전체를 승인했다.

일단 함풍제가 상유로 톈진에서 합의된 조약 전체를 확정짓자 외국 군대와 외교관들은 1842년 난징의 경우보다 훨씬 더 빨리 철수했다. 엘긴 경은 영일 관계를 열기 위해 일본으로 떠났다. 그리고 10월 말경에 상하이에서 관세와 교역에 관한 새로운 규정을 확정하기 위한 협상이 열렸다(11월 8일 조인되었다). 중국 대표단은 광저우 행상 오숭요伍崇曜, 반사성潘仕成, 상하이 도대 설환薛煥 그리고 양강 총독(난징에 거주하는 것으로 되어 있으나 실제로는 창저우常州에 거주하고 있었다) 하계청何桂淸 등으로 구성되어 있었다. 중국 대표단은 크게 두 가지 이해관계를 대표하고 있었는데, 대외 교역의 이익에 관한 광저우 지방의 지속적인 관심과 태평천국군과의 싸움에서 사용할 관세 수입에 대한 양쯔 강 하류 지방 관료들의 절박한 관심이 그것이었다.

이와 정반대로 함풍제는 중국과의 교역에 따른 모든 관세를 면제해주면 탐욕스러운 영국인들이 그에 대한 대가로 상주 공관, 내지 교역, 내지 여행, 배상금 등에 관한 조약 항목들을 포기할 것이라는 순진한 믿음에 기반하고 있는 '비밀 계획'을 지지하고 나섰다. 이처럼 단순한 생각은 당시 중영 관계에 작용하고 있던 이해관계를 중국 측이 거의 이해하지 못하고 있었다는 것을 잘 보여주는데, 함풍제는 상당히 오랫동안 그러한 생각을 버리지 못했다. 1859년 1월 하계청은 양강 총독 겸 각국과의 통상 사무를 담당하는 흠차대신이 되었다. 이는 조정이 서양과의 관계를 광저우나 상하이의 지방적 업무로만 취급하고 있었음을 말해주고 있다. 이제 그러한 업무는 광저우에서 상하이로 넘어가고 있었다. 그리고 조정은 외교 사무를 전담하는 새로운 부서를 설치하자는 하계청의 건의를 거부했다. 톈진 조약의 주 협상자였던 계량桂良(1785~1862년)은 이번에는 상하이에서 영국 공사의 베이징 상주를 강제 사항이 아니라 선택적인 것으로 하자는 주장을 엘긴에게 관철시켰다. 그에 대한 대가로 그는 조약의 상호 비준을 기다리지 않고 영국이 양쯔 강을 탐사하는 것을 허용했다. 그에 따라 1858년 말 몇 주 동안 엘긴은 레이 등과 함께 5척의 전함으로 조직된 함대를 이끌고 양쯔 강을 거슬러 600마일을 탐사했다. 전장鎭江, 난징, 안칭安慶, 주장九江 등을 거쳐 한커우까지 항해하며 그들은 최고의 새로운 교역항을 모색했다. 양쯔 강에 대한 이들의 이처럼 발 빠른 탐사는 당연히 그곳에서 태평천국군과 싸우고 있던 청 관료들을 놀라게 했다(톈진 조약은 조약 조인 1년 후 전장을 개방한다고 규정하고 있었지만 기타의 항구들은 태평천국군이 격퇴된 후 개방한다고 되어 있었다). 상하이 관세 협상이 진행되는 동안에 이루어진 엘긴의 발 빠른 탐사는 교역의 확대를 원하는 영국과 중국의 상호 이해가 얼마나 일치하고 있었는지를 암시하고 있다.

이런 식으로 하여 1858년 톈진과 상하이에서 문서화된 외국인들의 권리 개선과 확대에 관한 조항은 이번에도 주로 영국에 의해 주도되었다. 이 조약은 약 총 1천6백만 냥에 달하는 배상금을 규정했고, 조약항의 수를 약 세 배 늘렸으며, 외국인들에게 중국인들과 교역할 수 있도록 중국의 해안과 하천을 개방하는 이례적인 권리를 확정했고, 증명서를 소지한 외국인의 내지 여행을 허용했으며, (앞에서 언급한 바와 같이) 일단 반란군이 진압된 후에는 한커우까지 양쯔 강을 개방하기로 했다. 그리고 관세는 가격의 5%(기타의 계산 방식을 제외한다)로 하며, 통행세는 1차에 한해 2.5%를 납부하고, 일률적으로 외국인 해관 감독을 전 조약항으로 확대하며, 마지막으로 아편 무역을 합법화시켰다. 아편 무역은 이러한 혼란의 와중에도 꾸준히 증가해 외국의 아편 수입업자들뿐만 아니라 중국의 아편 수입업자들까지도 함께 조약항의 보호를 추구하는 지경에 이르렀다. 그리고 조약항의 중국 지방관들은 이제 정식으로 공포된 아편 수입세를 부과하고 있었다.

이 외에도 이 새로운 조약 속에는 외국인들이 중국과의 교역 과정에서 필요하다고 느껴오던 다른 많은 조건들이 조항으로 포함되어 있었다. 하지만 무엇보다 먼저 이 새로운 조약들은 조약항의 외국 상인·정부들과 청 관리들 사이에 공동의 이해관계가 얼마나 폭넓게 형성되어 있었는지를 분명하게 보여준다. 그러한 공동의 이해관계는 반란의 진압과 교역 확대에 대한 통제라는 두 축을 중심으로 형성되어 있었다. 이런 조치들을 통해 외국 상인들은 이득을, 중국 당국자들은 세수를, 그리고 왕조는 생존을 확보할 수 있었다.

당시 영국의 입장을 살펴보면, 1858년 협상에 임할 때 엘긴 경은 두 개의 이해 집단에게서 압력을 받고 있었다. 하나는 조약항의 상인들로서 이들은 국수주의적이고 팽창주의적인 성향을 갖고 있었다. 그리고 그와 반대편에 있는 외무성, 홍콩 등지의 외교관, 영사들은 중국 정부가 수용할 수 있고 또 앞으로 지속 가능한 적정 수준의 교역 권리를 확보해 실제 운용 가능한 체제를 수립할 것을 바라고 있었다. 다만 양측 모두 외국인 해관 감독관을 두는 문제에 관해서는 의견의 일치를 보이고 있었다. 한편으로는 세수 확보라는 면에서, 다른 한편으로는 외국 상인과 중국의 세리 사이에 상업적 분규가 발생했을 때 중재자 역할을 할 수 있다는 면에서 외국인 해관 감독관 제도가 가치를 훌륭히 입증해 보였기 때문이다.

제국주의 체제와 교역의 확대

1858년 엘긴이 요구하고 있던 것은 본질적으로 두 가지로 요약될 수 있다. 하나는 서양의 상업을 위해 중국 시장을 좀더 폭넓게 개방하라는 것이고, 다른 하나는 중국을 근대적 국가 체제로 이행시키라는 것이었다. 톈진에서 조약을 개정할 때 그의 주목표는 외교적 압력을 통해 조약상의 권리 체제를 보장받기 위해 베이징 내 공사 상주권을 획득하거나, 아니면 최소한 이따금씩 있을 자신의 방문이라도 허용받는 것이었다. 영국은 베이징에 외교관을 상주시키는 것만이 광저우 주민들의 배외 정서와 부딪히지 않고 중앙의 권위를 통해 영국 상인과 선교사들이 각 성에서 그렇게 원하고 있던 교역, 여행, 접촉의 권리를 전국적으로 보장받을 수 있는 길이라고 믿었다(후에 일부 외교관들은 지방에 대한 황제의 영향력을 과신했다는 점을 인정하게 된다). 그리고 영국 공사가 베이징에서 '고두叩頭*'를 행하겠다고 제안하지 않았으므로 그러한 요구는 곧 황제는 모든 외국 통치자들 위에 군림한다는 중국의 오랜 관념이 종말을 고하게 되리라는 것을 의미했다. 그러나 영국은 교역 기회와 근대적 유형의 관계를 확보하기 위해 필요 이상으로 중국의 중앙 정부가 약화되는 것을 바라지 않았다. 영국은 영토에 대한 야망을 갖고 있지 않았으며 중국의 외지들이 분할 또는 해체되는 것에 반대 입장을 표명했다(이러한 조짐은 벌써 1840~1850년대에 러시아가 아무르 강을 따라 해안 지방과 중앙아시아로 진출함으로써 나타나고 있었다).

1858년의 중국 측 사정을 살펴보면 청 조정은 거의 치명타에 가까운 반란의 발생으로 내부적 위기에 직면해 있었다. 상황이 어찌나 심각했는지 청 조정은 1860년 8월 양쯔 강 하류의 심장부를 장악하고 있는 태평천국군을 진압하는 데 필요한 광범위한 군사적·재정적 권한을 한족인 증국번曾國藩에게 주게 된다(6장을 참조하라). 1858년의 협상에서 베이징 정부가 영국과 프랑스 양국의 요구를 그토록 쉽게 들어준 것은 분명 이처럼 내부 위기를 극복하는 것이 최우선 정책 과제였기 때문이다. 1861년 1월에 공친왕이 지난날을 회상하면서 서술한 바와 같이 청 조정에게 태평군과 염비捻匪는 몸 안의 치명적인 질병이었다. 그리고 청의 영토를 조금씩 갉아먹고 있는 러시아는 가슴에 들이댄 칼이었음에 반해 무력으로 교역에 관한 요구를 하고 있는 영국은 단지 '팔이나 다리에 난 상처'에 지나지 않았다.[46] 영국과 프랑스가

고두: 세 차례 무릎을 꿇고 매번 무릎을 꿇을 때마다 세 차례 머리를 조아리는 황제에 대한 신하의 예.

우수한 무력을 과시하자 청은 조약을 맺어 그들의 요구에 응하는 것 말고는 달리 현실적인 대안이 없었다.

그렇지만 청 제국의 전통은 쉽게 포기할 수 있는 것이 아니었다. 특히 베이징에서 정기적으로 모임을 갖고 있던 비공식적인 황제 자문 기관인 만주친왕회의 반대가 심했다. 대체로 조정 전체가 1850년대 초의 사방에서 고조된 배외주의와 비접촉 정책을 견지하고 있었다. 연합군이 광저우에서 톈진까지 올라오고 나서야 비로소 조정은 완강한 저항파와 실용파로 나누어졌다. 대체로 권력 밖에서 진상을 올바로 파악하지 못하는 자들이 극히 호전적인 내용의 상주문을 올린 반면 불운한 소수의 협상가들은 대부분 외국 포함의 위력을 잘 알고 있어서 신중한 처리를 주청했다.

특히 상하이의 서양인들에 관해 많은 정보를 알고 있던 난징의 양강 총독 하계청은 영국의 야심이 철저히 상업적인 데 있다는 사실을 알고 타협을 통해 그들의 원조를 얻어내어 태평군을 진압할 것을 주청했다. 조약 체제 이전에 '광저우의 이익'이 있었던 것처럼 이제 중국 측에서는 '상하이의 이익'이 등장하게 된 셈이다. 그리고 상인 기질을 가진 상하이 도대 '상관^{책官}'(오건창), 그리고 1849년부터 상하이의 요직을 거쳐 1858년부터 장쑤 순무로 임직한 쓰촨 성 출신의 설환이 그것을 대변하게 되었다. 이들 새로운 부류의 상인 출신 관리들은 기회주의자까지는 아니더라도 어쨌든 실용주의자들로서, 젊은 레이와 같은 야심만만한 영국 관리들과 이해관계가 맞아떨어졌다. 그리고 실제로 레이 본인도 동서 양 세계의 중개인으로서 성장한 인물이었다. 레이는 상하이의 외국인 감독관으로서 중국어를 할 수 있다는 장점을 이용해 그곳의 중국 관리들과 폭넓게 교제했다. 그는 그들에게 풍부한 관세 수입을 확보해주었을 뿐 아니라 대외 문제 전반에 관해 정보와 조언을 제공했다. 그는 서양 상인들에게서는 교만하다는 비난을, 그리고 일부 공사들로부터는 경쟁자로서 미움을 받기도 했지만 영국 당국은 중국의 지역 문제에 관한 그의 해박한 지식을 높이 평가했고 외국인 감독관을 모든 조약항에 확대 설치한다는 그의 방침을 지지했다. 실제로 레이는 이미 1858년에 설환과 새로운 통상 규약을 합의한 바 있었는데, 그것은 양쯔 강 하류 지역의 여러 성이 태평군과의 전쟁으로 극심한 재정 압박을 받고 있던 바로 그때 재정 확충을 약속해주었다. 이렇게 하여 조약항이 있는 성의 청의 관리들은 전쟁이 주전론자들에게 불리하게 돌아갈 때면 언제나 이런저런 이유를 들어 조정의 화평 정책을 지지하는 성향을 보였다.

유화 정책은 무엇보다 먼저 외이(外夷) 문제 업무 담당자들의 지지를 받았다. 경험 많은 만주인 관료인 노련한 계량이 톈진 조약의 주 서명자였다. 그는 호광 총독, 민절 총독, 운귀 총독을 거쳐 당시 직예 총독〔베이징, 허베이, 허난, 산둥, 산시山西 총괄〕으로 있었다. 몽골 친왕으로서 톈진 방어군의 지휘관이던 셍게린친(僧格林沁)은 연합군의 군사력에 대해 매우 충실한 보고를 올리고 있었다. 베이징 조정에서는 함풍제의 이복동생 혁흔(奕訢)(후에 그는 외국인들에게는 공친왕이라 알려지게 된다)이 결국 현실주의의 대변자가 되어 대다수 친왕들과 맞서고 있었다. 그러나 일단 톈진 조약이 수용되고 1858년 여름 연합군이 철군해 압력이 줄어들자 주전론이 다시 대두되었다.

이제 베이징에서 핵심적인 논란거리가 되었던 것은 과거 광저우에서 오랫동안 문제되어왔던 국가 간 평등 문제였다. 외세의 압력을 받고 있었지만 조정으로서는 조공 사절에 대한 오래된 규정을 따르지 않는 외국인의 베이징 방문이라는 것은 상상조차 할 수 없었다. 전통적인 규정에 따르면 조공 사절은 3~5년에 한 번씩 중국 정부의 손님으로서, 중국식 복식을 갖추고 역참을 이용해 중국 관리의 호송을 받아야만 베이징에 입성할 수 있었다. 여기서 조금이라도 벗어난 방문은 모두 황제의 고유 통치권(체제體制)을 해치는 것으로 받아들여졌다. 제국의 통치는 황제의 위엄에 너무나 크게 의존하고 있기 때문에 그러한 권위의 상실은 중국의 국가와 사회에서는 권력 기반을 심각하게 파괴할 수 있었다. 심지어 1859년 3월까지도 함풍제는 베이징을 방문하는 외국 공사들은 수행원이 10명을 넘어서는 안 되며, 수행원들은 무기를 소지할 수 없고, 또한 베이징 내에서는 가마를 이용하거나 행렬을 이루는 것을 금지한다는 지시를 내리고 있을 정도였다.[47]

 1859년 중반까지 베이징의 이러한 비타협적 태도와 당시 광저우와 상하이에서 진행되고 있던 영중 사이의 실질적인 협조 분위기 사이에는 커다란 간격이 있었다. 후일인 1900년에도 그러하듯이 조약 체제는 외국 해군의 통제하에 있는 통상 중심지들에서는 계속 기능을 발휘한 반면 제국의 정치적·이념적 중심인 베이징에서는 격렬한 반발에 부딪혔다. 광저우에서는 '외국 오랑캐外夷'를 축출하려는 민단 운동이 실패로 돌아감에 따라 1859년 5월 광저우 성을 되돌려 받기 위해 황종한이 흠차대신으로 다시 파견되었다. 이 5월에 영불 연합군의 꼭두각시 노릇을 하던 순무 백귀가 사망하고 온건한 노숭광勞崇光이 공식적으로 광둥 순무 겸 양광 총독 서리가 되었다. 그는 연합군과 협력 관계를 유지하는 가운데 중국의 이익을 추구할 수 있는 능력을 지닌 인물이었다.

 당시의 여러 조건상 영중의 협력은 불가피한 것이었는데, 이를 잘 보여주는 것 중 하나가 노숭광이 당시 광저우에 영사로 와 있던 파크스, 올콕 등과 협력해 쿨리 교역을 통제한 것이었다. 1859년 당시 쿨리 교역이 끼치는 해악은 이미 놀라운 지경에 이르고 있었다. 영국은 영령 서인도 제도 같은 식민지에 필요한 노동력 문제를 중국인 계약 노동자들을 확보함으로써 해결하고 있었다. 그리하여 1850년대 영국은 이 문제와 관련해 한편으로는 내국인의 해외 이주를 금하는 중국의 금령을 완화시키고 다른 한편으로는 쿨리 교역에 수반된 각종 폐단을 규제할 수 있는 규정을 제정하는 이중적인 정책을 추구하고 있었다. 하지만 광둥 지방의 중국인 인신매매업자들은 백주 대낮에 바로 문밖에서 사람들을 납치해 외국의 쿨리 교역선에 팔아넘기고 있었다. 이들 납치범들 가운데 일부는 의분에 찬 중국 백성들에 의해 살해되기도 하고 또 일부는 중국 관리에 의해 처벌되기도 했다. 그러나 지역 내의 높은 실업률, 찢어지는 가난, 그리고 수요와 해외 취업의 기회 등 여러 요인이 혼합되어 해외 이주는 계속되었다. 이제 문제는 어떻게 해외 이주가 납치나 강제가 아닌 합법적인 절차에 따라 이루어질 수 있도록 감독하고 규제하는가가 되었다.

이를 위해 양광 총독 노숭광은 관할 지역 내의 해외 이주를 사실상 합법화시켰고, 마침내 중국과 영국의 관리가 공동으로 '이민자 임시 수용소'에 대한 인가와 조사 업무를 관리하고 또 자유로운 노동 계약이 그들이 보는 앞에서 이루어질 수 있도록 감독하게 되었다. 그러나 마카오나 기타 노숭광과 파크스의 통제를 받지 않는 지역의 중국과 외국인 쿨리 교역업자들은 광둥 지방의 이 제도에 코웃음을 쳤다. 이전에 중국으로 아편을 밀수입했던 낡은 선박들이 이제 소위 '돼지들豬仔', 즉 인간 수출품을 팔아먹고 있었던 것이다.[48] 그리하여 중국인과 외국인들이 결탁해서 저지르는 이처럼 공공연한 범죄 행위를 통제하려는 시도를 둘러싸고 중국과 영국의 당국자들 사이에 또 다른 공동의 이해가 조성되었다.

한편 상하이에서는 조약 열강들과의 협상을 책임진 새 흠차대신 하계청이 확대된 조약 체제의 세부 사항을 조정하는 작업을 계속하고 있었다. 이러한 작업을 위해 그는 엘긴 진영에서 레이를 다시 불러들였다. 그리고 그에 관해 베이징 조정에 설명하기를, 강해관江海關 감독관으로 있으면서 어찌나 강력하게 밀수를 단속했는지 그로 말미암아 외국 상인들의 미움을 사 엘긴과 함께 떠날 수밖에 없었다고 했다. 또한 톈진에서는 비록 "제멋대로 굴고 두목의 비위를 맞추는 등의 행위를 했지만" 상하이로 돌아와서는 다시 "이전처럼 유순해져서 우리를 위해 쓸모가 있다"[49]고 보고했다. 하계청이 중용되어 중국의 대외 관계를 처리하게 됨으로써 동시에 교역을 중시하는 상하이의 관리들이 권력을 장악하게 되었다. 상하이 도대 오후吳煦는 2월에 레이에게 3년 기한으로 외국인 해관 감독관을 고용할 것을 지시했다. 1859년 5월 23일 흠차대신 하계청은 마침내 레이를 총세무사總稅務司(레이는 inspector-general이라 번역했다)에 임명하고 상약商約 제10조를 집행하도록 했다. 상약 제10조는 "모든 항구에 하나의 통일된 제도를 시행한다"고 규정하고 있었고, 그러한 임무를 수행하도록 임명된 사람은 영국이나 기타 외국 정부의 간섭을 받지 않도록 되어 있었다. 레이는 이미 1858년 말에 통역사로서 엘긴을 수행해 양쯔 강을 거슬러 올라간 적이 있고, 또 다른 항구들에 외국인 세무사를 설치하는 건을 논의하기 위해 화남을 왕래한 바 있었다. 월해관 감독 항기恒祺도 1859년 5월에 외국인 세무사를 둘 것을 요청했다. 물론 전임 상하이 도대 오건창, 후임 도대 오후의 충고가 크게 작용했다. 그 결과 레이는 상하이의 세무사 제도를 광저우에 도입할 수 있었고, 또 노숭광과 항기를 알게 되었으며, 1859년 10월 24일부터 월해관에서도 상하이의 규정들을 적용하도록 만들었다. 그해 12월 노숭광은 함풍제에게 중국과 외국 사이에 갈등이 존재하는 상황에서 광저우 교역에 관세를 부과할 수 있는 유일한 방법은 "상하이의 제도를 본보기 삼아 외국인을 고용해 외국인을 통제하는 것"이라고 최종적인 보고를 올렸다. 그러는 사이 당시 광저우 영사이던 올콕은 영불 연합군에 파견되었던 젊은 통역사 로버트 하트를 영사관으로 복귀시켰다(하트는 1860년 6월 30일 월해관의 레이 밑에서 일하기 위해 영국 영사관 업무에서 손을 떼게 된다).[50] 이 모든 일은 1859년 6월 다구에서 충돌이 있기 전에 이루어졌다. 중국의 대외 관계는 두 개의 노선을 달리고 있었던 셈이다.

베이징에서 조약의 비준안이 교환되려는 순간 1859년 6월 베이허北河 하구의 톈진 인근 다구에서 발생한 양 진영 간의 예기치 않은 충돌은 부분적으로는 불완전한 의사소통에서 기인한 것이었다. 셍게린친은 당시 다구를 서양 대포로 무장해 요새화하고서 영불 연합군 사절단이 베이탕北塘을 경유해 북상하는 경로를 이용할 것을 요청했다. 그러나 영불 연합군 사절단은 다구로 진입하라는 훈령을 받고 있었고, 그것이 도전받자 무력으로 이를 관철시키려 했다. 그러나 이들의 상륙군은 준비가 불충분했을 뿐만 아니라 조수가 빠져나간 갯벌의 진흙에 빠져 영국 측만 432명의 사상자를 내고 4척의 함정을 잃고 말았다. 후일 엘긴의 동생인 영국 공사 프레더릭 브루스 경은 조약상에 규정된 베이징 통행권은 조약이 비준 절차를 남기고 있었기 때문에 아직 법적으로 확정된 것이 아니었음을 인정했다. 언제나 그랬듯이 진짜 문제는 어느 편이 자신의 의지를 관철시킬 수 있는가 하는 것이었다.

다구에서 청이 예기치 않게 승리를 거두자 베이징 조정에서는 다시 주전파가 득세했다. 1859년 8월 톈진 조약이 폐기되었다. 조정이 톈진 조약에서 특히 못마땅해 했던 것은 베이징의 상주 공사 설치, 양쯔 강의 교역 개방, 외국인의 내지 여행 허용, 그리고 배상에 관한 조항 등 4개 항목이었다. 미국과 맺은 조약에는 이 조항들이 포함되어 있지 않았기 때문에 미국 공사 워드(John E. Ward)는 1859년 8월 16일 조공 사절단 형식으로 소규모 수행원과 함께 마차를 타고 베이탕을 경유해 베이징에 들어가서 조약 비준을 마쳤다. 청 조정은 영국과 프랑스도 이러한 사례를 따르길 원했다.

다구에서의 패배로 런던의 의회에서는 상주 공사 설치의 필요성에 대한 의문이 제기되었다. 그러나 러셀 내각은 그것이 절대적으로 필요하다는 결론을 내렸다. 다구 사건 이후 영국의 강경 노선이 다시 대두되었다. 엘긴은 일찍이 최소한의 희생으로 중국의 문호를 개방했다 하여 런던에서 크게 환영받은 바 있었는데, 이제는 다시 처음으로 돌아가 그것을 실제로 실현시켜야 하게 된 것이다. 다구에서의 패배 이후 영국과 프랑스의 반응은 1860년 여름 화북에 이전보다 훨씬 더 큰 규모의 원정대를 파견하는 것으로 나타났다. 프랑스 군대는 60척 이상의 함정과 6,300명의 군대로 구성되어 있었고, 영국군은 143척의 수송선에 10,500명의 군대와 홍콩 하층 사회에서 모집된 2,500명의 강력한 쿨리 부대로 구성되어 있었다. 연합군의 전권 대사 엘긴 경과 그로 남작(Baron Gros)은 상하이에서의 모든 협상을 거부했다. 그리고 그들의 200척의 선단은 톈진 외곽의 연안에 집중되었고, 8월 1일에는 아무런 저항도 받지 않고 다구 북쪽의 베이탕에 상륙했다. 그리고 곧 바로 중무장된 다구 요새를 무력화시키고 8월 25일에는 톈진으로 입성하기 시작했다.

베이징 조약(1860년)

엘긴은 1858년에 '흉포한禁敎不馴 이인夷人'의 역할을 레이에게 맡긴 바 있는데, 이번에는 파크스를 주 통역사 및 대변인으로 등용했다. 인내심 강한 계량을 비롯한 베이징의 사절들이 톈진에 와서 여러 조건을 제시했지만 청 조정은 여전히 완강하게 조공 절차의 핵심적인 요소들은 그대로 남겨놓으려고 했다. 외국 사절들은 (무려 400명의 호위병을 대동하고 있음에도) 베이징까지 중국 군대의 호송을 받아야 하며 숙소나 공급 물자도 청의 규정에 따라 제공되어야 한다는 것이었다. 사절들이 오가는 사이에 연합군은 진군을 멈추거나 어떤 협상 조건도 고려하기를 거부하며 퉁저우通州까지 계속 진격했다. 퉁저우는 베이징에서 동쪽으로 10여 마일 떨어진 곳에 있는 운하의 머리에 해당하는 곳이었다. 1859년 9월 17일 계량 대신 교체 투입된 만주친왕 재원載垣이 퉁저우에서 파크스와 협상을 벌였는데, 그때 그는 영불 연합군 측이 조약 비준을 위해 황제의 친견을 요구한다는 것을 알았다. 동시에 매복 공격을 준비하고 있던 셍게린친의 군대를 발견한 연합군은 공격을 가했다. 다음 날인 9월 18일 협상은 결렬되었고 파크스를 비롯한 25명의 영국인과 13명의 프랑스인이 체포되어 감금되었다. 9월 21일

다시 영불 연합군은 중국 정부군을 격퇴하고 베이징으로 바싹 다가갔다. 다음 날 함풍제는 만리장성을 넘어 러허熱河로 피신하고 도성에는 공친왕을 남겨두어 뒷일을 수습하도록 했다.

엘긴과 그로가 톈진으로부터 탄약 공급을 기다리며 시간을 버는 동안, 파크스는 실제로 고문을 당하지는 않았지만 3주 동안이나 갇혀 있으면서 압박을 받아야 했다. 당시 32세였던 해리 파크스는 과거 2년 반 동안 광저우 정부에서 중심 역할을 했던 외국인이었기 때문에 최후의 항전을 벌이고 있던 베이징 내 중국인들은 자연히 그를 강력한 외국인 우두머리로 오인하고 있었다. 그들은 매일 과거 월해관 시절의 동료 항기를 보내 그를 설득했다. 사태가 극으로 치달아 러허로 피신한 함풍제가 마침내 인질들의 처형을 명했을 때 항기는 파크스를 비롯한 12명의 목숨을 구해주었다. 그러나 나머지는 모두 살해되었다. 엘긴과 그로는 함풍제를 엄중하게 응징하기로 결정하고 이미 외국 군대에게 심하게 약탈된 베이징 북서쪽의 여름 별궁 원명원을 불태워버렸다.

1860년 가을 베이징은 심각한 외교적 혼란에 휩싸였다. 당시 유럽에서는 프랑스와 영국의 경쟁이 격렬했다. 제국이 되기를 꿈꾸던 프랑스는 중국에서는 로마 가톨릭의 보호자를 자처하고 베트남에서는 이미 교두보를 확보하고 있었다.[51] 반면 노련한 러시아 외교관들은 영불 연합군과 청 조정을 오가는 중재자 역할을 하면서 자국의 이익을 확보하려 하고 있었다. 그들은 적대적인 양 진영을 중재한다는 명목을 내걸었지만 실제 의도는 그러한 틈바구니에서 중국 동북 지방에 대한 영토권을 확보하려는 데 있었는데, 당시 베이징에 파견되어 있던 러시아 정교회 선교사들이 내부에서 이에 필요한 유리한 위치를 제공해주었다(7장을 참조하라). 베이징에서 행사되고 있던 외교력에 순위를 매겨보자면 1859년 불명예스러운 방식으로 조약의 비준안을 교환한 미국이 거의 최하위를 기록하고 있던 반면 주요한 부담을 떠맡고 있던 영국이 최상층에서 외교를 조율하고 있었다.

공친왕 혁흔(1833~1898년)은 이복형인 함풍제와 매우 가까이에서 자라났다. 그리고 처음에는 주전파에 가까웠으나 이제는 침략자들과의 타협을 주장하면서 조정 내에서 소수파가 되었다. 27세의 나이로 도성 밖의 세계에 대한 경험도 없이 이제 그가 조정의 운명을 짊어지게 된 것이다. 보다 경험이 풍부한 만주 관리들, 특히 계량과 항기의 도움을 받으면서 그는 베이징 조약을 담판했다. 베이징 조약은 1858년의 조약 내용을 확인했고, 거기에 배상금 지불과 홍콩의 주룽 반도를 영국에 할양하는 내용이 추가되었다. 겨울이 다가오고 있었고 또 군수품이 줄어들어가는 등 환경이 열악해지면서 엘긴과 그로는 군대를 철수시켜야만 했다. 1860년 11월 베이징 조약이 조인되자마자 영불 연합군은 톈진에 병력 일부만을 주둔시킨 채 철수했다. 이후 영국의 외교 정책은 공친왕이 주도하게 된 중국의 주화파를 지원하는 데 주력했다. 과거 영국은 화남 지방에서 좋은 협상 상대였던 교역업계 인물들에게 해가 될 만한 조치는 가능한 한 피하는 정책을 취해왔다. 이번에는 그들의 협상 상대가 된 베이징의 실력자들의 입지를 강화시키려 하고 있었다. 이렇게 해서 또 다른 화이공치華夷共治 시대가 시작되었다.

새로운 질서를 향한 최종적인 방향 전환이 이루어지는 데는 다시 1년을 기다려야 했다. 함풍제는 베이징으로 돌아가기를 거부했다. 이는 베이징에 상주하는 외국 공사들의 친견과 고두 문제를 회피하기 위한 것이었다. 1861년 8월 함풍제가 사망하자 러허의 지도적 위치에 있는 친왕들이 어린 동치제同治帝의 섭정이 되어 대권을 장악했다. 그러나 11월에 공친왕과 결탁한 두 명의 태후가 쿠데타를 일으켜 섭정왕들을 체포하고 주요 인물들을 처형하면서 권력을 장악했다(9장을 참조하라). 그리하여 새로운 지도층이 등장해 왕조를 통치하게 되었다. 이 새로운 지도층은 베이징에서 새로운 외국 사절단과 협상을 벌였고 화중 지방에서 태평천국군과 전투를 벌이고 있는 군대의 한족 지휘관들과 손을 잡았다. 외국 침입자들 문제는 어느 정도 해소되었다. 그렇지만 청이 생존하기 위해서는 대규모 반란을 성공적으로 진압해야 하는 문제가 여전히 남아 있었다.

포함, 군인, 외교관들 등이 전개한 현란한 활동 뒤에 묻혀 잘 드러나지는 않지만 1850년대 말 중국의 대외 관계에서 일어난 주요한 사건은 바로 중국과 서구 열강들 사이의 교역 공동체의 성립이었다는 것을 후속 연구들이 밝혀야 할 것이다. 정상적이지는 않았지만 이러한 전쟁과 불안정의 시기에도 교역의 규모와 가치는 증가되었다. 그리고 양측 모두에서 공동의 목적을 위해 협력해나갈 수 있는 역량을 지닌 인물들이 등장했다. 중국 측에는 상인, 매판, 조약항의 관리들이, 외국 측에는 상인, 영사관 관리, 선교사 등이 그들이었다. 예를 들어 영어 교육을 받은 광둥 사람 당경성唐景星은 1857~1861년에 상하이 해관의 통역관 및 총서기로 봉직하다가 이후 자딘사의 총매판, 이홍장李鴻章이 세운 관영 윤선초상국輪船招商局의 책임자 등을 지내게 되었다. 1857년부터 상하이 도대로 활약한 설환은 1860~1862년에 장쑤 순무와 흠차대신을 지내게 되고, 1863~1867년에는 베이징의 총리아문에서 봉직하게 되었다. 이 외에도 이와 유사한 사례는 얼마든지 있다.

이렇게 포함 외교 — 즉 군사력, 특히 해군력을 이용한 강요 — 를 통해 시작된 불평등 조약 체제는 외국의 조약 열강들에게 중국 영내에서 상당 정도의 주권을 행사할 수 있도록 해주었다. 이런 모습은 1860년에 이르러 확고해졌다. 즉 조약항의 자국민들에 대한 영사 재판권(치외 법권), 조약항 내 조계들의 자치권, 중국 영해에서의 외국 군함의 활동 허용과 중국 영토 내 외국 군대의 주둔, 외국 선박의 중국 연해 교역과 내지 항해 허용, 그리고 조약에 의한 관세권의 제한 등이 그것이었다. 그리고 이후 외국의 권리와 특권이 추가되면서 중국의 주권 행사 범위는 한층 더 축소되었다.[52] 상업, 재정, 군사, 산업, 기술 등 여러 면에서 초강대국인 이들은 점점 더 중국의 전통 사회, 정치, 문화를 파괴적으로 잠식해 들어갔다.

이러한 과정의 첫번째 단계를 되돌아보면서 우리는 청의 약점을 몇 가지 측면에서 살펴볼 수 있을 것이다. 첫째 국내 각지에서 발생한 내란으로 인해 청의 군사력과 행정력이 와해되어 서구 열강의 침투에 효과적으로 대응할 수 없었다. 즉 실로 국내적인 무질서內亂가 외환外患을 불러왔던 것이다. 두번째는 지적·제도적인 것으로 근본적인 약점이라 할 수 있는데, 즉 외국의 실체에 대한 습관적인 무지와 고의적인 무시가 그것이었다. 거의 반맹목적으로 외국의 군주들에 비해 중국의 천자가 월등히 우월하다는 주장을 끝까지 고수하는 태도보다 그것을 더 잘 보여주는 것도 없을 것이다. 베이징 조정은 평등한 관계에 기반한 대화를 거부하다가 마침내는 불평등 관계를 강요받게 된 것이다.

1860년 이후의 조약 체제는 중국의 통치 체제의 특수한 한 영역으로 보아야만 할 것이다. 그러한 체제에서 중국은 주권을 상실하지는 않았지만 조약 열강들에게서 간섭이나 다른 체제로의 대체를 강요받고 있었다. 그러나 연안에서 조금 떨어진 내지에서는 어디에서도 정치 경제의 전통적인 분야에 별다른 변화가 일어나지 않았다. 또 인접국들과의 관계에도 큰 변화가 없어서 마치 아무 일도 없었다는 듯이 조공 사절단이 계속 베이징을 방문했다. 1860~1894년 사이 조선에서 조공 사절이 파견된 햇수는 25년, 류큐에서는 8년, 안남(베트남)에서는 5년이었고, 네팔에서는 네 차례, 미얀마로부터는 한 차례 조공 사절이 파견되었다. 그러나 다른 한편 연해와 항해가 가능한 하천, 특히 조약항 등지의 근대적 성장 지역에서는 복합적인 새로운 체제가 형성되었다. 조약항과 수로에서는 포함이 외국 당국을 대표했다. 중국 내에서 이처럼 외국군의 힘이 증대하면서 후일 청의 군대도 점차 서양식 무기로 무장하게 되고, 마침내는 증기 기관선으로 구성된 해군을 편성하기에 이르렀다. 그러나 외국인을 쫓아내기에는 너무 뒤늦은 조치였다.

 경제적인 측면에서 중국과 외국이 혼합된 체제는 처음에는 주로 대외 교역에만 한정되어 있었고, 이를 통해 중국 상인들은 외국 거래자들과 접촉했다. 또한 조약항에서 시작해 성장한 신도시의 행정에는 외국 영사라는 요소도 포함되어 있었다. 가까운 곳에 영국 해군 함정을 거느리고 있는 베이징의 영국 공사와 조약항의 영사들이 이제 중국의 권력 구조의 한 부분을 이루고 있었던 만큼 총세무사가 감독하는 중국 해관 업무가 중국적 요소와 외국적 요소 모두와 밀접하게 연계되어 이루어지는 것은 얼마든지 있을 수 있는 일이었다. 중국이 대외 교역을 통제하기 위해 외국인을 이용한 선례는 역사적으로도 아주 풍부하게 나타나고 있기 때문이다. 예를 들어 몽골족이 남송을 정복한 후 오르타크*ortaq*('동료')나 중앙아시아의 무슬림 상단의 협조를 받은 것을 들 수 있는데, 이들은 '몽골 귀족들과 제휴해' 징세권을 행사했고 1280년대 후반에는 '해상 교역에서 …… 중요한 역할을 담당'하기 시작했다.[53] 1860년 이후 각 조약항의 외국인 해관 세무사들은 행정상으로는 중국인 해관 감독의 동료였고 사회적 관계로는 외국 영사들의 동료였다. 로버트 하트는 베이징에서 총리아문에 고용되어 이 기관의 수장인 공친왕의 자문 역할을 수행했지만 동시에 영국 공사에게 같은 나라의 동포로서 아주 가까운 고문 역할을 하기도 했다.

조약 체제의 운용

1860년 늦은 가을 젊은 공친왕, 노련한 계량 그리고 문상文祥 등으로 구성된 만주족 협상 책임자들은 영국과 협상을 하면서 내전과 외세의 침략 앞에서 왕조의 이익을 어떻게 보존할 수 있는가를 깨닫기 시작했다. 조약에서는 양쯔 강 유역에 대한 영국의 교역권은 반란 진압 때까지 유보하기로 되어 있었으나 영불 연합군이 화북 지방에서 철수하는 동안 영국은 반란군의 진압을 기다리지 않고 전장 너머 한커우까지를 범위로 하는 양쯔 강 유역에 대한 교역권을 청으로부터 얻어냈다. 조약의 범위를 벗어난 청의 이러한 양보는 양국의 이해가 일치한 데서 연유한 것이었다. 즉 엘긴 경과 신임 영국 공사 프레더릭 브루스 경으로서는 중국의 광대한 내지 시장에 진출하기를 갈망하고 있던 상하이의 외국 상인들의 요구를 충족시켜줄 수가 있었고, 태평천국군과 교전 중이던 청의 지방 당국자들 입장에서는 양쯔 강 교역에 대한 과세를 통해 상하이 해관의 세수 증대를 기대할 수 있었으며, 청 왕조로서는 공친왕 말대로 "영국의 위협은 걱정할 필요가 없을 뿐 아니라 오히려 그들을 우리에게 유용하도록 이용할 수 있을 것"54)이었다. 웨이드는 베이징 당국이 이런 조치를 취한 이유를 이렇게 추측하고 있다. 즉 베이징 정부가 양쯔 강 유역에 대한 영국의 교역권을 인정함으로써 태평천국군의 교역세 징수가 저항을 받게 되고 그렇게 되면 결국 태평천국군과 영국은 적대 관계로 들어가게 되리라는 것이었다.

해리 파크스와 해군 제독 호프Sir James Hope는 베이징 정부의 허락 하에 선발대와 10척의 해군 함정을 이끌고 1861년 2~3월에 양쯔 강을 거슬러 올라갔다. 그리고 각 해관에서 통행증을 발부받아 전장 항, 주장, 한커우 등지에서의 교역을 준비했다. 무기는 특히 엄격하게 관리했다. 난징의 태평천국군도 양쯔 강에서 영국 교역을 허용하는 것에 동의했다. 세금은 상하이나 전장에서 징수하도록 했다. 그러나 양쯔 강 교역은 즉시 해관의 규정과 관련된 문제를 야기했다. 영국과 미국 상인들은 영사의 특허를 획득해 자신들이 고용한 중국 선박에 자국의 국기를 게양하고 양쯔 강을 따라 차를 운반했다. 그런데 합법적인 교역을 촉진하기 위해 허용된 이런 특권은 곧 비양심적인 외국의 밀수업자들에 의해 "영국 국기를 게양해 중국 당국의 과세를 피하고 …… 다른 한편 중국 내지 선박을 가장해 해관의 징세까지 회피하는" 수단으로 이용되었다.55)

1861년 중반 브루스와 공친왕은 하트의 도움을 받아 새로운 교역 협정을 맺었다. 그 결과 내지의 하천에서의 영국 교역은 용이해진 반면 밀수업과 반도들과의 밀매는 위축되었다. 공친왕은 황제에게 이렇게 보고했다.

> 이번 협상에서 하트가 크게 도움을 주었습니다. 하트는 비록 외국인이지만 성격이 온순하고 말 또한 매우 합리적입니다. 그는 또한 총세무사의 급료를 받고 싶어 하는데, 그 때문에 중재자로서도 열성을 다해 일하고 있습니다.[56]

이후 공격적인 영국 상인들과 영국 정부 사이에 정책을 둘러싼 논쟁은 흔히 볼 수 있는 현상이 되었다. 1858년 엘긴 경은 홍콩의 문서 보관소에서 미첼W. H. Mitchell의 1852년 보고서를 찾아냈는데, 미첼은 이 보고서에서 중국의 상업은 자급자족적이기 때문에 중국으로의 대규모 수출을 꿈꾸는 상인들의 희망은 상당 부분 착각이라고 주장하고 있었다. 엘긴 경은 모든 교역 장벽이 제거되면 "기계 생산을 특징으로 하는 서방은 지구상 최대 규모의 그리고 가장 근면한 생산 인구를 마주하게 될 것이다"[57]라고 예측했다. 하지만 너무 높은 기대는 금물이었다. 그러나 영국과 청 둘 다 극단주의자들을 통제해야 하는 문제를 안고 있었다. 영국 정부의 주요 문제는 자유 무역주의를 마치 모든 합법적·비합법적 수단을 동원해 중국 시장을 착취할 수 있는 허가장이라도 되는 듯 떠들어대는 기업들을 통제하는 일이었다. 반면 청은 한편으로는 영국인들을 몰아내려고 하는 애국적 혹은 배외적인 신사층에 대응해야 했을 뿐만 아니라 다른 한편으로는 무엇보다 먼저 이익을 앞세우는 교역상, 아편 밀수업자 등과 같은 '한간'이라는 전혀 색다른 요소에도 대응해야 했다.

1860년대 초반에 이르면 조약 체제가 가진 잠재력이 점점 분명해지고 있었다. 외국인들이 중국의 대외 교역을 지배하게 되었을 뿐만 아니라 광저우와 상하이뿐 아니라 톈진과 한커우 등과 같은 교역 중심지에서 부동산 소유자로 변신하게 되었다. 그리고 최신 기술의 산물인 외국의 증기선이 해안과 강에서 좀더 빠른 속도, 해적으로부터의 안전성, 좀더 유리한 보험 조건 등을 무기로 중국의 정크선들과 경쟁하게 되었다. 외국 상인들은 통행증을 발급받아 이금釐金을 내지 않고 상품을 유통시킬 수 있었기 때문에 내지 중국 상인들의 후견인이 될 수 있었다. 그리고 신설 해관 세무사는 공정 경쟁, 근대적인 항구와 항해 시설, 교역 관련 통계 자료, 분쟁의 중재 등을 제공했지만 당시의 협정 관세는 외국 교역에 대한 중국의 과세를 엄격히 제한했다. 동시에 증기선들은 점점 더 빨라지고 전보와 해저 케이블이 점차 유럽에서 극동으로까지 확대되면서 중국 교역은 점점 더 세계 시장의 일부가 되어갔고 세계 시장의 동향에 크게 영향을 받게 되었다. 외국인은 치외 법권을 통해 생명과 재산을 보호받을 수 있었기 때문에 1860년 이후로는 중국의 다민족 지배층의 한 부분으로서 자신들의 역할을 유지·증대시킬 수 있는 위치에 있었다. 그 결과 중국에 대해 원료 공급과 이윤의 착취 그리고 서양 관료들을 위한 일자리 제공 등을 강조하는 식민지형 착취보다는 특권을 가진 외국인들이 중국인들의 삶의 서구화에 참여하려는 시도가 이루어지게 되었다. 이것은 최소한 경제적 효과에 못지않은 심리적 반향을 불러일으켰다. 중국의 보수적인 관리와 신사층이 제 기능을 다하지 못하고 있는 틈을 타 외국인들이 문 안에서 몇몇 경우에 국가의 '근대화의 기수'가 되거나 혹은 그렇게 되기를 원했던 것이다.[58]

THE
CAMBRIDGE
HISTORY
OF CHINA

06

태평천국의 난

기원과 전개

　　태평천국의 난(1851~1864년)은 많은 측면에서 중국의 전근대와 근대 역사를 가르는 분수령이었다. 내지에서 일어난 이 거대한 인재人災는 초기에 연해를 따라 중국과 서양 사이에 조약 체제가 맺어지는 배경이 되었으며, 또 이러한 조약 체제 자체와 함께 중국의 전통 질서의 붕괴가 임박해 있다는 것을 예고하는 것이기도 했다. 이 운동의 몇몇 주제는 깊은 역사적 연원을 갖고 있었던 반면 다른 것은 청조에 고유한 문제에서 발생한 것이었다. 사회적 불의가 만연하면서 발생하게 된 온갖 범죄 행위들, 중앙과 지방 행정의 붕괴 그리고 관료 정치의 도덕성 상실 등은 왕조의 위기 때마다 등장하는 일반적인 주제들이었다. 인구 폭증과 국내의 대규모 인구 이동은 18세기 이후 사회 질서의 혼란과 민족 간 분규를 야기해온 청조의 골칫거리였다. 그러나 외국과의 접촉 자체 또한 새로운 역사적 촉매제를 제공하는 역할을 했다. 즉 외래 종교가 들어와 중국의 기존 사회 구조와 가치에 엄청난 충격을 주었던 것이다. 그러한 충격에 지배 엘리트들이 어떻게 반응했느냐에 따라 곧 중국 근대사의 정치적 · 사회적 환경이 달라지게 되었다.

사회적 배경

1840년대 광시 성을 휩쓸고 있던 무정부 상태는 한편으로는 외국과의 접촉에 따른 파괴적 영향 때문이었고 다른 한편으로는 이 지역 특유의 사회적 복잡성 때문이었다. 1795~1809년 사이 남방과 동남방 연해는 줄곧 해적들의 약탈에 시달려왔는데, 이들 해적 중 일부는 곤궁한 처지에 놓여 있던 안남(베트남) 지도자들의 지원을 등에 업고 있었다. 광시 성에서는 이들 해적들이 삼합회(3장을 참조하라)와 결합해 점차 내륙으로까지 침입함에 따라 무법천지의 복잡한 상황이 연출되기 시작했다. 그리고 1820~1830년대에 아편 무역이 성행하자 이 화남의 지하 세계는 곧 좀더 많은 이윤을 남길 수 있는 아편 수송과 판매에 개입하게 되었다. 아편전쟁 후의 10년 사이에 새로운 형태의 사회적 혼란이 인근의 광둥 성으로까지 번져갔다. 상하이가 개항되어 북쪽을 향해 있던 전통적인 광저우 교역 노선이 바뀌게 되자 수천 명의 실업자가 발생했다. 영국에 대항하기 위해 고용되었던 향용鄕勇 또한 졸지에 해산당했는데 이들 가운데 다수는 토비로 생계를 이어갈 수밖에 없었다. 마지막으로 연해 지역의 고질적인 해적들은 영국 해군의 위세에 밀려 내지로 들어갈 수밖에 없게 되었다. 1840년대 중반 이처럼 다양한 배경을 지닌 무법자들 대부분이 삼합회의 영도 아래 서쪽인 광시 성으로 스며들어갔다. 그들은 곧 광시 성의 수로망을 새로운 근거지로 하는 '정비艇匪'가 되어 이미 그렇지 않아도 불안정한 상태에 놓여 있던 환경에 새로운 폭력적 요인을 가중시켰다.

앞서 논의한 대로 각종 비밀 결사와 회당會黨 운동(3장을 참조하라)이 종족 간 대립 문제와 뒤섞이면서 상황은 점점 더 혼란스러워졌다. 이것은 심상치 않은 상황 전개였다. 왜냐하면 그것은 곧 사회의 소외 집단이 생존 투쟁에 정치성을 부여할 수 있는 일군의 새로운 사상들과 접촉하게 되었음을 의미했기 때문이다. 이처럼 상황이 새로운 양상으로 전개되고 있다는 징후는 여러 종족이 뒤섞여 사는 후난과 광시의 접경 지역에서 제일 먼저 나타났다. 1836년 후난 남부의 신닝新寧과 우강武岡 지방은 남정존藍正尊이라는 자가 주동한 폭동으로 산산조각 났는데, 소수 민족인 야오족瑤族 출신인 그는 폭동 직전에 쓰촨 성에서 들어온 백련교의 수령이기도 했다. 그의 거사는 진압되었으나 백련교는 여전히 사라지지 않았으며 얼마 뒤 또 다른 야오족 출신 지도자인 뇌재호雷再浩가 출현해 봉기를 일으켰다. 그의 집단은 구성이 아주 복잡했다. 구 남정존 집단 외에도 삼합회의 간부(철판鐵板)들이 포함되어 있었으며 또한 광시 성 변경의 한족 삼합회와도 연결되어 있었다. 1847년에 발생한 뇌재호의 난은 이처럼 삼합회가 이미 소수 민족 속으로 파고드는 데 성공했음을 보여주고 있었다.[1]

뇌재호의 봉기 역시 무자비하게 진압되었는데, 이번에는 지역 신사들이 이끄는 민단에 의해서였다. 그러나 후난-광시의 접경 지역에서는 반란의 불길이 계속 타오르고 있었다. 1849년에 기근으로 다시 폭동이 발생했는데, 이번에는 뇌재호의 삼합회 잔당인 이원발李元發이 폭동을 주도했다. 이원발 본인은 한족이었던 듯하지만 그는 이 운동이 궁핍한 소수 민족의 거주 지역에서 시작되었다는 점을 잊지 않았다. 신닝 성에 대한 포위 공격에 실패한 후 그는 추종자들과 함께 후난, 구이저우 그리고 광시의 13개 주현을 거치는 머나먼 장정에 올라 한족과 토착민의 빈궁 계층들을 결집시키려고 했다. 결국 이원발이 궤멸되면서 신닝 반란의 비극도 막을 내리고 말았다. 그러나 이처럼 소수 집단이 회당을 이루어 행동에 나서는 양상은 곧 되풀이되는데, 이번에는 역사에 좀더 깊은 영향을 남기는 형태를 띠게 되었다. 즉 중국과 서양에서 기원하는 것들이 혼합되어 생성된 새로운 회당적 전통이 전혀 다른 언어를 사용하는 하위 민족 집단이자 이주민인 객가인客家人들에게 주입된 것이다.

　　1840년대 말의 광시 사회는 도적 떼의 만연과 객가와 본지인 사이의 보복성 충돌의 급증으로 인해 급속히 무장화되었다. 이에 따라 지방 곳곳에는 잡다한 무장 단체가 출현했다. 유적들(고股) 외에도 지방 삼합회의 각 당堂 역시 자체적으로 무장해 소규모로 노략질을 일삼거나 자위를 도모했다. 지방의 신사들은 부패하고 무능한 관리들에게서는 별다른 지원을 얻기가 어렵다는 사실을 알고서 지방 방위 조직(단團)을 결성했는데 이 조직은 공동체의 여러 일과 민병 동원에서 주도적 역할을 담당했다. 이른바 '단'이라 부르는 일부 민병들은 불법적인 무리들과 별 차이가 없었으며 기회만 있으면 밀수와 도적질도 서슴지 않았다. 이처럼 지역 차원에서 볼 때 '당'과 '단'은 조직 형태가 유사해 명확히 구분되지 않는 경우가 종종 있었다. 하지만 상호 적대적인 이 두 세력 모두 객가인에 대해서는 똑같이 적의를 품고 있었다. 이때 객가 사회에 뿌리를 둔 새로운 세력이 나타나 긴장이 고조되었다. '배상제회拜上帝會'라 불리는 이들 공격적인 우상 파괴자들은 통찰력 있는 일부 신사들의 눈에는 영락없는 이단이자 위험한 집단이었다.

대부분 농촌인 광시 지방의 해체는 나날이 무기력해져가던 지방 관리들이 빤히 지켜보는 가운데 진행되었다. 그들은 그러한 해체에 개입하지 않고 중립적인 자세를 취함으로써 위험을 피하려 했다. 그들은 신사들이 이끄는 단과 배상제회 사이의 충돌이 남방의 계투械鬪*의 또 다른 형태라고 보고 일괄적으로 모든 싸움을 금지시켰다. 토비가 나타났다는 보고가 들어오면, 설령 완전히 묵살되지 않는 경우라 해도 토비가 떠나고 나서 안전해졌을 때에야 비로소 조사가 이루어졌다. 1850년 격노한 광시 성 신사들이 베이징에 대표를 보내어 마침내 정부로부터 지역 자체적인 자위권 행사에 대해 제한적으로나마 허락을 얻어냈다. 이것은 광시 성의 광범한 농촌 지역이 정부의 통제에서 벗어나는 결과를 가져왔다. 지방 관청의 두 가지 주요 임무인 징세와 치안 유지는 모두 효과적인 집행이 불가능했다. 강자는 거리낌 없이 약자를 강탈하고 있었는데, 바로 이러한 무정부적 세계에서 태평천국이 태어났던 것이다.

홍수전의 환상과 진톈 봉기

청대 최대 규모의 이 반란은 당시의 사회적 위기 속에 오랫동안 잉태되어 있다가 마침내 이 종파의 창시자가 일찍이 경험한 기이하고 예기치 않았던 사건 속에서 태어났다. 홍수전洪秀全(1814~1864년)은 광

계투: 북방 이민족의 침략으로 북중국에서 남하해 온 한족 이주민(객가인)들과 토착 본지인들 사이에 발생한 집단 무력 충돌.

저우에서 북방으로 약 30킬로미터 떨어진 화花 현에서 자작 소농민의 아들로 태어났는데, 객가인인 그의 조상들은 18세기에 광둥 동부에서 이곳으로 이주해 왔다. 홍수전은 향학열이 높았으며 큰 꿈도 품고 있었다. 그는 1827년 14세 때 처음으로 광저우 부시에 응시했으나 대다수 지원자들과 마찬가지로 생원 자격시험에 낙방했다. 1836년에 재차 응시했으나 또다시 실패했다. 그는 이 두번째 시험을 준비하던 와중에 광저우에서 한창 복음을 전하고 있던 외국인 선교사(아마 미국인 스티븐스Edwin Stevens인 듯하다)를 만났다. 선교사는 홍수전에게 『권세양언勸世良言』이라는 9권의 소책자 한 질을 주었는데, 이 책이 홍수전과 중국의 미래의 운명을 바꾸어놓게 된다.

이 소책자의 저자인 양아발梁阿發(1789~1855년)은 광둥인으로서 교육은 별로 받지 못했지만 천성이 열성적인 사람이었다. 그는 광저우에서 인쇄공으로 일하다가 영국 장로회 선교사 모리슨Robert Morrison을 만났다. 1815년 양아발은 모리슨의 동료인 밀른William Milne을 따라 말라카로 갔는데, 밀른은 후에 그곳에 영화서원英華書院을 세웠다. 말라카에서 양아발은 줄기찬 종교적 열정으로 한때 불교에 귀의해 윈난 지방의 승려 밑에서 불법을 배우기도 했으나 밀른의 부단한 권유로 점차 개신교의 근본주의적 복음주의 신앙을 받아들이게 되었다. 세례를 받은 뒤 그는 목사이자 선교사가 되었다. 그의 『권세양언』은 1832년에 완성되었으며 광저우와 말라카 두 곳에서 출판되었다.[2]

우리가 아는 한 양아발의 이 소책자는 홍수전으로 하여금 종교적 환상을 키우게 한 유일한 문헌이었으며, 1847년 홍수전이 성경 번역본을 입수하기 전까지는 아마 유일한 원천이었을 것이다. 따라서 이 책의 내용은 태평천국의 역사에서 특별한 중요성을 가진다. 책은 그다지 체계적이지는 못하며, 대체로 모리슨과 밀른이 번역한 성경(명료하지 않은 문어체의 고전적인 문투로 쓰여 있다)을 길게 인용하고 나서 양아발이 속으로 주석한 설교문을 달아놓는 형식으로 이루어져 있다. 성경 자료들은 두서없이 나열되어 있는데, 예를 들어 예언적 전승이나 복음 이야기의 연대기적 체계에는 거의 주의를 기울이지 않았다. 사도들의 서신들이 가장 큰 비중을 차지하고 있고, 구약의 예언서와「창세기」, 네 복음서는 이에 비해서 간략하게 다루어지고 있다. 또한 여호와의 품성은 중점적으로 묘사되고 있는 반면 예수는 오히려 거의 생략되어 있다. 이 책의 강력한 근본주의적 메시지는 신의 전능함, 죄악과 우상 숭배와 같은 타락 그리고 구원과 심판 사이에서의 엄중한 선택 등을 거듭 강조하고 있다.

양아발의 『권세양언』은 이러한 복음 전파 이면에 중요한 정치적 함의를 담고 있었다. 먼저 책은 중국 전체가 이미 오랫동안 진행된 도덕적 타락으로 인해 재앙에 직면해 있다고 여러 차례 이야기하는데, 1830년대의 중국인 독자라면 누구라도 그것이 청 왕조가 현재 왕조 순환상의 최저점에 이르렀다는 것을 암시한다는 것을 알아차릴 수 있었다. 둘째, 그것보다 더욱 주목할 만한 사실은 이 책이 천국과 지상의 왕국을 거듭해서 혼동하고 있다는 점이다. 예를 들어 성경에서 말하는 '천국Heavenly Kingdom' 은 사후에 축복받은 이들이 가는 나라와 지상의 신자들이 모인 교회 둘 다를 의미하는 것으로 사용되고 있다. 또한 책 전체에 걸쳐 성경 자료들이 무질서하게 배열되어 있는 바람에 구세주의 강림은 과거 어느 한 시점에 일어난 역사적 사건이 아니라 묵시론적인 지상의 위기 상황과 함께 몇 번이라도 일어날 수 있는 사건인 것처럼 되어 있다.

이 책을 본 후 홍수전은 결국 온 존재가 송두리째 뒤흔들리는 충격을 받게 되나 그것은 한참 후의 일이었다. 책을 처음 손에 넣었을 때는 잠깐 훑어만 보고 한쪽으로 제쳐두었던 것이 분명하다. 1년 후 (1837년) 그는 세번째로 광저우 부시에 응시했으나 다시 낙방하고 말았다. 이번 실패는 그에게 극도의 피로와 낙심을 몰고 왔다. 교자에 실려 광저우에서 고향으로 돌아온 뒤 그는 부모에게 자신의 죄의식과 자괴감을 털어놓았다. 그후 곧 그는 여러 날 동안 정신 이상 상태에 빠져 병상에 누워 있었다. 병상에서 그는 자신이 승천해 내장內臟을 새로 받은 다음 죄악을 다 씻어내고 다시 태어나는 꿈을 꾸었다. 금발 수염에 위엄을 갖춘 한 사람이 그에게 인수印綬*와 보검을 건네주면서 요마妖魔를 주멸시켜 이 세상을 참된 가르침으로 다시 나아가도록 만들 것을 엄명했다. 몰아 상태에서 궁극의 정의와 무적의 힘으로 충만한 홍수전은 격노해 우주로 뛰어 들어가 명령받은 대로 요마들을 주멸시켰다. 이러한 원정 길에 종종 한 중년 남자가 홍수전과 함께했는데, 홍수전은 그를 자기 형이라고 생각했다. 마침내 환각이 사라진 후 그는 다시 현실 세계로 돌아온 것처럼 보였지만 그의 성격은 분명하게 변화되어 있었고 꿈도 생생히 기억하고 있었다. 이러한 환몽을 겪은 뒤 그는 지난날의 무력감이나 자괴감 대신 정반대의 감정, 즉 전능과 성결聖潔의 신념을 갖게 되었다. 사람들은 그가 광기에서 완전히 회복되지 않았다고 걱정했다.

이러한 강렬한 내적 경험이 외부 세계에 대한 조리 있는 세계관으로 틀을 잡아가는 과정은 매우 서서히 진행되었다. 종전에 자신을 괴

인수: 중국에서 쓰이던 관인의 끈으로, 인이란 여러 관리의 관직이나 작위를 표시하는 것이며 수는 그러한 인의 고리에 매는 30cm 정도의 끈을 가리킨다. 인수를 받는다는 것은 곧 황제에게서 관직을 받는다는 것을 의미했다.

롭히던 강박 관념에서 벗어난 것은 분명했지만 병상에서 일어난 뒤로도 홍수전은 6년 동안 예전 생활에 충실했다. 실제로 우리는 그가 1843년에 광저우 부시에 또 한 차례 응시한 사실을 알고 있다. 그러나 이번에는 자책하기보다는 실패를 자신을 기만해온 제도 탓으로 돌렸다. 그때 그는 분노에 차 고향으로 돌아오면서 두 번 다시 과거 응시를 준비하지 않겠다고 다짐했다.[3]

당시 발생한 아편전쟁이 홍수전의 정치적 성향에 얼마나 큰 영향을 주었는지는 정확히 알 수 없으나 이 사건이 그에게 아무런 영향을 주지 않았다고 한다면 이상한 일일 것이다. 왜냐하면 당시 광둥에는 청조에 대한 불만이 팽배해 있었기 때문이다. 그의 고향 화 현花縣과 경계를 접하고 있던 지역에서는 기세 높은 평영단의 반영 운동(4장을 참조하라)이 일어났는데, 이들 평영단 지도자들은 오랑캐들에 대한 청조의 유약한 자세에 대단한 불만을 갖고 있었다. 그러나 홍수전의 사고에 좀더 결정적인 영향을 끼친 사건은 네번째의 과거 도전에 실패한 직후에 그가 양아발의 소책자를 되찾아 읽은 일이었다. 이 책은 그가 발병하기 전부터 줄곧 먼지를 뒤집어쓴 채 서가에 꽂혀 있었다. 그런데 이제 그것은 그에게 상징적인 환상적 이미지들 대신 일종의 질서 정연한 세계관과 구세적 사명을 제시해주었다. 홍수전은 이에 기독교 신앙을 받아들였으나 방식은 기이하기 짝이 없었다. 그는 이 책을 바로 자신을 향한 상제上帝의 부름으로 이해했던 것이다. 그리고 그는 이제 이전에 본 환상을 기독교 교리 속에서 이해하게 되었다. 즉 금발의 위엄 있는 노인은 다름 아닌 상제이며 중년의 남자는 예수이고, 자신은 곧 상제의 둘째 아들로서 세상이 다시 상제를 받들어 섬기도록 만드는 거룩한 사명을 부여받았다는 것이다.

하지만 양아발의 책 속에 들어 있는 정치적 함의가 홍수전에게 직접적인 영향을 주었는지 여부를 확증할 만한 근거는 충분하지 못하다. 실제로 홍수전은 1840년대의 저술에서 중국 백성들을 기독교도로 개종시키는 일이 바로 자기 임무로, 그러한 일은 다만 정신의 변혁을 통해서만 가능하며 어떠한 세속 제도의 작용도 필요치 않다고 분명히 지적한 바 있기 때문이다. 더구나 개종은 기독교와 유교 전통의 조화를 통해 달성하는 것이 가장 좋다고 홍수전은 확신했다. 1840년대 중반에 쓴 저술에서 그가 전하고 있는 기독교는 상제를 섬기고 우상 숭배를 금하며 정결한 삶을 살아가는 것에 지나지 않았다. 그는 음행, 불효, 살인, 도박 등과 같은 죄악을 비난했는데 그것들은 모두 전통적인 유교 도덕에서도 낯익은 금기 사항들이었다. 그는 한 수의 장시에서 행위의 '단정합의端正合誼'를 찬양했는데, 여기서 '정'이란 정도正道와 정직을 의미하는 유교의 대표적인 어휘였다. 이들 저술은 비록 얼마간 묵시론적 관점을 표현하고 있으나 전통 유교의 대동사상大同思想과도 아주 잘 부합하고 있었다. 양아발과는 달리 홍수전은 생원 시험에 응시하는 것을 목표로 하는 표준적인 문인 교육을 받은 인물이었다. 따라서 아직까지는 정통적인 고급 문화의 계승자라는 뿌리 깊은 자아상을 완전히 넘어서고 있지는 못했다. 그의 환영의 정치화 그리고 『권세양언』의 저변에 깔린 반란적인 논조의 흡수는 그가 상천上天에서 받은 계시가 사방이 적대적인 세력으로 둘러싸인 광시의 객가 사회에서 구체화되고 나서야 비로소 이루어진다.4)

하지만 어쨌든 이제 홍수전은 열광적인 기독교 신도였으며, 이런 이단 사상 때문에 그는 곧 숙사塾師 자리를 잃고 만다. 이에 그는 기독교로 개종한 학교 친구이자 사촌인 풍운산馮雲山과 함께 광시 성 산간 지역으로 선교 여행을 떠났다. 1844년 중반 두 사람은 광시 성 남부 구이 현貴縣에 있는 객가 친척 집에 기거했다. 그들은 이곳에서 새로운 신앙을 포교하려 했다. 그러나 9월에 홍수전은 친척들의 부담을 덜어 주기 위해 고향으로 돌아가기로 결정했다. 풍운산도 홍수전과 함께 떠나기로 되어 있었으나 운명은 그를 인근 구이핑 현桂平縣으로 인도해 쯔징 산紫荊山 근처에 있는 객가 취락에서 머물도록 했다. 그는 이곳에 몇 년간 머물면서 1850년까지 산간 지역의 많은 객가인들을 상제의 신도로 만들었다.

    풍운산은 공동체 간에 격렬한 충돌이 벌어지는 광시 성의 산간 지역에서 조직자로서 빼어난 자질을 십분 발휘했다. 이곳 사회는 고도로 무장되어 있었다. 그것은 한편으로는 이 지역에 다양한 종족(일련의 순수 토착 집단이 포함되어 있었다)이 거주하는 상황과 다른 한편으로는 지방 정부의 부패에 원인이 있었다. 또 부분적으로는 광둥 동부 지역에서 객가 이주민들이 가져온 촌락 간의 계투 전통 때문이기도 했다. 이로 인해 단련을 조직하는 것이 촌락 생활에서는 필수적이면서도 일상적인 모습이 되었다. 본지인과 객가인들 사이의 투쟁에서는 객가인들에게 불리한 여러 요소들이 있었다. 그들은 본지의 부유한 지주들처럼 안정적으로 무장 병력을 유지할 수 있는 공동의 혈연 구조를 갖고 있지 못했다. 또 객가인들은 이주자라는 경제적 지위 때문에 항상 벽지의 분산된 토지를 개간해야 했는데, 이처럼 분산된(집중적이지 못한) 거주 형태도 그들에게는 아주 불리했다. 이렇듯 가난하고 자위력도 없는 객가인들은 1840년대의 분쟁 중에 종종 자기 땅에서 완전히 축출당하기도 했다. 이처럼 거주 형태와 경제력에서 본지인들보다 불리했으나 일단 위기가 발생하면 같은 방언을 쓴다는 연대감으로 모든 객가인들이 결속해 상당한 무력을 갖출 수 있었다. 또한 공동체 간의 긴장이 위험 수준에까지 이른 1840년대 말엽의 이 시기에 뿔뿔이 흩어져 방어력도 제대로 갖추지 못한 객가인들이 자신들이 직면한 도전에 대항할 수 있었던 것은 바로 방언뿐만 아니라 이데올로기 때문이기도 했다.[5]

풍운산은 신도들을 묶어 여러 촌락을 연결하는 지방 분회망을 조직했으며, 이들을 합쳐서 '배상제회'를 세웠다. 총본부를 쯔징 산에 두고 여러 주현에 지부를 설치했다. 이것은 혈연과 요새화된 취락을 바탕으로 한 본지인의 우세한 조직에 맞서는 한 가지 방법이었다. 어떤 면에서 그것은 지부 조직망을 갖춘 전통적인 비밀 결사와 유사했다. 몇몇 조직 형식은 삼합회 방식과 너무도 흡사했던 것 같다. 그러나 배상제회 신도들은 삼합회처럼 본지 사회에 융합해 들어가지는 못했다. 구원받은 자와 저주받은 자를 엄격히 구별하는 그들의 외래 신앙에는 그처럼 뚜렷하게 양극화된 사회 환경에서 본인들이 처한 소외된 처지가 거꾸로 반영되어 있었다. 그리하여 이제 양아발의 소책자에 담긴 묵시론적인 정치적 함의 — 홍수전 본인은 여태껏 그것을 받아들일 준비가 되어 있지 않았다 — 가 신앙이 사회 현실과 유기적으로 결합되면서 전면에 떠오르게 되었다.

당시 홍수전 본인은 광동으로 돌아가 독서와 저술에 몰두해 있었다. 1847년 그는 광저우로 가서 미국 침례교 선교사인 로버츠 Issachar J. Roberts, 羅孝全에게 가르침을 구했다. 이후 수개월 동안 그는 로버츠에게서 성경을 배웠는데, 이 성경은 아마 메드허스트 Walter Medhurst, 麥都思와 귀츨라프 Karl Friedrich Gutzlaff, 郭吉가 번역한 것으로 보이며 양아발이 사용한 모리슨과 밀른의 예전 번역본보다 훨씬 더 명료했다. 얼마 후 여전히 숙식을 해결할 대책도 없이 홍수전은 광저우를 떠나 광시로 돌아왔다. 비록 성경 한 권은 품에 안고 왔을지 모르지만 머지않아 이끌게 될 혁명에 대해 그가 뚜렷한 견해를 마음속에 품고 있었다고 보기는 힘들 것이다. 그러나 1847년 가을 광시로 돌아왔을 때 그는 그곳의 상황이 3년 전에 비해 크게 달라졌음을 알게 되었다. 풍운산은 조직을 만드는 재능이 뛰어나 이미 십수 개의 주현에 배상제회의 '지회'를 만들어놓은 상태였다. 쯔징 산 기슭의 작은 촌락인 진톈金田은 계속 늘어만 가는 이 조직의 총본부가 되었다.

그런데 이때 잠시 동안 이 조직의 창립자들이 자리를 비울 수밖에 없는 상황이 전개되었다. 지방 민단의 수령이 풍운산을 체포해 반란을 선동했다고 고소하는 바람에 결국 광둥으로 압송되었던 것이다. 홍수전은 직접 광둥으로 가서 총독에게 풍운산의 석방을 탄원했다. 두 사람은 마침내 고향인 화 현에서 다시 만나 7개월을 머무른 뒤 1849년 여름에야 다시 광시로 돌아왔다. 이 사건은 태평천국 운동의 전개 과정에서 운명적인 간주곡이 되었다. 정신적·세속적 지도자가 없는 사이에 배상제회에서는 새로운 지도적 인물들이 떠오르기 시작했다. 이들 가운데 가장 강력했던 자는 양수청楊秀淸으로, 성격이 복잡하고 끝 모르는 야심을 지닌 무식한 숯쟁이였던 그는 당시 이미 쯔징 산 인근에서 독재적 지배자가 되어 있었다. 또 빈농 출신으로서 양수청의 중요한 보조자였던 소조귀蕭朝貴가 있었다. 그리고 위창휘韋昌輝는 부유한 지주 집안 출신으로서 일찍이 관청과 충돌한 적이 있었으며, 석달개石達開는 부농 가문의 독서인 출신이었다. 이 중 특히 양수청과 소조귀는 상제와 예수의 대변자임을 자임해 홍수전의 환상의 의미를 한층 더 확장시켰다. 이때 객가 공동체들은 이미 완전히 종교적 열광

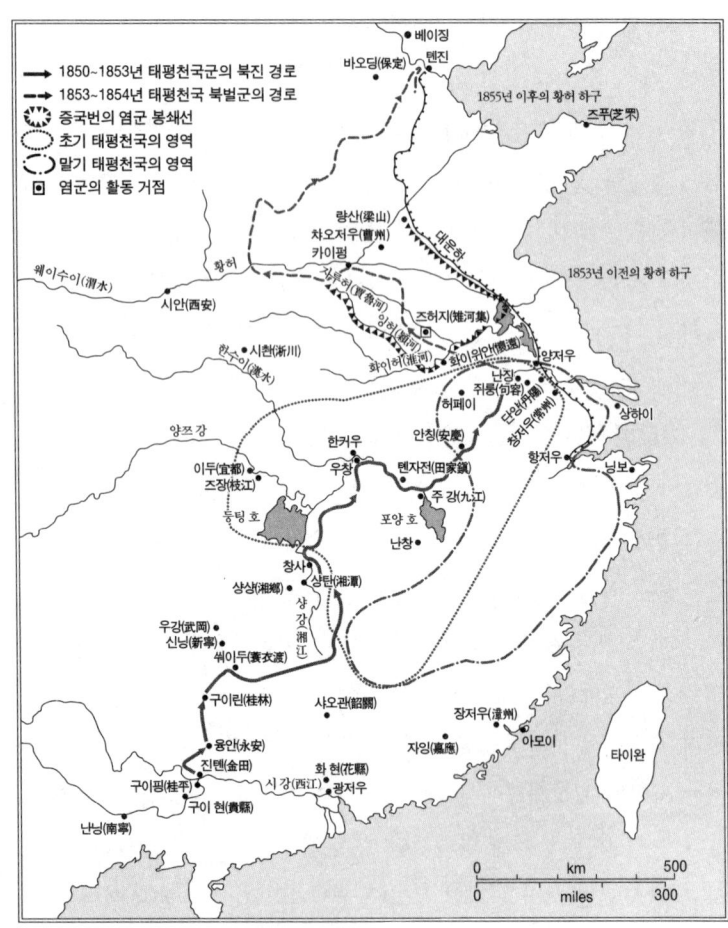

〈지도 10〉 태평천국과 염군의 반란

에 빠져 있었는데, 지도자들은 이러한 열광의 방향을 정치권력에 대한 불복종 쪽으로 돌리려고 했다. 그리하여 이 운동에는 이제 여전히 홍수전의 최초의 계시를 믿으면서도 독자적 세력 또한 키워나가는 지도자 집단이 등장하게 되었다. 훗날 태평천국의 지도 집단 사이에 나타났던 치명적인 분열상은 이렇듯 발전의 결정적인 시기에 이 운동의 개창자들이 한때 부재했던 데까지 거슬러 올라갈 수 있다.

　이때부터 배상제회 신도들 사이에서 투쟁의 열기가 높아져가는 시기가 이어졌다. 그들은 사방에서 신상神像을 파괴하고 전도 활동을 펼쳐 객가 사회와 인근 지역 사이에 긴장을 고조시켰다. 민정 불안과 경제적 재난의 와중에 배상제회 무리들은 자위를 위해 무장 조직을 결성하기 시작했는데 이 무장 조직들은 점점 더 빈번하게 광시 지방의 다른 무장 집단과 충돌하게 되었다. 1849~1850년의 대기근 상황에서 긴장 상태가 자주 폭발해 무력 충돌이 공공연히 벌어졌다. 배상제회 지도자들이 보기에 광시의 상황에서는 더이상 살아갈 수 없다는 사실이 점차 명백해져갔고, 아마도 바로 이처럼 위태로운 시기에 그들은 반란을 일으키기로 결심하기에 이른 듯하다. 1850년 동안 배상제회의 군사 조직이 한창 확장되어가면서 풍운산은 군사 지도자와 행정 관료로서 양수청에게 점차 밀려나기 시작하고, 이제 양수청이 정신적·실질적 권위를 장악한 중요한 인물로 부상하게 되었다. 양수청의 탁월한 군사적 재능은 이 운동에 큰 도움이 되었다. 하지만 그의 포학성과 야심은 몇 년 후 마침내 이 운동의 패망을 초래하고 말았다.

　1850년 7월 진톈의 지도자들이 광시 남부의 전역에서 배상제회 회원들을 소집하자 각 지역에서 객가인들이 모여들기 시작했다. 그들은 가산을 팔고 집을 떠나 자신과 소유 재산 모두를 '성고聖庫'에 기탁했다. 많은 사람들이 이미 지방 지도자들의 지휘 아래 군사 조직에 편입되어 있었는데, 이들 지방 지도자들도 지휘 계통에 따라 적당한 직위를 받았다. 진톈으로 몰려든 사람들은 완전히 농민들만으로 구성된 것은 아니었으며 이들 중에는 지역 노동자들도 일부 포함되어 있었다. 숯쟁이와 실업 상태에 있던 광부들이 그들로, 이들은 이미 그들만의 배상제회 분회를 결성하고 있었다. 난폭한 삼합회 지도자들 중에서도 가담하기를 희망하는 자가 많았다. 그러나 단지 토비 나대강羅大綱만이 배상제회의 엄격한 교리와 금욕적인 규칙에 적응하는 데 성공했고 나머지 삼합회 지도자들은 오래지 않아 포기하고 떠났다. 태평천국이 전통적인 이단 집단과 한마음으로 협력하는 데 줄곧 어려움을 겪으리라는 것을 암시하는 에피소드라 할 수 있었다. 후에 태평천국은 때로 반청이라는 공동의 기반 위에 삼합회 집단을 흡수하기도 했으나 이들 두 종류의 반청 운동은 시종 연합 혁명 세력이라 할 만한 것으로 융합되지는 못했다.

약 2만 명의 장정으로 구성된 강력한 무장 부대가 진톈 촌에서 관군과 직접 충돌하게 된 것은 불가피한 일이었다. 청군과의 전투에서 몇 차례 승리한 후 배상제회 지도자들은 홍수전이 38번째 생일을 맞이한 1851년 1월 11일에 '태평천국'의 성립을 선포했다. 비록 아직 외관상으로는 엉성했으나 마침내 홍수전의 구세주적 환상에서 하나의 정치 체제, 제국 전체에 대한 통치를 목표로 하는 하나의 정권이 탄생한 것이다.

난징 진군

태평천국군은 성전을 시작한 후 곧 중국 경제의 심장부 — 양쯔 강 하류 유역의 풍족한 성들 — 를 향해 북상했다. 태평천국군이 청군과의 전투에서 항상 승리했던 것은 아니다. 때로 심한 타격을 입기도 했고, 전략적인 방어 거점을 점령하지 못한 적도 있었다. 그러나 지리

멸렬하고 통제력이 약한 청군은 태평천국군의 원대한 전략적 목표를 바꾸어놓을 수 없었다.

청조가 취한 초기의 군사적 대응은 너무 늦었을 뿐만 아니라 적절하지도 못했다. 광시의 무정부적 상황은 적어도 1년 전부터 이미 가시화되고 있었지만 조정은 1850년 10월이 되어서야 비로소 흠차대신을 파견해 반란 진압 활동을 총괄하도록 했다. 이때 파견된 흠차대신은 바로 임칙서로, 아편전쟁 후 좌천되었다가 마침내 반란 진압 적임자로 다시 부름을 받았던 것이다. 그러나 이미 늙고 병들어 있던 그는 임지로 가는 도중 사망하고 말았다. 뒤이은 후임자들은 정력과 재능 면에서 모두 임칙서에 비할 바가 못 되었으며, 어느 누구도 광시에 집결해 있던 각양각색의 지방군과 향용을 통제할 능력이 없었다. 태평천국군은 1851년 9월부터 1852년 4월까지 줄곧 소규모의 주성州城인 광시의 융안永安에 포위되어 있었으므로 만약 이때 청군이 일사불란하게 통솔되기만 했더라도 태평천국군은 치명적인 타격을 입었을지도 모른다. 그러나 청군 측에서 의견만 분분할 뿐 실제 행동은 아무것도 취하지 못하고 있는 사이 태평천국군은 포위를 뚫고 탈출해 광시의 성도인 구이린 성桂林城을 향해 북진해 이를 포위 공격했다. 이 공격에서 성공하지 못하자 그들은 또다시 북동쪽인 후난의 변경 지역 방면으로 향했다. 이곳에서 신사 강충원江忠源이 지휘하는 단련의 습격을 받아 (1852년 6월 10일) 태평천국의 뛰어난 정치 조직자였던 풍운산이 목숨을 잃었다. 이것은 태평천국군에게는 거의 치명적인 교전이었다. 그러나 청군과 단련 간의 비협조로 말미암아 태평천국군은 숨 돌릴 틈을 얻어 동쪽의 후난으로 도주했다. 1852년 여름 그들은 이곳 지방민들로 병력을 크게 확충하는 한편 수많은 삼합회 회원들도 받아들였다.

후난으로의 진출은 태평천국군에게 중요한 전환점이 되었다. 광시의 수계水系를 벗어나 양쯔 강 지류의 수운망으로 들어갔기 때문이다.

난징으로 진군하는 사이 태평천국 운동은 비교적 소규모의 국지적 반란에서 광대한 화중 지역에서 재물과 병력을 보충하는 대규모 운동으로 변모했다. 태평천국군이 후난의 성도인 창사長沙로 진격해 포위 공격한 1852년 9월에는 이미 병력이 대략 12만 명으로 불어나 있었다. 태평천국군은 창사의 포위를 풀고 후베이의 성도인 우창武昌으로 쇄도해 그곳을 점령하고 약탈한 뒤 성을 버리고 달아났다. 이때 태평천국군의 병력은 50만 명으로 늘어났다. 수륙 두 길을 따라 내려가면서 그들은 강에 인접해 있는 수많은 행정 중심지들을 함락시킨 다음 버리고 떠났다. 1853년 3월 19일 난징의 성벽을 돌파해 점령한 후 이를 '톈징天京'으로 개명했다. 전략 도시인 전장(1842년 이 도시를 점령한 것이 영국이 승리를 거둔 결정적 요인이 되었다) 또한 곧이어 함락되었다. 당시 청조의 정보 보고에 따르면 난징과 전장의 함락으로 2백만 명 이상이 태평군의 진영으로 넘어갔다고 한다.[6] 화중 지역의 빈곤과 사회적 분열상 — 그것은 이미 1840년대의 항량抗糧 운동의 와중에 이미 분명하게 확인된 바 있었다 — 으로 인해 이러한 결과가 빚어지는 것은 불가피했다.

진톈에서의 봉기로부터 시작하여 난징에 '톈징'을 건립하기까지 2년 반 동안의 기간은 이스라엘의 출애굽 시기나 중국 공산당의 '옌안延安 시기'에 비교될 수 있을 것이다. 왜냐하면 이 기간 동안 태평천국의 많은 독특한 제도들과 함께 이 운동의 지도적 정신이 나타났기 때문이다. 진톈에서의 초기 몇 개월 동안 그들은 전적으로 군사적인 성격의 관제를 만들어냈다. 관직과 기능은 부분적으로 서주西周 시기의 정치 조직을 묘사한 고대 후기의 저작인 『주례』를 모방했고, 다양한 시기의 왕조들에서 따오거나 즉흥적으로 완전히 새로 지어낸 관명들로 그럴듯하게 구색을 맞추었다. 융안에서 포위당해 있는 동안에 군사적 색채가 강했던 초기의 조직 방식은 좀더 합리적인 정치 형태를 갖추게 되었다. 주요 지도자들(원래는 주장主將이라 불렀다)을 이때 와서는 '왕'이라 불렀는데, 동서남북의 방위를 표시하는 네 왕과 '익왕翼王'이 있었다. 홍수전 본인은 최고의 지위인 '천왕天王'의 칭호를 계속 보유했다.

이때 홍수전의 지위는 아주 애매했다. 그가 다른 왕들보다 높은 영적 지위를 갖고 있다는 것은 그의 우월한 칭호에 나타나 있다. 그러나 그는 자기는 다만 '주主'라고만 부르고 '상上'은 상제와 예수를 칭할 때만 쓸 것을 명했다. 지도 집단인 여러 왕들은 형제 관계로 맺어져 있었으며 그들의 지위는 홍수전보다 다소 낮았다. 여기에 더해 새로운 관제를 마련해 양수청과 소조귀에게 우월한 지위를 인정했다. 이들은 군사권과 행정권에 성직자로서의 권위까지 더하고 있었으며, 자주 종교적 황홀경으로 빠져 들어가 상제의 명령을 전달하곤 했다. 양수청과 소조귀는 존경받는 '동왕'과 '서왕'의 지위를 받았으며 양수청은 또한 각 왕의 부대를 통솔하는 최고 지휘관이 되었다.[7]

태평천국군이 전국의 동포들을 향해 봉기해 일어날 것을 단호한 목소리로 촉구한 것은 바로 융안에 포위되어 있던 시기였다. 그들은 전통적으로 정통성을 가진 정부의 특권에 속하는 독자적인 연호를 정식으로 제정한 것 이외에도 일련의 포고문을 반포해 새로운 질서의 도래를 선포하고 동시에 청조의 죄과를 열거했다. 반란은 외래의 압제자들에 대항하는 민족적 봉기로 선언되었다. 정권을 침탈한 중국의

'전통적인 원수들' — 북방 오랑캐 — 에 민족적 자긍심으로 맞서자는 호소였는데, 저들 포학하고 부패한 정부가 중국 백성을 착취하고 있으며 또 오랑캐의 풍속으로 중국 문화를 오염시켰다는 것이다. 태평천국군이 대중의 지지를 얻기 위해 의도적으로 종교적 메시지를 숨기고 전통적으로 좀더 쉽게 받아들여져온 민족적 호소를 앞세운 것은 아닌가 하는 의문이 들 수도 있을 것이다. 그러나 1852~1853년의 문건들을 검토해보면 정반대의 결론에 도달하게 된다. 비록 강렬한 인종적 민족주의가 섞여 있기는 하지만 종교적인 내용을 숨기려는 시도 같은 것은 보이지 않는다. 홍수전은 전혀 새로운 종류의 천명을 받은 왕조의 개창자 — 이 천명은 여호와(상제)로부터 직접 받은 것이다 — 로 묘사되고 있으며, 만주족은 단순히 국가를 찬탈한 오랑캐가 아니라 일종의 초자연적인 악마의 화신으로 그려지고 있다. 기독교의 핵심적인 내용이 이처럼 분명히 드러나 있었던 것이다. 태평천국군은 대중의 광범한 지지를 구하고 있었으나 상제가 내린 사명을 저버리면서까지 그런 것은 아니었다. 비록 이 문건들을 보면 그들이 우선은 민족주의적 목적만을 가진 사람들의 참가를 기꺼이 받아들이려 했음을 알 수 있으나 태평천국군은 모든 것을 포용할 천국을 지상에 건설하는 것이 궁극적인 목표라는 것을 공공연히 밝혔다.[8] 그러나 융안 시절의 문건들은 정치와 종말론을 설득력 있게 접목시키지 못하고 있다. 사실 뒤늦게 가담한 사람들로서는 태평천국의 교리 속에 들어 있는 민족주의적 구성 요소와 종교적 구성 요소 사이의 논리적 연관성을 이해하는 데 큰 어려움을 겪을 수밖에 없었다. 사상적 체계 면에서 태평천국군의 메시지는 미흡하기 짝이 없었다.

    진군 기간 중에 발전된 많은 가치관들은 난징 성 내의 태평천국 사회 안에서 구체화되었는데, 태평천국의 제도가 엄격하게 실행된 것은 이곳이 유일했다. 이곳에서의 삶의 특징은 부분적으로는 군사적인 점을 고려한 가운데 또 부분적으로는 운동 초기의 엄격한 금욕주의적 성향에 의해 결정되었다. 태평천국은 순수한 근본주의적 기독교의 방식으로 술과 아편 그리고 담배를 금지했다. 그리고 남녀는 엄격히 분리시켰다. 심지어 부부간의 성 관계조차도 사형에 처할 수 있는 죄목에 해당되었다. 많은 여성들이 여성 부대에 편입되어 전선의 업무를 담당했다. 그러나 1855년 이후에는 남녀 사이의 격리를 해제했다. 그러한 격리가 사기를 크게 떨어뜨렸으며, 특히 상층 지도부에서 그것을 제대로 준수하지 않았기 때문이다. 하지만 전통적인 가족 제도의 몇몇 요소들에 대해 그들은 여전히 경멸적인 태도를 고수하고 있었는데, 특히 부녀자들의 낮은 지위를 문제 삼았다. 그리하여 부녀자들의 전족을 전면적으로 금지시켰으며, 또 몇몇 공직에 나아갈 기회를 부녀자들에게 주었다. 전족 금지에는 광시의 객가 문화가 기여한 바가 컸다고 할 수 있다. 이 문화에는 전족 관습이 없었던 것이다.

태평천국의 정치적 삶의 특성 또한 진군 초기에 결정되었는데, 이 기간 중에 정치적 권위는 종교적 열광과 긴밀하게 결합될 수밖에 없었다. 또한 그러한 결합은 불가피하게 독단적이고 전제적인 정치 스타일로 이어질 수밖에 없었다. 예를 들어 중요한 결정은 모두 상제가 직접 내린 명령을 양수청과 소조귀가 전달하는 방식으로 공표되었다. 이들은 전략적으로 중요한 순간에는 늘 몰아 상태로 들어갔다. 양수청의 이런 방식이 초기의 태평천국의 군주제 속에 만연되어 있었는데, 그것은 의심의 여지 없이 중국의 엘리트들이 태평천국 운동을 끔찍이 싫어하게 된 수많은 요인 중의 하나였다.

농민들에게는 한족주의나 종교적 열성보다 태평천국의 사회적 메시지가 훨씬 더 큰 영향력을 미친 것 같다. 태평천국의 사회·경제 사상은 외래의 신조信條가 토착 문화 속에서 어떻게 친화력을 갖고 번성하게 되는가를 잘 보여주는 사례 중의 하나이다. 양아발의 영향을 받은 홍수전의 초기 저작들은 인간은 궁극적으로는 상제 앞에서 평등하며, 지상에서 인간의 공과功過는 그러한 사실을 반영해야 한다는 기독교적 신념을 분명하게 보여주고 있다. 천하 만물은 상제의 소유라는 전제하에 이기주의는 사유 재산의 개념, 세계 자원에 대한 약탈 등과 함께 심판의 대상이었다. 이런 관념은 중국의 유토피아 사상과도 일맥상통했다. 홍수전의 초기 저작은 상제에 대한 인간의 보편적인 책임뿐만 아니라 인간에 대한 인간의 책임도 언급했는데, 그것은 특정 지역과 혈연의 경계를 초월하는 것이었다. 중국의 사회 제도를 비판한 다른 많은 비판가들과 마찬가지로 그도 『예기』 중의 한 구절을 길게 인용했는데, 여기서 공자는 고대의 '대동大同' 세계를 다음과 같이 찬양하고 있다.

> 큰 도가 행해지자 …… 사람들은 오직 자기 부모만을 친애하지 않았으며 오직 자기 자식만을 사랑하지 않았다9)〔『예기』, 「예운」편).

마찬가지로 상제의 도가 행해질 때 "천하는 일가一家가 될 것이다". 인간들 사이에 가로놓인 울타리를 없애야 한다는 것은 중국의 대동 이상에서 반복적으로 등장하는 주제인데, 지고한 신 아래에서 모두가 형제라는 식으로 누차 언급되고 있는 것이다.

그러나 사해동포주의가 태평천국이 던지는 사회적 메시지의 유일한 요소는 아니었다. 거기에는 좀더 노골적으로 평등을 지향하는 목소리, 즉 중국 농촌의 사회적 고통 속에서 직접 터져 나온 목소리도 담겨 있었다. 그러한 목소리는 고전적인 대동 이상에는 낯선 것이었다. 여기에는 오히려 중국 토비 떼의 거친 불경스러움이 메아리치고 있었는데, 그들은 극심한 빈부 격차를 반란의 좋은 구실로 삼고 있었던 것이다. 아래의 노래는 1840년대 말 광시의 각 수로를 피비린내를 풍기며 종횡무진했던 토비 장가상張嘉祥(후에 배신당해 청에 검거된다)이 쓴 것으로 여겨지고 있다.

> 상류층은 우리에게 빚을 졌도다.
> 중류층은 잠에서 깨어나야 하리.
> 하지만 하류층들은 나를 따르라!
> 소를 빌려 황무지 밭을 가는 것보다 몇 배는 나으리.[10]

태평천국은 군사 조직 내의 노골적인 도적 행위를 엄격한 군율로 억제하기 위해 최선을 다했다. 하지만 비록 그처럼 거친 정서는 태평천국의 공식적인 사회 이론 체계 속에는 들어 있지 않았으나, 반란이 화중 지역의 여러 성으로 확산되면서 비교적 기품 있는 태평천국의 고유告諭[어떤 사실을 널리 알려서 깨우쳐주는 일]에 끈질기게 맞서 정반대 흐름을 형성하고 있었던 것 같다. 태평천국의 주장이 점점 더 사람들의 마음을 사로잡은 것은 만주족과 한족 관료들에 대한 증오감을 공공연히 내세우고 있었기 때문만이 아니라 재력가와 권세가들에 대한 보편적인 증오심 때문이기도 했음이 분명하다. 한 신사는 점령된 난징 성 주변의 상황을 기록하고 있는 어느 글에서 백성들이 태평천국을 지지하는 데에는 관료에 대한 증오와 지주에 대한 증오가 거의 비슷하게 한몫하고 있다고 쓴 바 있다.[1] 모든 점에서 재부와 권세가 서로서로 밀어주고 있는 것처럼 보이는 체제 아래에서 태평천국의 묵시론적 스타일은 수많은 빈곤층을 끌어들이기에 충분했다.

태평천국의 이상 사회는 『천조전무제도天朝田畝制度』에 나타나 있는데, 이것은 난징으로 진격하는 도중에 작성된 것으로 보인다. 여전히 가족이 조직의 기본 단위였다. 즉 25가家가 하나의 단위를 이루고 이를 '양사마兩司馬'가 지도하는데, 이것이 지방의 기본적인 사회 단위가 되었다. 하지만 토지는 인구수에 따라 분배되며 모든 성인(여자를 포함해서)은 생산지를 균등하게 분배받도록 되어 있었다. 토지 자체와 그로부터 나오는 모든 생산물은 국가 소유, 좀더 엄격하게 말하면 국가가 잠시 맡아 관리하는 상제의 소유물이었다. 25가마다 하나의 성고聖庫를 세워 가족의 생계를 위해 필요한 것(아마 양이 규정되어 있었던 듯하다) 이외에는 모든 소유 재산을 그곳에 귀속시켰다. 태평천국은 이러한 제도는 상제의 물질적 사여품을 공평하고도 충분하게 함께 누리는 것을 경제적 목표로 하고 있다는 것을 누차 강조했다. 이를 위해서는 토지에 대한 사적 소유를 폐지하고 국가가 노동력을 관리하는 것이 필요했다. "천하의 토지는 공동으로 경작한다凡天下田 天下人同耕"는 이론에 따라 필요할 때는 노동력이 부족한 지역으로 인력을 '이주' 시키는 것이 정당화되었다. 이 문서가 청대 농촌 사회에 만연해 있던 잔혹한 생존 경쟁과 착취를 영원히 제거하고 진정한 공동체적 질서를 세우려는 희망에서 나온 것임은 의심할 여지가 없었다. 그러나 동시에 거기에는 당대 초기의 '균전제'의 기저에 깔려 있던 국가주의의 그림자가 드리워져 있던 것도 사실이다. 이 균전제에서 토지 균분책은 기본적으로 노동력의 효율적인 통제를 통해 정부의 세수를 증진시키는 것을 목적으로 하고 있었다. 이처럼 태평천국의 사회 사상의 이면에는 바로 신정神政 국가적 이해가 깔려 있었다.[12]

『천조전무제도』 가운데 당황스러운 부분은 토지의 정기적인 재분배에 대한 언급을 어디에서도 찾아볼 수 없다는 것이다. 이 제도의 논리로 보나 역사적 선례들로 보나 그러한 규정은 꼭 필요한 것처럼 보인다. 그러나 태평천국의 지도자들로서는 토지의 영구적 사유를 허락하는 듯한 인상을 줌으로써 농민층의 지지를 끌어들이려는 정치적 유혹을 뿌리치기 어려웠을 것이다. 실제로 태평천국의 토지 정책은 빈농과 무토지 노동자들을 광범하게 끌어들일 수 있었음이 분명하다. 태평천국의『천조전무제도』에서 나타나는 국가주의적 어조는 경제 문제에 대한 관료 중심적 해결이라는 중국의 전통과 완전히 일치하는 것이었다. 결국 초기 태평천국의 주장 가운데 들어 있는 평등주의적인 사회적 메시지는 최소한 반만反滿 민족주의만큼이나 흡인력이 강했던 것이 틀림없다. 아니 그보다도 권세와 재부가 너무나 긴밀하게 결합되어 있는 제도의 희생자라고 여기던 사람들에게 반청 메시지와 반지주적인 메시지는 거의 구분되지 않았으리라고 하는 편이 사실에 더 가까울 것이다.

표방한 목표를 보면 태평천국 운동은 실로 심원한 사회 혁명이었다. 그러한 혁명 아래에서는 경제적 경쟁이 철저하게 근절되고 가정은 특별한 경제적·사회적 지위를 잃게 되며 국가가 새로운 종류의 합법성과 보다 강력한 권력을 갖도록 되어 있었다. 그러나 심지어 밝은 미래가 보이는 듯했던 초기에도 이미 태평천국의 제도가 장기적으로는 사적 재산과 특권의 축적을 억제할 수 없으리라는 조짐이 나타나고 있었다. 비록 태평천국 운동의 교리의 토대에는 호소력 있는 사회적 유토피아주의가 포함되어 있었지만 반란 초기부터 이미 이와 상반되는 불안한 경향도 나타나고 있었다. 융안에서 반포한 사치 금지령은 사치와 특권을 누리는 새로운 계층의 출현을 직접적으로 명시하고 있는데, 그들의 사생활은 평민들에게 요구되는 금욕 생활의 규제를 받지 않았던 것이다. 화려한 의상과 수많은 처첩 그리고 산해진미는 최상급 지도층이 누릴 수 있는 특권으로 인정되었다. 하지만 이러한 포고들은 고급 관료들이 비공식적으로 누리던 사적인 축재와 사치가 반란의 후반기에 들어가면 버젓이 허용되는 사태가 벌어지리라는 것을 보여주는 예고편에 불과했다.

위계 제도와 특권은 선민이 덜 교화된 사람들의 운명을 이끌어가는 역할을 수행하면서 아주 초기부터 태평천국 체제의 구성 요소가 되었던 과두 통치 경향에 의해 한층 더 강화되었다. '노형제老兄弟' [광시 성 출신의 초기 추종자]의 우월한 지위 — 후에 광시인들이 먼저 승천한다는 일반적 유형으로 발전되었다 — 는 태평천국 운동이 발전되어가는 가운데서도 항상 철저하게 유지되었다. 이러한 과두 정치와 위계적 경향은 태평천국이 과연 중국에서 철저하고도 지속적인 사회 혁명을 수행할 수 있는 근본적인 능력이 있는지에 대해 심각한 의문을 던져주었다. 태평천국의 평등주의는 일관성 있는 사회 이론에 근거한 것이 아니었다. 그것의 밑바탕에는 철저하게 엘리트주의적인 정서가 깔려 있었으며, 여기서 모든 합법적인 권위는 전능하신 상제로부터 지상에 있는 상제의 왕국의 선택된 관리인들에게 내려오는 것이었다.

태평천국 운동은 외세가 중국을 강제로 침략하고 있던 시기에 발발했던 만큼 이 운동에서 내적 전통과 외적 자극 중 상대적으로 어느 것이 더 중요했던가 하는 문제가 제기되지 않을 수 없다. 우리는 즉각 태평천국의 사상과 제도에는 중국 고유의 저항의 전통이 나타나고 있음을 알 수 있을 것이다. 군주제, 관료주의, 토지 제도 등의 외형적 구조는 중국 고유의 문화 속에서 나타나는 수많은 유토피아적 소재를 구체화한 것이었다. 그리고 이 외에도 민중들 사이에서 유행하고 있던 불교와 도교의 흔적들도 태평천국의 종교적 주장에서 찾아볼 수 있으며 태평천국의 민족주의적 어법 역시 과거의 인종적 민족주의 운동에서 숱하게 사용되던 것이었다. 그러나 당시 벌어지고 있던 반청 운동들을 배경으로 놓고 보면 즉각 태평천국의 독특한 성격이 분명하게 드러난다. 삼합회 전통을 따르는 비밀 결사들은 청 정부와 전통 사회의 규범 어느 것에 대해서도 강력하게 도전할 수 없었던 것 같다. 또 백련교의 종말론도 세속 권력의 합리적인 조직화 방안을 도출해내지는 못했다. 항량 운동도 물론 정치적으로나 문화적으로나 저항을 위한 조리 정연한 논리적 근거를 결여하고 있었다. 그리고 소수 민족 집단의 반란도 이들과 한족 농민 사이의 거리를 메워줄 수 있는 이념적 호소력이 부족했다. 그러다가 마침내 소수 민족 집단들의 소외감과 객가인들이 조직한 배상제회에서 구체화된 강렬한 정치의식이 강력하게 결합하게 되었다. 그리고 홍수전이 광둥에서 가져온 새로운 신앙의 주입이 없었더라면 객가인의 동원은 상상하기 어려웠을 것이다. 이 신앙은 객가인의 투쟁을 새로운 의미 차원으로 끌어올렸다. 즉 그것을 구원받은 자와 저주받은 자의 전투로 바꾸었던 것이다. 이제 그들은 그들 특유의 정의감으로 충만되어, 모든 것을 포괄하는 우주관을 바탕으로 청조의 문화에 대항할 수 있게 되었다. 게다가 신이 계시를 내리는 방식은 영도권의 집중을 가능케 했으며, 그러한 집중은 아직 완전하지는 못했지만 백련교나 삼합회가 할 수 있었던 것보다는 훨씬 더 효과적으로 이루어졌다. 홍수전이 외부에서 들여온 교의는 중국 사회 내부의 불만을 구체화했으며, 아울러 중국 농촌 문화의 보수적 표면 밑에 감추어져 있던 강렬한 유토피아 정신을 고무시켰다.

난징 점령과 톈징의 수립은 반란의 성격과 앞날에 전환점이 되었다. 태평천국은 끊임없이 돌진하는 부대로부터 이제 고정된 거점을 중심으로 영토와 교통로를 통제하는 지역 정권으로 변모했다. 전군을 동원해 베이징을 공격하는 대신 난징에 머물기로 한 결정은 제법 충분한 내부 논의를 거친 후에 내려진 것이었다. 그것은 아마 난징이 제국의 경제적 심장부이며 우수한 수운 체계의 혜택을 누릴 수 있다는 생각(일설에 따르면 어느 늙은 선원이 양수청에게 권고했다고 한다)을 반영한 것이었을 것이다. 일찍이 명 초의 수도였던 난징이 전통적으로 정부의 소재지 역할을 충분히 해왔다는 것은 의심할 바가 없었다. 하지만 전략상으로 볼 때 난징에 주둔하기로 한 결정은 아마 중대한 실수였던 것 같다. 이후 베이징으로의 진군은 북벌군에게 맡겨졌으나 병력과 지원이 부족했던 이 부대는 톈진 성天津城 근교에서 저지당해 더이상 앞으로 나아가지 못하다가 1855년 봄에 잔여 부대가 전멸당하고 말았다. 청조는 살아남았다. 당시 관군은 혼란에 빠져 있었고 재정은 고갈되었으며 또 대부분의 세원은 모두 반군 수중에 들어가 있었음에도 말이다. 그러나 청조는 반군이 반드시 고려했어야 할 한 가지 자산을 여전히 갖고 있었다. 즉 정통 엘리트층의 절대 다수가 이질적인 신앙과 새로운 질서에 대해 완강히 적대적인 태도를 취하고 있던 것이 그것이었는데, 당시 청조는 그러한 태도를 이용할 수 있었던 것이다.

구질서의 수호자들

정통 대항 세력의 재조직

청 말의 엘리트층에 대한 우리의 인상은 다소 좋지 못한 편이다. 그것은 이들 계급 전체가 그들이 섬기던 제국과 함께 20세기 초에 무너져버렸다는 사실 때문만이 아니라 19세기에 중국의 조약항에서 이들을 지켜본 사람들을 어리벙벙하게 할 정도로 극심했던 이들의 무능과 부패 때문이기도 하다. 그러나 기록들을 보면 19세기 초에 엘리트층의 사기와 활력이 다소 회복되고 있는 것을 알 수 있는데, 이러한 부활 덕분에 19세기 중반 반란을 철저하고도 효과적으로 진압하는 것이 가능했다. 이처럼 뒤늦은 분발을 보여주는 몇 가지 조짐이 이미 백련교의 반란 때 나타난 바 있었다. 내부의 변란이 몇몇 학자들로 하여금 내정 문제에 새로운 관심을 갖게 했던 것이다. 공경한龔景瀚이나 엄여익과 같은 반란 진압의 공신들에게서 경세학파의 초기적 전형을 볼 수 있는데, 이 학파는 도광조 이래 행정 기술에 관한 폭넓은 관심을 불러일으키며 일대 조류를 이루고 있었다(3장을 참조하라).

이처럼 실질적인 것에 대해 새로 관심을 갖게 된 것은 부분적으로는 가경제에게 공을 돌릴 수 있는데, 지식층에 대한 그의 대우는 선황 때보다 훨씬 관대했다. 그러나 당시 이미 지식인들이 정부 업무에 좀 더 적극적으로 참여하도록 유도하는 여러 사상적 경향이 있었다. 실용적 학문에 대한 관심은 18세기 후반 송 이학의 부흥과 관련이 있으며, 이를 이끈 것은 퉁청학파桐城學派*로 알려진 문예 운동이었다. 이 학파는 꾸밈없는 '고대의' 산문체를 통해 인격을 수양하는 것을 추구했다. 개인의 수양, 가족 윤리와 공공 윤리 그리고 인간 본성 뒤에 자리 잡고 있는 궁극적 원리 등에 관한 관심은 고증학이 성행하던 18세기에는 관심을 받지 못하다가 관료들의 도덕적 타락이 비판받으면서 다시 사람들의 관심사가 되었다. 또한 19세기 초에는 고전 학습과 관련해 인습적인 해석에 대한 비판을 주장하며 등장한 '금문' 학파도 출현했는데, 경전에 대한 비정통적 해석을 주도한 이러한 흐름의 지도적 인물들은 제도 개혁에 대해 긍정적인 성향을 갖고 있었다. 이 모든 흐름은 실용과 절충 그리고 실천을 강조하는 사조를 조성해 19세기 중반에는 기존 사회 질서의 강화와 반란 진압에 크게 기여하게 된다.

이처럼 새로운 정신은 후난 성에서 가장 뚜렷하게 나타났다. 후난의 '경세학파' 실천가들은 특히 민족지학자이자 군사행정가였던 엄여익과 신유학을 부흥시킨 당감唐鑑 등과 같은 후난의 이전 세대 학자-관료들이 갖고 있던 실용적 관심의 영향을 받았다(3장을 참조하라). 후난의 영향력 있는 관료이자 당감의 친구였던 하장령賀長齡은 위원에게 정부의 실제 업무와 관련된 지혜를 책으로 편찬해줄 것을 위탁해 1827년에 『황조경세문편』을 출판했다. 하장령과 또 다른 후난 사람인 도주陶澍 모두 탁월한 지방관들로서 1820~1830년대의 암울한 시기에

퉁청학파: 안후이 성 퉁청 출신인 방포方苞, 요내姚鼐 등이 고문古文을 중시해 이룬 학파로, 도광제와 함풍제 시대의 대표자는 증국번이었다. 이 학파의 흐름은 청조 말기까지 지속되었다.

실용적인 행정 개혁을 시도한 인물들이었다. 이러한 관료들이야말로 암담하기 짝이 없을 수도 있었던 19세기 초의 관료 세계를 밝혀준 한 줄기 빛이었다. 그러나 19세기의 반란을 진압한 사람들은 제2세대 후난 학자-실천가들로 도광 시대 대관료들의 학생, 막우 그리고 친척들이었다. 좌종당左宗棠, 호림익, 증국번 등과 같은 사람들은 모두 친구 관계나 인척 관계 그리고 학문적 영향 등을 통해 도주 및 하장령과 긴밀하게 연결되어 있었다.

당시 반란에 맞선 엘리트층의 지도자로 등장한 증국번(1811~1872년)은 신사층은 아니었지만 교육적 · 사회적 야망이 큰 지주 집안에서 태어났다. 증국번은 가숙家塾과 경세학파의 중심지인 창사의 유명한 악록서원에서 교육받았다. 1838년에 진사가 된 후 그는 한림원을 거쳐 승진을 거듭하며 각 부의 행정 업무를 맡아 보았으며 마침내 예부 시랑까지 올랐다. 그리하여 19세기 중반에는 어느새 베이징의 상층 관료의 일원으로 당당하게 자리 잡게 되었다.

청년 관료 증국번에게 큰 영향을 준 것은 당감이 부흥시킨 정주학程朱學과 경세학파의 실용적 성향 그리고 통청학파의 엄밀한 학문적 규범들이었다. 당시의 지적 논쟁에서 증국번은 절충주의적 성향을 추구했는데, 그것을 통해 경전 연구와 도덕의 쇄신에 대한 관심을 조화시킬 수 있었다. 그러나 전체적으로 증국번의 성격과 견해는 당감과 왜인倭仁(1871년에 사망)의 소박한 금욕주의에서 가장 큰 영향을 받았는데, 왜인은 몽골인 학자로서 이후 초기의 근대화 시도에 대한 보수 세력의 저항을 이끈 인물이었다. 우연히도 전통 중국 사회가 내외로부터 근본적인 도전에 직면한 역사적 순간에 실천적이지만 동시에 철저하게 보수적인 일련의 사상들이 나타났던 것이다. 그러한 사상들은 반란과 도덕적 혼란에 저항하는 데 적합했고, 증국번과 그의 동지들을 단련시켜 기념비적 과업을 수행할 수 있도록 해주었다. 하지만 누구나 충분히 이해할 수 있듯이 동시에 그것은 중국이 직면한 새로운 역사적 단계에 대처해야 하는 지적 과제를 담당하기에는 부적절했다. 비록 부패와 어리석은 명리주의, 무미건조한 훈고주의 등은 배척했지만 정주학파 도덕론자들의 정치관은 편협한 금욕주의에 의해 형성된 것으로, 이들은 그러한 틀 내에서 인격을 도야하려고 했다. 이처럼 새로운 이학적 도덕주의는 증국번에게서 온정주의적이지만 그만큼이나 엄격한 권위주의를 낳았다. 왜인에게서는 그것이 완고하게 혁신을 거부하는 태도, 특히 서양의 영향을 받은 기미만 보이면 무엇이나 배척하는 성향으로 나타났다.

그러나 이러한 후난 지역의 부흥 운동이 미친 영향이 전적으로 보수적이었던 것만은 아니다. 후난 일파의 다른 사람들, 예를 들어 좌종당(1812~1885년)의 경우 서양의 기술이 중국의 생존에 필수적이라는 사실이 인식된 후 이 운동의 실천주의적 요소는 궁극적으로 근대 기술의 적용에 대한 관심으로 이어졌다. 더욱이 이 새로운 이학은 얼마든지 급진화될 가능성이 있던 금문학파와 관계가 있었다. 하장령은 일찍이 당시 가장 활동적인 지성 중의 하나였던 위원(1794~1856년)에게 『황조경세문편』을 편집해줄 것을 요청했다. 그리고 청 말에 나타난 전례 없는 문제들을 인식하고 그것들에 대한 새로운 해결책을 제시하려고 한 위원의 노력은 금문학에 대한 그의 공감 또는 가장 창의적인 금문학자였던 공자진龔自珍과의 돈독한 우의와 무관할 수가 없었다. 그리하여 19세기 중반의 반란기 동안 전통 질서를 수호하려 했던 운동은 동시에 초기 단계의 중국의 근대적 변모에도 일정한 기여를

하게 되었다.

　도광조 말년에 증국번은 베이징에서 영향력 있는 스승이 되어 있었다. 젊은 인재들의 스승이자 후원자 역할을 한 것은 훗날 군사 지도자로서의 경력에 없어서는 안 될 요소가 되었다. 후에 정통 엘리트층의 군사 무장에 앞장서는 후난의 거인擧人 강충원도 증가하고 있던 증국번 집단의 일원이었다. 강충원은 당시 전쟁에 휘말려 있던 변경 지역인 신닝 출신이었는데, 앞서 언급한 대로 그곳에서는 백련교와 삼합회가 활발히 활동하며 지방의 기존 질서를 위협하고 있었다. 1844년 강충원은 베이징에서 신닝으로 돌아온 후 친척들을 중심으로 지방 자위 단체를 조직해 직접 그들의 도전에 대항했다. 다른 친족 집단의 상층 인사들도 그렇게 하고 있었다.

　신닝에서 전개되고 있던 상황은 중국 남부에서 진행 중이던 일반적 과정의 일부였을 뿐이다. 즉 이 지역 상류층이 생명과 재산을 보호하기 위해 들고 일어나 지방 자위 단체를 조직했던 것이다. 그러한 '단' 조직은 지방 지도자들 간의 개인적인 유대를 통해 결합된 일군의 향촌들로 구성되어 있는 것이 보통이었다. 일반적으로 단의 우두머리는 비공식적이지만 광범위한 과세권과 치안권을 갖고 있었다. 단의 방어 활동과 조직을 위해 필요한 비용은 '연捐'(성금. 일종의 비공식적인 부가세)을 통해 충당되었다. 이러한 단들은 공인된 일련의 기준에 따라 허가되었는데, 전문적인 무장 집단이 되지 않고 지도자들은 정부의 통제에 순응한다는 것이 그것이었다. 사실 정부의 인가를 받은 형태를 띠었다는 점에서 이들 '단련'들은 두 세대 전에 백련교의 난을 진압하기 위해 지방관들이 후원한 보갑에 기초한 지방 통제 체계와 별반 다르지 않았다. 그러나 당시 정세가 워낙 긴박하게 돌아가는 바람에 이들 무장 민단은 종종 직업적 무장 집단이 되었으며, 또 민단 지도자들도 상당한 독립성을 갖게 되었다. 지방 신사층과 관료들 사이의 기본적인 이해관계의 일치만이 무정부적 혼란을 막을 수 있었다. 강충원을 비롯한 상층 신사들은 사회적 명망과 정부와의 여러 관계를 이용해 민단과 지방관들과의 관계를 조정할 수 있었으며, 일반적으로 단의 우두머리는 각 지현이 부여한 합법적인 권한을 갖고 있었다.

강충원의 경우 정부와의 관계와 지방에서의 지도력을 결합해 참으로 독특한 경력을 쌓아나가게 되는데, 19세기 중반 이후 등장하는 신사-군인이라는 경력이 그것이었다. 강충원의 단련 조직에서 성장한 민병들은 뇌재호와 이원발의 반란을 평정하는 데 중요한 역할을 담당했다. 1851년 강충원 본인은 태평천국 토벌의 명령을 받은 신임 흠차대신 새상아賽尙阿의 부름을 받고 그의 막료가 되었다. 강충원은 곧 기존의 청 정규군으로는 반란을 진압할 수 없다는 사실을 깨닫고 신닝의 정예 부대 하나를 광시로 불렀다. 이 부대는 곧 1,000여 명으로 늘어나게 되는데, 단지 급료와 전리품을 약속받아서만이 아니라 혈연에 따른 단결력과 신사 지도자들에 대한 충성심으로 전투에 임하는 믿음직스러운 군사들이었다. 반란이 확대되자 강충원은 북상해 쒀이두蓑衣渡에서 태평천국군에게 심한 타격을 입혔다. 이것은 태평천국군이 초기에 입은 중대한 패배 중의 하나였다. 순전히 지방의 위협 세력에 대항하기 위해 군사 활동을 시작했지만 강충원은 이제 태평천국에 대한 대규모 진압 활동에서 확고한 지위를 갖게 되었다.

강충원은 지방 사회에서의 지위를 통해 군사 활동에 관계하게 되었지만 또 다른 후난 사람인 호림익(1812~1861년)은 다른 역할을 통해 같은 역할을 담당하게 되었다. 호림익은 인근 구이저우 성의 지부였다. 그는 지부로 재임하고 있을 때 작은 규모이기는 하지만 정선된 향용을 모아 해당 지역의 토비들을 진압하는 데 활용했다. 구이저우가 반란에 휩싸여 혼란스러울 때에도 그는 늘 고향인 후난의 상황을 염려하고 있었다. 일단 태평천국군이 광시에서 후난 변경 지역으로 넘어 들어오자 호림익은 이들과의 일전을 결심했다. 평소 관군의 무능함을 잘 알고 있던 그는 양보다는 질과 규율을 앞세우는 새로운 형태의 군대를 조직할 필요가 있다고 오래전부터 확신하고 있었다. 일단 그러한 군대를 갖추게 되자 1854년 초에 옛 상관인 호광 총독 오문용吳文鎔의 요청에 즉각 응해 군대를 동쪽 전선까지 이동시키기 시작했다. 오문용의 후견을 받은 또 다른 인물로는 증국번이 있었는데, 그 또한 당시 새로운 형태의 군 조직에 관계하고 있었다.[13]

상군의 발전

1852년 7월 증국번은 잠시 성의 향시 감독을 마치고 귀경하다가 고향인 샹샹湘鄕 방문을 허락해줄 것을 요청했다. 이 방문은 오래전부터 계획하고 있었던 것이지만 태평천국군의 후난 침입으로 인해 더욱 간절해졌던 것이다. 당시 증국번은 오직 고향에서 지역 방위를 감독하는 일만 생각하고 있었다. 그러나 상황이 전개되면서 그는 성 전체의 업무를 담당하게 되고, 나아가 전국적 규모의 군사 업무에 관여하게 되었다. 그의 고향 방문은 생각보다 빨리 이루어졌다. 남하하는 도중 모친의 임종 소식을 듣게 되어 상복을 입고 바로 고향 집으로 달려가야 했던 것이다. 그는 샹샹에서 강력한 지방 방어 대책들이 이미 준비되어 있는 것을 발견하게 되었다. 생원 왕흠王鑫과 그의 스승 나택남

羅澤南(1808~1856년)이 이끄는 다수의 지방 신사들이 태평천국군이 북상할 때 몇몇 향용 집단을 동원해놓았고 이제 나아가 진압 작전에 나설 기회를 찾고 있었다. 1852년 12월 조정이 증국번을 '단련대신團練大臣'으로 임명해 순무와 협력해 일하게 함으로써 증국번 본인이 일종의 군사적 책임을 담당하게 되었다. 물론 조정은 이처럼 새로운 형태의 군 조직을 인정할 생각은 없었고 그저 믿을 만한 중앙 관료를 통해 이미 활동 중인 지방의 무장 세력을 통제하려 했던 것이다. 유사한 임무를 띤 조정 대신들이 곧 다른 성에도 임명되었다.

하지만 증국번은 단련이 태평천국군을 감당하기에는 역부족이라는 사실을 알고 고심 끝에 기존의 자원을 새로운 방식으로 이용하기로 결심했다. 그는 나택남을 우두머리로 하는 샹샹의 향용을 창사로 불러들여 성의 직업 부대의 주력으로 삼았다. 그는 곧 이 샹샹의 군대에 강충원의 신닝 부대를 포함하여 후난 성의 다른 지역에서 온 향용을 추가했다. 원래 증국번은 강충원을 야전군 총사령관으로 삼으려고 했으나 강충원 부대의 편제상의 결함을 보고서 곧바로 자신이 직접 통제하기로 결심했다. 증국번은 천천히 작전을 진척시켜 먼저 후난 지역의 반란군을 소탕하고 지방 통제를 위한 연결망을 건설하여 지방 단련으로부터 병력 보충을 확보한 후 비로소 더 큰 규모의 전투에 군대를 투입했다. 이 부대를 '상군湘軍'이라고 했는데, 1853년 여름에야 비로소 후난에서 이 부대의 주력이 출현해 태평천국군과 교전하게 되었다.

상군의 건설은 비정규적 형태의 조직을 대표하는 것으로서 자연히 조정의 권위를 심각히 손상시키는 것이었지만 정통적 군대로 포장되어 기존의 청조 질서와 공존할 수 있었다. 상군의 조직 원리는 대부분 척계광戚繼光(1528~1587년)의 병서에서 따온 것으로서, 척계광은 일찍이 명조의 정규군 외에 개인적으로 '가군家軍'을 조직해 연해의 여러 성에서 왜구는 물론 이들과 결탁한 토착의 도적 무리들까지 몰아낸 바 있었다. 나택남과 왕흠은 고향인 샹샹에서 향용 병사들을 훈련할 때 척계광의 방식을 일부 채택한 적이 있었다. 척계광의 병서는 19세기 초의 경세학자들에 의해 널리 보급되었다. 비록 샹군은 후에 척계광의 가군의 규모보다 훨씬 더 커졌지만(그의 가군은 처음에는 단지 3천 명으로 출발했다) 증국번은 척계광의 군대 조직과 훈련 방법을 사용했다. 여기에는 무엇보다 먼저 명확한 지휘 체계(척계광은 이를 속오束伍라 칭했다)가 갖추어져야 했다. 이러한 체계의 핵심적 직책인 영관營官은 650명(군대가 500명, 노역자 150명)을 통솔했다. 영관 위에는 통령統領이 있었는데 그는 2영營부터 12여 영 이상을 통솔할 수 있었다. 그리고 영관은 수하에 5명의 초장哨長을 두고 이들을 통솔했으며, 각 초장은 100명을 맡았다. 각 계급은 모두 사실상 사적인 관계로 긴밀하게 결속되어 있었다. 즉 영관이 초장을 뽑았고 또 초장이 십장什長을 뽑았으며 십장도 대체로 자기 명령을 따를 10명을 직접 모집했다. 영관 역시 통상 어떤 특정한 통령에게 예속되어 있었다. 증국번은 새 영관이 임명될 때마다 해당 군사들뿐만 아니라 영의 하급 관리들도 반드시 모두 새로 뽑도록 규정했다. 이렇게 형성된 인적 관계가 녹영綠營이나 그 예하 부대에는 없던 강한 응집력을 만들어냈다. 증국번이 처음부터 샹군의 장교들에게 명예 녹영 관품을 수여하도록 황제에게 추천했기 때문에 증국번의 새로운 군대는 완전히 구제도 밖에 있지는 않았다. 그러나 사병과 장교 사이의 인간적 의무를 강화할 때 그는 상급자와 하급자 사이에 기왕에 존재하는 친족 관계나 동향 관계를 이용했는데, 녹영군이라면 상하급 장교 사이에 그런 식의 관계를 장려하지는 않았을 것이다.

이러한 제도는 청의 군사 제도가 가진 인사 원칙에 위배되는 것이었다. 청은 이러한 형태의 사적 관계를 위험한 것으로 간주하고 있었기 때문이다. 그러나 사적 관계들은 신사들이 지휘하는 비정규 군대들을 중앙 집권적으로 통제되는 군사 집단으로 통합하는 데는 안성맞춤이었다. 증국번은 이처럼 새로운 군사 조직 속에 내재해 있는 갈등의 요인을 잘 알고 있었으며, 또 조정의 의구심을 완화시키기 위해 고심했다. 처음에 증국번은 상군을 단련대신이라는 모호한 직책으로 통솔했다. 물론 단련에 관한 규정은 낮은 수준의 무장만을 허용하고 있어서 전문적인 전투 부대의 양성과는 거의 관계가 없었다. 그리고 그러한 구상은 곧 폐기되었다. 증국번은 지방의 팔기군 장교인 탑제포塔齊布를 주요 지휘관으로 임명함으로써 청조의 감정을 거스르지 않으려 주의했다. 그러나 황제가 증국번의 새로운 군사 조직을 받아들이게 된 것은 결국 믿을 만한 중앙관으로서 그의 지위와 그가 맺은 그물 같은 중앙의 인맥 덕분이었다. 이후 10년간 증국번은 한결같이 문경文慶과 숙순肅順 같은 조정의 만주족 고위 관리들의 지지를 받을 수 있었는데, 이들은 왕조의 생존을 위해서는 지방의 군사 지도자들에게 비정규적 권한을 부여할 필요가 있다는 사실을 이해하고 있었다. 이들 만주족 귀족들의 지지는 기준조祁寯藻(1793~1866년) 같은 정규 한족 출신 중앙 관료들의 반대를 막아냈다. 기준조는 목창아의 뒤를 이은 수석 군기대신이 된 자로서 지방의 그러한 군사력은 위험하여 용납될 수 없는 것이라고 생각하고 있었다.

이후 수년 사이에 이 군대의 조직은 영營, 초哨, 대隊로 세분되었다.

각 단위는 모두 증국번이 신임하는 동아리 내 인물들에 의해 장악되었는데, 이들은 거의 대부분 하급 학위를 보유하고 있었다. 훗날 밝혀지듯이 증국번의 새로운 조직은 군사적으로 중요했을 뿐만 아니라 청 제국의 미래를 위해 중대한 정치적 의미를 갖고 있었다. 증국번의 막료와 장성 집단은 재능 있는 행정가들을 길러내는 온상이 되었던 것이다. 그들 가운데서 19세기의 나머지 기간 동안 중국의 문무 행정을 다스리게 되는 수많은 최고위급 성 관료들이 나타났다. 이학 정신을 강조하는 부대 기풍에 걸맞게 초기에 증국번의 장교진은 대개 문인 신사들로 구성되어 있었다. 그러나 1850년대 중반에는 출신이 미천한 문맹자들도 상층 지도부에 진입하게 되었다. 이들의 재빠른 두뇌 회전과 냉혹함이 큰 비중을 차지함에 따라 이념적 사명감은 약화되었지만 상군 세력은 점점 더 두려운 존재가 되었다.

상군은 마침내 기병과 수군 지원 부대를 포함한 13만 2,000여 명의 병력으로 팽창했다. 당시의 기준으로 보아 많은 편이 아니었던 이 숫자는 양보다 질을 중시하는 증국번의 원칙을 구체적으로 입증해 보여주는 것이었다. 상군은 모집, 훈련, 규율 그리고 유교 정신 교육 등과 관련된 세밀한 부분에 엄격하게 주의를 기울인 것으로 유명했다. 동시에 그들은 급료가 높기로도 유명했다. 일반 사병의 급료가 녹영 사병의 최고 급료보다 약 두 배나 되었다. 상군의 고급 지휘관의 급료도 부패를 줄이고 사기를 진작시키려는 의도에서 후하게 지급되었다.

이런 급료 정책을 유지하려면 풍족하고도 고정적인 재정의 확보가 필요했다. 증국번과 그의 참모들이 군 운영 경비를 조달한 방법은 청조의 재정 관리 방법의 발전에 영향을 미치며 20세기까지 이어지게 된다. 증국번의 기본 과제는 중앙 집권적인 재정 편성 체계로부터 제공받는 것 이상의 추가 재원을 확보하는 일이었다. 그것은 첫째 호부의 직접적인 통제를 받지 않는 새로운 범주의 지방세를 확보하고, 둘째 증국번 집단이 고위 지방 관직을 차지하게 되었을 때 총독이 재정권을 갖고 호부가 관여하지 못하도록 강구해야 한다는 것을 의미했다.[14]

초기의 재정 확보책은 연납이었다. 감생 및 각종 관직의 명예 자격증이 베이징에서 각 성 정부로 보내졌다. 후난 순무 낙병장駱秉章은 1853년 겨울 상군 본부에 이 증서들을 직접 전달했다. 이러한 연납 수입이 증국번의 초기의 중요한 재정원이었다. 그러나 군대가 팽창하면서 이금釐金(이 말은 말 그대로 1,000분의 1세, 그러니까 세가 아주 적다는 것을 가리키는 것이었다)이라는 일종의 상업세가 그것을 대신했다. 이금세는 보관 중이거나 운송 중인 상품에 대해 부과되었으며 차와 같은 상품에 대해서는 산지에서 부과되었다. 이금은 1853년 말 어사 뇌이성雷以諴이 양저우揚州에 처음 도입해 강북의 청군을 유지하는 데 사용되었는데, 이 방법이 큰 성과를 거두자 곧 전국의 각 성으로 확대되었다. 이금의 세율은 지역에 따라 차이가 많았으나 대부분의 성에서 2~10%를 받았다. 1850년대 말까지는 분명히 이 풍부한 세원에 대한 징수와 지출이 대부분 각 성 당국에 맡겨져 있었다. 비록 모든 이금 수입을 베이징에 보고하도록 되어 있었고 조정의 몇몇 고정 경비가 사실상 이금 수입으로 충당되고 있었지만 지방의 엄청난 군사 경비 수요 때문에 — 보고되지 않은 수입은 말할 것도 없고 — 보고된 수입 대부분이 베이징 조정의 통제 밖에 있었다.[15]

증국번은 이처럼 새로운 세금이 제공해준 기회를 재빨리 움켜잡았다. 1856년 그는 후난 순무 낙병장과 후난 이금의 대부분을 상군의 유지비로 돌리는 데 합의했다. 증국번은 1860년 양강(兩江) 총독이 된 후 포정사의 통제를 받지 않는 특별한 기구를 통해 잠시 성의 전체 이금을 빼돌림으로써 정규 재정 기구를 우회할 수 있었다. 이때부터 상군은 점차 하급 지휘관에 이르기까지 이금 징수 기구를 설립할 수 있는 권한을 갖게 되었으며 이 수입에 의존하게 되었다. 1850년대와 1860년대 초 사이에 설치된 이금국은 다소 체계가 잡혀 있지 않았는데, 이러한 상황은 상군뿐만 아니라 신사의 통제를 받는 지방의 비정규 무장 세력에게도 유리했다.

　이금 제도에서 전형적으로 찾아볼 수 있는 행정의 지방 분권화는 증국번의 다른 재정 정책에서도 찾아볼 수 있었다. 처음부터 그는 자신의 군대를 위해 성의 정규 재원을 이용하려 했다. 하지만 조정은 재원을 증국번에게 돌리라고 순무에게 압력을 가할 수 없었다. 증국번은 낙병장이나 호림익 등 뜻이 맞는 성 관리들과의 개인적인 합의를 통해서 비로소 정규 세원을 끌어들일 수 있었다. 이 같은 개인적 타협은 국가의 재정 운용 기관의 관례가 되었다. 그리고 베이징은 이런 식의 비공식적인 타협이 이루어진 후에야 비로소 재원을 돌려쓸 수 있도록 해달라는 성 당국의 요청을 받았다. 증국번은 본인이 지방의 고위 관리가 되자 한 걸음 더 나아가 정규 재원의 범주에 속하는 것에 대한 성의 관리도 그런 식으로 처리하려고 했다. 그는 우선 재정에 관한 권한을 각 성의 순무에게 집중시킨 다음 베이징 조정에 허위 회계 보고를 올리게 함으로써 일을 처리했다. 증국번은 성의 정규 재원의 상당 부분을 감추는 것만이 내전에서 승리를 거둘 수 있는 유일한 방법이라고 문하생들을 부추겼다.

　그리하여 지방을 무장하기 위한 경비가 중국의 재정 관리 구조에 일련의 중요하고도 지속적인 변화를 초래하게 되었는데, 재정 관리 구조가 농업세 중심에서 상업세 중심으로 얼마간 전환되고 베이징의 재정적 권한이 몇몇 지방 지도자들에게 분산된 것이 그러한 변화의 일부였다. 청의 재정 제도에 이보다 훨씬 더 큰 타격이 가해진 것은 중앙 정부가 군사비를 감당하기 위해 통화 팽창 정책을 실시한 데서 비롯되었다. 1853년부터 베이징 정부는 질 낮은 동전, 철전 그리고 어음을 발행하는 등 일련의 필사적인 대책을 강구했다. 이런 방편은 잠시 동안은 정부의 재정적인 어려움을 완화시켜줄 수 있지만 백성들에게는 아주 심각한 타격을 주었으며 전국의 경제를 더욱 약화시켜 청조에 대한 백성들의 불신만 고조시켜놓고 말았다.[16]

여기서 우리가 알아야 할 사실은 한족 신사가 지휘하는 새로운 군사 세력이 출현했다고 해서 청조의 정규 군사 제도가 이들로 완전히 교체된 것은 아니었다는 점이다. 1860년까지 증국번의 상군은 대규모의 팔기군 부대나 녹영군 부대와 나란히 존재하고 있었다. 비록 대부분이 형편없는 지휘를 받고 있었지만 팔기군과 녹영군은 상당한 세력의 태평천국군을 묶어둘 수 있었으며 1860년까지 계속 중요한 요소로 남을 수 있었다. 난징 성 바로 외곽에 주둔한 '강남대영江南大營'은 청의 정규군과 향용으로 구성되어 있었으며 조정이 보기에는 최고의 군사 집단이었다. 이 부대의 지휘관들은 1860년에 최후의 치욕적인 궤멸을 당할 때까지 전체 진압 작전에서 최고의 권위를 갖고 있었다. 그때까지 증국번 본인은 비교적 낮은 문관직에 머물러 있었기 때문에 청군의 활동을 통제할 수 있는 지위에 거의 있지 않았다. 따라서 1860년 이전까지만 해도 상군은 청군의 중요한 보충 부대로서, 더 중요하게는 미래의 제도적 변화를 위한 하나의 토대로서의 의미를 갖고 있없을 따름이라는 점을 이해하는 것이 필요하다.

내분과 몰락

태평천국의 통치의 특성

1854년 초 증국번의 군대와 태평천국군은 양쯔 강 중류에서 정면으로 충돌했다. 이에 앞서 태평천국군은 난징을 출발해 강을 거슬러 올라가는 대규모 서정西征에 나서 강 연안의 도시 대부분을 공격해 점령한 상태였다. 북벌군의 북상이 저지된 상황에서 이제 후베이, 안후이, 장시, 장쑤 성이 태평천국군이 활동하는 광대한 무대가 되었다. 반란군의 전략적 목표는 난징의 수로 교통망을 확보하고 주위의 농업지대를 장악하는 것이었다. 몇몇 상군 부대가 샹탄湘潭에서의 중요한 전투(1854년 5월 1일)에서 후난에 침입한 태평천국군을 격퇴했으며, 증국번의 수군도 강과 호수에 대한 태평천국군의 통제권에 도전했다. 그러나 재능이 뛰어난 태평천국의 익왕 석달개가 수륙 양면으로 증국번에게 참담한 패배를 안겨주는 등 1856년 중반 반란군의 기세는 최고조에 달했다. 이들은 마침내 서로는 우창에서 동으로는 전장까지 동서로 거의 300마일에 이르는 양쯔 강의 주요 연안의 전략적 도시들을 점령했다. 증국번의 수군은 대부분 포양 호鄱陽湖까지 밀려났으므로 태평천국군은 수로를 확고히 장악하게 되었다. 석달개의 부대는 장시 성의 부유한 현들을 대부분 장악했다. 태평천국군이 거둔 마지막 주요 군사적 승리는 1856년 6월 난징 성 외곽에 주둔해 있던 청군을 격퇴시킨 일이었는데, 청군 사령관 향영(向榮)이 이로 인해 전투 직후 사망했다.

새로운 제국 정권으로 등장한 태평천국은 지배를 공고히 하는 데 어려움을 겪고 있었다. 유교적 체제에 돌이킬 수 없는 도전을 제기한 이상, 사회의 모든 단계에 그들 고유의 체제를 발전시켜야 했다. 또 급진적인 유토피아적 사회 계획을 선전해왔으므로 이제 이론을 현실에 적응시켜야 했다. 그리하여 태평천국에게는 승리의 시기이자 위기의 시기이도 했던 1856년에 이들만의 아주 독특한 일련의 제도들이 출현하게 되었다.

태평천국 관제의 성격은 두 가지 모순적인 원칙에 의해 형성되었다. 하나는 선민인 광시인들이 중요한 모든 지위를 독점하도록 한다는 것이었고, 다른 하나는 전통적인 메커니즘인 과거제도를 통해 새로운 인재를 널리 모은다는 것이었다. 태평천국의 문관 고시는 난징에서의 톈징 건도 이후 즉시 시행되어 정권 말기까지 실시되었다. 고시의 형식은 대부분의 측면에서 청조의 제도와 같았으며, 지방과 수도에서 각각 정기적으로 거행되었다. 하지만 고시의 내용은 기독교를 주제로 한 것과 태평천국의 각 왕들에 대한 칭송으로 구성되어 있었다. 그리고 고시의 사회적 토대는 보다 광범했다. 응시자의 출신 배경에 대한 조사는 전혀 없었는데, 이는 지식층 인재를 끌어들이려는 태평천국의 열망과 정치 참여의 길을 넓히려는 그들의 열성을 동시에 보여주고 있다. 고시는 합격하기에 그리 어렵지 않았던 것 같다. 1854년에 실시된 후베이의 성시(省試)에서는 1천여 명이 못 되는 인원이 응시해 8백 명 이상의 거인擧人이 양산되었다. 같은 해 실시된 안후이 성의 고시에서는 한 현에서만 30명의 거인이 배출되기도 했다.[17]

정통 신사들을 끌어들이려는 태평천국의 열렬한 노력에도 불구하고 신사들은 거의 과거에 응시하지 않았다. 응시자들의 사회적 배경은 매우 복잡했던 것 같다. 환속한 승려, 점쟁이뿐만 아니라 새로운 정권이 금한 '미신적' 직업을 가진 문인 등이 포함되어 있었다. 종종 목을 베겠다고 협박하며 과거에 참여할 것을 종용하는 상황에서 태평천국이 점령한 지역의 신사들의 사기가 높았을 리가 없었다. 때로 그러한 덫에 걸린 한 학자가 풍자적인 욕설로 채워진 시험 답안(시권試卷)을 제출함으로써 순교자의 길을 선택하기도 했다. 이러한 과거제도가 태평천국의 관료 체계 수립에 실제로 얼마나 공헌했을까 하는 점은 여전히 미지수로 남아 있다. 그러나 여러 가지 증거로 볼 때 문인에 대한 무인의 우위, 유동적인 전략적 상황, 지역과 종교에 따라 관직이 달리 주어지던 관행이 태평천국 안에 그대로 유지된 것 등은 과거제도가 그다지 중요한 역할을 하지 못했다는 것을 의미하는 듯하다. 그러나 선전 수단과 정권의 정통성의 상징으로서 태평천국의 과거제도가 수행한 역할을 과소평가해서는 안 될 것이다.

태평천국의 관제 자체는 두 가지의 세습 귀족 계급(왕과 후侯)과 11등급의 관직*으로 구성되어 있었다. 이 11등급의 관직 중에서 앞의 여섯 개 관직은 대개 직무가 아니라 지위를 가리키는 것이었지만 역대 여러 왕조의 관직에서 이름을 따온 것이었다. 뒤의 다섯 관직은 군

11등급의 관직: 승상丞相, 검점檢點, 지휘指揮, 장군將軍, 총제總制, 감군監軍, 군수軍帥, 사수師帥, 여수旅帥, 졸장卒長, 양사마兩司馬. 이 중 승상, 검점, 지휘, 장군은 중앙관이고 지부에 해당하는 총제, 지현에 해당하는 감군은 향관을 통솔하는 수토관守土官이며, 군수, 사수, 여수, 졸장, 양사마는 점령지를 통치하는 향관鄕官이었다.

사 지휘나 지방 통치상의 보다 특정한 역할과 관련되어 있었다. 태평천국이 유토피아적 전범으로 받아들인 『주례』에는 무관직과 문관직의 구분이 없었고, 관원은 어떤 지위에 있든 내무 행정과 부대 통솔 가운데 어느 쪽의 임무라도 맡을 수 있었다. 이러한 관직 계급 구조 속에서 실제 권력의 중심은 각 왕들의 행정 막료들이었다. 각 왕은 모두 측근을 전통적 방식에 따라 6개 부문(6부와 유사했다)으로 나누었다. 그러나 이것이 전반적인 행정적 혼란을 야기하지는 않았다. 동왕 양수청이 내정과 군사 양 부문에서 재상 행세를 했고 1856년경이면 그의 막료들이 태평천국의 전체 관료 체제 안에서 중심적인 조정 역할을 행사하게 되었기 때문이다.

태평천국의 지방 행정 체계는 청조의 부현제府縣制를 바탕으로 했고, 현 아래는 『천조전무제도』에 기반을 둔 25호戶로 구성된 기초 집단에서부터 13,156호의 '군軍'에 이르기까지 계층적 단위로 조직되어 있었다. 각 부와 현에는 그들이 교체한 청조의 지방관과 유사한 기능을 하는 관료들을 임명했다. 현 아래 차원의 경우 태평천국의 구상이 실제로 어떻게 실시되었는가에 관한 자료는 매우 산만하고 모순적이다. 하지만 두 가지 이유에서 태평천국의 지방 통제는 허약했으리라고 판단된다. 첫째 태평천국의 제도는 청조와 동일한 약점을 갖고 있었는데, 파견된 정규 지방관의 수가 매우 적었던 것이 그것이다. 조정에서 임명된 관리는 청에서와 마찬가지로 현까지만 파견되었고 이하 모든 직위는 지방에서 지명된 지방민으로 채워졌다. 따라서 지방 정부의 전체 하부 조직은 태평천국의 사회적 재정비를 위해 너무나 중요했지만 종종 정권의 구상과는 거리가 먼 사람들로 채워지게 되었다. 두번째 약점은 첫번째 약점과 관련이 있는데, 태평천국이 본인들의 인위적인 산술적 구획 방식을 지방의 토착적인 조직 단위에 강요하는 것이 어렵다는 것을 알고는 구제도(예를 들어 옛날처럼 현 단위로 구획하는 것 또는 원래의 보갑이나 이갑里甲 등의 주민 조직)에 새로운 명칭만 갖다 붙여놓은 것이 그것이었다. 따라서 태평천국이 점령한 지역 내 각급 단위의 수장들은 종종 구정권하에서 공동체의 업무를 장악하고 있던 사람들로 채워졌고, 이런 상황은 굳건한 지방 통제에도 또 지방 사회의 철저한 개조에도 거의 도움이 되지 못했다.

정복한 지역에서 태평천국이 실시한 토지 정책은 전체적으로 그들이 향촌을 제대로 장악하지 못했음을 보여준다. 이는 절박한 재정 수요, 믿을 만한 중견 간부들의 부족, 그리고 이에 따라 농촌의 사회관계를 거의 그대로 놔두어야 할 필요가 있었던 현실 등에서 말미암은 것으로 보아야 한다. 급진적인 토지 정책을 실시하려면 시간과 안정이 필요했는데, 태평천국은 이 두 가지 조건을 모두 갖추지 못했다. 그리고 그러한 정책을 실시했다면 반드시 생산과 세수의 일시적인 감소를 겪었을 것이다. 우리는 앞에서 『천조전무제도』에 토지의 정기적인 재분배 조항이 없다는 사실은 분배된 토지가 경작자 소유가 될 수 있다는 것을 암시한다고 언급한 바 있다. 사실 태평천국의 토지 정책은 국유제도, 경자유기전耕者有其田 정책도 아니었다. 이 점에 대해서는 여전히 중국의 역사학자들 사이에 논란이 분분하지만 태평천국이 점령하고 있던 대부분의 지역에서 지주와 전농佃農 사이에 소작 관계가 여전히 존재하고 있었다는 많은 증거가 있다. 지주에 대한 이러한 타협적 경향은 태평천국의 말기에 더욱 뚜렷해지는 듯이 보이기는 하지만 이미 초기에도 존재했다는 흔적들이 있다. 태평천국이 소작인에게 자작농 지위를 부여하려고 한 경우도 있었는데, 그것은 주로 지주가 도피한 후 세금을 징수할 필요가 있었기 때문에 그랬던 것처럼 보인다. 조잡한 방식의 징발과 착취는 어떤 지역에 입성할 때마다 태평천국이 일반적으로 보여준 특징이었지만 태평천국의 조세 체계가 빠른 속도로 그것을 대체해 세 부담이 가벼워졌다는 것 말고는 청의 지세 체계와 거의 다르지 않은 토지세 제도로 법제화되었다.

일반적으로 태평천국의 통제 지역 중 전화에 유린되지 않은 지역에서는 농민의 생활 여건이 다소 개선되었다. 반란의 발생이 소작농들로 하여금 가혹한 소작료에 저항하겠다는 결심을 굳히게 만들었던 것 같으며, 몇몇 경우 지주들은 소작료의 일부만을 받는 것에 만족해야 했다. 1860년 이후 양쯔 강 하류의 일부 지역에서 태평천국은 한편으로는 공적으로 소작인의 소작료 감면 정책을 실시하면서 다른 한편으로는 소작인에 대해 각종 직접세를 부과했다. 이는 정부가 향촌의 잉여 농업 생산물을 지주와 나누어 갖는 또 다른 방법일 뿐이었다.[18] 그러나 일반적으로 태평천국이 통제하는 지역의 경제는 농업 부문에서나 상업 부문에서나 구정권하에서보다 세 부담이 적었다. 태평천국의 상업세는 도처에서 거두어들이는 이금보다 훨씬 덜 가혹했으며 분명히 훨씬 더 잘 법제화되어 있었고 보다 정직하게 관리되었다.

중앙의 분열과 지도력의 회복

1856년 태평천국에 파국을 가져온 대혼란과 분열(톈징 사변)은 지방 행정의 결함이나 상대방의 우세한 힘이 아니라 자체의 중앙 지도부의 불안정성으로 말미암은 것이었다. 그러한 불안정성은 앞서 서술한 대로 태평천국 운동 초기의 체제 속에서 이미 싹트고 있었다. 이 정권이 존속하려면 각 왕들 간의 경쟁이 공동의 대의를 지향하는 형제애에 의해 균형을 이루어야 했다. 그러나 얼마 후 동왕 양수청의 무자비한 야심이 이러한 형제애를 파괴하게 되었다. 이미 1853년 톈징 건립 당시 확립되어 있던 그의 우월한 지위는 풍운산과 소조귀의 잇따른 전사로 말미암아 한층 더 강화되었다. 그는 자신의 집정 지위를 공고히 하기 위해 북왕 위창휘, 익왕 석달개, 진일강秦日綱(1854년 연왕燕王으로 봉해졌다)을 희생시켰고 심지어 다른 왕들과 함께 홍수전까지 모욕하고 협박했다. 아무튼 당시 정신 상태가 날로 악화되어가던 홍수전은 실제로는 정사의 결정에 적극적으로 참여할 수 없었다. 양수청은 재빨리 새로운 정신적 권위자 자리를 차지해 자기는 성령의 화신으로서 상제의 둘째 아들보다 지위가 높다고 주장했다. 대부분의 역사가들은 양수청을 믿을 수 없는 음모가로서 그의 종교적 과시는 (홍수전의 진실한 신앙과는 반대로) 단지 술수에 지나지 않는다고 경멸적인 시선을 보여왔다. 그러나 사악한 술수꾼이든 아니든 양수청의 뛰어난 행정력과 권력 집중에 대한 재능이 없었더라면 태평천국 운동이 이 정도까지 성공하는 것은 불가능했을 것이다.

양수청은 홍수전을 끌어내려 최고 권력을 찬탈하려는 듯한 행위로 인해 갑자기 몰락했다. 1856년 8월 양수청은 지금까지는 홍수전에 대해서만 사용해온 제왕의 칭호인 '만세萬歲'를 자신도 사용할 수 있게 해달라고 홍수전에게 강요했다. 홍수전은 이 일을 통해 자기가 위험에 처한 것을 깨닫게 되었다. 그리하여 천왕은 비밀리에 위창휘와 석달개를 톈징으로 불러들여 양수청을 주살하라고 지시했다. 아마 위창휘, 석달개, 진일강 등은 이미 그러한 일을 모의하고 있었던 것 같다. 장시에서 작전을 펼치고 있던 위창휘가 가장 가까운 거리에 있었다.

그는 곧 수천 명의 정예 부대를 이끌고 난징으로 달려왔다. 부유한 지주 출신이었기에 빈천한 노동자 출신인 양수청으로부터 오랫동안 수모를 받아온 것에 대해 더 큰 앙심을 품고 있었는지도 모른다. 9월 1일 밤 그는 신속히 거사를 도모해 양수청을 주살하고 약 2만 명에 달하는 추종자들을 제거하라고 지시했다. 대학살은 난징 성에서 거의 2주일이나 진행되었는데, 이런 규모는 홍수전의 예상을 크게 넘어서는 것이었다. 약 10일 후 난징에 도착한 석달개 또한 크게 놀라 중단하라고 위창휘를 말렸다. 이때 위창휘는 끔찍한 광경으로 인해 머리가 좀 이상해졌는지 석달개가 동왕 일당을 동정하고 있다고 의심했다. 그러자 석달개는 몰래 성을 탈출해 전선에 있는 자기 부대에 합류했는데, 그것을 보고 위창휘는 그의 가족을 전부 살육하고 말았다. 석달개는 이를 갈며 대군을 이끌고 난징으로 진군했다. 그때 홍수전 자신도 위창휘의 세력에 압박을 느끼고 있었고 잠재적으로 양수청만큼이나 위험하다고 느끼고 있었다. 홍수전은 석달개가 태평천국군 사이에서 압도적인 지지를 받고 있다는 사실을 알고서 11월 중순 석달개의 군대와 결합해 위창휘 및 그의 추종자 2백여 명을 죽였다. 이러한 일련의 상호 대량 살상이 진행되면서 태평천국이 일찍이 갖고 있었던 모든 이상은 탐욕과 공포로 인해 허물어져갔다.

 이에 못지않게 심각한 손실은 중앙에 집중되어 있던 권위의 붕괴였다. 살아남은 지도자들 중 어느 누구도 신격화되었던 동왕과 같은 권력을 행사할 수 없었다. 홍수전에 의해 최고 행정 책임자로서 난징으로 불리어 올라간 석달개는 홍수전의 형제들과 아첨꾼 몽득은蒙得恩으로 이루어진 궁정 파벌의 견제를 받게 되었다. 6개월 후 석달개는 자기 부대를 이끌고 떠나 오랜 기간 서쪽과 남쪽으로 독자적인 작전을 펼쳤으며 다시는 태평천국 운동에 합류하지 않았다. 청조의 지지자들은 태평천국의 분열을 재빨리 이용했다. 1856년 12월에 호림익의 군대는 우창에서 태평천국군을 몰아냈고, 증국번은 1857년 말경 장시의 빼앗긴 지역 대부분을 수복했다. 태평천국군의 핵심적인 양쯔 강 기지인 안칭安慶도 위협받게 되었다. 1856년부터 1858년 중반까지 이어지는 태평천국군의 이러한 군사적 쇠락기는 전략 도시인 주장의 상실과 청군의 두번째 난징 포위에서 정점에 달했다.

중앙에서의 이 모든 혼란에도 불구하고 태평천국 운동은 여전히 평민들 사이에서는 억누를 수 없는 활력을 유지하고 있었다. 1858년 말부터 다시 군사적으로 기세를 떨칠 수 있게 된 것은 대체로 광시 성의 최하층 농민 출신인 진옥성陳玉成과 이수성李秀成 두 사람 덕분이었는데, 이들은 태평천국군의 일반 병사로 시작해 차례차례 진급을 거듭해온 사람들이었다. 1857년에 최고 야전 사령관으로 등장한 이 탁월한 전술가들은 점차 공세로 돌아서 강북의 청군을 심각한 혼란 상태로 몰아넣는 데 성공했다. 1858년 9월 그들은 안후이 성 북부의 싼허전三河鎭에서 상군에 치명적인 타격을 가했다. 그리고 11월에는 난징 맞은편에 있는 푸커우浦口에서 청조의 정규군을 궤멸시켰다. 이러한 두 차례의 승리를 통해 태평천국군은 안칭에 대한 압력을 풀고 톈징과 북방 사이의 통신을 다시 열 수 있었다.

태평천국이 부활할 수 있었던 두번째 요인은 천왕의 종제인 홍인간洪仁玕(1822~1864년)이 일시적이고 제한적이기는 하지만 중앙의 권위를 재건한 데서 찾을 수 있었다. 홍인간은 홍수전 집단 가운데 최초의 개종자 중 하나(또 홍수전처럼 과거에 낙방하고 숙사로 있었다)였지만 1852년 이래 줄곧 태평천국 운동으로부터 떨어져 있었다. 그동안 그는 홍콩에서 기독교 선교사들과 함께 일하고 있었다. 처음에는 스웨덴 사람인 함베르크Theodore Hamberg[중국식 이름은 한산문韓山文]와 그리고 나중에는 스코틀랜드의 중국학자인 레게James Legge[중국식 이름은 이아각理雅各]를 포함해 런던선교회London Missionary Society의 여러 선교사들과 일했다. 그는 신학 이외에도 서양 과학과 정치 경제학 등 다방면에 걸쳐 공부를 했기 때문에 태평천국 내에서는 가장 박학한 사람이었을 뿐만 아니라 중국 최초의 서양 문화 소개자 중의 하나이기도 했다. 1859년 4월 그는 마침내 성공적으로 난징에 도착해 천왕으로부터 열렬히 환영받았으며 곧이어 '간왕干王'으로 봉해져 조정의 일을 도맡아 보기에 이르렀다.

홍인간은 1859년에 발표한 『자정신편資政新篇』을 통해 중앙 통제를 강화하고 서양 기술을 채택해 중국 경제와 교통의 근대화를 촉진하며 서양 열강과 돈독한 우의를 맺는다는 취지의 기본적인 정책 노선을 천명했다. 근대적 은행의 개설, 특허권의 발행, 철도 건설과 증기선 건조, 광산 개발 등에 관한 그의 제안은 그가 서양이 가진 힘의 저변에 깔린 기본적인 요소들을 비록 종합적이지는 않아도 진지하게 인식하고 있음을 보여주는 것이었다. 또한 그러한 계획들은 태평천국 경제 이론과도 상당한 차이가 있었다. 또 다른 글을 통해 그는 태평천국의 과거제도를 대폭 바꾸도록 했는데, 그것은 좀더 실용적인 학문 방식을 장려하고 문무의 역할을 효과적으로 겸비하게 하는 것을 목적으로 하고 있었다. 이렇게 등용된 태평천국의 새로운 엘리트들은 문인이라면 '군사 전략을 시와 서書로 쓸 수' 있고, 무인이라면 '예절바른 행동을 위해 창과 방패를 일시 제쳐놓을 수' 있게 될 것이었다.[19] 동시에 그는 중국의 정통 지식인들의 충성을 확보하려는 노력을 단념하지 않고 전통적인 민족-민족주의를 내세워 다시 한번 이들에게 호소하는 선전 전술을 구사했다.

1860년 중반 양쯔 강 이북에서의 군사적 승리로 태평천국은 전략적 거점들에 대한 압력에서 벗어날 수 있었으나 안정적인 경제적 토대를 마련하는 데는 실패했다. 양쯔 강 중류에 있는 상군 요새들을 함락시키는 데 실패한 것은 더욱 심각한 문제였다. 안후이 성의 경우 병력은 증가되었지만 대부분 정치적으로 신뢰하기 힘든(곧 청군에 투항하게 될) 염비捻匪들로 구성되어 있었기 때문에 이 지역을 장기적인 작전 기지로 활용할 수가 없었다. 그러나 1860년 5월 강남대영에 대한 제2차 공격이 성공해 태평천국군의 사기가 크게 진작되자 홍인간은 양쯔 강 삼각주 지역을 정복하기 위해 대규모 전투를 준비했다. 이 지역을 경제적 기반으로 삼을 수 있다면 다시 한번 우창과 한커우에까지 이르는 양쯔 강 중류 유역을 정복하기 위한 시도를 해볼 수 있을 것이었다. 홍인간이 생각하기에 양쯔 강 하류 도시의 점령이 갖는 장점은 무엇보다도 태평천국군이 서양의 증기선에 접근할 수 있는 기회를 갖게 될 것이며, 그러면 태평천국군은 이 증기선을 파견해 강을 거슬러 올라가며 작전을 펼칠 수 있으리라는 데 있었다.

새로운 동진 작전은 첫 단계에서 신속한 승리를 거두었다. 쥐룽句容, 단양丹陽, 창저우常州를 방어하고 있던 청군은 낭패를 당하고 혼비백산해 퇴각했다. 6월 2일 이수성의 부대는 장쑤 성 동부의 정치적·경제적 중심지이자 연해 도시들과 연결되어 있는 쑤저우로 진격했다. 장기적으로 점령할 의도였기 때문에 이 지역 내의 모든 태평천국군 지휘관들은 지역 경제를 안정시키고 향촌을 통제하기 위해 성실하게 일했다. 태평천국의 국고로 재원이 지속적으로 흘러 들어올 수 있도록 가능한 한 지방의 사회 조직을 교란시키지 않는 것이 그들의 정책이었다. 이제 이들 앞에 놓인 과제라곤 해안의 도시들에서 청군을 몰아내는 것뿐이었다. 홍인간이나 태평천국군의 다른 지휘관들이 양쯔 강 상류에서의 전투를 위해 증기선을 확보하려는 것 외에 해외 교역을 통한 재정원으로서 상하이의 장기적인 중요성을 인식하고 있었다는 증거는 없다. 어쨌든 양쯔 강 삼각주 지역을 전부 점령하려면 반드시 상하이를 손에 넣어야 했는데, 홍인간은 이에 대해 열강들에게 이해를 구하려고 했다. 하지만 외국의 지지나 중립적 자세를 얻어내려 한 홍인간의 시도는 실패할 수밖에 없었다. 왜냐하면 그것은 서양인들이 태평천국군을 진보적인 기독교 교우로 받아들이며 공감을 보내고 있을 것이라는 순진한 낙관론에 근거하고 있었기 때문이다. 열강들은 반군과 협력할 의사가 없었을 뿐만 아니라 양쯔 강 하류의 각 성에 주둔 중인 청군의 전력이 회복되고 있는 것에 좀더 강한 인상을 받고 있었던 것이다.

증국번의 진급

1860년대 초 결국 청조에 승리를 가져다줄 결정적 사건들이 청조의 지휘 구조 내에 일어났다. 강남대영의 두번째 붕괴(1860년 5월)로 청조의 최고 지휘자였던 장국량張國樑과 화춘和春이 전사하고 양강 총독인 하계청何桂淸은 파직되었으며 난징 동쪽 지역의 정규군도 완전히 궤멸되었다. 따라서 조정의 정책도 크게 재조정될 수밖에 없었다. 즉 증국번에게 전체 작전 지휘권을 부여하는 것 외에는 다른 도리가 없게 된 것이다. 그리하여 1860년 6월 8일 증국번은 양강 총독 서리 겸 흠차대신으로 임명되어 강남 하류 지역의 최고 군사권을 갖게 되었다. 그는 이러한 첫번째 정규 지방관직을 통해 마침내 자신의 군사력을 보다 풍부한 재정 및 주요 총독직이 지닌 한층 더 강력한 권위와 연결시킬 수 있게 되었다.

청조의 입장에서 보면 개인의 군사력과 정규 지방관의 권위가 이런 식으로 결합되는 것은 상서롭지 못한 움직임이었다. 1850년대에 이미 증국번의 몇몇 막료들이 순무나 순무 서리로 임명되면서 그러한 선례가 이루어진 바 있었다. 안후이의 강충원과 그를 이은 이맹군李孟群, 광시의 유장우劉長佑 그리고 후베이의 호림익 등이 그러한 예였다. 그러나 증국번이 이번에 새로이 막강한 양강 총독직에 임명된 것은 분명 행정력과 군사력의 보다 강력한 결합이었다. 이것은 이번 내전의 전환점인 동시에 여러 모로 중국 근대사의 일대 전환점이기도 했다. 이런 식으로 만주족의 군주권과 한족 신사 지도자들 사이에 형성된 강력한 보수 연합이 청조의 수명을 20세기까지 연장시켜놓았으며, 중화민국 이후 시기의 중국의 정치 구조에도 지대한 영향을 주었다.

1860년 증국번이 총독으로 발탁됨에 따라 상군은 재정적·정치적 기초를 강화하게 되었을 뿐만 아니라 청조 또한 마침내 든든한 전략적 지도력을 갖게 되었다. 난징에서 한커우에 이르는 양쯔 강 상류 지역이 톈징의 안전에 관건이며, 이 지역을 장악하기 위한 열쇠는 안후이 북부의 전략적 거점 항구이자 1853년 이래 태평천국군의 통제하에 있던 안칭이라는 사실을 증국번이나 태평천국 모두 알고 있었다. 1859년 말 조정도 증국번의 주장에 따라 안칭 탈환이 얼마나 중요한지를 인식하게 되었다. 증국번은 주도면밀하게 일을 진행시켜 동생인 증국전曾國荃에게 수복 작전을 맡겼다. 1861년 9월 5일 격렬한 전투 끝에 안칭이 함락되었으며 성내 백성들은 청군에게 대량으로 학살당했다. 이렇게 해서 태평천국군을 격파할 수 있는 전략적 기반이 놓여졌다.

당시 발생한 이에 못지않게 중요한 또 하나의 사건은 증국번이 상군을 모델로 새로운 군대를 창설해 전임 막료들에게 지휘를 일임한 뒤 이를 후원한 일이었다. 이런 식으로 그의 권력 장치는 다음 세대의 신사-전술가들에게 계승되었다. 그는 먼저 진사 출신으로 유능하고 임기응변에 능하며 야망이 큰 인물이자 부친이 증국번 자신의 동문이었던 문하생 이홍장(1823~1901년)을 선택했다. 이홍장은 안후이 성 허페이슴肥의 유명한 관료 집안 출신으로 1853~1857년에 고향을 지키기 위해 향용을 통솔했는데 이것이 그의 군사 경력의 시작이었다. 안후이 성 신사층의 군사 활동은 원래 안후이 성과 후난 성 변경 지역에서 발생한 염비의 난에 대비하기 위해 시작되었고 후에 태평천국군의 침입으로 한층 더 강화되었다. 이홍장 본인의 역할은 후난에서 왕홈이나 나택남이 행한 역할과 유사했던 것 같다. 그는 지방 방위군인 단련의 명부를 보고서 사람들을 소집해 이들을 전문적인 전투 부대로 재조직했다. 그는 곧 야전 지휘관 지위에서 강충원의 후임 안후이 순무인 복제福濟의 막료로 옮겨갔다. 안후이에서 6년을 지낸 뒤 이홍장은 오랜 후견인인 증국번의 휘하에 들어간 형 이한장李瀚章과 합류하기로 결심했다. 1859년 1월 그는 증국번의 장시 총본부에 도착했다.

증국번은 이홍장을 막료로 두기에는 재능이 아깝다고 생각하고는 그에게 상당 규모의 독립 부대에 대한 지휘를 맡기려고 했다. 증국번과 호림익은 일찍이 병력 보충 지역으로 안후이 성의 화이양淮陽 부근을 주목하고 있었으므로 증국번은 이홍장이 그곳에서 병력을 모집

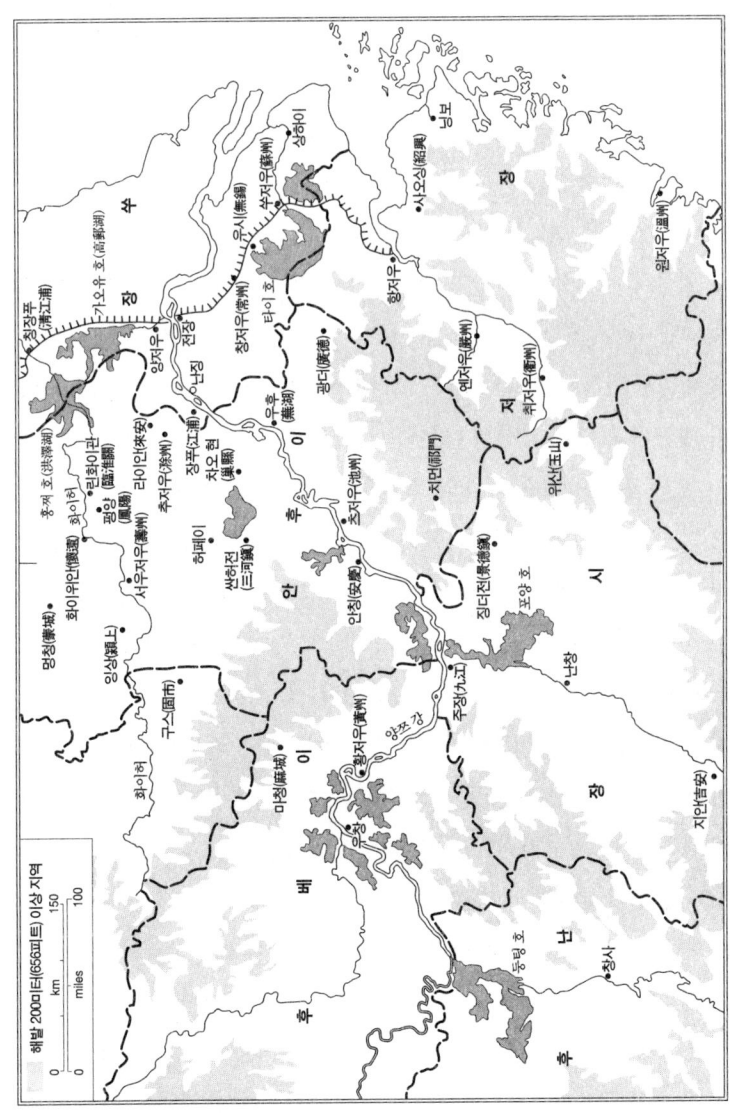

〈지도 11〉 태평천국과 황제파 간의 투쟁

해 훈련시킬 수 있도록 배려해주려 했다. 1861년 마침내 기회가 다가 왔다. 포위되어 있는 상하이에서 피난 생활을 하던 신사들의 대표 한 사람이 막 탈환한 안칭의 증국번 진영으로 찾아와서 구원병 파견을 요청했다. 이홍장은 즉시 군사를 모으기 시작했다. 새로운 부대는 단련에서 인원을 선발해 조직되었는데, 여기에 이미 존재하고 있던 일부 향용들이 가세하고 전투 경험이 풍부한 상군 8개 영營이 더해졌다. 1862년 4월 상하이의 부호 신사들이 서양 상인들에게서 빌린 일단의 증기선을 안칭으로 보내왔다. 그리하여 이홍장 부대는 즉각 강을 따라 내려와 상하이 점령에 나설 수 있었다.

증국번이 새로운 군대의 창설을 후원하기로 결정한 것은 부분적으로는 상군이 이미 전성기를 지났다는 판단 때문이었다. 가장 유능한 지휘관들(나택남, 강충원, 이속빈李續賓 그리고 1861년 9월에는 호림익)이 사망함으로써 상군은 동요하고 있었고 더욱이 싼허전 전투에서의 참패는 상군의 사기를 크게 저하시켰다. 또 후난에서의 군사 모집도 날로 어려워지고 있었다. 이렇듯 상군의 미래는 불확실했다. 또한 증국번은 군사-내무 행정을 결합한 새로운 형태의 권력을 확대해 본인이 새로 획득한 정치권력을 이용할 수 있기를 원하고 있었다. 1861년 말 이홍장이 군사를 모집하기 시작한 직후 증국번은 그를 장쑤 순무로 추천하기로 결심함에 따라 이홍장은 상하이에 도착하자마자 순무에 임명되었다. 이에 앞서 호림익의 절친한 친구였던 좌종당 — 고위 참모로 증국번과 다른 관료들을 위해 일한 후난의 유능한 학자 — 역시 강남의 군무를 맡아 상군을 이끌고 저장을 수복하라는 명을 받았다. 1862년 1월 좌종당은 저장 순무로 임명되었다.

증국번이 상하이 지역으로의 세력 확대를 결심하게 된 근본적인 이유는 당시 상하이로 피난해 있던 신사들이 그토록 오랫동안 그리고 그토록 강력하게 외국 군대의 개입을 요청하고 있었기 때문에 외국 군대가 장쑤 내륙에 군사 거점을 확보하게 될지도 모른다는 우려 때문이었다. 외세의 개입을 깊이 우려했던 그는 서양을 이용하는 방법은 외국 군대를 끌어들이는 것이 아니라 중국이 직접 병기창을 설립해 서양식 군수품을 생산하는 것이라고 확신하고 있었다.

외국의 개입

서구 열강은 1850년대 초까지만 해도 태평천국에 대해 다소 관망하는 자세로, 심지어는 이따금씩 조심스럽게나마 희망 섞인 시선으로 바라보았지만 이제 그러한 시선은 급속히 사라져버렸다. 1860년이 되자 태평천국은 기본적으로는 중국 교역을 위협하는 존재로 인식되게 되었다. 중국 시장에 대한 이해관계가 가장 컸던 영국은 공식적으로 내전에 대해 중립 정책을 고수하면서 조약항이 침해당하는 일만은 있어서는 안 된다고 주장하고 있었다. 그러나 영국 영사관이나 군사 관계자들의 보고는 태평천국에 대해 점차 적대적 견해를 보이면서 이번 반란은 "파괴적인 성격을 갖고 있으며 …… 신성 모독적이고 부도덕한 미신에 근거를 두고 있다"[20]는 것을 강조했다. 영국 정부는 태평천국이 외국 교역이나 심지어 외국인의 조약상의 권리에 대해 적대적인 자세를 취하지 않을까 하는 것이 아니라 오히려 효율적인 정부를 수립하지 못할 것이기 때문에 중국과 중국 상업을 혼란에 빠뜨리지 않을까 하는 것을 우려하고 있었다. 반란에 개입하는 문제와 관련해서는 각급 행정 단계에서 논의가 이루어지기는 했지만 영국 정부의 공식 정책은 각 조약항에서 자국의 이익을 보호하는 것에, 실제로는 상하이를 방어하는 것에 머물러 있었다. (1855년 일찍이 청군이 소도회로부터 상하이를 탈환하는 것을 지원한 바 있는) 프랑스도 동일한 결론에 도달했다. 따라서 1860년 8월 19~20일 이수성이 상하이를 공격하자 (이것은 단지 3,000여 명만이 동원된 시험적인 행동이었다) 영국과 프랑스 양국 군이 이를 격퇴시켰다. 역설적이지만 이들의 개입은 다른 영불 연합군이 북방의 다구 포대를 공격하고 있던 시기에 발생했다(5장을 참조하라).

1860년 청 정부와 서구 열강들 사이에 조약이 체결된 뒤 영국은 한동안 중국의 내전에 개입하지 않기로 결정하고 있었다. 영국은 태평천국을 양쯔 강 중류 지역의 실질적인 정권으로 간주했고, 1861년 2월 해군 소장 호프 경은 대표단을 이끌고 난징으로 가서 영국이 중립을 지키는 대신 영국 교역이 안전하게 진행될 수 있도록 분명한 양해를 받아내려고 했다. 난징에서 그들을 맞이한 이수성(당시 홍인간은 이미 외교 방면의 직책을 잃은 상태였다)은 심지어 연말까지는 상하이를 공격하지 않겠다고 약속했다. 태평천국군은 상하이 주위 30마일 이내로는 들어가지 않기로 합의되었다. 영국은 내전에 대해 원칙상의 중립을 계속 고수했다. 그러나 1861년 여름 무렵 베이징 주재 영국 공사인 브루스는 이미 명백히 청조를 지지하는 쪽으로 기울어져 있었다. 태평천국이 아편 무역을 노골적으로 반대한다는 점뿐만 아니라 태평천국의 '신성 모독적인' 기독교에 대한 서양인들의 점증하는 혐오감이 영국의 태도에 영향을 주었던 것이 틀림없다. 1861년 6월 브루스는 하트의 건의를 받아들여 레이가 청 정부를 위해 함대를 동원하는 것을 허락했다. 증국번이 안칭을 수복한 지 한 달 이상이나 지난 뒤인

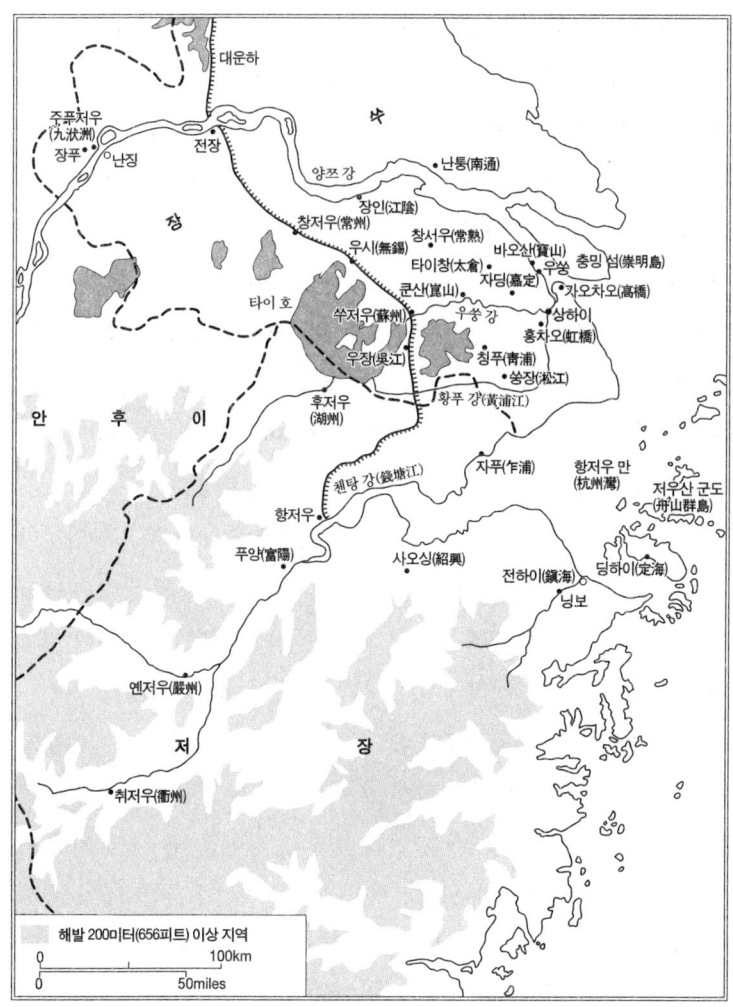

〈지도 12〉 양쯔 강 삼각주 지역

10월 브루스는 공친왕의 요구를 받아들여 양쯔 강의 외국 선박들은 조약항 이외의 지역에 정박하지 못하도록 금지시켰다. 이로 인해 태평천국은 외국 선박으로부터 무기와 보급품을 획득하기 어렵게 되었다. 그럼에도 불구하고 브루스는 ― 런던은 두말할 필요도 없었다 ― 영국이 내전에 개입하는 것을 원하지 않았다. 12월에는 단지 1척의 프랑스 함대와 2척의 영국 함대만이 닝보에 있었다. 또한 상하이 방면에는 겨우 700명의 영국군과 500명의 프랑스군만이 있었을 뿐이다.[21]

하지만 1861년 말경이 되면 열강과 태평천국군 모두 자제력을 잃어가게 된다. 태평천국군은 서부 전선에서 군사적 상황이 점점 더 위기에 처하자 연해 지역에서 자신들의 지위를 공고히 하지 않을 수 없게 되었다. 그리하여 1861년 12월 9일에는 닝보를, 29일에는 항저우를 점령했다. 또 1862년 1월 이수성은 상하이 지역에 대해 전면 공격을 감행해 상하이와 연결된 강변의 도로들을 점령했다.

그러는 사이 영국은 자국의 미래의 이익을 청조의 부흥과 안정이라는 관점에서 고려하기 시작하고 있었다. 1861년 11월 궁정 쿠데타(신유정변 辛酉政變)가 발생해 고인이 된 함풍제의 동생인 공친왕이 청조의 정책 조정자로 등장하게 되는 사건이 일어나면서 그들의 희망은 더욱 고조되었다(8장을 참조하라). 공친왕은 새로운 조약을 받아들일 준비가 되어 있었으며 영국 공사 브루스도 그가 그렇게 하도록 모든 기회를 제공할 준비가 되어 있었다. 이후에 이어진 태평천국에 대한 영국의 개입은 영청 관계를 안정시키려는 브루스의 전반적인 노력의 일부로 간주되어야 한다. 영국이 태평천국이 장차 보다 강력하고도 배외적인 정부로 등장할 것을 우려했다는 증거는 없다. 영국이 그들에 반대하고 청을 지원하게 된 것은 오히려 소문이 나 있던 태평천국의 약점과 무질서 때문이었다.

열강은 여러 가지 형태로 태평천국 진압 작전에 참여했다. 영국군과 프랑스군이 직접 개입하는가 하면 근대적 무기를 제공하고 청군의 훈련을 지원했으며 비정규군인 향용에 외국인 지휘관을 파견했다. 이 중 외국 군대의 직접적 역할은 분명 그렇게 중요한 것이 아니었다. 의용대〔외국 지휘관의 지휘를 받는 향용 부대〕— 가장 유명한 것이 '상승군常勝軍'이었다 — 는 장쑤 성의 청군에게 상당히 중요했다. 그러나 결국 역사적으로 가장 큰 의미를 가졌던 것은 근대식 무기의 제공이었다. 무기 제공에 따라 군수품 제조업이 일어나게 되었으며, 이로 인한 기술상의 진보는 결국 중국 군대와 군수 산업의 근대화에 이바지했기 때문이다.[22]

양쯔 강 하류 지역의 지방 관원과 신사들은 반란군 진압을 위해 서양이 개입해주기를 이미 오래전부터 희망하고 있었다. 이미 1853년부터 외국의 지원이 가진 잠재적 가치를 인식하고 있던 상하이 도대 오후吳煦 — 그는 연납을 바치고 관리가 되었다 — 는 이후 적극적으로 이 일을 추진하게 되었다. 1860년 장쑤 포정사를 겸임하게 된 그는 본인이 매판 상인들과의 동업을 통해 개인적인 사업 투자에 깊이 관여하고 있었고, 행회行會를 이용해 이금을 능숙하게 거두어들이고 있었다. 당시 장쑤 순무 설환 밑에는 녹영과 향용이 약 4만 명 있었으나 훈련되지 않은 오합지졸에 불과했다. 1860년 5월 오후는 소규모의 '이용夷勇'을 조직하는 일에 착수했다. 자딘-매디슨사의 매판 출신으로 저장의 은행가이자 부유한 상인인 동료 양방楊坊의 권유로 오후는 워드Frederick Townsend Ward(1831~1862년)를 책임자로 임명했다. 중국에서 증기선 선원으로 일한 경력이 있는 워드는 미국 매사추세츠의 세일럼에서 어린 시절을 보낸 후 줄곧 바다와 육지에서 모험적인 삶을 영위해왔다. 워드는 용감하고 성격이 급했으나 순진해 양방의 조종을 받았다(양방은 후에 자기 딸을 그와 결혼시켰다). 워드와 소수의 백인 동료들은 200명의 필리핀 병사를 이끌고 1860년 7월 상하이 서북[지도 상으로 보아 서남 방향인 것 같다]상의 중요 도시인 쑹장松江을 점령했으나 한 달도 채 안 되어 다시 빼앗겼다. 1861년 워드와 장교(대부분 미국인)들은 원래의 '마닐라 병사들' 이외에도 수백 명의 중국인 병사를 훈련시키기 시작했다. 주로 오후와 양방에게서 재정을 지원받은 워드는 부대를 '영국식으로' 훈련시키고 샤프식 연발총으로 무장시켰다. 그의 군대는 1862년에는 3,000명으로 증가했다. 상하이 인근에서의 전투 후 그들은 공식적으로 '상승군'이라 불렸는데 이 이름은 중국인이 비정규적인 향용 부대에 대해 보통 사용하던 상서로운 명칭이었다. 이렇게 시작된 혼성군 — 기본적으로는 외국인 지휘하의 중국 용병 부대 — 은 이후 2년간 장쑤 성의 진압 작전에서 커다란 명성을 떨치게 되었다.

하지만 오후와 장쑤 순무 설환의 입장에서 보자면 상승군은 외국의 직접적인 지원을 얻어내기 위한 보다 큰 노력의 첫걸음에 불과했다. 오후와 설환 두 사람은 상하이에 피난해 있던 신사들과 저명한 전직 관리들의 의견을 신중하게 따랐는데, 당시 이들은 반란을 진압하기 위해 외국 군대를 '빌리자'는 주청을 앞장서서 주도하고 있었다. 그러한 주청에는 심지어 쑤저우와 난징에 대한 작전에도 외국 군대를 끌어들이자는 내용도 들어 있었다. 신사 지도자들은 브루스와 청조의 허락만 있으면 영국군이 상하이를 지켜줄 것일 뿐만 아니라 닝보와 쑤저우, 나아가 난징 — '전선 어느 곳이든' — 을 수복하는 데 도움을 줄 것이라고 파크스가 1862년 1월에 넌지시 암시했다고 주장했다.[39] 설환은 내키지 않는 체하면서 충분한 수의 전직 고위 관리들이 청원서에 서명하기를 기다려 "[외국] 군대를 빌려 반란을 진압한다借兵

助剿"는 제목의 상주문에 서명했다. 상주문에는 난징과 쑤저우에 대한 공격 제안도 포함되어 있었다. 그러는 사이 설환의 승인 아래 전 쑤저우 지부였던 오운吳雲과 오후의 부관인 응보시應寶時는 1월 13일에 이렇게 계획된 연합 작전을 위해 자금을 모으는 일을 담당할 '중외회방국中外會防局'이라는 기구를 설립했다. 2월 초 조정은 두 편의 칙령을 발표해 상하이에 한해 설환의 건의를 받아들였다. "상하이는 통상 교역의 요지이므로 중국과 외국이 함께 방위하는 것은 마땅하다"24)는 것이었다. 쑤저우와 난징에 대해서까지 외국의 지원을 확대하자는 방안에 관해서는 증국번의 의견을 물었다.

1862년 1월 13일 태평천국군이 우쑹吳淞 강변을 따라 진군하는 것이 목격되었을 때 영국군과 프랑스군은 선상에서 포를 사격하기만 했다. 그러나 2월 21일 해군 중장 호프는 직접 군대를 이끌고 태평천국군이 점령하고 있던, 상하이 동북방 10마일 거리의 가오차오高橋를 공격했다. 호프의 포병 부대는 350명의 영국군과 60명의 프랑스군의 지원을 받았고 600명의 워드의 병사가 척후와 돌격대로 참가했다. 4월 내내 상하이 인근의 몇몇 도시들을 대상으로 유사한 작전이 이어졌지만 탈환한 도시들이 적절한 수비력을 갖추지 못해 곧 태평천국군에게 다시 빼앗기는 등 작전이 전적으로 성공적이었다고는 할 수 없었다. 2월 22일 호프는 브루스에게 서한을 보내 그러한 작전 — 즉 상하이 부근 반경 30마일 이내의 반군을 소탕하는 — 에 대해 승인을 요청했다. 브루스는 4월 12일이 되어서야, 즉 스테이블리Stavely 제독이 톈진에서 1,800여 명의 영국군을 이끌고 상하이로 온 것과 거의 비슷한 시기에야 이를 승인했다. 2월 25일 청 정부는 워드의 중서용군中西勇軍을 정식으로 승인했다. 그리고 워드에게는 4품의 군직과 함께 공작의 깃털(화령정대花翎頂戴*)을 수여하자는 설환의 추천도 받아들여졌다. 5월 1~18일 사이에 영국의 소형 포함들이 부근의 넓은 수로망을 통해 영국, 프랑스 및 워드군의 연합 부대를 수송해 상하이 주위 30마일 이내의 주요 도시를 수복했다. 이들은 각 도시를 점령한 후 조직적인 약탈을 자행했고 전리품은 사전에 합의한 대로 '공평하게 분배' 되었다. 점령지의 수비는 이제 주로 상승군에 의해 효과적으로 수행되었으며 두 개 도시의 경우에는 영국군과 프랑스군이 점령해 주둔해 있었다.

상하이가 태평천국군의 수중에 들어가지 않을 수 있었던 것은 1862년 5월 말부터 시작된 영국과 프랑스의 적극적인 개입 때문이었다. 그러나 5월 이후 방어의 주된 짐을 떠맡은 것은 새로 도착한 이홍장의 회군이었다. 4월에 그는 6,500여 명의 회군과 함께 상하이의 신사들이 임대한 영국 상사의 증기선 7척을 타고 안칭에서 양쯔 강을 따라 내려와 상하이에 도착했다. 도착하자마자 상하이의 중국인 거주 구역에 본부를 설치한 이홍장은 회군은 영국군과 프랑스군 소속 부대로 전투에 참가 하지는 않을 것이며 오히려 외국군과 혼합되는 것이 아니라 '자강을 위해 노력' 할 것이라고 처음부터 결심하고 있었다.[25]

이때 태평천국군이 5만여 명의 병사를 동원해 대규모로 상하이를 공격해왔다. 감당할 수 없을 만큼 수적 열세에 놓여 있다는 판단하에 영국과 프랑스는 내륙 쪽으로 약 30마일 떨어진 곳에 위치한 자딩嘉定에 주둔하고 있던 수비 병력을 철수시켰다. 워드의 부대가 지키고 있던 쑹장 역시 곤경에 빠졌다. 영국 제독 스테이블리는 인도로부터 대규모 병력을 증파해 줄 것을 런던에 긴급히 요청했다 — 만약 그러한 생각이 실현되었더라면 이번 내전에서 서양의 역할을 크게 증대시키

화령정대: 청조에서 관리의 계급을 표시하기 위해 관의 꼭대기에 다는 깃털.

는 결과를 가져왔을 것이다. 그러나 그러한 증원은 필요 없다는 것이 드러났다. 이홍장의 회군이 이런 상황에 대처할 수 있는 능력을 갖고 있다는 사실이 거의 즉각적으로 증명되었기 때문이다. 충왕 이수성이 6월 초에 대군을 이끌고 서쪽에서 상하이를 공격해오자 회군은 6월 17일의 홍차오虹橋전을 비롯한 일련의 전투에서 대승을 거두어 이들을 격퇴했다. 충왕은 상하이를 쉽게 차지할 수 없다는 사실을 깨닫고 쑤저우의 기지로 철수한 후 증국전 부대의 위협을 받고 있던 난징의 포위를 풀기 위한 원정을 계획하기 시작했다. 다른 장군들이 이끄는 대규모 태평천국군이 상하이를 계속 압박하고 있었지만 이들 또한 워드의 상승군의 지원을 받은 회군에 의해 격퇴되었다. 1862년 8월 말 이홍장의 회군은 자딩을 제외한 상하이 주변 30마일 이내의 모든 도시들을 수복했다(자딩도 10월에 중국과 서양의 연합군에 의해 수복되었는데 이것은 영국과 프랑스 군대가 태평천국군을 공격한 최후의 전투였다).

이홍장은 오직 독자적 활동만이 회군이 해당 지역 내에서 실질적인 군사적 주도권을 확보하는 데 필요한 경험과 역량을 갖추게 해줄 것이라고 확신하고 있었다. 동시에 군사 훈련 방면에서 서양의 영향력이 커지지 않을까 경계했다. 중국 군대의 훈련을 서양 교관들에게 맡기려는 시범적인 계획이 중앙 정부에 의해 이미 수립되어 있던 1862년 6월 그는 서양인들이 "서서히 청조의 군사 통수권을 침해하게 될까"[26] 우려된다며 총리아문에 그러한 계획을 지지하지 말 것을 탄원했다. 성 정부와 중앙 정부의 관료들이 모두 외국이 중국의 내전에 직접 개입하는 것에 반대하고 있었다는 것을 불운에 불운이 겹쳐 벌어진 '레이-오스본 함대' 사건보다 잘 보여주는 것도 없을 것이다(9장을 참조하라).

태평천국의 멸망

1861년 9월 청군의 안칭 탈환으로 1860년 홍인간이 세운 대전략의 한 축이던 태평천국군의 서정은 피비린내만 남긴 채 실패로 끝나고 말았다. 태평천국의 입장에서 보면 이 작전은 어떤 면에서는 동부 전선의 작전보다 훨씬 더 중요했는데, 지휘관들 사이의 불화 때문에 실패했다. 1859년 탁월한 지휘 능력으로 '충왕'으로 임명된 이수성은 보다 큰 전략적인 구도보다는 자신의 세력 기반인 양쯔 강 하류의 경영에 더 주력했다. 군 지휘권의 이러한 분열은 양수청의 사후 태평천국이 중앙 지도력을 재확립하는 데 실패했음을 보여주는 한 가지 사례였을 뿐이다. 한 번도 확고하지 못했던 홍인간의 지위는 천왕이 현실 정치에 무관심해지고 올바른 판단력을 잃어가게 되면서 흔들리고 있었다. 1861년 초 그는 야전 사령관들의 질시와 조정 신하들의 음모로 마침내 행정부 수반의 지위를 상실했다. 이러한 질시와 야심은 또한 태평천국 지도층의 성격을 변화시켜놓았다. 군 지도자들의 요구를 충족시켜주기 위해 수십 명의 왕이 임명되었는데 이들 가운데는 태평천국 운동의 주변부에만 머물러 있던 인물도 있었다. 개별 부대들은 여전히 무시무시한 힘을 갖고 있었지만 안칭의 상실과 중앙 통제력의 와해로 태평천국은 멸망의 단계로 들어갔다.

태평천국의 최종적인 멸망은 증국전의 난징 포위 공격, 이홍장의 연해 소탕 작전 그리고 좌종당의 저장 평정 등에 의해 이루어졌다. 그 중에서도 동쪽에서 시작해 장쑤 전역으로 전개된 이홍장의 활약은 특별한 역사적 의미를 갖는다. 왜냐하면 그것은 이처럼 기민하고 적응력 강한 지도자가 상하이와 그 배후지의 풍부한 상업적 재부의 형태로 되어 있는 새로운 부와 권력의 원천을 장악했음을 의미하기 때문이다. 중국의 대외 교역의 새로운 중심지로서 상하이는 갑자기 급증한 인구, 피난온 신사들로 이루어진 풍요로운 사회, 내지 상업과의 다방면의 관계 등으로 인해 다른 어느 곳과도 비교할 수 없는 중요한 군사 기지였다. 이홍장은 장쑤 순무로 임명되자마자 즉시 관세와 장쑤성 이금을 통제하기 시작했다. 이들 두 종류의 교역세, 특히 이금은 이후 수년 동안 그의 군사 활동을 위한 중요한 재원이 되었다. 저돌적인 관료적 추진력으로 이들 재원에 대한 통제력을 장악해 1862년 말이면 이미 그는 급격히 확대된 회군을 유지하는 것은 물론 중국번 — 당시 증국번의 상군은 급료 체불로 인해 불만이 높아져 있었다 — 에게도 상당한 자금을 제공할 수 있게 되었다.

　　1863년 이홍장의 회군이 장쑤 동부와 저장 북부의 여러 도시들을 차례차례 태평천국군의 손에서 수복하고 있을 때 회군의 규모는 5만 명을 넘어서고 있었고 중국군의 근대화를 위한 첫번째의 중요한 단계가 시작되고 있었다. 본인의 상군을 외국 군대식으로 편제하기를 주저하던 보수적인 후원자 증국번과는 달리 이홍장은 상하이를 통제하면서 재빨리 그에 따른 기술적 장점을 인식했다. 그는 서양인들에게서 강선腔線이 있는 소총과 서양식 야포를 대량으로 구입했으며 영국과 프랑스 교관을 고용해 회군이 이 무기들을 다룰 수 있도록 훈련시켰다. 1864년 봄이 되었을 때 회군은 약 15,000정의 소총을 보유하고 있었다. 필요한 탄약을 공급하기 위해 또 다른 혁신이 요구되었다. 1863년부터 상하이, 쑤저우, 그리고 후에는 난징에서 병기 공장이 급속하게 발달하게 된 것이다. 이처럼 내란을 평정하기 위해 진행된 초기의 군사적 근대화는 이후 청 말 수십 년간의 형세를 예시하고 있었다. 정통파 세력이 근대적 무기를 이용할 수 있게 되었다는 것은 이후 50년간 비록 청조가 외국 침략에 맞설 만한 군사력을 건설할 수는 없었다 해도 국내 질서는 상당히 성공적으로 유지할 수 있으리라는 것을 의미했다.

상승군은 1860년에 창설된 이래 몇 차례에 걸친 지도부의 위기를 잘 극복했다. 첫번째 지휘자인 워드는 중국 상인들로 이루어진 지지자들 및 청조 당국자들과 원활한 관계를 유지했다. 그의 역할이 청조의 군사 체계 내에 예속되어 있음을 상징적으로 보여주고 또 분명히 하기 위해 그에게는 녹영군 부장의 지위가 부여되었다. 1862년 9월 워드가 부상으로 사망한 후 다시 미국인인 버지바인Henry Andrea Burgevine이 그의 자리를 맡았지만 그는 중국의 지시에 잘 따르지 않았다. 1863년 초 다루기 힘든 버지바인이 해직된 뒤 영국 육군 공병대 소령인 고든Charles George Gordon이 군대의 지휘권을 넘겨받았는데 그는 상하이에 주둔하고 있던 영국군 지휘관 스테이블리 제독의 막역한 친구이자 친척이었다. 그는 런던으로부터 중국의 지휘 아래 활동할 수 있는 특별한 권한을 받았다. 처음에는 다소 꺼리는 듯했지만 상하이의 영국 당국은 상승군의 작전 범위 확대에 동의했다. 원래 상하이 지역의 방어를 위해 창설된 상승군은 이제 이홍장의 회군을 따라 서쪽으로 태평천국군의 근거지를 공격하기 시작했다. 이러한 작전들에서 고든의 기동 포병 부대와 타격대는 청이 소유한 강력한 무기라는 사실이 입증되었다. 1863년 내내 반란군에게 점령되어 있던 장쑤 동부와 저장 북부의 여러 도시들을 수복하기 위한 이홍장의 군사 작전에서 상승군은 늘 선봉에 섰다. 창서우常熟, 타이창太倉, 쿤산崑山 등지에서 거둔 고든의 중요한 승리를 통해 청군은 이 지역의 경제와 행정의 중심지인 쑤저우에 점점 더 가까이 접근하게 되었다. 1863년 12월 5일 태평천국군 내부 내응자들의 도움에 일부 힘입어 쑤저우가 청군에 함락되었는데 이것은 태평천국군에게는 커다란 패배였다. 여기서 고든의 토벌 활동의 두 가지 특징을 특히 주목할 필요가 있다. 첫째, 좋은 조건으로 영국에 의해 제공된 근대적인 대포의 사용은 그때까지 내전의 특징이던 전통적인 포위전을 근본적으로 바꾸어놓았다. 태평천국 행정부를 보호하고 군사 방어의 거점이 되어주었던 성곽 도시들은 이제 더이상 안전하지 못했다. 둘째, 장쑤 동부에서 이홍장의 토벌 작전이 성공을 거둠에 따라 상당수 태평천국군이 증국전의 포위 공격을 받고 있는 난징 방어에 나서지 못했는데 이것이 태평천국 최후의 멸망을 앞당겼다.

수도는 포위되고 하류의 경제 기지도 빼앗긴 태평천국군은 마침내 자포자기적인 상황 속에서 마지막 전투를 전개했다. 1864년 7월 19일 난징 성을 점령한 증국전은 그곳 백성들을 학살하고 도시를 불태웠다. 이 마지막 대재앙에서 10여만 명이 죽은 것으로 알려졌다. 홍수전은 난징 성이 함락되기 전에 이미 병사했다. 나머지 운동 지도자들은 청군에게 체포되어 처형되었다. 탈출한 몇몇 부대는 추격을 받으며 광둥까지 갔으나 거기서 이듬해 소탕되었다. 생존자들 중 의미 있는 집단으로는 뇌문광의 부대가 유일했다. 그는 태평천국의 한 왕 (1862년에 준왕遵王으로 봉해졌다)으로서 청군의 잔혹한 염군捻軍 소탕 작전으로 집을 잃은 수천 명의 안후이 난민을 수용해 그들을 조직하고 태평천국의 이념을 주입하며 계속 투쟁할 것을 천명했다. 뇌문광이 염군과 손을 잡음으로써 태평천국의 잔류 세력의 수명은 1868년까지 연장되었다. 그러나 정치적 실체와 신앙 공동체로서 태평천국 운동은 사실상 1864년에 끝났다. 태평천국의 정치적·군사적 조직의 파괴뿐만 아니라 불과 칼에 의한 태평천국 전통 자체의 완전한 말살도 앞뒤를 가리지 않는 승자들의 잔혹성 때문이었음이 분명하다.

태평천국이 패배한 원인을 살펴보노라면 순전히 군사적 측면에서만 설명하는 것은 적절치 않다는 사실을 금방 깨닫게 된다. 반란의 마지막 3년 동안의 한 요소로서 양측 간의 화력 불균형을 지적하는 것도 만족할 만한 답이 아니다. 태평천국군 역시 근대적인 무기를 소유했었다. 1862년까지 이수성은 서양 상인과 투기꾼들에게서 수천 자루의 소총을 구입한 것으로 알려져 있다. 그러나 태평천국의 전략적 운명은 최후의 서정이 실패로 돌아갔던 1861년에 이미 결정되어버린 것처럼 보인다. 이는 이홍장의 회군이 창설되기도 전의 일이었다. 마찬가지로 외국의 군사적 개입이 결정적인 원인이라고 볼 수도 없다. 오히려 태평천국 지도층의 결함이 더욱 중요한 원인이었다. 홍수전이 정치적으로 무능했기 때문에 단일한 중앙 집중적 권위는 오직 그의 직계 추종자들이 치열한 경쟁을 벌인 후에야 등장할 수 있었다. 하지만 내적인 취약함이라는 이러한 요소로도 이처럼 엄청난 도전에 직면했던 청조의 보수적 지도자들이 어떻게 내부 질서를 회복시킬 수 있었는지에 대해서는 충분히 설명 되지는 않는다. 그에 대한 해답은 태평천국 운동의 내적 성격 그리고 이 운동이 사회 환경과 맺어온 관계를 재평가함으로써 찾아야 할 것이다. 이를 위해 태평천국과 거의 같은 시기에 화북 중앙 지역의 각 성에서 활동한 반란 집단인 염군과 이 운동을 비교하는 것이 유용할 것이다.

염군 조직의 성격: 하나의 비교

1853년 이전의 염군捻軍 운동의 역사는 상세히 알려져 있지 않다. 적어도 염군이 백련교의 난의 잔당들로부터 일어난 것은 분명하지만 엄격히 말해서 백련교도의 후예는 아니다. 염군 운동은 화이베이 일대, 즉 장쑤, 안후이, 허난 세 성의 변경 지역인 화이수이淮水 이북 지역에서 창궐했다. 이 지역은 밭농사 지역으로 항상 수해와 한발의 피해를 입어왔는데, 백련교의 난이 발생했을 때 기근에 직면한 이 지역의 빈궁한 사람들은 청조가 급히 조직한 향용에 가입했다. 마침내 향용이 해산되었을 때 그들은 농촌 경제 속에서 생계 수단을 찾을 수 있으리라는 희망도 없이, 그러나 그렇다고 운명을 수동적으로 받아들일 생각도 없이 고향 마을로 돌아갔다. 그들은 반란군 생존자들과 함께 지방 토비의 삶을 살아가기 시작했다.[27]

염군의 초기 활동의 배경이 되는 사회적 변천 과정은 19세기 역사에서 가장 소홀히 다루어진 연구 과제 중의 하나이다. 지금 우리가 이용할 수 있는 자료들을 살펴보면 적어도 다음과 같은 두 가지 과정이 고려되어야 한다는 것을 알 수 있다. (1) '염捻' 이라는 용어가 도비 집단이라는 일반적인 칭호에서 집단의식을 갖춘 특정 조직을 가리키는 고유 명사로 바뀌는 과정. (2) 성 접경 지역에 있던 유동적인 도비 집단이 점차 세력과 조직을 화이베이 평원의 정착촌으로 확대해나가는 단계들.

백련교의 난이 진압되고 10년이 지난 1814년 당시 안찰사였던 도주의 중요한 상주문 속에서 이미 제대로 규모를 갖춘 이 운동의 모습이 드러나고 있다. 백련교의 잔당들은 치안이 허술한 허난 성과 안후이 성의 변경 지역에서 조직화된 토비들로 결집되었다. 그들은 책임 추궁을 두려워하는 지방 관료들의 허점을 이용해 각 행정 구역의 변경 지역을 마음대로 왕래하며 체포를 피할 수 있었다. 그들은 완전 무장한 도적 무리로서 주로 향촌 사회 외곽에서 노략질이나 강탈, 사염私鹽 호송 등과 같은 불법적인 일을 하며 살았다. 이들 불한당들은 '도객刀客' 또는 '홍호자紅胡子'(이 용어는 얼굴을 위장하기 위해 색칠한 데서 유래되었거나 또는 경극에 등장하는 흉한들의 전통적인 분장에서 유래되었을 것이다) 등 다양한 이름으로 불렸다. 그리고 수십 명 혹은 100여 명으로 구성된 개별 무리들은 통상 '염자鹽子' 혹은 '염'이라 불렸다.[28]

그러나 이 지역의 무법자들의 성격은 급격하게 변화하고 있었다. 1814년에 이르면 염이 단순히 절망적이고 모든 권리를 박탈당한 자들의 무리가 아니라 정착 사회의 부유하고 힘 있는 자들의 도구가 되는 과정이 이미 시작되고 있었던 것이다. 염 집단들은 여러 가지 방식으로 지역 사회와 관계를 맺고 있었다. 염의 우두머리들은 시장에 도박장을 열어 실업자나 투기꾼을 고객이자 추종자로 끌어 모았다. 염비가 향촌 사회에 커다란 공포를 조성하게 되자 많은 가문이 염의 우두머리에게 충성을 공언하며 보호를 받으려 했다. 한 관찰자는 "염비가 있는 마을은 안전하고 염비가 있는 가정은 평안하다"고 기록하고 있다.[29] 1820년대가 되면 염의 지하 사회는 지역의 친족 체계 안에 깊숙이 뿌리내리게 되어 그러한 친족 체계 내에서 부유하고 강력한 문중 지도자들에 의해 지속적으로 전승되기 시작한다.[30] 한편 소금 밀매꾼들도 안정적인 공동체적 기반을 추구하는 경향이 있었다. 정부의 추적자나 경쟁자들로부터 끊임없이 위협받고 있던 이들의 우두머리들

은 마을 집단 속에 정착해 완벽히 무장된 토성을 쌓고 사방의 침입에 대비했다.[31]

19세기 중반에는 분산되어 있던 염비들이 화이베이 평원의 많은 촌락의 경제생활과 긴밀하게 결합되어 있었던 것이 분명하다. 정착촌 전체가 생계를 위해 약탈에 의지하기도 했다. 염비 지도자의 지휘 아래 약탈에 나선 향촌 주민들은 약탈품을 갖고 돌아왔는데, 그것의 반은 우두머리에게 돌아가고 나머지 반은 부하들에게 골고루 분배되었다. 그리하여 염의 의미는 완전 무장한 도적 떼와 마을을 근거로 하는 준 무장 집단 두 가지 뜻을 모두 내포하게 되었다. 결과적으로 염은 흔히 남방 지하 세계의 당堂(지역적 비당匪黨 조직)이나 고股(유동적 토비)와 유사한 모습을 보이곤 했다. 염의 지역 지도자들은 광시 삼합회의 '미반주米飯主'와 아주 흡사했는데, 재력과 영향력을 가진 지방 인사였던 이들은 합법적 직업으로 생계를 유지할 수 없는 사람들을 끌어 모아 적당한 생계 수단과 새로운 형태의 집단적 결속력을 제공하고 있었다.

혼란스럽지만 중요한 한 가지 문제가 남아 있는데, 이들 염비 집단이 전체로서 백련교의 한 지파로 간주될 수 있는가 하는 점이 그것이다. 염을 백련교와 동일시하는 것은 통상 도주와 같은 관료들의 기술에 근거를 두고 있는데, 그는 '홍호자'를 '포위망을 빠져나간' 이전 백련교 무리라고 보았다.[32] 그러나 백련교 군대 자체의 일반 병사들 가운데 진짜 백련교도가 얼마나 되었는지는 여전히 분명치 않은 문제로 남아 있다. 백련교는 세 성의 변경 지역에 거주하는 정착 집단과 토착 범죄자들 사이에서 널리 병사들을 모집했는데, 이들 가운데 다수가 백련교 교리나 교단 조직 자체와는 아주 미미한 관계만을 유지했던 것은 너무도 분명하다. 상황이 이와 같았다면 백련교 군대의 잔당은 매우 불균질적이던 것이 틀림없을 것이다. 여기에 염비 중에는 백련교에 대항하던 향용도 있었다는 사실을 더하면 백련교 자체가 초기 염의 형성에 끼친 영향은 부차적이었을 것이라는 사실이 분명해진다. 1822년의 한 기록도 이런 추정을 뒷받침해주는데, 이 기록은 주봉각朱鳳閣이 허난 성과 안후이 성 변경 지역에서 난을 일으켰을 때 당시 관리들이 백련교도와 염비를 분명하게 구별할 수 있었음을 보여주고 있다.33) 1853년 이전만 해도 염은 백련교와 같은 뚜렷한 종합적인 종교와 묵시론적인 정치 노선을 거의 전혀 갖추고 있지 못했던 것 같다. 이 운동이 복잡한 사회적 기원을 갖고 있던 점을 고려해볼 때 염의 구성원과 백련교도 구성원들은 분명 중복되는 부분이 있었을 것이다. 그러나 염비를 엄밀한 의미에서의 백련교도로 부르는 것은 오류일 것이다. 1850년대 이전에 존재했던 것은 실제로는 염이라는 보통의 일반명사로 알려진 개별적인 도비 집단들로 이들은 널리 분산되어 있었다. 이들의 우두머리는 세속적이었고, 공동의 기원이나 공동의 목표 의식은 거의 갖고 있지 않았다.

    염비들 사이에서 처음으로 통일감이 나타나고 공동의 정치의식이 태동하기 시작한 것은 1850년대 초의 절망적인 시기 동안이었다. 그리고 그들이 널리 알려진 고유 명사 '염'으로 불리게 된 것도 바로 이 시기이거나 혹은 바로 이 직전이었다. 산둥 반도의 남쪽으로 흐르던 황허가 북쪽으로 진로를 바꾼 비극적인 과정은 1851년에 시작되었는데 이해에 화이베이의 광대한 지역이 물에 잠기고 말았다. 제방이 대규모로 붕괴되어 강물이 북동쪽으로 흘러간 것은 1855년 8월의 일이었지만 1851년 이래 매년 파괴와 기근이 발생했다. 이 기간 동안 발생한 경제적 재앙이 공동체들 사이의 분쟁이라는 고질적인 질병을 악화시켰다. 이런 환경은 염군 운동의 특성을 이해하는 데 중요한 의미를 갖고 있다. 화남의 삼합회처럼 염비도 촌락 간 분쟁에서 이웃 정착민들의 침입으로부터 촌락 방어를 지휘하면서 당시의 지배적인 사회 환경에 적응할 수 있었다. 1853년 초 태평천국군이 양쯔 강 유역까지 진격하자 안후이 성의 각 부락들은 더욱 무장에 힘썼다. 이와 함께 지역 방어 지도자로서 염의 역할도 그 비중이 한층 더 커지게 되었다. 화이베이의 각 농촌이 보유하고 있던 대량의 화기들 — 오랫동안 지방관들의 골칫거리였다 — 이 이러한 과정을 더욱더 부채질했다.[34] 이제 청 정부가 태평천국군을 방어하기 위해 그러한 무장화를 장려하면서 염의 공동체적 기반은 더욱 확대되게 되었다. 왜냐하면 염의 지도자들이 수많은 촌락에서 지역 방어를 담당하게 되었기 때문이다. 염의 향촌 조직은 정통적인 '단團'과 잘 구분되지 않았으며, 실제로도 이 두 집단은 — 함께 연합해 공동의 방어선을 유지하고 무장 민병에 의해서 방어되는 강고한 성채를 지닌 촌락들의 연합체라는 점에서 — 전반적으로 동일한 종류의 단체로 간주되어야 할 것이다. 자칭 단이라는 수많은 조직들이 사실은 염의 지휘 아래 있거나 혹은 나중에 그들에게 매수되었다. 정통 신사들이 통제하는 단의 수는 점점 줄어들었으며, 화이베이 지역에서 작전 중인 정부군은 적대적이며 잘 조직된 민중들에게 포위되어 있었다.

비록 염의 사회적 기반은 나날이 확고해져갔지만 그들이 각 무장 단체와 결합하는 과정은 느렸고 계속 지체되었다. 여러 지방 지도자들의 몇 차례에 걸친 산발적인 시도가 있은 뒤 1852년 마침내 18명의 지도자들이 각자의 부대를 장락행張樂行의 지휘 아래 합류시켰는데, 그는 즈허지雉河集(현재의 안후이 워양渦陽)의 세력은 있으나 무식한 지주이자 소금 밀매업자였다. 이 조직은 곧 정부군의 공격을 받은 후 해산되었고 장락행 본인은 지부에 의해 '단의 지도자'로 임명되었다. 그러나 그의 표면상의 충성은 오래가지 않아서 1855년 말과 1856년 초에 그는 동료들과 함께 흩어진 무리들을 다시 모아 새로운 조직을 만들었다. 하층 신사 두 사람의 건의로 그는 모든 염비들의 '맹주'로 추대되었다. 이때 염의 병사들은 대략 5기로 느슨하게 나뉘어 있었으며, 각 기는 약 2만 명으로 구성되어 있었다. 그리고 각 기는 소규모 집단들로 구성되어 있었다. 이후 몇 년 사이 새로운 반란 단체가 조직되고 흡수되면서 기의 수는 12 혹은 그 이상으로 불어났다. 염의 개별 지도자들은 이전의 독립성을 상당히 유지하고 있었고, 장락행의 지도력은 중앙 집권적 군사 조직의 지휘권과는 거리가 멀었다. 그러나 이처럼 원시적인 조직 구조가 염비들로 하여금 보다 원대한 목표를 위해 협력하도록 만들었고 이후 수년간에 걸쳐 8개 성에서 광범한 전쟁을 수행할 수 있도록 해주었다.

 염비의 군사 활동은 계절적인 성격을 띠고 있었다. 염군은 장락행의 즈허지와 같은 요새화된 지역 기지를 근거로 해서 봄과 가을에 인근 지역을 약탈한 뒤 정기적으로 고향으로 돌아갔다. 그들은 고향을 지키는 것과 인근 지역에 새로운 염군 근거지를 세우는 일에 대단한 노력을 기울였다. 이는 대다수 염비가 자신들의 무장 부대뿐만 아니라 농촌 사회와도 관계를 유지하는 이중적인 생활을 영위하고 있었음을 의미했다. 그러나 염군 속에 흘러 들어온 집 없는 기민饑民이나 유랑하는 소금 밀매꾼 등은 전적으로 영구적인 무장 상태에 있었던 것이 분명하다.

 이제 염의 운동은 보다 공고한 조직뿐만 아니라 보다 분명한 상징적 내용도 갖추게 되었다. 지도부는 백련교의 전승과 태평천국의 상징들을 절충적으로 차용해 폭넓은 지지를 얻을 수 있는 한 가지 이미지를 만들어냈다. 그들은 장락행을 '대한명명왕大漢明命王'이라 불렀는데 이 칭호는 만주 왕조에 대한 도전을 의미했을 뿐만 아니라 백련교의 마니교적 신앙과의 관련성을 간접적으로 암시했다. 이것은 지방의 백련교 신도들과의 관계를 확고히 하기 위한 방안이었을 것이며, 실제로 이들 가운데 많은 사람들이 염비의 기치 아래 모여들었다. 기제旗制 자체는 백련교의 한 분파인 팔괘교八卦敎의 관습에서 빌려온 형태 중의 하나라는 주장도 있지만 실제적인 기원은 아직 확실하지 않다. 여하튼 1856년 이후 수년간에 걸쳐 염이 백련교를 포함한 이단적 전통으로부터 수많은 상징들을 공공연하게 흡수한 것은 분명하다. 이것이 염이 백련교의 한 분파라는 것을 공공연하게 드러내는 행위였는지는 극히 의심스럽다. 오히려 이 단계에서도 염비는 재조직과 팽창 과정에서 전통적인 이단들의 잘 보존된 창고에서 각종 상징적 도구들을 끄집어내 잡다하게 늘어놓는 방식으로 사용하는 것이 얼마나 유용한지를 알게 된 마피아 같은 지방 지하 세계의 파생물로 이해하는 것이 가장 적절할 것이다.

  1850년대와 1860년대 초에 이르기까지 염군을 진압하기 위한 관군의 작전은 지도부 자체의 분열과 무능으로 실패했다. 원갑삼袁甲三 같은 완고하고 비겁한 부패 관료들은 염군을 진압하는 면에서나 염비의 근거지에 대한 통제를 회복하는 면에서나 아무런 진척을 보이지 못했다. 반군의 기병은 1858년에는 2만 명 이상으로 성장해, 1860년에 북방의 기병을 이끌고 온 저돌적인 몽골 왕공 셍게린친조차 적수가 되지 못했다. 셍게린친은 사령관으로서는 실격자였는데, 주된 원인은 한족 지휘관들과 공조를 취할 수 없었기 때문이다. 셍게린친은 1863년 염비의 본거지를 맹렬히 공격해 즈허지를 회복하고 장락행을 체포해 처단했지만 염비의 기세는 장락행의 조카인 장종우張宗禹에 의해 그대로 유지되었다. 1865년 염비들은 장종우의 지휘 아래 셍게린친을 포위해 살해했다. 그의 죽음은 베이징의 조정에는 1860년의 강남대영의 패배에 비할 만한 큰 충격을 주었다. 1860년 당시와 마찬가지로 조정은 새로운 군대에 의지하지 않을 수 없었다. 마침내 염비를 격파한 토벌 작전은 기병대 공격이 아니라 체계적인 포위 공격에 의존한 것이었다. 이 작전은 증국번이 태평천국을 진압할 때 도입한 전략이었는데, 증국번은 1865년에 염군 진압의 총 책임자가 되었다(8장을 참조하라).

반란군으로서 염비가 청조에 가한 정치적 위협은 태평천국에 못 미쳤다. 그러나 어떤 면에서는 이들이 보다 완강해서 평정하기가 더 어려웠다. 그들이 끈질기게 저항할 수 있었던 것은 대부분 그들이 지역 사회의 각종 제도와 긴밀한 유대 관계를 맺고 있었기 때문이었을 것이다. 친족 관계 및 관습적인 공동체 간의 협력 등을 기반으로 하고 있었기 때문에 어떤 의미에서 염비는 왕조의 정통성에 대한 결사적인 공격이었다기보다는 제국의 권위에 대한 국지적 항거였다고 볼 수 있을 것이다. 분명 그들이 정통적인 가치 체계를 위협한 것은 아니었다. 실제로 염의 사회적 기반이 갖고 있는 전통적인 성격은 그들의 불명확한 정치적 방향성과 짝을 이루고 있었다. 그리하여 염은 다른 반란 집단들과 쉽게 협력할 수 있었지만 어느 집단에도 충성을 다하지는 않았다. 태평천국과는 달리 염비는 주변 사회에 존재하는 지방의 불법적 무리나 반란 집단과 완전히 뒤섞여 있어 좀처럼 구분되지 않았다. 두건을 두른 복비幅匪, 송경시宋景詩의 흑기군黑旗軍, 백련교 및 변질된 단련 조직 그리고 염의 무리들은 모두 고정된 지역 없이 떠돌아다니며 효과적으로 서로 협력할 수 있었다. 염비는 태평천국과 일련의 협상을 체결했는데, 후에 태평천국이 이를 후회하게 되는 일이 발생했다. 염의 지도자인 이소수李昭壽가 1858년 무리를 이끌고 안후이 내의 태평천국군을 도우러 갔으나 태평천국군은 염군에 기율이나 신앙심 어느 것도 주입시킬 수 없었다. 오래지 않아 이소수는 스스로 청에 투항하고 말았다. 염비의 변덕은 그들 수령의 잦은 변절로 입증될 수 있었는데, 때로는 한 인물이 항복과 저항을 수차례 반복하기도 했다. 한 지방의 유지였던 생원 묘패림苗沛霖이 쌍방을 대상으로 자행한 수차례의 배신은 내전에 휩싸인 양화兩淮 지역의 과도적인 가치 체계 아래서만 이해될 수 있을 것이다(염란과 그 결과에 관한 보다 상세한 설명에 대해서는 9장을 참조하라).

태평천국의 난: 종합

염비는 농촌 사회에 굳건히 뿌리내리고 있었기 때문에 전통적인 관념의 제약을 받았다. 그러나 태평천국은 그렇지 않았다. 무엇보다 먼저 태평천국의 종교가 민간 문화의 구성 요소가 된 적이 없었다는 점이 중요하다. 객가인들은 기독교로 개종한 후 겨우 약 6년 만에 분연히 떨치고 일어나 집을 떠났다. 이것은 백련교와 삼합회 전통과 좋은 대조를 이루는 것으로서, 태평천국 운동이 왜 세속적인 제도로서 뿐만 아니라 심지어는 일종의 신앙 구조로서도 철저히 파괴되었는지를 부분적으로나마 설명해준다. 태평천국 운동의 진정한 성격을 결정하는 데서는 이념적 요소와 사회적 요소들이 핵심적이면서도 상호 보완적인 역할을 했다. 더 나아가 객가 사회가 홍수전을 통해 중국의 전통적인 가치들을 전복시킬 교의에 접근할 수 있었던 것은 그들이 서양 세력이 침투하는 지역 가까이에 있었기 때문이다. 더욱이 그것은 비타협적인 이원론과 선민의 구제에 대한 묵시론적 언약을 포함하고 있는 교의였다. 그런데 이 교의가 들어온 당시 사회는 이와 비슷하게 모든 사회 환경에서 두 종족이 양극화 현상을 보이고 있었다. 호전적인 객가인들 사이에 존재하던 차별 의식과 소외감이 당시 그들을 사로잡았던 신앙 속에 완벽하게 반영되어 있었던 것이다.

여하튼 스스로 한족의 일원이었던 이들 객가인들은 이민족 압제자를 축출한다는 명분을 내세워 한족들에게 호소할 수 있었을 것이다. 신권 정치를 내세운 태평천국의 보편적인 구세론적 주장은 핍박당하는 소수에게는 마지막 구원을 의미했다. 그러나 메시아 신앙과 배타적인 교리는 전통 중국의 환경 속에서는 매우 불리했다. 첫째, 그러한 성격은 다른 반란 집단과의 협력을 방해했다. 순결주의와 난해한 이데올로기는 반만이라는 공통성을 갖고 있음에도 불구하고 전통적인 관념과 전통적인 방식의 조직을 기반으로 하고 있던 집단들과 동맹을 맺는 데 거의 도움이 되지 못했다. 삼합회 및 염비와의 관계가 이러한 어려움을 말해주고 있다. 이들 두 집단과 산발적으로 협력한 적은 있지만 장기간의 연합은 없었던 것이다. 19세기 중반 중국의 농촌 사회에는 각종 반란이 거세게 일어나고 있었다. 태평천국군은 이들과 겨우 사후에나 전술적으로만 협력할 수밖에 없었기 때문에 좀더 쉽게 진압되었다고 할 수 있다. 둘째, 태평천국은 전통 사회의 가치와 제도를 거부했기 때문에 점령한 도시의 배후에 있는 내륙의 농촌에까지 통제력을 확장하기가 어려웠다. 태평천국에게는 도시가 제국의 정통성의 상징이었으며, 또한 그곳에서만이 그들의 독특한 제도를 유지시킬 수 있었다. 중국 고유의 농촌 조직 형태들은 오히려 정통 신사들에 의해 쉽게 동원되었으며, 이들은 중심 도시를 태평천국군에게 점령당했음에도 불구하고 많은 현에서 지방 방어 조직을 이용해 농촌에 대한 통제력을 성공적으로 유지할 수 있었다. 그리하여 태평천국과 이들이 통치하려고 한 농촌 사회 사이에 존재하는 문화적 간격은 종종 도시와 농촌 사이의 간격과 일치되는 경향이 있었다. 이러한 격차는 신기하게도 서양 세력이 조약항에 침투하면서 이후 여러 세대에 걸쳐 중국이 겪게 될 문화적 분열의 조짐을 보여주는 것이기도 했다.

그러나 태평천국은 이와 같은 몇몇 약점에도 불구하고 그들 나름대로 중대한 역사적 의의를 갖고 있다. 즉 당시의 다른 어떤 반란보다도 더 시대의 위기에 직접적으로 대면해 이를 해결할 수 있는 구체적인 방법을 제시했던 것이다. 새로운 재산 관계 제도, 새로운 지방 통제 제도, 개인과 국가 간의 새로운 관계 등에 관한 그들의 견해는 청 제국 말기에 나타난 현저한 문제점들에 대한 그들의 진지한 대응이었다. 19세기의 사회사를 왕조의 몰락이라는 친숙한 틀로 단순화해버리려는 시도는 태평천국이라는 현상 그리고 그들이 출현하게 된 배경이 엄연히 존재하는 한 한층 더 어려운 일이 될 것이다.

주

1장 이끄는 글: 구질서

1. 梁啓超,「變法通議」,『飮氷室合集』, 제1책, p. 2. Ssu-yu Teng, John K. Fairbank (ed.), *China's response to the West*, p. 155에 번역되어 있다.
2. 1949년 이전에 중국의 지형과 생태에 관해 글을 남긴 일련의 서양의 저명한 지리학자들 중에서는 아마 George B. Cressey가 가장 널리 중국을 여행했을 것이다. 그의 *China's geographic foundations*(1934)와 *Land of the 500million*(1955)는 개괄적인 글들이지만 여전히 소개 글로서 생생한 시각적 가치를 갖고 있다.
3. G. W. Skinner, "Marketing and social structure in rural China", *JAS*, 24-1(1964).
4. T'ung-tsu Ch'u, *Law and society in traditional China*, p. 28.
5. Ping-ti Ho, *The ladder of success in imperial China: aspects of social mobility, 1368~1911* 및 거기서 인용되고 있는 글들을 참조하라.
6. 松村祐次 교수가 일본어로 쓴 8편의 논문을 참조하라. 그는 "A documentary study of Chinese landlordism in late Ch'ing and early republican Kiangnan", *BSOAS*, 29-3(1966), pp. 566~599에서 이 8편의 논문을 요약하고 있다.
7. Dwight H. Perkins, *Agriculture development in China, 1368~1968*. 鈴木中正,『淸朝中期史硏究』, 1장.
8. 何炳棣,『中國會館史論』, 1966, pp. 23~36.
9. Dwight H. Perkins, ed. *China's modern economy in historical perspective*, 특히 pp. 49~84: Carl Riskin, "Surplus and stagnation in modern China"; W. E. Willmott, ed. *Economic organization in Chinese society*.

10. T'ung-tsu Ch'u, *Local government in China under the Ch'ing*; John R. Watt, *The district magistrate in late imperial China*; Yeh-chien Wang, *Land taxation in imperial China, 1750~1911*.
11. Derk Bodde & Clarence Morris, *Law in imperial China* 및 인용된 저작들.
12. Silas H. L. Wu, *Communication and imperial control in China*.
13. Kung-chuan Hsiao, *Rural China, imperial control in the Nineteenth Century*.
14. Wang Gungwu, "Early Ming relations with southeast Asia", in John K. Fairbank, ed. *The Chinese world order*, pp. 34~62.
15. John K. Fairbank, ed. *The Chinese world order, Traditional China's foreign relations*.

2장 청령 내륙아시아(1800년경)

1. 초보적인 연구서들로는 다음과 같은 것이 있다. 入江啓四郎,「支那邊境と英露の角逐」; J. K. Fairbank, ed., *The Chinese world order*; O. Edmund Clubb, *China and Russia: the 'great game'*; Ram Rahl, *Politics of central Asia*; Morris Rossabi, *China and inner Asia from 1368 to the present day*.
2. 최근 저작들로는 다음과 같은 것이 있다. Pedro Carrasco, *Land and polity in Tibet*(이 책은 이 장을 집필하는 데 특히 많은 참고가 되었다); Alastair Lamb, *Britain and Chinese central Asia: the road to Lhasa 1767 to 1905*; H. E. Richardson, *A short history of Tibet*; Giuseppe Tucci, *Tibet land of snows*; J. E. Stapleton Driver의 영역본; W. D. Shakabpa, *Tibet: a political history*; David Snellgrove and H. Richardson, *A cultural history of Tibet*; R. A. Stein, *Tibetan civilization*, J. E. Stapleton Driver의 영역본 등.
3. 徐松,『西域水道記』, 제1책, 18a-b에서는 볼로르를 길기트 계곡 경내에 넣고 있다. Alexander Cunningham, *Ladak: physical, statistical, and historical: with notices of the surrounding countries*, p. 45; Muhammad Haydar Dughlat, *A history of Moghuls of central Asia being the Tarikhi-i-Rashidi of Mirza*

Muhammad Haidar, Dughlat, E. D. Ross역, N. Elias편, pp. 135, 384~385; Paul pelliot, *Notes on Marco Polo*, 1권, pp. 91~92; 佐口透, 『ロシアとアジア草原』, p. 181은 분명히 徐松의 견해를 따르고 있다.

4. 鈴木中正, 『チベトを巡る中印關係史: 18世紀中頃から19世紀中頃まで』, p. 179; Schuyler Camman, *Trade through the Himalayas: the early British attempts to open Tibet*, p. 140, 특히 주 73을 참조하라.
5. Earnest G. Ravenstein, *The Russians on the Amurs; its discovery, conquest, and colonization, with a accounts of Russian travellers*, p. 66.
6. Ping-ti Ho, *Studies on the population of China, 1368~1953*, pp. 158~163, 283.
7. Robert H. G. Lee, *The Manchurian frontier in Ch'ing history*, pp. 23, 113; Denis Sinor, "Notes on the historiography of inner Asia I", *Journal of Asian History*, 7-2(1973), p. 186을 참조하라. Lee의 말이 옳다. 20세기경 Hauer가 1927년에 만주 여권을 사용한 것도 맞으나 당시 만주어를 말하는 사람은 적었다.
8. 『大淸高宗實錄』, 743권, p. 4b(1765년 10월 4일). 蒙思明의 미출간 논문「1858년 아이훈 조약의 체결」(1949), p. 10에서 큰 도움을 얻었다.
9. A. L. Narochinitskii, *Kolonial'naia politika kapitalisticcheskikh derzhav na Dal'new Vostoke, 1869~1895*, p. 150(사할린 섬에서는 마마, 매독 등이 1870년대에 유행했다).
10. Lee, *Manchurian frontier*, pp. 47~48. 이 장을 쓰면서 Lee의 책을 크게 참조했다.
11. 이 문제는 진지한 역사적 연구를 필요로 하고 있다. 20세기의 평가와 관련해서는 특히 아래의 저서들을 참조하라. Ivan Mikhailovich Maiskii, *Mongoliia nakanune revoliutii*, 제2판, pp. 28~30; Robert James Miller, *Monasteries and culture change in inner Mongolia*, pp. 25~27; *Handbook on people's China*, pp. 14~15.
12. Owen Lattimore, *Nomads and commissars: Mongolia revisited*, p. 33.
13. Clifford M. Foust, *Muscovite and Mandarin: Russia's trade with China and its setting, 1727~1805*, p. 85.

14. 예컨대 Lee, *Manchurian frontier*, p. 51은 사냥에 참가한 기인(旗人)들의 납공(納貢) 의무를 묘사하고 있는데, pp. 56~57의 서술과 비교해보라.
15. Sh. Natsagdorj, "The economic basis of feudalism in Mongolia", Owen Lattimore의 영역본(*MAS*, 1-3, 1967, p. 268)을 참조하라.
16. 橋本光寶, 『蒙古の喇嘛教』, pp. 199~200.
17. Walther Heissig, "Die Religionen der Mongolei", Giuseppe Tucci and Walther Heissig, *Die Religionen Tibets und der Mongolei*, pp. 408~410을 참조하라.
18. 예컨대 Charles R. Bawden, "A juridical document from nineteenth-century Mongolia", *Zentralasiatische Studien*, 3(1969), pp. 231~247 및 주 36을 참조하라.
19. Miller, *Monasteries*, pp. 27~31; Maiskii, *Mogoliia*, pp. 42~43, 246~247; Charles R. Bawden, *The modern history of Mongolia*, p. 160 및 Carrasco, *Land and polity*, p. 121을 참조하라.
20. 田山茂, 『清代における蒙古社會制度』, pp. 280~281.
21. *Istoriia Mongol'skoi Narodnoi Respubliki*, 제2판, pp. 211~212; Bawden, *Modern history*, p. 173.
22. Rossabi, *China and Inner Asia*, p. 171.
23. 히사르, 야르칸드, 그리고 호탄(766만 9,000풀 — Tseng, pp. 286~267)으로부터의 구리 원석에, 온 바슈로부터의 구리 원석 그리고 백성들에게서 징수한 구리 원석을 추가한 것이다(Tseng, p. 290에 의하면 11,053근이 109만 2,000풀 이상에 상당했다). 태은 비율에 대해서는 Tseng, p. 289를 참조하라. 이 주제는 상세한 연구를 기다리고 있다. Narochniskii, *kolonial'naia*, pp. 110~111을 참조하라.
24. Aḥmad shāh Naqshband, "Route from Kashmir, viâ Ladakh, to Yarkand, by Aḥmed shāh Nakshahbandi," J. Dowson의 영역본, *Journal of the Royal Asiatic Society of Great Britain and Ireland*, 12(1850), p. 383.
25. 참고로 佐口透, 『18~19世紀東トルキスタン社會史研究』, pp. 272~279는 이와 정반대로 주장하고 있다.
26. 傅恒 등 편, 『欽定皇輿西域圖志』, 제2권, p. 17b; 44권, p. 23 및 이후의 각 항을

참조하라.
27. 綿㭊 등, 『欽定新疆識略』, 제12권, pp. 3b-4a.
28. 魏源, 『聖武記』, 제4권, pp. 32a-b, 33b.
29. Ch. Ch Valikhanov, *Sobranie sochinenii*, 1권, pp. 301~302.
30. 曾問吾, 『中國經營西域史』, pp. 275~278, 282; p. 280에서는 약 14배라 하는데, 이는 pp. 278~280의 도표와 맞지 않는다.
31. Valikhanov, *Sobranie*, 2권, pp. 340~341, 특히 주 3; P. I. Nebol'sin, "Ocherki torgovli Rossii s Srednei Aziei", *Zapiski Imperatorskogo russkogo geograficheskogo obshchestva*, 10(1855), pp. 341~342, 347; Henry Walter Bellow, "History of Káshghar", T. D. Forsyth 편, *Report of a mission to Yarkund in 1873*, p. 201(샤피이파는 샤피이의 마드합madhhab[법학파]을 가리킨다).
32. W. H. Wathen, "Memoir on Chinese Tartary and Khoten", *Journal of the Asiatic Society of Bengal*, 4-48(1835년 12월), 특히 p. 662.
33. 佐口透, 『18~19世紀』, pp. 197~198; Valikhanov, *Sobranie*, 2권, p. 342를 참조하라.
34. Nebol'sin, "Ocherki", pp. 345, 347; Gregor von Helmersen, ed. "Nachrichten über Chiwa, Buchara, Chokand und den nordwestlichen Theil des chinesischen Staates, gesammelt von dem Präsidenten der asiatischen Grenz-Commission in Orenburg, General-Major Gens", *Beträge zur Kenntniss des Russischen Reiches und der angränzenden Länder Asiens*, series 1, 2(1839), pp. 95~97; Wathen, "Memoir on Chinese Tartary", 특히 p. 662. Helmersen과 Humboldt는 파이드 앗딘(Fayḍad-Dīn)을 각각 사이프 앗딘(Sayf ad-Dīn)과 '세이풀린(Seyfullin)'으로 바꾸었다. Helmersen, "Nachrichten", p. 89를 참조하라.
35. Mīr 'Izzat Allāh, *Travels in central Asia by Meer Izzut-Oollah in the years 1812~13*, tr. P. D. Henderson, p. 30.
36. Valikhanov, *Sobranie*, 2권, p. 339. 북서부 중국의 투르크계 사람들 가운데 일부는 20세기까지 불교를 신봉했다.
37. 'Izzat Allāh, *Travels*, p. 38.

38. Valikhanov, Sobranie, 2권, pp. 295, 297, 338~339, 389, 419, 643, 657; Ludwig Golomb, *Die Bodenkultur in Ost-Turkestan: Oasenwirtschaft und Nomadentum*, pp. 25~26.
39. Gunnar Jarring, "A Note on Shamanism in Eastern Turkestan", *Ethnos*, 1961, 1~27], pp. 1~4; 'Izzat Allāh, *Travels*, p. 28; Wathen, "Momoir on Chinese Tartary", p. 657.
40. Chih-yi Chang, "Land utilization and settlement possibilities in Sinkiang", *The geographical review*, 39(1949), pp. 58, 66.
41. Aḥmad Shāh Naqshbandī, "Narrative of the travels of Khwajah Ahmud Shah Nukshbundee Syud", *Journal of the Asiatic Society of Bengal*, 25-4(1856), p. 348.
42. Jack A. Dabbs, *History of the discovery and exploration of Chinese Turkestan*, p. 75는 1886년 카슈가르에서 콜레라가 있었다고 언급하고 있다. 반면 Golomb, *Bodenkultur*, p. 9는 콜레라가 발생하지 않았다고 말하고 있다. 콜레라와 지진에 관해서는 Wathen, "Memoir on Chinese Tartary", p. 659를 참조하라.
43. Golomb, *Bodenkultur*, pp. 9~10(20세기 정보).
44. Wathen, "Memoir on Chinese Tartary", p. 655.
45. Bill Drake, *The cultivator's handbook of marijuana*, p. 6을 참조하라.
46. Aḥmad Shāh, "Narrative", p. 350; Wathen, "Memoir on Chinese Tartary", p. 657.
47. Valikhanov, *Sobranie*, 2권, p. 343. 그러나 Aḥmad Shāh, "Route", p. 384는 농민 계층(자작농)만이 알반을 납부했다고 말하고 있다.
48. 'Izzat Allāh, *Travels*, p. 27.
49. L. I. Duman, "Zavoevanie Tsinskoi imperiei Dzhungarii i Vostochnogo Turkestana", in S. L. Tikhvinskii, ed. *Man'chzhurskoe vladychestvo v Kitae*, pp. 285~287을 참조하라. 필자는 토지 제도가 청이 실시한 개혁의 결과라는 잘못된 인상을 남기고 있다.
50. A. K. Borovkov, "Vakufnaia gramota 1812 g. iz Kashgara", in M. N. Tikhomirov, ed. *Arkheograficheskii ezhegodnik za 1959 god*, pp. 344~349.

1812년에 발간된 이 책에 들어 있는 종교적 기부금(waqf) 명단에는 청 정부가 전혀 언급되고 있지 않다. 19세기 신장에서 이루어진 종교적 기부 행위에 관한 다른 사례가 하버드 대학의 허튼(Houghton) 도서관에 보관(현재 목록으로 정리되어 있지는 않다)되어 있는데, 두 가지는 1804년, 다른 하나는 1867년, 그리고 또 다른 사례는 1879년에 있었다. 1867년의 기부 행위는 양피지에 기록되어 있고, 나머지 세 가지 사례에 대한 자료는 복사본이다.

51. Aḥmad Shāh, "Route", p. 384.
52. 曾問吾, 『中國經營西域史』(上海: 商務印長館, 1936), p. 276(1777년의 경우 경지 45,186무, 녹영병 2,380명, 범법 유배자 180명이었다).
53. Aḥmad Shāh, "Route", p. 383.
54. 앞의 책, p. 384; Valikhanov, Sobranie, 2권, p. 349.
55. Wathen, "Memoir on Chinese Tartary", p. 661.
56. Helmersen, "Nachrichten", p. 81.
57. William Moorcroft and George Trebeck, *Travels in the Himalayan provinces of Hindustan and the Panjab; in Ladakh and Kashmir; in Peshawar, Kabul, Kunduz, and Bokhara; by Mr. William Moorcroft and George Trebeck, from 1819 to 1824*, 2권, p. 479; R. H. Davies 편, *Report on the trade and resources of the countries on the north-western boundary of British India*, p. 357.
58. V. S. Kuznetsov, *Ekonomicheskaia politika Tsinskogo pravitel'stva v Sin'tsziane v pervoi polovine XIX veka*, pp. 16~19, 92~96, 115; 또한 *Izvestiia AN KazSSR*, "Seriia istorii, arkheologii I etnografii, Vypusk 3(17)", 1961, p. 84.
59. Davies, *Report*, pp. 25~26, 312, 335. 참고로 Wathen은 그의 논문 "Memoir on Chinese Tartary", p. 656에서 쿠차 인구의 대부분은 칼무크족으로 구성되어 있었다고 말하고 있다. 또 "부유하고 중요한 지위에 있는 사람은 성내에 거주하고, 가난한 계층들은 교외의 천막에 거주했다"고 하고 있다. Wathen이 이용한 자료들은 1930년대의 것인데, 그는 분명히 쿠차와 카라샤르를 혼동한 것 같다.
60. Valikhanov, *Sobranie*, 2권, p. 680; 'Izzat Allāh, *Travels*, p. 24; Aḥmad Shā

h, "Route", p. 382(여기서 40%로 되어 있는 것은 1/40의 잘못이다); Nebol'sin, *Ocherki*, pp. 347~348; Kuznetsov, *Ekonomicheskaia*, p. 19.

61. Moorcroft, *Travels*, 1권, p. 452.
62. 『大淸宣宗實錄』, 262권, p. 24b(1835년 2월 16일), p. 26(1835년 2월 19일).
63. Helmersen, "Nachrichten", p. 96.
64. Aḥmad Shāh, "Narrative", p. 351.
65. 이 단어에 대한 만주어 음역을 하는 과정에서 岡田英弘로부터 큰 도움을 얻었다. 佐口透, 『18~19世紀』, pp. 380~383; 「浩罕王國的東方貿易」, 『東洋文庫硏究紀要』, 24(1965), pp. 86~89를 참조하라.
66. Wathen, "Memoir on Chinese Tartary", p. 654.
67. 椿園七十一, 『西域聞見錄・新疆紀略下』, 2권, '阿克蘇' 항. 佐口透, 『浩罕王國的東方貿易』, p. 68을 참조하라.
68. 曹振鏞 등 편, 『欽定平定回疆剿擒逆裔方略』, 제9권, p. 5b(1826년 2월 14일); 『欽定大淸會典事例』(1818), 742권, p. 11b.
69. 'Izzat Allāh, *Travels*, pp. 45~46.
70. 이러한 주장을 뒷받침해주는 것으로 코칸드가 청의 국경 관리를 납치한 사건을 보라. Divies, *Report*, p. 340을 참조하라.
71. Aḥmad Shāh, "Narrative", p. 352.
72. W. H. Wathen, "Memoir on the U'sbek State of Kokan, properly called Khokend(the ancient Ferghana) in central Asia", *Journal of the Asiatic Society of Bengal*, 3-32(1834년 8월), p. 378.
73. Egor Timkovskii, *Puteshestvie v Kitiai chrez Mongoliiu v 1820 i 1821 godakh*, 2권, p. 77, 주 1(7명의 호자 가운데 네 명은 피살되고, 두 명은 청에 사로잡히고 삼사 한 명만 탈출했다); Iu. V. Gankovskii, *Imperiia Durrani: Ocherk administrativnoi i voennoi sistemy*, pp. 31~32; Martin Hartmann, "Ein Heiligenstaat im Islam: Das Ende der Caghataiden und die Herrschaft der Choǧas in Kašgarien", 동 저자의 *Der islamische Orient: Berichte und Forschungen*, parts 6~10, p. 314.
74. 200~1,000원보. Kuznetsov, "O reaktsionnoi", p. 77; 佐口透, 『18~19世紀』, p. 410; Saguchi Tōru, "The revival of the White Mountain Khwājas, 1760~

1820(from Sarimsāg to Jihāngīr)", *Acta Asiatica: Bulletin of the Institute of Eastern Culture*, 14(1968), p. 15; 'Abd al-Karīm Bukhāri, *Histoire de l'Asie Centrale(Afghanistan, Boukhara, Khiva, Khoqand) depuis les dernières années du règne de Nadir Châh(1153), jusqu'en 1233 de l'Hégire(1740~1818)*, tr Charles Schefer, pp. 217~218; Valihkanov, *Sobranie*, 2권, pp. 172, 317; V. P. Nalivkine, *Histoire du khanat de Khokand*, tr A. Dozon, p. 132.

75. Muḥammad Taqī Lisān al-Mulk Sipihr, *Nāsikh at-tawārīkh: Salāṭīn-i Qāj āriyya*, ed. Muḥammad Bāqir Bihbūdī, 1부, pp. 229~231.

76. V. V. Grigor'ev, "Vostochnyi ili Kitaiskii Turkestan", 동 저자의 *Zemlevedenie K. Rittera: Geografiia stran Azii nakhodiashchikhsia v neposredstvennykh snosheniiakh s Rossieiu*, Vypusk 2, Otdel 1, pp. 441~442는 이 증거를 다르게 해석하고 있다.

77. Filipp Nazarov, *Zapiski o nekotorykh narodakh i zemliakh srednei chasti Azii*, p. 42; Valikhanov, *Sobranie*, 2권, p. 317.

78. 『大淸仁宗實錄』, 312권, p. 30a-b(1815년 12월 27일)을 참조하라.

79. Snellgrove and Richardson, *Cultural History*, p. 227.

80. 이 수치는 Sarat Chandra Das의 논문 "The monasteries of Tibit", *Journal and Proceedings of the Asiatic Society of Bengal*, 1-4(1905), p. 106에 나오는 19세기의 남성 인구 추정치보다 2배가 더 많으며, David Macdonald, *The land of the Lama*, p. 115의 20세기 초의 추정치를 따르고 있다.

81. Stein, *Tibetan civilization*, p. 96.

82. A. H. Francke, *A history of western Tibet: one of the unknown empires*, p. 127. Moorcroft, *Travels*, 2권, p. 28에서 인용.

83. Luciano Petech, *Aristocracy and government in Tibet 1728~1959*, p. 13; Shakabpa, *Tibet*, p. 173.

84. Louis M. J. Schram, "The Monguors of the Kansu-Tibetan frontier: 3부. Records of the Monguor clans: history of the Monguors in Huang-chung and the chronicles of the Lu family", *Transactions of the American Philosophical Society*, NS, 51-3(1961), p. 65; 도교와의 혼합에 대해서는 동 저

자의 "The Monguors of the Kansu-Tibetan Border: 2부. Their religious life", *Transoctions*, NS, 47-1(1957), pp. 84~90, 126을 참조하라.

85. Carrasco, *Land and polity*, pp. 137~138.
86. Petech, *Aristocracy*, pp. 7~19(인용문은 p. 12에 들어 있다).
87. Carrasco, *Land and polity*, pp. 127~136, 213.
88. Das, "Monasteries", p. 106; Carrasco, *Land and polity*, p. 121.
89. Shakabpa, *Tibet*, p. 170.
90. 네팔의 자료, *Itihas Prakas*. Leo E. Rose, *Nepal: strategy for survival*, pp. 73~87(인용문은 p. 86에 들어 있다).
91. 鈴木中正, 『チベットをめぐる中印關係 ― 十八世紀中頃から十九世紀中頃まで』, p. 174.

3장 왕조의 쇠퇴와 동란의 근원

1. 컬럼비아 대학의 James Polachek 교수가 본 장을 서술하는 데 있어 여러 방면에서 도움을 준 데 대해 깊이 감사드리며, 특히 청 말의 정치사에 대한 새롭고 중요한 연구 자료를 인용할 수 있도록 허락해준 것에 대해 심심한 사의를 표한다.
2. 『大淸歷朝實錄 仁宗睿皇帝實錄』, 38권, pp. 7b~8b, 16b~17; 40권, pp. 10b~12.
3. 홍량길(洪亮吉)의 긴 서신 한 편을 보라. 『卷施閣文』, 甲集, 10장의 부록(『洪北江先生遺集』, 제1권에 실려 있다). 또한 賀長齡 편, 『皇朝經世文編』(臺北重印本, 1963), 제20권, pp. 10b~11에 실려 있는 어사 장붕전(張鵬展)의 상주문을 보라.
4. Ping-ti, Ho, *Studies on the population of China, 1368~1953*, p. 64, 278, 282.
5. Dwight H. Perkins, *Agricultural development in China, 1368~1968*에서 인구 증가와 식량 생산 사이의 관계를 논하고 있는데, 특히 2~4장을 참조하라. 또한 Ping-ti Ho, *Population*, pp. 137~168을 참조하라.
6. 이 주제는 鈴木中正, 『淸朝中期史硏究』에서 아주 심도 있게 검토되고 있다.

7. 과거 정원 수의 변화에 대해서는 Ping-ti Ho, *The Ladder of Success in imperial China*, pp. 179~181, 190을 참조하라. 동생(童生)에 관해서는 羅振玉 편, 『皇淸奏議』,「補篇」, 3권, p. 4; 許大齡, 『淸代捐納制度』, p. 46을 참조하라.
8. 羅振玉 편, 『皇淸奏議』,「補篇」, 2권, pp. 14b~15. 하급 관료 조직이 확산되어나가는 예에 관해서는 李汝昭, 『鏡山野史』(向達 등 편, 『太平天國』, 제3권, p. 15)를 보라.
9. John R. Watt, *The district magistrate in late imperial China*, p. 174.
10. 羅振玉, 『皇淸奏議』,「補篇」, 4권, pp. 9b~10.
11. 宮崎市定,「淸代の胥吏と幕友」,『東洋史硏究』, 16-4(1958년 3월), pp. 1~28.
12. Ping-ti Ho, "The significance of the Ch'ing period in Chinese history", *JAS*, 26-2(1967년 2월), p. 194.
13. 초급 학위(감생과 일부 공생)는 연납으로 얻을 수 있는 것으로, 이러한 직함과 하급 생원은 똑같이 정원이 정해져 있지 않았다. 그러나 거인과 진사는 연납으로 얻을 수 없었는데, 이들의 과거 합격 정원은 1702년 후에 동결되었다. Ping-ti Ho, *The ladder of success in imperial China*(페이퍼백, 1964년 판), pp. 187~188, 190을 참조하라.
14. '송곤'에 관해서는 賀長齡, 『經世文編』(1898년 판), 46권, p. 9b; 94권, pp. 5b~6을 참조하라. 1850년대 후난 순무 낙병장은 '조신열감(刁紳劣監)〔사악한 신사와 부패한 감생〕'이라는 용어를 사용한 바 있으며, 각 현에는 그러한 사람들이 '수십 명은 될 것'이라고 추정하고 있다. 駱秉章, 『駱文忠公奏議』, p. 1451을 참조하라.
15. 王雲五 편, 『道咸同光四朝奏議』, 제1책, pp. 62~64(1822년의 한 어사의 상주문).
16. 盛朗西, 『中國書院制度』, pp. 155~156.
17. 1733년에 반포된 칙령, 盛郞西, 앞의 책, p. 132.
18. L. C. Goodrich, *The literary inquisition of Ch'ien-lung*(New York reprint, 1966), pp. 47~49, 61.
19. 盛朗西, 앞의 책, pp. 217~219, 221~222. 당대의 관점에 대해서는 예를 들어 阮葵生, 『茶餘客話』, 제2권, p. 61; 錢大昕, 『十駕齋養新錄』, 18장.
20. Ping-ti Ho, *Ladder of success*, p. 242. 지방 서원들의 교육상의 의의에 관해서는 孟森, 『淸史講義』, pp. 390~391을 참조하라.

21. 임용 체계에 관해서는 Watt, *District magistrate*, pp. 51~55. 추천과 보증인에 관해서는 Adam Yuen-Chung Lui(sic), "The Han-lin academy: a biographical approach to career patterns in the early Ch'ing, 1644~1795"(1968년 런던 대학 박사 학위 논문), pp. 206~207, 212~213을 참조하라. 보증인은 어떤 경우에는 금전을 이용해 확보할 수도 있었다. Thomas A. Metzger, *The internal organization of Ch'ing bureaucracy: legal, normative, and communication aspects*, pp. 323~324.
22. 賀長齡, 『經世文編』, 6권, p. 6; 徐珂 편, 『清稗類鈔』, 7권, 「師友類」, 65호, pp. 8~10.
23. 『仁宗實錄』, 37권, p. 27a-b.
24. 梁章鉅 편, 『樞桓記略』, 14권, pp. 9~10b.
25. 清史編纂委員會 편, 『清史』, 193권, pp. 2934~2935.
26. 이러한 변화는 昭槤, 『嘯亭雜錄』, 10권, pp. 33~36b에서 흥미롭게 검토되고 있다.
27. 『仁宗實錄』, 37권, p. 22a-b.
28. 昭槤, 『嘯亭雜錄』, 1권, p. 23a.
29. Lawrence D. Kessler, "Ethnic composition of provincial leadership during the Ch'ing dynasty", *JAS*, 28-3(1969년 5월), p. 499.
30. 昭槤, 앞의 책, 10권, pp. 36b~39.
31. 이러한 연구가 James Polachek의 컬럼비아 대학 박사 학위 논문의 주제였다. Polachek의 논문은 19세기 초의 정치에 대한 현재의 견해들을 근본적으로 바꾸어놓을 것으로 기대된다.
32. 지방의 공물 납부를 금지하는 칙령은 『仁宗實錄』, 37권, pp. 45~46b에 실려 있다. 절검 정책의 지속적인 영향에 대한 한 어사의 관심에 관해서는 羅振玉, 『皇清奏議』, 「補篇」, 3권, pp. 16b~17을 참조하라.
33. 曹宗儒, 「總管內務部考略」, 『文獻論叢』, pp. 112~114; 裵匡廬 편, 『清代軼聞』, 7권, p. 70을 참조하라.
34. 조운 체계의 조직에 대해서는 星斌夫, 『大運河: 中國の漕運』, pp. 165~179에 아주 상세하게 서술되어 있다. 또한 Harold C. Hinton, "The grain tribute system of the Ch'ing dynasty", *FEQ*, 11-3(1952년 5월), pp. 339~354; 山口迪

子,「淸代の漕運と船商」,『東洋史硏究』, 17-2(1958년 9월), pp. 56~59를 참조하라.

35. 기정(旗丁)의 봉급(薪餉)에 대해서는 星斌夫,『大運河』, pp. 185~188, 223~224를 참조하라. 토지가 없는 세습 수부(水夫)에 관해서는 賀長齡,『經世文編』, 46권, p. 11a에 인용되어 있는 1817년 손옥정(孫玉庭)의 상주문을 보라.
36. 星斌夫,『大運河』, p. 178.
37. 孟森,『淸代史』, p. 334; 山口迪子,「淸代の漕運と船商」, p. 59.
38. 星斌夫, 앞의 책, pp. 223~224; 席裕福 편,『皇朝政典類纂』, 49권, p. 3a-b.
39. 星斌夫, 앞의 책, p. 164; 席裕福 편,『皇朝政典類纂』, 48권, pp. 4b~5.
40. 조운 체계가 지방 정부에 부과한 부담에 관해서는 Hinton, "Grain tribute", p. 349, 351; 星斌夫,『大運河』, p. 165, 190~191을 참조하라.
41. 星斌夫,「淸末河運より海運への展開」, pp. 809~810을 참조하라. 또한 孟森,『淸代史』, p. 338을 참조하라.
42. 영화(英和)의 건의를 포함해 해운에 관한 일련의 건의를 賀長齡,『經世文編』, 48권에서 찾아볼 수 있다. 또한 孟森,『淸代史』, pp. 338~339; 星斌夫,「淸末河運より海運への展開」,『東洋史論叢: 和田博士古稀紀念會編』, pp. 809~810을 참조하라.
43. 張哲郞,『淸代的漕運』, pp. 56~57.
44. 山口迪子,「淸代の漕運と船商」, pp. 59, 70(주 14).
45. Thomas A. Metzger, "The organizational capabilities of the Ch'ing state in the field of commerce: the Liang-Huai Salt Monopoly, 1740~1840", W. E. Willmott, ed. *Economic organization in Chinese society*, pp. 32~33.
46. 賀長齡,『經世文編』, 48권, p. 22.
47. 이러한 위기에 관한 설명으로는 George W. Gross의 미발표 논문 "Ho Ch'ang-ling and the 1825 debate over shipment of the imperial grain tax"(시카고 대학 역사학과, 1970)를 참조하라. 보다 상세한 내용에 대해서는 관련된 관원의 전기를 참고할 수 있을 것이다. 淸史館 편,『淸史列傳』, 34권, pp. 9b~13b; 35권, pp. 51b~54를 참조하라. 또한 星斌夫,『大運河』, p. 179; 張哲郞,『淸代的漕運』, pp. 55~60을 참조하라.
48. 孟森,『淸代史』, p. 339.

49. 星斌夫, 「淸末運河より海運への展開」, 『東洋史論叢: 和田博士古稀紀念會編』, pp. 181~182.
50. Harold C. Hinton, "Grain transport via the Grand Canal, 1845~1901", *Papers on China*, 4(1950년 4월), pp. 33~37.
51. 淸史編纂委員會, 『淸史』, 193권, pp. 2946~2948.
52. Thomas A. Metzger, "T'ao Chu's reform of the Huaipei salt monopoly", *Papers on China*, 16(1962년 12월), pp. 1~39; 위원은 도주를 위해 쓴 묘비명에서 그가 조운과 염정 행정을 개혁하는 데 중요한 역할을 했다며 그를 열렬히 찬양하고 있다. 魏源, 『古微堂外集』(1878년판), 4권, pp. 13b~15b를 참조하라.
53. Metzger, "Organizational capabilities", p. 42.
54. 영어로 된 것 중 내무부에 관한 가장 상세한 논문으로는 Preston M. Torbert, "The Ch'ing Imperial Household Department: a study of its organization and principal functions; 1662~1796"(1973년 시카고 대학 박사 논문)이 있다. 특히 pp. 148~149, 195~200을 참조하라. 내무부가 염정에서 한 역할에 대해서는 pp. 115~118을 참조하라.
55. 소금 밀매에 관해서는 佐伯富, 『淸代鹽政の硏究』, pp. 157~178을 참조하라.
56. Ch'ang-tu Hu, "The Yellow River administration in the Ch'ing dynasty", *FEQ*, 14-4(1955년 8월), pp. 505~513. 또한 孟森, 『淸代史』, p. 330; 蕭一山, 『淸代通史』, 2권, pp. 890~892; 昭槤, 『嘯亭雜錄』, 7권, pp. 29~30; 席裕福 편, 『皇朝政典類纂』, 45권, pp. 7b~9를 참조하라.
57. 이러한 설명은 李岳瑞, 『春冰室野乘』, pp. 56~58에서 찾아볼 수 있다. 동시에 그 밖의 다른 비공식적 자료들에도 기록되어 있다. 裘匡廬, 『淸代軼聞』, 7권, pp. 54~56을 참조하라. 그리고 歐陽紹熙 편, 『淸譚』, 5권, pp. 11~12b를 참조하라.
58. 鈴木中正, 「淸末の財政と官僚の性格」, 『近代中國硏究』, 2권, p. 201. 賀長齡, 『耐菴詩文存』, 6권(「信函」), pp. 1~3.
59. 羅振玉, 『皇淸奏議』, 「補遺」, 2권, p. 116.
60. 鈴木中正, 「淸末の財政と官僚の性格」, pp. 249~250.
61. 夏鼐, 「太平天國前後長江各省之田賦問題」, 『淸華學報』, 10-2(1935), 특히 pp. 410~412를 참조하라. 곡물의 강제적인 구매는 1800년 한 어사의 상주문 가운데서 토론되고 있다. 羅振玉, 『皇淸奏議』, 3권, p. 5b, 27b를 참조하라. 구휼미 배급

과 관련된 태환율 조작에 대해서는 王藎五, 『道咸同光四朝奏議』, 제1책, pp. 45~ 46을 참조하라.

62. 건륭조의 통화 팽창에 관해서는 1973년 시카고에서 열린 Association for Asian Studies 연례 회의에 전달된 Wang Yeh-chien, "The secular movement of prices and the peasant economy in China, 1644~1935"를 보라. 청대의 통화 팽창 일반에 관한 사료 선집으로는 南開大學歷史系 편, 『淸實錄經濟資料輯要』, pp. 410~433을 참조하라. 또한 馮桂芬, 『顯志堂稿』, 9권, pp. 3b~4를 참조하라.

63. 彭澤益, 「鴉片戰後十年間銀貴錢賤波動下的中國經濟與階級關係」, 『歷史研究』, 6(1961), p. 49. 또한 Wang Yeh-chien, *Land and taxation in imperial China, 1750~1911*, pp. 59~61을 참조하라. 1850년대 화폐 제도의 혼란이 후난 성의 세제에 미친 영향에 관해서는 駱秉章, 『駱文忠公奏議』, pp. 1450~ 1455를 참조하라. 거짓으로 보고한 '자연재해'에 관해서는 馮桂芬, 『顯志堂稿』, 9권, pp. 3b~4를 참조하라.

64. 橫山英, 「中國における農民運動の一形態: 太平天國前の'抗糧運動'に就いて」, 『廣島大學文學部紀要』, 7(1955), pp. 311~349; 李汝昭, 『鏡山野史』(向達 등 편, 『太平天國』, 3권, pp. 15~19); Philip A. Kuhn, *Rebellion and its enemies in late imperial China*, pp. 98~99; 佐佐木正哉, 「咸豊二年鄞縣의抗糧暴動」, 『近代中國研究』, 5(1963), pp. 185~299.

65. Kuhn, *Rebellion and its enemies*, pp. 98~99.

66. 먀오족 반란의 기원에 대해서는 鄂輝 등 편, 『欽定平苗紀略』(1797) 1권, pp. 1~ 3, 8~9를 참조하라. 이러한 정부 측 당안에 들어 있는 황제의 상유문이 이를 가장 잘 보여주고 있다. 또한 馬少僑, 『淸代苗民起義』, pp. 34~51을 참조하라.

67. 傅鼐, 「制苗」(賀長齡, 『經世文編』, 88권, pp. 2b~3); 淸史編纂委員會, 『淸史』, pp. 4500~4502; 羅振玉, 『皇淸奏議』, 「補遺」, 1권, pp. 7b~11; 王雲五, 『四朝奏議』, 1권, p. 2; 馬少僑, 앞의 책, pp. 59~69.

68. 홍건회의 난에 대한 뛰어난 서술은 Frederic Wakeman, Jr, "The secret societies of Kwangtung, 1800~1856", Jean Chesneaux, ed. *Popular movements and secret societies in China, 1840~1950*, pp. 29~47을 참조하라. 홍문의 영향력의 발전과 특성에 관해서는 謝興堯, 『太平天國前後廣西的反淸運

動』과 鐘文典, 『太平軍在永安』, pp. 159~165를 참조하라.

69. Daniel Overmyer, "Folk Buddhist sects: a structure in the history of Chinese religions"(1971년 시카고 대학 박사 논문, 미간행). 이 책은 백련교의 전통에 대한 중요한 재평가를 제시하고 있다. 전통 중국의 반란 전체를 주제로 한 중요한 논문으로는 鈴木中正, 『中國における革命と宗敎』가 있다. 또한 鈴木中正, 『淸朝中期史硏究』를 보라.

70. 앞의 주 69를 참조하라.

71. 鈴木中正, 『中國における革命と宗敎』는 명·청대의 백련교 반란에 대한 저자 본인의 연구에 기초해서 이러한 일반적 모델을 발전시키고 있다. 특히 pp. 117~119, 205~220을 참조하라.

72. 羅振玉, 『皇淸奏議』, 「補遺」, 2권, pp. 1~2b.

73. 矢野仁一, 「白蓮敎の亂に就いて」, 羽田亨 편, 『內藤博士還曆祝賀支那學論叢』, p. 726.

74. 孟森, 『淸代史』, p. 288.

75. 앞의 책, pp. 301~302.

76. 『十朝聖訓』, 13권, 18장, p. 8a.

77. 이 일화는 裘匡廬, 『淸代軼聞』, 「名人逸事 上」, pp. 8~10에 등장한다. 조진용의 개성에 관해서는 姚永樸, 『舊聞隨筆』, 1권, p. 10을 참조하라. 조진용의 전기는 Arthur W. Hummel ed. *Eminent Chinese*, pp. 739~740에 실려 있다.

78. 1833년의 회시에서 저명한 학자 유정섭(兪正燮)이 낙방한 것은 조진용에게 책임이 있다고 이야기되고 있다. 이 사건은 유정섭의 전기『癸巳類稿』(『安徽叢書』, 7권, 9~18책)에 실려 있다.

79. 洪亮吉, 『卷施閣文』, 「甲集」, p. 10b; 「補遺」, p. 8b(『洪北江先生遺集』, 1권 수록).

80. 蕭一山, 『淸代通史』, 2권, p. 887. 목창아의 관할 영역은 (1842년 이후의) 조약항의 관세와 하도총(河道總)의 세수였다. 일설에는 한림원 이외의 모든 직책을 마음대로 주물렀다고 한다. 조정에서 그는 군기대신 왕정(王鼎, 1842년 사망) 및 그의 후계자 기준조(祁寯藻)와 노골적으로 적대 관계에 있었다. 李岳瑞, 『春冰室野乘』, p. 63; 歐陽紹熙, 『淸譚』, 5권, pp. 12b~13을 참조하라.

81. Ping-ti Ho, *Population*, p. 216.

82. Hao Chang, *Liang Ch'i-Ch'ao and intellectual transition in China, 1890~*

1907, pp. 14~20을 참조하라.

83. 繆全吉,「淸代幕府制度之成長原因」,『思與言』, 5-3(1967년 9월). 또한 Watt, *District magistrate*, pp. 143~144; Kenneth E. Folsom, *Friends, guests, and colleagues: the 'mu-fu' system in the late Ch'ing period*, pp. 41~47; Jonathan Porter, *Tseng Kuo-fan's private bureaucracy*, pp. 23~24를 참조하라.

84. Watt, *District magistrate*, pp. 56, 266(주 48).

85. 위원이 학술과 정치 분야에서 수행한 역할에 대한 탁월한 설명으로는 齊思和,「魏源與晩淸學風」,『燕京學報』, 39(1950년 12월), pp. 177~226이 있다.

86. 『皇朝經世文編』의 내용을 Frederic Wakeman와 Peter Mitchell이 각각 영문으로 간단히 평론한 것을 *Ch'ing-shih wen-t'i*, 1-10(1969년 2월), pp. 8~22; 2-3(1970년 7월), pp. 40~46에서 찾아볼 수 있다.

87. Jane Kate Leonard, "Statecraft reform in early nineteenth-century China" (1974년, 공간되지 않은 원고), pp. 4~8.

88. 19세기 초의 금문경학파에 대해서는 아직 포괄적인 연구가 이루어지고 있지 않다. 이 금문 운동의 역사에 대한 간략한 설명은 Frederic Wakeman, Jr, *History and will*에 들어 있는데, 이 책의 1장(pp. 101~114)은 이 시기에 대한 주요 해석자들을 하나로 묶으려는 시도를 보여준다. 금문경학파를 둘러싼 논쟁에 관한 전형적인 저작은 周予同,『經今古學』이다.

89. 염약거는 그때까지 전해 내려오던『서경(書經)』이 진본이 아닐 수도 있다는 의문을 제기한 사람은 결코 아니었지만 어떤 이데올로기에도 호소하지 않고 체계적인 고증을 이용한 분석을 통해 고문 경전이 가짜라는 것을 최초로 입증해 보였다. 戴君仁,『閻毛古文尙書公案』을 보라.

90. Peter Mitchell, "The limits of reformism: Wei Yüan's reaction to Western intrusion", *MAS*, 6(1972), pp. 180~181을 참조하라.

91. 魏源,「明代食兵二政錄敍」,『高微堂外集』, 3권, p. 4.

92. 賀長齡,『經世文編』, 80권, p. 2.

93. 龔自珍,「西域置行省議」, 賀長齡,『經世文編』, 81권, pp. 6b~9; 魏源,「答人問西北邊域書」,『經世文編』, 80권, pp. 1~2.

94. 1859년 기준조가 서언을 쓴 張穆,『蒙古遊牧記』. 商務版(長沙, 1938), pp. 1~2를

참조하라. 이 책은 장목이 세상을 떠난 후 창사의 경세치용학파와 관계가 아주 돈독했던 학자 하소기(何紹基)에 의해 완성되었다.

95. 楚金(필명),「道光學術」,『中國近三百年學術思想論集』, 1권, p. 345.
96. 선남시사(宣南詩社)가 이처럼 정치적 결합에서 중심적인 역할을 한 것은 가경-도광조 시대의 정치를 다루고 있는 James Polachek의 박사 학위 논문에서 검토되고 있는데, 이 논문은 곧 출간될 예정이다. 정은택에 관해서는 楚金,「道光學術」그리고 程恩澤,『程侍郎遺集』에 들어 있는 정은택의 비명(『叢書集成』, 96권, 2212호, pp. 5~7)을 보라.
97. 엄여익의 먀오족 반란 진압 기록에 관해서는 魏源,『聖武記』(1842년 敍), 7권, pp. 32b~33을 참조하라. 두 사람의 전기에 대해서는 淸史館 편,『淸史列傳』, 75권, p. 45; 淸史編纂委員會 편,『淸史』, p. 4502를 참조하라.
98. 『長沙縣志』, 11권, p. 32 이하; 李桓 편,『國朝耆獻類徵』, 90권, pp. 40~42; 132권, p. 43; 138권, pp. 35~36b.
99. 학해당에 관해서는 容肇祖,「學海堂稿」,『嶺南學報』, 3-4(1934년 6월), pp. 1~147; 林伯桐・陳澧 합편,『學海堂志』를 참조하라. 고경정사에 관해서는 阮元,『詁經精舍文集』(『叢書集成』, 81권, 1834~1838호)에 수록된 완원의 서언을 참조하라. 왕창과 손성언의 전기에 관해서는 Hummel, *Eminent Chinese*, pp. 805~807과 pp. 675~677을, 또한 임백동의 전기에 관해서는 같은 책, pp. 510~511을 참조하라. 그 밖의 전기는 淸史館 편,『淸史列傳』, 72권, p. 61b(오란수), 69권, pp. 49b~50(증교) 및 73권, p. 52b(웅경성과 서영)를 참조하라.

4장 광저우 교역과 아편전쟁

1. Te-ch'ang Chang, "The economic role of the imperial Household(Nei-wu-fu) in the Ch'ing dynasty", *JAS*, 31-2(1972년 2월), p. 258; Preston M. Torbert, "The Ch'ing imperial Household Department: a study of its organization and principal functions, 1662~1796"(1973년 시카고 대학 박사 학위 논문), pp. 110~112.
2. Frederic Wakemann, Jr, *Strangers at the gate: social disorder in south*

China, 1839~1861, pp. 23~24; Lo-shu Fu, *A documentary chronicle of Sino-Western relations(1644~1820)*, p. 598.
3. H. B. Morse, *The chronicles of the East India Company trading to China*, 3권, p. 155.
4. 앞의 책 2권, p. 93.
5. Mr. Bracken은 1832년 3월 24일 하원 특별 위원회 앞에서 이러한 증거를 제시했다. H. Sinha, *Early European banking in India*에 인용되어 있다. 또 Blair B. King, "The origin of the managing agency system in India", *JAS*, 26-1(1966년 11월), pp. 37~48; Amales Tripathi, *Trade and finance in the Bengal presidency, 1793~1833*; Dilip Kumar Basu, "Asian merchants and Western trade: a comparative study of Calcutta and Canton 1800~1840" (1975년 캘리포니아 버클리 대학 박사 학위 논문), pp. 209~250.
6. Evelyn Sakakida Rawski, *Agricultural change and the peasant economy of south China*, pp. 215~216을 참조하라.
7. Morse, *Chronicles*, 4권, p. 257.
8. W. E. Cheong, "Trade and finance in China, 1784~1834, a reappraisal", *Bussiness History*, 7-1(1965년 1월), p. 41.
9. Michael Greenberg, *British trade and the opening of China, 1800~1842*, p. 118.
10. 앞의 책, p. 177.
11. 앞의 책, p. 178.
12. Morse, *Chronicles*, 4권, pp. 316~317.
13. Greenberg, *British trade*, pp. 194~195.
14. H. B. Morse, *The international relations of the Chinese empire*, 1권, *The period of conflict, 1834~1860*(London, 1910), p. 121.
15. 앞의 책, p. 146.
16. 1832~1837년 사이 미국과 영국 선박이 실어 온 총 수입품의 가치는 64% 증가했으며 가치로는 3,770만 달러어치에 달했다. 수출도 그와 비슷하게 79% 증가해 증가액이 3,490만 달러에 달했다. 비단 가격은 거의 25%, 차 가격은 55% 올랐다.

17. 광저우와 런던 사이의 교통의 경우 아무리 빠르다 하더라도 왕복하는 데 약 8개월이 걸렸다. 1841년 이후 기선의 이용과 함께 알렉산드리아 항구에서 수에즈 항까지 육로가 열림으로써 편도에 2~3개월이 걸리게 되었다.
18. Pin-chia Kuo, *A critical study of the first Anglo-Chinese war, with documents*, pp. 234~235에 번역되어 실려 있다.
19. Jonathan Spence, "Opium smoking in Ch'ing China", in Frederic Wakeman, Jr and Carolyn Grant, eds. *Conflict and control in late imperial China*, pp. 143~173.
20. John K. Fairbank, *Trade and diplomacy on the China coast*, p. 77; Frank H. H. King, *Money and monetary policy in China, 1845~1895*, pp. 140~143.
21. Kuo, *First Anglo-Chinese war*, p. 213.
22. Te-ch'ang Chang, "The Economic role of the Imperial Household in the Ch'ing dynasty", p. 258.
23. 『清實錄經濟資料輯要』, p. 533. 아편 흡연을 둘러싼 논쟁을 담고 있는 상주문과 유지는 pp. 527~533에 들어 있다. 蔣廷黻 편, 『近代中國外交史資料輯要』, 1권, pp. 24~36에서는 좀더 완벽한 자료를 찾아볼 수 있다. 이 문제에 관한 최고의 비판적 연구는 Hsin-pao Chang, *Commissioner Lin and the Opium War*이다.
24. 魏源, 『古微堂內集』, 2권, p. 6.
25. Kuo, *First Anglo-Chinese war*, p. 220.
26. 『清代籌辦夷務始末』, 「道光朝」, 5권, p. 17.
27. Kuo, *First Anglo-Chinese war*, pp. 250~251. 또한 Hsin-pao Chang, *Commissioner Lin*, p. 140을 참조하라.
28. Hsin-pao Chang, *Commissioner Lin*, p. 162. 외국인 공동체가 흠차대신 임칙서에 대해 보인 반응에 관한 흥미진진한 설명이 Peter Ward Fay, *The Opium War 1840~1842*, pp. 142~179에 실려 있다.
29. Hsin-pao Chang, *Commissioner Lin*, p. 182.
30. Arthur Waley, *The opium war through Chinese eyes*, p. 55에 번역되어 실려 있다.
31. 앞의 책, pp. 61~62.

32. Randle R. Edwards가 준비 중인 하버드 대학 박사 학위 논문.
33. Waley, *Opium War*, pp. 64~65에 번역되어 실려 있다.
34. Hsin-pao Chang, *Commissioner Lin*, p. 206에서 인용했다.
35. 영국 여왕은 어떠한 편지 사본도 받지 않았던 것 같다. Hsin-pao Chang, *Commissioner Lin*, p. 135; Ssu-yu Teng and John K. Fairbank, *China's response to the West*, pp. 24~27에 실린 번역문을 참조하라.
36. Kuo, *First Anglo-Chinese war*, p. 251.
37. 林則徐, 『林文忠公全集』, 1권, p. 3b. 향용을 찬양한 시에 관해서는 阿英 편, 『鴉片戰爭文學集』을 참조하라.
38. 이러한 '기술' 일부와 그것의 군사적 활용 가능성에 관한 논의로는 『林文忠公全集』, 1권, p. 22b를 참조하라.
39. 齊思和 등 편, 『鴉片戰爭』, 제2책, pp. 365~543에 나오는 예들을 참조하라.
40. Hsin-pao Chang, *Commissioner Lin*, p. 190.
41. Edgar Holt, *The Opium Wars in China*, pp. 98~99에 인용되어 있다.
42. 앞의 책, pp. 99~100.
43. 齊思和, 『鴉片戰爭』, 제4책, p. 630.
44. Waley, *Opium War*, p. 117.
45. 앞의 책, p. 120. 또한 Kuo, *First Anglo-Chinese war*, pp. 266~268을 참조하라.
46. 林崇墉, 『林則徐傳』, p. 443.
47. Kuo, *First Anglo-Chinese war*, pp. 259~260.
48. 앞의 책, p. 272.
49. 앞의 책, p. 284.
50. Morse, *International relations*, 1권, p. 272에서 인용했다. 원문은 *Letters of Queen Victoria*, 1권, p. 261에 들어 있다.
51. 비록 1841년 9월 8일 필(Peel) 내각이 성립된 후 파머스턴이 애버딘 경(Lord Aberdeen)으로 교체되었지만 파머스턴의 훈령은 여전히 유효했다. 애버딘은 파머스턴보다 훨씬 더 신중했지만 결정된 정책을 바꾸기에는 너무 늦게 입각했다. 파머스턴은 그해에 화이트홀(Whitehall)로 돌아갔다.
52. Morse, *International relations*, 1권, pp. 655~699의 부록 K에 이 훈령 전문

이 실려 있다.
53. 엘리엇이 1841년 11월 18일 애버딘 백작에게 보낸 서한은 FO 17/46, 엘리엇이 거프에게 보낸 3면을 포함한 1841년 5월 21일과 24일자 서한 FO 17/46(Public Record Office, London)에 들어 있다.
54. 『淸代籌辦夷務始末』, 「道光朝」, 29권, p. 23.
55. Wakeman, *Strangers at the gate: social disorder in south China, 1839~1861*, pp. 117~131.
56. 齊思和 등 편, 『鴉片戰爭』, 제3책, p. 129 이하. 그리고 Waley, *Opium War*, pp. 186~196에도 그러한 설명이 일부 번역되어 있다.
57. Frederic Wakeman, Jr, "The secret societies of Kwangtung, 1800~1856", Jean Chesneaux, ed. *Popular movements and secret societies in China 1840~1950*, pp. 29~47.
58. 齊思和 등 편, 『鴉片戰爭』, 제3책, p. 427. 이러한 상황은 결코 19세기에만 국한된 것이 아니었다. 1920년대 상하이의 청방(靑幇)과 홍방(紅幇)도 상하이 프랑스 조계의 프랑스 경찰국장과 비슷한 관계를 맺고 있었다.
59. Holt, *Opium Wars*, p. 147.
60. 소정괴의 전기에 대해서는 張其昀 등 편, 『淸史』, pp. 4589~4590을 참조하라. 소정괴의 상소에서 언급되고 있는 것은 아마 1842년 1월 영국군 휘하에 있는 16,000명의 병사들이 아프가니스탄에서 철수하다가 살육당한 사건인 것 같다.
61. Kuo, *First Anglo-Chinese war*, p. 298.
62. Ssu-yü Teng, *Chang Hsi and the Treaty of Nanking, 1842*, p. 39 및 기타 여러 부분에서 찾아볼 수 있다. 이처럼 상세한 일기는 청-서양 협상에 대한 중국측의 내부 입장을 알려주는 희귀한 자료 중의 하나이다.

5장 조약 체제의 성립

1. Michael Greenberg, *British trade and the opening of China, 1800~1842*, 6장.
2. John K. Fairbank, *Trade and diplomacy on the China coast*, p. 69. 자딘-매

디슨사의 문서보관소 자료에서 인용했다.
3. Peter Ward Fay, *The Opium War 1840~1842*, 3부; Jack Beeching, *The Chinese Opium Wars*, p. 132.
4. 파머스톤은 1830년 11월~1834년 12월, 1835년 4월~1841년 9월 그리고 1846년 7월~1851년 12월에 외상을 역임했다. 1855년 2월~1858년 2월 그리고 1859년 6월~1865년 10월에는 수상이었다.
5. Sir Charles Webster, *The foreign policy of Palmerston 1830~1841*, p. 792. 영국의 대청 정책은 아직 세계사적 맥락에서는 연구되어 있지 않다.
6. W. Fuchs를 인용하고 있는 Joseph Sebes, S. J., *The Jesuits and the Sino-Russian Treaty of Nerchinsk(1689)*, pp. 154, 285; Mark Mancall, *Russia and China, their diplomatic relations to 1728*, p. 252.
7. 이러한 점들과 관련해 난징 조약에 관한 중국 측 문헌과 영국 측 문헌은 본질적으로 동의하고 있다. China, Imperial Maritime Customs, *Treaties, conventions etc. between China and foreign states*를 참조하라.
8. '기미'에 관해서는 Lien-sheng Yang, "Historical notes on the Chinese world order", *The Chinese world order*(ed. by John K. Fairbank), pp. 31~33을 참조하라. 위원에 관해서는 *MAS*, 6-2(1972년 4월), pp. 151~204에 실린 Jane Kate Leonard와 Peter M. Mitchell의 논문; 王家儉, 『魏源對西方的認識及其海防思想』을 참조하라.
9. 1842년 5월 19일자 기영의 상주문. 『淸代籌辦夷務始末』, 「道光朝」, 47권, p. 22b; pp. 23b 10행~24a 41행. 『孫子』, 3권, 「謀攻」(Samuel B. Griffith, *Sun Tzu: the art of war*에 인용됨)과 비교해보라.
10. 기영이 포틴저에게 보낸 서한. 1843, 포틴저 문서 142호, FO 17/70.
11. Ying-shih Yü, *Trade and expansion in Han China*, pp. 10, 43.
12. 포틴저 문서, 74호, 1843년 7월 5일; 85호, 7월 19일, FO 17/68; 또한 Fairbank, *Trade and diplomacy*, pp. 111~112에 인용되어 있는 1843년 포틴저 문서 142호, FO 17/70.
13. 중국 해관이 공포한 중·영문본 중영 속약(앞의 주 7을 참조하라)을 '영국 공사관의 원본(p. 17)과 대조했다'. 해관의 중문본과 베이징의 황제에게 보내 재가를 받은 요약본(『淸代籌辦夷務始末』, 「道光朝」, 69권, pp. 27~34b, 1843년 11월 15

14. "교역과는 전혀 관계가 없는 서신"을 인용하고 있는 포틴저 문서, 40호, 1843년 4월 29일 Fo 17/67.
15. Capt. Charles Hope, 1843년 4월 21일, 8월 12일 해딩턴이 애버딘에게 보낸 서신, FO 17/75에서 언급되고 있다.
16. 제임스 매디슨이 맥미니스 선장(Captain McMinnies)에게 보낸 1843년 4월 22일자 서신, Coast Letter Book 22/4/43, Jardine Matheson Archive, Cambridge; 또한 David Edward Owen, *British opium policy in China and India*; Jonathan Spence, "Opium smoking in China", in Frederic Wakeman, Jr and Carolyn Grant, eds. *Conflict and control in late imperial China* 등을 참조하라.
17. 번역된 문서들과 관련해서는 Earl Swisher, *China's management of the American barbarians, 1841~1861*을 참조하라. 쿠싱의 협상에 관해서는 E. V. Gulick, *Peter Parker and the opening of China*, 8장; 丁名楠 등,「第一次鴉片戰爭」,『中國科學院歷史研究所第三所集刊』, 1(1954년 7월), pp. 114~142, 특히 pp. 143~146을 참조하라.
18. Angelus Grosse-Aschhoff, *The Negotiations between Ch'i-ying and Lagrené, 1844~1846*, p. 74. 결정적인 설명은 Louis Tsing-sing Wei, *La politique missionnaire de la France en Chine 1842~1856*, p. 305에서 찾아볼 수 있다.
19. 유산되고 만 해군 개혁에 관해서는 John L. Rawlinson, *China's struggle for naval development, 1839~1895*, 2장; 呂實强,『中國早期的輪船經營』, pp. 16~38을 참조하라.
20. 陳鰲,「黃恩彤與鴉片戰後外交」,『史學年報』, 3-2(1940년 12월), pp. 111~141.
21. Fred W. Drake, *China charts the world: Hsü Chi-yü and his geography of 1848*.
22. 『淸代籌辦夷務始末』,「咸豊朝」, 7권, p. 24.
23. 예를 들어 1842년 5월 20일 기영이 지방 관원들에게 화평을 청하라고 지시한「求和」에 대해서는 佐佐木正哉 편,『鴉片戰爭の硏究, 史料編』을 보라.

24. John K. Fairbank, "The early treaty system in the Chinese world order", Fairbank ed., *The Chinese world order*, p. 267.
25. William Fred Mayers et al. *Treaty ports of China and Japan*, p. 364. 초기의 조약항에 대해서는 H. B. Morse, *The international relations of the Chinese empire*, 1권, *The period of conflict 1834~1860*; John K. Fairbank, *Trade and diplomacy*를 참조하라. 상세한 목록은 嚴中平, 『中國近代經濟史統計資料選輯』, pp. 41~48(조약항들), 49~56(조차지들)을 참조하라.
26. Peter Ward Fay, "The French Catholic Mission in China during the Opium War", *MAS*, 4-2(1970), pp. 115~128. Fay, *The Opium War*, 8장, p. 23.
27. Stephen C. Lockwood, *Augustine Heard and company, 1858~1862*. 조약항의 통화에 관해서는 Frank H. H. King, *Money and monetary policy in China, 1845~1895*를 참조하라.
28. Yen-p'ing Hao, *The comprador in nineteenth century China; Bridge between East and West*, p. 51 및 기타 여러 곳.
29. Morse, *International relations*, 1권, pp. 392~393은 『중국에서 받은 굴욕 Insult in China』에 관한 영국 정부 문서의 내용을 요약하고 있다.
30. Philip A. Kuhn, *Rebellion and its enemies in late imperial China*, pp. 71~76.
31. 1849년 5월 11일에 배포된 중국의 팸플릿을 인용하고 있는 Frederic Wakeman, Jr, *Strangers at the gate*, p. 104. 청 정부가 영국 영사들과 주고받았던 중문본 편지 그리고 광저우 지방의 신사와 주민들에게 보냈던 포고문 등은 佐佐木正哉가 영국 문서국에서 수집해 『鴉片戰爭後の中英抗爭, 資料編稿』에 수록해놓았다.
32. Frederic Wakeman, Jr, "The secret societies of Kwangtung, 1800~1856", in Jean Chesneaux, ed. *Popular movements and secret societies in China 1840~1950*, pp. 28~47. 런던의 공문서 보관소에 보관 중인 중국 기록들을 佐佐木正哉가 『清末の秘密結社 資料編』에 수록해놓았다.
33. Fairbank, *Trade and diplomacy*, pp. 338~346, 17~18장 및 기타 여러 곳.
34. Rhoads Murphey, *Shanghai, key to modern China*; 陳德昌, 『歷史研究』, 1957, 1호, p. 58에서 陳德昌은 상하이는 일찍이 13세기부터 유명한 항구였다고 지적

하고 있다.

35. 『同治上海縣志』(1871), 5권, p. 9b. 1911년 현으로 승격된 이후의 상하이의 발전에 관해서는 上海通社 편, 『上海硏究資料』, 1권, p. 53 및 기타 여러 곳.

36. Richard Feetham, *Report of …… to the Shanghai Municipal Council*, 2장을 요약한 내용이다.

37. 『上海小刀會起義史料彙編』(1958, 상하이)에 NCH와 기타 서양 자료로부터 번역된 많은 자료들이 실려 있다.

38. Stanley F. Wright, *Hart and the Chinese customs*, pp. 91~110; Fairbank, *Trade and diplomacy*, pp. 431~461.

39. Susan Mann Jones, "Finance in Ningpo: the Ch'ien chuang, 1750~1880", in W. E. Willmott, ed. *Economic organization in Chinese society*, pp. 47~77.

40. W. C. Costin, *Great Britain and China 1833~1860*, p. 141 이하, 180 이하; J. S. Gregory, *Great Britain and the Taipings*, 1~4장.

41. Wakeman, *Strangers*, 13~15장; J. Y. W. Wong, "The political career of Yeh Ming-ch'en 1807~1859"(1971년 옥스퍼드 세인트 앤토니 칼리지 철학 박사 학위 논문)은 1858년에 점령된 광저우의 총독 아문 문서를 인용하고 있다. 이 문서는 현재 공공 문서보관소에 FO 682 문서로 소장되어 있다. 그의 책 *Yeh Ming-ch'en*, Cambridge University Press, 1976을 참조하라.

42. Arthur W. Hummel, ed. *Eminent Chinese*, p. 905. 애로 호에 관해서는 J. Y. Wong, "The Arrow incident: a reappraisal", *MAS*, 8-3(1974), pp. 373~389; J. Y. Wong, "Harry Parkes and the Arrow War in China", 앞의 책, 9-3(1975), pp. 303~320.

43. 『淸代籌辦夷務始末』, 「咸豊朝」, 27권, p. 31b. 朱鳳標 등이 1858년 6월 30일에 올린 상주문.

44. Jack J. Gerson, *Horatio Nelson Lay and Sino-British relations 1854~1864*. 레이, 엘긴 경, F. 브루스 경의 문서를 인용하고 있다.

45. 중국의 영향력을 통제하기 위한 엘긴의 활동에 관해서는 Immanuel C. Y. Hsü, *China's entrance into the family of nations: the diplomatic phase 1858~1880*, 5장을 참조하라. 인용된 구절은 T. Walrond, *Letters and journals of James, eighth Earl of Elgin*, pp. 212~213, 252~253을 참조하라.

46. 공친왕 등의 1861년 1월 13일자 상주문,『淸代籌辦夷務始末』,「咸豊朝」, 71권, p. 18 이하(Ssu-yü Teng and John K. Fairbank, *China's response to the West*, p. 48에 일부가 번역되어 있다).
47. 청의 정책적 고려 사항들에 관해서는, Hsü, *China's entrance*, 6~7장과 Masadaka Banno, *China and the West 1858~1861: the origins of the Tsungli Yamen*, pp. 29~30을 참조하라.
48. Robert Lee Irick, "Ch'ing policy toward the coolie trade, 1847~1878"(1971년 하버드 대학 박사 학위 논문), pp. 110~161.
49. 하계청의 1858년 10월 5일자 상주문,『淸代籌辦夷務始末』,「咸豊朝」, 30권, p. 44 이하; Swisher, *China's management*, p. 522.
50. 『淸代籌辦夷務始末』,「咸豊朝」, 45권, p. 37b. 1859년 12월 2일 접수된 상주문. 10월경 월해관 감독 항기는 하트를 월해관 부세무사로 초빙했다. Canton's 39, FO 682/1785에 딸린 첨부 문서 1을 참조하라. 레이를 총세무사로 임명하자는 공친왕의 건의는 1861년 1월 황제의 재가를 얻었다.
51. John F. Cady, *The roots of French imperialism in eastern Asia*.
52. 불평등 조약의 범위에 관한 다양한 규정에 대해서는 Hungdah Chiu, "Compari-son of the Nationalist and Communist Chinese views of unequal treaties", J. A. Cohen, ed, *China's practice of international law*.
53. Herbert Franz Schurmann, *Economic structure of the Yüan dynasty*, 4권, p. 224.
54. 『淸代籌辦夷務始末』,「咸豊朝」, 70권, p. 5, "不但不慮其爲害 轉可以爲我用"; Britten Dean, *China and Great Britain: the diplomacy of commercial relations, 1860~1864*.
55. Dean, *China and Great Britain*, p. 54.
56. 『淸代籌辦夷務始末』,「咸豊朝」, 79권, p. 21. 하트가 중국 관리로서 봉직하던 초창기의 (화려하면서도 간결한 문체의) 서신에 관해서는 상하이 도대 오후(吳煦)의 문서,『吳煦檔案中的太平天國史料選輯』, p. 204를 참조하라.
57. Nathan A. Pelcovits, *Old China hands and the foreign office*, p. 18에 엘긴의 상하이 연설, FO 17/287에서 인용되어 있다.
58. 로버트 하트의 노력에 관해서는 John K. Fairbank, Katharine Frost Bruner,

Elizabeth Macleod Matheson 등이 편찬한 *The IG in Peking. Letters of Robert Hart, Chinese maritime customs, 1868~1907*을 참조하라. 이후 야심찬 다른 조약항 계획들이 무산된 문제와 관련해서는 Rhoads Murphey, *The outsiders: the Western experience in India and China*를 참조하라.

6장 태평천국의 난

1. 『新寧縣志』, 光緒 19年(1893), 16권, pp. 6~9. 삼합회와 야오족의 초기 관계에 대해서는 1832년 후난 성 남부에서 발생한 야오족 반란(瑤亂)에 대한 상충되는 설명을 참조하라. 魏源, 『聖武記』, 7권, pp. 41~45 및 徐珂 편, 『淸稗類鈔』, 66권, pp. 10~11.
2. 홍수전의 초기 삶에 관해서는 Franz Michael and Chung-li Chang, eds., *The Taiping Rebellion: history and documents*와 簡又文, 『太平天國全史』, pp. 1~22를 참조하라. 양아발에 관해서는 1965년 타이완에서 복제본으로 재판된 『勸世良言』에 붙인 鄧嗣禹, 「서문」, pp. 1~24를 참조하라. 본문의 분석은 이 판본에 근거했다.
3. 홍수전이 이때 만청 정권의 타도에 착수했다는 簡又文의 주장(『全史』, p. 41)은 증거가 부족하다. 홍수전이 귀향 도중에 지은 것으로 알려진 시는 확실히 대단한 정치적 구상을 암시하고 있기는 하나 지은 시기가 확실치 않다.
4. 여기서 언급되고 있는 저술들은 『太平詔書』에 들어 있다. 이 책은 1852년에 출판되었으나 수록된 글들은 대략 1844~1846년 사이에 쓰였다. 向達 등 편, 『太平天國』, 1권, pp. 87~98을 참조하라. 영어 번역으로는 Michael and Chang, *The Taiping Rebellion*, 2권, pp. 24~47을 참조하라.
5. 『潯州府志』, 同治 13년(1874), 4권, p. 14a-b. 객가인의 정착 유형과 종족 간 충돌에 관한 중요한 분석은 Myron L. Cohen, "The Hakka or 'Guest People': dialect as a sociocultural variable in south-eastern China", *Ethnohistory*, 15-3(1968), pp. 237~292.
6. 태평천국의 인원 규모에 관해서는 張德堅, 『賊情彙纂』을 보라. 이것은 부분적으로는 1854년까지 거슬러 올라간다. 向達 편, 『太平天國』, 3권, pp. 31~348, 특히

pp. 281~297에 재수록되어 있다.

7. 向達 편, 『太平天國』, 1권, pp. 66~68에 수록된 『天命詔旨書』를 참조하라.
8. 向達 편, 『太平天國』, 1권, pp. 159~179에 수록된 『頒行詔書』를 참조하라.
9. 羅爾綱, 『太平詔書』, p. 92를 참조하라.
10. 羅爾綱, 『太平天國史綱』, p. 45에 인용됨.
11. 李文治 편, 『中國近代農業史資料』, 1권, p. 125에 인용된 汪士鐸, 『乙丙日記』의 내용.
12. 『天朝田畝制度』, 向達, 『太平天國』, 1권, pp. 321~326.
13. 정통 반대파의 재구성에 대해서는 錢穆, 『中國近三百年學術史』, pp. 569~592(당감에 관해)를 보라. Han-yin Chen Shen, "Tseng Kuo-fan in Peking, 1840~1852: his ideas on statecraft and reform", *JAS*, 27-1(1967년 11월), pp. 61~80. 何貽焜, 『曾國藩評傳』, pp. 25~30. Philip A. Kuhn, *Rebellion and its enemies in late imperial China*, pp. 135~148.
14. 상군에 관해서는 羅爾綱, 『湘軍新志』, pp. 63, 97~112; 蕭一山, 『清代通史』, 3권, pp. 411~415; 簡又文, 『太平天國全史』, pp. 1039~1080; Kuhn, *Rebellion and its enemies*, pp. 105~135 등을 참조하라.
15. 羅玉東, 『中國釐金史』, pp. 61~62, 222~229.
16. Jerome Ch'en, "The Hsien-feng inflation", *BSOAS*, 21(1958), pp. 578~586.
17. 酈純, 『太平天國制度初探』, p. 472.
18. 酈純, 『太平天國制度初探』, pp. 65, 94~98, 338~383; 簡又文, 『太平天國典制通考』, pp. 655~669; 羅爾綱, 『太平天國史稿』, pp. 119~121.
19. 『欽定士階條例』, 蕭一山 편, 『太平天國叢書』, pp. 937~938.
20. J. S. Gregory, *Great Britain and the Taipings*, p. 99에 인용되어 있는 프레더릭 브루스의 말.
21. Gregory, *Great Britain and the Taipings*, p. 118.
22. 외세의 개입에 관한 아래의 논의에 대해서는 류광징 교수가 많은 도움을 주었다.
23. 王爾敏, 『淮軍志』, p. 55에서 인용.
24. 『清代籌辦夷務始末』, 「同治朝」, 4권, p. 3.
25. 李鴻章, 『李文忠公全集』, 「朋僚函稿」, 1권, pp. 15, 26.

26. Britten Dean, "Sino-British diplomacy in the 1860s: the establishment of the British concession at Hankow", *HJAS*, 32(1972), pp. 95~96을 참조하라.
27. 方玉瀾,『星烈日記彙要』, 范文瀾 등 편,『捻軍』, 1책, pp. 309~314; 江地,『初期捻軍史論叢』, pp. 1~38; Ssu-yü Teng, *The Nien Army and their guerrilla warfare, 1851~1868*, pp. 46~76.
28. 陶澍,『條陳緝捕皖豫等省紅胡匪徒摺子』, 聶崇岐 편,『捻軍資料別集』, pp. 5~9.
29. 方玉瀾,『星烈日記彙要』, p. 310.
30. 『淸實錄』,「道光朝」, 41권, p. 7b.
31. 包世臣,『淮鹽三策』,『皇朝經世文編』, 49권, p. 4b를 참조하라.
32. 陶澍,『條陳緝捕』, 聶崇岐,『捻軍資料別集』, p. 6; 黃均宰,『金壺七墨』, p. 337을 참조하라.
33. 『淸實錄』,「道光朝」, 41권, p. 7a-b.
34. 陶澍,『籌款飭繳兇器摺子』, 聶崇岐 편,『捻軍資料別集』, p. 18을 참조하라.